Loescher & Petsch, Berlin phot. 86.

Meisenbach Riffarth & Co. Berlin grav.

Dr. A. Dillmann.

CHR. FRED. AUGUSTUS DILLMANN a. 1823 m. Apr. die XXV. in pago Wurttembergensi Illingen praeceptoris filius natus est. Primo patris et sacerdotis cuiusdam disciplina institutus, puer XII annorum gymnasio Stuttgartiensi et anno post seminario theologico, quod dicitur monasterium Schönthal, erudiendus traditus in eoque litterarum altiorum elementis imbutus est. Autumno a. 1840 universitatem Tubingensem adiit theologiaeque studiosis adscriptus per IV annos in seminario theologico ad disciplinas theologicas philosophicasque incubuit Examine primo theologico absoluto linguarum orientalium studiis, duce usus H. Ewaldo, qui tum Tubingae professor erat, strenuam operam navavit annoque exacto circa sex menses sacerdotis vice functus est. M. maio a. 1846 Tubingae doctor philosophiae rite promotus, eodem anno, manuscripta orientalia inprimis aethiopica, quae in Galliae Britanniaeque bibliothecis asservantur, perscrutaturus, Parisios, Londinium, Oxonium petiit ibique in assiduis laboribus duos prope annos consumpsit. Redux in patriam ab a. 1848 usque ad 1851 Tubingae in seminario theologico repetendis studiis praefecti munus sustinuit; a. autem 1851 in eadem universitate venia legendi impetrata Vetus Testamentum linguasque orientales publicis scholis tractavit: nec ita multo post, ineunte a. 1853, theologiae professor publicus extraordinarius creatus est. Proximo anno Kiloniam vocatus, ut linguas orientales doceret, philosophorum ordini adscriptus primum professoris extraordinarii, ab a. 1859 ordinarii locum obtinuit. Ab ordine theologorum Lipsiensi a. 1862 theologiae doctor honoris causa renuntiatus duobus annis post in universitate Gissensi professione ordinaria suscepta facultati theologicae redditus est. Unde autumno a. 1869 eiusdem muneris obeundi causa ab universitate Berolinensi accitus, per XXV annos studia Veteris Testamenti lectionibus et exercitationibus luculenter fundavit et excoluit. Omnibus honoribus academicis cumulate ornatus a. 1875 rectoris magnifici dignitatem, quinquies facultatis theologicae decanatum gessit. Nec defuerunt alii honores: a. 1877 academiae regiae Borussicae socius ordinarius, a. 1872 academiae r. Bavaricae Monacensis et societatis r. scientiarum Gottingensis, a. 1882 r. Asiaticae societatis Londinensis et Americanae societatis orientalis socius extraneus, a. 1891 Americanae societatis litterarum biblicarum et exegeseos socius honorarius creatus est; denique a. 1881 litterarum orientalium antistitibus ex omni orbe Berolini congregatis ei conventui qui praesideret declaratus est. In medio munere academico, cui indefessa cura deditus erat, morbo correptus non diuturno sed gravi die IV. m. Jul. a. 1894 vita excessit.

BIBLIA

VETERIS TESTAMENTI AETHIOPICA

IN QUINQUE TOMOS DISTRIBUTA,

AD LIBRORUM MANUSCRIPTORUM FIDEM EDIDIT ET APPARATU CRITICO INSTRUXIT

Dr. AUGUST DILLMANN,
PROFESSOR BEROLINENSIS.

VETERIS TESTAMENTI AETHIOPICI

TOMUS QUINTUS,

QUO CONTINENTUR

LIBRI APOCRYPHI,

BARUCH, EPISTOLA JEREMIAE, TOBITH, JUDITH, ECCLESIASTICUS, SAPIENTIA, ESDRAE APOCALYPSIS, ESDRAE GRAECUS.

AD LIBRORUM MANUSCRIPTORUM FIDEM EDIDIT ET APPARATU CRITICO INSTRUXIT

Dr. AUGUST DILLMANN,
PROFESSOR BEROLINENSIS.

WIPF & STOCK · Eugene, Oregon

Wipf and Stock Publishers
199 W 8th Ave, Suite 3
Eugene, OR 97401

Veteris Testamenti Aethiopici
Tomus Quintus, Quo Continentur Libri Apocryphi; Baruch, Epistola Jeremiae,
Tobith, Judith, Ecclesiasticus, Sapientia, Esdrae Apocalypsis, Esdrae Graecus
By Dillmann, August
Softcover ISBN-13: 979-8-3852-0642-1
Publication date 10/23/2023
Previously published by Berolini, 1894

This edition is a scanned facsimile of the original edition published in 1894.

UNIVERSITATI LITTERARIAE FRIDERICIANAE

HALENSI CUM VITEBERGENSI CONSOCIATAE

THEOLOGORUM ALMAE MATRI CELEBERRIMAE

PHILOLOGIAE SACRAE TUTRICI SPECTATISSIMAE

DIE III MENSIS AUGUSTI ANNI MDCCCLXXXXIV

SAECULARIA ALTERA

SOLEMNITER

CELEBRANTI

PIIS VOTIS CONGRATULATURUS

HUNC LIBRUM

DDD

ORDO THEOLOGORUM
BEROLINENSIS.

L. S.

Juvenis juveniliter sperans quadraginta abhinc annos primum Veteris Testamenti Aethiopici tomum i. e. Octateuchum edidi. Spes me fefellit: assensus quidem multorum non deerat, sed venditio operis haerebat. Incepta editio abrupta est.

Iterum a. 1861 et 1871, postquam grammatica et lexico conscriptis meliora linguae perdiscendae auxilia suppeditavi, impensis Societatis Germanorum Orientalis tomi secundi fasciculos duos i. e. quatuor libros Regnorum foras edidi. Successus vix erat prosperior.

Tertium et ultimum jam senex facio conatum, nescio an magis tempestivum, cum et literarum Aethiopicarum studia his viginti annis latius propagata magis floreant, et novus Bibliorum critice recensendorum impetus animos invaserit.

Ad lectiones librorum biblicorum critice disceptandas longe minoris sane, quam olim putabatur, ponderis est versio Aethiopica. Quamvis enim prima Christianismi lumina jam saeculo p. Ch. quarto a Graecis per Abessiniae partes septentrionales sparsa esse negari non possit, tamen ecclesiae vernaculae incrementa quinto demum saeculo exeunti et sexto deberi ex inscriptionibus Axumiticis satis constat. Prius autem quam usus ecclesiae postulabat, vernacula biblicorum librorum versio vix incepta, certe non completa esse videtur, neque omnes simul et ab eodem interprete, sed alios post alios et ab aliis translatos esse ultro patet. Accedit, quod cum codices manuscripti satis antiqui deficiant, ista versio non prorsus sana et integra, sed magis minusve variata ad nos pervenit. Nihilo minus ab hac versione in rebus criticis non omnis abjudicanda est auctoritas; justius eam testimoniis Graecorum codicum manuscriptorum, quales quinto vel sexto saeculo in Aegypto circumferebantur, in aequo posueris. Sed non de re critica tantum agitur. Si inscriptiones quasdam nuper adapertas exceperis, monumentum Geez linguae ista versione antiquius non exstat. Eademque cum omnium literarum Abessinicarum fundamentum vere et norma sit, ad quam posteriores scriptores suum dicendi scribendique genus conformaverint, facile intelligitur, de singulis quaestionibus linguae literarumve scientiam spectantibus subtilius disputari non posse, priusquam testibus, qui nunc supersunt, excussis, quae ad antiquiorem quaeve ad variatam versionis formam pertineant, rite quoad potest disquisitum et scrutantibus in conspectum propositum sit. Quod ut fiat, ad opus jam diu intermissum reversus sum.

Libros apocryphos auspicatus sum, tum quia ad recensenda et interpretanda literarum monumenta ea, quorum archetypa Hebraica vel Graeca deperdita sunt, plus quam ad scripta canonica et hebraice conservata valere videtur versio Aethiopica, tum quia horum librorum quidam ad illustrandas varias, quae de origine et transformatione versionis Aethiopicae moventur, quaestiones prae caeteris idonei habendi sunt. Maccabaeorum libri nove invecti nec ante duo vel tria saecula e vulgata Latina in Geez translati, in hoc volumine non recipiendi erant.

In constituenda editione id potissimum spectavi, ut antiquam versionis formam, sive e codicibus manuscriptis erutam sive emendatione restitutam, quantum fieri potuit, reficerem. Sed multa non poterant non vel incerta vel inextricabilia relinqui. In apparatu critico adscribendo brevitatem quam maximam adhibui, neque alias fere lectiones adnotavi, quam quae ad inquirendam vel versionis vel ipsius Geez sermonis transformationem aliquid facere videbantur. De aliis, quae praefanda erant, lectores ad epilogos singulis libris adjunctos relego.

Idibus Junii A. MDCCCXCIV.

A. Dillmann.

P. S.

Hoc opus susceptum ac magno labore plene perfectum absolutumque ab Augusto Dillmann, tamen ab ipso in lucem proferri non potuit. Nam posteaquam omnia sine ulla exceptione specimina typographica diligentissime et accuratissime correxit pagellasque typis exscribendas curavit atque ipsum titulum et praefationem jam literis consignavit, sub finem mensis Junii gravi morbo afflictus Julii quarto die animam efflavit. Itaque nostrum, defuncti superstitum, est, hunc librum cum optimis votis foras emittere. Afferat utilitatem doctrinis orientalibus ac biblicis et sit inprimis monumentum sempiternum auctoris egregii, viri doctissimi et eruditissimi, qui fere ab ineunte aetate usque ad extremum vitae finem totum se ad literarum altissimarum studia contulit.

Theodorus et Eduardus, Augusti filii, Dillmann.

D. XII. M. Julii A. MDCCCXCIV.

ዘባሮክ ፡

ዝነገረ ፡ መጽሐፍ ፡ ዘጸሐፈ ፡ ባሮክ ፡ ወል
ደ ፡ ኔርዩ ፡ ወልደ ፡ ማሴው ፡ ወልደ ፡ ሴዴቅዩ ፡
ወልደ ፡ ኬልቅዩ ፡ [በ]ባቢሎን ፡ 2 በኃምስ ፡ ዓ
መት ፡ በሰቡዐ ፡ ሠርቅ ፡ አመ ፡ ነሥእዋ ፡ ፋር
ስ ፡ ለኢየሩሳሌም ፡ ወአውዐይዋ ፡ በእሳት ።
3 ወአንበባ ፡ ባሮክ ፡ ዘመጽሐፈ ፡ በኀበ ፡ ኢኮ
ንያ ፡ ወልደ ፡ ኢዮአቄም ፡ ንጉሠ ፡ ይሁዳ ፡ ወ
ኵሉ ፡ ሕዝብ ፡ ዘመጽአ ። 7 ወለአከ ፡ ኢየሩ
ሳሌም ፡ ኀበ ፡ ካህናት ፡ 8 አመ ፡ ነሥኡ ፡ ንዋ
የ ፡ ቤተ ፡ እግዚአብሔር ፡ እምቤተ ፡ መቅደስ ፡
ወገብረ ፡ ሴዴቅያስ ፡ ንዋየ ፡ ብሩር ፡ 9 እምድ
ኅረ ፡ አፍለሰ ፡ ናቡከደነፆር ፡ ለኢኮንያ ፡ ወለ
ሕዝበ ፡ ኢየሩሳሌም ፡ ወወሰዶሙ ፡ ባቢሎን ፡
10 ወፈነወ ፡ ሎሙ ፡ ወርቀ ፡ ወይቤ ፡ 11 ጸል
ዩ ፡ በእንተ ፡ ሕይወተ ፡ ናቡከደነፆር ፡ ንጉሠ ፡
ባቢሎን ፡ ወበእንተ ፡ ሕይወተ ፡ ብልጣሶር ፡ ወ
ልዱ ፡ ከመ ፡ ይኩን ፡ መዋዕሊሆሙ ፡ ከመ ፡ መ
ዋዕለ ፡ ሰማይ ፡ ዲበ ፡ ምድር ፤ 13 ወጸልዩ ፡ ለነ
ሂ ፡ ኀበ ፡ እግዚአብሔር ፡ አምላክነ ፡ እስመ ፡ አ
በስነ ፡ ለእግዚአብሔር ፡ አምላክነ ፤ 14 ወአንብ
ብዋ ፡ ለዛ ፡ መጽሐፍ ፡ በቤተ ፡ እግዚአብሔር ፡
በዕለተ ፡ በዓል ፡ 15 ወበሉ ፡ ጽድ[ቅ] ፡ ለእግዚ
አብሔር ፡ አምላክነ ፡ ወለነሰ ፡ ኀፍረት ፡ ለገጽ
ነ ፡ ለሰብአ ፡ ይሁዳ ፡ ወኢየሩሳሌም ፡ 16 ወለነ
ገሥትነ ፡ ወለመላእክቲነ ፡ ወለካህናቲነ ፡ ወለነ
ቢያቲነ ። 18 ወኢሰማዕነ ፡ ቃለ ፡ እግዚአብሔ
ር ፡ አምላክነ ፡ ወኢሖርነ ፡ በትእዛዘ ፡ እግዚአ
ብሔር ፡ አምላክነ ፡ ዘወሀበነ ። 19 እምአመ ፡ አ
ውፅአሙ ፡ ለአበዊነ ፡ እምድረ ፡ ግብጽ ፡ እስከ
ዛ ፡ ዕለት ፡ ዐለውናሁ ፡ ለእግዚአብሔር ፡ አም
ላክነ ፡ 20 ወረከበነ ፡ ዝመርገም ፡ እኩይ ፡ 22 እ
ስመ ፡ ሖርነ ፡ ወተቀነይነ ፡ ለአማልክተ ፡ ነኪ
ር ። II. 2 ወበጽሐነ ፡ ዘጽሑፍ ፡ ውስተ ፡ ኦሪ
ተ ፡ ሙሴ ፡ 3 ወበልዐ ፡ ሰብእ ፡ ሥጋ ፡ ደቂቁ ፡
ወአዋልዲሁ ፡ 4 ወዘረወነ ፡ እግዚአብሔር ፡ ው
ስተ ፡ አሕዛብ ፡ ዘዐውድነ ። 8 ወኢተጋነይነ ፡
ለእግዚአብሔር ፡ ወኢኀደግነ ፡ እከየ ፡ ልብነ ።
11 ወይእዜኒ ፡ እግዚአ ፡ አምላከ ፡ እስራኤል ፡
ዘአውፃእከ ፡ ሕዝበከ ፡ እምድረ ፡ ግብጽ ፡ በእ
ድ ፡ ጽንዕት ፡ ወበትእምርት ፡ ወበመንክር ፡ ወ
በኀይል ፡ ዐቢይ ፡ ወበመዝራዕት ፡ ልዑል ፡ 13
አቅርር ፡ መዐተከ ፡ እምኔነ ፡ እስመ ፡ ኅዳጥ ፡
ተረፍነ ፡ በውስተ ፡ አሕዛብ ፤ 14 ወስማዕ ፡ ጸሎ
ተነ ፡ ወአድኅነነ ፡ 15 እስመ ፡ አንተ ፡ እግዚአ

---

1 [በ] ex E in marg. 2 በሰቡዕ ፡ EK. ^ በእሳት ፡ EGHI. 8 አመ ፡ ነ' ፡] ከመ ፡ ይንሥኡ ፡ F.
9 ለኢኮንያን ፡ GHI. 11 ወልደ ፡ ወልዱ ፡ K. corr. 13 ^ እስመ ፡ — አምላክነ ፡ in omn., exc. K.
15 [ ] e K; ቆ ፡ caet. ወለኢየሩሳሌም ፡ G, ወለሰብእ ፡ ኢየ' ፡ II. 13 ኅዳጠ ፡ E.

ብሔር ፡ አምላክነ ። 16 ነጽር ፡ እግዚ.አ ፡ እምቤ
ተ ፡ መቅደስከ ። 17 አኮ ፡ እለ ፡ ውስተ ፡ ሲኦ
ል ፡ ዘይሴብሑከ ፤ 18 ዳእሙ ፡ ነፍስ ፡ እንተ ፡
ድኅነት ፡ ወነፍስ ፡ እንተ ፡ ርኅበት ፡ እንተ ፡ ጸግ
በት ፡ ታአኵተከ ፡ እግዚ.አብሔር ። 21 ከመዝ ፡
ይቤ ፡ እግዚ.አብሔር ፡ አፅምኡ ፡ እዘኒክሙ ፡ ወ
ተቀነዩ ፡ ለንጉሠ ፡ ባቢ.ሎን ፡ ወትነብሩ ፡ ውስ
ተ ፡ ምድር ፡ እንተ ፡ ወሀብክዎሙ ፡ ለአበዊክ
ሙ ። 22 ወእመ ፡ ኢ.ሰማዕክሙ ፡ ቃለ ፡ እግዚ.
አብሔር ፡ ወኢ.ተቀነይክሙ ፡ ለንጉሠ ፡ ባቢ.ሎ
ን ፡ 23 የኀልቅ ፡ [እምነ ፡] አህጉረ ፡ ይሁዳ ፡ ወ
አፍአሃኒ ፡ ለኢ.የሩሳሌም ፡ ቃለ ፡ ፍሥሓ ፡ ወሐ
ሤት ፤ ቃለ ፡ መርዓዊ ፡ ወመርዓት ፡ ወኵሉ ፡ ም
ድር ፡ ይከውን ፡ በድወ ። 24 ወኢ.ሰማዕነ ፡ ቃለ
ከ ፡ ወኢ.ተቀነይነ ፡ ለንጉሠ ፡ ባቢ.ሎን ፡ ወበጽ
ሐነ ፡ ዘነበብከ ፡ በእደ ፡ አግብርቲከ ፡ ነቢ.ያት ፡
ከመ ፡ ያወፅኡ ፡ አዕፅምተ ፡ ነገሥት[ነ] ፡ ወአዕ
ፅምተ ፡ አበዊነ ፡ እምነ ፡ መከኖሙ ። 25 ወና
ሁ ፡ ገደፍዎሙ ፡ ውስተ ፡ ዋዕየ ፡ መዓልት ፡ ወ
ቍረ ፡ ሌሊ.ት ፡ ወተፄወውነ ፡ ወሞትነ ፡ እኩየ ፡
ሞተ ፡ በረኃብ ፡ ወበኵናት ። 30 ወአእመርክ
ዎሙ ፡ ከመ ፡ ኢ.ይሰምዑኒ ፡ እስመ ፡ ሕዝብ ፡
ጽኑዓነ ፡ ክሳድ ፡ እሙንቱ ። 31 ወያአምሩ ፡ ከ
መ ፡ [አነ ፡] እግዚ.አብሔር ፡ አምላኮሙ ፡ ወእሁ
በሙ ፡ ልበ ፡ ወእዝነ ፡ ለሰሚዕ ፡ 32 ወይሴብሑ
ኒ ፡ በብሔር ፡ በኀበ ፡ አፍለስክዎሙ ፡ ወይዜከ
ሩ ፡ ስምየ ፡ 33 ወየኀድጉ ፡ እከየ ፡ ምግባሮሙ ፡
ወይዜከሩ ፡ ፍኖተ ፡ አበዊሆሙ ፡ እለ ፡ አበሱ ፡
ቅድመ ፡ እግዚ.አብሔር ። 34 ወአገብአሙ ፡ ብ
ሔረ ፡ ኀበ ፡ መሐልኩ ፡ ለአበዊሆሙ ፡ ለአብ
ርሃም ፡ ወለይስሐቅ ፡ ወለያዕቆብ ፡ ወይኴንን
ዋ ፡ ወአበዝኖሙ ፡ ወኢ.ይውኅዱ ። 35 ወእሠ
ርዕ ፡ ሎሙ ፡ ሥርዐተ ፡ ዘለዓለም ፡ ከመ ፡ እኩ
ኖሙ ፡ አምላኮሙ ፡ ወእሙንቱ ፡ ይኩኑኒ ፡ ሕ
ዝብየ ፡ ወኢ.ያወፅአሙ ፡ እንከ ፡ ለሕዝብየ ፡ እ
ስራኤል ፡ እምብሔሮሙ ፡ ዘወሀብክዎሙ ። III.
1 እግዚ.አ ፡ ዘትትነገሥ ፡ ለኵሉ ፡ አምላከ ፡ እስ
ራኤል ፡ ነፍስ ፡ ሕዝንት ፡ ወመንፈስ ፡ ትክዝት ፡
ጸርኅት ፡ ኀቤከ ። 2 ስማዕ ፡ እግዚ.አ ፡ ወተሣሀ
ል ፡ እስመ ፡ አበስነ ፡ ቅድሜከ ፡ 3 እስመ ፡ አ
ንተ ፡ ዘትነብር ፡ ለዓለም ፡ ወንሕነሰ ፡ ንትሀጐ
ል ፡ ለዝላፉ ። 4 እግዚ.አ ፡ ዘትትነገሥ ፡ ለኵሉ ፡
አምላከ ፡ እስራኤል ፡ ስማዕ ፡ ጸሎተ ፡ ምውታ
ን ፡ እስራኤል ፡ ወደቂቀ ፡ እለ ፡ ጌገዩ ፡ በቅድ
ሜከ ፡ ወኢ.ሰምዑ ፡ ቃለከ ፡ ወተለወነ ፡ እኩይ ፡
5 ወኢ.[ት]ዘከር[ኒ] ፡ ኀጢ.አተ ፡ አበዊነ ፤ ተዘከ
ር ፡ እዴከ ፡ ወስመከ ፡ በዝ ፡ መዋዕል ፡ 6 እስ
መ ፡ አንተ ፡ እግዚ.አብሔር ፡ አምላክነ ፡ ወንሴ
ብሐከ ፡ እግዚ.አ ። 7 እስመ ፡ በእንተ ፡ ዝንቱ ፡
ወደይከ ፡ ፍርሃተከ ፡ ውስተ ፡ ልብነ ፡ ከመ ፡ ን

---

18 ርኅብት ፡ pro እንተ ፡ ርኅ' ፡ FK. Postquam ድኅነት ፡ e ደነነት ፡ degeneravit, discrepantiae tollendae causa እንተ ፡ ጸግበት ፡ additum est. ታአኵት ፡ ለእግዚ." ፡ FK(I). 23 [ ] ∧ in omn. ቃለ ፡ 1°] ቃላተ ፡ GI(K). ወይከውን ፡ ኵሉ ፡ ምድረ ፡ በድው ፡ FK. 24 ∧ ከመ ፡ omn. exc. K. ያውፅኡ ፡ I; ያወፅኡነ ፡ E. [ ] ex E i. l. 30 ኢ.ሰምዑኒ ፡ EFK. 31 [ ] ex E i. m. 32 ኀበ ፡ FGK. 34 ኀበ ፡] እንተ ፡ G. 35 ይከውኑኒ ፡ FGHK. III. 4 ወደቂቅ ፡ H. ወተለውነ ፡ እኩየ ፡ omn., exc. F. 5 ወኢ.ተዘከርነ ፡ codd. 7 ∧ እስመ ፡ EGHI.

ጸውዕ ፡ ስመከ ፡ ወንሰብሕከ ፡ በኀበ ፡ አፍለሱ
ነ ። 9 ስማዕ ፡ እስራኤል ፡ ትእዛዘ ፡ ሕይወት ፡
ወአፅምእ ፡ ምክረ ፡ ጥበብ ። 10 ምንት ፡ ውእ
ቱ ፡ እስራኤል ፡ ወለምንት ፡ ውስተ ፡ ብሔረ ፡
ፀር ፡ ሀሎ ፡ ወበልየ ፡ በብሔረ ፡ ነኪር ፡ ወረኰ
ሰ ፡ ምስለ ፡ አብድንት ፡ 11 ወተኈለቈ ፡ ምስ
ለ ፡ እለ ፡ ውስተ ፡ ሲኦል ፡ 12 ወኀደገ ፡ ነቅዐ ፡
ሕይወት ። 13 ሶበሁ ፡ ሖርከ ፡ ፍኖተ ፡ እግዚአ
ብሔር ፡ እምነበርከ ፡ ለዓለም ፡ በሰላም ። 14 ተ
መሀር ፡ አይቴ ፡ ውእቱ ፡ ጥበብ ፡ ወአይቴ ፡ ው
እቱ ፡ ኀይል ፡ ወአይቴ ፡ ውእቱ ፡ ምክር ፡ ወአ
እምሮ ፡ ወአይቴ ፡ ውእቱ ፡ ሐይው ፡ ለነዋኅ ፡
መዋዕል ፡ ወአይቴ ፡ ውእቱ ፡ ብርሃነ ፡ አዕይን
ት ፡ ወሰላም ። 15 መኑ ፡ ረከበ ፡ ብሔራ ፡ ወመ
ኑ ፡ ቦአ ፡ ውስተ ፡ መዛግብቲሃ ። 16 አይቴ ፡ እ
ሙንቱ ፡ መላእክተ ፡ አሕዛብ ፡ እለ ፡ ቀነይዎ
ሙ ፡ ለአራዊተ ፡ ገዳም ፡ 17 ወተዋነይዎሙ ፡
ለአዕዋፈ ፡ ሰማይ ። 19 ኀልቁ ፡ ወወረዱ ፡ ሲኦ
ል ፡ ወተንሥኡ ፡ ህየንቴሆሙ ፡ ካልኣን ። 20
ወርእዩ ፡ ብርሃነ ፡ ንኡሳን ፡ ወነበሩ ፡ ውስተ ፡
ምድሮሙ ፡ ወፍኖተ ፡ ጥበብሰ ፡ ኢያእመሩ ፡
21 ወአሠራሂ ፡ ኢረከቡ ፡ ወኢተወከፍዋ ፡ ደቂ
ቆሙ ፡ ወርሕቁ ፡ እምነ ፡ ፍኖቶሙ ። 22 ወኢ
ሰምዑ ፡ ከናአን ፡ ወኢርእዩ ፡ ቴሞና ፡ 23 ወደ
ቂቀ ፡ አጋር ፡ እለ ፡ ኀሠሥዋ ፡ ለጥበብ ፡ ዲበ ፡
ምድር ። 24 እስራኤል ፡ እፎ ፡ ዐቢይ ፡ ቤተ ፡
እግዚአብሔር ፡ ወነዋኅ ፡ ብሔሩ ፡ 25 አልቦ ፡
ማኅለቅተ ፡ ወላዕሉሂ ፡ አልቦ ፡ መስፈርተ ።
29 መኑ ፡ ዘዐረገ ፡ ሰማየ ፡ ወነሥአ ፡ ወአውረ
ዳ ፡ እምነ ፡ ደመናት ። 30 መኑ ፡ ዐደወ ፡ ባሕ
ረ ፡ ወረከባ ፡ ወአምጽኣ ፡ በወርቅ ፡ ቀይሕ ። 31
አልቦ ፡ ዘያአምር ፡ ፍኖታ ፡ ወዘይኄልዮ ፡ ለአ
ሠራ ። 32 ዘኵሎ ፡ ያአምር ፡ ያአምራ ፡ ወረከ
ባ ፡ በጥበቡ ፡ ዘፈጠራ ፡ ለምድር ፡ ወለዓለም ።
33 ወይፌኑ ፡ ብርሃና ፡ ወየሐውሩ ፡ 34 ወከዋ
ክብትኒ ፡ ያበርሁ ፡ በጊዜሆሙ ፡ ወይትፌሥ
ሑ ፡ ወይጼውዖሙ ፡ ወይብሉ ፡ መጻእነ ። 35
ውእቱ ፡ አምላክነ ፡ እስመ ፡ አልቦ ፡ ባዕድ ፡ ዘ
ይመስል ፡ ኪያሁ ። 36 ውእቱ ፡ ረከባ ፡ ለኵሉ ፡
ፍኖተ ፡ ጥበብ ፡ ወወሀበ ፡ ለያዕቆብ ፡ ቍልዔ
ሁ ፡ ወለእስራኤል ፡ ፍቁሩ ። 37 ወእምዝ ፡ አ
ስተርአየ ፡ ውስተ ፡ ምድር ፡ ወኮነ ፡ ከመ ፡ ሰ
ብእ ።

IV. ዝውእቱ ፡ መጽሐፈ ፡ ትእዛዙ ፡ ለእግ
ዚአብሔር ፡ ወየሐይዉ ፡ ዘለዓለም ፡ ኵሎሙ ፡
እለ ፡ የዐቅብዋ ፡ የሐይዉ ፡ ወእለሰ ፡ የኀድግ
ዋ ፡ ይመውቱ ። 2 ተመየጥ ፡ ያዕቆብ ፡ አኀዝ ፡
ወሑር ፡ በብርሃና ፡ 3 ወኢተሀብ ፡ ለባዕድ ፡ ክ
ብረከ ፤ ዘይኄይሰከ ፡ ለካልእ ፡ ሕዝብ ። 4 ብፁ
ዓን ፡ ንሕነ ፡ እስራኤል ፡ እስመ ፡ ተዐውቀ ፡ ሥ

---

13 ሶበ ፡ FGHI. 14 ወአይቴ ፡ ምክር ፡ EGIK. ‸ ወሰላም ፡ omn. exc. K. 15 መኑ ፡] ወለሰላም ፡ መኑ ፡ GHI., ወሰላመ ፡ መኑ ፡ F, ወለጥበብ ፡ መኑ ፡ E. 17 ወተዋነዩ ፡ በአዕዋፈ ፡ FK. 19 ሲኦለ ፡ H, E corr., ውስተ ፡ ሲኦል ፡ I, እስከ ፡ ሲኦል ፡ K. 22 ቴምና ፡ HIK. 23 አጋርሂ ፡ E corr. ዲበ ፡] ኀበ ፡ GI. ምድረ ፡ እስራኤል ፡ pro ምድር ። እስ′ ፡ omn., exc. K. 24 አእስራኤል ፡ K. ‸ ብሔሩ ፡ in omnibus exc. K. 25 ወላዕሌሁ ፡ EFHI, ወለሰቤሁ ፡ (sic) G. 34 ወይቤሉ ፡ EGHI. 34/5 ውእቱ ፡ አምላክነ ፡ መጻእነ ፡ EGHI. 35 ዘ pro እስመ ፡ FK. ዘይትሜሰል ፡ ከማሁ ፡ FK. IV. 1 ወየሐይዉ ፡ degeneratum e ለሕግ ፡; ‸ G. 4 ሥምረቱ ፡] ምሕረቱ ፡ EGHI. ‸ ላዕሌነ ፡ EFIK.

ምረቱ ፡ ለእምላክነ ፡ ላዕሌነ ። 5 ተአመኑ ፡ ሕ
ዝብየ ፡ ወተዘከሩ ፡ እስራኤልኒ ። 6 ተሣየጥኩ
ክሙ ፡ ለሕዝብ ፡ አከ ፡ ለሀጕል ፡ ዳእሙ ፡ እስ
መ ፡ አምዓዕክምዎ ፡ ለእግዚአብሔር ፡ ገባእክ
ሙ ፡ ለፀርክሙ ። 7 ወወሐክምዎ ፡ ለፈጣሪክ
ሙ ፡ ወሦዕክሙ ፡ ለአጋንንት ፡ ወአከ ፡ ለእግ
ዚአብሔር ፡ 8 ወረሳዕክምዎ ፡ ለአምላክክሙ ፡
ዘሐፀነክሙ ፡ ለዓለም ፡ ወአተከዝክምዋ ፡ ለሐ
ቢኒትክሙ ፡ ኢየሩሳሌም ፡ 9 ሶበ ፡ ርእየት ፡ መ
ቅሠፍተ ፡ እግዚአብሔር ፡ ዘመጽአክሙ ፤ ስም
ዑ ፡ ፈላስያነ ፡ ጽዮን ፡ አምጽአ ፡ ሊተ ፡ እግዚ
አብሔር ፡ ላሐ ፡ ዐቢየ ፡ 10 ሶበ ፡ ርኢኩ ፡ ተዄ
ውዎ ፡ አዋልድየ ፡ ወደቂቅየ ። 30 ተአመኒ ፡
ኢየሩሳሌም ፡ ያስተፌሥሐኪ ፡ ዘሰመየኪ ። 31
ወየኀስሩ ፡ እለ ፡ ሣቀዩኪ ፡ ወእለ ፡ ተፈሥሑ ፡
በድቀትኪ ። 32 የኀስራ ፡ አህጉር ፡ እለ ፡ ቀነያ ፡
ደቂቀኪ ፡ ወእለ ፡ ተመጠዉ ፡ ውሉደኪ ። 36
ነጽሪ ፡ ኢየሩሳሌም ፡ መንገለ ፡ ጽባሕ ፡ ወርእዪ ፡
ፍሥሓ ፡ ዘመጽአ ፡ ለኪ ፡ እምኀበ ፡ አምላክኪ ።
37 ናሁ ፡ መጽኡ ፡ ደቂቅኪ ፡ ወተጋብኡ ፡ እለ ፡
ፈነውኪ ፡ እምጽባሕ ፡ እስከ ፡ ዐረብ ፡ በቃሉ ፡
ለቅዱስ ፡ ወይትፌሥሑ ፡ በስብሐተ ፡ እግዚአ
ብሔር ። V. 1 አእትቲ ፡ ኢየሩሳሌም ፡ አልባ
ሰ ፡ ላሕኪ ፡ ወሕማምኪ ፡ ወልበሲ ፡ ትርሲተ ፡
ክብርኪ ፡ ዘእምኀበ ፡ እግዚአብሔር ፡ ለዓለም ።
2 ወተዐጸፊ ፡ ዐጽፈ ፡ ጽድቅ ፡ ዘእምኀበ ፡ እግ
ዚአብሔር ፡ ወተቀጸሊ ፡ ቀጸላኪ ፡ ውስተ ፡ ር
እስኪ ፡ ዘስብሐቲሁ ፡ ለቅዱስ ። 3 እስመ ፡ እግ
ዚአብሔር ፡ ያርኢ ፡ ለኵሉ ፡ ዘታሕተ ፡ ሰማይ ፡
ብርሃነኪ ። 4 ወይሰመይ ፡ ስምኪ ፡ ለዓለም ፡ በ
ኀበ ፡ እግዚአብሔር ፡ ጽድቅ ፡ ወሰላም ፡ ወክብ
ር ፡ ወፍርሀተ ፡ እግዚአብሔር ። 5 ተንሥኢ ፡
ኢየሩሳሌም ፡ ወቁሚ ፡ መልዕልተ ፡ ወ[ነጽ]ሪ ፡
መንገለ ፡ ጽባሕ ፡ ወርእዪ ፡ ከመ ፡ ተጋብኡ ፡ ደ
ቂቅኪ ፡ እምኀበ ፡ ምዕራብ ፡ ፀሐይ ፡ እስከነ ፡ ጽ
ባሕ ፡ በቃሉ ፡ ለቅዱስ ፡ ወይትፌሥሑ ፡ በዝክ
ረ ፡ እግዚአብሔር ። 6 ወፅኡ ፡ እምኀቤኪ ፡ ወ
ወሰድዎሙ ፡ ፀሮሙ ፡ በእግሮሙ ፡ ወያመጽኦ
ሙ ፡ እግዚአብሔር ፡ ኀቤኪ ፡ እንዘ ፡ ይጸውር
ዎሙ ፡ በክብር ፡ ከመ ፡ መንበረ ፡ ንጉሥ ። 7
ወአዘዘ ፡ እግዚአብሔር ፡ ይትሐት ፡ ኵሉ ፡ አ
ድባር ፡ ነዋኃት ፡ ወይምላእ ፡ ኵሉ ፡ ማዕምቅ ፡
ወይዕሪ ፡ ምድር ፡ ከመ ፡ ይሖር ፡ እስራኤል ፡ መ
ጽያሕተ ፡ በስብሐተ ፡ እግዚአብሔር ። 8 ወይ
ጼልሎሙ ፡ ኵሉ ፡ ዖም ፡ ወኵሉ ፡ ዕፅ ፡ ሠናየ ፡
መዐዛ ፡ ለእስራኤል ፡ በትእዛዘ ፡ እግዚአብሔ
ር ፡ 9 አምላክ ፡ እስራኤል ፡ በፍሥሓ ፡ ወበብ
ርሃነ ፡ ስብሐቲሁ ፡ ወበምሕረቱ ፡ ወበጽድቁ ።

መጽሐፍ ፡ ዘኤርምያስ ፡

አርአያ ፡ መጽሐፍ ፡ ዘኤርምያስ ፡ ዘፈነወ ፡
ኀበ ፡ እለ ፡ ዔወዎሙ ፡ ባቢሎን ፡ ንጉሠ ፡ ባቢ
ሎን ፡ ይንግርዎሙ ፡ ዘአዘዘ ፡ እግዚአብሔር ።
2 በእንተ ፡ ኀጢአትክሙ ፡ ዘአበስክሙ ፡ ለእ

6 ወአከ ፡ FGIK. 10 ተዄወዉ ፡ FK. V. 5 ውስተ ፡ መልዕልት ፡ FK. [ ] ንበ ፡ omn. 6 ከ
መ ፡ መን' ፡] በመንበረ ፡ GI(H); በመንገለ ፡ F. 7 ∧ ኵሉ ፡ 2° G. 1 ባቢ' ፡ 1°] በባቢሎን ፡ K; ሀገ
ረ ፡ ባቢ' ፡ (post ባቢ' ፡ 2° collocatum) H.

መጽሐፍ ፡ ዘኤርምያስ ። 5

ግዚአብሔር ፡ ወሰዱክሙ ፡ ባቢሎን ፡ 3 ትንበ
ሩ ፡ ህየ ፡ ብዙኀ ፡ መዋዕለ ፡ እስከ ፡ ሳብዕ ፡ ት
ውልድ ፡ ወእምዝ ፡ አወፅአክሙ ፡ እምህየ ፡ በ
ሰላም ። 4 ወይእዜሰ ፡ ትሬእዩ ፡ ባቢሎን ፡ አማ
ልክተ ፡ ዘወርቅ ፡ ወዘብሩር ፡ ወዘዕፀው ፡ ይጸው
ርዎሙ ፡ በመታክፍቲሆሙ ፡ ወይኄርምዎሙ ፡
ለአሕዛብ ። 5 ዑቁ ፡ እንከ ፡ ኢትኩኑ ፡ ከማሆ
ሙ ፡ እመ ፡ ርኢክሙ ፡ አሕዛብ ፡ በቅድሜሆ
ሙ ፡ ወበድኅሬሆሙ ፡ ይሰግዱ ፡ ሎሙ ። 6 በ
ሉ ፡ በልብክሙ ፡ ለከ ፡ ርቱዕ ፡ ይስግዱ ፡ እግዚ
አ ። 8 እስመ ፡ በሙ ፡ ልሳነ ፡ ዘይገብር ፡ ጸራ
ቢ ፡ ወውእቱሂ ፡ ዘወርቅ ፡ ወዘብሩር ፤ ሐሰት ፡
እሙንቱ ፡ ወኢይክሉ ፡ ተናግሮ ። 9 ወከመ ፡
ድንግል ፡ እንተ ፡ ስርጉት ፡ በወርቅ ፡ ገብሩ ፡
ሎሙ ፡ ቀጸላ ፡ ዘወርቅ ፡ ወዘብሩር ፡ 11 ወያለ
ብስዎሙ ፡ ከመ ፡ ሰብእ ፤ 12 ወለርእሰሙ ፡ ኢ
ያኀድጉ ፡ ዘኀሎሙ ፡ ወይከድንዎሙ ፡ በሜላ
ት ፡ 13 ወይመዘምዝዎሙ ፡ እምጸበለ ፡ ቤት ።
14 ወይእኅዙ ፡ በትረ ፡ ከመ ፡ ሰብእ ፡ ወለዘገፍ
ያሙሂ ፡ ኢይትቤቀልዎ ። 15 ወበ ፡ ውስተ ፡ እ
ዴሁ ፡ ጕድብ ፡ ወርእሰ ፡ ኢያድኅን ፡ እምሰረ
ቀት ። 16 ወበዝንቱ ፡ ይትዐወቁ ፡ ከመ ፡ ኢከ
ኑ ፡ አማልክተ ፤ ኢትፍርህዎሙ ፡ እንከ ። 17 ከ
መ ፡ ንዋይ ፡ ዘይትቀጠቀጥ ፡ ወኢይበቍዕ ፡ ከ
ማሁ ፡ አማልክቲሆሙ ፡ ወይቄንውዎሙ ፡ ው
ስተ ፡ ቤት ፡ ወይመልእ ፡ ውስተ ፡ አዕይንቲሆ
ሙ ፡ ጸበል ፡ እምእግረ ፡ ሰብእ ፡ ዘይበውእ ።
18 ወየዐጽውዎሙ ፡ ገነውቶሙ ፡ ከመ ፡ ኢይስ
ርቅዎሙ ። 19 መኃትወ ፡ ያኀትዉ ፡ ሎሙ ፡ ወ
አልቦ ፡ ዘይሬእዩ ። 20 ወእመሂ ፡ ሄድዎሙ ፡ አ
ልባሲሆሙ ፡ ኢያአምሩ ። 21 ወይጸልም ፡ ገጾ
ሙ ፡ እምጢስ ፡ ዘያጠይሱ ፡ ውስተ ፡ ቤት ።
22 ወይነብሩ ፡ ውስተ ፡ አርእስቲሆሙ ፡ ጽግን
ት ፡ ወአዕዋፍ ፡ ወድመት ። 23 ወበዝንቱ ፡ ታ
አምሩ ፡ ከመ ፡ ኢኮኑ ፡ አማልክተ ፤ ኢትፍርህ
ዎሙ ፡ እንከ ። 24 እስመ ፡ ወርቅ ፡ እመ ፡ አን
በርዎ ፡ ወኢሐብረትዎ ፡ ኢይበርህ ፡ ወሶበሂ ፡
ይሰበኩ ፡ ኢያአምሩ ። 25 ወአልበሙ ፡ መንፈ
ስ ። 26 ወይጸውርዎሙ ፡ ዲበ ፡ መትከፍት ፡ ከ
መ ፡ ይትዐወቅ ፡ ኀሳርሙ ። 27 ወእመሂ ፡ ወድ
ቁ ፡ ውስተ ፡ ምድር ፡ ኢይትነሥኡ ፡ ለሊሆሙ ፡
ወእመሂ ፡ አንሥእዎሙ ፡ ኢይቀውሙ ፡ ለሊ
ሆሙ ። ከመ ፡ ምውት ፡ ያቄርቡ ፡ መብልዐ ፡
ወመሥዋዕተ ፡ 28 ወይበልዕዎሙ ፡ ገነውቶሙ ።
29 በዝኬ ፡ አእምሩ ፡ ከመ ፡ ኢኮኑ ፡ አማልክ
ተ ፡ ወኢትፍርህዎሙ ። 30 ዕፀው ፡ ወእብን ፡
እሙንቱ ። 32 ወእመሂ ፡ ዐውየዉ ፡ ሎሙ ፡
ኢይሰምዑ ። 34 ወኢይክሉ ፡ ገቢረ ፡ ወኢ ፡ አ
ሠንዮ ፡ ወኢእኩየ ። ኢያነግሡ ፡ ወኢይስዕሩ ፤
35 ኢያብዕሉ ፡ ወኢያነድዩ ፤ ወኢይቀትሉ ፡ ወ

---

3 አውፅአክሙ ፡ EFGH, አውፅእክሙ ፡ K. 4 በባቢሎን ፡ K, ዘባቢ' ፡ E, አማልክተ ፡ ባቢ' ፡ seq. አማልክተ ፡ GIH. ወዘዕፅ ፡ H. ዘይጸውርዎሙ ፡ E prima manu. 8 እስመ ፡] እመ ፡ EFI. ዘገብሮ ፡ FK. 12 ኢየኀድጉ ፡ codd. 17 ወይቀንውዎሙ ፡ GI. እምእ' ፡] እምግብረ ፡ FI. 18 ∧ ከመ ፡ FGHI. 19 ዘይሬኢ ፡ F. 21 ዘይጠይስ ፡ G. 23 ታአምርዎሙ ፡ GI. 24 እስመ ፡] ከመ ፡ EGHI. እመ ፡] አመ ፡ F. ወኢያሐብርዎ ፡ H(F.) ይሰብኩ ፡ G, ይሰብክዎ ፡ K, ኢይሰብኩ ፡ F. ኢያእመሩ ፡ F. 27 ወድቀ ፡, ኢይትነሣእ ፡ ለሊሁ ፡, አንሥእዎ ፡ ኢይቀውም ፡ FK. ያቄርቡ ፡] + ሎሙ ፡ G. 28 ወይበልዕዎ ፡ G. 32 ወእመሂ ፡ FE. 35 ኢይቀትሉ ፡ HK.

ኢያሐይዉ ። 36 ወኢያድኅንዎ ፡ ለድኩም ፡
እምእደ ፡ ዘይትዔገሎ ። 48 ወእመሂ ፡ መጽአ
ሙ ፡ ጸባኢት ፡ የኀሥሡ ፡ ገነውቶሙ ፡ ኀበ ፡
ይትኀብኡ ፡ ምስሌሆሙ ። 49 እፎ ፡ እንከ ፡ እ
ሙንቱ ፡ አማልክት ፡ ዘርእሶሙ ፡ ኢያድኅኑ ።
51 ወይትዐወቁ ፡ ከመ ፡ ግብረ ፡ እደ ፡ እጓለ ፡ እ
መሕያው ፡ እሙንቱ ፡ ወአልቦሙ ፡ ግብረ ፡ አ
ምላክ ። 53 ኢያዘንሙ ፡ 54 ወኢያኀድጉ ፡ ከ
መ ፡ ቋዓት ፡ ማእከለ ፡ ሰማይ ፡ ወምድር ። 55 ወ
እመሂ ፡ ውዕየ ፡ ቤተ ፡ አማልክት ፡ ገነውቶሙ ፡
ይጐዩ ፡ ወያድኅኑ ፡ ነፍሶሙ ፡ ወእሙንቱሰ ፡
ከመ ፡ ሰርዌ ፡ ይውዕዩ ፡ በማእከል ። 56 ወእፎ ፡
እንከ ፡ አማልክት ፡ እሙንቱ ፡ 57 ዘኢይትቤቀ
ሉ ፡ ወኢያድኅኑ ፡ ርእሶሙ ፡ እምሰራቂ ። 59 ሐ
ሰዉኬ ፡ ወኢኮኑ ፡ አማልክተ ፤ ማዕፆ ፡ ጥቀ ፡
ያድኅን ፡ ዘውስተ ፡ ቤት ። 66 ወኢይረግሙ ፡
ወኢይድኅሩ ፡ 67 ወኢያርእዩ ፡ ትእምርተ ፡ በ
ሰማይ ፡ ወኢያበርሁ ፡ ከመ ፡ ፀሓይ ፡ ወወርኅ ።
68 እንስሳ ፡ ይኄይሰሙ ፡ ዘይክል ፡ ጐይየ ። 71
ከመ ፡ በድን ፡ ዘውስተ ፡ ጽልመት ፡ ይነብር ፡ ከ
ማሁ ፡ አማልክቲሆሙ ። 73 ይኄይስ ፡ ብእሲ ፡
ዘአልቦ ፡ ጣዖተ ፡ ወርሒቀ ፡ እምጽዕለት ።

---

48 የኀብኡ ፡ GH. ምስሎሙ ፡ G. 49 ‸ እሙንቱ ፡ FGHI. 59 ሐስውኬ ፡ ኢኮኑ ፡ K. 66 ኢይረግሙ ፡ HK.

Libri Baruch et Epistolae Jeremiae epitome sola apud Abessinos legitur. Versionem integram num quondam habuerint, nescimus. At brevitatem non fortuita literarum et sententiarum jactura effectam esse, ipse tenor orationis satis continuus docet. Neque facile intellegitur, cur Abessini hos libellos, si quando pleniores habuerint, consulto in angustum coegerint. Propius vero abest, brevitatem interpreti primario deberi, qui cum libellos pondere et pretio caeteris libris sacris inferiores existimaret, eos summatim reddere satis habuerit. Certe apud Graecos ipsos horum libellorum compendia quoque circumlata fuisse, adhuc usque exemplo equidem demonstrare non possum, quare Aethiopem compendium Graecum secutum esse vix crediderim.

In editione libellorum paranda codices adhibui sex: 1) E, d'Abbadianum XXXV (Catalogue p. 42), saeculi XVII, recognitum; 2) F, d'Abbadianum LV (Cat. p. 64), saeculi XV vel XVI; 3) G, Parisinum, Cod. Eth. 9 (No. VI in Zotenbergi Catalogo p. 9) saec. XVII; 4) H, Londinensem Musei Brit., Orient. 496 (No. XX in Wrightii Catalogo p. 18), saec. XVII; 5) I, Londinensem Mus. Brit., Orient. 489 (No. XI in Wrightii Catalogo p. 10) anni 1730; 6) K, Berolinensem, bibliothecae regiae, Peterm. II Nachtr. 42 (No. II in meo Catalogo p. 1), saeculi XV vel XVI. Ex G H Zotenberg, ex H et I C Bezold, viri clarissimi amicissimi, lectiones benignissime mihi excerpserunt. E codicibus Musei Britannici recentioribus (No. 7. 8. 14. 16. 26. 28.) a C Bezold passim inspectis apparatum augere nolui.

Codices, quos dixi, ubi differunt, eas lectiones recepi, quae vel cum ratione verborum Graecorum magis congruunt, vel aetate codicis principatum vindicant. Varietatem incuria licentiave librariorum inculcatam praetermisi. In bibliis Abessinorum manuscriptis libellus Baruch excipit librum Jeremiae (in EFGK nullo intervallo, vix rubris initialibus ab eo diremtus); libellum Baruch excipiunt Threni, Threnos Epistola Jeremiae. Ab hoc ordine mire declinat H (vid. Wrightii Catal. p. 18), ut qui inter Isaiae et Danielis libros non ipsum Jeremiae librum, sed solas libri appendices (Bar., Epist. Jer., Thren., Paralip. Bar., al.) exhibeat. Partitionem libelli Baruch nullam praebent codices, nisi quod in quibusdam (EG) capiti quarto ምዕራፍ ፡, vel ምዕራፍ ፡ ፬ inscriptum est.

In usum eorum, qui Geez linguam non intellegunt, adjicio Epitomen in Graecum sermonem retro versam.

Epitome Baruch.

I. *Οὗτοι οἱ λόγοι τοῦ βιβλίου, οὓς ἔγραψε*
Βαροὺχ υἱὸς Νηρίου, υἱοῦ Μαασαίου, υἱοῦ Ζεδεκίου,
υἱοῦ Χελκίου ἐν Βαβυλῶνι 2 *ἐν τῷ ἔτει τῷ πέμπ-*
τῳ ἑβδόμῃ τοῦ μηνός, ἐν τῷ καιρῷ ᾧ ἔλαβον οἱ
Χαλδαῖοι τὴν Ἱερουσαλὴμ καὶ ἐνέπρησαν αὐτὴν
ἐν πυρί. 3 *καὶ ἀνέγνω Βαροὺχ τὸ βιβλίον τοῦτο*
ἐν ὠσὶν Ἰεχονίου υἱοῦ Ἰωακεὶμ βασιλέως Ἰούδα
καὶ παντὸς τοῦ λαοῦ τοῦ ἐρχομένου. 7 *καὶ ἀπέστειλεν*
εἰς Ἱερουσαλὴμ πρὸς τοὺς ἱερεῖς, 8 *ἐν τῷ λαβεῖν*
αὐτοὺς τὰ σκεύη οἴκου Κυρίου ἐκ τοῦ ναοῦ, καὶ
ἐποίησε Σεδεκίας σκεύη ἀργυρᾶ 9 *μετὰ τὸ ἀποι-*
κίσαι Ναβουχοδονόσορ τὸν Ἰεχονίαν καὶ τὸν λαὸν
τῆς Ἱερουσαλὴμ καὶ ἤγαγεν αὐτοὺς εἰς Βαβυ-
λῶνα, 10 *καὶ ἀπέστειλεν αὐτοῖς ἀργύριον καὶ*
εἶπεν· 11 *προσεύξασθε περὶ τῆς ζωῆς Ναβου-*
χοδονόσορ βασιλέως Βαβυλῶνος καὶ περὶ τῆς ζωῆς
Βαλτάσαρ υἱοῦ αὐτοῦ, ἵνα ὦσιν αἱ ἡμέραι αὐτῶν
ὡς αἱ ἡμέραι τοῦ οὐρανοῦ ἐπὶ τῆς γῆς. 13 *προσ-*
εύξασθε δὲ καὶ περὶ ἡμῶν πρὸς Κύριον τὸν θεὸν
ἡμῶν, ὅτι ἡμάρτομεν τῷ Κυρίῳ θεῷ ἡμῶν, 14 *καὶ*
ἀνάγνωτε τὸ βιβλίον τοῦτο ἐν τῷ οἴκῳ Κυρίου ἐν
ἡμέρᾳ ἑορτῆς 15 *καὶ εἴπατε· τῷ Κυρίῳ θεῷ ἡμῶν*
ἡ δικαιοσύνη, ἡμῖν δὲ αἰσχύνη τοῦ προσώπου ἡμῶν,
ἀνθρώπῳ Ἰούδα καὶ Ἱερουσαλὴμ, 16 *καὶ τοῖς βασι-*
λεῦσιν ἡμῶν καὶ τοῖς ἄρχουσιν ἡμῶν καὶ τοῖς
ἱερεῦσιν ἡμῶν καὶ τοῖς προφήταις ἡμῶν, 18 *καὶ*
οὐκ ἠκούσαμεν τῆς φωνῆς Κυρίου θεοῦ ἡμῶν, καὶ
οὐκ ἐπορεύθημεν ἐν τοῖς προστάγμασι Κυρίου
θεοῦ ἡμῶν οἷς ἔδωκεν ἡμῖν. 19 *ἀπὸ τῆς ἡμέρας*
ἧς ἐξήγαγε τοὺς πατέρας ἡμῶν ἐκ γῆς Αἰγύπτου
ἕως τῆς ἡμέρας ταύτης ἤμεθα ἀπειθοῦντες πρὸς
Κύριον θεὸν ἡμῶν. 20 *καὶ ἐκολλήθη εἰς ἡμᾶς ἡ*
ἀρὰ αὕτη ἡ κακή, 22 *ὅτι ᾠχόμεθα ἐργάζεσθαι*
θεοῖς ἑτέροις. II. 2 *Καὶ ἦλθεν ἐφ' ἡμᾶς τὰ γε-*
γραμμένα ἐν τῷ νόμῳ Μωυσῆ, 3 *καὶ ἔφαγεν*
ἄνθρωπος σάρκας υἱῶν αὐτοῦ καὶ θυγατρῶν αὐ-
τοῦ 4 *καὶ διέσπειρεν ἡμᾶς Κύριος εἰς τὰ ἔθνη*
τὰ κύκλῳ ἡμῶν, 8 *καὶ οὐκ ἐδεήθημεν Κυρίου, καὶ*
οὐκ ἀπεστρέψαμεν ἀπὸ τῆς κακίας τῆς καρδίας
ἡμῶν. 11 *καὶ νῦν Κύριε ὁ θεὸς Ἰσραὴλ, ὃς ἐξήγα-*
γες τὸν λαόν σου ἐκ γῆς Αἰγύπτου ἐν χειρὶ κραταιᾷ
καὶ ἐν σημείοις καὶ ἐν τέρασι καὶ ἐν δυνάμει
μεγάλῃ καὶ ἐν βραχίονι ὑψηλῷ, 13 *ἀπόστρεψον*
τὸν θυμόν σου ἀφ' ἡμῶν, ὅτι κατελείφθημεν ὀλίγοι
ἐν τοῖς ἔθνεσιν. 14 *καὶ εἰσάκουσον τῆς προσ-*
ευχῆς ἡμῶν καὶ ἐξελοῦ ἡμᾶς, 15 *ὅτι σὺ Κύριος*

---

1 *εἰς Βαβυλῶνα* omn., exc. E corr. 2 *Χαλδαῖοι* vid. Lexic. c. 1424 sub ፋርስ ፡ *ἐν πυρί* nonnisi in FK. 8 *τοῦ λαβεῖν* F. 10 *ἀργύριον* vid. Lexic. c. 898 sub ወርቅ ፡ 13 *ὅτι — ἡμῶν* nonnisi in K. 15 *εἴπατε — τὴν δικαιοσύνην* omn., exc. K.

ὁ θεὸς ἡμῶν. 16 Κύριε, κάτιδε ἐκ τοῦ οἴκου τοῦ ἁγίου σου. 17 οὐχ οἱ ἐν τῷ ᾅδῃ δοξάσουσί σε, 18 ἀλλὰ ἡ ψυχὴ ἡ σωθεῖσα καὶ ἡ ψυχὴ ἡ πεινῶσα ἢ ἐπλήσθη εὐλογήσει σε, Κύριε. 21 Οὕτως εἶπε Κύριος· κλίνατε τὰ ὦτα ὑμῶν καὶ ἐργάζεσθε τῷ βασιλεῖ Βαβυλῶνος, καὶ καθίσετε ἐπὶ τὴν γῆν ἣν δέδωκα τοῖς πατράσιν ὑμῶν. 22 καὶ ἐὰν μὴ ἀκούσητε τῆς φωνῆς Κυρίου καὶ μὴ ἐργάσησθε τῷ βασιλεῖ Βαβυλῶνος, 23 ἐκλείψουσι πόλεις Ἰούδα καὶ ἔξωθεν Ἱερουσαλήμ, φωνὴ εὐφροσύνης καὶ χαρμοσύνης, φωνὴ νυμφίου καὶ νύμφης, καὶ ἔσται πᾶσα ἡ γῆ εἰς ἄβατον. 24 Καὶ οὐκ ἠκούσαμεν τῆς φωνῆς σου ἐργάσασθαι τῷ βασιλεῖ Βαβυλῶνος, καὶ ἦλθεν ἐφ᾽ἡμᾶς ἃ ἐλάλησας ἐν χειρὶ τῶν παίδων σου τῶν προφητῶν, τοῦ ἐξενεχθῆναι τὰ ὀστᾶ τῶν βασιλέων ἡμῶν καὶ τὰ ὀστᾶ τῶν πατέρων ἡμῶν ἐκ τοῦ τόπου αὐτῶν. 25 καὶ ἰδού ἐστιν ἐξεῤῥιμμένα ἐν τῷ καύματι τῆς ἡμέρας καὶ τῷ παγετῷ τῆς νυκτός. καὶ ᾐχμαλωτεύθημεν καὶ ἀπεθάνομεν πονηρὸν θάνατον ἐν λιμῷ καὶ ἐν ῥομφαίᾳ. 30 Καὶ ἔγνων αὐτοὺς ὅτι οὐ μὴ ἀκούσωσί μου, ὅτι λαὸς σκληροτράχηλός ἐστιν. 31 Καὶ γνώσονται ὅτι ἐγὼ Κύριος ὁ θεὸς αὐτῶν, καὶ δώσω αὐτοῖς καρδίαν καὶ οὖς τοῦ ἀκούειν, 32 καὶ αἰνέσουσί με ἐν γῇ ἀποικισμοῦ αὐτῶν, καὶ μνησθήσονται τοῦ ὀνόματός μου, 33 καὶ ἀποστρέψουσιν ἀπὸ τῆς πονηρίας τῶν πραγμάτων αὐτῶν, καὶ μνησθήσονται τῆς ὁδοῦ πατέρων αὐτῶν τῶν ἁμαρτόντων ἔναντι Κυρίου. 34 καὶ ἀποστρέψω αὐτοὺς εἰς τὴν γῆν ἣν ὤμοσα τοῖς πατράσιν αὐτῶν, τῷ Ἀβραὰμ καὶ τῷ Ἰσαὰκ καὶ τῷ Ἰακὼβ, καὶ κυριεύσουσιν αὐτῆς· καὶ πληθυνῶ αὐτοὺς καὶ οὐ μὴ σμικρυνθῶσιν. 35 καὶ στήσω αὐτοῖς διαθήκην αἰώνιον τοῦ εἶναί με αὐτοῖς εἰς θεὸν, καὶ αὐτοὺς ἔσεσθαι μοι εἰς λαὸν, καὶ οὐ κινήσω ἔτι τὸν λαόν μου Ἰσραὴλ ἀπὸ τῆς γῆς αὐτῶν ἧς ἔδωκα αὐτοῖς.

III. 1 Κύριε παντοκράτωρ ὁ θεὸς Ἰσραὴλ, ψυχὴ ἐν στενοῖς καὶ πνεῦμα ἀκηδιῶν κέκραγε πρὸς σέ. 2 ἄκουσον Κύριε καὶ ἐλέησον, ὅτι ἡμάρτομεν ἐναντίον σου, 3 ὅτι σὺ καθήμενος τὸν αἰῶνα, καὶ ἡμεῖς ἀπολλύμενοι τὸν αἰῶνα. 4 Κύριε παντοκράτωρ ὁ θεὸς Ἰσραὴλ, ἄκουσον τῆς προσευχῆς τῶν τεθνηκότων Ἰσραὴλ καὶ τῶν υἱῶν τῶν ἡμαρτηκότων ἐναντίον σου, οἳ οὐκ ἤκουσαν τῆς φωνῆς σου, καὶ ἐκολλήθη ἡμῖν τὰ κακά. 5 καὶ οὐκ ἐμνήσθημεν ἀδικιῶν πατέρων ἡμῶν· μνήσθητι χειρός σου καὶ ὀνόματός σου ἐν τῷ καιρῷ τούτῳ, 6 ὅτι σὺ Κύριος ὁ θεὸς ἡμῶν, καὶ αἰνέσομέν σε, Κύριε, 7 ὅτι διὰ τοῦτο ἔδωκας τὸν φόβον σου ἐπὶ καρδίαν ἡμῶν τοῦ ἐπικαλεῖσθαι τὸ ὄνομά σου. καὶ αἰνέσωμέν σε ἐν τῇ ἀποικίᾳ ἡμῶν. 9 Ἄκουε, Ἰσραὴλ, ἐντολὰς ζωῆς καὶ ἐνώτισαι γνῶναι φρόνησιν. 10 τί ἐστιν Ἰσραήλ, καὶ διὰ τί ἐν γῇ τῶν ἐχθρῶν ἐστι, καὶ ἐπαλαιώθη ἐν γῇ ἀλλοτρίᾳ, καὶ συνεμιάνθη τοῖς νεκροῖς, 11 καὶ προσελογίσθη μετὰ τῶν εἰς ᾅδου, 12 καὶ ἐγκατέλιπε τὴν πηγὴν τῆς ζωῆς; 13 τῇ ὁδῷ τοῦ Κυρίου εἰ ἐπορεύθης, κατῴκεις ἂν ἐν εἰρήνῃ τὸν αἰῶνα. 14 μάθε ποῦ ἔστι φρόνησις, καὶ ποῦ ἔστιν ἰσχὺς, καὶ ποῦ ἔστι σύνεσις καὶ γνῶσις, καὶ ποῦ ἔστι μακροβίωσις, καὶ ποῦ ἔστι φῶς ὀφθαλμῶν καὶ εἰρήνη. 15 τίς εὗρε τὸν τόπον αὐτῆς, καὶ τίς ἦλθεν εἰς τοὺς θησαυροὺς αὐτῆς; 16 ποῦ εἰσὶν οἱ ἄρχοντες τῶν ἐθνῶν οἱ κυριεύοντες τῶν θηρίων τῶν ἐπὶ τῆς γῆς, 17 καὶ οἱ ἐν τοῖς ὀρνέοις τοῦ οὐρανοῦ ἐμπαίζοντες; 19 ἠφανίσθησαν καὶ εἰς ᾅδου κατέβησαν, καὶ ἄλλοι ἀνέστησαν ἀντ᾽ αὐτῶν. 20 καὶ νεώτεροι εἶδον φῶς καὶ κατῴκησαν ἐπὶ τῆς γῆς αὐτῶν, ὁδὸν δὲ ἐπιστήμης οὐκ ἔγνωσαν, 21 οὐδὲ συνῆκαν τρίβους αὐτῆς, οὐδὲ ἀντελάβοντο αὐτῆς οἱ υἱοὶ αὐτῶν, καὶ ἀπὸ τῆς ὁδοῦ αὐτῶν πόῤῥω ἐγενήθησαν. 22 οὐδὲ ἤκουσαν Χαναὰν, οὐδὲ εἶδον Θαιμάν. 23 οἵ τε υἱοὶ Ἄγαρ οἱ ἐκζη-

---

II. 18 de *σωθεῖσα* et *ἣ ἐπλήσθη* vid. anno. ad textum Aethiopicum. 23 *ἐκλείψουσι πόλεις* corruptum ex *ἐκλείψει ἐκ πόλεων.* 30 *ὅτι οὐκ ἤκουσάν μου* EFK. 31 *ὦτα*, si **እዘነ ፡** pro **እዝነ ፡** legitur· III. 4 *καὶ ἐκολλήθημεν τοῖς κακοῖς* omn. exc. F. 5 *καὶ μὴ μνησθῇς*, si **ወኢተዘከርኒ ፡** restitueris. 15 Praemittit *καὶ τῆς σοφίας* ante *τίς* E. 23|24 *γῆς Ἰσραήλ* omn. exc. K.

τοῦντες τὴν σύνεσιν ἐπὶ τῆς γῆς. 24 Ἰσραὴλ ὡς
μέγας ὁ οἶκος τοῦ θεοῦ καὶ ἐπιμήκης ὁ τόπος
αὐτοῦ, 25 οὐκ ἔχει τελευτήν, καὶ τὸ ὕψος αὐτοῦ
οὐκ ἔχει μέτρον. 29 τίς ἀνέβη εἰς τὸν οὐρανὸν καὶ
ἔλαβεν αὐτὴν καὶ κατεβίβασεν αὐτὴν ἐκ τῶν
νεφελῶν; 30 τίς διέβη πέραν τῆς θαλάσσης, καὶ
εὗρεν αὐτὴν καὶ ἤνεγκεν αὐτὴν χρυσίου πυῤῥοῦ;
31 οὐκ ἔστιν ὁ γινώσκων τὴν ὁδὸν αὐτῆς, οὐδὲ ὁ
ἐνθυμούμενος τὴν τρίβον αὐτῆς. 32 ὁ εἰδὼς τὰ
πάντα γινώσκει αὐτήν, καὶ ἐξεῦρεν αὐτὴν τῇ συνέ-
σει αὐτοῦ ὁ κατασκευάσας τὴν γῆν καὶ τὸν αἰῶνα.
33 καὶ ἀποστέλλει τὸ φῶς αὐτοῦ καὶ πορεύον-
ται. 34 οἱ δὲ ἀστέρες ἔλαμψαν ἐν τῷ καιρῷ αὐτῶν
καὶ εὐφράνθησαν, καὶ ἐκάλεσεν αὐτοὺς καὶ εἶπον·
πάρεσμεν. 35 οὗτος ὁ θεὸς ἡμῶν, ἕτερος γὰρ οὐκ
ἔστιν ὅμοιος αὐτῷ. 36 αὐτὸς ἐξεῦρε πᾶσαν ὁδὸν
ἐπιστήμης, καὶ ἔδωκεν αὐτὴν Ἰακὼβ τῷ παιδὶ αὐτοῦ
καὶ Ἰσραὴλ τῷ ἠγαπημένῳ ὑπ' αὐτοῦ. 37 καὶ μετὰ
τοῦτο ἐπὶ τῆς γῆς ὤφθη καὶ ἐγένετο ὡς ἄνθρωπος.
IV. 1 Αὕτη ἡ βίβλος τῶν προσταγμάτων τοῦ
Κυρίου καὶ ζήσονται ὑπάρχοντες εἰς τὸν αἰῶνα.
πάντες οἱ κρατοῦντες αὐτὴν ζήσονται, οἱ δὲ κα-
ταλείποντες αὐτὴν ἀποθανοῦνται. 2 ἐπιστρέφου
Ἰακώβ, ἐπιλαβοῦ καὶ διόδευσον ἐν τῷ φωτὶ αὐτῆς.
3 καὶ μὴ δῷς ἑτέρῳ τὴν δόξαν σου, τὰ συμφέροντά
σοι ἔθνει ἀλλοτρίῳ. 4 μακάριοί ἐσμεν Ἰσραήλ, ὅτι
τὰ ἀρεστὰ τοῦ θεοῦ ἡμῶν γνωστά ἐστιν ἡμῖν.
5 θαρσεῖτε λαός μου καὶ μνήσθητε Ἰσραήλ. 6 πέ-
πρακα ὑμᾶς τῷ ἔθνει οὐκ εἰς ἀπώλειαν, ἀλλὰ διὰ
τὸ παροργίσαι ὑμᾶς τὸν Κύριον παρεδόθητε τοῖς
ὑπεναντίοις ὑμῶν, 7 καὶ παρωξύνατε τὸν ποιήσαντα
ὑμᾶς, καὶ ἐθύσατε δαιμονίοις καὶ οὐ Κυρίῳ, 8 καὶ
ἐπελάθεσθε τὸν θεὸν ὑμῶν τὸν τροφεύσαντα ὑμᾶς
εἰς τὸν αἰῶνα, καὶ ἐλυπήσατε τὴν ἐκθρέψασαν
ὑμᾶς Ἱερουσαλήμ, 9 ὅτε εἶδε τὴν ἐπελθοῦσαν
ὑμῖν ὀργὴν τοῦ Κυρίου. ἀκούσατε οἱ πάροικοι
Σιών· ἐπήγαγέ μοι ὁ Κύριος πένθος μέγα, 10 ὅτε
εἶδον τὴν αἰχμαλωσίαν τῶν θυγατέρων μου καὶ τῶν
υἱῶν μου. 30 Θάρσει, Ἱερουσαλήμ, παρακαλέσει
σε ὁ ὀνομάσας σε. 31 καὶ δείλαιοι οἱ σὲ κακώ-
σαντες καὶ οἱ ἐπιχαρέντες τῇ σῇ πτώσει. 32 δεί-
λαιαι αἱ πόλεις αἱ δουλεύσασαι τοὺς υἱούς σου καὶ
αἱ δεξάμεναι τὰ τέκνα σου. 36 περίβλεψαι πρὸς
ἀνατολάς, Ἱερουσαλήμ, καὶ ἴδε τὴν εὐφροσύνην τὴν
παρὰ τοῦ θεοῦ σου ἐρχομένην σοι. 37 ἰδοὺ ἔρχον-
ται οἱ υἱοί σου συνηγμένοι, οὓς ἐξαπέστειλας, ἀπὸ
ἀνατολῶν ἕως δυσμῶν τῷ ῥήματι τοῦ ἁγίου, χαίρον-
τες τῷ τοῦ Κυρίου δόξῃ. V. 1 ἔκδυσαι, Ἱερου-
σαλήμ, τὴν στολὴν τοῦ πένθους καὶ τῆς κακώσεώς
σου, καὶ ἔνδυσαι τὴν εὐπρέπειαν τῆς παρὰ τοῦ
Κυρίου δόξης σου εἰς τὸν αἰῶνα. 2 καὶ περιβαλοῦ
τὴν διπλοΐδα τῆς παρὰ τοῦ Κυρίου δικαιοσύνης,
καὶ ἐπίθου τὴν μίτραν σου ἐπὶ τὴν κεφαλήν σου
τῆς δόξης τοῦ ἁγίου. 3 ὁ γὰρ Κύριος δείξει τῇ
ὑπ' οὐρανὸν πάσῃ τὴν σὴν λαμπρότητα. 4 καὶ κλη-
θήσεται τὸ ὄνομά σου εἰς τὸν αἰῶνα παρὰ τῷ
Κυρίῳ δικαιοσύνη καὶ εἰρήνη καὶ δόξα καὶ θεο-
σέβεια. 5 ἀνάστηθι, Ἱερουσαλήμ, καὶ στῆθι ἐπὶ
τοῦ ὑψηλοῦ, καὶ [περίβλεψαι] πρὸς ἀνατολὰς καὶ
ἴδε συνηγμένα τοὺς υἱούς σου ἀπὸ ἡλίου δυσμῶν
ἕως ἀνατολῶν τῷ ῥήματι τοῦ ἁγίου καὶ χαίροντες
τῇ τοῦ Κυρίου μνείᾳ. 6 ἐξῆλθον παρὰ σοῦ πεζοὶ
ἀγόμενοι ὑπὸ τῶν ἐχθρῶν αὐτῶν, εἰσάγει δὲ αὐτοὺς
ὁ Κύριος πρὸς σὲ αἰρομένους μετὰ δόξης ὡς θρόνον
βασιλέως. 7 καὶ συνέταξεν ὁ Κύριος ταπεινοῦσθαι
πάντα ὄρη ὑψηλὰ καὶ πληροῦσθαι πᾶσαν φάραγγα
καὶ ὁμαλίζεσθαι τὴν γῆν, ἵνα βαδίσῃ Ἰσραὴλ εὐθεῖαν
τῇ τοῦ Κυρίου δόξῃ. 8 καὶ σκιάσει αὐτοὺς πᾶς
δρυμὸς καὶ πᾶν ξύλον εὐωδίας τὸν Ἰσραὴλ προσ-
τάγματι τοῦ Κυρίου 9 τοῦ θεοῦ Ἰσραὴλ ἐν εὐφροσύνῃ
καὶ ἐν φωτὶ τῆς δόξης αὐτοῦ καὶ ἐν ἐλεημοσύνῃ
αὐτοῦ καὶ ἐν δικαιοσύνῃ αὐτοῦ.

---

24 ∧ ὁ τόπος αὐτοῦ omn. exc. K. 32 εἰς αἰῶνα, si **D** deleveris. IV. 1 καὶ ζήσονται ὑπάρχοντες degeneratum e καὶ ὁ νόμος ὁ ὑπάρχων. V. 5 κάθισον codd. (pro περίβλεψαι).

Epitome Epistolae Jeremiae.

Ἀντίγραφον ἐπιστολῆς Ἱερεμίου ἧς ἀπέστειλε πρὸς τοὺς ἀπαχθέντας αἰχμαλώτους εἰς Βαβυλῶνα ὑπὸ τοῦ βασιλέως Βαβυλῶνος, ἀναγγεῖλαι αὐτοῖς ἃ ἐπετάγη αὐτῷ ὑπὸ τοῦ Κυρίου. 2 Διὰ τὰς ἁμαρτίας ὑμῶν ἃς ἡμαρτήκατε εἰς τὸν Κύριον ἀπήχθητε εἰς Βαβυλῶνα 3 τοῦ εἶναι ἐκεῖ χρόνον μακρὸν ἕως γενεῶν ἑπτά· μετὰ τοῦτο δὲ ἐξάξω ὑμᾶς ἐκεῖθεν μετ᾽ εἰρήνης. 4 νυνὶ δὲ ὄψεσθε ἐν Βαβυλῶνι θεοὺς χρυσοῦς καὶ ἀργυροῦς καὶ ξυλίνους ἐπ᾽ ὤμοις αὐτῶν αἰρομένους καὶ δεικνύντας φόβον τοῖς ἔθνεσιν. 5 εὐλαβήθητε οὖν μὴ καὶ ὑμεῖς αὐτοῖς ἀφομοιωθῆτε, ἰδόντες ὄχλους ἔμπροσθεν καὶ ὄπισθεν αὐτῶν προσκυνοῦντας αὐτά. 6 εἴπατε ἐν τῇ καρδίᾳ ὑμῶν· σοὶ δεῖ προσκυνεῖν, δέσποτα. 8 γλῶσσα γὰρ αὐτοῖς ἐστὶ ποιουμένη ὑπὸ τέκτονος, αὐτά τε περίχρυσα καὶ περιάργυρα. ψευδός εἰσι καὶ οὐ δύνανται λαλεῖν. 9 καὶ ὥσπερ παρθένῳ κεκοσμημένῃ χρυσίῳ κατεσκεύασαν αὐτοῖς στεφάνους χρυσοῦς καὶ ἀργυροῦς, 11 καὶ κοσμοῦσιν αὐτοὺς ἐνδύμασιν ὡς ἀνθρώπους, 12 αὐτῶν δὲ οὐ καταπαύσουσι τὸν ἰόν. καὶ περιβάλλουσιν αὐτοῖς ἱματισμὸν πορφυροῦν, 13 καὶ ἐκμάσσονται αὐτοὺς διὰ τὸν τῆς οἰκίας κονιορτόν. 14 καὶ σκῆπτρον ἔχουσιν ὡς ἄνθρωπος, τὸν δὲ εἰς αὐτοὺς ἁμαρτάνοντα οὐκ ἐκδικοῦσιν. 15 καὶ ἔστιν ἐν χειρὶ αὐτοῦ πέλεκυς, ἑαυτὸν δὲ ἐκ ληστῶν οὐκ ἐξελεῖται. 16 ὅθεν γνώριμοί εἰσιν οὐκ ὄντες θεοί· μὴ οὖν φοβηθῆτε αὐτούς. 17 Ὥςπερ σκεῦος συντριβὲν καὶ ἀχρεῖον γενόμενον, τοιοῦτοι οἱ θεοὶ αὐτῶν. καὶ προςηλοῦσιν αὐτοὺς ἐν οἴκῳ, καὶ οἱ ὀφθαλμοὶ αὐτῶν πλήρεις εἰσὶ κονιορτοῦ ἀπὸ τῶν ποδῶν τῶν εἰςπορευομένων. 18 καὶ κατακλείουσιν αὐτοὺς οἱ ἱερεῖς αὐτῶν, ὅπως μὴ συληθῶσιν. 19 λύχνους καίουσιν αὐτοῖς καὶ οὐκ ἔστιν ὃ (ὃν) ὄψονται. 20 καὶ ἁρπαζομένου τοῦ ἱματισμοῦ αὐτῶν οὐκ αἰσθάνονται. 21 καὶ μεμελανωμένον τὸ πρόσωπον αὐτῶν ἀπὸ τοῦ καπνοῦ κεκαπνισμένον ἐν τῇ οἰκίᾳ. 22 καὶ καθίζονται ἐπὶ τὰς κεφαλὰς αὐτῶν νυκτερίδες καὶ ὄρνεα καὶ αἴλουροι. 23 ὅθεν γνώσεσθε, ὅτι οὐκ εἰσὶ θεοί· μὴ οὖν φοβεῖσθε αὐτά. 24 τὸ γὰρ χρυσίον τὸ περιτεθειμένον, ἐὰν μὴ ἀπομάξωσιν αὐτὸ, οὐ μὴ στίλψῃ, οὐδὲ γὰρ ὅτε χωνεύονται αἰσθάνονται. 25 καὶ οὐκ ἔστι πνεῦμα ἐν αὐτοῖς. 26 καὶ ἐπ᾽ ὤμοις φέρονται, ὥστε ἐνδείκνυσθαι τὴν αὐτῶν ἀτιμίαν. 27 οὐδὲ εἴ ποτε ἐπὶ τὴν γῆν πέσωσι, δι᾽ ἑαυτῶν ἀναστήσονται, οὐδὲ ἐάν τις αὐτοὺς ἀνορθώσῃ, δι᾽ ἑαυτῶν στήσονται. ὥσπερ νεκρῷ παρατίθεται βρώματα καὶ θυσίαι, 28 καὶ οἱ ἱερεῖς αὐτῶν καταχρῶνται. 29 ἀπὸ τούτων οὖν γνῶτε ὅτι οὐκ εἰσὶ θεοί, μὴ φοβηθῆτε αὐτούς. 30 ξύλα καὶ λίθοι εἰσί. 32 καὶ ἐὰν ὠρύωνται πρὸς αὐτούς, οὐ μὴ ἀκούσωσιν. 34 καὶ οὐ δυνήσονται ποιεῖν τι οὔτε ἀγαθὸν οὔτε κακόν. οὐ καταστήσουσι βασιλέα οὔτε ἀφελοῦνται. 35 οὐ πλοῦτον δώσουσιν, οὔτε πτωχίσουσιν, οὐ θανατώσουσιν οὔτε ζωοποιήσουσιν, 36 οὔτε ἥττονα ἐκ χειρὸς τοῦ χειρωσαμένου μὴ ἐξέλωνται. 48 ὅταν δὲ ἐπέλθῃ ἐπ᾽ αὐτοὺς πόλεμος, βουλεύονται πρὸς ἑαυτοὺς οἱ ἱερεῖς αὐτῶν, ποῦ συναποκρυβῶσι μετ᾽ αὐτῶν. 49 πῶς οὖν θεοί εἰσιν, οἳ ἑαυτοὺς οὐ σώζουσιν; 51 φανερὸν ἔσται, ὅτι ἔργα χειρῶν ἀνθρώπων εἰσί, καὶ οὐδὲν θεοῦ ἔργον ἐν αὐτοῖς ἐστίν. 53 οὔτε ὑετὸν οὐ μὴ δῶσι 54 καὶ οὐ μὴ καταπαύσωσιν, ὥσπερ κορῶναι ἀναμέσον τοῦ οὐρανοῦ καὶ τῆς γῆς. 55 καὶ ὅταν ἐμπέσῃ εἰς οἰκίαν τῶν θεῶν πῦρ, οἱ ἱερεῖς αὐτῶν φεύξονται καὶ διασώσουσιν ἑαυτούς, αὐτοὶ δὲ ὥσπερ δοκοὶ κατακαυθήσονται ἐν μέσῳ. 56 πῶς οὖν θεοὶ εἰσίν; 57 οἳ οὐ μὴ ἐκδικήσωσιν, οὔτε μὴ διασωθῶσιν ἀπὸ κλεπτῶν (ληστῶν). 59 ψεῦσται οὖν εἰσὶ καὶ θεοὶ οὐκ εἰσιν. καὶ δὴ θύρα διασώζει τὰ ἐν τῇ οἰκίᾳ ὄντα. 66 οὐ μὴ καταράσωνται, οὔτε μὴ εὐλογήσωσι, 67 καὶ σημεῖά τε ἐν οὐρανῷ οὐ μὴ δείξωσιν, οὔτε λάμψουσιν ὡς ὁ ἥλιος καὶ ἡ σελήνη. 68 τὰ θηρία αὐτῶν ἐστὶ κρείττω, ἃ δύναται ἐκφυγεῖν. 71 ὡς νεκρὸς ἐν σκότει καθήμενος ὡσαύτως εἰσὶν οἱ θεοὶ αὐτῶν. 73 κρείσσων ἄνθρωπος οὐχ ἔχων εἴδωλα καὶ μακρὰν γενόμενος ἀπὸ ὀνειδισμοῦ.

---

3 ἐξήγαγεν EFGH.

ዘጦቢት ፡

መጽሐፈ ፡ ነገሩ ፡ ለጦብያ ፡ ወልደ ፡ ጦቢ
ት ፡ ወልደ ፡ ገባኤል ፡ ዘእምነ ፡ አስሄል ፡ ዘእም
ነገደ ፡ ንፍታሌም ፡ 2 ዘተፄወወ ፡ በመዋዕለ ፡ አ
ኔሜሴር ፡ ንጉሠ ፡ ፋርስ ፡ ዘእምነ ፡ ታቤስ ፡ እን
ተ ፡ እምየማና ፡ ለቄድዮስ ፡ እንተ ፡ ንፍታሌም ፡
በገሊላ ፡ እንተ ፡ መልዕልተ ፡ አሴር ። 3 አነ ፡
ጦቢት ፡ በፍኖተ ፡ ጽድቅ ፡ ሖርኩ ፡ ወበርትዕ ፡
በኵሉ ፡ መዋዕለ ፡ ሕይወትየ ፡ ወምጽዋትየኒ ፡
ብዙኀ ፡ ገበርኩ ፡ ለአኀውየ ፡ ወለሕዝብየኒ ፡ እ
ለ ፡ ሖሩ ፡ ምስሌየ ፡ ብሔረ ፡ ፋርስ ፡ ውስተ ፡ ነ
ነዌ ። 4 ወእንዘ ፡ ሀለውኩ ፡ ውስተ ፡ እስራኤ
ል ፡ ብሔርየ ፡ እንዘ ፡ ንኡስ ፡ አነ ፡ (ወ)ኵሉ ፡
ሕዝበ ፡ ንፍታሌም ፡ (ወ)አቡየ ፡ ክሕዱ ፡ እም
ነ ፡ ኢየሩሳሌም ፡ እንተ ፡ ኀረይዋ ፡ እምነ ፡ ኵ
ሉ ፡ እስራኤል ፡ ከመ ፡ ይሡዑ ፡ ውስቴታ ፡ ኵ
ሉ ፡ እስራኤል ፡ ወተቀደሰ ፡ ጽርሐ ፡ መቅደሱ ፡
ሊልዑል ፡ ወተሐንጸ ፡ [ለኵሎሙ ፡] ትውልድ ፡
ዘለዓለም ። 5 ወኵሉ ፡ ሕዝብ ፡ እለ ፡ ክሕዱ ፡
ሦዑ ፡ ለበዐል ፡ (ወ)ለደማሊ ፡ ወቤተ ፡ ንፍታ
ሌም ፡ አቡየ ። 6 ወአነ ፡ ባሕቲትየ ፡ አሐውር ፡
መብዝኀቶ ፡ ኢየሩሳሌም ፡ አመ ፡ በዐላት ፡ በከ
መ ፡ ጽሑፍ ፡ ለኵሉ ፡ እስራኤል ፡ ውስተ ፡ ት
እዛዝ ፡ ዘለዓለም ፤ እምነ ፡ ቀዳሚ ፡ ዘቀረጽኩ ፡
እወስድ ፡ ሎሙ ፡ ለካህናት ፡ ለደቂቀ ፡ አሮን ፡
ኀበ ፡ ምሥዋዕ ፡ ወኵሎ ፡ እክለ ፡ 7 ወቀዳሜ ፡
ዓሥራተ ፡ እሁበሙ ፡ ለደቂቀ ፡ አሮን ፡ ለእለ ፡
ይጸመዱ ፡ ኢየሩሳሌም ፡ ወዘዳግም ፡ ዓሥራተ ፡
እሠይጥ ፡ ወአሐውር ፡ አስተዋፅእ ፡ ምጽዋተ ፡
ኢየሩሳሌም ፡ በበዓመት ፤ 8 ወሣልስተ ፡ እሁ
ብ ፡ ለነዳይ ፡ በከመ ፡ አዘዘት ፡ ዲቦራ ፡ እሙ ፡
ለአቡየ ፡ እስመ ፡ እጓለ ፡ ማውታ ፡ ኀደገኒ ፡ አ
ቡየ ። 9 ወአመ ፡ ኮንኩ ፡ ብእሴ ፡ ነሣእኩ ፡ ሊ
ተ ፡ ብእሲተ ፡ እምነ ፡ ዘርአ ፡ አዝማድየ ፡ ወወ
ለድኩ ፡ እምኔሃ ፡ ጦብያሃ ። 10 ወአመ ፡ ተፄወ
ውኩ ፡ ነነዌ ፡ ኵሎሙ ፡ አኀውየ ፡ እምነ ፡ አዝ
ማድየ ፡ በልዑ ፡ እምነ ፡ እክለ ፡ አሕዛብ ። 11
ወአንሰ ፡ ዐቀብኩ ፡ ነፍስየ ፡ ከመ ፡ ኢይብላዕ ፡
12 እስመ ፡ እዜከሮ ፡ ለእግዚአብሔር ፡ በኵሉ ፡

---

1 ለጦቢት ፡ አቡሁ ፡ ለጦብያ ፡ NR. Var. ጦቢያ ፡ Var. ግባኤል ፡, ገብኤል ፡ Var. አሳሔል ፡ 2 Var. አኔምስር ፡, ′ሜሶር ፡, al. Var. ታቢስ ፡ ∧ እንተ ፡ 2°] L. 4 ውስተ ፡] + ምድረ ፡ N. [ ] ለክሙ ፡ ለ EFNP, ሎሙ ፡ ለ LR. 5 አቡየ ፡] ወኵሉ ፡ ሕዝብ ፡ ወአቡየ ፡ ኀብረ ፡ ምስሌሆሙ ፡ R. 6 ቀረጽኩ ፡ sine ዘ ENP. ወለደቂቀ ፡ EFLN. በኀበ ፡ መሥዋዕት ፡ ኵሎ ፡ omn., exc. R. 7 ዓሥራት ፡ EFL, bis. 8 ወበከመ ፡ ELNP, F pr. m. ኀደጉኒ ፡ አበውየ ፡ N, አቡየ ፡ ወእምየ ፡ FL. 9 ∧ ሊተ ፡ R. 10 እምነ ፡ 1°] ወ R.

ልብየ ። 13 ወወሀበኒ ፡ እግዚአብሔር ፡ ገጸ ፡ ወ
ሞገሰ ፡ በቅድመ ፡ አኔሜሴር ፡ ወሤመኒ ፡ መጋ
ቢሁ ። 14 ወሖርኩ ፡ ምድያም ፡ ወአዕቀብክዎ ፡
ለገባኤል ፡ በብሔረ ፡ ራጎስ ፡ ዘምድያም ፡ ዐሠ
ርተ ፡ መካልየ ፡ ብሩር ። 15 ወአመ ፡ ሞተ ፡ አ
ኔሜሴር ፡ ነግሠ ፡ ሰናክሬም ፡ ህየንቴሁ ፡ ወእ
ኩይ ፡ ምግባሪሁ ፡ ወኢክህልኩ ፡ እንከ ፡ ሐዊ
ረ ፡ ምድያም ። 16 ወበመዋዕለ ፡ አኔሜሴር ፡ ብ
ዙኀ ፡ ምጽዋተ ፡ ገበርኩ ፡ ለአኀውየ ፤ 17 ወእ
ክልየኒ ፡ ወሀብኩ ፡ ለርኁባን ፡ ወልብስየኒ ፡ ለ
ዕሩቃን ፡ ወእመቦ ፡ ዘርኢኩ ፡ እምሕዝብየ ፡ ም
ውተ ፡ ወግዱፈ ፡ ኀበ ፡ አረፍት ፡ በነነዌ ፡ እቀ
ብሮሙ ። 18 እመቦ ፡ ዘቀተለ ፡ ሰናክሬም ፡ ን
ጉሥ ፡ አመ ፡ አተወ ፡ እምይሁዳ ፡ እንዘ ፡ ይጐ
ይይ ፡ ወአቅበርክዎሙ ፡ ጽምሚተ ፡ እስመ ፡ ብ
ዙኀ ፡ አጥፍአ ፡ በመዐቱ ፡ ወኀሠሠ ፡ አብድን
ቲሆሙ ፡ ንጉሥ ፡ ወኢረከበ ። 19 ወሖረ ፡ አሐ
ዱ ፡ እምነ ፡ ሰብአ ፡ ነነዌ ፡ ወአስተዋደየኒ ፡ ኀ
በ ፡ ንጉሥ ፡ ከመ ፡ ቀበርክዎሙ ፡ ወተኀባእኩ ፡
ሶበ ፡ አእመርኩ ፡ ከመ ፡ የኀሥሥ ፡ ቀትልየ ፡
ወፈሪህየ ፡ ተግሕሥኩ ። 20 ወበርበሩኒ ፡ ኵሎ ፡
ንዋይየ ፡ ወአልቦ ፡ ዘአትረፉ ፡ ሊተ ፡ ዘእንበለ ፡
ሐና ፡ ብእሲትየ [illegible]ጦብያ ፡ ወልድየ ። 21 ወ
ኢወፃእኩ ፡ ኀም[illegible] ወኀምስተ ፡ መዋዕለ ፡ እስ
ከ ፡ አመ ፡ ቀ[illegible]ልዎ ፡ ክልኤሆሙ ፡ ደቂቁ ፡ ወ
ጐዩ ፡ ውስተ ፡ [illegible]ብረ ፡ አራርጥ ፡ ወነግሠ ፡ አ
ኪሮዶን ፡ ወልዱ ፡ ህየንቴሁ ፡ ወሤሞ ፡ ለአኪ
አክሮስ ፡ ወልደ ፡ ሐናሄል ፡ ወልደ ፡ እኁየ ፡ ላ
ዕለ ፡ ኵሉ ፡ ቤተ ፡ አቡሁ ፡ ወላዕለ ፡ ኵሉ ፡ ሥ
ርዐቶሙ ። 22 ወአስተብቍዐ ፡ ሊተ ፡ አኪአክ
ሮስ ፡ ወአእተወኒ ፡ ነነዌ ። 23 ወአኪአክሮስ ፡
ዘላዕሌሁ ፡ ማኅተም ፡ ወፃእፃአ ፡ ቤቱ ፡ ወሤ
[ሞ] ፡ ዳግመ ፡ አክሮዶናስ ፡ . . . ውእቱ ። II. ወ
አመ ፡ አተውኩ ፡ ብሔርየ ፡ አግብአ ፡ ሊተ ፡
ሐናሃ ፡ ብእሲትየ ፡ ወጦብያሃ ፡ ወልድየ ። በዕ
ለተ ፡ በዓለ ፡ ጰንጠቈስጤ ፡ ቅድስት ፡ ሳብዕ ፡
ሰንበት ፡ ገብሩ ፡ ሊተ ፡ ሠናይተ ፡ ወረፈቁ ፡ እ
ብላዕ ። 2 ወርኢኩ ፡ ከመ ፡ መስየ ፡ በሕቁ ፡ ወ
እቤሎ ፡ ለወልድየ ፡ ሖር ፡ ወአምጽእ ፡ ዘረከብ
ከ ፡ እምነ ፡ አኀዊነ ፡ ቢጸ ፡ ነዳያነ ፡ እስመ ፡ ተ
ዘከርዎ ፡ ለእግዚአብሔር ፡ ወናሁ ፡ እጸንሐከ ።
3 ወሶበ ፡ ገብአ ፡ ይቤለኒ ፡ አባ ፤ አሐዱ ፡ እም
ነ ፡ ሕዝብነ ፡ ግዱፍ ፡ በድኑ ፡ ውስተ ፡ ምሥያ
ጥ ። 4 ወአነሂ ፡ ተንሣእኩ ፡ ዘእንበለ ፡ እጥዐ
ም ፡ ወአባእክዎ ፡ ውስተ ፡ አሐዱ ፡ ቤት ፡ እስ
ከ ፡ የዐርብ ፡ ፀሓይ ። 5 ወገባእኩ ፡ ወተኀፀብ
ኩ ፡ ወበላዕኩ ፡ እክልየ ፡ በሐዘን ። 6 ወተዘከ
ርኩ ፡ ዘይቤ ፡ አሞጽ ፡ ይትመየጥ ፡ በዐላቲክ
ሙ ፡ ውስተ ፡ ላሕ ፡ ወኵሉ ፡ ትፍሥሕትክሙ ፡
ውስተ ፡ ብካይ ። 7 ወእምዝ ፡ በከይኩ ፡ ወሶበ ፡
ዐረበ ፡ ፀሓይ ፡ ሖርኩ ፡ ወከረይኩ ፡ ወቀበርክዎ ።
8 ወሠሐቁ ፡ ላዕሌየ ፡ ወይቤሉ ፡ ኢይፈርህኑ ፡

---

17 አረፍተ ፡ ነነዌ ፡ F. 18 ወቀበርክዎሙ ፡ R. ቀተለ ፡ pro አጥፍአ ፡ R; F. i. l. 19 ቀቲሎትየ ፡ F. 20 ሐናሃ ፡ et ወጦብያሃ ፡ EL. 21 አራራጥ ፡ R, F corr. አናሔል ፡ FLNP, አሳሄል ፡ R. 23 ማኅቶቶሙ ፡ ELP, ማኅተቶሙ ፡ FN. ወሤመ ፡ omn. Ante ውእቱ ፡ non possunt non quaedam esse deperdita. II. 1 ቤትየ ፡ pro ብሔርየ ፡ R. 2 ተዘከርክዎ ፡ EFLP. እጸን' ፡] + እስከ ፡ ትገብእ ፡ R. 4 እጥዐም ፡] + እክለ ፡ R. 5 ወገባእኩ ፡] + ውስተ ፡ ቤትየ ፡ EFLP. 8 ኢይቅትልዎ ፡ R. እ

ዝንቱ ፡ ይቅትልዎ ፡ በእንተዝ ፡ ግብር ፡ ወጦቢ
ትኒ ፡ ናሁ ፡ ካዕበ ፡ ይቀብር ። 9 ወበይእቲ ፡ ሌ
ሊት ፡ ቤትኩ ፡ ሥኡብየ ፡ ኀበ ፡ አረፍተ ፡ ዐጸ
ድ ፡ ወክሡት ፡ ገጽየ ። 10 ወኢያእመርኩ ፡ ከ
መ ፡ ቦቱ ፡ አዕዋፍ ፡ ውስተ ፡ አረፍት ፡ ወእን
ዘ ፡ ክሡት ፡ ገጽየ ፡ አኰስሐ ፡ እልኩ ፡ አዕዋ
ፍ ፡ ውስተ ፡ አዕይንቲየ ፡ ውዑየ ፡ ወወፅአኒ ፡
ጢስ ፡ ውስተ ፡ አዕይንትየ ፡ ወሖርኩ ፡ ኀበ ፡ ዐ
ቀብተ ፡ ሥራይ ፡ ወአልቦ ፡ ዘበቍዐኒ ። ወአኪ
አክሮስ ፡ ይሴስየኒ ፡ እስከ ፡ አመ ፡ ሖርኩ ፡ ኤ
ሌማድያ ፡ ባሕቲትየ ። 11 ወሐና ፡ ትፀመድ ፡
ቤተ ፡ አንስት ። 12 ወለአከት ፡ ኀበ ፡ አጋእዝ
ቲሃ ፡ ወወሀባሃ ፡ እማንቱ ፡ ማሕስዐ ። 13 ወሶ
በ ፡ መጽአት ፡ ኀቤየ ፡ አኀዘት ፡ ትጽራኅ ፡ ወእ
ቤላ ፡ እምአይቴ ፡ ዛቲ ፡ ማሕስዕ ፡ ወእመ ፡ ዘሰ
ረቂ ፡ አግብእዮ ፡ ለአብዕልቲሁ ፡ እስመ ፡ ኢከ
ነ ፡ ጽድቀ ፡ በሊዕ ፡ ዘስርቅ ። 14 ወትቤለኒ ፡ ጸ
ገዉኒዮ ፡ ህየንተ ፡ ዐስብየ ፤ ወኢአመንክዋ ፡
ወእቤላ ፡ አግብኢ ፡ ለአብዕልቲሁ ፡ ወተገዐዝ
ኩ ፡ ምስሌሃ ። ወአውሥአተኒ ፡ ወትቤለኒ ፡ አ
ይቴ ፡ ውእቱ ፡ ምጽዋትከ ፡ ወጽድቅከ ፤ ናሁ ፡
ተዐውቀ ፡ ኵሉ ፡ ዘላዕሌከ ። III. ወተከዝኩ ፡
ወበከይኩ ፡ ወጸለይኩ ፡ በሕማመ ፡ ልብ ፡ ወእ
ቤ ፡ 2 ጻድቅ ፡ አንተ ፡ እግዚኦ ፡ ወኵሉ ፡ ፍና
ዊከ ፡ በምሕረት ፡ ወበፍትሕ ፡ ወበርትዕ ፡ ርቱ
ዕ ፡ ወበጽድቅ ፡ አንተ ፡ ትኴንን ፡ ዓለመ ። 3 ተ
ዘከረኒ ፡ ወነጽረኒ ፡ ወኢትትበቀለኒ ፡ በኀጢአ
ትየ ፡ ወበኀጢአተ ፡ አበውየ ፡ እለ ፡ አበሱ ፡ ለ
ከ ፡ 4 ወኢሰምዑ ፡ ትእዛዘከ ፡ ወረሰይከነ ፡ ለተ
በርብሮ ፡ ወለተዄውዎ ፡ ወለተቀትሎ ፡ አምሳ
ለ ፡ ትዕይርት ፡ ውስተ ፡ ኵሉ ፡ ዓለም ፡ ወአሕ
ዛብኒ ፡ እለ ፡ ውስቴቶሙ ፡ ተዘረውነ ። 5 ወይ
እዜኒ ፡ ብዙኀ ፡ ውእቱ ፡ ኵነኔከ ፡ ዘበጽድቅ ፡
ወግበር ፡ ሊተ ፡ በዘ ፡ ይሰረይ ፡ ኀጢአትየ ፡ ወ
ዘአበውየ ፡ እስመ ፡ ኢገበርነ ፡ ትእዛዘከ ፡ ወኢ
ሖርነ ፡ በጽድቅ ፡ ቅድሜከ ። 6 ወይእዜኒ ፡ በከ
መ ፡ ይኤድመከ ፡ ግበር ፡ ምስሌየ ፡ በቅድሜከ ፡
ወአዝዝ ፡ ዘይትሜጦ ፡ መንፈስየ ፡ ከመ ፡ እሰዐ
ር ፡ ወእኩን ፡ መሬተ ፡ እስመ ፡ ይኄይሰኒ ፡ መ
ዊት ፡ እምሐይው ፡ እስመ ፡ ሰማዕኩ ፡ ትዕይር
ተ ፡ በሐሰት ፡ ወበዝኀ ፡ ሐዘን ፡ ላዕሌየ ፡ ወአ
ዝዝ ፡ እሰዐር ፡ እምነ ፡ ሕማምየ ፡ ውስተ ፡ መከ
ን ፡ ዘለዓለም ፡ ወኢትሚጥ ፡ ገጸከ ፡ እምኔየ ።
7 ወበይእቲ ፡ ዕለት ፡ ረከባ ፡ ለወለተ ፡ ራጉኤ
ል ፡ ሳራ ፡ እምነ ፡ በጣኒ ፡ ዘሜዶን ፡ ወተዐየራ
ሃ ፡ አእማተ ፡ አቡሃ ። 8 እስመ ፡ አስተዋሰብ
ዋ ፡ ለሰብዐቱ ፡ ዕደው ፡ ወቀተሎሙ ፡ ጋኔን ፡
እኩይ ፡ አስማድዮስ ፡ ዘእንበለ ፡ ይቅረብዋ ፡ እ
ንተ ፡ ብእሲ ፡ ወብእሲት ። ወይቤላሃ ፡ ኢታእ
ምሪ ፡ እንዘ ፡ ይትኀነቁ ፡ አምታትኪ ፤ ናሁ ፡ ሰ

ስመ ፡ ይቀብሮሙ ፡ ለእለ ፡ ቀተለ ፡ ንጉሥ ፡ pro በእንተዝ ፡ — ይቀብር ፡ R; እለ ፡ ቀተለ ፡ ንጉሥ ፡ እስመ ፡ ውእቱ ፡ ይቀብር ፡ pro ወጦቢትኒ ፡ — ይቀብር ፡ L. 9 ስኩብየ ፡ R, F i. l. 10 ∧ ወሖርኩ ፡ — ሥራይ ፡ EFNP; ዐቃቤ ፡ L. 13 አምጽአት ፡ FR. 14 ወጽድ′ ፡] ወጸሎትከ ፡ omn. exc. R. III. 1 ጸለይኩ ፡ ወበከይኩ ፡ omn. exc. R, omisso በሕማመ ፡ ልብ ፡ 2 በኵሉ ፡ pro ወኵሉ ፡ omn. exc. R. ወበጽድቅ ፡] ወጻድቅ ፡ L. 4 ትዕይንት ፡ omn. exc. R. 6 ትዕይርተ ፡ R; እምትዕይርት ፡ caet. ወአዝዝ ፡ 2°] ∧ ወ R. 7 Var. ራጕኤል ፡ ወተዓየራሃ ፡ plures. 8 + ከመ ፡ ante እንተ ፡ L i. l. ብእሲ ፡] + በሥርዐተ ፡ ተባዕት ፡ ወአንስት ፡ P, E i. m. ∧ ወይቤላሃ ፡ EFNR. ወለአሐዱ ፡ EN.

ብዐቱ ፡ አውሰቡኪ ፡ ወአሐደ ፡ እምኔሆሙ ፡
ኢተሎኪ ፧ 9 ምንተ ፡ እንከ ፡ ተቀሥፍኒ ፡ በእን
ቲአሆሙ ፧ እመ ፡ ሞቱ ፡ ሖሪ ፡ ምስሌሆሙ ፡
ወኢንርአይ ፡ ወልደ ፡ ወወለተ ፡ እምኔኪ ፡ እስ
ከ ፡ ለዓለም ። 10 ወሰበ ፡ ሰምዐት ፡ ዘንተ ፡ ተ
ከዘት ፡ ጥቀ ፡ እስከ ፡ ትፈቱ ፡ ትትኀነቅ ፡ ወት
ቤ ፡ አሐቲ ፡ አነ ፡ ለአቡየ ፡ ወእመ ፡ ገበርኩ ፡
ከመዝ ፡ ትዕይርተ ፡ ትከውኖ ፡ ወአወርድ ፡ ር
ሥአኒሁ ፡ በጻዕር ፡ ውስተ ፡ ሲኦል ። 11 ወጸለ
የት ፡ በውስተ ፡ መስኮት ፡ ወትቤ ፡ ቡሩክ ፡ አ
ንተ ፡ አምላኪየ ፡ ወይትባረክ ፡ ስምከ ፡ ቅዱስ ፡
ወቡሩክ ፡ ለዓለም ፡ ወክቡር ፡ ኵሉ ፡ ግብርከ ፡
ለዓለም ። 12 ወይእዜኒ ፡ እግዚኦ ፡ አዕይንትየ ፡
ወገጽየ ፡ ለከ ፡ መጠውኩ ፡ 13 ወእቤለከ ፡ ሰዐ
ረኒ ፡ እምነ ፡ ምድር ፡ ከመ ፡ ኢይስማዕ ፡ እንከ ፡
ትዕይርተ ። 14 ለሊከ ፡ ታአምር ፡ እግዚኦ ፡ ከ
መ ፡ ንጽሕት ፡ አነ ፡ እምኵሉ ፡ ኀጢአት ፡ ዘም
ስለ ፡ ብእሲ ፡ 15 ወኢገመንኩ ፡ ስምየ ፡ ወስ
መ ፡ አቡየ ፡ በብሔረ ፡ ተፄወውኩ ፡ ወአሐቲ ፡
አነ ፡ ለአቡየ ፡ ወአልብየ ፡ አኀወ ፡ ወአልብየ ፡
ዘቅሩብ ፡ ወአዐቅብ ፡ ሎቱ ፡ ለብእሲ ፡ እስመ ፡
ሰብዐቱ ፡ ሞቱኒ ፧ ለምንት ፡ እንከ ፡ አሐዩ ፧ ወ
ለእመኒ ፡ ኢፈቀድከ ፡ ትቅትለኒ ፡ ነጽር ፡ ላዕሌ
የ ፡ ወአስተምሕረኒ ፡ ወአዝዝ ፡ በዘኢይሰምዕ ፡
ትዕይርተ ፡ እንከ ። 16 ወተሰምዐ ፡ ጸሎቶሙ ፡
ለክልኤሆሙ ፡ በቅድመ ፡ ስብሐተ ፡ ዕበዩ ፡ ለ
ሩፋኤል ፡ 17 ወተፈነወ ፡ ዕበዩ ፡ ይፈውሶሙ ፡
ለክልኤሆሙ ፡ ለጦቢትኒ ፡ ከመ ፡ ይሰስል ፡ ጢ
ሰ ፡ ወለሳራኒ ፡ ወለተ ፡ ራጉኤል ፡ ከመ ፡ የሀባ ፡
ለጦብያ ፡ ወልደ ፡ ጦቢት ፡ ትኩኖ ፡ ብእሲቶ ፡
ወከመ ፡ ይስዐሮ ፡ ለአስማድዮስ ፡ ጋኔን ፡ እኩ
ይ ፡ እስመ ፡ ጦብያ ፡ ይወርሳ ። ወበእማንቱ ፡
መዋዕል ፡ ተመይጠ ፡ ጦቢት ፡ ወአተወ ፡ ቤቶ ፡
ወሳራ ፡ ወለተ ፡ ራጉኤል ፡ ወረደት ፡ እምነ ፡ ጽ
ርሐ ። IV. ወበይእቲ ፡ ዕለት ፡ ተዘከረ ፡ ጦቢ
ት ፡ በእንተ ፡ ብሩር ፡ ዘአማሕፀነ ፡ ኀበ ፡ ገባኤ
ል ፡ ዘራጎስ ፡ ዘሜዶን ። 2 ኀለየ ፡ ወይቤ ፡ ና
ሁ ፡ አነ ፡ ሰአልኩ ፡ እሙት ፧ ለምንት ፡ እንከ ፡
ኢይጼውዖ ፡ ለወልድየ ፡ ጦብያ ፡ እንግሮ ፡ ዘእ
ንበለ ፡ እሙት ። 3 ወጸውዖ ፡ ወይቤሎ ፡ ወል
ድየ ፡ እመ ፡ ሞትኩ ፡ ቅብረኒ ፡ ወዕቀብ ፡ እመ
ከ ፡ ወአክብራ ፡ በኵሉ ፡ መዋዕለ ፡ ሕይወትከ ፡
ወግበር ፡ ላቲ ፡ ዘፈቀደት ፡ ወኢታሕዝና ። 4
ተዘከር ፡ ወልድየ ፡ ከመ ፡ ብዙኀ ፡ ሕማመ ፡ ረ
ከበት ፡ ብከ ፡ በውስተ ፡ ከርሥ ። ወእመ ፡ ሞ
ተት ፡ ቅብራ ፡ ኀቤየ ፡ ውስተ ፡ አሐዱ ፡ መቃ
ብር ። 5 ወበኵሉ ፡ መዋዕል ፡ ተዘከሮ ፡ ወልድ
የ ፡ ለእግዚአብሔር ፡ አምላክነ ፡ ወኢትፍቅድ ፡
አብሶ ፡ ወክሒዶ ፡ ትእዛዞ ፡ ወግበር ፡ ጽድቀ ፡
በኵሉ ፡ መዋዕለ ፡ ሕይወትከ ፡ ወኢትሖር ፡ በ
ፍኖተ ፡ ዐመፃ ። 6 ወእምከመ ፡ ገበርካሃ ፡ ለጽ
ድቅ ፡ ትሤራሕ ፡ በኵሉ ፡ ፍኖትከ ፡ ወበኵሉ ፡

---

9 እስከ ፡] እንከ ፡ E; ∧ R. 10 ይከውኖ ፡ R. 11 አንተ] + እግዚኦ ፡ R. 15 አበውየ ፡ EFLP. በብሔር ፡ ዘተፄ′ ፡ FLN. እኅወ ፡ R. ለዘቅሩብ ፡ omn. exc. R. ወየዐቅበኒ ፡ sine ሎቱ ፡ R. ∧ ሎቱ ፡ L. 16 ለሩፋኤል ፡] ለእግዚአብሔር ፡ LR. 17 ዕበዩ ፡] ሩፋኤል ፡ FR, L corr. ጢሰ ፡] ጢሰ ፡ ዐይኑ ፡ R. ይስዐሮ ፡] corruptum e ይእስሮ ፡ ይወርሶ ፡ EP. ጽርሐ ፡ omn. exc. R. IV. 1 Var. ራጌስ ፡, ራገስ ፡ 2 ወእንግሮ ፡ ELP, ከመ ፡ እ′ ፡ RN. 5 ወክሒዶ ፡ በትእ″ ፡ E. 6 ∧ ወበኵሉ ፡ ግብርከ ፡ EFLP.; ∧ ኵሉ ፡ et ዘገበርከ ፡ N.

ግብርከ ፡ ዘገበርከ ። 7 ወለኵሎሙ ፡ እለ ፡ ይገ
ብርዋ ፡ ለጽድቅ ፡ እምንዋይከ ፡ ግበር ፡ ምጽዋ
ተ ፡ ወኢትደንጹ ፡ ዐይንከ ፡ ሶበ ፡ ትገብር ፡ ም
ጽዋተ ፡ ወኢትሚጥ ፡ ገጸከ ፡ እምነዳይ ፡ ወእግ
ዚአብሔር ፡ ኢይመይጥ ፡ ገጾ ፡ እምኔከ ። 8 ወ
በአምጣነ ፡ ትክል ፡ መጠነ ፡ ብከ ፡ ግበር ፡ ምጽ
ዋተ ፤ ወእመኒ ፡ ውኁድ ፡ ኢትደንጹ ፡ ለገቢ
ረ ፡ ምጽዋት ። 9 እስመ ፡ ሠናየ ፡ መዝገበ ፡ ት
ዘግብ ፡ ለከ ። 10 እስመ ፡ ምጽዋት ፡ ታድኅን ፡
እሞት ፡ በዕለተ ፡ ምንዳቤ ፡ ወኢታበውሕ ፡ ት
ባእ ፡ ውስተ ፡ ጽልመት ። 11 እስመ ፡ ሠናይ ፡
ጸጋ ፡ ይእቲ ፡ ምጽዋት ፡ ለኵሉ ፡ ዘይገብራ ፡ በ
ቅድመ ፡ ልዑል ። 12 ወዑቅ ፡ ርእሰከ ፡ ወልድ
የ ፡ እምኵሉ ፡ ዝሙት ፡ ወቅድም ፡ ለከ ፡ ነሚ
አ ፡ ብእሲተ ፡ እምዘርአ ፡ አበዊከ ፡ ወኢታው
ስብ ፡ እምነኪር ፡ እንተ ፡ ኢኮነት ፡ እምአዝማ
ዲከ ፡ እስመ ፡ እምደቂቀ ፡ ነቢያት ፡ ንሕነ ፤ ኖ
ኅ ፡ ወአብርሃም ፡ ወይስሐቅ ፡ ወያዕቆብ ፡ አበ
ዊነ ፡ እለ ፡ እምዓለም ፤ ተዘከር ፡ ወልድየ ፡ ከ
መ ፡ ኵሎሙ ፡ [እሉ ፡] ነሥኡ ፡ አንስትያ ፡ እ
ምነ ፡ ትውልደ ፡ አበዊሆሙ ፡ ወተባረኩ ፡ በ
ውሉዶሙ ፡ ወዘርአሙ ፡ ወረስዋ ፡ ለምድር ።
13 ወይእዜኒ ፡ ወልድየ ፡ አፍቅር ፡ ቢጾከ ፡ ወ
ኢታዕቢ ፡ ልበከ ፡ እምነ ፡ ቢጽከ ፡ ወእምነ ፡ ደ
ቂቀ ፡ ሕዝብከ ፡ ወእምነ ፡ አዋልዲሆሙ ፤ ንሣ
እ ፡ ለከ ፡ ብእሲተ ፡ እምኔሆን ፤ እስመ ፡ ኀበ ፡
ሀለወት ፡ ትዕቢት ፡ ህየ ፡ ሀለወት ፡ ኅሳር ፡ ወብ
ዙኃ ፡ ሁከት ፡ ወኀበ ፡ ሀለወት ፡ [ሀኬት ፡] ህየ ፡
ሀለወት ፡ ተፅናስ ፡ ወዐቢይ ፡ ንዴት ፡ እስመ ፡
[እመ ፡ ረኀብ ፡] ይእቲ ። 14 ዐስበሙ ፡ ለኵሉ ፡
ዘተጋነየ ፡ ለከ ፡ ኢይቢት ፡ ኀቤከ ፡ አላ ፡ ሀበ
ሙ ፡ በጊዜሃ ፡ ወእምከመ ፡ ተቀነይከ ፡ ለእግዚ
አብሔር ፡ [ይፈዲ ፡] ዐስበከ ፤ ወዑቅ ፡ ርእሰከ ፡
ወኩን ፡ ጠቢበ ፡ በኵሉ ፡ ግብርከ ፡ ወበኵሉ ፡
ግዕዝከ ። 15 ወዘትጸልእ ፡ ለሊከ ፡ ኢትግበር ፡
ለመኑሂ ፤ ወይነ ፡ ለሰኪር ፡ ኢትስተይ ፡ ወኢ
ትሖር ፡ ምስሌከ ፡ ስክረት ፡ ውስተ ፡ ፍኖትከ ።
16 ወእምነ ፡ እክልከ ፡ ሀብ ፡ ለርኁብ ፡ ወእምነ ፡
አልባሲከ ፡ ሀብ ፡ ለዕሩቅ ፡ ወእምነ ፡ ኵሉ ፡ ዘ
ይትረፈከ ፡ ግበር ፡ ለምጽዋት ። 17 ወዝሩ ፡ እ
ክለከ ፡ ላዕለ ፡ መቃብረ ፡ ጻድቃን ፡ ወኢተሀ
ብ ፡ ለኃጥኣን ። 18 ምክረ ፡ ኅሥሥ ፡ በኵሉ ፡
በኀበ ፡ ጠቢባን ፡ ወኢታስትት ፡ ምክረ ፡ እንተ ፡
ትበቍዐከ ። 19 ወበኵሉ ፡ ጊዜ ፡ ባርኮ ፡ ለእግ
ዚአብሔር ፡ ወኀቤሁ ፡ ጸሊ ፡ ሥሩሐ ፡ ትኩን ፡
ፍኖትከ ፡ ወይሜርሐከ ፡ በኵሉ ፡ ግብርከ ፡ ወበ
ኵሉ ፡ ፍናዊከ ፡ እስመ ፡ ኵሎሙ ፡ አሕዛብ ፡ [አ
ልበሙ ፡] ምክረ ፡ እንበለ ፡ ውእቱ ፡ እግዚአብ
ሔር ፡ ዘይሁብ ፡ ኵሎ ፡ ሠናይቶ ፡ ወለዘፈቀደ ፡
ያቴሕቶ ፡ በከመ ፡ ውእቱ ፡ ይፈቅድ ። ወይእዜ

8 ኢትደንግጽ ፡ NPR. 9 እስመ ፡] + ገቢረ ፡ ምጽዋት ፡ omn. exc. R. 10 ታብእ ፡ omn. exc. N. 12 እም ፡ pro እምኵሉ ፡ omn. exc. R. እምኵሉ ፡ ዘርአ ፡ omn. exc. R. ደቂቀ ፡ sine እም R, F pr. m. [እሉ ፡] cod. እለ ፡; ^ R. 13 [ሀኬት ፡] ሁከት ፡ codd. [እመ ፡ ረኀብ ፡] እምሰማይ ፡ EFP, እማ ፡ LR; እም N. 14 ዐስበ ፡ ኵሉ ፡ LR. ተጋነየ ፡] corruptum e ተቀንየ ፡ [ይፈዲ ፡] ይፈቅድ ፡ EFNP, ይፈደፍድ ፡ LR. 15 ስክርት ፡ omn. exc. N. 16 ምጽዋተ ፡ R. 18 በኀበ ፡ ኵሉ ፡ ጠ' ፡ R. 19 [አልበሙ ፡] እለ ፡ በሙ ፡ codd. Legas ሠናይተ ፡

ኒ ፡ ወልድየ ፡ ተዘከር ፡ ትእዛዝየ ፡ ወኢይደም
ሰስ ፡ እምልብከ ። 20 ወይእዜኒ ፡ እነግረከ ፡ በ
እንተ ፡ ዐሥሩ ፡ መክልየ ፡ ብሩር ፡ ዘአዕቀብኩ ፡
ኀበ ፡ ገባኤል ፡ ወልደ ፡ ግብርያ ፡ ዘጋቤስ ፡ ዘሜ
ዶን ። 21 ወኢትፍራህ ፡ ወልድየ ፡ እስመ ፡ [ነ
ደይነ ፤] ብከ ፡ ብዙኀ ፡ በረከተ ፡ ለእመ ፡ ፈራህ
ከ ፡ ለእግዚአብሔር ፡ ወኀደገ ፡ ኵሎ ፡ ኀጢአ
ተ ፤ ወግበር ፡ ዘያሠምሮ ፡ በቅድሜሁ ። V. ወ
አውሥአ ፡ ጦብያ ፡ ወይቤ ፡ አባ ፡ እገብር ፡ ኵ
ሎ ፡ ዘአዘዝከኒ ። 2 ወባሕቱ ፡ እፎ ፡ እክል ፡ ነ
ሢአቶ ፡ ለውእቱ ፡ ብሩር ፡ ዘኢያአምሮ ። 3 ወ
ወሀቦ ፡ መጽሐፈ ፡ ወይቤሎ ፡ ኅሥሥ ፡ ብእሴ ፡
ዘየሐውር ፡ ምስሌከ ፡ ወእሁቦ ፡ ዐስቦ ፡ እንዘ ፡
ሕያው ፡ አነ ፡ ወሐር ፡ ንሣእ ፡ ውእተ ፡ ብሩረ ።
4 ወሖረ ፡ ይኅሥሥ ፡ ሎቱ ፡ ብእሴ ፡ ወረከቦ ፡
ለሩፋኤል ፡ መልአክ ፡ ወኢያእመሮ ። 5 ወይ
ቤሎ ፡ ትክልኑ ፡ ሐዊረ ፡ ምስሌየ ፡ ራጌስ ፡ ዘሜ
ዶን ፡ እመ ፡ ታአምር ፡ ብሔሮ ። 6 ወይቤሎ ፡
ውእቱ ፡ መልአክ ፡ አሐውር ፡ ምስሌከ ፡ ወፍ
ኖቶሂ ፡ አአምር ፡ ወኀበ ፡ ግባኤልሂ ፡ ነበርኩ ።
7 ወይቤሎ ፡ ጦብያ ፡ ጽንሐኒ ፡ ወእንግሮ ፡ ለአ
ቡየ ። 8 ወይቤሎ ፡ ሖር ፡ ወኢትጐንዲ ፤ ወይ
ቤሎ ፡ ለአቡሁ ፡ ነዋ ፡ ረከብኩ ፡ ዘየሐውር ፡ ም
ስሌየ ፡ ወይቤሎ ፡ ጸውዖ ፡ ኀቤየ ፡ ከመ ፡ አእም
ር ፡ እምአይ ፡ ሕዝብ ፡ ውእቱ ፡ ወእመ ፡ አማን
ኑ ፡ ውእቱ ፡ ለሐዊር ፡ ምስሌከ ። 9 ወጸውዖ ፡
ወቦአ ፡ ወተአምኁ ፡ በበይናቲሆሙ ። 10 ወይ
ቤሎ ፡ ጦቢት ፡ አንተ ፡ እኁየ ፡ እምአይ ፡ ሕዝ
ብ ፡ አንተ ፡ ወእምአይ ፡ ብሔር ፡ አንተ ። 11 ወ
ይቤሎ ፡ መልአክ ፡ ሕዝብየኑ ፡ ወብሔርየኑ ፡ ተ
ኀሥሥ ፡ አው ፡ ዐሳበ ፡ ዘየሐውር ፡ ምስለ ፡ ወ
ልድከ ። ወይቤሎ ፡ ጦቢት ፡ እፈቅድ ፡ አንተ ፡
እኁየ ፡ አእምር ፡ ዘመደከ ፡ ወስመከ ። 12 ወይ
ቤሎ ፡ አንሰ ፡ አዛርያ ፡ ዘመደ ፡ አናንያ ፡ ዐቢ
ይ ፡ እኁከ ። 13 ወይቤሎ ፡ ዳኅንኑ ፡ አንተ ፡ እ
ኁየ ፡ ወኢትሒሰኒ ፡ እስመ ፡ ኀሠሥኩ ፡ አእ
ምር ፡ ሕዝበከ ፡ ወብሔረከ ፡ ወአማን ፡ ባሕቱ ፡
እምነ ፡ ሠናይ ፡ ዘመድ ፡ ወቡሩክ ፤ ወአአምሮ ፡
አነ ፡ ለአናንያ ፡ ወለኢያታን ፡ ደቂቀ ፡ ሰምዩ ፡
ዐቢይ ፡ ወሖርነ ፡ ምስሌሆሙ ፡ ኢየሩሳሌም ፡
ኅቡረ ፡ ከመ ፡ ንስግድ ፡ ወወሰድነ ፡ በኵረነ ፡
ወዓሥራተ ፡ እክልነ ፡ ወኢአበስነ ፡ በአበሳ ፡ አ
በዊነ ፤ ወአንተሰ ፡ እምነ ፡ ዐቢይ ፡ ሥርው ፡ አ
ንተ ፡ እኁየ ። 14 ወባሕቱ ፡ ንግረኒ ፡ ምንተ ፡ ነ
ሀብከ ፡ ዐስበከ ፡ ድርክሜኑ ፡ ለለ ፡ ዕለትከ ፡ ወ
ሲሳየከ ፡ ምስለ ፡ ወልድየ ፡ 15 ወእዌስከከ ፡ ዲ
በ ፡ ዐስብከ ፡ ለእመ ፡ ዳኅነ ፡ አቶክሙ ። 16 ወ
አኅለቁ ፡ ከመዝ ፡ ወይቤሎ ፡ ለጦብያ ፡ ተደለ
ው ፡ ከመ ፡ ትሖር ፡ ወትሜርሖ ፤ ወአስተዳለ
ወ ፡ ወልዱ ፡ ሥንቆሙ ፡ ለፍኖት ። 17 ወይቤ
ሎ ፡ አቡሁ ፡ ሖር ፡ ምስለ ፡ ዝንቱ ፡ ብእሲ ፡ ወ
እግዚአብሔር ፡ ዘይነብር ፡ ውስተ ፡ ሰማይ ፡ ይ
ሠርሕ ፡ ፍኖተክሙ ፡ ወመልአኩ ፡ ይሖር ፡ ም
ስሌክሙ ። ወወፅኡ ፡ ክልኤሆሙ ፡ ወሖሩ ፡ ወ

20 **እነግ′ ፡]** **እዜኑ ፡ እንግርከ ፡** EFNP. **ዘጋቤስ ፡** vel **ዘጋቢስ ፡** in omn. 21 **ነዳያን ፡** codd. **ወግ
በር ፡]** **ወገበርከ ፡** LR. V. 3 **ወአሀቦ ፡** ER. 13 + **አንተ ፡** post **ባሕቱ ፡** F. i. l., post **ዘመድ ፡** R.
ለአና′ ፡ ወለኢያ′ ፡] **ለአዛርያ ፡** omn. exc. R; + **ወለአዛርያ ፡** R. 14 **ዲድርከሜኑ ፡** L, **ድድ′ ፡** F, **ድ
ደርኬ′ ፡** R. 17 **ይሜርሕ ፡** LN. **ክልበ ፡]** **ክልእ ፡** LR, **ክሌብ ፡** F.

ተለዎሙ ፡ ከልበ ፡ ወልዶሙ ። 18 ወበከየት ፡
ሐና ፡ እሙ ፡ ወትቤሎ ፡ ለጦቢት ፡ ለምንት ፡ ፈ
ነውከ ፡ ወልድየ ፤ አኮኑ ፡ ውእቱ ፡ በትርነ ፡ እ
ንተ ፡ ውስተ ፡ እዴነ ፡ ወይወፅእ ፡ ቅድሜነ ።
19 ብሩር ፡ ለይጥፋእ ፡ ወቤዛሁ ፡ ለወልድየ ፡ [ይ
ኩን ፡] 20 ለይኩን ፡ ዘወሀበነ ፡ እግዚአብሔር ፡
ዘቦቱ ፡ ነሐዩ ። 21 ወይቤላ ፡ ጦቢት ፡ ኢትት[ለ
ሐ]ፊ ፡ ኀቤየ ፡ እኅትየ ፤ ዳኅነ ፡ የአቱ ፡ ወትሬ
እይዮ ፡ በአዕይንትኪ ፡ 22 እስመ ፡ መልአክ ፡
ኄር ፡ የሐውር ፡ ቅድሜሁ ፡ ወይሜርሖ ፡ ፍኖ
ቶ ፡ ወየአቱ ፡ ዳኅነ ። 23 ወኅደገት ፡ በኪየ ፡
ሐና ። VI. ወእንዘ ፡ የሐውሩ ፡ ውስተ ፡ ፍኖ
ቶሙ ፡ በጽሑ ፡ ጤግሮስ ፡ ውስተ ፡ ተከዚ ፡ ም
ሴተ ፡ ወቤቱ ፡ ህየ ። 2 ወወረደ ፡ ውእቱ ፡ ወ
ልድ ፡ ይትኀፀብ ፡ ወሰረረ ፡ ላዕሌሁ ፡ ዓሣ ፡ እ
ምውስተ ፡ ተከዚ ፡ ወፈቀደ ፡ የኅጦ ፡ ለውእቱ ፡
ወልድ ። 3 ወይቤሎ ፡ መልአክ ፡ አኅዞ ፡ ለው
እቱ ፡ ዓሣ ፤ ወአኀዞ ፡ ለውእቱ ፡ ዓሣ ፡ ውእቱ ፡
ወልድ ፡ ወአውፅኦ ፡ ውስተ ፡ ምድር ። 4 ወይ
ቤሎ ፡ ዝኩ ፡ መልአክ ፡ ምትሮ ፡ ለዝ ፡ ዓሣ ፡
ወንሣእ ፡ ልበ ፡ ወከብዶ ፡ ወሐሞቶ ፡ ወአጽን
ዕ ፡ ዐቂበ ። 5 ወገብረ ፡ ውእቱ ፡ ወልድ ፡ በከ
መ ፡ አዘዞ ፡ ውእቱ ፡ መልአክ ፡ ወዓሣሁኒ ፡ ጠ
በሱ ፡ ወበልዑ ፡ ወኄሡ ፡ ክልኤሆሙ ፡ ወበጽ
ሑ ፡ በጤ[ኔ]ስ ። 6 ወይቤሎ ፡ ዝኩ ፡ ወልድ ፡
ለመልአክ ፡ አንተ ፡ እኁየ ፡ አዛርያ ፡ ምንት ፡
ውእቱ ፡ ልቡ ፡ ወከብዱ ፡ ወሐሞቱ ፡ ለዝንቱ ፡
ዓሣ ። 7 ወይቤሎ ፡ ልቡ ፡ ወከብዱ ፡ ለእመ ፡
ቦቱ ፡ ዘያሐምም ፡ ጋኔን ፡ እኩይ ፡ አው ፡ መን
ፈስ ፡ ርኩስ ፡ ዘንተ ፡ ያጠይስ ፡ ሎቱ ፡ ለውእ
ቱ ፡ ብእሲ ፡ ቅድሜሁ ፡ ወእመኒ ፡ ብእሲት ፡ ወ
ኢየሐምም ፡ እንከ ። 8 ወሐሞቶሰ ፡ ይኵሕል
ዎ ፡ ለብእሲ ፡ ዘቦ ፡ ጢሰ ፡ ውስተ ፡ አዕይንቲ
ሁ ፡ ወየሐዩ ። 9 ወሶበ ፡ ቀርቡ ፡ ኀበ ፡ ራጌስ ፡
ይቤሎ ፡ መልአክ ፡ 10 አንተ ፡ እኁየ ፡ ዮምኬ ፡
ኀበ ፡ ራጉኤል ፡ ንኀድር ፡ ወአዝማዲከ ፡ ውእ
ቱ ፡ ወቦ ፡ አሐቲ ፡ ወለት ፡ ወስማ ፡ ሳራ ፡ ወእ
ትናገር ፡ በእንቲአሃ ፡ የሀቡከ ፡ ትኩንከ ፡ ብእሲ
ተ ፡ 11 እስመ ፡ ለከ ፡ ይበጽሐከ ፡ ርስታ ፡ ወአ
ንተ ፡ ሀለውከ ፡ እምነ ፡ አዝማዲሃ ፡ 12 ወወለ
ታኒ ፡ ሠናይት ፡ ወጠባብ ፡ ይእቲ ፡ ወይእዜኒ ፡
ስምዐኒ ፡ ወእትናገሮ ፡ ለአቡሃ ፡ ወሶበ ፡ ገባእነ ፡
እምነ ፡ ራጌስ ፡ ንገብር ፡ በዓለ ፡ እስመ ፡ ኢይገ
ብር ፡ የሀባ ፡ ራጉኤል ፡ ለካልእ ፡ በእንተ ፡ ሕ
ገ ፡ ሙሴ ፡ ወእምአብደረ ፡ ትሙት ፡ እስመ ፡ ለ
ከ ፡ ይበጽሐከ ፡ ርስታ ፡ እምነ ፡ ኵሉ ፡ ሰብእ ።
13 ወይቤሎ ፡ ውእቱ ፡ ወልድ ፡ ለዝኩ ፡ መል
አክ ፡ አንተ ፡ እኁየ ፡ አዛርያ ፡ ሰማዕኩ ፡ አነ ፡
ከመ ፡ አሰተዋሰብዋ ፡ ለይእቲ ፡ ወለት ፡ ለሰብዐ
ቱ ፡ ዕደው ፡ ወኵሎሙ ፡ ሞቱ ፡ አመ ፡ ከብካ
ብ ። 14 ወይእዜኒ ፡ አነ ፡ ባሕቲትየ ፡ ለአቡየ ፡
ወእፈርህ ፡ ሶበ ፡ ቦእኩ ፡ ኢይሙት ፡ ወኢያው
ርድ ፡ ሕይወቶሙ ፡ ለአቡየ ፡ ወለእምየ ፡ በጻዕ
ር ፡ በእንቲአየ ፡ ውስተ ፡ መቃብር ፡ ወአልቦ

18 ‸ ለጦቢት ፡ in omn., exc. N. ወወፅአ ፡ N. 19 ቤዛሁ ፡ sine ወ N. [ ] ‸ in codd. 20 ይኩን ፡ FLR, ad V. 19 relatum. 21 [ ] ኀለ codd., sed vid. 10,6. 5 በጤሜስ ፡ cod. 6 ‸ ልቡ ፡ ወ in omn. exc. R. 7 ያጠይሱ ፡ LNP. ቅድሜሁ ፡ ለውእቱ ፡ ብእሲ ፡ sine ሎቱ ፡ R. 10 ወእትናገር ፡] + ኑ ፡ FRN; E i. l. 12 ለካልእ ፡] + ሰብእ ፡ FPR, E i. l.; + ብእሲ ፡ N.

ሙ ፡ ከልእ ፡ ወልድ ፡ ዘይቀብሮሙ ። 15 ወይ
ቤሎ ፡ ውእቱ ፡ መልአክ ፡ ኢትዜክርኑ ፡ ዘአዘዘ
ከ ፡ አቡከ ፡ ከመ ፡ ትንሣእ ፡ ለከ ፡ ብእሲተ ፡ እ
ምነ ፡ አዝማዲከ ፤ ወይእዜኒ ፡ ስምዐኒ ፡ አንተ ፡
እኁየ ፡ ወበእንተ ፡ ጋኔንሰ ፡ ኢያሕዝንከ ፡ እስ
መ ፡ በዛቲ ፡ ሌሊት ፡ ትትወሀብ ፡ ለከ ፡ ብእሲ
ተ ፡ እምነ ፡ አዝማዲከ ። 16 ወሶበ ፡ ቦእከ ፡ ው
ስተ ፡ ጽርሕ ፡ ንሣእ ፡ ለከ ፡ ሐሪረ ፡ ዕጣን ፡ ወ
ደይ ፡ እምነ ፡ ከብዱ ፡ ወልቡ ፡ ለዝንቱ ፡ ዓሣ ፡
ወአጢስ ፡ ቦቱ ፡ 17 ወሶበ ፡ ጼነዎ ፡ ውእቱ ፡ ጋ
ኔን ፡ ይጐይይ ፡ ወኢይገብእከ ፡ ለዓለም ፤ ወሶ
በ ፡ ቦእከ ፡ ኀቤሃ ፡ ጽርኑ ፡ ክልኤክሙ ፡ ኀበ ፡
እግዚአብሔር ፡ መሓሪ ፡ ወያድኅንክሙ ፡ ወይ
ምሕረክሙ ፡ ወኢትፍራሁ ፡ እንከ ፡ እስመ ፡ ኪ
ያከ ፡ አስተዳለወ ፡ እምነ ፡ ዓለም ፡ ወአንተ ፡ ታ
ድኅና ፡ ወተሐውር ፡ ምስሌከ ፡ ወእብል ፡ ከመ ፡
ትረክብ ፡ ውሉደ ፡ እምኔሃ ። ወሰሚዖ ፡ ጦብያ ፡
አንከረ ፡ ወተለወ ፡ ነፍሱ ፡ ኀቤሃ ፡ ጥቀ ። VII.
ወበጽሑ ፡ በጣኔዎስ ፡ ወቦኡ ፡ ቤተ ፡ ራጉኤል ፡
ወተቀበለቶሙ ፡ ሳራ ፡ ወአስተፍሥሐቶሙ ፡
ወከማሁ ፡ እሙንቱኒ ፡ ላቲ ፡ ወአብአቶሙ ፡ ቤ
ተ ። 2 ወይቤላ ፡ ራጉኤል ፡ ለአድና ፡ ብእሲ
ቱ ፡ ዕጹብ ፡ ይመስሎ ፡ ዝንቱ ፡ ለጦ[ቢት] ፡ ዘእ
ምአዝማድየ ። 3 ወይቤሎሙ ፡ ራጉኤል ፡ እ
ምአይቴ ፡ አንትሙ ፡ አኀዊነ ፡ ወይቤልዎ ፡ እ
ምነ ፡ ደቂቀ ፡ ንፍታሌም ፡ እለ ፡ ተፄወዉ ፡ ነነ
ዌ ። 4 ወይቤሎሙ ፡ ራጉኤል ፡ ታአምርዎኑ ፡
ለጦቢት ፡ እኁየ ፡ ወይቤልዎ ፡ ናአምሮ ፡ ወይ
ቤሎሙ ፡ ሕያውኑ ፡ ወዳኅን ። 5 ወይቤሉ ፡ እ
ወ ፡ ሕያው ፡ ወዳኅን ፡ ወይቤሎ ፡ ጦብያ ፡ አቡ
የ ፡ ውእቱ ። 6 ወሰረረ ፡ ራጉኤል ፡ ወሰዐሞ ፡
ወበከየ ፡ 7 ወባረኮ ፡ ወይቤሎ ፡ ወልደ ፡ ኄር ፡
ብእሲ ፡ አንተ ። ወሶበ ፡ ሰምዐ ፡ ከመ ፡ ሀጕለ ፡
አዕይንቲሁ ፡ ጦቢት ፡ ተከዘ ፡ ወበከየ ። 8 ወአ
ድናሂ ፡ ብእሲቱ ፡ ወሳራሂ ፡ ወለቱ ፡ በከዩ ። ወ
ተቀበልዎሙ ፡ በትፍሥሕት ፡ ወጠብሑ ፡ በግ
ዐ ፡ ወአቅረቡ ፡ ሎሙ ፡ መስ[ዮ] ፡ በሕቁ ። ወ
ይቤሎ ፡ ጦብያ ፡ ለአዛርያ ፡ አንተ ፡ እኁየ ፡ አ
ዛርያ ፡ ተናገር ፡ በእንተ ፡ ዘተቤለኒ ፡ በፍኖት ፡
ወይኅለቅ ፡ ነገሩ ። 9 ወተናገሮ ፡ ለራጉኤል ፡
ወይቤሎ ፡ [ራጉኤል ፡] ለጦብያ ፡ ብላዕ ፡ ወስተ
ይ ፡ ምዕረ ፡ ወተፈሣሕ ፡ 10 እስመ ፡ ለከ ፡ ይእ
ቲ ፡ ወለትየ ፡ ወአንተ ፡ ትነሥእ ፡ ወአነ ፡ እነግ
ረከ ፡ ጽድቃ ፡ 11 ለዛቲ ፡ ወለትየ ፡ አስተዋሰብ
ክዋ ፡ ለሰብዐቱ ፡ ዕደው ፡ ወእምከመ ፡ ቦኡ ፡ ኀ
ቤሃ ፡ ይመውቱ ፡ በሌሊት ፡ ወባሕቱ ፡ ተፈሣ
ሕ ፡ ምዕረ ። ወይቤ ፡ ጦብያ ፡ ኢይጥዕም ፡ ወ
ኢምንተኒ ፡ በዝየ ፡ እስከ ፡ ታኀልቁ ፡ ሊተ ፡ ነ
ገሮ ፡ ምስሌየ ፡ ወታቀውሙ ፡ ሊተ ፡ ነገርየ ።
12 ወይቤሎ ፡ ራጉኤል ፡ ንሥእ ፡ እምይእዜ ፡

---

15 ኢትዜከ' ፡] + ቃለ ፡ R. ብእሲተ ፡ 2°] ብእሲት ፡ EFL. 16 ልቡ ፡ ወከብዱ ፡ R. 17 ወኢይገብእ ፡ FNR. ወተለዎ ፡ FLR., ወተለወት ፡ N. VII. 1 በጣኔስ ፡ LNR, በጠኔስ ፡ F. 2 ዕጹበ ፡ FL. ለጦብያ ፡ cod., exc. R. 3 አኀውየ ፡ L. + እምነ ፡ ante ነነዌ ፡ N; F. i. l. 4 ‸ ወዳኅን ፡ R. 5 ‸ እወ ፡ ሕያው ፡ ወ EF. 8 መስየ ፡ E, ወመስየ ፡ caeteri. ነገሩ ፡] + ወዘንተ ፡ ሰሚዖ ፡ ራጉኤል ፡ ዘከመ ፡ ይትናገሮ ፡ ጦብያ ፡ ለመልአክ ፡, deinde V. 9 ወተናገሮ ፡ ራጉኤል ፡ ወይቤሎ ፡ L e versione Graeca B; item (sine ወተናገሮ ፡ ራ' ፡) R. 9 [ራጉኤል ፡] sumtum ex R. 10 ጽድቀ ፡ NR. 11 ‸ ነገሮ ፡ — ሊተ ፡ PR. 12 ንሣእ ፡ FLR.

ዘበሕጉ ፡ እስመ ፡ እኁሃ ፡ አንተ ፡ ወይእቲኒ ፡
እኅትከ ፡ ወእግዚአብሔር ፡ መሐሪ ፡ ይሠርሕከ
ሙ ፡ በእንተ ፡ ትሜኒ ። 13 ወጸውዓ ፡ ለሳራ ፡
ወለቱ ፡ ወአኀዛ ፡ እዴሃ ፡ ወመጠዋ ፡ ለጦብያ ፡
ትኩኖ ፡ ብእሲቶ ፡ ወይቤሎ ፡ ንሥእ ፡ ናሁ ፡ በ
ሕገ ፡ ሙሴ ፡ ወአእትዋ ፡ ኀበ ፡ አቡከ ፡ ወባረከ
ሙ ። 14 ወጸውዓ ፡ ለአድና ፡ ብእሲቱ ፡ ወነሥ
አ ፡ መጽሐፈ ፡ ወጸሐፈ ፡ ወኀተማ ። 15 ወአኀ
ዙ ፡ ይብልዑ ። 16 ወጸውዓ ፡ ለአድና ፡ ወይቤ
ላ ፡ አንቲ ፡ እኅትየ ፡ አስተዳልዊ ፡ ካልአ ፡ ጽር
ሐ ፡ ወአብኢያ ። 17 ወገብረት ፡ በከመ ፡ ይቤ
ላ ፡ ወአብአታ ፡ ህየ ፡ ወበከየት ፡ ወአውከፈት ፡
አንብዐ ፡ ወለታ ፡ ወትቤላ ፡ 18 ተአመኒ ፡ ወለ
ትየ ፡ ከመ ፡ እግዚእ ፡ ሰማይ ፡ ወምድር ፡ ይሁ
በኪ ፡ ትፍሥሕተ ፡ ህየንተ ፡ ሐዘንኪ ፡ ዛቲ ።
VIII. ወሶበ ፡ አኅለቁ ፡ ተደሮ ፡ አብእዎ ፡ ኀቤ
ሃ ፡ ለጦብያ ። 2 ወሶበ ፡ ቦአ ፡ ተዘከሮ ፡ ቃሎ ፡
ለሩፋኤል ፡ ወነሥአ ፡ ሕራረ ፡ ዕጣን ፡ ወወደየ ፡
እምነ ፡ ልቡ ፡ ወከብዱ ፡ ለዝኩ ፡ ዓሣ ፡ ወአጤ
ሰ ። 3 ወሶበ ፡ ጼነዎ ፡ ጼናሁ ፡ ለዝክቱ ፡ ጋኔን ፡
ጐየ ፡ እስከ ፡ ላዕላይ ፡ ደወለ ፡ ግብጽ ፡ ወአሰ
ሮ ፡ ዝኩ ፡ መልአክ ። 4 ወሶበ ፡ ተዐጽዉ ፡ ክ
ልኤሆሙ ፡ ተንሥአ ፡ ጦብያ ፡ እምውስተ ፡ ዐ
ራቱ ፡ ወይቤላ ፡ ተንሥኢ ፡ እኅትየ ፡ ንጸሊ ፡
ከመ ፡ ይሣሀለነ ፡ እግዚአብሔር ። 5 ወአኀዘ ፡
ጦብያ ፡ ይበል ፡ ቡሩክ ፡ አንተ ፡ እግዚአ ፡ አ
ምላከ ፡ አበዊነ ፡ ወይትባረክ ፡ ስምከ ፡ ቅዱ
ስ ፡ ወይሴባሕ ፡ ለዓለም ፤ ይባርኩከ ፡ ሰማያ
ት ፡ ወኩሉ ፡ ዘፈጠርከ ። 6 አንተ ፡ ገበርከ ፡ ለ
አዳም ፡ ወወሀብኮ ፡ ሔዋንሃ ፡ ትርድኦ ፡ ወከ
መ ፡ ታዕርፎ ፡ [ብእሲተ ፤] እምኔ ፡ እሉ ፡ ተወ
ልደ ፡ ዘርአ ፡ እጓለ ፡ እመሕያው ፤ አንተ ፡ ትቤ ፡
ኢኮነ ፡ ሠናየ ፡ የሀሉ ፡ ብእሲ ፡ ባሕቲቱ ፡ ንግ
በር ፡ ሎቱ ፡ ዘይረድኦ ። 7 ወይእዜኒ ፡ እግዚአ ፡
ኢኮነ ፡ እንበይነ ፡ ዝሙት ፡ ዘእነሥኣ ፡ አነ ፡ ለ
ዛቲ ፡ እኅትየ ፡ አላ ፡ በጽድቅ ፤ አዝዝ ፡ ከመ ፡
ይሣሀለኒ ፡ ወላቲኒ ፡ ከመ ፡ ንትራሣእ ። 8 ወት
ቤ ፡ ምስሌሁ ፡ አሜን ። 9 ወቤቱ ፡ ክልኤሆ
ሙ ፡ ኀቡረ ፡ በይእቲ ፡ ሌሊት ። ወተንሥአ ፡ ራ
ጉኤል ፡ ወሖረ ፡ ወከረየ ፡ መቃብረ ፡ 10 እንዘ ፡
ይብል ፡ ይበኪ ፡ ውእቱኒ ። 11 ወገብአ ፡ ራጉ
ኤል ፡ ቤቶ ። 12 ወይቤላ ፡ ለብእሲቱ ፡ አድና ፡
ፈንዊ ፡ አሐተ ፡ ወለተ ፡ ትርአዮ ፡ እመ ፡ ሕያ
ው ፡ ውእቱ ፤ ወእመ ፡ አከ ፡ ንቅበሮ ፡ እንዘ ፡
አልቦ ፡ ዘያአምር ። 13 ወሖረት ፡ ይእቲ ፡ ወለ
ት ፡ ወአርኀወት ፡ ኆኅተ ፡ ወረከበቶሙ ፡ ይሰ
ክቡ ፡ ክልኤሆሙ ። 14 ወገብአት ፡ ወአይድዐ
ቶሙ ፡ ከመ ፡ ሕያዋን ፡ እሙንቱ ። 15 ወባረ

13 በእዴሃ ፡ FLN. ወመጠዎ ፡ E. ንሣእ ፡ codd. 17 ወአከፈት ፡ N, ወአከፈት ፡ E (in marg. EF ማሰሰት ፡). VIII. 3 ዝኩ ፡ pro ጼናሁ ፡ ለዝ' ፡ R. 4 ተዓደዉ ፡ ENP; F pr. m. 5 ወይሰባሕ ፡ FLN. 6 ለአዳም ፡] + አቡነ ፡ EFLP. [ብእሲተ ፡] ∧ L, ለብእሲ ፡ N, F i. l., ብእሲ ፡ EP; ትኩኖ ፡ ብእሲቶ ፡ pro ትርድኦ ፡ — ብእ' ፡ R. 7 አዝዝዝ ፡ (i. e. አዝዝ ፡ ዝ ፡) E; ይሣሀለነ ፡ EP; ትሣሀለነ ፡ ሊተ ፡ F i. l.; ፈኑ ፡ ሣህለከ ፡ L, ፈኑ ፡ ሣህለ ፡ ላዕሌየ ፡ ወላቲኒ ፡ R (pro አዝ' ፡ — ወላቲኒ ፡). ንትራሣእ ፡] ንትረሣእ ፡ R; ንትፈሣሕ ፡ ELP. 9 ወቤተ ፡ ኀቡረ ፡ ምስሌሃ ፡ EFLP. 10 ይበኪ ፡ *evanescet*] ይመውት ፡ L, ዮጊ ፡ ይመውት ፡ F i. l., R. 12 እመ ፡] ወእመ ፡ ELP. ንቅብሮ ፡ FLRP. እንዘ ፡] ዘእንበለ ፡ ENP. አልቦ ፡] ቦ ፡ N. 15 ∧ ወቡሩክ ፡ R. ጻድ' ፡] ቅዱሳኒከ ፡ R. [ወ] Codd. ቢ.

ክ ፡ ራጉኤል ፡ ለእግዚአብሔር ፡ ወይቤሎ ፡ ቡ
ሩክ ፡ አንተ ፡ እግዚኦ ፡ ወቡሩክ ፡ በኵሉ ፡ በረ
ከት ፡ ንጽሕት ፡ ወቅድስት ፤ ወይባርኩክ ፡ ጻድ
ቃኒከ ፡ [ወ]ኵሉ ፡ ዘገበርከ ፡ ወኵሉ ፡ መላእክ
ቲከ ፡ ወኅሩያኒከ ፡ ይብርኩከ ፡ በኵሉ ፡ ዓለም ።
16 ቡሩክ ፡ አንተ ፡ እስመ ፡ አስተፍሣሕከኒ ፡ ወ
በከመ ፡ ኢተሐዘብኩ ፡ ከነኒ ፡ አላ ፡ በከመ ፡ ብ
ዝኀ ፡ ምሕረትከ ፡ ገበርከ ፡ ላዕሌነ ። 17 ቡሩክ ፡
አንተ ፡ እስመ ፡ ተሣሀልከሙ ፡ ለክልኤ ፡ ባሕ
ታዊያን ፡ ወገበርከ ፡ ሎሙ ፡ እግዚኦ ፡ ሠናይተ
ከ ፡ ከመ ፡ ይፈጽሙ ፡ ሕይወቶሙ ፡ በዳኅን ፡ ወ
በፍሥሓ ፡ በምሕረትከ ። 18 ወእምዝ ፡ አዘዘ
ሙ ፡ ለአግብርቲሁ ፡ ይድፍኑ ፡ ዝክተ ፡ መቃ
ብረ ። 19 ወእምዝ ፡ ገብረ ፡ ሎሙ ፡ በዓለ ፡ ዐ
ሡረ ፡ ወረቡዐ ፡ መዋዕለ ። 20 ወአምሐሎ ፡ ራ
ጉኤል ፡ ለጦብያ ፡ ከመ ፡ ኢይፃእ ፡ ወኢይሖር ፡
እስከ ፡ አመ ፡ ይትፌጸም ፡ መዋዕለ ፡ በዓል ፡ ዐ
ሡር ፡ ወረቡዕ ፡ ዘመርዓ ፡ 21 ወእምድኅረ ፡ ዝ
ንቱ ፡ ይሖር ፡ ወይንሣእ ፡ መንፈቀ ፡ ንዋዩ ፡ ወ
ይሖር ፡ በዳኅን ፡ ኀበ ፡ አቡሁ ፡ ወዘተረፈሰ ፡ እ
ምድኅረ ፡ ሞተ ፡ ውእቱ ፡ ወብእሲቱ ፡ ይንሥ
ኡ ። IX. ወጸውዖ ፡ ጦብያ ፡ ለሩፋኤል ፡ ወ
ይቤሎ ፡ 2 አንተ ፡ እኁየ ፡ አዛርያ ፡ ንሣእ ፡ ም
ስሌከ ፡ ክልኤተ ፡ ደቀ ፡ ወአግማለ ፡ ወሖር ፡ ራ
ጌስ ፡ ዘሜዶን ፡ ኀበ ፡ ግባኤል ፡ ወንሣእ ፡ መክ
ሊተ ፡ ብሩር ፡ ወጸውዖ ፡ ኪያሁኒ ፡ ውስተ ፡ በ
ዓል ። 3 እስመ ፡ አምሐለኒ ፡ ራጉኤል ፡ ከመ ፡
ኢይፃእ ፡ ዘእንበለ ፡ ይኅልቅ ፡ በዓል ። 4 ወአ
ቡየሰ ፡ ይኌልቍ ፡ መዋዕለ ፡ ወለእመ ፡ ጐንደ
ይኩ ፡ ጥቀ ፡ ፈድፋደ ፡ የሐምም ። 5 ወሖረ ፡
ሩፋኤል ፡ ወቤተ ፡ ኀበ ፡ ግባኤል ፡ ወመጠዎ ፡
መጽሐፈ ፡ ወአምጽአ ፡ ዝኩ ፡ መሣንቀ ፡ በማ
ኅተሞን ፡ ወወሀቦ ። 6 ወጌሡ ፡ በጽባሕ ፡ ኅቡ
ረ ፡ ወበጽሑ ፡ ውስተ ፡ በዓል ፡ ወባረኮ ፡ ጦቢ
ያ ። X. ወጦቢትሰ ፡ አቡሁ ፡ ይኌልቍ ፡ መ
ዋዕለ ፡ ወሶበ ፡ ተፈጸመ ፡ መዋዕለ ፡ ዕድሜሆ
ሙ ፡ ወኢመጽአ ፡ 2 ይቤ ፡ ዮጊ ፡ ተኀለፈ ፡ አ
ው ፡ ይመውት ፡ ግባኤል ፡ ወኢረከበ ፡ ዘይሁ
ቦ ፡ ብሩረ ። 3 ወተከዘ ፡ ጥቀ ። 4 ወትቤሎ ፡ ብ
እሲቱ ፡ ወልድየሰ ፡ ሞተ ፡ ወእንበይነ ፡ ዝንቱ ፡
ጐንደየ ፡ ወአኀዘት ፡ ትብኪዮ ፡ ወትቤ ፡ 5 እ
መ ፡ ኢያሕዝነኒ ፡ ወልድየ ፡ ሶበ ፡ አኮ ፡ ዘአህጐ
ልከኒ ፡ ብርሃነ ፡ አዕይንትየ ። 6 ወይቤላ ፡ አር
ምሚ ፡ ወኢትትለሐፊ ፤ ሕያው ፡ ውእቱሰ ።
7 ወትቤሎ ፡ ይእቲኒ ፡ አርምም ፡ አንተኒ ፡ ወ
ኢታእብደኒ ፤ ወልድየሰ ፡ ሞተ ። ወተሐውር ፡
ኵሎ ፡ አሚረ ፡ ትብኪዮ ፡ ውስተ ፡ ፍኖት ፡ እ
ንተ ፡ ኀበ ፡ ሖረ ፤ ወመዓልተ ፡ ኢትበልዕ ፡ እ
ክለ ፡ ወኵሎ ፡ ሌሊተ ፡ ኢታረምም ፡ እንዘ ፡ ት
በኪዮ ፡ ለጦቢያ ፡ ወልዳ ፡ እስከ ፡ ተፈጸመ ፡ ዐ

---

16 ተሐዘብኩ ፡ ኢከነኒ ፡ N. 17 ወገበርከ ፡ (pro ግበር ፡) omnes. ወበምሕረት ፡ R. 20 ይትፈጸም ፡ ER. 21 ∧ ይሖር ፡ ወ PR. ይንሥኡ ፡] ይንሣእ ፡ NR. IX. 4 ይኄልቍ ፡ FLN; item X,1. 5 ወቤተ ፡] ወበጽሐ ፡ R. መሥንቀ ፡ FLR. X. 1 ወኢመጽኡ ፡ FNR. 2 ተኀፍረኑ ፡ (pro ተኀለፈ ፡) LR. ይመውት ፡ omnes. 5 እመ ፡ vid. Gramm. meam p. 430 annot; እም FL; R ወካልእሰ ፡ (sic) ሐዘነ ፡ አልብየ ፡ pro እመ ፡ — ወልድየ ፡ 6 ወኢትትኀለፊ ፡ E sec. manu, LR. 7 ወኢታስተአብደኒ ፡ R.

ሡር ፡ ወረቡዕ ፡ ዕለት ፡ ዘመዋዕለ ፡ በዓል ፡ ዘአ
ምሐሎ ፡ ራጉኤል ፡ ከመ ፡ ኢይሑር ፡ ዘእንበለ ፡
ይትፈጸም ፡ በዓለ ፡ መርዓ ። 8 ወእምዝ ፡ ተፈ
ጺሞ ፡ በዓል ፡ ይቤሎ ፡ ጦብያ ፡ ለራጉኤል ፡ ፈ
ንወኒ ፡ እንከሰ ፡ እስመ ፡ አቡየኒ ፡ ወእምየኒ ፡ ቀ
ብጹኒ ፡ ወኢይሴፈዉ ፡ እንከ ፡ ይርአዩኒ ። 9 ወ
ይቤሎ ፡ ሐሙሁ ፡ ንበር ፡ ኀቤየ ፡ ወአነ ፡ እል
እክ ፡ ኀበ ፡ አቡከ ፡ ከመ ፡ ይንግርዎ ፡ ዜናከ ።
10 ወይቤሎ ፡ ጦብያ ፡ አልበ ፡ ዳእሙ ፡ ፈንወኒ ፡
ኀበ ፡ አቡየ ። 11 ወተንሥአ ፡ ራጉኤል ፡ ወወ
ሀበ ፡ ሳራሃ ፡ ብእሲቶ ፡ ወመንፈቀ ፡ ንዋዮሙ ፡
ሰብእኒ ፡ ወእንስሳኒ ፡ ወብሩርኒ ። 12 ወባረከ
ሙ ፡ ወይቤሎሙ ፡ እግዚአ ፡ ሰማይ ፡ ያሠኒ ፡
ላዕሌክሙ ፡ ደቂቅየ ፡ ዘእንበለ ፡ እሙት ። ወይ
ቤላ ፡ ለወለቱ ፡ አክብሪ ፡ ታሕማኪ ፡ እስመ ፡ እ
ምይእዜሰ ፡ ዘመድኪ ፡ ወንሕነኒ ፡ ንሰምዕ ፡ ሠ
ናየ ፡ በላዕሌኪ ፤ ወሰዐማ ፤ ወትቤሎ ፡ አድና ፡
ለጦብያ ፡ አንተ ፡ እኁየ ፡ ዘአፈቅር ፡ እግዚአ ፡
ሰማይ ፡ ይሠርሕከ ፡ ወየሀበኒ ፡ ውሉደ ፡ እርአ
ይ ፡ ለከ ፡ እምነ ፡ ሳራ ፡ ወለትየ ፡ ከመ ፡ እትፈ
ሣሕ ፡ በቅድመ ፡ እግዚአብሔር ፡ ወናሁ ፡ አማ
ሕፀንኩከ ፡ ወለትየ ፡ ማሕፀንተ ፡ ከመ ፡ ኢታ
ሕዝና ። 13 ወእምድኅረ ፡ ዝንቱ ፡ ሖረ ፡ ወባ
ረከ ፡ ጦብያ ፡ ለእግዚአብሔር ፡ እስመ ፡ ሠር
ሐ ፡ ፍኖቶ ፡ ወባረክዎ ፡ ራጉኤል ፡ ወአድና ፡
ብእሲቱ ፡ ወሖሩ ፡ ወቀርቡ ፡ ኀበ ፡ ነነዌ ። XI.
ወእምዝ ፡ ይቤሎ ፡ ሩፋኤል ፡ ለጦብያ ፡ አንተ ፡
እኁየ ፡ ኢታአምርኑ ፡ እፎ ፡ ኀደጋሁ ፡ ለአቡ
ከ ፤ 2 ነዓ ፡ ንቅድም ፡ እምብእሲትከ ፡ ወናስተ
ዳሉ ፡ ቤተ ፤ 3 ወንሣእ ፡ ምስሌከ ፡ ሐሞቶ ፡ ለ
ዝ ፡ ዓሣ ። ወሖሩ ፡ ወሖረ ፡ ምስሌሆሙ ፡ ዝ
ኩ ፡ ከልብ ፡ ዘተለዎሙ ። 4 ወሐናሰ ፡ ትነብር ፡
ውስተ ፡ ፍኖት ፡ ወትኔጽር ፡ ትርአይ ፡ ወልዳ ።
5 ወርእየቶ ፡ እንዘ ፡ ይመጽእ ፡ ወሖረት ፡ ወት
ቤሎ ፡ ለአቡሁ ፡ ናሁ ፡ ወልድየ ፡ መጽአ ፡ ወ
ዝኩኒ ፡ ብእሲ ፡ ዘሖረ ፡ ምስሌሁ ። 6 ወይቤ
ሎ ፡ ሩፋኤል ፡ አነ ፡ አአምር ፡ ከመ ፡ ይትከሠ
ታ ፡ አዕይንቲሁ ፡ ለአቡከ ፤ 7 አንተሰ ፡ ኵሐ
ሎ ፡ ዝኰ ፡ ሐሞተ ፡ ውስተ ፡ አዕይንቲሁ ፡ ወ
ሶበ ፡ ተኰሕለ ፡ የሐሲ ፡ ወይወፅእ ፡ ዝኩ ፡ ጢ
ስ ፡ እምኔሁ ፡ ወይሬኢ ፡ ዳግነ ። 8 ወሮጸት ፡
ሐና ፡ ወሐቀፈቶ ፡ ክሳዶ ፡ ለወልዳ ፡ ወትቤሎ ፡
እምይእዜሰ ፡ እሙት ፡ እንከ ፡ እስመ ፡ ርኢኩ
ከ ፡ ወልድየ ፡ ወበከዩ ፡ ክልኤሆሙ ። 9 ወወፅ
አ ፡ ጦቢት ፡ ኀበ ፡ ኆኅት ፡ ወተዐቅፈ ፡ ወሮጸ ፡
ወልዱ ፡ 10 ወአንሥአ ፡ ለአቡሁ ፡ ወኰሐሎ ፡
ዝኰ ፡ ሐሞተ ፡ ለአቡሁ ፡ ውስተ ፡ አዕይንቲ
ሁ ፡ ወይቤሎ ፡ ተአመን ፡ አባ ፡ ከመ ፡ ተሐዩ ።
11 ወከመ ፡ ኰሐሎ ፡ ሐሰየ ፡ አዕይንቲሁ ፡ 12
ወተሥዕዐ ፡ እምነ ፡ ብንተ ፡ አዕይንቲሁ ፡ ዝኩ ፡
ጢስ ፡ ወርእዮ ፡ ለወልዱ ፡ ወሐቀፎ ፡ ክሳዶ ፡
13 ወበከየ ፡ ወይቤ ፡ ቡሩክ ፡ አንተ ፡ እግዚኦ ፡
ወይትባረክ ፡ ስምከ ፡ ለዓለም ፡ ወቡሩካን ፡ ኵ
ሎሙ ፡ መላእክቲከ ፡ ቅዱሳን ፡ 14 እስመ ፡ ቀ

---

11 Codd. (exc. N) ወሰብእኒ ፡ (ወሰብአኒ ፡ L). ወብሩረኒ ፡ FL, ወብሩረ ፡ RN. 12 ያሢኒ ፡ NR. ታሐማኪ ፡ vel ተኃማኪ ፡ ENP. ንስማዕ ፡ FL. ሠናየ] + ስምዐ ፡ NR. XI. 3 ከልብ ፡] ወልድ ፡ LR, ከሌብ ፡ F. (i. l. ከልእ ፡). 5 ወናሁ ፡ EFLP. ዝኩኒ ፡ sine ወ ENP. 7 የዓሢ ፡ R. 11 ወከመ ፡] ወሶበ ፡ FLNR, ጊዜ ፡ E i. lin., + ጊዜ ፡ P.

ሠፍከ ፡ ወተሣሀልከ ፡ ወናሁ ፡ ርኢክዎ ፡ ለጦ
ብያ ፡ ወልድየ ። ወእምዝ ፡ በአ ፡ ወልዱ ፡ እን
ዘ ፡ ይትፌሣሕ ፡ ወአይድዖ ፡ ለአቡሁ ፡ ኵሎ ፡
ዐቢያተ ፡ ዘኮነ ፡ ላዕሌሁ ፡ በሜዶን ። 15 ወወ
ፅአ ፡ ጦቢት ፡ ወተቀበላ ፡ ለመርዓቱ ፡ እንዘ ፡ ይ
ትፌሣሕ ፡ ወባረከ ፡ ለእግዚአብሔር ፡ በኀበ ፡
አንቀጸ ፡ ነነዌ ፡ ወአንከሩ ፡ እለ ፡ ርእይዎ ፡ እን
ዘ ፡ የሐውር ፡ ወይቤሉ ፡ አፎ ፡ ርእየ ። 16 ወጦ
ቢትሰ ፡ ገነየ ፡ ለእግዚአብሔር ፡ በቅድሜሆሙ ፡
እስመ ፡ ተሣሀሎ ፡ እግዚአብሔር ። ወሶበ ፡ በ
ጽሐ ፡ ጦቢት ፡ ኀበ ፡ ሳራ ፡ መርዓቶሙ ፡ ባረካ ፡
ወይቤላ ፡ በጻሕኪ ፡ በዳኅን ፡ ወለትየ ፡ ወይትባ
ረክ ፡ እግዚአብሔር ፡ ዘአምጽአኪ ፡ ኀቤነ ፡ ወ
ይባርክ ፡ አበኪኒ ፡ ወእመኪኒ ። ወኮነ ፡ ዐቢይ ፡
ትፍሥሕት ፡ ላዕለ ፡ ኵሉ ፡ እለ ፡ ውስተ ፡ ነነ
ዌ ፡ አኀዊሁ ። 17 ወመጽአ ፡ አኪአክሮስ ፡ ወ
ነስቦስ ፡ ወልደ ፡ እኁሁ ። 18 ወገብሩ ፡ በዓለ ፡
ሰቡዐ ፡ መዋዕለ ፡ በትፍሥሕት ። XII. ወእ
ምዝ ፡ ጸውዖ ፡ ጦቢት ፡ ለጦቢያ ፡ ወይቤሎ ፡ ር
ኢ ፡ ሎቱ ፡ ወልድየ ፡ ዐስበ ፡ ለዝኩ ፡ ብእሲ ፡
ዘሖረ ፡ ምስሌከ ፡ ወዓዲ ፡ ርቱዕ ፡ ትወስክ ። 2
ወይቤሎ ፡ ጦብያ ፡ ለአቡሁ ፡ አባ ፡ አልቦ ፡ ዘይ
ነክየነ ፡ ለእመ ፡ ወሀብክዎ ፡ መንፈቀ ፡ ዝንቱ ፡
ዘአምጻእኩ ። 3 እስመ ፡ አእተወኒ ፡ ኀቤከ ፡ በ
ዳኅን ፡ ወለብእሲትየኒ ፡ ፈወሳ ፡ ወብሩረኒ ፡ አ
ምጽአ ፡ ወከማሁ ፡ ለከኒ ፡ ፈወሰከ ። 4 ወይቤ
ሎ ፡ አቡሁ ፡ ጽድቀ ፡ ትቤ ። 5 ወጸውዖ ፡ ለው
እቱ ፡ መልአክ ፡ ወይቤሎ ፡ ንሣእ ፡ መንፈቀ ፡
ኵሉ ፡ ዘአምጻእክሙ ፡ ምስሌክሙ ፡ ወሑር ፡
በዳኅን ። 6 ወጸውዖሙ ፡ ሩፋኤል ፡ ውእተ ፡
ጊዜ ፡ ለክልኤሆሙ ፡ ወአግሐሦሙ ፡ ወይቤሎ
ሙ ፡ ባርክዎ ፡ ለእግዚአብሔር ፡ ወሎቱ ፡ ግነ
ዩ ፡ ወሎቱ ፡ ሀቡ ፡ ዕበየ ፡ ወእመኑ ፡ ቦቱ ፡ በቅ
ድመ ፡ ኵሉ ፡ ሕያው ፡ በእንተ ፡ ኵሉ ፡ እንተ ፡
ገብረ ፡ ላዕሌክሙ ፡ ሠናያተ ፡ ወአእኵትዎ ፡ ለ
እግዚአብሔር ፡ ወሰብሑ ፡ ለስሙ ፡ ወንግሩ ፡
ግብሮ ፡ ለእግዚአብሔር ፡ በክብር ፡ አርእዩ ፡ ወ
ኢትትሀከዩ ፡ ገኒየ ፡ ሎቱ ። 7 እስመ ፡ ምስጢ
ረ ፡ መንግሥት ፡ ሠናይ ፡ ለኀቢእ ፡ ወግብረ ፡
እግዚአብሔርሰ ፡ ይክሥትዎ ፡ በክብር ፤ ግበር
ዋ ፡ ለሠናይት ፡ ወኢትርከብክሙ ፡ እኪት ።
8 ሠናይ ፡ ውእቱ ፡ ጸሎት ፡ ምስለ ፡ ሰላም ፡ ወ
ምጽዋት ፡ ወጽድቅ ፤ ይኄይስ ፡ ኅዳጥ ፡ ዘበጽ
ድቅ ፡ እምነ ፡ ብዙኅ ፡ በዐመፃ ፡ ወይኄይስ ፡
ውሂብ ፡ ምጽዋት ፡ እምነ ፡ ዘጊቦቱ ፡ ለወርቅ ።
9 እስመ ፡ ምጽዋት ፡ ታድኅን ፡ እምነ ፡ ሞት ፡
ወታነጽሕ ፡ እምነ ፡ ኵሉ ፡ ኀጢአት ፤ ወእለሰ ፡
ይገብሩ ፡ ጽድቀ ፡ ወምጽዋተ ፡ ይመልእ ፡ ላዕ
ሌሆሙ ፡ ሕይወት ። 10 ወእለ ፡ ይኤብሱሰ ፡ ይ
ጸልእዋ ፡ ለነፍሶሙ ። 11 ወናሁ ፡ ኢየኀብእ ፡
እምኔክሙ ፡ ኵሎ ፡ ነገረ ፡ ወእቤለክሙ ፡ ከመ ፡
ምስጢረ ፡ መንግሥትሰ ፡ ሠናይ ፡ ለኀቢእ ፡ ወ

---

16 መርዓቱ ፡ R. ወይትባረኩ ፡ አቡኪኒ ፡ ወእምኪኒ ፡ R, F corr. 17 ወነስበስ ፡ N. XII. 1 ትወስክ ፡] + ሎቱ ፡ F i. l.; ትወስከ ፡ NR. 2 legas ዘይነክየኒ ፡ 6 እንተ ፡] ዘ LR. 7 ወለግብረ ፡ LR. ወኢትረከበክሙ ፡ R. 8 ሰላም ፡ in omn. (degeneratum e ጾዊም ፡?). 9 ይመልኡ ፡ ላ' ፡ ሕይወተ ፡ NR. 10 ይጸብእዋ ፡ NR. 11 እምኔከ ፡ E, F pr. man. ወለግብረ ፡ እግዚ"ሰ ፡ N. ይከሥትዎ ፡ FLR.

ግብሮሰ ፡ ለእግዚአብሔር ፡ ይከሥትዎ ፡ በክብ
ር ። [12] ይእዜኒኬ ፡ አመ ፡ ጸለይክሙ ፡ አንተ ፡
ወሳራ ፡ መርዓትከ ፡ አነ ፡ አበእኩ ፡ ተዝካረ ፡ ስ
እለትክሙ ፡ ቅድሜሁ ፡ ለቅዱስ ፡ ወአንተኒ ፡
አመ ፡ ትቀብር ፡ አብድንተ ፡ አሜሃኒ ፡ ሀለው
ኩ ፡ ምስሌከ ። [13] ወአመኒ ፡ ኢተሀከይከ ፡ ተ
ንሥአ ፡ ኅዲገከ ፡ ምሳሐከ ፡ ከመ ፡ ትሖር ፡ ት
ቅብር ፡ አብድንተ ፡ ወኢረሳዕከ ፡ ለገቢረ ፡ ሠ
ናይ ፡ ሀሎኩ ፡ ምስሌከ ። [14] ወእግዚእነ ፡ እግ
ዚአብሔር ፡ ፈነወኒ ፡ ከመ ፡ እፈውስከ ፡ ወለሳ
ራኒ ፡ መርዓትከ ። [15] አነ ፡ ውእቱ ፡ ሩፋኤል ፡
መልአክ ፡ አሐዱ ፡ እምነ ፡ ሰብዐቱ ፡ ቅዱሳን ፡
መላእክት ፡ እለ ፡ ያዐርጉ ፡ ጸሎቶሙ ፡ ለቅዱሳ
ን ፡ ወይበውኡ ፡ ቅድመ ፡ ስብሐቲሁ ፡ ለዐቢ
ይ ፡ ወቅዱስ ። [16] ወሰሚዖሙ ፡ ዘንተ ፡ ደንገ
ፁ ፡ ክልኤሆሙ ፡ ወወድቁ ፡ በገጾሙ ፡ እስመ ፡
ፈርሁ ። [17] ወይቤሎሙ ፡ ኢትፍርሁ ፤ ፍርህ
ዎ ፡ ለአምላክክሙ ፡ ወባርክዎ ፡ ለእግዚአብሔ
ር ፡ [18] እስመ ፡ አኮ ፡ ሊተ ፡ አኰቴት ፡ አላ ፡
ፈቃዱ ፡ ለአምላክክሙ ፡ አምጽአኒ ፤ በእንተ
ዝ ፡ ባርክዎ ፡ ለዓለም ፡ ወበኵሉ ፡ መዋዕል ።
[19] ወአንሰ ፡ አስተርአይኩክሙ ፡ ወርኢክሙ ፡
ራእየ ፡ ወኢበላዕኩ ፡ ወኢሰተይኩ ፡ ምስሌክ
ሙ ። [20] ወይእዜኒኬ ፡ እመኑ ፡ በእግዚአብሔ
ር ፡ እስመ ፡ አዐርግ ፡ ኀበ ፡ ዘፈነወኒ ፡ ወጸሐፉ ፡
ኵሎ ፡ ዘንተ ፡ ውስተ ፡ መጽሐፍ ። [21] ወሶበ ፡
ተንሥኡ ፡ ኢርእይዎ ፡ እንከ ። [22] ወአምኑ ፡ በ
ኵሉ ፡ ግብሩ ፡ ለእግዚአብሔር ፡ ዐቢይ ፡ ወመ
ድምም ፡ ወበእንተ ፡ ዘአስተርአዮሙ ፡ ላእክ ፡
እግዚአብሔር ። XIII. ወጸሐፈ ፡ ጦቢት ፡ ጸ
ሎተ ፡ ዘትፍሥሕት ፡ ወይቤ ፡ ይትባረክ ፡ እግ
ዚአብሔር ፡ ዘውእቱ ፡ ሕያው ፡ ለዓለም ፡ ወለ
ዓለመ ፡ ዓለም ፡ መንግሥቱ ። [2] ወውእቱ ፡ ይ
ቀሥፍ ፡ ወይሣህል ፤ ወውእቱ ፡ ያወርድ ፡ ው
ስተ ፡ ሲኦል ፡ ወያዐርግ ፤ ወአልቦ ፡ ዘያመሥ
ጥ ፡ እምነ ፡ እዴሁ ። [3] ግነዩ ፡ ሎቱ ፡ ኵልክሙ ፡
ደቂቀ ፡ እስራኤል ፡ በቅድመ ፡ ኵሉ ፡ አሕዛብ ፤
እስመ ፡ ውእቱ ፡ ዘረወነ ፡ ውስቴቶሙ ። [4] ወ
በህየ ፡ አርአየ ፡ ዕበይሁ ፤ ወአልዕልዎ ፡ በቅድ
መ ፡ ኵሉ ፡ እጓለ ፡ እመሕያው ፤ እስመ ፡ ውእ
ቱ ፡ እግዚእነ ፤ ወውእቱ ፡ እግዚአብሔር ፡ አቡ
ነ ፡ በኵሉ ፡ ዓላም ። [5] ወይቀሥፈነ ፡ በኀጣው
ኢነ ፡ ወይሣህለነ ፡ ካዕበ ፤ ወያስተጋብአነ ፡ እ
ምነ ፡ ኵሉ ፡ አሕዛብ ፡ እለ ፡ ውስቴቶሙ ፡ ዘረ
ወነ ። [6] ወለእመ ፡ ተመየጥነ ፡ ኀቤሁ ፡ በኵሉ ፡
ልብነ ፡ ወበኵሉ ፡ ነፍስነ ፤ ከመ ፡ ንግበር ፡ ጽድ
ቀ ፡ በቅድሜሁ ፤ ውእተ ፡ ጊዜ ፡ ይትመየጥ ፡ ኀ
ቤነ ፤ ወኢይሴውር ፡ ገጾ ፡ እምኔነ ፤ ወትሬእዩ ፡
ዘገብረ ፡ ምስሌነ ፤ ወእመኑ ፡ ቦቱ ፡ በኵሉ ፡ ል
ብክሙ ፡ ወበኵሉ ፡ ነፍስክሙ ፤ ወባርክዎ ፡ ለ

---

12 ሳራ ፡ መርዓትከ ፡] ሐና ፡ ብእሲትከ ፡ EP, ሳራ ፡ ብእ' ፡ FLN. 13 በድኑ ፡ R. ኢረሳዕከ ፡ L, 'ዕከ ፡ F; 'ዕከ ፡ ገቢረ ፡ R. 14 ወእግዚ" ፡] ወአሜሃ ፡ R. 15 ወያበውኡ ፡ NR. 18 አምጽአክሙ ፡ EP. 19 ወአንሰ ፡] + በኵሉ ፡ መዋዕል ፡ R, ራእይየ ፡ FL, ∧ cum ወርኢክሙ ፡ R. 20 ∧ ኬ ፡ FLR. ወጸሐፈ ፡ ELP, ወጸሐፍኩ ፡ N, ወመጻእኩ ፡ እጽሐፍ ፡ R. 21 ወሶቤሃ ፡ ተንሥአ ፡ ወሖረ ፡ ወ R. 22 ላእክ ፡] መልአክ ፡ NR. XIII. 6 ንግበር ፡ R, caet. ንርከብ ፡ ለአሕዛብ ፡] ለሕዝብ ፡ R. ይፈቅድ ፡] + ክሙ ፡ (sic) R.

እግዚአ ፡ ጽድቅ ፡ ወአልዕልዎ ፡ ለንጉሠ ፡ ዓለ
ም ፤ አንሰ ፡ በምድር ፡ ዘተፄወውኩ ፡ አአምን ፡
ቦቱ ፤ ወእነግር ፡ ኀይሎ ፡ ወዕበዮ ፡ ለአሕዛብ ፡
ኃጥኣን ፤ ተመየጡ ፡ ኃጥኣን ፡ ወግበርዋ ፡ ለጽ
ድቅ ፡ ቅድሜሁ ፤ መኑ ፡ ያአምር ፡ እመ ፡ ይፈ
ቅድ ፡ ወይገብር ፡ ምሕረቶ ፡ ላዕሌክሙ ። 7 ለ
አምላኪየ ፡ ኣሌዕሎ ፤ ወነፍስየ ፡ ለንጉሠ ፡ ሰማ
ይ ፤ ወእሴብሕ ፡ ዕበያቲሁ ፡ በኵሉ ፡ 8 ወእመ
ኑ ፡ ቦቱ ፡ በጽድቅ ። 9 ሀገረ ፡ ኢየሩሳሌም ፡
ቅድስት ፤ ኢይቀሥፈኪኑ ፡ በግብረ ፡ ደቂቅኪ ፤
ወካዕበ ፡ ይምህከሙ ፡ ለደቂቀ ፡ ጻድቃን ። 10
ግነዩ ፡ ለእግዚአብሔር ፡ በሠናይ ፤ ወባርክዎ ፡
ለንጉሠ ፡ ዓለም ፤ ከመ ፡ ትትሐነጽ ፡ ደብተራ
ሁ ፡ ውስቴትኪ ፡ በትፍሥሕት ፤ ወይትፌሥ
ሑ ፡ ብኪ ፡ እለ ፡ ሀለዉ ፡ ህየ ፡ ፂውዋን ፤ ወይ
ትፈቀሩ ፡ በእንቲአኪ ፡ ጽሉኣን ፡ በኵሉ ፡ ት
ውልድ ፡ ዘለዓለም ። 11 እስመ ፡ አሕዛብ ፡ ብ
ዙኃን ፡ እምርሑቅ ፡ ይመጽኡ ፡ ኀበ ፡ ስሙ ፡
ለእግዚአብሔር ፤ ወያመጽኡ ፡ አምኃ ፡ ለንጉ
ሠ ፡ ሰማይ ፤ ትውልደ ፡ ትውልድ ፡ ይሴብሑከ ፡
ወይሁቡ ፡ ስብሐተ ፡ ለስምከ ። 12 ርጉማን ፡ ኵ
ሎሙ ፡ እለ ፡ ይጸልኡከ ፤ ወቡሩካን ፡ እሙንቱ ፡
ኵሎሙ ፡ እለ ፡ ያፈቅሩከ ፡ ለዓለም ። 13 ወእት
ፌሣሕ ፡ በደቂቆሙ ፡ ለጻድቃን ፤ እስመ ፡ ይት
ጋብኡ ፡ ወይባርኩከ ፡ ለከ ፡ እግዚአ ። 14 እስ
መ ፡ ብፁዓን ፡ እሙንቱ ፡ እለ ፡ ያፈቅሩከ ፤ ወ
ይትፌሥሑ ፡ በሰላምከ ፤ ወብፁዓን ፡ ኵሎሙ ፡
እለ ፡ ተከዙ ፡ በእንተ ፡ ሕማምከ ፤ እስመ ፡ ይት
ፌሥሑ ፡ ብከ ፡ ርእዮሙ ፡ ኵሎ ፡ ስብሐቲከ ፤
ወይትፌሥሑ ፡ ለዓለም ። 15 ነፍስየሰ ፡ ትባር
ክ ፡ ለእግዚአብሔር ፡ ለንጉሥ ፡ ዐቢይ ። 16 እ
ስመ ፡ ትትሐነጽ ፡ ኢየሩሳሌም ፡ በሰንፔር ፡ ወ
በመረግድ ፤ ወበዕንቍ ፡ ክቡር ፡ አረፋቲሃ ፤ ወ
መኃፍዲሃ ፡ ወአናቅጺሃ ፡ በወርቅ ፡ ንጹሕ ።
17 ወመርሕባኒ ፡ ለኢየሩሳሌም ፡ በቢረሌ ፡ ወበ
ዕንቈ ፡ አትራኮስ ፡ ወበዕንቈ ፡ ሶፎር ፡ ይትገበ
ር ። 18 ወይብሉ ፡ በኵሉ ፡ ፍናዊሃ ፡ ሃሌ ፡ ሉ
ያ ፤ ወይሴብሑ ፡ ወይብሉ ፡ ይትባረክ ፡ እግዚ
አብሔር ፡ ለዓለም ፡ ወበኵሉ ፡ ዓለም ። XIV.
ወእምዝ ፡ አርመመ ፡ ጦቢት ፡ እምኀበ ፡ ይጼ
ሊ ። 2 ወኀምሳ ፡ ወሰመንቱ ፡ ዓመት ፡ ሎቱ ፡
አመ ፡ የሀጕል ፡ አዕይንቲሁ ፡ ወእምድኅረ ፡ ሰ
መንቱ ፡ ዓመት ፡ ርእየ ፡ ወገብረ ፡ ምጽዋተ ፡ ወ
ወሰከ ፡ ዓዲ ፡ ፈሪሆቶ ፡ ለእግዚአብሔር ፡ እግ
ዚእ ፡ ወአምነ ፡ ቦቱ ። 3 ወፈድፋደ ፡ ረሥአ ፡
ወጸውዖ ፡ ለወልዱ ፡ ወለደቂቀ ፡ ውሉዱ ፡ ወይ
ቤሎ ፡ ወልድየ ፡ ንሣእ ፡ ደቂቀከ ፡ እስመ ፡ ረ
ሣእኩ ፡ ወበጻሕኩ ፡ እስከ ፡ ለሞት ። 4 ወሑር ፡
እስከ ፡ ሜዶን ፡ አወልድየ ፡ እስመ ፡ አአምር ፡
ኵሎ ፡ ዘነበበ ፡ ዮናስ ፡ ነቢይ ፡ ላዕለ ፡ ነነዌ ፡ ከ
መ ፡ ሀለዋ ፡ ትትነሠት ፡ ወውስተ ፡ ሜዶንሰ ፡
ሰላም ፡ ይከውን ፡ እስከ ፡ ዘመኑ ፡ ወአኀዊነኒ ፡
ሀለዎሙ ፡ ይዘረዉ ፡ ውስተ ፡ በሓውርት ፡ እም
ነ ፡ ኵሉ ፡ ምድር ፡ ቡርክት ፡ ወኢየሩሳሌምኒ ፡
ትከውን ፡ በድወ ፡ ወቤተ ፡ እግዚአብሔር ፡ ዘ
ውስቴታ ፡ ይውዒ ፡ ወይከውን ፡ በድወ ፡ እስ

10 ግነዩ ፡ FN. ወባርኪዮ ፡ FNR. 11 ወይሁቡከ ፡ EP. 13 ወትትፌሣሕ ፡ R. 14 ኵሎ ፡] ኵሎሙ ፡ ELP. 18 ∧ በኵሉ ፡ L. ፍናዌሃ ፡ EP. XIV. 2 ሀጕለ ፡ N. 3 ፈድፋደ ፡ sine ወ EP. ውሉዱ ፡] ወልዱ ፡ R.

ከ ፡ ዘመኑ ። 5 ወካዕበ ፡ ይሣህሎሙ ፡ እግዚአ
ብሔር ፡ ውስተ ፡ ምድሮሙ ፡ ወየሐንጹ ፡ ቤቶ ፡
ወአኮ ፡ ከመ ፡ ዘቀዲሙ ፡ እስከ ፡ ይትፌጸም ፡
መዋዕለ ፡ ዓለም ፡ ወእምድኅረ ፡ ዝንቱ ፡ ይገብ
ኡ ፡ እምኀበ ፡ ተፄወዉ ፡ ወየሐንጽዋ ፡ ለኢየ
ሩሳሌም ፡ በክብር ፡ ወይትሐነጽ ፡ ውስቴታ ፡ ቤ
ተ ፡ እግዚአብሔር ፡ በኵሉ ፡ ትውልድ ፡ ዘለዓ
ለም ፡ በንድቅ ፡ ክቡር ። 6 ወኵሉ ፡ አሕዛብ ፡
ይትመየጡ ፡ ኀቤሁ ፡ በጽድቅ ፡ ወይፈርህዎ ፡
ለእግዚአብሔር ፡ ወይገድፉ ፡ አማልክቲሆሙ ፡
7 ወይባርክዎ ፡ ለእግዚአብሔር ፡ ኵሉ ፡ አሕዛ
ብ ፡ ወሕዝ[ቡ]ኒ ፡ የአምኑ ፡ ቦቱ ፡ በእግዚአብ
ሔር ፡ ወያሌዕሎሙ ፡ እግዚአብሔር ፡ ለሕዝ
ቡ ፡ ወይትፌሥሑ ፡ ኵሎሙ ፡ እለ ፡ ይፈርህዎ ፡
ለእግዚአብሔር ፡ እግዚእ ፡ በጽድቅ ፡ ወበርት
ዕ ፡ ወይገብሩ ፡ ምሕረተ ፡ ላዕለ ፡ አኀዊሆሙ ።
8 ወይእዜኒ ፡ ወልድየ ፡ ፃእ ፡ እምነ ፡ ነነዌ ፡ እስ
መ ፡ በግብር ፡ ይከውን ፡ ዘነበበ ፡ ዮናስ ፡ ነቢይ ።
9 ወአንተሰ ፡ ዕቀብ ፡ ሕገ ፡ ወትእዛዘ ፡ ወኩን ፡
መሓሬ ፡ ወአፍቅር ፡ ጽድቀ ፡ ከመ ፡ ትኩን ፡ ሠ
ናይት ፡ ላዕሌከ ። 10 ወቅብረኒ ፡ ሠናየ ፡ ወለእ
ምከኒ ፡ ምስሌየ ፡ ወኢትንበር ፡ ውስተ ፡ ነነዌ ፡
ወልድየ ፡ ወርኢ ፡ ዘገብረ ፡ ሐማ ፡ ላዕለ ፡ አኪ
አክሮስ ፡ ዘመድከ ፡ ከመ ፡ አብአ ፡ እምብርሃን ፡
ውስተ ፡ ጽልመት ፡ ወዘኒ ፡ ተፈድየ ፡ ወአኪአ
ክሮስ ፡ ሕያው ፡ ውእቱ ፡ ወውእቱሰ ፡ ተፈድየ ፡
ፍዳሁ ፡ ወለሊሁ ፡ ወረደ ፡ ውስተ ፡ ጽልመት ።
ምናሴ ፡ ገብረ ፡ ምጽዋተ ፡ ወገብረ ፡ ጽድቀ ፡
ወድኅነ ፡ እመቅሠፍተ ፡ ሞት ፡ እንተ ፡ ሠርዐ ፡
ላዕሌሁ ፡ ወሐማሰ ፡ ወድቀ ፡ ውስተ ፡ ይእቲ ፡
መሥገርት ፡ ወሞተ ። 11 ወይእዜኒ ፡ ወልድየ ፡
ርኢ ፡ ዘትገብር ፡ ምጽዋት ፤ ታድኅን ፡ ወታጸድ
ቅ ። ወከመዝ ፡ ብሂሎ ፡ ሞተ ፡ ጦቢት ፤ ወጽአ
ት ፡ ነፍሱ ፡ በዲበ ፡ ዐራቱ ፡ ወምእት ፡ ወኃም
ሳ ፡ ዓመት ፡ ሎቱ ፡ ወቀበርዎ ፡ በክብር ። 12 ወ
አመ ፡ ሞተት ፡ ሐና ፡ ቀበራ ፡ ምስለ ፡ አቡሁ ፡
ወሖረ ፡ ጦብያ ፡ ምስለ ፡ ብእሲቱ ፡ ወደቂቁ ፡
ውስተ ፡ በጥና ፡ ኀበ ፡ ራጉኤል ። 13 ወረሥአ ፡
ወአድናኒ ፡ ብእሲቱ ፡ ወቀበሮሙ ፡ በክብር ፡
ለታሕማሁ ፡ ወተዋረሰ ፡ ኵሎ ፡ ንዋዮሙ ፡ ወ
ለጦቢትኒ ፡ አቡሁ ። 14 ወጦብያሂ ፡ ሞተ ፡ በ
ምእት ፡ ዕሥራ ፡ ወሰብዐቱ ፡ በበጥና ፡ ዘሜዶ
ን ። 15 ወሰምዐ ፡ ዘእንበለ ፡ ይሙት ፡ ሙስና
ሃ ፡ ለነነዌ ፡ [ዘፄወዋ ፡] ናቡክደናጾር ፡ ወአስዊ
ሮስ ፡ ወተፈሥ[ሐ] ፡ ዘእንበለ ፡ ይሙት ፡ ላዕለ ፡
ነነዌ ።

---

5 + ወያገብኦሙ ፡ post እግዚ' ፡ R. ይትፌጸም ፡ FLN. 6 በኀቤሁ ፡ EP. 7 [ ] ብ codd. 10 አኪአክሮስ ፡] + መርዶኪዮስ ፡ P, R i. marg. ዘመድከ ፡] ዘሐፀኖ ፡ ወ R (F i. l.) ተፈድየ ፡ 1°] + ሐማ ፡ N. ∧ ወገብረ ፡ ጽድቀ ፡ R. ሠርዑ ፡ NR. 11 ∧ ጦቢት ፡ R. ወወፅአት ፡ FNR. ወኃምሳ ፡] + ወ፰ LNR, F i. l. ወቀበሮ ፡ N. 13 ወረሥአ ፡] + ወሞተ ፡ NR. ወተዋረሶሙ ፡ FLNR. 15 [ዘፄወዋ ፡] ∧ in omnibus. ወአስዌሮስ ፡ N. [ሐ]ሑ ፡ codd.

Codices, e quibus librum Tobith hausi, sunt: 1) E, d'Abbadianus XXXV (Catal. p. 42—5) saeculi XVII; 2) R, Rüppellianus Francofurtensis, qui libros V. T. historicos continet (de quo videas Appar. crit. ad meam librorum Regum editionem 1871. II p. 3); 3) F, Rüpp. Francof., qui libros apocryphos continet (Rüppell Reise 1840, II p. 407 No. 7); 4) L, Londinensis, Musei Brit., Orient. 491 (No. XV in Wrightii Catal. p. 14) saeculi XVIII; 5) N, Lond., Mus. Brit., Orient. 505 (No. XXXI in Wr. Catal. p. 22), inter annos 1721—30 exscriptus; 6) P, Lond., Mus. Brit., Orient. 498 (No. XXII in Wr. Cat. p. 19), saeculi XVII. ERFL a me ipso descripti et perlustrati, NP a viro clarissimo C. Bezold me rogante benignissime collati sunt. Caeteros Musei Brit. codices recentiores praetermisi. Partitio libri in RFN nulla est; in EP capitula nostra 14 secundum Latinorum Vulgatam (ምዕ' ፡ ፯ incipit a 5,17b ወወፅኡ ፡ ክልኤሆሙ ፡) in margine notata inveniuntur; in L libro ipsi inscripta, sed (cum ምዕ ፡ ፮ et ፲፮ neglecta sint) nonnisi 12 numerata sunt.

Deformationum, quae in versionem antiquitus traditam sensim irrepserunt, quamvis nullus horum codicum immunis sit, tamen E caeteris melior censendus est, nec non R et N multas lectiones emendatas praebent. Non desunt loci in omnibus pariter corrupti; eorum nonnullos ex auctoritate Graeci a me correctos uncinis angulatis significavi. Caeterum hunc quoque librum, sicut alios, ab Abessinis e codicibus Graecis denuo recognitum et novas inde lectiones passim inspersas esse, varia indicant vestigia (ex. gr. 7,8. 10,2. 14,11).

Alia quaedam vitia, quibus versio laborat, manifesto ab interprete ipso repetenda sunt. Hujus generis sunt 1,21 *διῆλθον*, 2,1 *ἄριστον* (at vid. 12,13), 2,2. 7,8 *ὄψα*, 2,14 *ἐπὶ τῷ μισθῷ*, 3,5 *ἐξ ἐμοῦ ποίησον*, 6,12 *ὀφειλέσει*, 12,13 *οὐκ ἔλαθες ἀγαθοποιῶν* perperam intellecta; 3,13 *εἶπον* pro *εἰπόν*, 12,6 *ἀγαθῶν τοῦ* pro *ἀγαθὸν τό* male lecta; 1,5 *δαμάλει* in nomen proprium transfiguratum; 3,7 (cfr. 6,5. 14,14. Iudith 1,1) *Ἐκβατάνοις* in *ἐκ Βατάνοις* distractum. Utrum 13,11 seq. interpres an librarii pronomen suffixum 2 p. sing. femininum cum masculino commutaverint, in dubio relinquitur.

Permulta denique, quae cum Graeco recepto discrepant, e varietate archetypi Graeci, quo interpres usus est, originem duxerunt. En ejus lectiones a Graeco Holmes-Parsonsiano discrepantes, earumque plurimas cum codice Alexandrino vel aliis testibus concordantes: I. 2 *Θηβης* vel *Θιβης*. 3 *ἔθνει μου. συμπορευθεῦσι.* 7 *τὴν πρώτην δεκάτην. Ἀαρών* pro *Λευί.* 9 ∧ *Ἄνναν.* 10 *ᾐχμαλωτίσθην.* 13 *ἔδωκέ μοι.* 15 ∧ *ὁ υἱὸς αὐτοῦ.* 17 *καὶ τὰ ἱμάτιά μου. ἐπί* pro *ὀπίσω. ἐν Νινευῇ.* 18 *ἀπώλεσεν* (pro *ἀπέκτεινεν* 2°). 19 *ἔθαπτον.* 21 *πεντήκοντα πέντε. Ἀχερδονός. τὸν υἱὸν Ἀναήλ. τοῦ πατρός* (pro *τῆς βασιλείας*). II. 8 *φοβεῖται οὗτος.* 9 ∧ *ἀνέλυσα θάψας καί.* III. 2 *κρίνεις τὸν αἰῶνα.* 5 ∧ *καί* ante *ἀληθιναί. ποίησον.* 8 *ὠνάσθης* (?). 9 + *περὶ αὐτῶν* post *μαστιγοῖς.* 10 *θελῆσαι ἀπάγξασθαι.* IV. 5 *καὶ δικαιοσύνην.* 12 *καὶ Ἰσαὰκ καὶ Ἰακώβ.* 14 *καὶ ἐὰν δουλεύσῃς.* 16 ∧ *καὶ μὴ φθονεσάτω — ἐλεημοσύνην.* 18 ∧ *ἐπὶ πάσης.* V. 2 *μὴ γινώσκων αὐτόν.* 5 *δύνασαι π. μετ' ἐμοῦ.* 7 *τῷ πατρί μου.* 12 *τοῦ ἀδελφοῦ σου.* 13 *Ιαθαν* (pro *Ιωναθαν*). *ῥίζης μεγάλης.* VI. 9 ∧ *τῷ παιδαρίῳ.* 10 + *μονογενής* vel *μία* post *θυγάτηρ.* 11 ∧ *καί* ante *ὅτι σοι.* ∧ *μόνος.* 14 ∧ *καθὼς καὶ — μὴ ἀποθάνω.* VII. 1 *ἦλθον. παρεγένοντο. αὐτοῖς. αὐτούς. αὐτοὶ αὐτήν.* 4 *μου* pro *ἡμῶν.* 12 *σὺ γάρ* (pro *σὺ δέ*). ∧ *ἐστίν.* 16 ∧ *Ῥαγουήλ.*

VIII. [5] *Κύριε ὁ θεός.* [12] *ἰδέτω.* [20] *τῷ Τωβίᾳ* pro *αὐτῷ.* IX. [2] ∧ *μοι* bis. [6] *καὶ εὐλόγησε Τωβίας αὐτόν.* X. [2] *κατεσχέθη* (var. *κατήσχυνται*). [10] + *οὐχὶ ἀλλὰ* post *λέγει.* [12] *Κύριος* pro *Θεός.* XI. [14(15)] ∧ *μέ* post *ἠλέησας.* [16(17)] *ἐνώπιον αὐτῶν. αὐτόν* pro *αὐτούς.* XII. [2] *καὶ εἶπε Τωβίας τῷ πατρὶ αὐτοῦ.* [3] ∧ *μου* 2⁰. [12] *συμπαρήμην.* [17] ∧ *εἰς τὸν αἰῶνα.* [19] *πάσας τὰς ἡμέρας* ad comma 18 relatum, deinde *ἐγὼ δέ.* [22] *τοῦ Θεοῦ καὶ* pro *αὐτοῦ.* XIII. [1] *καὶ εἰς πάντας τοὺς αἰῶνας ἡ βασιλεία αὐτοῦ.* [4] *ὑπέδειξε. καὶ ὑψοῦτε.* [5] *ἐσκορπίσθημεν.* [6] *ἐποίησε* pro *ποιήσει. ἐν ὅλῃ τῇ καρδίᾳ ὑμῶν καὶ ἐν ὅλῃ τῇ ψυχῇ ὑμῶν* (pro *ἐν ὅλῳ τῷ στόματι ὑμῶν*). *ἔθνεσιν* (pro *ἔθνει*). [7] *ἀγαλλιάσομαι.* [8] *ἐξομολογεῖσθε αὐτῷ ἐν δικαιοσύνῃ.* [9] *οὐ μαστιγώσει σε;* [11] + *αἰνέσουσί σε καί* ante *δώσουσι.* [16] *τὰ τείχη αὐτῆς.* [18] *αἰνέσουσιν.* ∧ *ὃς ὕψωσε.* XIV. [3] *καὶ τοὺς υἱοὺς τοῦ υἱοῦ αὐτοῦ.* [5] *οἰκοδομηθήσεται εἰς πάσας τὰς γενεὰς τοῦ αἰῶνος οἰκοδομῇ ἐνδόξῳ.* [6] ∧ *τὸν Θεόν. ἀφήσουσι* (pro *κατορύξουσι*). [10] *αὐλισθῇς. Ἀχιάχαρος μὲν ἐσώθη.* [11] *παιδίον ἴδε. καὶ δικαιοῖ καὶ ῥύεται.* ∧ *ὀκτώ.* [14] *καὶ ἀπέθανε Τωβίας.*

ዘዮዲት ፡

አመ ፡ ዐሠርቱ ፡ ወክልኤቱ ፡ ዓመተ ፡ መን
ግሥቱ ፡ ለናቡክደነጾር ፡ ዘነግሠ ፡ ለፋርስ ፡ በነ
ነዌ ፡ ሀገር ፡ ዐባይ ፡ በመዋዕለ ፡ አርፋክስድ ፡
ዘነግሠ ፡ ለሜዶን ፡ በባጥና ፡ 2 ወነደቃ ፡ ለባጥ
ና ፡ ዐውደ ፡ አረፍታ ፡ በእብነ ፡ ውቅሮ ፲ ጽፍ
ሐ ፡ መሠረቱ ፡ [ሥልስ ፡] በእመት ፡ ዘመንገለ ፡
ገዳማ ፡ ለሀገር ፡ ወዘመንገለ ፡ ገጸ ፡ ሀገር ፡ [ስ
ሱ ፡] በእመት ፡ ጽፍሐ ፡ መሠረቱ ፲ ወገብረ ፡ ቆ
መ ፡ አረፍቱ ፡ ፳በእመት ፡ ወማእኖ ፡ ዘ ፶በእ
መት ፡ 3 ወአቀመ ፡ ማኅፈዲሁ ፡ ኀበ ፡ አንቀ
ጽ ፡ ዘዘ ፲እመት ፡ ወመሠረቱ ፡ እማእዘንት ፡ እ
ስከ ፡ ማእዘንት ፡ ፴በእመት ፡ 4 ወገብረ ፡ ኆኅ
ተ ፡ አናቅጺሃ ፡ ዘይትረኀው ፡ ፳ በእመት ፡ ቆሞ
ን ፡ ወ፶በእመት ፡ ራሕበን ፡ እንተ ፡ ኀበ ፡ ይበ
ውኡ ፡ ኀያላን ፡ ጽኑዓኒሁ ፡ ወሰራዊተ ፡ አጋር
ያኒሁ ። 5 ወጸብአ ፡ ናቡክደነጾር ፡ በእማንቱ ፡
መዋዕል ፡ ለአርፋክስድ ፡ ንጉሥ ፡ ውስተ ፡ ገዳ
ም ፡ ዐቢይ ፡ ወውእቱ ፡ ገዳም ፡ ውስተ ፡ ደወለ ፡
ራገው ። 6 ወተቀበልዎ ፡ ኵሎሙ ፡ እለ ፡ ይነ
ብሩ ፡ ውስተ ፡ አድባር ፡ ወኵሎሙ ፡ እለ ፡ ው
ስተ ፡ ኤፍራጥስ ፡ ወጤግራን ፡ ወሄደስጰን ፡ ወ
አሕቃላተ ፡ አርዮክ ፡ ንጉሠ ፡ ኤሌሜዮን ፡ ወ
ተጋብኡ ፡ አሕዛብ ፡ ብዙኃን ፡ ጥቀ ፡ ከመ ፡ ይ
ትቃተልዎሙ ፡ ለደቀ ፡ ከሌድ ። 7 ወለአከ ፡ ና
ቡክደነጾር ፡ ንጉሠ ፡ ፋርስ ፡ ለኵሉ ፡ እለ ፡ ይነ
ብሩ ፡ ውስተ ፡ ደወለ ፡ ፋርስ ፡ ወለኵሉ ፡ እለ ፡
ይነብሩ ፡ መንገለ ፡ ዐረቢሆሙ ፡ እለ ፡ ይነብሩ ፡
ውስተ ፡ ቂልቅያ ፡ ወደማስቆ ፡ ወሊባኖስ ፡ ወለ
ኵሉ ፡ እለ ፡ ይነብሩ ፡ መንገለ ፡ ገጸ ፡ ጰራልያ ፡
8 ወለአሕዛብ ፡ እለ ፡ ውስተ ፡ ቀርሜሎስ ፡ ወገ
ለአድ ፡ ወላዕለ ፡ ገሊላ ፡ ወዘዐቢይ ፡ ገዳም ፡ አ
ስዳሬ[ላ]ም ፡ 9 ወለኵሉ ፡ እለ ፡ ውስተ ፡ ሰማር
ያ ፡ ወእለ ፡ ውስተ ፡ አህጉሪሃ ፡ ወእለ ፡ ማዕዶ
ተ ፡ ዮርዳኖስ ፡ እስከ ፡ ኢየሩሳሌም ፡ ወቢሊጠ
ኒ ፡ ወኪሉስ ፡ ወቃዴስ ፡ ወፈለገ ፡ ግብጽ ፡ ወጥ
ፍናስ ፡ ወራሜስ ፡ ወኵሉ ፡ ምድረ ፡ ጌሴም ፡
10 እስከ ፡ ይበጽሕ ፡ መልዕልተ ፡ ጠኔዎስ ፡ ወ
መንፌዎስ ፡ ወኵሉ ፡ እለ ፡ ይነብሩ ፡ ውስተ ፡ ግ

---

1 ∧ ነነዌ ፡ NR. አርፌክስክስ ፡ EF (nec tamen 5 seq.) 2 [ ] ሠላሳ ፡ codd. ዘማእከለ ፡ ግድማ ፡ R. [ስሱ ፡] ስሳ ፡ codd.; ስድስ ፡ NR. ወምዕኖ ፡ L. 3 አናቅጽ ፡ N. 4 ∧ አናቅጺሃ ፡ NR, O i. m. ዘይትረኀዋ ፡ F. ወራሕበን ፡ ፴ NOR, + በእመት ፡ O in m. ኀያላኒሁ ፡ ወጽኑዓኒሁ ፡ NOR. 5 ውእቱ ፡ sine ወ OR. ራግው ፡ FNOR. 6 እለ ፡ 2°] + ይነብሩ ፡ NO. ካሌድ ፡ FL, ኬውልድ ፡ R, ከሌውድ ፡ vel ከሌውድ ፡ ON. 8 እለ ፡] + ይነብሩ ፡ NOR. ወዘየዐቢ ፡ NOR. [ ] ባ codd.; አስርድ ፡ ሬባም ፡ NOR. 9 ወቢሊጤኔ ፡ F, ወብልጣኔ ፡ N, alii aliter. ወኬሉስ ፡ NO. እስከ ፡ ፈለገ ፡ ELF. 10 ∧ ይነብሩ ፡ NR. ይበጽሑ ፡ R.

ብጽ ፡ እስከ ፡ ይበጽሕ ፡ ደወለ ፡ ኢትዮጵያ ።
11 ወአበዩ ፡ ኵሉ ፡ እለ ፡ ይነብሩ ፡ ውስተ ፡ ኵ
ሉ ፡ ምድር ፡ ትእዛዘ ፡ ናቡከደነጾር ፡ ንጉሠ ፡ ፋ
ርስ ፡ ወኢሖሩ ፡ ምስሌሁ ፡ ጸብአ ፡ እስመ ፡ ኢ
ፈርህዎ ፡ ወኮነ ፡ ቅድሜሆሙ ፡ ከመ ፡ አሐዱ ፡
ብእሲ ፡ ወገብኡ ፡ ሐዋርያቲሁ ፡ ዕራቃኒሆሙ ፡
በኀሳር ፡ እምቅድመ ፡ ገጾሙ ። 12 ወተምዐ ፡ ና
ቡከደነጾር ፡ ላዕለ ፡ ኵሉ ፡ ምድር ፡ ጥቀ ፡ ወመ
ሐለ ፡ በመንበረ ፡ መንግሥቱ ፡ ከመ ፡ ይትበቀ
ል ፡ ኵሎ ፡ ደወለ ፡ ቂልቅያ ፡ ወዘደማስቄኔስ ፡
ወዘሶርያ ፡ ከመ ፡ ይትበቀሎሙ ፡ በሰይፍ ፡ ወኵ
ሉ ፡ እለ ፡ ይነብሩ ፡ ውስተ ፡ ምድረ ፡ ሞአብ ፡
ወለደቂቀ ፡ ዐሞን ፡ ወለኵሉ ፡ ይሁዳ ፡ ወለኵ
ሉ ፡ ግብጽ ፡ እስከ ፡ ይበጽሕ ፡ ደወለ ፡ ክልኤ
ቱ ፡ [ባሕር ።] 13 ወጸብአ ፡ ምስለ ፡ ኀይሉ ፡ ለ
አርፋክስድ ፡ ንጉሥ ፡ አመ ፡ ፲ወ፯ዓመት ፡ ወ
ሞኦ ፡ ወአእተወ ፡ ኵሎ ፡ ኀይሎ ፡ ለአርፋክስ
ድ ፡ ወኵሎ ፡ አፍራሲሁ ፡ ወኵሎ ፡ ሰረገላቲሁ ።
14 ወአስተጋብአ ፡ አህጉሪሁ ፡ ወሖረ ፡ እስከ ፡
ባጥና ፡ ወነሥአ ፡ መኃፍዲሆሙ ፡ ወበርበረ ፡ ሀ
ገረ ፡ ወነሥታ ። 15 ወአኀዘ ፡ ለአርፋክስድ ፡ በ
ደወለ ፡ ራግው ፡ ወረገዞ ፡ በኵናቱ ፡ ወሠረዎ ፡
ለዝላፉ ። 16 ወአተዉ ፡ ውእቱ ፡ ወእለ ፡ ምስ
ሌሁ ፡ ኵሉ ፡ ብዙኃን ፡ ዕደው ፡ መስተቃትላን ፡
ጥቀ ፡ ወነበረ ፡ ህየ ፡ ውእቱ ፡ ወሀሎ ፡ ፲ወ፰ዕ
ለተ ፡ እንዘ ፡ ይኄሊ ፡ ወይመክር ። II. ወአ
መ ፡ ፲ወ፰ዓመት ፡ በሰቡዕ ፡ ጽልመት ፡ ቀዳሚ
ይ ፡ ወርኅ ፡ ኮነ ፡ ነገር ፡ በቤተ ፡ ናቡከደነጾር ፡
ንጉሠ ፡ ፋርስ ፡ ከመ ፡ ይትበቀል ፡ ለኵሉ ፡ ም
ድር ፡ በከመ ፡ ይቤ ። 2 ወጸውዖሙ ፡ ለኵሉ ፡
መላእክቲሁ ፡ ወመገብቱ ፡ ወተናገረ ፡ ምስሌሆ
ሙ ፡ ምስጢረ ፡ ምክሩ ፡ ወነበበ ፡ ኵሎ ፡ እኪ
ተ ፡ ላዕለ ፡ ምድር ። 3 ወእሙንቱ ፡ አኅለቁ ፡
ይሠርውዎሙ ፡ ለኵሉ ፡ ዘሥጋ ፡ ለእለ ፡ ኢተ
ለዉ ፡ በቃለ ፡ አፉሁ ። 4 ወእምዝ ፡ ሶበ ፡ አኅ
ለቀ ፡ ምክሮ ፡ ጸውዖ ፡ ናቡከደነጾር ፡ ንጉሠ ፡
ፋርስ ፡ ለሆሎፌርኔስ ፡ መልአከ ፡ ኀይሉ ፡ ዘእ
ምታሕቴሁ ፡ ወይቤሎ ፡ 5 ከመዝ ፡ ይቤ ፡ ንጉ
ሥ ፡ ዐቢይ ፡ እግዚአ ፡ ኵሉ ፡ ብሔር ፡ ናሁ ፡ ት
ወጽእ ፡ እምቅድመ ፡ ገጽየ ፡ ወትነሥእ ፡ ምስሌ
ከ ፡ ዕደወ ፡ ምእመናነ ፡ በኀይሎሙ ፲ አጋራን ፡
፲፻ወ[፪፻] ወመስተጽዕናነ ፡ አፍራስ ፡ ምስለ ፡
አፍራሲሆሙ ፡ ፲፻ወ[፪፻] ፡ 6 ወትወፅእ ፡ ው
ስተ ፡ ኵላ ፡ ይእቲ ፡ ምድር ፡ እንተ ፡ መንገለ ፡
ዐረብ ፡ እስመ ፡ አበዩ ፡ ትእዛዘ ፡ ለቃለ ፡ አፉየ ።
7 ወትሰብክ ፡ ሎሙ ፡ ያስተዳልዉ ፡ ሊተ ፡ ብ
ሔረ ፡ ወማየ ፡ እስመ ፡ እወፅእ ፡ በመዐትየ ፡ ላ
ዕሌሆሙ ፡ ወእከድን ፡ ኵሎ ፡ ገጸ ፡ ምድር ፡ በ
እግረ ፡ ኀይልየ ፡ ወእሬስዮሙ ፡ ሕብልያ ፡ ወበ
ርባርያ ። 8 ወአብድንቲሆሙ ፡ ይመልእ ፡ ው

12 ኵሉ ፡] + ውእቱ ፡ FL, + ይእቲ ፡ RO, ኵላ ፡ ይእቲ ፡ N. ይትበቀሎሙ ፡] ይቅትሎሙ ፡ NOR. ወኵሉ ፡] ወለኵሉ ፡ RN. ወለኵሉ ፡ 2º] ወእለ ፡ ይነብሩ ፡ ውስተ ፡ ምድረ ፡ N; ወለኵሎሙ ፡ እለ ፡ ውስተ ፡ ደወለ ፡ R. [ ] ብሔር ፡ codd. 14 በጠና ፡ NO. ማኅፈዲሆሙ ፡ FRN. 15 ራጋው ፡ E. 16 ወአተወ ፡ RN. 1 በሰቡዑ ፡ ለጽልመት ፡ NOR. በኵሉ ፡ F. 3 ይሥርውዎ ፡ F. ለእለ ፡] ላዕለ ፡ እለ ፡ EF, ለለ፩፩ L. ኢተደለዉ ፡ EFL. 4 Scribitur etiam ሆሎፎርኒስ ፡ 5 አጋራነ ፡ FLR. [ ] ፳፻ ፡ codd. [ ] ፳፻ codd. 7 እመጽእ ፡ NOR. ወበርበርያ ፡ OLR (F).

ስተ ፡ ቈላቲሆሙ ፡ ወውስተ ፡ አፍላግ ፡ ወተከ
ዚኒ ፡ ይመልእ ፡ እምነ ፡ አብድንቲሆሙ ፡ 9 ወ
እዘርዎሙ ፡ ለፄዋሆሙ ፡ እስከ ፡ አጽናፈ ፡ ም
ድር ። 10 ወአንተሰ ፡ ቅድም ፡ ወንሣእ ፡ ኵሎ ፡
ደወሎሙ ፡ ሊተ ፡ ወያግብኡ ፡ ርእሶሙ ፡ ኀቤ
ከ ፡ ወዕቀቦሙ ፡ ሊተ ፡ [ለ]ዕለተ ፡ እትቤቀሎ
ሙ ። 11 እስመ ፡ ኢትምህኮሙ ፡ ዐይንከ ፡ ለእ
ለ ፡ አዕረሩ ፡ ከመ ፡ ትቅትሎሙ ፡ ወትበርብሮ
ሙ ፡ ውስተ ፡ ኵሉ ፡ ምድርከ ። 12 እስመ ፡ ሕ
ያው ፡ አነ ፡ ወጽ[ንዐ] ፡ መንግሥትየ ፡ ከመ ፡ እ
ግበር ፡ ዘንተ ፡ በእዴየ ፡ በከመ ፡ ነበብኩ ። 13
ወአንተኒ ፡ አልቦ ፡ ዘተኀድግ ፡ ወኢአሐተ ፡ እ
ምነ ፡ ቃለ ፡ እግዚእከ ፡ አላ ፡ ገቢረ ፡ ግበር ፡ በ
ከመ ፡ አዘዝከ ፡ ወኢታጕንዲ ፡ ገቢሮቶ ። 14 ወ
ወፅአ ፡ ሆሎፌርኒስ ፡ እምቅድመ ፡ እግዚኡ ፡
ወጸውዖሙ ፡ ለኵሉ ፡ ኀያላን ፡ ወለመላእክተ ፡
ሰራዊት ፡ ወለሊቃናተ ፡ ኀይሉ ፡ ወዘአሱር ።
15 ወኈለቆሙ ፡ ለኀሩያን ፡ ዕደው ፡ መስተቃ
ትላን ፡ በከመ ፡ አዘዘ ፡ እግዚኡ ፡ ፲፼ ወ[፪፼]
ወሰብአ ፡ አፍራስ ፡ ፲፼ ወ፳፻ ወሰብአ ፡ ሐጽ ፡
፼ ወ፳፻ ፡ 16 ወአዘዞሙ ፡ ለኵሎሙ ፡ ዘከመ ፡
ይትቃተሉ ፡ ወዘከመ ፡ ይጸብኡ ። 17 ወነሥ
[አ] ፡ አግማለ ፡ ወአእዱገ ፡ ወአብቅለ ፡ ለሥን
ቆሙ ፡ ብዙኀ ፡ ጥቀ ፡ ወአባግዐ ፡ ወአልህምተ ፡
ወአጣሌ ፡ ለሲሳዮሙ ፡ ዘአልቦ ፡ ኍልቍ ፡ 18
ወአሥነቀ ፡ ለኵሉ ፡ ሰብኡ ፡ ወለብዙኃን ፡ ወር
ቀ ፡ ወብሩረ ፡ እምቤተ ፡ ንጉሥ ፡ ብዙኀ ፡ ጥቀ ።
19 ወወፅአ ፡ ውእቱ ፡ ወኵሉ ፡ ኀይሉ ፡ ወጸብ
አ ፡ ቅድመ ፡ እምነ ፡ ንጉሥ ፡ ናቡከደነጾር ፡ ከ
መ ፡ ይክድን ፡ ኵሎ ፡ ገጸ ፡ ምድር ፡ መንገለ ፡
ዐረብ ፡ በሰረገላት ፡ ወበአፍራስ ፡ ወአጋርያን ፡
ኀሩያኒሆሙ ። 20 ወብዙኃን ፡ እለ ፡ አኀበሩ ፡
ምስሌሆሙ ፡ ከመ ፡ አንበጣ ፡ ወዕኡ ፡ ምስሌሆ
ሙ ፡ ወከመ ፡ ኆጻ ፡ ምድር ፡ ወአልበሙ ፡ ኍ
ልቍ ፡ እምነ ፡ ብዝኆሙ ። 21 ወወፅኡ ፡ እም
ነ ፡ ነነዌ ፡ ምሕዋረ ፡ ሠሉስ ፡ ዕለት ፡ ውስተ ፡ ገ
ጸ ፡ ገዳም ፡ ዘቤቀጢሌት ፡ ወሐረ ፡ እምነ ፡ ቤቀ
ጢሌት ፡ ዘገቦ ፡ ደብር ፡ ዘመንገለ ፡ ፀጋም ፡ ዘ
መልዕልተ ፡ ቂልቅያ ። 22 ወነሥአ ፡ ኵሎ ፡ ኀ
ይሎ ፡ አጋርያነ ፡ ወሰብአ ፡ አፍራስ ፡ ወሰረገላ
ቲሁ ፡ ወሖረ ፡ እምህየ ፡ ለመንገለ ፡ አድባሪሆ
ሙ ። 23 ወቀተሎሙ ፡ ለፌድ ፡ ወለሉድ ፡ ወ
ፄወውዎሙ ፡ ለኵሎሙ ፡ ደቂቀ ፡ እስማኤል ፡
እለ ፡ ውስተ ፡ ገጸ ፡ ገዳም ፡ ዘመንገለ ፡ አዜብ ፡
ዘኤሌዎን ። 24 ወዐደወ ፡ ኤውፍራጢን ፡ ወኀ
ለፈ ፡ እምነ ፡ መስጴጦምያ ፡ ወነሠተ ፡ ኵሎ ፡
አህጉረ ፡ ዐበይተ ፡ ዘመልዕልተ ፡ [አፍላግ ፡] ዓ
ርባኔ ፡ እስከ ፡ በጽሐ ፡ ኀበ ፡ [ባሕር ።] 25 ወረ

---

10 ∧ ሊተ ፡ 1° NOR. በዕለተ ፡ codd. 11 አዕረሩ ፡] + ኀቤከ ፡ R. 12 [ ] ኑዕ ፡ codd. 13 አዘዝኩ ፡ OR. ወኢትጕንዲ ፡ R. 14 ለኵሎሙ ፡ FNOR. 15 እግዚኡ ፡] + አጋሬን ፡ LNOR. [ ] ፳፻ codd. ፲፼ወ፳፻ወ exhibent omnes. 16 ይፃብኡ ፡ R. 17 [ ] ኡ codd. ∧ ለሲሳዮሙ ፡ ዘአልቦ ፡ ኍልቍ ፡ NOR. 18 ∧ ወአሥነቀ ፡ NOR. ለኵሉ ፡ ሰ' ፡ ወለብዙኃን ፡] ወብዙኀ ፡ R. 19 ወኀሩያኒሆሙ ፡ NOR. 21 ዘቤቄጢሊት ፡ O, al. al. 22 አድዋሊሆሙ ፡ NOR. 23 ወፄወዎሙ ፡ FLNO. ደቂቀ ፡] + ረሲስ ፡ (vel ራስ ፡) ወለደቂቀ ፡ NOR. 24 [ ] አህጉረ ፡ EFL. አርብዐ ፡ E, ፵ F pr. m. [ ] ብሔር ፡ codd.

ከበ ፡ ደወለ ፡ ቂልቅያ ፡ ወቀተለ ፡ ኵሎ ፡ ፀሮ ፡
ወሖረ ፡ እስከ ፡ ደወለ ፡ ያፌት ፡ ዘመንገለ ፡ አ
ዜብ ፡ ዘገጸ ፡ ዐረብ ። 26 ወዐገቶሙ ፡ ለኵሉ ፡
ደቂቀ ፡ ምድያም ፡ ወማህረከ ፡ እንስሳሆሙ ፡ ወ
አውዐየ ፡ አብያቲሆሙ ። 27 ወወረደ ፡ ውስተ ፡
ገዳም ፡ ዘደማስቆ ፡ አመ ፡ ማእረረ ፡ ሥርናይ ፡
ወአውዐየ ፡ ኵሎ ፡ ገራውሂሆሙ ፤ ወአባግዒሆ
ሙ ፡ ወመራዕይሆሙ ፡ አዘዘ ፡ የሐብልዩ ፡ ወ
አህጉሪሆሙ ፡ ነሠተ ፡ ወደቂቆሙኒ ፡ ነሥአ ፡
ወቀተለ ፡ ኵሎ ፡ ወራዙቲሆሙ ፡ በአፈ ፡ ኀጺ
ን ። 28 ወወድቀት ፡ ፍርሀተ ፡ ዚአሁ ፡ ወድን
ጋፄ ፡ ላዕለ ፡ እለ ፡ ይነብሩ ፡ ውስተ ፡ ጰራልያ ፡
(ወ)እለ ፡ ውስተ ፡ ሲዶና ፡ ወጢሮስ ፡ ወእለ ፡ ይ
ነብሩ ፡ ውስተ ፡ ሴይር ፡ ወአቂና ፡ ወኵሉ ፡ እለ ፡
ይነብሩ ፡ ውስተ ፡ [ይ]ማንሃን ፤ ወእለ ፡ ውስተ ፡
አዛጦን ፡ ወአስቀሎና ፡ ፈርሁ ፡ ጥቀ ፡ እምኔሁ ።
III. ወፈነዉ ፡ መልእክተ ፡ በቃለ ፡ ሰላም ፡ እን
ዘ ፡ ይብሉ ፡ 2 ናሁአ ፡ ንሕነአ ፡ አግብርቲሁ ፡
ለናቡከደነጸር ፡ ንጉሥ ፡ ዐቢይ ፤ ሀሎነ ፡ ቅድሜ
ከ ፡ ወረስየነ ፡ ዘከመ ፡ ፈቀድከ ፡ ቅድመአ ፡ ገጽ
ከአ ። 3 ወናሁአ ፡ አህጉሪነአ ፡ ወኵሉ ፡ በሓ
ውርቲነ ፡ ወኵሉ ፡ ገራውሂነ ፡ ወመራዕይነ ፡ ወ
ኵሉ ፡ አዕጻዳተ ፡ ወፍርነ ፡ ወአባግዒነ ፡ ለከ ፡
ቅድመ ፡ ገጽከ ፡ ወግበርአ ፡ ዘከመአ ፡ ፈቀድከ
አ ። 4 ወናሁአ ፡ አህጉሪነ ፡ ዐበይት ፡ ወእለ ፡
ይነብሩ ፡ ውስቴቶን ፡ አግብርቲከ ፡ እሙንቱ ፡
ወነዓ ፡ ወረሲ ፡ ዘከመአ ፡ ፈቀድከአ ። 5 ወበጽ
ሑ ፡ እልክቱ ፡ ዕደው ፡ ኀበ ፡ ሆሎፌርኔስ ፡ ወ
ዜነውዎ ፡ ዘንተ ፡ ነገረ ። 6 ወወረደ ፡ ውስተ ፡
በሓውርቲሆሙ ፡ ውእቱ ፡ ወኀይሉ ፡ ወአዕቀ
በ ፡ አህጉሪሆሙ ፡ ዐበይተ ፡ ወነሥአ ፡ እምኔሆ
ን ፡ ዕደወ ፡ ኅሩያነ ፡ እለ ፡ ያስተቃትል ። 7 ወ
ተቀበልዎ ፡ እሙንቱኒ ፡ ወኵሉ ፡ በሓውርቲሆ
ሙ ፡ በአክሊላት ፡ ወበማሕሌት ፡ ወበከበሮ ።
8 ወያደ ፡ ውስተ ፡ ኵሉ ፡ ደወሎሙ ፡ ወሰበረ ፡
ምስላቲሆሙ ፡ ወእዘዝ ፡ ውእቱ ፡ ከመ ፡ ያጥ
ፍእ ፡ ኵሎ ፡ አማልክተ ፡ ሰብእ ፡ ወያምልክዎ ፡
ለናቡከደነጸር ፡ ሎቱ ፡ ለባሕቲቱ ፡ ወኵሉ ፡ በ
ሓውርት ፡ ወኵሉ ፡ አሕዛብ ፡ ከመ ፡ ይበልዎ ፡
እግዚአብሔር ። 9 ወመጽአ ፡ ውስተ ፡ ገጸ ፡
(ኵሉ ፡) ኤስድሬሎም ፡ ዘገበኤያ ፡ ዘቅድመ ፡
ጽርዮናስ ፡ ዐቢይ ፡ ዘይሁዳ ። 10 ወሖሩ ፡ ማእ
ከለ ፡ ገዳመ ፡ ጤባን ፡ ወሀገረ ፡ ሰ[ቂ]ቶን ፡ ወነ
በረ ፡ ህየ ፡ አሐደ ፡ ወርኀ ፡ ያስተጋብእ ፡ ሥን
ቀ ፡ ለአሕዛቢሁ ። IV. ወሰምዑ ፡ ደቂቀ ፡ እ
ስራኤል ፡ (ወ)እለ ፡ ይነብሩ ፡ ውስተ ፡ ይሁዳ ፡
ኵሎ ፡ ዘገብረ ፡ ሆሎፌርኔስ ፡ ላዕለ ፡ አሕዛብ ፡
መልአከ ፡ ኀይሉ ፡ ለናቡከደነጸር ፡ ንጉሠ ፡ ፋር
ስ ፡ ወዘከመ ፡ አማሰነ ፡ ኵሎ ፡ ደወሎሙ ፡ ወዘ
ከመ ፡ አጥፍአሙ ። 2 ወፈርሁ ፡ ጥቀ ፡ ፈድፋ
ደ ፡ እምቅድመ ፡ ገጹ ፡ ወበእንተኒ ፡ ኢየሩሳሌ
ም ፡ ወበእንተ ፡ ቤተ ፡ እግዚአብሔር ፡ አምላኮ

26 ለኵሎሙ ፡ LNOR. ምድያም ፡] ብንያም ፡ LNOR. 27 ወደቂ′ ፡ ወኵሎ ፡ ወራ″ ፡ ቀተለ ፡ N. 28 ጰራልዩ ፡ ER. ^ (ወ) NR. ሴር ፡ FN, ሲር ፡ LO, አሴር ፡ R. [ይ] ደ codd.; ድምናሆን ፡, ደመናሐን ፡ al. III. 3 ወፈርነ ፡ FR. 6 እምኔሆሙ ፡ FNR. ያስተታልዎሙ ፡ R. 9 ( ) codd.; ኵሉ ፡ ገጸ ፡ R. ጽ′ ፡] ዮርዳኖስ ፡ E pr. m., L. 10 ሰጢቶን ፡ FFL; ሴቄቶን ፡ O, ሴቂቶን ፡ R.

ሙ ። 3 እስመ ፡ ግብተ ፡ ሀለዉ ፡ (እምኀበ ፡)
ዐርጉ ፡ [እምድኅረ ፡] ተጼወዉ ፡ ኵሉ ፡ ኅሩያን ፡
ሕዝብ ፡ እምነ ፡ ይሁዳ ፡ ወንዋየ ፡ ቅድሳት ፡ ወ
ምሥዋዕ ፡ ወቤተ ፡ መቅደስ ፡ እምድኅረ ፡ ተገ
መነ ፡ ቀደስዎ ። 4 ወለአኩ ፡ ውስተ ፡ ኵሉ ፡
ደወለ ፡ ሰማርያ ፡ ወቆናስ ፡ ወቤቶሮ ፡ ወ[ቤ]ል
ሜን ፡ ወኢያሪኮ ፡ ወ(እስ)ከባ ፡ ወኤስራ ፡ ወኤ
ሎናሴሌም ። 5 ወበጽ[ሑ] ፡ ውስተ ፡ ኵሉ ፡ አ
ርእስተ ፡ (አድዋሊሆሙ ፡ ወ) አድባሪሆሙ ፡
ልዑላን ፡ ወቀጸሩ ፡ ላዕለ ፡ አህጉር ፡ እለ ፡ ውስ
ቴቶሙ ፡ ወነሥኡ ፡ ሎሙ ፡ ሥንቀ ፡ ለፀብእ ፡
እስመ ፡ ግብተ ፡ ከናሙ ፡ ማእረሮሙ ። 6 ወጸ
ሐፈ ፡ ኢዮአቄም ፡ ካህን ፡ ዐቢይ ፡ ዘሀለወ ፡ በ
ኢያሆን ፡ መዋዕል ፡ ውስተ ፡ ኢየሩሳሌም ፡ ለ
እለ ፡ ይነብሩ ፡ ውስተ ፡ ቤጤልዋ ፡ ወቤጠሜስ
ታም ፡ እንተ ፡ ቅድመ ፡ ኢያሪኮ ፡ ውስተ ፡ ገጸ ፡
ገዳም ፡ ዘገበ ፡ ዶታይም ፡ 7 እንዘ ፡ ይብል ፡ አ
ጽንዑአ ፡ ፍሥሐታተአ ፡ አድባር ፡ እስመ ፡ እ
ንተ ፡ ህየ ፡ቦቱ ፡ ምብዋእ ፡ ላዕለ ፡ ይሁዳ ፡ ከ
መ ፡ ትክልእዎሙ ፡ ኀሊፈ ፡ እስመ ፡ ጸባብ ፡ ም
ብዋኢሁ ፡ ወፍናዊሁ ፤ ዳእሙ ፡ ምኅላፈአ ፡ ክ
ልኤቱአ ፡ ዕደውአ ፡ ኵለንታሁአ ። 8 ወገብ
ሩ ፡ ደቂቀ ፡ እስራኤል ፡ በከመ ፡ አዘዞሙ ፡ ኢ
ዮአቄም ፡ ዐቢይ ፡ ካህን ፡ ወኵሉ ፡ ሊቃውንተ ፡
ሕዝበ ፡ እስራኤል ፡ እለ ፡ ኢየሩሳሌም ። 9 ወ
ገዐሩ ፡ ኵሎሙ ፡ ሰብአ ፡ እስራኤል ፡ ኀበ ፡ እ
ግዚአብሔር ፡ በዐቢይ ፡ ቃል ፡ ወአሕመሙ ፡
ነፍሶሙ ፡ በዐቢይ ፡ ሕማም ፡ 10 እሙንቱኒ ፡
ወአንስቲያሆሙኒ ፡ ወደቂቆሙኒ ፡ ወእንስሳሆ
ሙኒ ፡ ወኵሉ ፡ ፈላሲ ፡ ወዐሳብ ፡ ወዘበሤጥ ፡
ለሐዉ ፡ ወለብሱ ፡ ሠቀ ። 11 ወኵሉ ፡ ሰብአ ፡
እስራኤል ፡ ወአንስቲያሆሙኒ ፡ ወደቂቆሙኒ ፡
እለ ፡ ይነብሩ ፡ ኢየሩሳሌም ፡ ወድቁ ፡ ቅድመ ፡
ቤተ ፡ መቅደስ ፡ ወወደዩ ፡ ሐመደ ፡ ውስተ ፡ አ
ርእስቲሆሙ ፡ ወሰፍሑ ፡ ሠቃቲሆሙ ፡ ቅድመ ፡
እግዚአብሔር ፡ ወአልበሱ ፡ ምሥዋዐ ፡ ሠቀ ።
12 ወጸርኁ ፡ ኀበ ፡ አምላከ ፡ እስራኤል ፡ ኅቡ
ረ ፡ በሕቁ ፡ ከመ ፡ ኢይትመሠጡ ፡ ደቂቆሙ ፡
ወከመ ፡ ኢይጼወዋ ፡ አንስቲያሆሙ ፡ ወከመ ፡
ኢያማስኑ ፡ አህጉረ ፡ ርስቶሙ ፡ ወኢይገምኑ ፡
መቅደሶሙ ፡ ወኢይረስይዎ ፡ ተውኔተ ፡ ለአሕ
ዛብ ። 13 ወርእየ ፡ እግዚአብሔር ፡ ሕማሞሙ ፡
ወሰምዐ ፡ ቃሎሙ ። ወጾሙ ፡ ሕዝብ ፡ ብዙኀ ፡
መዋዕለ ፡ በኵሉ ፡ ይሁዳ ፡ [ወ]ኢየሩሳሌም ፡ በ
ቅድመ ፡ መቅደሱ ፡ ለእግዚአብሔር ፡ ዘኵሎ ፡
ይመልክ ። 14 ወኢዮአቄም ፡ ዐቢይ ፡ ካህን ፡
ወኵሎሙ ፡ እለ ፡ ይቀውሙ ፡ ቅድመ ፡ እግዚ
አብሔር ፡ ካህናት ፡ ወእለ ፡ ይገብሩ ፡ ግብረ ፡ እ
ግዚአብሔር ፡ ቀነቱ ፡ ሠቃተ ፡ ውስተ ፡ ሐቌሆ
ሙ ፡ ወአብኡ ፡ መሥዋዕተ ፡ ዘዘልፍ ፡ ወዘብፅ
ዐት ፡ ወዘበፈቃዶሙ ፡ ዘያበውኡ ፡ ሕዝብ ፡ 15
ወወደዩ ፡ ሐመደ ፡ ውስተ ፡ አርእስቲሆሙ ፡ ወ

IV. 3 (እምኀበ ፡) codd.; እስመ ፡ ኀበ ፡ R. [ ] e LR; እምውስተ ፡ እደ ፡ እለ ፡ caet. + ዘ ante እምነ ፡ NR. 4 [ ] ሜ EFL. (እስ) vel (አስ) = εἰς omnes. ወአውሎና′ ፡ NO(R). 5 [ ] ሐ ፡ codd. ‸ (አድ′ ፡ ወ) NO. ወሐጸሩ ፡ NO. እማእረሮሙ ፡ NOR. 7 ፍሥሐ′ ፡] ፍትሐታተ ፡ LNR, F sec. m.; ስፍሐታተ ፡ F pr. m. ‸ ምብዋኢሁ ፡ ወ NR, O i. marg. 8 + ነበሩ ፡ ante ኢየ′ ፡ NOR. 10 ወለሐዉ ፡ RO. 13 [ ] በ codd.; ‸ R. 14 ወቀነቱ ፡ EL, F pr. m. 15 በሠናይ ፡ FNOR.

ጸርኁ ፡ ኀበ ፡ እግዚአብሔር ፡ በኵሉ ፡ ኀይሎ
ሙ ፡ ወይቤሉ ፡ ነጽር ፡ ላዕለ ፡ ቤተ ፡ እስራኤ
ል ፡ በሠናይት ። V. ወዜነውዎ ፡ ለሆሎፎርኔ
ስ ፡ መልአከ ፡ ኀይሉ ፡ ለአሱር ፡ ወይቤልዎ ፡
ተደለዉ ፡ ደቂቀ ፡ እስራኤል ፡ ለፀብእ ፡ ወዐጸ
ዉ ፡ ፍሥሐታተ ፡ ወሐጸሩ ፡ አርእስተ ፡ አድባ
ር ፡ ነዋኃት ፡ ወገብሩ ፡ መብእሰ ፡ ፍናዋተ ። 2
ወተምዐ ፡ መዐተ ፡ ጥቀ ፡ ወጸውዖሙ ፡ ለመላ
እክተ ፡ ሞአብ ፡ ወለመሳፍንተ ፡ ዐሞን ፡ ወለመ
ላእክተ ፡ ጲራልያ ። 3 ወይቤሎሙ ፡ ንግሩኒ ፡
ደቂቀ ፡ ከነዓን ፡ ምንት ፡ እሉ ፡ ሕዝብ ፡ እለ ፡ ይ
ነብሩ ፡ ውስተ ፡ አድባር ፡ ወምንት ፡ እለ ፡ ይነ
ብሩ ፡ ውስተ ፡ አህጉር ፡ ወብዝኀ ፡ ኀይሎሙ ፡
ወምንት ፡ ጽንዖሙ ፡ ወምንት ፡ ያጸንዖሙ ፡ ወ
መኑ ፡ ዘቆመ ፡ ንጉሥ ፡ እምኔሆሙ ፡ አው ፡ መ
ስፍን ፡ አው ፡ መልአከሙ ፡ 4 ወእፎ ፡ ኢመ
ጽኡ ፡ ይትቀበሉኒ ፡ እምነ ፡ ኵሉ ፡ እለ ፡ ይነብ
ሩ ፡ መንገለ ፡ ዐረብ ። 5 ወይቤሎ ፡ አኪዮር ፡
መስፍኖሙ ፡ ለኵሉ ፡ ደቂቀ ፡ ዐሞን ፡ ስማዕ ፡
እግዚኦ ፡ ቃለ ፡ እምነ ፡ አፉሁ ፡ ለገብርከ ፡ ወእ
ንግርከ ፡ ጽድቀ ፡ በበይነ ፡ ዝንቱ ፡ ሕዝብ ፡ እ
ለ ፡ ይነብሩ ፡ ውስተ ፡ እሉ ፡ አድባር ፡ ወቅሩበ
ከ ፡ ሀለዉ ፡ እስመ ፡ ሐሰት ፡ ኢይወፅእ ፡ እም
ነ ፡ አፉሁ ፡ ለገብርከ ። 6 እሉ ፡ ሕዝብ ፡ እምነ ፡
ከላዴዎን ፡ መጽኡ ፡ 7 ወነበሩ ፡ ቀዲሙ ፡ ው
ስተ ፡ መስጴጦምያ ፡ እስመ ፡ ኢፈቀዱ ፡ ይትል
ዉ ፡ አማልክተ ፡ አበዊሆሙ ፡ እለ ፡ ኮኑ ፡ በም

ድረ ፡ ከላዴዎን ፡ 8 ወኀደጉ ፡ ፍኖተ ፡ አዝማ
ዲሆሙ ፡ ወሰገዱ ፡ ለአምላከ ፡ ሰማይ ፡ ለእግዚ
አብሔር ፡ ዘአእመሩ ፤ ወአውጽኡሙ ፡ እምነ ፡
ቅድመ ፡ አማልክቲሆሙ ፡ ወጐዩ ፡ ውስተ ፡ መ
ስጴጦምያ ፡ ወነበሩ ፡ ህየ ፡ ብዙኀ ፡ መዋዕለ ።
9 ወይቤሎሙ ፡ አምላክሙ ፡ ይፃኡ ፡ እምኀበ ፡
ፈለሱ ፡ ወይሖሩ ፡ ውስተ ፡ ምድረ ፡ ከናዐን ፡ ወ
ነበሩ ፡ ህየ ፡ ብዙኀ ፡ መዋዕለ ፡ ወአብዝኁ ፡ ወ
ርቀ ፡ ወብሩረ ፡ ወእንስሳ ፡ ብዙኀ ፡ ጥቀ ። 10
ወወረዱ ፡ ውስተ ፡ ግብጽ ፡ እስመ ፡ ከደነ ፡ ገጸ ፡
ምድረ ፡ ከነዐን ፡ ረኃብ ፡ ወነበሩ ፡ ህየ ፡ እስከ ፡
አመ ፡ ተሴሰዩ ፡ ወበዝኁ ፡ በህየ ፡ ወመልኡ ፡
ወአልቦሙ ፡ ኍልቈ ፡ ዘመዱሙ ። 11 ወተንሥ
አ ፡ ላዕሌሆሙ ፡ ንጉሠ ፡ ግብጽ ፡ ወተጠበበሙ ፡
ወአሕመሞሙ ፡ ወቀነዮሙ ፡ በግንፋል ፡ ወረ
ሰዮሙ ፡ አግብርተ ። 12 ወጸርኁ ፡ ኀበ ፡ አም
ላኮሙ ፡ ወቀተለ ፡ ኵሎ ፡ ምድረ ፡ ግብጽ ፡ መ
ቅሠፍተ ፡ ዘአልቦ ፡ ፈውስ ፡ ወአውጽኦሙ ፡ (እ
ም)ግብጽ ፡ እምቅድመ ፡ ገጾሙ ። 13 ወአይበ
ሳ ፡ እግዚአብሔር ፡ ለባሕረ ፡ ኤርትራ ፡ እምቅ
ድመ ፡ ገጾሙ ፡ 14 ወወሰዶሙ ፡ ውስተ ፡ ፍኖ
ተ ፡ ሲና ፡ ወቃዴስ ፡ በርኔ ፡ ወአውፅኦሙ ፡ ለ
ኵሎሙ ፡ እለ ፡ ይነብሩ ፡ ውስተ ፡ ገዳም ። 15
ወነበሩ ፡ ውስተ ፡ ምድረ ፡ አሞሬዎን ፡ ወአጥ
ፍኦሙ ፡ ለኵሉ ፡ ሐሴቦን ፡ በኀይሉ ፡ ወዐደዉ ፡
ዮርዳኖስ ፡ ወተዋረሱ ፡ ኵሎ ፡ ደወሎሙ ። 16
ወአውፅእዎሙ ፡ እምቅድመ ፡ ገጾሙ ፡ ለከናኔ

V. 1 ፍሥ′ ፡] ፍትሐታተ ፡ L, አናቅጸ ፡ ፍትሐት ፡ R, ስፍሐታተ ፡ F. 4 ኢመጽኡ ፡] + ከመ ፡ NOR. ^ ኵሉ ፡ NOR. 5 ወእነግረከ ፡ R. 6 ከላድዮን ፡ ON, item 7. 9 ይፃኡ ፡] ይበኡ ፡ EFL. ወሖሩ ፡ EFL. 12 በመቅሠፍት ፡ LNR, F corr. (እም) omn. 13 እምቅድሜሆሙ ፡ ONR. 16 ወአውፅኦሙ ፡ FLOR; ወአውፅኡ ፡ E. ^ ህየ ፡ ONR.

ዎን ፡ ወፌሬዜዎን ፡ ወኢያቡሴዎን ፡ ወሴኬም ፡
ወኵሎ ፡ ጌርጌሴዎን ፡ ወነበሩ ፡ ህየ ፡ ብዙኀ ፡ መ
ዋዕለ ። 17 ወእምጣነሰ ፡ ኢአበሱ ፡ ቅድመ ፡ አ
ምላከሙ ፡ ወነበረት ፡ ምስሌሆሙ ፡ ኵሉ ፡ ሠ
ናያት ፡ እስመ ፡ እግዚአብሔር ፡ ጸላኤ ፡ ዐመፃ ፡
ሀሎ ፡ ምስሌሆሙ ። 18 ወአመ ፡ ባሕቱ ፡ ኀደ
ጉ ፡ ፍኖቶ ፡ እንተ ፡ አዘዘሙ ፡ አጥፍአሙ ፡ ወ
ሠረዎሙ ፡ በብዙኅ ፡ አጽባእት ፡ ወፈድፋደ ፡
ጥቀ ፡ ወተፄወዉ ፡ ውስተ ፡ ብሔረ ፡ ባዕድ ፡ ወ
ቤተ ፡ አምላከሙኒ ፡ መዝበረ ፡ ወምድረ ፡ ከነ ፡
ወአህጉሪሆሙኒ ፡ ነሥአሙ ፡ ፀሮሙ ። 19 ወይ
እዜሰ ፡ ተመይጡ ፡ ኀበ ፡ አምላከሙ ፡ ወገብኡ ፡
ህየ ፡ እምኀበ ፡ ተዘርዉ ፡ ወነበሩ ፡ ኢየሩሳሌ
ም ፡ ኀበ ፡ ሀለወ ፡ መቅደሶሙ ፡ ወውስተ ፡ አድ
ባርኒ ፡ ነበሩ ፡ እስመ ፡ ሐቅል ፡ ውእቱ ። 20 ወ
ይእዜኒ ፡ እግዚኦ ፡ እመ ፡ ቦሙ ፡ አበሳ ፡ እሉ ፡
ሕዝብ ፡ ወቦ ፡ ዘአበሱ ፡ ለአምላከሙ ፡ ንጠይ
ቅ ፡ ምዕረ ፡ እስመ ፡ ዝንቱ ፡ ዕቅፍቶሙ ፡ ወእ
ምዝ ፡ ንዕርግ ፡ ወንትቃተሎሙ ። 21 ወእመሰ ፡
አልቦሙ ፡ አበሳ ፡ እሉ ፡ ሕዝብ ፡ ኢትትዐደዎ
ሙ ፡ እግዚኦ ፤ ዮጊ ፡ ያጸንዖሙ ፡ እግዚኦሙ ፡
አው ፡ ይቀውም ፡ ሎሙ ፡ አምላከሙ ፡ ወንከ
ውን ፡ ኀፍረተ ፡ ውስተ ፡ ኵሉ ፡ በሓውርት ።
22 ወእምዝ ፡ ሶበ ፡ አኅለቀ ፡ ነቢበ ፡ አክዮር ፡ ዘ
ንተ ፡ ነገረ ፡ አንጐርጐሩ ፡ ኵሉ ፡ ሕዝብ ፡ እለ ፡
ይቀውሙ ፡ ዐውደ ፡ ትዕይንት ፡ ወይቤልዎ ፡ መ
ሳፍንቲሁ ፡ ለሆሎፌርኔስ ፡ ወኵሉ ፡ እለ ፡ ይነ
ብሩ ፡ ውስተ ፡ ጳራልያ ፡ ወሞአብ ፡ ከመ ፡ ይቅ
ትልዎ ። 23 ወይቤሉ ፡ ዘአከ ፡ ንፈርሆሙ ፡ ለ
ደቂቀ ፡ እስራኤል ፤ ሕዝብ ፡ እለ ፡ አልቦሙ ፡
ኀይል ፡ ወጽንዕ ፡ ከመ ፡ ይትቃተሉ ፡ ምስለ ፡ ጸ
ባኢት ፡ ጽንዕት ። 24 ወንዕርግ ፡ ባሕቱ ፡ ወይ
ኩኑ ፡ ለሲሳየ ፡ ኵሉ ፡ ሐራከ ፡ እግዚእነ ፡ ሆሎ
ፌርኔ ። VI. ወእምዝ ፡ ሶበ ፡ አርመሙ ፡ እል
ክቱ ፡ ዕደው ፡ እለ ፡ ዐውደ ፡ እንግልጋ ፡ ይቤ
ሎ ፡ ሆሎፎርኔስ ፡ መልአከ ፡ ኀይሉ ፡ ለአሶር ፡
ለአክዮር ፡ በቅድመ ፡ ኵሉ ፡ ሕዝበ ፡ ኢሎፍ
ሊ ፡ ወበኀበ ፡ ኵሉ ፡ ደቂቀ ፡ ሞአብ ፡ 2 ....
ገባእቱ ፡ ለኤፍሬም ፡ ከመ ፡ ትትነበይ ፡ ለነ ፡ ዮ
ም ፡ ወትብለነ ፡ ኢትጽብእዎሙ ፡ ለደቂቀ ፡ እ
ስራኤል ፡ እስመ ፡ እግዚአብሔር ፡ ያጸንዖሙ ፤
መኑ ፡ ውእቱ ፡ እግዚአብሔር ፡ ዘእንበለ ፡ ናቡ
ከደነጾር ፤ 3 ውእቱ ፡ ይፌኑ ፡ መልእክቶ ፡ ወ
ይዘርዎሙ ፡ እምነ ፡ ገጸ ፡ ምድር ፡ ወኢያድኅኖ
ሙ ፡ አምላከሙ ፡ ወንሕነ ፡ አግብርቲሁ ፡ ንሜ
ርዎሙ ፡ ከመ ፡ ዘአሐዱ ፡ ብእሲ ፡ ወኢይትቃ
ወምዎ ፡ ለኀይለ ፡ አፍራሲነ ፤ 4 እስመ ፡ ቦቱ ፡
ንትከየዶሙ ፡ ወአድባሪሆሙ ፡ ይሰክሩ ፡ እምነ ፡
ደሞሙ ፡ ወይበዝኀ ፡ አብድንተ ፡ ደቂቆሙ ፡
ወኢይቀውሙ ፡ በሰኰና ፡ እገሪሆሙ ፡ ቅድመ ፡
ገጽነ ፡ አላ ፡ ጠፊአ ፡ ይጠፍኡ ፡ እምድር ፡ ይ
ቤ ፡ ንጉሥ ፡ ናቡከደነጾር ፡ እግዚኣ ፡ ለኵሉ ፡
ምድር ፡ እስመ ፡ ይቤ ፡ ከመ ፡ ከንቱ ፡ ኢይኩ
ን ፡ ቃሉ ። 5 ወአንተሰ ፡ አክዮር ፡ ገባኢሁ ፡ ለ

17 ሠናይት ፡ R. 20 ወንቅትሎሙ ፡ FNOR. 21 ትትዐደዎሙ ፡ F. (ኢ i. l.); ኢትዕድዎሙ ፡ R; ትዕድዎሙ ፡ N· 23 ^ ወይቤሉ ፡ NR. VI. 1 ለአሱር ፡ NO. 2 Initium deperditum. ገባኢሁ ፡ R; ወገባኢሁ ፡ N. 3 ወይዘ' ፡] praem. ወያጠፍአሙ ፡ R. ዘአሐዱ ፡] ^ ዘ NR. 4 ንከይዶሙ ፡ F corr. ከንቶ ፡ F. 5 ኢትሬኢ ፡] + እንከ ፡ NOR. [ተ] e R; ዕለት ፡ ኀ' ፡ EN, ዕለት ፡ በኀጢ' ፡ FLO. 6 (ወ) omn., exc. O.

ዐሞን ፡ ዘነበብከ ፡ ዘንተ ፡ ቃለ ፡ ዮም ፡ ኢትሬ
ኢ ፡ ገጽየ ፡ እምዮም ፡ እምነ ፡ ዛቲ ፡ ዕለ[ተ] ፡
ኀጢአትከ ፡ እስከ ፡ እትቤቀሎሙ ፡ ለእለ ፡ ወፅ
ኡ ፡ እምግብጽ ፤ 6 ወውእተ ፡ አሚረ ፡ ይበው
እ ፡ ኀጺኖሙ ፡ ለሐራየ ፡ ወዘሕዝብየ ፡ ውስተ ፡
ገበዋቲከ ፡ ወትወድቅ ፡ ምስለ ፡ አብድንቲሆ
ሙ ፡ (ወ)ሶበ ፡ ገባእኩ ፡ 7 [ወ]ይወስዱከ ፡ አ
ግብርትየ ፡ ውስተ ፡ አድባሪሆሙ ፡ ወያነብሩከ ፡
ውስተ ፡ አሐቲ ፡ እምነ ፡ አህጉር ፡ እለ ፡ ውስ
ተ ፡ ዐቀብ ፡ 8 ወኢይቀትሉከ ፡ እስከ ፡ አመ ፡
እሤርዎሙ ። 9 እስመ ፡ ትትአመን ፡ በልብከ ፡
ከመ ፡ ኢንክሎሙ ፡ ኢትወድቅ ፡ ገጽከ ፤ እስ
መ ፡ አንሰ ፡ ነበብኩ ፡ ወአልቦ ፡ ዘይወድቅ ፡ እ
ምነ ፡ ቃልየ ። 10 ወአዘዞሙ ፡ ሆሎፎርኒስ ፡ ለ
አግብርቲሁ ፡ እለ ፡ ይቀውሙ ፡ ቅድሜሁ ፡ ወ
ቦኡ ፡ ውስተ ፡ ደብተራሁ ፡ ከመ ፡ ይንሥእዎ ፡
ለአኪዮር ፡ ወይሰድዎ ፡ ቤጤልዋ ፡ ወያወፍይ
ዎሙ ፡ ለደቂቀ ፡ እስራኤል ፡ ኪያሁ ። 11 ወነ
ሥእዎ ፡ አግብርቲሁ ፡ ወወሰድዎ ፡ አፍአ ፡ እ
ምትዕይንት ፡ ውስተ ፡ ገዳም ፡ ወሖሩ ፡ እምነ ፡
ማእከለ ፡ ገዳም ፡ ውስተ ፡ አድባር ፡ ወእምዝ ፡
በጽሑ ፡ ኀበ ፡ አንቅዕት ፡ ዘመትሕተ ፡ ቤጤል
ዋ ። 12 ወሶበ ፡ ርእይዎሙ ፡ ሰብአ ፡ ውእቱ ፡
ሀገር ፡ ውስተ ፡ ርእሰ ፡ ደብር ፡ ነሥኡ ፡ ንዋየ ፡
ሐቅሎሙ ፡ ወሖሩ ፡ አፍአ ፡ እምነ ፡ ሀገር ፡ ው
ስተ ፡ ርእሰ ፡ ደብር ፡ ወኵሉ ፡ ሰብአ ፡ሞጸፍ ፡
ዐቀቡ ፡ ፍሥሐታተ ፡ ወአመርግሑ ፡ እብነ ፡ ላ
ዕሌሆሙ ። 13 ወፈትሕዎ ፡ ማኅሜሁ ፡ ለአኪ
ዮር ፡ ወአሰርዎ ፡ ጕንደ ፡ ደብር ፡ ወኀደግዎ ፡ ህ
የ ፡ መትሕተ ፡ ደብር ፡ ግዱፈ ፡ ወአተዉ ፡ ኀበ ፡
እግዚአሙ ። 14 ወወረዱ ፡ ደቂቀ ፡ እስራኤል ፡
እምነ ፡ አህጉሪሆሙ ፡ ወሖሩ ፡ ኀቤሁ ፡ ወፈት
ሕዎ ፡ ወወሰድዎ ፡ ብሔረ ፡ ቤጤልዋ ፡ ወሤም
ዎ ፡ ውስተ ፡ መላእክተ ፡ አህጉሪሆሙ ፡ 15 እ
ለ ፡ ሀለዉ ፡ በኪያሆን ፡ መዋዕል ፡ እዝያስ ፡ ወ
ልደ ፡ሚካ ፡ ዘእምነገደ ፡ ስምዖን ፡ ወክብርስ ፡
ወልደ ፡ ጎቶኒል ። 16 ወጸውዐ ፡ ኵሎ ፡ ሊቃና
ተ ፡ አህጉሪሆሙ ፡ ወሮጹ ፡ ኵሉ ፡ ወራዙቲሆ
ሙ ፡ ወአንስቲያሆሙኒ ፡ ውስተ ፡ ምንግላጊሆ
ሙ ፡ ወአቀምዎ ፡ ለአኪዮር ፡ ማእከለ ፡ ኵሎ
ሙ ፡ ወተስእሎ ፡ አዝያስ ፡ ዘከመ ፡ ኮነ ። 17 ወ
አውሥአሙ ፡ ወአይድዖሙ ፡ ነገሮ ፡ ለሆሎፌ
ርኔስ ፡ ኵሎ ፡ ዘከመ ፡ አንገለጉ ፡ ወኵሎ ፡ ቃሎ
ሙ ፡ ዘከመ ፡ ይቤሉ ፡ በማእከለ ፡ መላእክቲሆ
ሙ ፡ ለደቂቀ ፡ አሶር ፡ ወመጠነ ፡ አዕበየ ፡ አፉ
ሁ ፡ ሆሎፌርኔስ ፡ ላዕለ ፡ ቤተ ፡ እስራኤል ።
18 ወወድቁ ፡ ኵሉ ፡ ሕዝብ ፡ ወሰገዱ ፡ ለእግዚ
አብሔር ፡ ወጸርኁ ፡ ወይቤሉ ፡ 19 እግዚአ ፡ አ
ምላከ ፡ ሰማይ ፡ ርኢ ፡ ትዕቢቶሙ ፡ ወአስተም
ሕር ፡ ሕማሞሙ ፡ ለዘመድነ ፡ ወነጽር ፡ ላዕለ ፡
ገጸ ፡ መቅደስከ ፡ በዛቲ ፡ ዕለት ። 20 ወአስተፍ
ሥሕዎ ፡ ለአኪዮር ፡ ወአእኰትዎ ፡ ጥቀ ። 21 ወ

---

7 ‸ [ወ] in omn., exc. L (F pr. m.) **ዐቅብ ፡** E. 9 ‸ **ኢንክሎሙ ፡** NR (O i. marg.). 10 **ወቦኡ ፡**] **በ** NR. 12 **ውእቱ ፡**] **ይእቲ ፡** NOR. **ፍትሐታተ ፡** L. 13 **ማሕመሚሁ ፡** L. **ዘአሰርዎ ፡** LR, F corr. 15 **እስያክ ፡** E, **እዝያክ ፡** F, **ዖዝያስ ፡** N. Etiam **ክብርስ ፡**, **ክብረስ ፡** al. **ጎዶንያል ፡** O(NR). 16 **ወጸውዑ ፡** LN. 17 **ይቤሎ ፡** ENR. 19 **ትዕይርቶሙ ፡** FL, **ትምይንቶሙ ፡** (**ወትዕይርቶሙ ፡ ወትዕቢቶሙ ፡**) E. **መቅደስከ ፡**] + **በሠናይ ፡** NOR.

ነሥአ ፡ ዖዝያስ ፡ እምኀበ ፡ አንገለጉ ፡ ወአእተ
ዎ ፡ ቤቶ ፡ ወገብረ ፡ በዓለ ፡ ለሊቃናት ፡ ወጸው
ዕዎ ፡ ለአምላከ ፡ እስራኤል ፡ ኵላ ፡ ይእተ ፡ ሌ
ሊተ ፡ ከመ ፡ ይርድኦሙ ። VII. ወበሳኒታ ፡ አ
ዘዘ ፡ ሆሎፌርኔስ ፡ ለኵሉ ፡ ሐራሁ ፡ ወለኵሉ ፡
ሕዝቡ ፡ እለ ፡ ጸብኡ ፡ ምስሌሁ ፡ ከመ ፡ ይግዐ
ዙ ፡ ውስተ ፡ ቤጤልዋ ፡ ወይሑሩ ፡ ይቅድሙ ፡
ውስተ ፡ ፍሥሐታተ ፡ አድባር ፡ ወይትቃተል
ዎሙ ፡ ለደቂቀ ፡ እስራኤል ። 2 ወረዱ ፡ ውእ
ተ ፡ አሚረ ፡ ኵሉ ፡ ብእሲ ፡ ብእሲ ፤ ጽንዖሙ ፡
ወኀያላኒሆሙ ፡ ዕደው ፡ መስተቃትላን ፡ ፲ወ፯
፼ ዘበእግር ፡ ወዘበፈረስ ፡ ፼ወ፳፻ ዘእንበለ ፡ ዘ
ምስለ ፡ ንዋይ ፡ ወእንበለ ፡ ዕደው ፡ እለ ፡ ኢሮ
ዱ ፡ አጋርያን ፡ ብዙኃን ፡ ጥቀ ። 3 ወኀደሩ ፡
ውስተ ፡ ዐውሎሂ ፡ ገቦሃ ፡ ለቤጤልዋ ፡ ኀበ ፡ ነ
ቅዕ ፡ ወበጽሐ ፡ ተዓይኒሆሙ ፡ ኑኁ ፡ እስከ ፡ ዶ
ታይም ፡ እስከ ፡ ቤልሜም ፡ ወግድሙ ፡ [እምነ ፡
ቤጤልዋ ፡ እስከ ፡ ቅያምስ ፡] እንተ ፡ ቅድመ ፡
ኤስድሬሎም ። 4 ወሶበ ፡ ርእይዎሙ ፡ ደቂቀ ፡
እስራኤል ፡ ብዝኖሙ ፡ ደንገፁ ፡ ጥቀ ፡ ወተባ
ሀሉ ፡ በበይናቲሆሙ ፡ የዐጽውዋ ፡ ይእዜ ፡ ለ
ኵሉ ፡ ገጸ ፡ ምድር ፡ እሉ ፤ አልቦ ፡ ዘይክል ፡ ጸ
ዊሮተ ፡ ክበዶሙ ፡ ኢአድባር ፡ ወኢአውግር ፡
ወኢቈላት ። 5 ወነሥኡ ፡ ኵሎሙ ፡ ንዋየ ፡ ሐ
ቅሎሙ ፡ ወአንደዱ ፡ እሳተ ፡ ውስተ ፡ መኃፍ
ዲሆሙ ፡ ወነበሩ ፡ የዐቅቡ ፡ ኵላ ፡ ይእተ ፡ ሌ
ሊተ ። 6 ወበሳኒታ ፡ ዕለት ፡ አውፅአ ፡ ሆሎፎ
ርኔስ ፡ ኵሎ ፡ አፍራሲሁ ፡ ቅድሜሆሙ ፡ ለደ
ቂቀ ፡ እስራኤል ፡ እለ ፡ ውስተ ፡ ቤጤልዋ ፤ 7
ፈነወ ፡ ሰብአ ፡ ዐይን ፡ ይርአዩ ፡ ፍሥሐታተ ፡
አህጉሪሆሙ ፡ ወይዑዱ ፡ አንቅዕተ ፡ ማያቲሆ
ሙ ፡ ወይቅድምዎሙ ፡ በጺሐ ፡ ህየ ፡ ወይትዐ
የኑ ፡ ዕደው ፡ መስተቃትላን ፡ ወውእቱሰ ፡ ሮ
ደ ፡ ምስለ ፡ ሕዝቡ ። 8 ወመጽኡ ፡ ኀቤሁ ፡ ኵ
ሉ ፡ መላእክተ ፡ ደቂቀ ፡ ኤሳው ፡ ወኵሎሙ ፡
መሳፍንተ ፡ ሕዝበ ፡ ሞአብ ፡ ወመኳንንተ ፡ ጳ
ራልያ ፡ ወይቤልዎ ፡ 9 ስማዕ ፡ እግዚኦ ፡ ቃለነ ፡
ከመ ፡ ኢይኩን ፡ ሙስና ፡ ላዕለ ፡ ኀይልከ ። 10
እስመ ፡ ዝንቱ ፡ ሕዝብ ፡ ደቂቀ ፡ እስራኤል ፡ አ
ኮ ፡ በኲናቶሙ ፡ ዘይትዌከሉ ፡ አላ ፡ በላዕለ ፡
አጽዋኒሆሙ ፡ ወአድባሪሆሙ ፡ እለ ፡ ውስቴቶ
ሙ ፡ ይነብሩ ፡ እስመ ፡ አልቦ ፡ ምዕራግ ፡ ለአ
ድባሪሆሙ ። 11 ወይእዜኒ ፡ እግዚኦ ፡ ኢትት
ቃተሎሙ ፡ በሕገ ፡ ቀትል ፡ ወአልቦ ፡ ዘይመ
ውት ፡ እምነ ፡ ሰብእከ ፡ ወኢአሐዱ ፡ ብእሲ ፤
12 ወበሕቱ ፡ ጽንሖሙ ፡ ምስለ ፡ ተዓይኒከ ፡ ወ
ይዕቀቡ ፡ ኵ[ሎ] ፡ ዕደወ ፡ ኀይልከ ፤ ወደቅከ ፡
ኵሎ ፡ አንቅዕተ ፡ ማያቲሆሙ ፡ ዘይነቅዕ ፡ እም
ነ ፡ ጕንደ ፡ ደብር ፡ ያጽንዑ ፤ 13 እስመ ፡ እም
ህየ ፡ ይቀድሑ ፡ ኵሉ ፡ እለ ፡ ይነብሩ ፡ ውስተ ፡
ቤጤልዋ ፤ ወይቀትሎሙ ፡ ጽምእ ፡ ወያገብኡ ፡
አህጉሪሆሙ ፡ ወንሕነኒ ፡ ወሕዝብነኒ ፡ ነዐርግ ፡
ኀበ ፡ ቅሩብ ፡ አጽዋኒሆሙ ፡ ወአርእስተ ፡ አድ
ባሪሆሙ ፡ ወንኀድር ፡ ህየ ፡ ወነዐቅቦሙ ፡ ከመ ፡

VII. 1 ፍትሐታተ ፡ L, ፍትሐተ ፡ N. 2 ወወረዱ ፡ NOR. ብእሲ ፡ 2°] ‸ FLO. ጽኑዖሙ ፡ E, ጽኑዓኒሆሙ ፡ FNOR. 3 ወበጽሑ ፡ omn. exc. E. ቤልጤም ፡ FLN. እስከ ፡ ቅያምስ ፡ እምነ ፡ ቤጤልዋ ፡ codd. 4 ወአልቦ ፡ FLNO. 7 ወፈነወ ፡ NOR. ፍትሐታተ ፡ LN(R). ኀበ ፡ አንቅዕቲሆሙ ፡ (pro አንቅ' ፡ ማ' ፡) NOR. ሮጸ ፡ LR. 12 ኵሎ NR, caeteri ኵሉ ፡

አልቦ ፡ ዘይወጽእ ፡ ወኢአሐዱ ፡ ብእሲ ፡ እም
ውስተ ፡ አህጉሪሆሙ ። 14 ወይጠፍኡ ፡ በረኃ
ብ ፡ እሙንቱኒ ፡ ወአንስቲያሆሙ ፡ ወውሉዶ
ሙኒ ፡ እንበለ ፡ ይትቃተልዎሙ ፡ ወይትነፅኑ ፡
በውስተ ፡ ፍናወ ፡ አህጉሪሆሙ ፡ 15 ወትትቤ
ቀሎሙ ፡ እኩየ ፡ በቀለ ፡ እስመ ፡ አፅረሩ ፡ ወ
ኢተቀበሉከ ፡ በሰላም ። 16 ወአደመ ፡ ቃሎሙ ፡
ቅድሜሁ ፡ ለሆሎፌርኔስ ፡ ወቅድመ ፡ ኵሉ ፡ ሰ
ብኡ ፡ ወአዘዘ ፡ ይግበሩ ፡ በከመ ፡ ይቤሉ ። 17
ወግዕዙ ፡ ተዓይኒሆሙ ፡ ለደቂቀ ፡ አሞን ፡ ም
ስሌሆሙ ፡ ፶፻ ደቂቀ ፡ አሶር ፡ ወኀደሩ ፡ ውስ
ተ ፡ ዐውሎን ፡ ወቀደሙ ፡ አጽንዖ ፡ ማያቲሆ
ሙ ፡ ወአንቅዕቲሆሙ ፡ ለደቂቀ ፡ እስራኤል ።
18 ወዐርጉ ፡ ደቂቀ ፡ ኤሳው ፡ ወደቂቀ ፡ አሞን ፡
ወኀደሩ ፡ ውስተ ፡ አድባር ፡ አንጻረ ፡ ዶታይም ፡
ወፈነዉ ፡ እምውስቴቶሙ ፡ እለ ፡ ለመንገለ ፡ አ
ዜብ ፡ ወአጼልዮጤን ፡ ዘአንጻረ ፡ ኤቄሬቤል ፡
ዘበገቦ ፡ ኵሴ ፡ በኀበ ፡ ፈለገ ፡ ምኵር ፤ ወዘተር
ፈ ፡ ሰራዊቶሙ ፡ ለፋርስ ፡ ተዐየኑ ፡ ውስተ ፡ ገ
ዳም ፡ ወከደኑ ፡ ውስተ ፡ ኵሉ ፡ ገጸ ፡ ምድር ፤
ወእምዝ ፡ አግዐዙ ፡ ተዓይኒሆሙ ፡ ወንዋዮሙ
ኒ ፤ ብዙኃ ፡ ሰብእ ፡ ጥቀ ፡ አልቦ ፡ ዘይበዝኖ
ሙ ። 19 ወጸርኁ ፡ ደቂቀ ፡ እስራኤል ፡ ኀበ ፡
እግዚአብሔር ፡ አምላከሙ ፡ እስመ ፡ ዐንበዘት ፡
ነፍሶሙ ፡ እስመ ፡ ዐገትዎሙ ፡ ኵሉ ፡ ፀሮሙ ፡
ወአልበሙ ፡ ሙፃእ ፡ እምነ ፡ ማእከሎሙ ። 20
ወነበሩ ፡ ደቂቀ ፡ አሱር ፡ ምስለ ፡ ኵሉ ፡ ተዓይ
ኒሆሙ ፡ የዐግትዎሙ ፡ አጋሮሙኒ ፡ ወሰብአ ፡
ሰረገላትኒ ፡ ወሰብአ ፡ አፍራስኒ ፡ ሠ[ላሳ] ፡ ወረ
ቡዐ ፡ መዋዕለ ፡ ወኀልቆሙ ፡ ኵሉ ፡ ሙዳየ ፡ ማ
ዮሙ ፡ ለእለ ፡ ይነብሩ ፡ ቤጤልዋ ። 21 ወአል
ቦ ፡ ዘይሰትዩ ፡ ማየ ፡ ዘያረውዮሙ ፡ ለአሐቲ ፡
ዕለት ፡ ወበመስፈርት ፡ ገብኡ ፡ ይስተዩ ። 22 ወ
ሐሙ ፡ ደቂቆሙ ፡ ወአንስቲያሆሙ ፡ ወወራዙ
ቶሙ ፡ ወኀልቁ ፡ በጽምእ ፡ ወይወድቁ ፡ ውስ
ተ ፡ መርሕበ ፡ ሀገር ፡ ወውስተ ፡ ፍናወ ፡ አናቅ
ጽ ፡ ወአልበሙ ፡ ኀይል ፡ እንከ ። 23 ወተጋብ
ኡ ፡ ኵሉ ፡ ሕዝብ ፡ ላዕለ ፡ ዖዝያን ፡ ወመላእክ
ተ ፡ ሀገርኒ ፡ ወወራዙትኒ ፡ ወአንስትኒ ፡ ወደቂ
ቅኒ ፡ ወጸርኁ ፡ በዐቢይ ፡ ቃል ፡ ወይቤሉ ፡ በቅ
ድመ ፡ ኵሉ ፡ ሊቃውንቲሆሙ ፡ 24 ይፍታሕ ፡
እግዚአብሔር ፡ ማእከሌነ ፡ ወማእከሌክሙ ፤ ከ
መ ፡ ትግበሩ ፡ ⁝ላዕሌነ ፡ ዐቢየ ፡ ግፍዐ ፡ ዘኢተ
ናገርክሙ ፡ ዳኅነ ፡ በሰላም ፡ ምስለ ፡ ደቂቀ ፡ አ
ሱር ፤ 25 ወይእዜሰ ፡ ዘይረድአነ ፡ ኀጣእነ ፤ ሜ
ጠነ ፡ እግዚአብሔር ፡ ውስተ ፡ እዴሆሙ ፡ ከ
መ ፡ ንደቅ ፡ በጽምእ ፡ በዐቢይ ፡ ሀጕል ። 26 ወ
ይእዜኒ ፡ ግረሩ ፡ ሎሙ ፡ ወአግብኡ ፡ ኵሎ ፡ አ
ህጉሪክሙ ፡ ወይበርብሩ ፡ ኵሎ ፡ ሕዝበ ፡ ሆሎ
ፎርኒስ ፡ ወኵሉ ፡ ኀይሉ ። 27 እስመ ፡ ይኄይ
ሰነ ፡ ይበርብሩነ ፡ ወንትቀነይ ፡ ሎሙ ፡ ወትሕ
የው ፡ ነፍስነ ፡ ወኢንርአይ ፡ ሞተ ፡ ደቂቅነ ፡ በ
አዕይንቲነ ፡ እስመ ፡ ኀልቀት ፡ ነፍሶሙ ፡ ለአን
ስቲያነ ፡ ወለደቂቅነ ። 28 ናሁ ፡ ናሰምዕ ፡ ለክ

---

17 + **ወ** ante **ምስሌሆሙ ፡** NR. 18 **ወፈነወ ፡** codd., exc. NO. **እለ ፡**] ∧ N; + **ዐርጉ ፡** R. **አልቦ ፡**] **ዘአልቦ ፡** FNOR. 20 [ ] **ሉሰ ፡** codd. **ወኀልቀ ፡** FNR. 21 **ማይ ፡** F. 22 **ወወድቁ ፡** N. 23 **አዝያን ፡** R. 24 **ከመ ፡ ትግበሩ ፡** (vel **ትግበሩ ፡** N) exhibent omnes; conjungendum cum **ዘኢተናገ´ ፡** 25 **ንደቅ ፡**] + **ቅድሜሆሙ ፡** NOR. **ወበዐቢይ ፡** NOR. 26 **ግርሩ ፡** F. **ኵሎ ፡** 2°] ∧ NR. 28 ∧ **ወ** **አምላክነ ፡** NOR.

ሙ ፡ ሰማየ ፡ ወምድረ ፡ ወአምላክነ ፡ ወአምላ
ከ ፡ አበዊነ ፡ ዘውእቱ ፡ ይኴንነነ ፡ በከመ ፡ ኀጣ
ይኢነ ፡ ወበከመ ፡ ኀጣይአሙ ፡ ለአበዊነ ፡ ከመ ፡
ኢትግበሩ ፡ ዮም ፡ ዘንተ ፡ ነገረ ፡ በዛቲ ፡ ዕለት ።
29 ወኮነ ፡ ዐቢይ ፡ ብካይ ፡ በማእከለ ፡ ማኅበሮ
ሙ ፡ ወበከዩ ፡ ኵሎሙ ፡ ኅቡረ ፡ ወጸርኁ ፡ በዐ
ቢይ ፡ ቃል ፡ ኀበ ፡ እግዚአብሔር ። 30 ወይቤ
ሎሙ ፡ ዖዝያን ፡ ተአመኑ ፡ አኀዊነ ፡ ወተዐገ
ሡ ፡ ዓዲ ፡ ሐሙሰ ፡ መዋዕለ ፡ እስከ ፡ ይመይ
ጥ ፡ እግዚአብሔር ፡ አምላክነ ፡ ምሕረቶ ፡ መን
ገሌነ ፡ እስመ ፡ አኮ ፡ ለዝሉፉ ፡ ዘይገድፈነ ። 31
ወእምከመ ፡ ኀለፉ ፡ እማንቱ ፡ መዋዕል ፡ ወኢ
ያምጽአ ፡ ላዕሌነ ፡ ረድኤቶ ፡ ንገብር ፡ ዘከመ ፡
ትቤሉ ። 32 ወዘረዎሙ ፡ ለአሕዛብ ፡ ውስተ ፡
ትዕይንቶሙ ፤ ወውስተ ፡ ማኅፈዶሙ ፡ ወውስ
ተ ፡ አረፍተ ፡ ሀገሮሙ ፡ ሖሩ ፤ ወፈነወ ፡ አንስ
ቲያሆሙ ፡ ወደቂቆሙ ፡ ውስተ ፡ አብያቲሆሙ ፡
ወሕሙማን ፡ እሙንቱ ፡ ጥቀ ፡ በውስተ ፡ ሀገ
ር ። VIII. ወሰምዐት ፡ በኪያሆን ፡ መዋዕል ፡
ዮዲት ፡ ወለተ ፡ ሜራሪ ፡ ወልደ ፡ ሆክስ ፡ ወል
ደ ፡ ዮሴፍ ፡ ወልደ ፡ ዖዝያል ፡ ወልደ ፡ ሕልቅ
ያ ፡ ወልደ ፡ አናንዩ ፡ ወልደ ፡ ጋዴዮን ፡ ወልደ ፡
ራዎይል ፡ ወልደ ፡ ሐቂቶ ፡ ወልደ ፡ ኤልያስ ፡
ወልደ ፡ ኤልያብ ፡ ወልደ ፡ ናትናኤል ፡ ወልደ ፡
ሰላምያል ፡ ወልደ ፡ ሰለስዳይ ፡ ወልደ ፡ እስራኤ
ል ። 2 ወምታሰ ፡ ምናሴ ፡ ዘእምነገዳ ፡ ወእም
ሀገራ ፡ ወሞተ ፡ በመዋዕለ ፡ ማእረረ ፡ ሰገም ፤
3 እስመ ፡ ወዐለ ፡ ገዳመ ፡ ኀበ ፡ እለ ፡ የአስሩ ፡
ከላስስተ ፡ ወመጽአ ፡ ላዕለ ፡ ርእሱ ፡ ሐሩር ፡ ወ
አድወዮ ፡ ወሞተ ፡ በቤጤልዋ ፡ በሀገሩ ፡ ወቀ
በርዎ ፡ ምስለ ፡ አበዊሁ ፡ ውስተ ፡ ዐጸዶሙ ፡
ዶታይም ፡ ወበላሞን ። 4 ወነበረት ፡ ዮዲት ፡
መበለተ ፡ ውስተ ፡ ቤታ ፡ ሠለስተ ፡ ዓመተ ፡ ወ
አርባዕተ ፡ አውራኀ ። 5 ወገብረት ፡ ላቲ ፡ ዐሪ
ሰ ፡ ውስተ ፡ ናሕሰ ፡ ቤታ ፡ ወቀነተት ፡ ሠቀ ፡
ውስተ ፡ ሐቌሃ ፡ ወለብሰት ፡ ልብሰ ፡ መበለታ ።
6 ወትጸውም ፡ ኵሎ ፡ መዋዕለ ፡ መበለታ ፡ እን
በለ ፡ እንተ ፡ ቅድመ ፡ ሰንበት ፡ ወሰንበተኒ ፡ ወ
እንተ ፡ ቅድመ ፡ ሠርቅ ፡ ወሠርቀኒ ፡ ወበዐላተ
ኒ ፡ ወትፍሥሕተ ፡ ቤተ ፡ እስራኤል ። 7 ወሠ
ናይት ፡ ይእቲ ፡ ራእያ ፡ ወላሕይ ፡ ገጻ ፡ ጥቀ ፡
ወፈድፋደ ፡ ወኀደገ ፡ ላቲ ፡ ምናሴ ፡ ምታ ፡ ወ
ርቀ ፡ ወብሩረ ፡ ወደቀ ፡ ወአዋልደ ፡ ወእንስሳ ፡
ወገራውሀ ፡ ወነበረት ፡ ላዕሌሆሙ ። 8 ወአል
ቦ ፡ ዘአውፅአ ፡ ላዕሌሃ ፡ ቃለ ፡ ሕሡመ ፡ እስመ ፡
ትፈርህ ፡ እግዚአብሔርሃ ፡ ፈድፋደ ። 9 ወሰም
ዐት ፡ ዘይቤሉ ፡ ሕዝብ ፡ ላዕለ ፡ መልአከሙ ፡
እኩየ ፡ እስመ ፡ ዐንበዘት ፡ ነፍሶሙ ፡ በእንተ ፡
ዘኀልቀ ፡ ማይ ፡ ወሰምዐት ፡ ዮዲት ፡ ኵሎ ፡ ቃ
ለ ፡ ዘይቤሎሙ ፡ ዖዝያን ፡ ዘከመ ፡ መሐለ ፡ ሎ
ሙ ፡ ከመ ፡ እምድኅረ ፡ ኀሙስ ፡ መዋዕል ፡ ያ
ግብኡ ፡ ሀገሮሙ ፡ ለፋርስ ። 10 ወፈነወት ፡ ወ

---

31 ወኢመጽአ ፡ et ረድኤቱ ፡ NR. 32 ለአሕዛብ ፡ R; ለአኀው ፡ caet. VIII. 1 ወልደ ፡ 1° et 2°] ወለተ ፡ EF. ሆክስ ፡ LR. ጌድዮን ፡ FR; + ወልደ ፡ ሕልቅዩ ፡ L. ራዎይል ፡] ሬዎን ፡ R, ራዎዩን ፡ N. ኤልያስ ፡] አልያስ ፡ R, አልዮስ ፡ O. 3 ውስተ ፡ ገዳም ፡ F. ወአድወዮ ፡] + ወሰከበ ፡ NOR. በቤቱልዋ ፡ E; በቤቴልዋ ፡ LNO. ዐጸዱ ፡ R. 4 ‸ ውስተ ፡ ቤታ ፡ NOR. 5 አልባሰ ፡ FNOR. 6 ወሰንበትኒ ፡, ወሠርቅኒ ፡, ወበዐላትኒ ፡ FNOR. 10 ለክብሪን ፡ N, ለክቡራን ፡ R. ወለከርሚን ፡ NR. (ወ) omn.; FL i. marg. ሀገራ ፡ NOR.

ጸውዐታ ፡ ለሐፃኒታ ፡ እንተ ፡ ተዐቅብ ፡ ኵሎ ፡
ንዋያ ፡ ወጸውዐቶሙ ፡ ለክብሪኒ ፡ ወለከርሜኒ ፡
(ወ)ለሊቃውንተ ፡ ሀገር ። 11 ወመጽኡ ፡ ኀቤ
ሃ ፡ ወትቤሎሙ ፡ ስምዑኒ ፡ መኳንንቲሆሙ ፡
ለእለ ፡ ይነብሩ ፡ ቤጤልዋ ፡ እስመ ፡ ኢኮነ ፡ ጽ
ድቀ ፡ ቃልክሙ ፡ ዘነበብክሙ ፡ በቅድመ ፡ ኵ
ሉ ፡ ሕዝብ ፡ ዮም ፡ ወአቀምክሙ ፡ በዝንቱ ፡
ዘነበብክሙ ፡ መሐላ ፡ ማእከለ ፡ እግዚአብሔ
ር ፡ ወማእከሌክሙ ፡ ከመ ፡ ታግብኡ ፡ ሀገረክ
ሙ ፡ ለፀርክሙ ፡ ለእመ ፡ ኢረድአክሙ ፡ እግ
ዚአብሔር ፡ በእላንቱ ፡ ኀሙስ ፡ መዋዕል ። 12
ወይእዜኒ ፡ ምንትኑ ፡ አንትሙ ፡ እለ ፡ ታሜክ
ርዎ ፡ ለእግዚአብሔር ፡ ዮም ፡ በዛቲ ፡ ዕለት ፡
ወቆምክሙ ፡ ማእከለ ፡ እግዚአብሔር ፡ ወማእ
ከለ ፡ እጓለ ፡ እመሕያው ። 13 ወይእዜኒ ፡ የሐ
ትት ፡ እግዚአብሔር ፡ ለሊሁ ፡ ወአንትሙሰ ፡
አልቦ ፡ ዘታአምሩ ፡ ለዝላፉ ። 14 ዘዕመቀ ፡ ል
ቡ ፡ ለእጓለ እመሕያው ፡ ኢታአምሩ ፡ ወምክ
ረ ፡ ሕሊናሁ ፡ ኢትሬእዩ ፡ እፎ ፡ ለእግዚአብሔ
ር ፡ ትትኀሠሥዎ ፡ ዘውእቱ ፡ ገብረ ፡ ዘንተ ፡ ኵ
ሎ ፡ ወልበ ፡ ዚአሁ ፡ ትፌቅዱ ፡ ታእምርዎ ፡ ወ
ምክረ ፡ ዚአሁ ፡ ተኀሥሡ ፡ ትርከቡ ፤ ሐሰ ፡ ለ
ክሙ ፡ አኀውየ ፡ ኢታምዕዕዎ ፡ ለእግዚአብሔ
ር ፡ አምላክነ ። 15 እመኒ ፡ ኢፈቀደ ፡ ይርድአ
ነ ፡ በእላንቱ ፡ ኀሙስ ፡ መዋዕል ፡ ሥሉጥ ፡ ው
እቱ ፡ በዘፈቀደ ፡ ወእመኒ ፡ በኵሉ ፡ መዋዕሊነ ፡
ወሰበ ፡ ይሜርወነ ፡ በቅድመ ፡ ፀርነ ። 16 አንት
ሙ ፡ ዳእሙ ፡ ኢታመክርዎ ፡ ለእግዚአብሔር ፡
አምላክነ ፡ እስመ ፡ ኢኮነ ፡ ከመ ፡ ሰብእ ፡ እግ
ዚአብሔር ፡ ዘይትሜአክ ፡ ወኢኮነ ፡ ከመ ፡ እ
ጓለ ፡ እመሕያው ፡ ዘይትቄየም ። 17 ወባሕቱ ፡
ጽንሑ ፡ መድኀኒተ ፡ እምኀቤሁ ፡ ወጸውዕዎ ፡
ይርድአነ ፡ ወይስምዐነ ፡ ቃለነ ፡ እመ ፡ ፈቀደ ።
18 እስመ ፡ ኢተንሥአ ፡ በመዋዕሊነ ፡ ወአልቦ ፡
ዮም ፡ ኢሕዝብ ፡ ወኢነገድ ፡ ወኢብሔር ፡ ወ
ኢሀገር ፡ እምኔነ ፡ እለ ፡ ይሰግዱ ፡ ለአማልክት ፡
ግብረ ፡ እደ ፡ ሰብእ ፡ በከመ ፡ ኮነ ፡ በመዋዕለ ፡
ቀደምት ፡ 19 ወበእንቲአሁ ፡ ኮኑ ፡ ለኲናት ፡
ወለተበርብሮ ፡ አበዊነ ፡ ወወድቁ ፡ ዐቢየ ፡ ድቀ
ተ ፡ ቅድመ ፡ ፀሮሙ ። 20 ወንሕነሰ ፡ ባዕደ ፡
ኢናአምር ፡ አምላከ ፡ ዘእንበሌሁ ፡ ወበቱ ፡ ን
ትአመን ፡ ከመ ፡ ኢይትዐወረነ ፡ እምነ ፡ ዘመድ
ነ ። 21 እስመ ፡ አመ ፡ ነሥአነ ፡ ከማሁ ፡ ገብረ ፡
ኵሎ ፡ ይሁዳ ፡ ወበርበረ ፡ ቅድሳቲነ ፡ ወይትኀ
ሠሦሙ ፡ በርኵሶሙ ፡ እምነ ፡ አፉነ ፡ 22 ወቀ
[ት]ለ ፡ አኀዊነ ፡ ወተፄ[ውዎ] ፡ ብሔርነ ፡ ወማ
[ስኖ] ፡ ርስትነ ፡ [ያ]ገብእ ፡ ውስተ ፡ ርእስነ ፡
(ወ)ውስተ ፡ አሕዛብ ፡ ኀበ ፡ ተቀነይነ ፡ ህየ ፡ ወ
ንከውን ፡ ዕቁፋነ ፡ ወዕዩራነ ፡ በቅድመ ፡ እለ ፡
ያጠርዩነ ፡ 23 እስመ ፡ እንበለ ፡ አኰቴት ፡ ይከ
ውን ፡ ቅኔነ ፡ እስመ ፡ ተትሕ[ቶተ]ነ ፡ ርእየ ፡ እ
ግዚአብሔር ፡ አምላክነ ። 24 ወይእዜኒ ፡ አኀ
ዊነ ፡ ንግርዎሙ ፡ ለቢጽነ ፡ እስመ ፡ (ኪያነ ፡ ያ
ፀምኡ ፡ ወ)ኀቤነ ፡ ተሰቅለ ፡ ነፍሶሙ ፡ ወቤተ ፡

---

11 ኵሉ ፡] ‸ NR. ኢይረድአክሙ ፡ R. 14 ወለልበ ፡ L. 15 መዋዕሊነ ፡ ወሰበ ፡] መዋዕል ፡ ወእመኒ ፡ R. 16 ወአንትሙ ፡ NOR. 17 ዘእምኀቤሁ ፡ NOR. 21 ከማሁ ፡ ነበረ ፡ (ነበርነ ፡ R) ኵሉ ፡ ይሁዳ ፡ ወተበርበረ ፡ NOR. 22 [ት]ተ cod. [ውዎ ፡] ወወ ፡ cod. [ስኖ] ሰነ ፡ cod. [ያ]ዘይ ፡ cod. (ወ) omn. 23 [ ] ት cod. 24 ( ) omn.

መቅደስኒ ፡ ወምሥዋዕኒ ፡ ብነ ፡ ያሰምክ ። 25 ወ
በኵሉ ፡ ዝንቱ ፡ ናአኵቶ ፡ ለእግዚአብሔር ፡ አ
ምላክነ ፡ ዘያሜክረነ ፡ በከመ ፡ ዘአበዊነ ። 26 ተ
ዘከሩ ፡ ኵሎ ፡ ዘገብረ ፡ ምስለ ፡ አብርሃም ፡ ወ
መጠነ ፡ አመከሮ ፡ ለይስሐቅ ፡ ወመጠነ ፡ ኮነ ፡
ለያዕቆብ ፡ በመስጴጦምያ ፡ ዘሶርያ ፡ እንዘ ፡ ይ
ርዒ ፡ አባግዐ ፡ ላባ ፡ እኁሃ ፡ ለእሙ ። 27 እስ
መ ፡ አኮ ፡ ከመ ፡ አመከሮሙ ፡ ለእልክቱ ፡ ፈ
[ቲኖ] ፡ ልበሙ ፡ ወለነኒ ፡ አኮ ፡ ዘገፍዐነ ፡ አላ ፡
ከመ ፡ ይምሀሮሙ ፡ ለእለ ፡ ይቀርብዎ ፡ ይቀሥ
ፎሙ ፡ እግዚአብሔር ። 28 ወይቤላ ፡ ዖዝያን ፡
ኵሎ ፡ ዘትቤሊ ፡ በሠናይ ፡ ልብ ፡ ነበብኪ ፡ ወ
አልቦ ፡ ዘይትቃወሞ ፡ ለቃልኪ ። 29 እስመ ፡
ኢኮነት ፡ እምዮም ፡ ዘተሰምዐ ፡ ጥበብኪ ፡ አላ ፡
እምነ ፡ ቀዳሚ ፡ መዋዕልኪ ፡ አእመረኪ ፡ ሕዝ
ብ ፡ ጥበበኪ ፡ እስመ ፡ ቡሩክ ፡ ውእቱ ፡ ፍጥረ
ተ ፡ ልብኪ ። 30 ወባሕቱ ፡ እስመ ፡ ፈድፋደ ፡
ጸምአ ፡ ሕዝብ ፡ አገበሩነ ፡ ንግበር ፡ ዘከመ ፡ ን
ቤሎሙ ፡ ወአምጽኡ ፡ ላዕሌነ ፡ መሐላ ፡ ዘኢን
ክል ፡ ክሒደ ። 31 ወይእዜኒ ፡ ጸልዩ ፡ ለነ ፡ እ
ስመ ፡ ብእሲት ፡ ፈራሂተ ፡ እግዚአብሔር ፡ አ
ንቲ ፡ ወይፈኑ ፡ እግዚአብሔር ፡ ዝናመ ፡ ወይ
ምላእ ፡ ዐዘቃቲነ ፡ ወኢንጽማእ ፡ እንከ ። 32 ወ
ትቤሎሙ ፡ ዮዲት ፡ ስምዑኒ ፡ ወእገብር ፡ ግብ
ረ ፡ ዘይትነገር ፡ ለትውልደ ፡ ትውልድ ። 33 ወ
አንትሙሰ ፡ ቁሙ ፡ ኀበ ፡ አንቀጽ ፡ በዛቲ ፡ ሌ
ሊት ፡ ወእወፅእ ፡ አነ ፡ ምስለ ፡ ቍልዔትየ ፡ ወ
በእልክቱ ፡ መዋዕል ፡ እለ ፡ ትብሉ ፡ ናገብእ ፡
ሀገረነ ፡ ለፀርነ ፡ ይረድእ ፡ እግዚአብሔር ፡ አም
ላክ ፡ እስራኤል ፡ በእዴየ ። 34 ወአንትሙሰ ፡
ባሕቱ ፡ ኢትሕትቱኒ ፡ ዘእገብር ፡ እስመ ፡ ኢይ
ነግረክሙ ፡ እስከ ፡ የኀልቅ ፡ ዘአነ ፡ እገብር ።
35 ወይቤልዋ ፡ ዖዝያን ፡ ወመላእክቲሆሙ ፡ ሑ
ሪ ፡ በሰላም ፡ ወእግዚአብሔር ፡ (ምስሌኪ ፡ ወ)
ቅድሜኪ ፡ ይትበቀሎ ፡ ለፀርነ ። 36 ወገብኡ ፡
ወሖሩ ፡ ኀበ ፡ ቢጸሙ ። IX. ወዮዲት ፡ ወድ
ቀት ፡ በገጻ ፡ ውስተ ፡ ምድር ፡ ወወደየት ፡ ሐ
መደ ፡ ውስተ ፡ ርእሳ ፡ ወአርአየት ፡ ሠቀ ፡ ዘት
ለብስ ፤ ወአብ[ኡ] ፡ ቍርባነ ፡ በኢየሩሳሌም ፡
ለዝሉፉ ፡ ውስተ ፡ ቤተ ፡ እግዚአብሔር ፡ ዕጣ
ነ ፡ ዘይእቲ ፡ አሚር ፤ ወጸርኀት ፡ በዐቢይ ፡ ቃ
ል ፡ ውእተ ፡ አሚረ ፡ ዮዲት ፡ ወትቤ ፡ 2 እግ
ዚአ ፡ አምላክ ፡ አቡየ ፡ ለስምዖን ፡ ዘመጠውከ ፡
ኲናተ ፡ ውስተ ፡ እዱ ፡ ለተበቅሎ ፡ ፀር ፡ እለ ፡
ሰዐሩ ፡ ማሕፀነ ፡ ወአርኰሱ ፡ ድንግለ ፡ ወሰለቡ ፡
ወገመኑ ፡ ማሕፀነ ፡ በትዕይርት ፡ ወበኵለሄ ፡ አ
ከ ፡ ከመዝ ፡ ወእሙንቱሰ ፡ ገብሩ ። 3 እስመ ፡
ወሀብኮሙ ፡ ለመላእክቲሆሙ ፡ ውስተ ፡ ቀት
ል ፡ መምስክብ ፡ ተነጽፈ ፡ በደመ ፡ እለ ፡ ተቀ
ትሉ ፡ አግብርት ፡ ለጽኑዓን ፡ ወለኀያላን ፡ እም
ነ ፡ መናብርቲሆሙ ፡ 4 ወተዔወዋ ፡ አንስቲያሆ
ሙ ፡ ወአዋልዲሆሙ ፡ ወተከፈሉ ፡ ኵሎ ፡ ም
ህርካሆሙ ፡ ለውሉድ ፡ እለ ፡ ፍቁራን ፡ በኀቤ
ከ ፡ እለ ፡ ቀንኡ ፡ ቅንአተከ ፡ ወአስቈረሩ ፡ ር

25 ዘአበዊነ ፡] ∧ ዘ RL, ለአበዊነ ፡ N. 26 ወመጠነ ፡ 1°] + አመክሮ ፡ E. በይስሐቅ ፡ E. 27 ፈተነ ፡ omn. 29 ኢኮነ ፡ NR. 30 ∧ እስመ ፡ NOR. ወአገበሩነ ፡ EON. 31 ወይፌኑ ፡ ELR. 35 ( ) habent EFL. ይትቤቀል ፡ ፀረነ ፡ FLOR. IX. 1 ∧ ውስተ ፡ ምድር ፡ NOR. [ኡ]አት ፡ omn. 2 ለትዕይርት ፡ NOR.

ኵሰ ፡ ደሞሙ ፡ ወጸውዑከ ፡ ከመ ፡ ትርድኦሙ ፤
እግዚአብሔር ፡ አምላኪ ፡ ዚአየ ፡ ስምዐኒ ፡ ሊ
ተ ፡ ለመበለት ። 5 እስመ ፡ አንተ ፡ ገበርከ ፡ ዘ
ቅድመ ፡ ዝንቱ ፡ ወእልክቱ ፡ ወዘእምድኅሬሁ
ኒ ፡ ወዘይእዜኒ ፡ ወዘይመጽእኒ ፡ አእመርከ ፡ ወ
ኮነ ፡ በዘ ፡ አንተ ፡ አእመርከ ፡ 6 ወቆመት ፡ ም
ክርከ ፡ ወይቤሉከ ፡ ናሁ ፡ መጻእ[ነ] ፤ እስመ ፡ ድ
ልው ፡ ኵሉ ፡ ፍናዊከ ፡ ወኵነኔከኒ ፡ በዘአእመ
ርከ ፡ ቅድሜከ ። 7 እስመ ፡ ናሁ ፡ ፋርስ ፡ በዝ
ኑ ፡ ምስለ ፡ ኀይሎሙ ፡ ወተልዕሉ ፡ ዲበ ፡ አ
ፍራሲሆሙ ፡ ወመስተጽዕናን ፡ ተኀየሉ ፡ በመ
ዝራዕቶሙ ፤ አጋርያን ፡ ተአመኑ ፡ በድርዖሙ ፡
ወበኲናቶሙ ፡ ወበቀስቶሙ ፡ ወበሞጸፎሙ ፡
ወኢያእመሩከ ፡ ከመ ፡ አንተ ፡ ውእቱ ፡ እግዚ
አብሔር ፡ ዘትቀጠቅጥ ፡ ፀባኢተ ፡ ወእግዚእ ፡
ስምከ ። 8 አንተ ፡ [ንዕኖሙ ፡] ዘምስለ ፡ ኀይ
ሎሙ ፡ በኀይልከ ፡ ወአስጥም ፡ በመዐትከ ፡ ጽ
ንዖሙ ፡ እስመ ፡ መከሩ ፡ ያርኵሱ ፡ መቅደሰከ ፡
ወይገምኑ ፡ ደብተራ ፡ ምዕራፈ ፡ ስብሐተ ፡ ስ
ምከ ፡ ወ[ይንስ]ቱ ፡ በኀጺን ፡ አቅርንተ ፡ ምሥ
ዋዒከ ። 9 ርኢ ፡ ትዕቢቶሙ ፡ ወፈኑ ፡ መዐተ
ከ ፡ ውስተ ፡ ርእሶሙ ፡ ወሀብ ፡ ኀይለ ፡ በእዴ
የ ፡ ሊተ ፡ ለመበለት ፡ በዘኀለይኩ ፡ 10 (እ)ቅ
ትል ፡ ገብረ ፡ ወመልአከ ፡ ወቍልዔሁ ፡ በአስ
ተሳፍጦ ፡ ከናፍርየ ፡ ወደምስስ ፡ ቆሞሙ ፡ በእ
ደ ፡ ብእሲት ። 11 እስመ ፡ ኢኮነ ፡ ለብዙኃን ፡
ጽንዕከ ፡ ወኢለጽኑዓን ፡ ኀይልከ ፡ አላ ፡ አትሕ
ቶሙ ፡ አንተ ፡ እግዚእ ፡ እስመ ፡ ረዳኢሆሙ ፡
አንተ ፡ ለውኑዳን ፡ ወረፋኢሆሙ ፡ አንተ ፡ ለ
ድውያን ፡ ወመድኅኒሆሙ ፡ ለህጉላን ፡ ወማሕ
የዊሆሙ ፡ አንተ ፡ ለቅቡጻን ። 12 እወ ፡ እግዚ
እ ፡ አምላከ ፡ አቡየ ፡ ወአምላከ ፡ ርስቶሙ ፡ ለ
እስራኤል ፡ እግዚእ ፡ ሰማይ ፡ ወምድር ፡ ፈጣ
ሬ ፡ ማይ ፡ ንጉሥ ፡ አንተ ፡ ለኵሉ ፡ ተግባርከ ፤
አንተ ፡ ስማዕ ፡ ጸሎትየ ፡ 13 ወረስዮ ፡ ለቃልየ ፡
ከመ ፡ ያስሕቶሙ ፡ ወያቍስሎሙ ፡ ወይቅትሎ
ሙ ፡ ለፀረ ፡ ሕግከ ፡ ወቤተ ፡ መቅደስከ ፡ ወርእ
ሳ ፡ ለጽዮን ፡ ወቤተ ፡ ንብረቶሙ ፡ ለደቂቅከ ፡
እለ ፡ መከሩ ፡ ዕጹበተ ። 14 ወግበር ፡ ለኵሉ ፡
ሕዝብከ ፡ ወለኵሉ ፡ አሕዛብ ፡ ከመ ፡ ያእምሩ ፡
ወይጠይቁ ፡ ከመ ፡ አንተ ፡ ውእቱ ፡ እግዚአብ
ሔር ፡ አምላከ ፡ ኵሉ ፡ ኀ[ይ]ል ፡ ወጽ[ን]ዕ ፡ ወ
አልቦ ፡ ባዕድ ፡ ዘያጸንዖሙ ፡ ለዘመደ ፡ እስራኤ
ል ፡ እንበሌከ ። X. ወእምዝ ፡ ሰበ ፡ አኅለቀ
ት ፡ ጸሪኅ ፡ ኀበ ፡ አምላከ ፡ እስራኤል ፡ ወፈጸ
መት ፡ ዘንተ ፡ ኵሎ ፡ ነገረ ፡ 2 ተንሥአት ፡ እ
ምኅበ ፡ ወድቀት ፡ ወጸውዐታ ፡ ለወለታ ፡ ወወ
ረደት ፡ ውስተ ፡ ቤታ ፡ ኀበ ፡ ትነብር ፡ በመዋዕ
ለ ፡ ሰንበታት ፡ ወአመ ፡ በዐላት ፡ 3 ወአሰሰለ
ት ፡ ሠቀ ፡ ዘትለብስ ፡ ወለብሰት ፡ አልባሲሃ ፡ ዘ
መበለታ ፤ ወተኀፅበት ፡ ሥጋሃ ፡ በማይ ፡ ወተቀ
ብአት ፡ ዕፍረተ ፡ ሥዕርተ ፡ ርእሳ ፡ ወተነፍቀ
ት ፡ ሥዕርታ ፡ ወተሰርገወት ፡ ወእምዝ ፡ ለብሰ
ት ፡ አልባሰ ፡ ትፍሥሕታ ፡ ዘትለብስ ፡ አመ ፡ ሕ
ያው ፡ ምታ ፡ ምናሴ ። 4 ወተሥእነት ፡ አሣእ
ኒሃ ፡ ወተሰርገወት ፡ አውቃፋተ ፡ ወባዝግና ፡ ወ

---

6 [ ] ከ ፡ omn. 7 ወተለዐሉ ፡ FR. 8 [ ] ነፃኅከሙ ፡ omn. exc. N. ምስለ ፡ sine ዘ ፡ R. ወአስጥም ፡ በ] ወአስጠሞሙ ፡ FLR. ለጽንዖሙ ፡ FL. [ ] ነሰ omn. 10 እቅትል ፡ omn. በአስፍጦ ፡ NOR, F corr. 14 [ ] ያ cod. [ ] ኑ cod. X. 1 ጸልዮ ፡ ወጸሪኅ ፡ E.

ሕልቀታተ ፡ ወአዕኑገ ፡ ወኵሎ ፡ ሰርጓ ፡ ወተሠ
ነየት ፡ ጥቀ ፡ እስከ ፡ ታስሕት ፡ ዐይኖሙ ፡ ለኵ
ሉ ፡ ዕደው ፡ እለ ፡ ይሬእይዋ ። 5 ወወሀበታ ፡
ለወለታ ፡ ትጹር ፡ ግንባተ ፡ ወይን ፡ ወግምዔ ፡
ቅብእ ፡ ወመልአት ፡ ጽፍንታ ፡ ጥሕነ ፡ ወበለሰ ፡
ወኅብስተ ፡ ስንዳሌ ፡ ወሐሰወቶ ፡ ኵሎ ፡ ንዋየ ፡
ወአጸረታ ። 6 ወወፅአት ፡ መንገለ ፡ አንቀጸ ፡
ሀገረ ፡ ቤጤልዋ ፤ ወረከባሆሙ ፡ ይቀውሙ ፡ ሀ
የ ፡ ለዖዝያን ፡ ወለሊቃውንተ ፡ ሀገር ፡ ከብሪን ፡
ወከርሚን ። 7 ወሶበ ፡ ርእይዋ ፡ ከመ ፡ ነኪር ፡
ተወለጠ ፡ ገጻ ፡ ወትትዐጸፍ ፡ አልባሲሃ ፡ ብዙ
ኀ ፡ ተደሙ ፡ እምነ ፡ ሥና ፡ ፈድፋደ ፡ ጥቀ ፡ ወ
ይቤልዋ ፡ 8 አምላከ ፡ አበዊነ ፡ የሀብኪ ፡ ሞገ
ሰ ፡ ትግበሪ ፡ ዘኀለይኪ ፡ ለጽንዖሙ ፡ ለደቂቀ ፡
እስራኤል ፡ ወላዕለ ፡ ኢየሩሳሌም ። ወሰገደት ፡
ለእግዚአብሔር ። 9 ወትቤሎሙ ፡ አዝዙ ፡ ዘ
ያርኅወኒ ፡ አንቀጸ ፡ ሀገር ፡ ወእፃእ ፡ እግበር ፡
ቃለ ፡ ዘተናገርኩ ፡ ምስሌክሙ ። ወአዘዝዎሙ ፡
ለመሐዛት ፡ ያርኅውዋ ፡ በከመ ፡ ትቤ ። 10 ወ
ገብሩ ፡ ከማሁ ፡ ወወፅአት ፡ ዮዲት ፡ ይእቲ ፡ ወ
ቍልዒታ ፡ ምስሌሃ ፡ ወይኔጽርዋ ፡ ሰብአ ፡ ሀገ
ር ፡ እስከ ፡ ወረደት ፡ እምደብር ፡ ወእስከ ፡ ኀለ
ፈት ፡ እምነ ፡ አውሎና ፡ ወኢርእይዋ ፡ እንከ ።
11 ወሖረት ፡ እንተ ፡ አውሎና ፡ ርቱዐ ፡ ወረከ
ብዋ ፡ መዓቅብ ፡ ዘፋርስ ። 12 ወአኀዝዋ ፡ ወሐ
ተትዋ ፡ አንቲ ፡ መኑ ፡ አንቲ ፡ ወአይቴ ፡ ተሐ
ውሪ ፡ ወእምአይቴ ፡ መጻእኪ ። ወትቤሎሙ ፡
ወለቶሙ ፡ አነ ፡ ለዕብራውያን ፡ ወተኀጣእኩ ፡
እምኔሆሙ ፡ ሶበ ፡ ፈቀዱ ፡ ያግብኡ ፡ ለክሙ ፤
13 አነ ፡ ቀደምኩ ፡ መጺአ ፡ ኀቤሁ ፡ ለሆሎፎር
ኒስ ፡ መልአከ ፡ ኀይልክሙ ፡ ከመ ፡ እንግሮ ፡
ቃለ ፡ ጽድቅ ፡ ወአርእዮ ፡ ፍኖተ ፡ እንተ ፡ ባቲ ፡
ተሐውሩ ፡ ወታስተጋብኡ ፡ ኵሎ ፡ ደወሎሙ ፡
ወአልቦ ፡ ዘይቄስል ፡ እምነ ፡ ሰብእክሙ ፡ ወኢ
አሐቲ ፡ ነፍስ ። 14 ወሶበ ፡ ሰምዑ ፡ እሙንቱ ፡
ዕደው ፡ ቃላ ፡ ወርእይዋ ፡ ገጻ ፡ ወመድምም ፡
ውእቱ ፡ ሥና ፡ ፈድፋደ ፡ ቅድሜሆሙ ፡ ወይ
ቤልዋ ፡ 15 አሕየውኪ ፡ ነፍሰኪ ፡ ዘአፍጠን
ኪ ፡ ወሪደ ፡ ቅድመ ፡ ገጹ ፡ ለእግዚእነ ፡ ወይእ
ዜኒ ፡ ሑሪ ፡ ኀበ ፡ ደብተራሁ ፡ ወንፌኑ ፡ ምስ
ሌኪ ፡ እምኔነ ፡ እለ ፡ ያበጽሑኪ ፡ ኀቤሁ ፤ 16
ወሶበ ፡ ቆምኪ ፡ ቅድሜሁ ፡ ኢይፍራህኪ ፡ ል
ብኪ ፡ አላ ፡ ዜንውዮ ፡ ዘንተ ፡ ነገረኪ ፡ ወያሤ
ኒ ፡ ላዕሌኪ ። 17 ወኀረዩ ፡ እምኔሆሙ ፡ ምእ
ተ ፡ ብእሴ ፡ ወነድእዋ ፡ ምስለ ፡ ወለታ ፡ ወአብ
ጽሕዋ ፡ ኀበ ፡ ሆሎፌርኔስ ፡ 18 . . . . . . እስ
ከ ፡ ያየድዕዎ ፡ በእንቲአሃ ። 19 ወአንከሩ ፡ ሥ
ና ፡ ወተደሙ ፡ እምነ ፡ ደቂቀ ፡ እስራኤል ፡ በ
እንቲአሃ ፡ ወተባሀሉ ፡ በበይናቲሆሙ ፡ መኑ ፡
ዘይሜንኖሙ ፡ ለእሉ ፡ ሕዝብ ፡ እንዘቦ ፡ ውስ
ቴቶሙ ፡ ዘከመዝ ፡ አንስት ፡ እስመ ፡ ኢኮነ ፡
ሠናየ ፡ ይትርፉ ፡ እምኔሆሙ ፡ አሐዱ ፡ ብእሲ ፡

---

5 **ግንባተ ፡**] **ግብነታ ፡ ወ** R. **ወሐሰወቶ ፡**] **ወሐሰቶ ፡** E corr., **ወሐሰወት ፡** F corr., **ወአሥነቀት ፡** L, F i. l.; ∧ R. **ንዋያ ፡** LR. 6 **ከብራንም ፡** E, **ከብራም ፡** FL, **ከቡራን ፡** NOR. 7 **ተውላጠ ፡** F; **በዘተወለጠ ፡** L. **ተደመሙ ፡** E. 12 **ወሐተትዋ ፡**] + **ወይቤልዋ ፡** omn. exc. E. 15 **ምስሌኪ ፡**] **ለኪ ፡** NOR. 18 Desunt multa ob homoeoteleuton deperdita, in omnibus. 19 **ይትርፍ ፡** NOR. **ያትርፍ ፡** L.

ወእለሰ ፡ ይክሉ ፡ ኀዲገ ፡ ተጠቢቦሙ ፡ እምነ ፡
ኵሉ ፡ ምድር ። 20 ወወፅኡ ፡ እለ ፡ ይነብሩ ፡
ኀበ ፡ ሆሎፎርኔስ ፡ ወኵሉ ፡ ደቁ ፡ ወአብእዋ ፡
ውስተ ፡ ደብተራሁ ። 21 ወሆሎፎርኔስ ፡ ይነ
ውም ፡ ውስተ ፡ ምስካቢሁ ፡ ፌለሶ ፡ ዘርጉፍ ፡
በልብሰ ፡ ሜላት ፡ ዘወርቅ ፡ ወመረግድ ፡ ወዕን
ቍ ፡ ዘብዙኅ ፡ ሤጡ ፡ ዕሱቅ ፡ ውስቴቱ ። 22 ወ
ነገርዎ ፡ በእንቲአሃ ፡ ወወፅአ ፡ ውስተ ፡ ግብጋ
በ ፡ ወመኃትወ ፡ ብሩር ፡ የኀትዉ ፡ ቅድሜሁ ።
23 ወሶበ ፡ መጽአት ፡ ዮዲት ፡ ኀቤሁ ፡ ወይቀው
ሙ ፡ ደቁ ፡ ወተደሙ ፡ ኵሎሙ ፡ እምነ ፡ ሥና ፡
ወላሕየ ፡ ገጻ ፡ ወወድቀት ፡ በገጻ ፡ ውስተ ፡ ም
ድር ፡ ወሰገደት ፡ ሎቱ ፡ ወአንሥእዋ ፡ አግብር
ቲሁ ። XI. ወይቤላ ፡ ሆሎፎርኔስ ፡ ተአመኒ ፡
ብእሲቶ ፡ ወኢይፍራህኪ ፡ ልብኪ ፡ እስመ ፡ አ
ንሰ ፡ ኢያሐሥም ፡ ላዕለ ፡ ብእሲ ፡ ዘያገብእ ፡ ር
እሶ ፡ ከመ ፡ ይትቀነይ ፡ ለናቡከደነጾር ፡ ንጉሠ ፡
ኵሉ ፡ ዓለም ። 2 ወይእዜኒ ፡ እሉ ፡ ሕዝብኪ ፡
እለ ፡ ይነብሩ ፡ ውስተ ፡ አድባር ፡ ሶበ ፡ አኮ ፡ ዘ
ዐለዉኒ ፡ እምኢያንሣእኩ ፡ ኲናትየ ፡ ላዕሌሆ
ሙ ፡ [አላ ፡] እሙንቱ ፡ ለሊሆሙ ፡ ገብርዎ ፡ ለ
ዝንቱ ። 3 ወይእዜኒ ፡ ንግርኒ ፡ በበይነ ፡ ምን
ት ፡ ተኀጣእኪ ፡ እምኔሆሙ ፡ ወወፃእኪ ፡ ኀቤ
ነ ፤ ወበሕቱ ፡ ለሕይወትኪ ፡ መጻእኪ ፤ ተአመ
ኒ ፡ ከመ ፡ በዛቲ ፡ ሌሊት ፡ ተሐይዊ ፡ ለዝሉፉ ፡
4 ወአልቦ ፡ ዘያሐሥም ፡ ላዕሌኪ ፡ እንበለ ፡ ሠ
ናይ ፡ ዘንገብር ፡ ዲቤኪ ፡ በከመ ፡ ንገብር ፡ ለአ
ግብርተ ፡ እግዚእነ ፡ ንጉሥ ፡ ናቡከደነጾር ። 5
ወትቤሎ ፡ ዮዲት ፡ ተወከፍ ፡ ቃለ ፡ አመትከ ፡
ወትንግር ፡ ቅድሜከ ፡ ወኢይነግሮ ፡ ሐሰተ ፡ ለ
እግዚእየ ፡ በዛቲ ፡ ሌሊት ። 6 ወእመ ፡ ተለው
ከ ፡ በቃለ ፡ አመትከ ፡ ፍጹመ ፡ ግብረ ፡ ይገብ
ር ፡ ምስሌከ ፡ እግዚአብሔር ፡ ወአልቦ ፡ ዘያስ
ሕት ፡ እምዘ ፡ ኀለየ ፡ እግዚእየ ። 7 እስመ ፡ ሕ
ያው ፡ ውእቱ ፡ ናቡከደነጾር ፡ ንጉሠ ፡ ኵሉ ፡ ም
ድር ፡ ወሕያው ፡ ኀይሉ ፡ ዘፈነወከ ፡ ከመ ፡ ታ
ስተራትዕ ፡ ኵሎ ፡ ነፍሰ ፡ ከመ ፡ አኮ ፡ ሰብእ ፡
ባሕቲቱ ፡ ዘይትቀነይ ፡ ሎቱ ፡ በእብሬትከ ፤ አ
ራዊተ ፡ ገዳም[ኒ] ፡ ወእንስሳ ፡ ወአዕዋፈ ፡ ሰማ
ይ ፡ በእንተ ፡ ኀይልከ ፡ የሐይዉ ፡ ለናቡከደነጾ
ር ፡ ወኵሉ ፡ ቤቱ ። 8 እስመ ፡ ሰማዕነ ፡ ግብረ
ከ ፡ ወጥበቢሃ ፡ ለነፍስከ ፡ ወተሰምዐ ፡ በኵሉ ፡
ምድር ፡ ከመ ፡ አንተ ፡ ባሕቲትከ ፡ ኄር ፡ በኵ
ሉ ፡ መንግሥቱ ፡ ወጽኑዕ ፡ አንተ ፡ በኵሉ ፡ ግ
ብርከ ፡ ወመድምም ፡ አንተ ፡ በኵሉ ፡ ፀብእከ ።
9 ወይእዜኒ ፡ ቃለ ፡ ዘይቤለከ ፡ አኪዮር ፡ በው
ስተ ፡ ትዕይንትክሙ ፡ ሰማዕኩ ፡ ዘይቤ ፡ ወሰብ
አ ፡ ቤጤልዋ ፡ አሕየውዎ ፡ ወዜነዎሙ ፡ ኵሎ ፡
ዘከመ ፡ ይቤለክሙ ። 10 ወይእዜኒ ፡ እግዚኦ ፡
ኢታስትት ፡ ቃሎ ፡ አላ ፡ ሢሞ ፡ ውስተ ፡ ልብ
ከ ፡ እስመ ፡ አማን ፡ ከማሁ ፡ ውእቱ ፡ እስመ ፡
ኢይክልዎሙ ፡ ለሕዝብ ፡ ተበቅሎቶሙ ፡ ወኢ

---

21 ምስካቡ ፡ al. ፌላስ ፡ F, ፌለሰ ፡ L, ለቢሶ ፡ OR. 22 ግብጋቡ ፡ F, ግብገብ ፡ R, ግብጋቤ ፡ N. 23 + ቅድሜሁ ፡ ante ደቁ ፡ N. ∧ ውስተ ፡ ምድር ፡ NO. XI. 2 [ ] እሉ ፡ omn. 3 ወመጻእኪ ፡ NOR. 4 ዘይገብር ፡ LR. 5 ወትንግር ፡] + አመትከ ፡ NOR. 6 በቃለ ፡] ቃለ ፡ LR. ዘይስሕት ፡ NR. 7 ∧ [ኒ] omn. (exc. R). ወለኵሉ ፡ O. 8 ወተሰምዐ ፡] + ነገሩ ፡ NOR. 9 ሰማዕነ ፡ NOR. 10 ሢሙ ፡ et ልብክሙ ፡ EF. ተበቅሎቶሙ ፡ ወ 2°] ∧ NOR.

ትክል ፡ ኵናት ፡ ተበቅሎቶሙ ፡ ወቀቲሎቶሙ ፡
እመ ፡ ኢአበሱ ፡ ለአምላኮሙ ። [11] ወይእዜኒ ፡
ከመ ፡ ኢይኩን ፡ እግዚእየ ፡ መስትተ ፡ ወዘኢ
ይበቍዕ ፡ በዘይበጽሖሙ ፡ ሞቶሙ ፡ ቅድመ ፡
ገጽከ ፡ ወበዝ ፡ ትረክበሙ ፡ ኀጢአቶሙ ፡ እን
ተ ፡ ባቲ ፡ አምዕዕዎ ፡ ለአምላኮሙ ፡ በምግባረ ፡
ጌጋዮሙ ። [12] እስመ ፡ ኀልቀ ፡ እክሎሙ ፡ ወ
አጽዋረ ፡ ማዮሙ ፡ ወገብኡ ፡ ይብልዑ ፡ እንስ
ሳሆሙ ፤ ወኵሎ ፡ ዝክቱ ፡ ዘከልአሙ ፡ አምላ
ከሙ ፡ በውስተ ፡ አሪቶሙ ፡ ከመ ፡ ኢይብልዑ ፡
አልጸቁ ፡ ኪያሁ ፡ ይብልዑ ። [13] ወቀዳሚተ ፡
እክሎሙኒ ፡ ወዓሥራተ ፡ ወይኖሙኒ ፡ ወዘቅብ
አሙኒ ፡ ዘዐቀቡ ፡ ዝኩ ፡ ወቀደሱ ፡ ለካህናት ፡
እለ ፡ ይቀውሙ ፡ በኢየሩሳሌም ፡ ቅድመ ፡ ገ
ጹ ፡ ለአምላክነ ፡ ኀለዩ ፡ ኪያሁ ፡ ይብልዑ ፡ ዘ
ኢይከውኖሙ ፡ ለገሲስ ፡ በእደዊሆሙ ፡ ወኢለ
አሐዱ ፡ እምውስተ ፡ ሕዝብ ፡ [14] ወለአኩ ፡ ኢ
የሩሳሌም ፡ እስመ ፡ እለኒ ፡ ህየ ፡ ይነብሩ ፡ ከመ
ዝ ፡ ገብሩ ፡ ወእለኒ ፡ ነሥኡ ፡ ዘኅድገት ፡ በኅ
በ ፡ ሊቃናት ፡ [15] ወእምከመ ፡ ነገርዎሙ ፡ ወገ
ብሩ ፡ ከመዝ ፡ ውእተ ፡ አሚረ ፡ ያገብአሙ ፡ ው
ስተ ፡ እዴከ ። [16] ወሶበ ፡ አእመርኩ ፡ ዘንተ ፡
ኵሎ ፡ አነ ፡ አመትከ ፡ ተኅጣእኩ ፡ እምኔሆሙ ፡
ወፈነወኒ ፡ እግዚአብሔር ፡ እግበር ፡ ምስሌክ
ሙ ፡ ግብረ ፡ ዘአመ ፡ ሰምዕዎ ፡ ሰብእ ፡ ይደነግ
ጹ ፡ ወኵሉ ፡ ምድር ። [17] እስመ ፡ አነ ፡ አመት
ከ ፡ ፈራሂተ ፡ እግዚአብሔር ፡ አነ ፡ ወእፀመዶ ፡
ለ(እግዚአብሔር ፡) አምላከ ፡ ሰማይ ፡ መዓልተ ፡
ወሌሊተ ፡ ወይእዜኒ ፡ እነብር ፡ ኀቤከ ፡ እግዚ
አ ፡ ወባሕቱ ፡ በሌሊት ፡ ትወፅእ ፡ አመትከ ፡ ገ
ዳመ ፡ ከመ ፡ እጸሊ ፡ ኀበ ፡ እግዚአብሔር ፡ ወ
ይነግረኒ ፡ ማእዜ ፡ ገብሩ ፡ ኀጢአቶሙ ። [18] ወ
እመጽእ ፡ ወአየድዐከ ፡ ወትወፅእ ፡ ምስለ ፡ ኵ
ሉ ፡ ኀይልከ ፡ ወአልቦ ፡ ዘይትቃወመከ ። [19] ወ
እወስደከ ፡ እንተ ፡ ማእከለ ፡ ይሁዳ ፡ እስከ ፡ ት
በጽሕ ፡ ቅድመ ፡ ኢየሩሳሌም ፡ ወታነብር ፡ መ
ንበረከ ፡ ማእከላ ፡ ወታስተጋብአሙ ፡ ወትነሥ
አሙ ፡ ከመ ፡ አባግዕ ፡ ዘገደፎሙ ፡ ኖላዊሆሙ ፡
ወከልብ ፡ ኢይልሕስ ፡ በልሳኑ ፡ በቅድሜከ ፡ እ
ስመ ፡ ሊተ ፡ ከመዝ ፡ ነገሩኒ ፡ ወአይድዑኒ ፡ ወ
አእሚርየ ፡ ተፈነውኩ ፡ እንግርከ ። [20] ወአደ
ሞ ፡ ቃላ ፡ በቅድሜሁ ፡ ለሆሎፎርኔስ ፡ ወቅድ
መ ፡ ኵሉ ፡ ሰብ[ኡ] ፡ ወአንከሩ ፡ ጥበባ ፡ ወይ
ቤሉ ፡ [21] አልቦ ፡ ከመ ፡ ዛቲ ፡ ብእሲት ፡ እምአ
ጽናፈ ፡ ምድር ፡ እስከ ፡ አጽናፈ ፡ ምድር ፡ በሥ
ነ ፡ ገጻ ፡ ወበጥበ[በ ፡] ቃላ ። [22] ወይቤላ ፡ ሆሎ
ፎርኔስ ፡ ሠናየ ፡ ገብረ ፡ እግዚአብሔር ፡ ላዕሌ
ኪ ፡ ዘፈነወኪ ፡ ቅድመ ፡ ሕዝብየ ፡ ከመ ፡ ትኩ
ኒ ፡ ውስተ ፡ ጽንዐ ፡ እዴነ ፡ ወለእለሰ ፡ ዐለው
ዎ ፡ ለእግዚእየ ፡ ሞት ፡ ወሕርትምና ። [23] ወይ

11 ኢይከውን ፡ EF, F pr. m. መስተተ ፡ F. በዘኢይበጽሖሙ ፡ LR, E pr. m. 12 ወአጽዋ ረ ፡] ወአንጻረ ፡ NOR. ዝክተ ፡ F. 13 ወቀዳምያተ ፡ NOR. ዝኰ ፡ FL, ዝኩ ፡ ዘዐቀቡ ፡ NOR. 15 ወ እምከመ ፡ — ወገብሩ ፡] ወመሳፍንት ፡ ዘነገርዎሙ ፡ ገብሩ ፡ NOR. 16 ምስሌከ ፡ NOR. ∧ ሰብእ ፡ FL. ወኵሉ ፡] ∧ ወ FL. ኵሉ ፡ ምድር ፡ ወኵሉ ፡ ዘሰምዖ ፡ FL. 17 ( ) ∧ FL. 20 [ ] እ ፡ cod. 21 አልቦቱ ፡ FLOR. ወበጥበባ ፡ ወበቃላ ፡ EOR. 22 ሕዝብ ፡ R. ወእለሰ ፡ et ይረክቡ ፡ ሞተ ፡ E. 23 ይከውነኒ ፡ FL.

እዜኒ ፡ ሠናይት ፡ በራእይኪ ፡ አንቲ ፡ ወቡርክ
ት ፡ አንቲ ፡ በቃልኪ ፤ ወእመ ፡ ገበርኪ ፡ በከ
መ ፡ ትቤሊ ፡ ይኩነኒ ፡ አምላክኪ ፡ አምላኪየ ፡
ወአንቲኒ ፡ ውስተ ፡ ቤቱ ፡ ለናቡከደነጾር ፡ ትነ
ብሪ ፡ ወይትሌዐል ፡ ስምኪ ፡ በኵሉ ፡ ምድር ።
XII. ወአዘዘ ፡ ያብእዋ ፡ ኀበ ፡ ይነብር ፡ ንዋየ ፡
ብሩር ፡ ወአዘዘ ፡ ይሴስይዋ ፡ እምነ ፡ ዘይገብሩ ፡
ሎቱ ፡ ሲሳዮ ፡ ወያስትይዋ ፡ እምነ ፡ ወይኑ ። 2
ወትቤ ፡ ዮዲት ፡ ኢይበልዕ ፡ እምኔሁ ፡ ከመ ፡
ኢይኩነኒ ፡ ጌጋየ ፡ አላ ፡ እምነ ፡ ዘአምጻእኩ ፡
እሴሰይ ። 3 ወይቤላ ፡ ሆሎፎርኔስ ፡ ወእመሰ ፡
ኀልቀ ፡ ዘአምጻእኪ ፡ ምስሌኪ ፡ እምአይቴ ፡ ና
መጽእ ፡ ለኪ ፡ ዘእሁበኪ ፡ ዘከማሁ ፡ ወእምነ ፡
ሕዝብኪኒ ፡ አልቦ ፡ ዘሀሎ ፡ ምስሌ[ነ] ። 4 ወት
ቤሎ ፡ ዮዲት ፡ ሕያው ፡ ነፍስከ ፡ እግዚኦ ፡ ከ
መ ፡ ኢትዌድእ ፡ አመትከ ፡ ዘሀለወ ፡ ምስሌሃ ፡
እስከ ፡ አመ ፡ ይገብር ፡ እግዚአብሔር ፡ ዘመከ
ረ ፡ በእዴየ ። 5 ወአብእዋ ፡ ደቀ ፡ ሆሎፎርኔ
ስ ፡ ውስተ ፡ ደብተራ ፡ ወቤተት ፡ ወኖመት ፡ እ
ስከ ፡ መንፈቀ ፡ ሌሊት ፡ ወተንሥአት ፡ በሰዐት ፡
እምድኅረ ፡ ንቅሀተ ፡ ሌሊት ፡ 6 ወለአከት ፡ ኀ
ቤሁ ፡ ለሆሎፎርኔስ ፡ እንዘ ፡ ትብል ፡ አዝዝ ፡
እግዚኦ ፡ ያብሕዋ ፡ ትፃእ ፡ አመትከ ፡ ትጸሊ ።
7 ወአዘዘሙ ፡ ሆሎፎርኔስ ፡ ለእለ ፡ የዐቅብ[ዎ] ፡
ከመ ፡ ኢይከልእዋ ። ወእምዝ ፡ ነበረት ፡ ሠሉ
ሰ ፡ መዋዕለ ፡ ውስተ ፡ ትዕይንት ፡ ወትወፅእ ፡
በበሌሊት ፡ ውስተ ፡ ቈላተ ፡ ቤጤልዋ ፡ ወትጠ
መቅ ፡ በትዕይንት ፡ ውስተ ፡ ነቅዐ ፡ ማይ ። 8 ወ
ሶበ ፡ ተዐርገ ፡ ትጼሊ ፡ ኀበ ፡ እግዚአብሔር ፡
አምላከ ፡ እስራኤል ፡ ያርትዕ ፡ ፍኖታ ፡ በዘይት
ነሥኡ ፡ ደቂቀ ፡ ሕዝባ ። 9 ወእምዝ ፡ ትገብ
እ ፡ ወነበረት ፡ ንጽሕታ ፡ ውስተ ፡ ትዕይንት ፡
ወሰርከ ፡ ሰርከ ፡ ትበልዕ ። 10 ወእምዝ ፡ አመ ፡
ራብዕት ፡ ዕለት ፡ ገብረ ፡ ሆሎፎርኔስ ፡ ምሳሐ ፡
ለአግብርቲሁ ፡ ለባሕቲቶሙ ፡ ወኢጸውዐ ፡ በ
ዕደ ፡ ሰብአ ፡ ወኢመነሂ ፡ ውስተ ፡ ምሳሕ ። 11
ወይቤሎ ፡ ለባግዋ ፡ መጋቢሁ ፡ ኀጽው ፡ ዘኵ
ሉ ፡ ንዋዩ ፡ ላዕሌሁ ፡ አስፍጣ ፡ ሊተ ፡ ለዛቲ ፡
ብእሲት ፡ ዕብራዊት ፡ እንተ ፡ ኀቤከ ፡ ከመ ፡ ት
ምጻእ ፡ ኀቤነ ፡ ወትብላዕ ፡ ወትስተይ ፡ ምስሌ
ነ ፤ ወሑር ፡ ኀቤሃ ፡ ተናገራ ። 12 እስመ ፡ ኀፍ
ረት ፡ ለነ ፡ እንተ ፡ ከመ ፡ ዛቲ ፡ ብእሲት ፡ ረኪ
በነ ፡ እመ ፡ ኢተናገርናሃ ፡ ወኢከመ ፡ ኢረከብ
ናሃ ፡ ለዛቲ ፡ ይሥሕቁነ ። 13 ወወፅአ ፡ ባግዋ ፡
እምኀቤሁ ፡ ለሆሎፎርኔስ ፡ ወቦአ ፡ ኀቤሃ ፡ ወ
ይቤላ ፡ ኢትትሀከዪ ፡ ወለትየ ፡ ሠናይት ፡ መጺ
እ ፡ ኀበ ፡ እግዚእየ ፡ ትትአኰቲ ፡ በኀቤሁ ፡ ወ
ትስተዪ ፡ ምስሌሁ ፡ ወይነ ፡ ወትትፌሥሒ ፡ ወ
ትከውኒ ፡ ዮም ፡ ከመ ፡ አሐቲ ፡ እምነ ፡ አዋል
ደ ፡ ደቂቀ ፡ አሶር ፡ እለ ፡ ይቀውማ ፡ ውስተ ፡
ቤቱ ፡ ለናቡከደነጾር ። 14 ወትቤሎ ፡ ዮዲት ፡
ምንት ፡ አነ ፡ ወሚ ፡ ዘመድየ ፡ ከመ ፡ እትዋሣ
እ ፡ ለእግዚእየ ፤ ኵሎ ፡ ዘአደመከ ፡ በቅድመ ፡
አዕይንቲከ ፡ እገብር ፡ ፍጡነ ፡ ወሊተኒ ፡ ይከው

XII. 3 ዘንሁበኪ ፡ FLN. 3 [ ] ኪ ፡ ENOR. 4 ኢትወድእ ፡ NOR. ምስሌየ ፡ L, F pr. m. 5 ንቅሀት ፡ sine ሌሊት ፡ NOR. 7 [ዎ] ዋ ፡ cod. (exc. N). በትዕይንት ፡] + ወትወፅእ ፡ በሌሊት ፡ EOR. 8 ይርታዕ ፡ FL. 9 ወሰርከ ፡ ሰርክ ፡ FLN. 11 ሑር ፡ FL. 13 ወትሰትዪ ፡ FR. 14 ዘመድየ ፡] ገጽየ ፡ NOR. ለቅድመ ፡ ER.

ነኒ ፡ ትፍሥሕተ ፡ እስከ ፡ አመ ፡ እመውት ። 15
ወተንሥአት ፡ ወተሠነየት ፡ ወለብሰት ፡ አልባ
ሲሃ ፡ ወተሰርገወት ፡ ኵሎ ፡ ሰርጐ ፡ አንስት ፡
ወሖረት ፡ ምስሌሃ ፡ ወለታ ፡ ወነጸፈት ፡ ላቲ ፡
ውስተ ፡ ምድር ፡ ቅድሜሁ ፡ ለሆሎፍርኔስ ፡ ም
ስካቢሃ ፡ ዘነሥአት ፡ በኀበ ፡ ባግዋ ፡ ወነጸፈ ፡ ላ
ቲ ፡ በውስተ ፡ ማኅደራ ፡ ዘዲቤሁ ፡ ትረፍቅ ፡ ሶ
በ ፡ ትመስሕ ። 16 ወቦአት ፡ ዮዲት ፡ ወሰከበት ፡
ወተሀውከ ፡ ልቡ ፡ ለሆሎፍርኔስ ፡ ላዕሌሃ ፡ ወ
ፈተዋ ፡ በነፍሱ ፡ ፈድፋደ ፡ ይስክብ ፡ ምስሌሃ ፤
ወይጸንሕ ፡ እምአመ ፡ ርእያ ፡ እስከ ፡ ጊዜ ፡ ያ
ሰፍጣ ። 17 ወይቤላ ፡ ሆሎፍርኔስ ፡ ስተዪ ፡ ም
ስሌነ ፡ ወተፈሥሒ ። 18 ወትቤሎ ፡ ዮዲት ፡ እ
ሰቲ ፡ እግዚእየ ፡ እስመ ፡ ዐብየት ፡ ዮም ፡ ሕይ
ወትየ ፡ በላዕሌየ ፡ እምነ ፡ ኵሉ ፡ መዋዕልየ ፡ ዘ
እምአመ ፡ ተወለድኩ ። 19 ወነሥአት ፡ ወሰት
የት ፡ ወበልዐት ፡ በቅድሜሁ ፡ ዘአስተዳለወት ፡
ላቲ ፡ አመታ ። 20 ወተፈሥሐ ፡ ሆሎፍርኔስ ፡
በእንቲአሃ ፡ ወሰትየ ፡ ወይነ ፡ ብዙኀ ፡ ወፈድፋ
ደ ፡ ዘኢሰትየ ፡ ከማሁ ፡ ወኢበአሐቲ ፡ ዕለት ፡
እምአመ ፡ ተወልደ ። XIII. ወሶበ ፡ መስየ ፡
አስተፋጠኑ ፡ አግብርቲሁ ፡ ወአግሐሱ ፤ ወባግ
ዋ ፡ ዐጸወ ፡ ደብተራ ፡ ላዕሌሁ ፡ እንተ ፡ አፍአ ፡
ወሰደዶሙ ፡ ለእለ ፡ ይቀውሙ ፡ ኀቤሁ ፡ ቅድ
መ ፡ እግዚኡ ፡ ወአተዉ ፡ ማኅደሪሆሙ ፡ እስ
መ ፡ ድኩማን ፡ ኵሎሙ ፡ እስመ ፡ ፈድፋደ ፡ ሰ
ትዩ ። 2 ወተረፈት ፡ ዮዲት ፡ ባሕቲታ ፡ ወሆሎ
ፍርኔስ ፡ ውስተ ፡ ደብተራሁ ፡ ወውእቱሰ ፡ ይ
ሰክብ ፡ ውስተ ፡ ምስካቡ ፡ እስመ ፡ ፈድፋደ ፡
ሰትየ ፡ ወይነ ፡ ወስኩር ፡ ውእቱ ። 3 ወትቤላ ፡
ዮዲት ፡ ለአመታ ፡ ትፃእ ፡ አፍአ ፡ ወትቁም ፡
ኀበ ፡ ማኅደራ ፡ ወትዕቀባ ፡ ጊዜ ፡ ትወፅእ ፡ ከ
መ ፡ ዘልፈ ፡ እስመ ፡ እወፅእ ፡ ኀበ ፡ እጼሊ ፡ ት
ቤላ ፤ ወለባግዋኒ ፡ ከማሁ ፡ ትቤሎ ። 4 ወወፅ
ኡ ፡ ኵሎሙ ፡ እምኀቤሃ ፡ ወአልቦ ፡ ዘተርፈ ፡
ውስተ ፡ ጽርሕ ፡ ኢንኡስ ፡ ወኢዐቢይ ፡ ወተን
ሥአት ፡ ዮዲት ፡ ወቆመት ፡ ኀበ ፡ ምስካቡ ፡ ወ
ትቤ ፡ በልባ ፡ እግዚኦ ፡ አምላከ ፡ ኵሉ ፡ ኀይል ፡
ርኢ ፡ ወግበር ፡ በእዴየ ፡ በዛቲ ፡ ሰዐት ፡ ከመ ፡
ትትለዐል ፡ ኢየሩሳሌም ፡ 5 እስመ ፡ በጽሐ ፡
ጊዜሁ ፡ በዘታነሥእ ፡ ርስተከ ፡ ወግበር ፡ ሊተ ፡
ኀሊናየ ፡ በዘ ፡ ይሜሮ ፡ ፀር ፡ እለ ፡ ተንሥኡ ፡
ላዕሌነ ። 6 ወሖረት ፡ ውስተ ፡ ምስካቡ ፡ መን
ገለ ፡ ትርአሱ ፡ ለሆሎፍርኔስ ፡ ወመልኀት ፡ መ
ተርአስቶ ። 7 ወቆመት ፡ መልዕልቴሁ ፡ ወአኀ
ዘት ፡ በሥዕርተ ፡ ርእሱ ፡ ወትቤ ፡ እግዚእየ ፡ አ
ምላከ ፡ እስራኤል ፡ አጽንዐኒ ፡ ዮም ። 8 ወዘበ
ጠት ፡ ውስተ ፡ ክሳዱ ፡ ካዕበ ፡ በኀይላ ፡ ወመተ
ረት ፡ ርእሶ ፡ እምኔሁ ። 9 ወአውደቀት ፡ በድ
ኖ ፡ እምነ ፡ ምስካቡ ፡ ውስተ ፡ ምድር ፡ . . . .
ወነበረት ፡ ንስቲተ ፡ ወወፅአት ፡ ወወሀበታ ፡ ለ
ወለታ ፡ ርእሶ ፡ ለሆሎፍርኔስ ፡ 10 ወወደየቶ ፡
ውስተ ፡ ጽፍንታ ፡ ዘእክል ፡ ወወፅአ ፡ ክልኤሆ
ን ፡ ኅቡረ ፡ በከመ ፡ ያለምዳ ፡ ለጸሎት ፡ ወዐዲ

15 ዘነጸፈ ፡ FL; ወዘነጸፈ ፡ NO. 20 ዕለት ፡] + እምአመ ፡ ኮነ ፡ ወ FL, E i. lin. XIII. 1 ወ አስተገሐሡ ፡ FLN, E i. l. ላዕሌሆሙ ፡ FLN, E corr. ‸ ኀቤሁ ፡ F, E corr. 3 ትብሎ ፡ EOR. 4 ጽርሑ ፡ LNOR, F corr. 6 መተርእስቶ ፡ L (in marg. E የራስጌ ፡ ሰይፍ ፡). 10 ዖዳ ፡] ዐደዋ ፡ FLR. ውእቱ ፡] ውስተ ፡ E; R sine እንተ ፡ praem.

ዎን ፡ እምተዓይን ፡ ዖዳ ፡ እንተ ፡ ውእቱ ፡ ቈላ
ት ፡ ወዐርጋ ፡ ዐቀበ ፡ ቤጤልዋ ፡ ወበጽሐ ፡ ኀ
በ ፡ አንቀጸ ፡ ሀገር ። [11] ወትቤሎሙ ፡ ዮዲት ፡
እምርሑቅ ፡ ለእለ ፡ የዐቅቡ ፡ አንቀጸ ፡ አርኅ
ዉ ፡ አንቀጸ ፤ ምስሌነ ፡ እግዚአብሔር ፡ [አም
ላክነ ፡] ከመ ፡ ይግበር ፡ ዓዲ ፡ ኀይለ ፡ ወጽንዐ ፡
ለእስራኤል ፡ እምነ ፡ ፀሮሙ ፡ ከመ ፡ ገብረ ፡ ዮ
ም ። [12] ወእምዝ ፡ ሶበ ፡ ሰምዑ ፡ ቃላ ፡ ሰብአ ፡
ሀገር ፡ አፍጠኑ ፡ ወሪዱ ፡ ኀበ ፡ አንቀጸ ፡ ሀገር ፡
ወጸውዑ ፡ ሊቃውንተ ፡ ሀገር ። [13] ወሮጹ ፡ ኵ
ሎሙ ፡ ንኡሰሙ ፡ ወዐቢዮሙ ፡ [እስመ ፡ አንከ
ሩ ፡ እፎ ፡ ገብአት ፡ ወአርኀዉ ፡ አ[ንቀ]ጸ ፡ ወ
ተቀበልዋ ፡ ወአንደዱ ፡ እሳተ ፡ ወአብርሁ ፡ ወ
ዖድዋ ። [14] ወትቤሎሙ ፡ በዐቢይ ፡ ቃል ፡ ሰ
ብሕዎ ፡ ለእግዚአብሔር ፡ እስመ ፡ ኢያርሐቀ ፡
ሣህሎ ፡ ወምሕረቶ ፡ እምነ ፡ ቤተ ፡ እስራኤል ፡
አላ ፡ ሠረዎሙ ፡ ለፀሮሙ ፡ በእዴየ ፡ በዛቲ ፡ ሌ
ሊት ። [15] ወአውጽአት ፡ ርእሶ ፡ እምነ ፡ ጽፍነ
ታ ፡ ወአርአየቶሙ ፡ ወትቤሎሙ ፡ ናሁ ፡ ርእ
ሱ ፡ ለሆሎፍርኔስ ፡ መልአከ ፡ ኀይሎሙ ፡ ለአ
ሱር ፡ ወናሁ ፡ መትርእስቱ ፡ እንተ ፡ በዲቤሃ ፡
ይሰክብ ፡ ሶበ ፡ ይሰቲ ፡ ወቀተሎ ፡ እግዚአብሔ
ር ፡ በእደ ፡ ብእሲት ፤ [16] ወሕያው ፡ እግዚአ
ብሔር ፡ ዘዐቀበኒ ፡ በፍኖትየ ፡ እንተ ፡ ሖርኩ ፡
ከመ ፡ አስሕቶ ፡ በገጽየ ፡ ከመ ፡ ይሙት ፡ ወኢ
ገብረ ፡ ላዕሌየ ፡ አበሳ ፡ ለርኵስ ፡ ወለኀሳር ።
[17] ወደንገፁ ፡ ኵሉ ፡ ሕዝብ ፡ ፈድፋደ ፡ ወደነ
ኑ ፡ ወሰገዱ ፡ ለእግዚአብሔር ፡ ወይቤሉ ፡ ኅቡ
ረ ፡ ቡሩክ ፡ አንተ ፡ አምላክነ ፡ ዮም ፡ በዛቲ ፡
ዕለት ፡ ዘአኅሰርከሆሙ ፡ ለፀረ ፡ ሕዝብከ ። [18]
ወይቤላ ፡ ዖዝያን ፡ ቡርክት ፡ አንቲ ፡ ወለትየ ፡
ለእግዚአብሔር ፡ ልዑል ፡ እምነ ፡ ኵሉ ፡ አን
ስት ፡ እለ ፡ ውስተ ፡ ምድር ፡ ወቡሩክ ፡ እግዚ
አብሔር ፡ ፈጣሬ ፡ ሰማይ ፡ ወምድር ፡ ዘረድአ
ኪ ፡ ትምትሪ ፡ ርእሶ ፡ ለመልአከ ፡ ፀርነ ፡ [19] እ
ስመ ፡ ኢይደመሰስ ፡ አኰቴትኪ ፡ እምልበ ፡ እ
ጓለ ፡ እመሕያው ፡ እንዘ ፡ ይዜ[ክ]ሩ ፡ ኀይለ ፡
እግዚአብሔር ፡ ዘለዓለም ። [20] ወይረስዮ ፡ ለ
ኪ ፡ እግዚአብሔር ፡ ላዕለ ፡ ዘለዓለም ፡ ወይነጽ
ርኪ ፡ በሠናይቱ ፡ እስመ ፡ ኢምህኪ ፡ ነፍስኪ ፡
በበይነ ፡ ሕማመ ፡ ሕዝብነ ፡ አላ ፡ ወፃእኪ ፡ በ
እንተ ፡ ሞትነ ፡ ወርቱዐ ፡ ሖርኪ ፡ ቅድመ ፡ አ
ምላክነ ። ወይቤሉ ፡ ኵሉ ፡ ሕዝብ ፡ አሜን ፡ አ
ሜን ። XIV. ወትቤሎሙ ፡ ዮዲት ፡ ስምዑኒ ፡
አኀውየ ፡ ንሥኡ ፡ ዘንተ ፡ ርእሰ ፡ ወስቅሉ ፡ ው
ስተ ፡ ተድባበ ፡ አረፍትክሙ ። [2] ወእምዝ ፡ ሶ
በ ፡ ጎሐ ፡ ጽባሕ ፡ ወወፅአት ፡ ፀሓይ ፡ ውስተ ፡
ምድር ፡ ንሥኡ ፡ ኵልክሙ ፡ ንዋየ ፡ ሐቅልክ
ሙ ፡ ወይፃኡ ፡ ኵሉ ፡ ዕደው ፡ ኀያላን ፡ አፍአ ፡
እምነ ፡ ሀገር ፡ ወሢሙ ፡ ለክሙ ፡ መልአከ ፡ ወ
ሶበ ፡ ወረድክሙ ፡ ውስተ ፡ ምድር ፡ መንገለ ፡
መዓቅቢሆሙ ፡ ለደቂቀ ፡ አሱር ፡ እንበለ ፡ ትረ
ዱ ፡ [3] ንሥኡ ፡ ኵልክሙ ፡ ንዋየ ፡ ሐቅልክ
ሙ ፡ ጹሩ ፡ ወእምከመ ፡ ርእዩክሙ ፡ የሐውሩ ፡

11 [ ] ምስሌነ ፡ iterum, cod. 12 አፍጠኑ ፡ — ሀገር ፡ ወ] ^ NOR; in E suppl. al. m. 13 አና ቅጸ ፡ cod. (exc. NR). 14 ሰብሕዎ ፡ ለእግዚ" ፡ ter. FL, E i. l. ^ ሣህሎ ፡ ወ FL ^ ቤተ ፡ OR; E i. l. 15 ጽፍነት ፡ FL. መትርአስቱ ፡ FNR. 18 ኵሎን ፡ LNR. ዘፈጠረ ፡ ሰማያተ ፡ ወምድረ ፡ FL. 19 [ ] ከ omn., exc. L. XIV. 1 አኀዊነ ፡ EFLO. ርእሰ ፡ FLR. 3 ኵልክሙ ፡] ለክሙ ፡ ወጹሩ ፡

መዓቅቢሆሙ ፡ ኀበ ፡ ተዓይኒሆሙ ፡ ከመ ፡ ያን
ሥኡ ፡ መላእክተ ፡ ሰራዊቶሙ ፡ ለአሱር ፡ (ወ
ኀይሎሙ ፡) ወእምዝ ፡ ይረውጹ ፡ ኀበ ፡ ደብተ
ራሁ ፡ ለሆሎፍርኔስ ፡ ወኢይረክብዎ ፡ ወእም
ዝ ፡ ይፈርሁ ፡ ወይጕዩ ፡ እምቅድመ ፡ ገጽክሙ ።
4 ወአንትሙሰ ፡ ዴግንዎሙ ፡ ኵሉ ፡ እለ ፡ ይነ
ብሩ ፡ ውስተ ፡ ኵሉ ፡ ደወለ ፡ እስራኤል ፡ ወ[ን
ፅኀ]ዎሙ ፡ ውስተ ፡ ኵሉ ፡ ፍኖቶሙ ። 5 ወእ
ምቅድመ ፡ ትግበሩ ፡ ዘንተ ፡ ጸውዑ ፡ ሊተ ፡ አ
ኪዮርሃ ፡ አሞናዌ ፡ ከመ ፡ ይርአይ ፡ ወያእምር ፡
ከመ ፡ ዘዐለዎ ፡ ለቤተ ፡ እስራኤል ፡ ወፈነዎ ፡
ኪያሁኒ ፡ ኀቤነ ፡ ይሙት ፡ ምስሌነ ። 6 ወጸው
ዕዎ ፡ ለአኪዮር ፡ እምነ ፡ ቤተ ፡ ዖዝያን ፡ ወሶ
በ ፡ መጽአ ፡ ወርእየ ፡ ርእሶ ፡ ለሆሎፍርኔስ ፡ ው
ስተ ፡ እደ ፡ ብእሲ(ት) ፡ በማኅበረ ፡ ሕዝብ ፡ ወ
ድቀ ፡ በገጹ ፡ ወደንገጸ ፡ ነፍሱ ። 7 ወሶበ ፡ አ
ንሥእዎ ፡ ወድቀ ፡ ውስተ ፡ እገሪሃ ፡ ለዮዲት ፡
ወሰገደ ፡ ለገጻ ፡ ወይቤ ፡ ቡርክት ፡ አንቲ ፡ እም
ነ ፡ ኵሉ ፡ አብያተ ፡ ይሁዳ ፡ ወእምነ ፡ ኵሉ ፡ ሕ
ዝብ ፡ በዓለም ፤ ሰሚዖሙ ፡ ስመኪ ፡ ይደነግጹ ።
8 ወይእዜኒ ፡ ዜንው[ኒ] ፡ ኵሎ ፡ ዘገበርኪ ፡ በእ
ላንቱ ፡ መዋዕል ፡ ወዜነወቶ ፡ ዮዲት ፡ በማእከ
ለ ፡ ሕዝብ ፡ ኵሎ ፡ ዘገብረት ፡ እምአመ ፡ ወፅ
አት ፡ እስከ ፡ አመ ፡ ገብአት ። 9 ወሶበ ፡ አኅለ
ቀት ፡ ነገራ ፡ ወውዑ ፡ ኵሉ ፡ ሕዝብ ፡ በዐቢይ ፡
ቃል ፡ ወጸርኑ ፡ በቃለ ፡ ትፍሥሕት ፡ [በ]ሀገሮ
ሙ ። 10 ወሶበ ፡ ርእየ ፡ አኪዮር ፡ ኵሎ ፡ ዘገ
ብረ ፡ እግዚአብሔር ፡ ለእስራኤል ፡ አምነ ፡ በ
እግዚአብሔር ፡ ፈድፋደ ፡ ወተገዝረ ፡ ወተወሰ
ከ ፡ ውስተ ፡ ቤተ ፡ እስራኤል ፡ እስከ ፡ ዮም ።
11 ወሶበ ፡ ጎሐ ፡ ጽባሕ ፡ ሰቀሉ ፡ ርእሶ ፡ ለሆሎ
ፎርኒስ ፡ ውስተ ፡ አረፍት ፡ ወነሥኡ ፡ ኵሎሙ ፡
ዕደዊሆሙ ፡ ንዋየ ፡ ሐቅሎሙ ፡ ወወፅኡ ፡ ወ
ተዓገትዎሙ ፡ እንተ ፡ መንገለ ፡ ዐቀበ ፡ ደብር ።
12 ወደቂቀ ፡ አሶር ፡ ሶበ ፡ ርእይዎሙ ፡ ለአኩ ፡
ኀበ ፡ መሳፍንቲሆሙ ። 13 ወመጽኡ ፡ መላእ
ክቲሆሙ ፡ ወሥዩማኒሆሙ ፡ ወመሳፍንቲሆሙ ፡
ኀበ ፡ ደብተራ ፡ ሆሎፍርኒስ ፡ ወይቤልዎ ፡ ለመ
ጋቢሁ ፡ አንቅሆ ፡ ለእግዚእነ ፡ እስመ ፡ ተኀበ
ሉ ፡ አግብርት ፡ ወወረዱ ፡ ላዕሌነ ፡ ይትቃተሉ
ነ ። 14 ወቦአ ፡ ባግዋ ፡ ወጐድጐደ ፡ በኀበ ፡ ዐ
ጸድ ፡ ዘቅድመ ፡ ደብተራ ፡ እስመ ፡ መሰሎ ፡ ይ
ሰክብ ፡ ምስለ ፡ ዮዲት ። 15 ወሶበ ፡ አልቦ ፡ ዘ
ያወሥእ ፡ በቃል ፡ ወቦአ ፡ ውስተ ፡ ጽርሑ ፡ ወ
ረከበ ፡ በድኖ ፡ ግዱፈ ፡ ውስተ ፡ ምድር ፡ ወር
እሱ ፡ ኢሀለወ ፡ ላዕሌሁ ። 16 ወጸርኀ ፡ በዐቢ
ይ ፡ ቃል ፡ እንዘ ፡ ይበኪ ፡ ወይግዕር ፡ ወዐውየ
ወ ፡ በሕቁ ፡ ወሠጠጠ ፡ አልባሲሁ ። 17 ወቦአ ፡
ውስተ ፡ ደብተራ ፡ ኀበ ፡ ተኀድር ፡ ዮዲት ፡ ወ
ኢረከባ ፡ ወሮጸ ፡ ኀበ ፡ ሕዝብ ፡ ወጸርኀ ፡ ሎ

FL. ጹሩ ፡] ∧ FL; ወሩጹ ፡ R. ርኢክሙ ፡ EN. ኀበ ፡ ተዓይ' ፡] ∧ R; E i. l. መልአከ ፡ EO. ( ) omn. ወእምዝ ፡ ይፈ' ፡ ወ] ወእምብዝኀ ፡ ፍርሀት ፡ FL. 4 ወነጽርዎሙ ፡ omn. (sed vid. 7,14). 6 ብእሲት ፡ omn. መንፈሱ ፡ FL. 7 በገጹ ፡ OR, F i. l. ለዓለም ፡ FL. 8 ዜንውነ ፡ EO, ዜንዊ ፡ LR. ወዜነወቶሙ ፡ ENOR. 9 [ ] በበ ፡ cod. (exc. NO). 11 ወዐገትዎሙ ፡ FLR. 12 ኀበ ፡] ኀቤሆሙ ፡ ENO. 14 መስሎ ፡ E. 15 ዘአውሥአ ፡ FLN. በቃል ፡] ቃለ ፡ FL, በቃሉ ፡ N; ለቀየ ፡ O (i. m. exponitur ፈትሐ ፡). በአ ፡ sine ወ ፡ R. ጽርሕ ፡ NR. 17 ወይቤ ፡ FL.

ሙ ፡ ወይቤሎሙ ፡ 18 ዐለዉነ ፡ አግብርት ፤ አ
ሐቲ ፡ ብእሲት ፡ ዕብራዊት ፡ ገብረት ፡ ኀሳረ ፡
ላዕለ ፡ ቤተ ፡ ናቡከደነጾር ፡ ንጉሥ ፡ እስመ ፡ ና
ሁ ፡ ሆሎፍርኔስ ፡ ውዱቅ ፡ ውስተ ፡ ምድር ፡ በ
ድኑ ፡ ወኢሀለወ ፡ ርእሱ ፡ ላዕሌሁ ። 19 ወሶበ ፡
ሰምዑ ፡ ዘንተ ፡ ነገረ ፡ መላእክተ ፡ ኀይሎሙ ፡
ለአሶር ፡ ሠጠጡ ፡ አልባሲሆሙ ፡ ወደንገጸት ፡
ነፍሶሙ ፡ ፈድፋደ ፡ ወጸርኁ ፡ ወዐውየዉ ፡ በ
ዐቢይ ፡ ቃል ፡ ጥቀ ፡ በማእከለ ፡ ትዕይንት ።
XV. ወሶበ ፡ ሰምዑ ፡ እለ ፡ ውስተ ፡ ተዓይን ፡
ሀለዉ ፡ ደንገጹ ፡ እሙንቱኒ ፡ በበይነ ፡ ዘኮነ ።
2 ወአኀዞሙ ፡ ፍርሀት ፡ ወረዓድ ፡ ወአልቦ ፡ እ
ንከ ፡ ሰብእ ፡ ዘቆመ ፡ ምስለ ፡ ቢጹ ፡ አላ ፡ ደን
ጊጾሙ ፡ ጐዩ ፡ ኵሎሙ ፡ ኅቡረ ፡ ውስተ ፡ ኵ
ሉ ፡ ፍናዌ ፡ ውስተ ፡ ሐቅል ፡ ወውስተ ፡ አድ
ባር ። 3 ወእለ ፡ ውስተ ፡ ተዓይን ፡ ዘውስተ ፡ አ
ድባር ፡ ዘዐውደ ፡ ቤጤልዋ ፡ እሙንቱኒ ፡ መም
ዑ ፡ ወጐዩ ። ውእተ ፡ ጊዜ ፡ ተንሥኡ ፡ ደቂቀ ፡
እስራኤል ፡ ኵሎሙ ፡ ዕደው ፡ መስተቃትላን ፡
ወዴገንዎሙ ። 4 ወለአከ ፡ ዖዝያን ፡ ውስተ ፡
[ቤጦምስታም ፡] ወቢቤ ፡ ወኮቤ ፡ ወቄላ ፡ ወው
ስተ ፡ ኵሉ ፡ ደወለ ፡ እስራኤል ፡ ይዜንዉ ፡ በ
እንተ ፡ ዘኮነ ፡ ወከመ ፡ ይርድኡ ፡ ኵሎሙ ፡ ወ
ይዴግኑ ፡ ፀሮሙ ፡ ወይቅትልዎሙ ። 5 ወሶበ ፡
ሰምዑ ፡ ደቂቀ ፡ እስራኤል ፡ ዴገኑ ፡ ኵሎሙ ፡
ኅቡረ ፡ ወቀተልዎሙ ፡ እስከ ፡ ኮቤ ፤ ወከማሁ ፡
እለ ፡ እምኢየሩሳሌም ፡ መጽኡ ፡ ወእምኵሉ ፡
ደወሎሙ ፡ እስ[መ] ፡ ዜነውዎሙ ፡ ዘከመ ፡ ከ
ነ ፡ በትዕይንተ ፡ ፀሮሙ ፤ ወእለኒ ፡ እምነ ፡ ገሊ
ላ ፡ ወእምነ ፡ ገለአድ ፡ ዴገንዎሙ ፡ ወቀተልዎ
ሙ ፡ ቀትለ ፡ ዐቢየ ፡ እስከ ፡ ዐደዉ ፡ እምነ ፡ ደ
ማስቆ ፡ ወእምነ ፡ ደወላ ። 6 ወእለሰ ፡ ይነብሩ ፡
ውስተ ፡ ቤጤልዋ ፡ ወረዱ ፡ ውስተ ፡ ትዕይንቶ
ሙ ፡ ለአሱር ፡ ወተሐብለይዎሙ ፡ ወብዕሉ ፡ ፈ
ድፋደ ። 7 ወእምዝ ፡ ገብኡ ፡ ደቂቀ ፡ እስራኤ
ል ፡ እምኀበ ፡ ቀተሉ ፡ ወአስተጋብኡ ፡ ኵሎ ፡
ዘተርፈ ፡ አዕጻዳተኒ ፡ ወአህጉረኒ ፡ (ወ)ዘውስ
ተ ፡ አድባርኒ ፡ ወዘውስተ ፡ ምድር ፡ እስመ ፡ እ
ምብዙኅ ፡ መዋዕል ፡ ነሥእዎሙ ፡ ዐቢየ ፡ ደወ
ሎሙ ። 8 ወበጽሐ ፡ ኢያቄም ፡ ካህን ፡ ዐቢይ ፡
ወአእሩጎሙ ፡ ለደቂቀ ፡ እስራኤል ፡ እለ ፡ ይነ
ብሩ ፡ ውስተ ፡ ኢየሩሳሌም ፡ ወመጽኡ ፡ ከመ ፡
ይርአዩ ፡ ሠናይተ ፡ እንተ ፡ ገብረ ፡ እግዚአብሔ
ር ፡ ለእስራኤል ፡ ወከመ ፡ ይርአይዋ ፡ ለዮዲት ፡
ወከመ ፡ ይግበሩ ፡ ምስሌሃ ፡ ሰላመ ። 9 ወሶበ ፡
በኡ ፡ ኀቤሃ ፡ ኵሎሙ ፡ ኅቡረ ፡ ባረክዋ ፡ ወይ
ቤልዋ ፡ አንቲ ፡ ይእቲ ፡ ላዕለ ፡ ኢየሩሳሌም ፡
ወአንቲ ፡ ይእቲ ፡ ዕበዮሙ ፡ ለእስራኤል ፡ ወአ
ንቲ ፡ ይእቲ ፡ ትምክሕቶሙ ፡ ለሕዝብነ ። 10 እ
ስመ ፡ ተገብረ ፡ ዝንቱ ፡ ኵሉ ፡ በእዴኪ ፡ ወገበ
ርኪ ፡ ዘንተ ፡ ሠናይተ ፡ ምስለ ፡ እስራኤል ፡ ወ
ሠምረ ፡ በሙ ፡ እግዚአብሔር ፤ ኩኒ ፡ ቡርክተ ፡
በኀበ ፡ እግዚአብሔር ፡ ዘኵሎ ፡ ይመልክ ፡ ለዓ
ለመ ፡ ዓለም ። 11 ወበርበረ ፡ ሕዝብ ፡ ትዕይን

---

18 ∧ ንጉሥ ፡ NOR. XV. 4 [ ] ሲሎ ፡ ወመስቴምስ ፡ ER, ሴሎመስቴምስ ፡ LN, መስተምስ ፡ F. ወቤቤ ፡ FLN. 5 ወዴገኑ ፡ E. [ ] ከ ፡ cod., exc. R, F i. l. 7 ወተርፉ ፡ አዕጻዳትኒ ፡ ወአህጉርኒ ፡ R. (ወ) ∧ FL. 8 ኢዮአቄም ፡ N. ወመጽኡ ፡] ∧ ወ omn. (exc. E). ይግበሩ ፡] ይትናገሩ ፡ N. 11 ∧ ወኵሎ ፡ ንዋዮ ፡ FL.

ቶሙ ፡ ፴መዋዕለ ፡ ወወሀብዋ ፡ ለዮዲት ፡ ደብ
ተራሁ ፡ ለሆሎፍርኔስ ፡ ወኵሎ ፡ ንዋየ ፡ ብሩር ፡
ወምስከባቲሁ ፡ ወኵሎ ፡ ንዋዮ ፡ ወኵሎ ፡ ዘበ ፡
ወንሥአት ፡ ወጸዐነት ፡ አብቅሊሃ ፡ ወንድአት ፡
ሰረገላቲሃ ፡ ወአእተወት ፡ ምስሌሃ ። 12 ወሮ
ጻ ፡ ኵሎን ፡ አንስተ ፡ እስራኤል ፡ ከመ ፡ ይርአ
ያሃ ፡ ወይባርክዋ ፡ ወገብሩ ፡ ላቲ ፡ ዐቢየ ፡ በዓለ ፡
ወንሥአት ፡ ጸበርተ ፡ ውስተ ፡ እዴሃ ፡ ወወሀበ
ት ፡ ለአንስት ፡ እለ ፡ ምስሌሃ ። 13 ወከለላሃ ፡
ወሖረት ፡ ቅድመ ፡ ኵሉ ፡ ሕዝብ ፡ እንዘ ፡ የሐ
ልያ ፡ ወይእቲ ፡ መስፍኖን ፡ ለአንስት ፡ ኵሎን ፡
ወተለውዋ ፡ ኵሎሙ ፡ ዕደወ ፡ እስራኤል ፡ ም
ስለ ፡ ንዋየ ፡ ሐቅሎሙ ፡ እንዘ ፡ ይኬልልዋ ፡
ወይሴብሑ ፡ በአፉሆሙ ። 14 ወአንበበት ፡ ዮ
ዲት ፡ በዛቲ ፡ ስብሐት ፡ በኀበ ፡ ኵ[ሉ] ፡ እስራ
ኤል ፡ ወያወሥኡ ፡ ኵሉ ፡ ሕዝብ ፡ በይእቲ ፡ ስ
ብሐት ። XVI. ወትቤ ፡ ዮዲት ፡ ሰብሕዎ ፡ ለ
እግዚአብሔር ፡ ለአምላክ[የ] ፡ በከበሮ ፤ ወሕል
ዩ ፡ ለእግዚአብሔር ፡ በጸናጽል ፤ ወሰንቅዉ ፡
ሎቱ ፡ በመዝሙር ፡ ወበስብሐት ፤ አልዕልዎ ፡
ወጸውዑ ፡ ስሞ ። 2 እስመ ፡ እግዚአብሔር ፡ ይ
ቀጠቅጥ ፡ ፀብአ ፤ ወእግዚአብሔር ፡ ውእቱ ፡
ወትዕይንቱ ፡ ማእከለ ፡ ሕዝቡ ፤ ወአድኀነኒ ፡
እምእለ ፡ ዴገኑኒ ። 3 መጽኡ ፡ አሱር ፡ እምአ
ድባር ፡ ዘመንገለ ፡ መስዕ ፤ ወፅኡ ፡ በአእላፍ ፡
ኀይሎሙ ፤ ወዐጸዉ ፡ አፍላገ ፡ በብዝኖሙ ፤ ወ
ከደኑ ፡ አውግረ ፡ አፍራሲሆሙ ። 4 ወይቤሉ ፡
ያውዕዩ ፡ ደወለነ ፤ ወይቅትሉ ፡ በኲናት ፡ ወራ
ዙቲነ ፤ ወይንፅኑ ፡ ውስተ ፡ ምድር ፡ ሕፃናቲነ ፤
ወይጼውዉ ፡ ደቂቀነ ፡ ወይማህርኩ ፡ ደናግሊ
ነ ። 5 እግዚአብሔር ፡ ዘኵሎ ፡ ይመልክ ፡ ቀተ
ሎሙ ፡ በእደ ፡ ብእሲት ። 6 እስመ ፡ ኢወድ
ቀ ፡ ኀ[ያ]ሎሙ ፡ በእደ ፡ ወሬዛ ፤ ወአኮ ፡ ደቂቀ ፡
ጤ[ጣ]ኖን ፡ ዘቀተልዎሙ ፤ ወአኮ ፡ እለ ፡ ያርብ
ሕ ፡ ዐበይት ፡ ዘሞእዎሙ ፤ ዘእንበለ ፡ ዮዲት ፡
ወለተ ፡ ሜራሪ ፤ በሥነ ፡ ገጻ ፡ አድከመቶሙ ።
7 ወኀደገት ፡ አልባሰ ፡ መበለታ ፤ [ለ]ላዕሎሙ ፡
ለእለ ፡ የሐምሙ ፡ በውስተ ፡ እስራኤል ፤ ወተ
ቀብአት ፡ ገጻ ፡ ዕፍረተ ፡ 8 ወፀፈረት ፡ ርእሳ ፡
ወተከብሰት ፤ ወለብሰት ፡ አልባሰ ፡ ዐግያት ፡ ለ
አስሕቶቱ ፡ 9 ወተሥእነት ፡ ወበሥና ፡ ተሀይ
ደ ፡ አዕይንቲሁ ፤ ወላሕያ ፡ ፄወዋ ፡ ለነፍሱ ፤ ኀ
ለፈ ፡ ሰይፍ ፡ እንተ ፡ ክሳዱ ። 10 ደንገጹ ፡ ፋ
ርስ ፡ እምተኀብሎታ ፤ ወፈርሁ ፡ ሜዶን ፡ እም
ነ ፡ ትብዓ ። 11 (ወ)ውእተ ፡ ጊዜ ፡ ወውዑ ፡ ሕ
ሙማንየ ፤ ወፈርሁ ፡ ድውያንየ ፡ ወደንገጹ ፤ (ወ)
አልዐሉ ፡ ቃሎሙ ፡ ወዴገንዎሙ ። 12 ደቂቀ ፡
(እስራኤል ፡ ወ)አዋልድ ፡ (ወ)ወግዕዎሙ ፤ [ወ]

---

12 ወይባርክዋ ፡] ወይትዓረክዋ ፡ OR. 13 ያሐልያ ፡ EF, የሐልዩ ፡ LRO. 14 [ ] ሎሙ ፡ ደቂቀ ፡ ENOR. በይእቲ ፡] በዛቲ ፡ R. XVI. 1 ለእግዚ' ፡ 1°] ^ FLN. [ ] ነ ፡ ENR. ወሐልዩ ፡ LR. ለእግዚ' ፡ 2°] ^ R, ለእግዚእየ ፡ LN. 2 ሕዝብ ፡ FLR. 3 ወመጽኡ ፡, item ወወፅኡ ፡ omn., exc. FL. ወከደነ ፡ EFO. 6 [ ] ይ cod. [ ] ቤ cod. አድከመቶ ፡ FLR. 7 ላዕሌሆሙ ፡ cod., exc. N. 8 ወተከብሰት ፡] E in marg. የራስ ፡ ሽልማት ፡ ዐጌያት ፡ N. 9 ተሀይድ ፡ FL. ወአሣእኒሃ ፡ ሀየደ ፡ R, vel ተሀይድ ፡ O, vel ከነ ፡ የሀይድ ፡ N (pro ወተሥ' ፡ ወበ' ፡ ተሀ' ፡). 10 ትብዐታ ፡ R. 11 (ወ) ^ R. (ወ) omn. 12 (እ' ፡ ወ) ^ FL. (ወ) ^ R. [ወ] ex FR. እግዚ" ፡] እግዚእየ ፡ FLN (E i. l.).

ወራዙቲን ፡ ተደራበይዎሙ ፤ ወጠፍኡ ፡ እምፀ
ባኢተ ፡ እግዚአብሔር ። 13 (ወ)ኣኑብብ ፡ ወእ
ሴብሕ ፡ ለእግዚአብሔር ፤ ዐቢይ ፡ ውእቱ ፡ ወ
ክቡር ፤ ፈድፋደ ፡ መድምም ፡ ኀይሉ ። 14 ለ
ከ ፡ ይገንዩ ፡ ኵሉ ፡ ተግባርከ ፤ እስመ ፡ ትቤ ፡ ወ
ኮኑ ፤ ፈነውከ ፡ መንፈሰከ ፡ ወተሐንጹ ፤ ወአል
ቦ ፡ ዘኢይትኤዘዝ ፡ ለቃልከ ። 15 እስመ ፡ አድ
ባርኒ ፡ እምነ ፡ መሠረታቲሆሙ ፡ ይትከወሱ ፡
(ወ)ምስለ ፡ ማያት ፤ ወኰኵሕኒ ፡ ከመ ፡ መዓረ ፡
ግራ ፡ ይትመሰ ፡ እምቅድመ ፡ ገጽከ ፤ ወዓዲ ፡
ተሣሀሎሙ ፡ ለእለ ፡ ይፈርሁከ ። 16 እስመ ፡
ኢየአክል ፡ ኵሉ ፡ መሥዋዕት ፡ ለመዐዛ ፡ ሠና
ይ ፤ ወይውኅድ ፡ ኵሉ ፡ ሥብሕ ፡ እምነ ፡ ቍር
ባንከ ፤ ወዘሰ ፡ ይፈርህ ፡ እግዚአብሔርሃ ፡ ዐቢ
ይ ፡ ውእቱ ፡ በኵሉ ፡ ጊዜ ። 17 አሌ ፡ ሎሙ ፡
ለአሕዛብ ፡ እለ ፡ ይቀውሙ ፡ ዲበ ፡ ዘመድየ ፤
እግዚአብሔር ፡ ዘኵሎ ፡ ይመልክ ፡ ይትቤቀሎ
ሙ ፡ በዕለተ ፡ ደይን ፤ ወይፌኑ ፡ እሳተ ፡ ወዕፄ ፡
ውስተ ፡ ሥጋሆሙ ፤ ወይበክዩ ፡ በሕማም ፡ ለ
ዓለም ። 18 ወሶበ ፡ በጽሐ ፡ ኢየሩሳሌም ፡ ሰገ
ዱ ፡ ለእግዚአብሔር ፡ ወሶበ ፡ አንጽሑ ፡ ርእሶ
ሙ ፡ ሕዝብ ፡ አብኡ ፡ ቍርባኖሙ ፡ ወዘበፈቃ
ዶሙ ፡ [ወ]ሁብቶሙ ። 19 ወአንበረት ፡ ዮዲት ፡
ኵሎ ፡ ንዋዮ ፡ ለሆሎፎርኔስ ፡ ዘወሀበ ፡ ሕዝብ ።
20 ወተፈሥሐ ፡ ሕዝብ ፡ በኢየሩሳሌም ፡ በቅድ
መ ፡ መቅደስ ፡ ፫ አውራኀ ፡ ወዮዲትኒ ፡ ምስሌ
ሆሙ ፡ ነበረት ። 21 ወእምድኅረ ፡ እማንቱ ፡ መ
ዋዕል ፡ አተወ ፡ ኵሉ ፡ ውስተ ፡ ርስቱ ፡ ወዮዲ
ት ፡ አተወት ፡ ቤጤልዋ ፡ ወነበረት ፡ ውስተ ፡
ተግባራ ፡ ወኮነት ፡ ክብርተ ፡ በመዋዕሊሃ ፡ በኵ
ሉ ፡ ምድር ። 22 ወብዙኃን ፡ እለ ፡ ፈቀድዋ ፡
ወአልቦ ፡ ብእሲ ፡ ዘአእመራ ፡ በኵሉ ፡ መዋዕ
ለ ፡ ሕይወታ ፡ እምአመ ፡ ሞተ ፡ ምናሴ ፡ ምታ ፡
ወተቀብረ ፡ ኀበ ፡ ሕዝቡ ። 23 ወዐብየት ፡ ፈድ
ፋደ ፡ ወረሥአት ፡ በቤተ ፡ ምናሴ ፡ ምታ ፡ ፻ወ
፭ዓመታቲሃ ፡ ወአግዐዛታ ፡ ለእንታክቲ ፡ ወለ
ታ ፡ ወሞተት ፡ በቤጤልዋ ፡ ወተቀብረት ፡ ውስ
ተ ፡ በአተ ፡ ምናሴ ፡ ምታ ። 24 ወላሐውዋ ፡ ቤ
ተ ፡ እስራኤል ፡ ሰዐዐ ፡ መዋዕለ ። ወከፈለት ፡
ንዋያ ፡ እምቅድመ ፡ ትሙት ፡ ለኵሉ ፡ ቅሩብ ፡
ምናሴ ፡ ምታ ፡ ወለቅሩብ ፡ አዝማዲሃ ። 25 ወ
አልቦ ፡ እንከ ፡ ዘገረሞሙ ፡ ለደቂቀ ፡ እስራኤ
ል ፡ በመዋዕሊሃ ፡ ለዮዲት ፡ ወዓዲ ፡ እምድኅረ
ኒ ፡ ሞተት ፡ ብዙኀ ፡ መዋዕለ ።

13 (ወ) ^ FNR. ዐቢይ ፡] praem. እግዚአብሔርሰ ፡ FL. 14 ይገንዩ ፡] ይትቀነዩ ፡ FL. 15 (ወ) ^ FL. 18 [ወ] ^ omn. 22 ወእምአመ ፡ EOR. 23 ^ ምናሴ ፡ 1°] FL. Post በቤጤልዋ ፡ ENOR exhibent e fastis sacris ecclesiae insertum አመ ፡ ፳ለመስከረም ፡ 25 እምድኅረ ፡ FLOR.

Edidi librum Judith e codicibus 1) E, 2) R, 3) F, 4) L, 5) N iisdem, quos ad librum Tobith notavi (vid. supra p. 26), praeterea 6) O Londinensi, Musei Brit., Addit. 24991 (No. XIV in Wrightii Catal. p. 12—14), saeculi XVII. Collationem codicum N et O studio et officio clar. C. Bezoldi debeo. Capitula seu ምዕራፍ፡ 16 in E ad marginem notata, in L et O libro ipsi inscripta sunt, sed imperfecte in O (cum notae ad 2. 3. 8 desint) et mendose in L (cum 7. 10. 13. 15. 16 non indicata et omnino undecim tantum numerata sint). FRN nullam exhibent partitionem libri.

De bonitate codicum idem monendum est, quod ad Tobith librum (supra p. 26) dixi.

Versio libri aliquantulo minus accurata est quam Tobith: permulta non ad verbum, sed ad sensum expressa, multa a Graeco copiosius dicta contracta sunt; nec desunt minus recte vel perperam versa. Accedit, quod apud Abessinos ipsos novae versionem traditam depravationes invaserunt, quibus reparandis non eadem, quae in libris stricte canonicis, opera insumpta esse videtur. Quare manifesta quaedam menda intra uncinos angulatos [ ] emendare, additamenta semicirculis ( ) includere non dubitavi; lacunas autem punctorum serie . . . . significavi.

Locorum vel verborum indiligenter vel perverse translatorum notare libet: 1,2.3; 1,4 *διεγειρομένους*; 1,12 *ἀνελεῖν*; 1,13 *ἀνέστρεψε*; 2,7 *γῆν καὶ ὕδωρ*; 6,13 *ὑποδύσαντες*; 7,18 *κατεστρατοπέδευσαν*; 8,12. 13; 9,3; 9,8 *κάταξον*, 9,11 *ταπεινῶν εἶ θεός*; 10,19; 11,14. 15. 22; 15,7; 15,11 *ἐσώρευσεν*. 16,12 *ὡς παῖδας αὐτομολούντων*. Memoratu dignum est, quod *Ἀσσύριοι* constanter ፋርስ፡ (1,1. 7. 11. 2,1. 4. 4,1. 7,18. 8,9. 9,7. 10,11.), sicut in Tob. 1,1. 3, *Ἀσσούρ* autem አሱር፡ vel አሶር፡ (2,14. 5,1. 6,1. 17. 7,17. 20. 24. 12,13. 13,15. 14,2. 3. 12. 19. 15,6. 16,3) redditum est; item *Ἐκβάτανα* ባጥና፡ (1,1. 2,14), sicut in libro Tobith (vid. supra p. 26).

Lectiones Graecae, quas interpres secutus est, a Graeco Holmesiano discrepantes, hae sunt: I. 2 ‸ *καί* ante *κύκλῳ*. 4 *εἰς ὁδούς*. 5 ‸ *ὁ βασιλεύς*. 6 *καὶ τὰ πεδία*. *βασιλέως*. *Χελεούδ*. 7 + *καί* ante *τὸν Λίβανον*. ‸ *καὶ Ἀντιλίβανον*. 9 *Βελτάνη*. 11 *εἷς* pro *ἴσος*. *ἀπὸ προσώπου*. 12 ‸ *ταύτην*. ‸ *καί* post *θρόνου*. *ῥομφαίᾳ αὐτούς*. 15 *ὁρίοις* pro *ὄρεσιν*. II. 2 ‸ *πάντας* 2°. 7 + *μοι* post *ἑτοιμάζειν*. ‸ *αὐτοῖς* 2°. 8 *φάραγγας αὐτῶν καὶ τοὺς χειμάῤῥους*. 14 *δυνάμεως αὐτοῦ καὶ Ἀσσούρ*. 19 ‸ *καί* ante *καλύψαι*. 23 ‸ *υἱοὺς Ῥασσὶς καί*. 24 *Ἀρβωναΐ*. 27 *παιδία* pro *πεδία* (cfr. 6,4). 28 ‸ *κατοικοῦντες* ante *ἐν Ἀζώτῳ*. III. 3 + *καὶ πᾶς τόπος ἡμῶν* post *ἐπαύλεις ἡμῶν*. 6 *ἐπαρχίαν* pro *παραλίαν*. 8 *κατεσκέψατο* (?) pro *κατέσκαψε*. ‸ *εἰς* ante *θεόν*. 10 *κατεστρατοπέδευσαν*. *Ταιβαν*. ‸ *πᾶσαν*. IV. 1 *ὅρια* pro *ἱερά*. 6 *Ἱεριχώ* pro *Ἐσδρηλών*. 10 *καὶ* pro *ἤ*. 11 + *καί* post *γυνή*. ‸ *καί* post *παιδία*. V. 2 ‸ *πάντας* bis. 3 *οἷ* pro *ἅς*. *ἀπ' αὐτῶν* pro *ἐπ' αὐτῶν*. + *ἤ* ante *ἡγούμενος*. 5 + *τούτου* post *λαοῦ*. 8 *ἐξέβαλεν*. 11 *κατεσοφίσατο*. *ἐταπείνωσεν*. *ἔθετο*. 14 *ἐξέβαλεν*. 20 ‸ *δέσποτα*. *ἐπισκεψώμεθα* sine *καὶ* praem. *ὅτι*. 21 ‸ *μου* post *Κύριος*. 22 ‸ *καί* ante *ἐγόγγυσε*. VI. 1 ‸ *καί* ante *εἶπεν*. 4 *καταπατήσομεν*. *παιδία* pro *πεδία* (cp. 2,27). 5 + *ἀναβεβηκότων* ante *ἐξ Αἰγ*. 6 *καὶ τοῦ λαοῦ μου*. 15 *Χαβρεις* pro *Αβρίς*. 16 *συνεκάλεσε*. 17 *ἐλάλησαν*. VII. 3 *Δωθαίμ ἕως Βελμαίμ*. 4 *ἐκκλείσουσιν*. 12 *ἀλλὰ μεῖνον* pro *ἀνάμεινον*. 17 ‸ *τῶν ὑδάτων*. 19 + *αὐτούς* post *ἐκύκλ*. 25 ‸ *ἀλλά*. ‸ *ἐναντίον αὐτῶν*. 28 *ποιήσετε*. 29 ‸ *τὸν Θεόν*. 30 *καὶ διακαρτερήσατε*. 31 *ποιήσομεν*. VIII. 1 *Ἑλκία*] + *υἱοῦ Ἀνανίου υἱοῦ Γεδεών, υἱοῦ Ῥαφαείν, υἱοῦ Ἀκιθώ*. ‸ *υἱοῦ Χελκίου*. *Σαλασαδαί*. 3 *ἐπὶ τοὺς δεσμεύοντας*

Judith.

τὰ δράγματα. αὐτῶν pro τῷ ἀναμέσον. [10] ˏ Ὀζίαν καί. [11] τὸν ὅρκον τοῦτον. [12] οἱ πειράζοντες. [16] διαρτηθῆναι (?). [19] τῶν ἐχθρῶν αἰτῶν. [27] ἐπείρασεν. [29] ˏ πᾶς. [30] καὶ ἐπήγαγον. [32] ˏ υἱοῖς τοῦ γένους ἡμῶν. [36] ˏ ἐκ τῆς σκηνῆς. IX. [1] πρόσωπον αὐτῆς. ˏ πρὸς Κύριον. [4] θυγατέρας αὐτῶν. ˏ καί ante εἰσάκουσον. καὶ ὑψώθησαν. [12] ναὶ Κύριε ὁ Θεός. βασιλεύς. [14] Θεός bis. X. [2] ˏ καί ante ἀνέστη. οἶκον αὐτῆς. ˏ αὐτῆς post ἑορταῖς. [3] ἐξεδύσατο pro περιείλατο et vice versa. [8] ὁ Θεός semel tantum. [9] καθότι ἐλάλησεν. [12] εἶπε] + αὐτοῖς. [16] ἀνάγγειλον] + αὐτῷ. [20] οἱ παρεδρεύοντες. XI. [1] καὶ μή. [4] ποιήσομεν. [5] ˏ ἡ παιδίσκη σου. [9] καὶ περιεποιήσαντο. [10] ˏ Κύριε. οὐδέ pro οὐ 2⁰. [11] ὅτι ἐμπεσεῖται θάνατος αὐτῶν πρὸ προσώπου σου. [12] ἐν τῷ νόμῳ αὐτῶν. [18] + καί ante ἐξελεύσῃ. ˏ ἐξ αὐτῶν. [19] θήσεις. XII. [2] γένηταί μοι. [4] αὐτῆς pro ἐμοῦ. [8] αὐτῆς pro αὐτοῦ. [9] ἐν τῇ σκηνῇ. [10] κλῆσιν (?). [13] εἶπε] + πρὸς αὐτήν. [16] ˏ καὶ ἐσαλεύθη ἡ ψυχὴ αὐτοῦ. [19] ἔπιε καὶ ἔφαγεν. ἡτοίμασεν] + αὐτῇ. XIII. [1] ἀπέλυσε pro ἀπέκλεισε. [4] προσώπου] + αὐτῆς. [5] ποίησον. [7] + Κύριε ante ὁ Θεός. [10] ἐθισμὸν αὐτῶν] + ἐπὶ τὴν προσευχήν. [11] ἀνοίξατε semel tantum. καθὰ σήμερον. [12] ˏ αὐτῆς 1⁰. ˏ αὐτῶν. [13] μεγάλου] + αὐτῶν. [14] ὅτι pro ὅς. [15] κωνωπεῖον] + αὐτοῦ. [18] ˏ ὁ Θεός. [19] ὁ ἔπαινος pro ἡ ἐλπίς. ˏ ἕως. XIV. [1] ˏ αὐτήν. [2] ἐξελεύσεται. ἐφ' ἑαυτούς pro εἰς αὐτούς. [6] ˏ ἑνός. [9] ἠλάλαξεν] + πᾶς. [10] Θεὸς τῷ Ἰσραήλ. [11] ˏ καί ante ἐκρέμασαν. ˏ Ἰσραήλ. [15] κοιτῶνα] + αὐτοῦ. [17] κράζων καὶ εἶπε. [18] κεφαλή] + αὐτοῦ. XV. [3] καὶ αὐτοὶ ἐτράπησαν. [4] + καὶ Βηβαί ante καὶ Χωβαί. Κωλά. [5] ὑπερεκέρασαν καὶ ἐπάταξαν. [9] Ἱερουσαλήμ pro Ἰσραήλ 1⁰. ˏ μέγα 2⁰. [10] + ὅτι ante ἐποίησας 1⁰. εὐδόκησεν. ˏ καὶ εἶπε πᾶς ὁ λαὸς Γένοιτο. [11] ˏ πᾶς. τὰς ἡμιόνους. [12] εὐλογῆσαι. XVI. [1] ˏ μου 2⁰. καὶ αἶνον (pro καινόν). [2] πολέμους, καὶ Κύριος αὐτὸς καὶ ἡ παρεμβολὴ αὐτοῦ ἐν μέσῳ λαοῦ αὐτοῦ, καὶ ἐξείλατο. [6] αὐτοῖς pro αὐτῷ. [9] ὀφθαλμούς. [10] ἐταράχθησαν. [12] παῖδες. ˏ μου. [13] ˏ μου. καὶ αἶνον pro καινόν. ([13] ˏ ἀνυπέρβλητος). [15] εὐιλατεύσεις. [16] σου pro σοι. [18] δόματα] + αὐτῶν.

Multas harum lectionum cum in Cod. Alexandrino ejusque cognatis, tum in Holmesianis 58. 64. 248. 249 aliis reperies. Idem valet de Tobith libro.

ጥበበ ፡ ኢያሱ ፡ ወልደ ፡ ሲራክ ።

ቀዳሚሃ ።   ኵላ ፡ ጥበብ ፡ እምኀበ ፡ እግ
ዚአብሔር ፡ ይእቲ ፤ ወምስሌሁ ፡ ሀለወት ፡ ለዓ
ለም ። 2 ኆጻ ፡ ባሕር ፡ ወነጠብጣበ ፡ ዝናም ፡
ወመዋዕለ ፡ ዓለም ፡ መኑ ፡ ኈለቈ ። 3 ሉዓሌ ፡
ሰማይ ፡ ወራሕበ ፡ ምድር ፡ ወዕመቀ ፡ ቀላይ ፡
ወለጥበብ ፡ መኑ ፡ ሰፈሮሙ ። 4 ቀዳሜ ፡ ኵሉ ፡
ተፈጥረት ፡ ጥበብ ፤ ወኅሊናሃ ፡ ለጥበብ ፡ ዘእም
ፍጥረተ ፡ ዓለም ። 6 ሥርዋ ፡ ለጥበብ ፡ ለመኑ ፡
ተከሥተ ፤ ወመኑ ፡ አእመረ ፡ ምክራ ። 8 አሐ
ዱ ፡ [ጠቢ]ብ ፡ ወፈድፋደ ፡ ግሩም ፡ ውእቱ ፤ ወ
ይነብር ፡ ላዕለ ፡ መንበሩ ፡ ውእቱ ። 9 ወእግዚ
አብሔር ፡ ለሊሁ ፡ ፈጠራ ፤ ወርእያ ፡ ወሰፈራ ።
10 ወሰጣ ፡ ላዕለ ፡ ኵሉ ፡ ግብሩ ፤ ምስለ ፡ ኵሉ ፡
ዘሥጋ ፡ በከመ ፡ ሀብቱ ፤ ወወሀባ ፡ ለኵሉ ፡ እ
ለ ፡ ያፈቅርዎ ። 11 ፈሪሀ ፡ እግዚአብሔር ፡ ክ
ብር ፡ ውእቱ ፡ ወምክሕ ፤ ወትፍሥሕት ፡ ውእ
ቱ ፡ ወአክሊለ ፡ ሐሤት ። 12 ፈሪሀ ፡ እግዚአብ
ሔር ፡ ትፍሥሕተ ፡ ልብ ፡ ውእቱ ፤ ወይሁብ ፡
ሐሴተ ፡ ወያስተፌሥሕ ፡ ወያነውኅ ፡ መዋዕለ ፡
ሕይወት ። 13 ለፈራሂ ፡ እግዚአብሔር ፡ ይሤ
ኒ ፡ ደኃሪቱ ፤ ወይትባረከ ፡ አመ ፡ ዕለተ ፡ሞቱ ።
14 ቀዳሚሃ ፡ ለጥበብ ፡ ፈሪሀ ፡ እግዚአብሔር ፤
ወተፈጥረት ፡ ምስለ ፡ ምእመናን ፡ እምከርሠ ፡
እሞሙ ። 15 ወምስለ ፡ እጓለ ፡ እመሕያው ፡ ተ
ፈጥረት ፡ መሠረታ ፡ ለዓለም ፤ ወተአምነት ፡ ም
ስለ ፡ ዘርኦሙ ። 16 ጸጊበታ ፡ ለጥበብ ፡ ፈሪሀ ፡
እግዚአብሔር ፤ ወታረውዮሙ ፡ እምነ ፡ ቀም
ሓ ። 17 ምሉእ ፡ ትፍሥሕት ፡ ውስተ ፡ ኵሉ ፡
አብያቲሃ ፤ ወውስተ ፡ አዕጻዳቲሃ ፡ ምሉእ ፡ ፍ
ሬሃ ። 18 አክሊላ ፡ ለጥበብ ፡ ፈሪሀ ፡ እግዚአብ
ሔር ፤ ዘያመጽእ ፡ ለሰላም ፡ ወይፌውስ ፡ ወያ
ሐዩ ። 19 ወርእያ ፡ ወሰፈራ ፤ ወአውሐዘ ፡ ነቅ
ዐ ፡ አእምሮ ፡ ወምክረ ፡ ጥበብ ፤ ወአዕበዮሙ ፡
ለእለ ፡ ያጸንዕዋ ፡ ወአክበሮሙ ።

20 ሥርዋ ፡ ለጥበብ ፡ ፈሪሀ ፡ እግዚአብሔ
ር ፤ ወአዕጹቂሃኒ ፡ ያነውኃ ፡ መዋዕለ ፡ ሕይወት ።
21 ኢይክል ፡ መዓትም ፡ ወዐማፂ ፡ ጸዲቀ ፤ እስ
መ ፡ በጊዜ ፡ ይትመዓዕ ፡ ይከውኖ ፡ ድቀቱ ።
22 እስከ ፡ ተኀልፍ ፡ ጊዜሃ ፡ ተዐገሣ ፡ ለመዐት ፤
ወድኅረ ፡ ያስተፌሥሐከ ። 23 እስከ ፡ ትረክብ ፡
ጊዜሁ ፡ ኅባእ ፡ ነገረከ ፤ ወይትናገሩ ፡ ብዙኃን ፡
በጥበብከ ። 24 ውስተ ፡ መዛግብቲሃ ፡ ለጥበብ ፡

---

1 ኵላ ፡] ኵሉ ፡ BFT. ኅበ ፡ T. 2 ኈለቆ ፡ T, ʹቆሙ ፡ B. 3 ሰፈሮ ፡ BT. 4 ቅድመ ፡ F. 8 [ ] ጥበብ ፡ codd. ‸ ውእቱ ፡ 2° BC. 14 መሃይምናን ፡ BC. 15 ወተአምኖታ ፡ F. 17 አዕጹቂሃ ፡ BT. 19 ወርእያ ፡] + ፈጣሪሃ ፡ FC. ‸ ነቅዐ ፡ T(B). ወምክር ፡ ወጥበብ ፡ FC. 22 ታስተፌʹ ፡] omn. exc. m.

ትምህርተ ፡ አምሳል ፤ ያስቆርሮ ፡ ኃጥእ ፡ ለፈ
ራሂ ፡ እግዚአብሔር ። 25 እመ ፡ ታፈቅራ ፡ ለ
ጥበብ ፡ ዕቀብ ፡ ትእዛዞ ፤ ወእግዚአብሔር ፡ ይ
ሁበከሃ ። 26 ጥበብኒ ፡ ወአእምሮኒ ፡ ፈሪሀ ፡ እ
ግዚአብሔር ፡ ውእቱ ፤ ወፈቃዱሂ ፡ ሃይማኖት ፡
ወየውሀት ። 27 ኢትርሳዕ ፡ ፈሪሀ ፡ እግዚአብ
ሔር ፤ ወኢትፀመዶ ፡ በክልኤ ፡ ልብ ። 29 እን
ዘ ፡ ትናፍቅ ፡ ኢትደቅ ፡ ውስተ ፡ አፈ ፡ ሰብእ ፤
ወዕቀብ ፡ ከናፍሪከ ። 30 ወኢታዕቢ ፡ ርእሰከ ፡
ከመ ፡ ኢትኅሰር ፤ ወከመ ፡ ኢትደቅ ፡ ነፍስከ ።
ወይከሥተከ ፡ እግዚአብሔር ፡ ኅቡአቲከ ፤ ወበ
ማእከለ ፡ ብዙኃን ፡ ያወድቀከ ። እስመ ፡ በፍር
ሀተ ፡ እግዚአብሔር ፡ ኢመጻእከ ፤ ወምሉእ ፡
ጕሕሉት ፡ ውስተ ፡ ልብከ ። II. ወልድየ ፡ ለ
እመ ፡ ሖርከ ፡ ትትቀነይ ፡ ለእግዚአብሔር ፤ አ
ስተዳሉ ፡ ነፍሰከ ፡ ለሕማም ። 2 አርትዕ ፡ ልበ
ከ ፡ ወተዐገሥ ፤ ወኢትትወላወል ፡ ለእመ ፡ ተ
መንደብከ ፡ (ኢትናፍቅ ።) 3 ትልዎ ፡ ዳእሙ ፡
ወኢትኅድጎ ፤ ከመ ፡ ትትባዛኅ ፡ (በሕይወትከ ፡)
በደኃሪትከ ። 4 ወተወከፍ ፡ ኵሎ ፡ እንተ ፡ በጽ
ሐተከ ፤ ወተዐገሥ ፡ በመዋዕለ ፡ ተጽናስከ ። 5
እስመ ፡ በእሳት ፡ ያሜክርዎ ፡ ለወርቅ ፤ ወለብ
እሲ ፡ ጻድቅ ፡ በሕማመ ፡ ተጽናስ ። 6 ተአመ
[ኖ] ፡ ዳእሙ ፡ ወይረድአከ ፤ ወአርትዕ ፡ ፍናዊ
ከ ፡ ወተወከል ፡ ቦቱ ። 7 እለ ፡ ትፈርህዎ ፡ ለእ
ግዚአብሔር ፡ ጽንሕዋ ፡ ለምሕረቱ ፤ ወኢትት
ገሐሡ ፡ እምኔሁ ፡ ከመ ፡ ኢትደቁ ። 8 እለ ፡ ት
ፈርህዎ ፡ ለእግዚአብሔር ፡ ተአመንዎ ፤ ወኢ
ትህጐሉ ፡ ዕሴተክሙ ። 9 እለ ፡ ትፈርህዎ ፡ ለ
እግዚአብሔር ፡ ተሰፈውዋ ፡ ለሠናይት ፤ ወት
ፍሥሕተ ፡ ምሕረቱ ፡ ዘለዓለም ። 10 ርእዩ ፡ ቀ
ደምተ ፡ ዓለም ፡ ወአእምሩ ፤ መኑ ፡ ተአመነ ፡ በ
እግዚአብሔር ፡ ወተኀፈረ ፤ ወመኑ ፡ ተዐገሠ ፡
በፍርሀቱ ፡ ወገደፎ ፤ ወመኑ ፡ ጸውዖ ፡ ወተጸመ
ዎ ። 11 እስመ ፡ መሓሪ ፡ ውእቱ ፡ እግዚአብ
ሔር ፡ ወመስተሣህል ፤ ወየኅድግ ፡ ኀጢአተ ፡
ወያድኅን ፡ በዕለተ ፡ ምንዳቤ ። 12 አሌሎ ፡ ለ
ልብ ፡ ዘይናፍቅ ፤ ወለእደው ፡ ፅ[ዉሳ]ት ፤ ወለ
ኃጥእ ፡ ዘክልኤቱ ፡ ግዕዙ ፡ (መክዕቢተ ፡ የሐ
ውር ።) 13 አሌሎ ፡ ለልብ ፡ ዘይናፍቅ ፡ ወኢይ
ትአመን ፤ ወበበይነዝ ፡ ኢያመሥጥ ። 14 አሌ
ሎሙ ፡ ለእለ ፡ የሀጕሉ ፡ [ትዕግሥ]ቶሙ ፤ ወም
ንተ ፡ ይሬስዩ ፡ አመ ፡ ይትመየጠሙ ፡ እግዚአ
ብሔር ። 15 እለ ፡ ይፈርህዎ ፡ ለእግዚአብሔር ፡
ኢይረስዑ ፡ ቃሎ ፤ ወእለ ፡ ያፈቅርዎ ፡ የዐቅቡ ፡
(ትእዛዞ ፡ ወ)ፍናዊሁ ። 16 እለ ፡ ይፈርህዎ ፡
ለእግዚአብሔር ፡ የኅሥሡ ፡ ፈቃዶ ፤ ወእለ ፡ ያ
ፈቅርዎ ፡ ይትሬወዩ ፡ ሕጎ ። 17 እለ ፡ ይፈርህ
ዎ ፡ ለእግዚአብሔር ፡ ያስተዴልዉ ፡ ልበሙ ፤
ወያሐምምዋ ፡ ለነፍሰሙ ፡ በቅድሜሁ ። 18 ን

---

25 ትእዛዛ ፡ A, ትእዛዘ ፡ B. 29 እንዘ ፡ ትና′ ፡ cum 27 b jungunt cod. ወኢትደቅ ፡ BT. 30 ኢትኅስር ፡ BC. ወማእከለ ፡ ABCE. II. 2 ወኢትትወለወል ፡ BT. 3 ዳእሙ ፡ F i. l. ‸ በሕይ″ ፡ BT, ከመ ፡ ትብዛኅ ፡ ሕይወትከ ፡ F, C corr. 6 ተአመን ፡ codd. (exc. C corr.). ዳእሙ ፡] + ለእግዚአብሔር ፡ F, C corr. 9 ለሠናይቱ ፡ codd. (exc. m). 10 ወተኀፍረ ፡ CEF. 12 ፀዋጋት ፡ vel ፀዋጋን ፡ codd. 13 ወኢይት′ ፡] እስመ ፡ ኢተአመነ ፡ F, C corr.; እስመ ፡ ኢየአምን ፡ B. 14 ሀጕሉ ፡ CF. [ ] ዕሴ codd.; sed vid. 16,13. 15 ትእዛዘ ፡ ወ omn. (exc. B). 16 ይትረወዩ ፡ EM. 17 ′ዳልዉ ፡ BC. 18 ዕበዪሁ ፡ AB, ዕበዩ ፡ EF.

ደቅ ፡ ውስተ ፡ እደ ፡ እግዚአብሔር ፤ እምንደ
ቅ ፡ ውስተ ፡ እደ ፡ እጓለ ፡ እመሕያው ፤ እስመ ፡
በከመ ፡ ዕበይሁ ፡ ከማሁ ፡ ዕበየ ፡ ምሕረቱ ።
III. ሊተ ፡ ለአቡክሙ ፡ ስምዑኒ ፡ ደቂቅየ ፤ ወ
ከመዝ ፡ ግበሩ ፡ ከመ ፡ ትሕየዉ ። 2 እስመ ፡ አ
ክበረ ፡ እግዚአብሔር ፡ አበ ፡ ላዕለ ፡ ውሉድ ፤
ወአዕበየ ፡ ኵነኔሃ ፡ ለእም ፡ ላዕለ ፡ ደቂቃ ። 3 ዘ
ያከብር ፡ አባሁ ፡ ይትኀደግ ፡ ሎቱ ፡ ኀጢአቱ ፤
4 ወከመ ፡ ዘይዘግብ ፡ መዝገበ ፡ ዘያከብራ ፡ ለእ
ሙ ። 5 ዘያከብር ፡ አባሁ ፡ ይትፌሣሕ ፡ በው
ሉዱ ፤ ወበዕለተ ፡ ጸሎቱ ፡ ይሰምዖ ። 6 ዘያከብ
ር ፡ አባሁ ፡ ይነውኅ ፡ መዋዕሊሁ ፤ ወዘይሰምዖ ፡
ለእግዚአብሔር ፡ ያዐርፋ ፡ ለእሙ ፡ 7 ወከመ ፡
አግብርቲሁ ፡ ይትቀነይ ፡ ለዘወለዶ ። 8 በቃል
ከኒ ፡ ወበምግባርከኒ ፡ አክብሮ ፡ ለአቡከ ፤ ከመ ፡
ትብጻሕከ ፡ በረከቱ ። 9 መድኀረ ፡ አብ ፡ ያጸን
ዕ ፡ አብያተ ፡ ውሉድ ፤ ወመርገመ ፡ እም ፡ ይ
ሤሩ ፡ መሠረተ ። 10 ኢትትመከሕ ፡ በአስተሐ
ቅሮ ፡ አቡከ ፤ እስመ ፡ ኢይከውነከ ፡ ምክሐ ፡ አ
ስተሐቅሮ ፡ አቡከ ። 11 እስመ ፡ በክብረ ፡ አቡ
ሁ ፡ ይከብር ፡ ሰብእ ፤ ወኀሳሩ ፡ ለሰብእ ፡ በአስ
ተሐቅሮታ ፡ ለእሙ ። 12 ወልድየ ፡ ጹር ፡ ርሥ
አኒሁ ፡ ለአቡከ ፤ ወኢታሕዝኖ ፡ በሕይወቱ ።
13 ወእመኒ ፡ ልህቀ ፡ ወኀጥአ ፡ ልበ ፡ አሆ ፡ በ
ሎ ፤ ወአክብሮ ፡ በአምጣነ ፡ ትክል ፡ ወኢታስ
ተአክዮ ። 14 እስመ ፡ ምጽዋቱ ፡ ለአቡከ ፡ (ዕ
ስየተ ፡) ኢትትረሳዕ ፡ ለከ ፤ ወህየንተ ፡ ኀጢአ
ት ፡ ትትሐነጽ ፡ ለከ ። 15 ወበዕለተ ፡ ምንዳቤ
ከ ፡ ይዜከራ ፡ ለከ ፤ ከመ ፡ ይመስዎ ፡ ፀሓይ ፡ ለ
በረድ ፡ ከማሁ ፡ ይትመሰዋ ፡ ኀጣውኢከ ። 16
ፅሩፍ ፡ ውእቱ ፡ ዘይገድፎ ፡ ለአቡሁ ፤ ወርጉም ፡
ውእቱ ፡ በኀበ ፡ እግዚአብሔር ፡ ዘያምዕዓ ፡ ለእ
ሙ ። 17 ወልድየ ፡ በ[የዋሃ]ትከ ፡ ያስተርኢ ፡
ምግባሪከ ፤ ወያፈቅሩከ ፡ ዕደው ፡ ጻድቃን ። 18
በአምጣነ ፡ ዕበይከ ፡ ከማሁ ፡ አትሕት ፡ ርእሰከ ፤
ወትረክብ ፡ ዕሴተ ፡ በኀበ ፡ እግዚአብሔር ። 20
እስመ ፡ ዐቢይ ፡ ግብሩ ፡ ለእግዚአብሔር ፤ ወይ
ሴባሕ ፡ በላዕለ ፡ (ቅዱሳን ፡ ወ)ትሑታን ። 21 ኢ
ትኅሥሥ ፡ ዘይጸንዐከ ፤ ወኢትሕትት ፡ ዘኢይ
ትከሀለከ ። 22 ኀሊ ፡ ዳእሙ ፡ ዘተአዘዝከ ፤ ወ
ዘኀቡእሰ ፡ ኢያስተልሕፍከ ። 23 ኢትትኀሠሥ ፡
በብዝኀ ፡ ምግባሪከ ፤ እስመ ፡ ፈድፋደ ፡ እምነ ፡
ሰብእ ፡ ዘአርአዩከ ፡ ለከ ፡ 24 ወለብዙኃን ፡ አ
ስሐቶሙ ፡ ትዝኅርቶሙ ፤ ወለብዙኃን ፡ አው
ደቆሙ ፡ ትዕቢተ ፡ ልቦሙ ። 26 ዘይፈትዋ ፡ ለ
መንሱት ፡ ባቲ ፡ ይመውት ፤ ልብ ፡ እኩይ ፡ ይ
ደዊ ፡ በደኃሪቱ ። 27 ልብ ፡ እኩይ ፡ ይትቀሠ
ፍ ፡ በሕማም ፤ ወኃጥእሰ ፡ ይዌስክ ፡ ኀጢአተ ፡
በላዕለ ፡ ኀጣውኢሁ ። 28 መንሱቶሙ ፡ ለዕቡ
ያን ፡ አልባቲ ፡ ፈውሰ ፤ እስመ ፡ እኩይ ፡ ተክ
ል ፡ ገብረ ፡ ሥርወ ፡ ላዕሌሆሙ ። 29 ልበ ፡ ጠ
ቢብ ፡ ይፌክር ፡ አምሳለ ፤ ወእዝነ ፡ ማእምር ፡

III. 2 ውሉዱ ፡ FM, ወልዱ ፡ B. 7 አግብርት ፡ F corr., አጋእዝቲሁ ፡ B. 8 በረከቱ] ጸሎቱ ፡ M. 13 ልበ ፡ codd., exc. AM. 14 ዕሤተ ፡ CEF, ዕለተ ፡ B. ለከ ፡ 2°] + ጽድቅ ፡ CE, F i. l. 17 [ ] ሃይማኖ ፡ codd., exc. B; በሕይወትከ ፡ F. 18 ዕሤተከ ፡ AEFM. 20 ግብሩ ፡] ኀይሉ ፡ BF. ‸ ቅዱሳን ፡ ወ B. 23 ኢትኅሥሥ ፡ ABE. በብዙኅ ፡ AM, ብዙኅ ፡ B. ‸ ለከ ፡ B. 26 ዘይተልዋ ፡ M. ይደዊ ፡] ይወድቅ ፡ B. 27 ላዕለ ፡ EF. 29 ልብ ፡ BFM.

ትፈቱ ፡ ጥበበ ። 30 ለእሳት ፡ እንተ ፡ ትነድድ ፡
ያጠፍአ ፡ ማይ ፤ ወምጽዋት ፡ ታኀድግ ፡ ኀጢ
አተ ። 31 ለዘይፈዲ ፡ ዕሴተ ፡ ይዜከር ፡ ሎቱ ፡
በደኃሪቱ ፤ ወአመ ፡ ዕለተ ፡ ይድኀፅ ፡ ይረክብ ፡
በዘያሰምክ ። IV. ወልድየ ፡ ኢትክልአ ፡ ለነ
ዳይ ፡ ሕይወቶ ፤ ወኢትሚጥ ፡ አዕይንቲከ ፡ እ
ምዘ ፡ ይስእለከ ። 2 ወኢታሕምም ፡ ነፍሰ ፡ [ር
ኅብተ] ፤ ወኢታምዕዕ ፡ ብእሴ ፡ ሕዙነ ። 3 ወ
ኢታደንግጽ ፡ ልበ ፡ ትኩዘ ፤ ወኢትትኀለፎ ፡ ለ
ዘይስእለከ ። 4 ወኢትትቄጣዕ ፡ ነባሬከ ፡ ዘይት
ቀነይ ፡ ለከ ፤ ወኢትሚጥ ፡ ገጸከ ፡ እምነ ፡ ነዳይ ።
5 ወእምነ ፡ ዘይስእለከ ፡ ኢትሚጥ ፡ ዐይነከ ፤ ወ
ኢተሀብ ፡ ለሰብእ ፡ ምክንያተ ፡ በዘይረግመከ ።
6 እስመ ፡ ለእመ ፡ ረገመከ ፡ በምረተ ፡ ነፍሱ ፤
ይሰምዖ ፡ ፈጣሪሁ ፡ ጸሎቶ ። 7 ተፋቀር ፡ በኀ
በ ፡ ብዙኃን ፤ ተፀመድ ፡ በኀበ ፡ መኳንንት ፡ ወ
ኢታዕቢ ፡ ርእሰከ ። 8 ወለነዳይ ፡ አፅምኦ ፡ በ
እዝንከ ፤ ወአውሥኦ ፡ ሠናየ ፡ ቃለ ፡ በየውሀት ።
9 ወአድኅኖ ፡ ለግፉዕ ፡ እምእደ ፡ ገፋዒሁ ፤ ወ
ኢትትሀከይ ፡ ኰንኖቶ ። 10 ኩኖ ፡ ለእጓለ ፡ ማ
ውታ ፡ ከመ ፡ አቡሁ ፤ ወቁም ፡ ላቲ ፡ ለእሙ ፡
ከመ ፡ ምታ ። ወትከውን ፡ ከመ ፡ ውሉደ ፡ ልዑ
ል ፤ ወያፈቅረከ ፡ ፈድፋደ ፡ እምነ ፡ እምከ ። 11
ጥበብሰ ፡ አዕበየቶሙ ፡ ለደቂቃ ፤ ወትትወከፎ

ሙ ፡ ለእለ ፡ የኀሥሥዋ ። 12 ዘኪያሃ ፡ አፍቀ
ረ ፡ አፍቀረ ፡ ሕይወቶ ፤ ወዘይገይስ ፡ ኀቤሃ ፡ ይ
ጸግብ ፡ ትፍሥሕተ ። 13 ወዘያጸንዓ ፡ ይወርስ ፡
ክብረ ፤ ወኀበ ፡ ቦአት ፡ ይባርክ ፡ እግዚአብሔ
ር ። 14 እለ ፡ ኪያሃ ፡ ተፀምዱ ፡ ተፀምድዎ ፡ ለ
ቅዱስ ፤ ወእለ ፡ ያፈቅርዋ ፡ ያፈቅሮሙ ፡ እግዚ
አብሔር ። 15 ወዘይሰምዓ ፡ ላቲ ፡ ይኴንን ፡ አ
ሕዛበ ፤ ወዘ[ያፀምኣ] ፡ ላቲ ፡ ይነብር ፡ ተአሚኖ ።
16 ለእመ ፡ ትትአመና ፡ ትረክባ ፤ ወታዐብየከ ፡
በመዋዕሊከ ። 17 ወትቀድም ፡ ተሐውር ፡ ምስ
ሌሁ ፤ እንዘ ፡ ታፈርሆ ፡ ወትጌርሞ ፡ ወታደነግ
ጾ ፤ ወትቀሥፎ ፡ ወትሜህሮ ፤ እስከ ፡ ታገርራ ፡
ለነፍሱ ፤ ወታሜክሮ ፡ በተግሣጽ ። 18 ወእም
ዝ ፡ ካዕበ ፡ ትትቄበሎ ፡ ወታስተፌሥሖ ፤ ወት
ከሥት ፡ ሎቱ ፡ ምክራ ። 19 ወእመሰ ፡ ስሕተ ፡
እምኔሃ ፡ ተኀድጎ ፤ ወታገብኦ ፡ ውስተ ፡ እደ ፡
ዘይዴድቆ ። 20 ተዐቀብ ፡ ጊዜሁ ፡ ወዑቅ ፡ ለ
እመሂ ፡ እኩይ ፤ ወኢታድሉ ፡ በኀፍረት ፡ በእ
ንተ ፡ ነፍስከ ። 21 እስመቦ ፡ ዘበኀፍረት ፡ ይገ
ብር ፡ ኀጢአተ ፤ ወቦ ፡ ዘበኀፍረት ፡ ይገብር ፡ ወ
ይረክብ ፡ ሞገሰ ። 22 ኢታድሉ ፡ ለገጽ ፡ እንዘ ፡
ላዕለ ፡ ነፍስከ ፡ ይበጽሐከ ፤ ወኢትኀፈር ፡ ከመ ፡
ኢታውድቅ ፡ ነፍሰከ ። 23 ወኢትክልአ ፡ ነቢ
በ ፡ ቃሉ ፡ ለዘይትናገር ። 24 እስመ ፡ እምቃሉ ፡

---

31 ምስማከ ፡ F. IV. 1 ሕይወተ ፡ AB, F i. l. 2 [ ] ሕዝንተ ፡ codd., exc. BF. 3 ወኢታስተኀልፍ ፡ B. 4 ወኢታስተቀኍጥዕ ፡ F, ʹቈʹ ፡ B. ነባሪከ ፡ ABE. 5b ex BF; ወኢተሀበ ፡ ምክʹ ፡ ለዘይረʹ ፡ caet. 6 ነፍሱ ፡] ልቡ ፡ BEF. 7 ተፈቀር ፡ E, FM corr. ወተፀመድ ፡ BF, C corr. 10 ወልደ ፡ BF, C pr. m. 12 ሕይወተ ፡ B. ትፍሥሕታ ፡ EFM. 13 ቦአት ፡] + ይእቲ ፡ ABCE, + ባቲ ፡ F. 15 [ ] e BF; ይሰምዓ ፡ caet. 16 ትትአመን ፡ B. 17 ትሑር ፡ BF, C corr. 18 ትትቤቀሎ ፡ BFMT. 19 ዘይዴደቆ ፡ M, ዘይደደቆ ፡ T, ዘያወድቆ ፡ F, C corr. 20 ለእመሂ ፡] እምነ ፡ BEF. 21a እʹ ፡ በኀፍረት ፡ ይትገበር ፡ ኀጢአት ፡ T. 21b ይገብር ፡ ወ] ∧ BF; ይገብር ፡ ጽድቀ ፡ ወ C, F i. l. Emendes ይከብር ፡ pro ይገብር ፡ 23 ለዘያድኅን ፡ B.

ይትዐወቅ ፡ ጥበቢሁ ፤ ወትምህርቱ ፡ እምቃለ ፡
ልሳኑ ። 25 ኢትትካሐድ ፡ በእንተ ፡ ጽድቅ ፤ ወ
ተጋነይ ፡ በእንተ ፡ ዘስሕትከ ። 26 ወኢትኅፈር ፡
ነጊረ ፡ ጌጋይከ ፤ ወኢትትኀየል ፡ ውሒዘ ፡ ፈለ
ግ ። 27 ወኢታትሕት ፡ ርእሰከ ፡ ለብእሲ ፡ አብ
ድ ፤ ወኢታድሉ ፡ ለገጸ ፡ ዐቢይ ። 28 እስከ ፡ ት
በጽሕ ፡ ለሞት ፡ ተባአስ ፡ በእንተ ፡ ጽድቅ ፤ >ወ
እግዚአብሔር ፡ አምላክከ ፡ ይትባአስ ፡ በእንቲ
አከ ። 29 ወኢትኩን ፡ ዝሉፈ ፡ በአፉከ ፤ ወኢ
ትጸመም ፡ ተግባረከ ። 30 ወኢትትአርወይ ፡ ከ
መ ፡ ዐንበሳ ፡ በውስተ ፡ ቤትከ ፤ ወኢታደንግ
ጽ ፡ ነባሬከ ። 31 ወኢትስፋሕ ፡ ለነሢእ ፡ እዴ
ከ ፡ ተለቂሐከ ፤ ወሶበ ፡ ለፈድይ ፡ ኢትግባእ ፡ ት
ኀባእ ፡ የማነከ ። V. ወኢትክዐው ፡ ንዋየከ ፡
በከንቱ ፤ ወኢትበል ፡ ኮንየ ፡ የአክ[ለ]ኒ ። 2 ወ
ኢትትሉ ፡ ግዕዘ ፡ ኀይለ ፡ ነፍስከ ፡ 3 ወኢትበ
ል ፡ መኑ ፡ ይክለኒ ፤ እስመ ፡ እግዚአብሔር ፡ በ
ቀለ ፡ ይትቤቀል ። 4 ወኢትበል ፡ አበስኩሂ ፡
ወአልቦ ፡ ዘተፈደይኩ ፤ እስመ ፡ እግዚአብሔር ፡
ለጕንዱይ ፡ ይትዔገሥ ። 5 ወኢትፍራህ ፡ ተጋ
ንዮ ፡ በእንተ ፡ ኀጢአትከ ፤ ወኢትወስክ ፡ ኀጢ
አተ ፡ በዲበ ፡ ኀጢአትከ ፡ 6 እንዘ ፡ ትብል ፡ ብ
ዙኅ ፡ ምሕረቱ ፡ ለእግዚአብሔር ። ምሕረትኒ ፡
ወመቅሠፍትኒ ፡ እምኀቤሁ ፤ ላዕለ ፡ ኃጥእ ፡ ይ
ወርድ ፡ መቅሠፍቱ ። 7 ኢታጐንዲ ፡ ተጋንዮ ፡
ለእግዚአብሔር ፤ ወኢታስተኃልፍ ፡ ዕለተ ፡ እ
ምዕለት ፤ እስመ ፡ ግብተ ፡ ትመጽእ ፡ መንሱት ፤
ወትትመነደብ ፡ አመ ፡ ትመጽአከ ፡ ፍዳከ ፡ ወ
መቅሠፍትከ ። 8 ኢትሰቄቀው ፡ ለንዋየ ፡ ዐመፃ ፤
እስመ ፡ ኢይክል ፡ አድኅኖተከ ፡ አመ ፡ ምንዳ
ቤከ ። 9 ወኢታብቁ ፡ ለኵሉ ፡ ነ[ፋስ] ፤ ወኢት
ትሉ ፡ ውስተ ፡ ኵሉ ፡ ዘፈተውከ ፤ ወኢትኩን ፡
ከመ ፡ ኃጥእ ፡ ዘ፪ ልሳኑ ። 10 አስምክ ፡ ላዕለ ፡
ጥበብከ ፤ ወአሐደ ፡ ይኩን ፡ ቃልከ ። 11 ወኩ
ን ፡ ፍጡነ ፡ ለሰሚዕ ፤ ወመስተዐግሠ ፡ ለአውሥ
ኦ ፡ ቃልከ ። 12 እመ ፡ ብከ ፡ ዘታየድዖ ፡ ንግሮ ፡
ለቢጽከ ፤ ወእመ ፡ አኮሰ ፡ ደይ ፡ እዴከ ፡ ላዕለ ፡
አፉከ ።< 13 ኀሳርከኒ ፡ ወክብርከኒ ፡ እምቃልከ ፤
ወእምልሳኑ ፡ ለሰብእ ፡ ድቀቱ ። 14 ኢትኩን ፡
ሐማዩ ፤ ወኢዝሉፈ ፡ በልሳንከ ። >እስመ ፡ ኀፍ
ረት ፡ ለሰራቂ ፡< ወእኪት ፡ ኀሳሩ ፡ ለዘክልኤቱ ፡
ቃሉ ። 15 በኀበ ፡ ዐቢይኒ ፡ ወበኀበ ፡ ንኡስኒ ፡
አስተርኢ ። VI. ኩን ፡ ዐርከ ፡ እምትኩን ፡ ጸ
ላኤ ፤ እስመ ፡ ደኃሪቱ ፡ ለስም ፡ እኩይ ፡ ኀሳር ፡
ወጽዕለት ፤ ወከማሁ ፡ ኃጥእኒ ፡ ዘክልኤ ፡ ልሳ
ኑ ። 2 ወኢታዕቢ ፡ ርእሰከ ፡ በምክረ ፡ ነፍስከ ፤
ከመ ፡ ኢይምሥጡከሃ ፡ ከመ ፡ ላህም ፡ ለነፍስ
ከ ። 3 ወቈጽለከኒ ፡ ይበልዐከ ፡ ወተሀጕል ፡ ፍ
ሬከ ፤ ወከመ ፡ ዕፅ ፡ ይቡስ ፡ የኀድገከ ። 4 ነፍ
ስ ፡ ፀዋግ ፡ ታሀጕሎ ፡ ለዘአጥረያ ፤ ወትሬስዮ ፡
ጥቡዐ ፡ ለጸላኢሁ ። 5 ልሳን ፡ ጥዑም ፡ ያበዝ
ኅ ፡ ታእኃሁ ፤ ወአፍ ፡ ጥዑም ፡ ያበዝኅ ፡ ማእ

---

28 ‸ አምላክከ ፡ BE. Cap. 4,28b — 5,12, sumptum ex F, ‸ in caet. (nisi quod BE hemistichium 28b exhibent). V. 1 በከንቱ ፡ i. l. scriptum ኪንየ ፡ (i. l. ኮንየ ፡) የአክልኒ ፡ 9 [ ] ፍስከ ፡ 14 ወኢትዘለፍ ፡ (corr. ወኢትዘለፍ ፡) F. > < sumtum ex F, C corr. ‸ ወእኪት ፡ — ቃሉ ፡ T. ቃሉ ፡] ልሳኑ ፡ E, C corr. 15 አስተርኢ ፡] + ኄረ ፡ C. VI. 2 ኢይምሥጥዋ ፡ CF corr. 3 ይበልዐከ ፡] + ፀር ፡ C i. l. 5 ተአኃሁ ፡ FT(E). ማእምረ ፡] ማኅፈሮ ፡ CF.

ምረ ። 6 ብዙኃን ፡ ይ[ኩ]ኑከ ፡ አዕርክተ ፤ ወአ
ሐዱ ፡ እምእልፍ ፡ መማክርቲከ ። 7 ወእመ ፡
ትትዓረክ ፡ ዐርከ ፡ በመዋዕለ ፡ ተጽናስከ ፡ ተዓረ
ክ ፤ ወኢትትአመኖ ፡ ብዙኀ ። 8 እስመ ፡ ዐር
ክ ፡ ኀላፊ ፡ ወለኀዳጥ ፡ መዋዕል ፡ ውእቱ ፤ ወኢ
ይትዔገሥ ፡ ምስሌከ ፡ በዕለተ ፡ ምንዳቤከ ። 9
ቦ ፡ ዐርከ ፡ ዘጸላኤ ፡ ይከውነከ ፤ ወይዘረክየከ ፡
ወይከሥት ፡ ለከ ፡ ኀቡአቲከ ። 10 ወቦ ፡ ዐርከ ፡
ዘበእንተ ፡ ማእድከ ፡ ይትዓረከከ ፤ ወውእቱኒ ፡
ኢይሄሉ ፡ ምስሌከ ፡ ወበተጽናስከ ፡ የኀድገከ ።
11 ወአመ ፡ ትዴሎ ፡ ይከውን ፡ ከማከ ፤ ወይኬ
ንን ፡ ለከ ፡ ነባሬከ ። 12 ወአመሰ ፡ ተጸነስከ ፡ ው
እቱ ፡ ይከውነከ ፡ ዕድወ ፤ ወከመ ፡ ኢትርአዮ ፡
ይትኀባእከ ። 13 ተገሐሥ ፡ እምጸላእትከ ፤ ወ
ተዐቀበሙ ፡ ለአዕርክቲከ ። 14 ዐርክ ፡ ምእመ
ን ፡ ከመ ፡ ወልታ ፡ ጽኑዕ ፤ ወዘረከቦ ፡ ረከበ ፡ መ
ዝገበ ። 15 ለዐርክ ፡ ምእመን ፡ አልቦ ፡ ተውላ
ጠ ፤ ወለሥኑ ፡ አልቦ ፡ መድሎተ ። 16 ዐርክ ፡
ምእመን ፡ ሥራየ ፡ ሕይወት ፤ ወእለ ፡ ይፈርህዎ ፡
ለእግዚአብሔር ፡ ይረክብዎ ። 17 ዘይፈርሀ ፡ እ
ግዚአብሔር ፡ ያረትዕ ፡ ታእኃሁ ፤ እስመ ፡ ከማ
ሁ ፡ ይከውንዎ ፡ ቢጹሂ ። 18 ወልድየ ፡ እምን
እስከ ፡ ኅረያ ፡ (ለከ ፡) ለጥበብ ፤ ወእስከ ፡ ትረሥ
እ ፡ ትረክባ ። 19 ወፈር ፡ ኀቤሃ ፡ ከመ ፡ ዘየሐር
ስ ፡ ወከመ ፡ ዘይዘርእ ፤ ወጽናሕ ፡ ፍሬሃ ፡ ቡሩ
ከ ። እስመ ፡ ኀዳጥ ፡ ትጻሙ ፡ በቅኔሃ ፤ ወፍጡ
ነ ፡ ትበልዕ ፡ ቀምሓ ። 20 ፈድፋደ ፡ መብእስ ፡
ይእቲ ፡ በኀበ ፡ አብዳን ፤ ወኀበ ፡ ዘአልቦ ፡ ልበ ፡
ኢትገኖኒዲ ። 21 ከመ ፡ እብነ ፡ መከራ ፡ ሰበ ፡ ያ
ነሥእዎ ፡ ከማሁ ፡ ትከብዶ ፤ ወፍጡነ ፡ ይገድፋ ።
22 ወጥበብሰ ፡ በከመ ፡ ስማ ፡ ይእቲ ፤ ወአኮ ፡ ብ
ዙኃን ፡ እለ ፡ ያአምርዋ ። 23 ስምዐኒ ፡ ወልድ
የ ፡ ወተዐገሥ ፡ በምክርየ ፤ ወኢታስትት ፡ ተግ
ሣጽየ ። 24 አብእ ፡ እገሪከ ፡ ውስተ ፡ አርዑታ ፤
ዕንቅ ፡ ውስተ ፡ ክሣድከ ፡ ጋጋ ። 25 አትሕት ፡
መታክፍቲከ ፡ ወተሰከማ ፤ ወኢትትቈጣዕ ፡ መ
ዋቅሕቲሃ ። 26 በኵሉ ፡ ነፍስከ ፡ ፈር ፡ ኀቤሃ ፤
ወበኵሉ ፡ ኀይልከ ፡ ዕቀብ ፡ ፍናዊሃ ። 27 ትሉ ፡
አሠራ ፡ ወኅሥሣ ፡ ወትረክባ ፤ ወአኀዛ ፡ ወኢ
ትኅድጋ ። 28 ወበደኃሪትከ ፡ ትረክብ ፡ ዕረፍ
ታ ፤ ወትፍሥሕተ ፡ ይከውነከ ። 29 ወመዋቅሕ
ቲሃኒ ፡ ወልታ ፡ ጽኑዐ ፡ ይከውነከ ፤ ወጋጋሂ ፡ አ
ልባሰ ፡ ክብር ፡ ይገብአከ ። 30 እስመ ፡ ዓለመ ፡
ወርቅ ፡ ኀቤሃ ፡ ሀሎ ፤ ወመአስርቲሃኒ ፡ ሰርጐ ፡
ያክንት ፡ ይከውነከ ። 31 ከመ ፡ ልብሰ ፡ ክብር ፡
ትለብሳ ፤ ወአክሊለ ፡ ትፍሥሕት ፡ ታስተቄጽለ
ከ ። 32 ለእመ ፡ ትፈቅድ ፡ ወልድየ ፡ [ትጠብ
ብ ፤] ወለእመ ፡ አጥባዕከ ፡ እምነፍስከ ፡ (ከመ ፡)
ትት[ሜ]ሀር ፤ 33 ወለእመ ፡ ትፈቅድ ፡ ትስማዕ ፡
ተዐገሥ ፤ ወለእመ ፡ አፅማእከ ፡ እዝነከ ፡ ትጠ

---

6 [ ] ex A corr.; ከው caet. 7 ወእመ ፡] አመ ፡ FB, ወአመ ፡ AT. ብዙኀ ፡] ፍጡነ ፡ F i. l. 8 እስመቦ ፡ CF. 9 ወቦ ፡ BF. 10 ማእድ ፡ BT. ወእምከመ ፡ ተጸነስከ ፡ CF. 11 ወይኬንን ፡] ወይከውን ፡ CF. 12 ተጽናስከ ፡ AEM. 15 ወለልሳኑ ፡ BCEF. 17 ይከውኖ ፡ F, C corr. 18 ( ) ∧ TBE. 19 ውፍር ፡ ABCM. ኀዳጠ ፡ F. በግብረ ፡ ቅኔሃ ፡ T. 24 ዕነቅ ፡ M. ጋጋሃ ፡ CEFT. 26 ውፍር ፡ M. 27 አኀዛ ፡ sine ወ ACE. 28 ዕረፍተ ፡ CFT. 29 ጽኑዕ ፡ codd. (exc. E). 30 ለዓለም ፡ MT, ዘለዓለም ፡ F, ዓለም ፡ AB. 32 [ ] ትጥበብ ፡ codd.; ተጠበብ ፡ F. [ ] መ codd. 33 ትጠብብ ፡ BT.

በብ ። 34 ኅበ ፡ ብዙኃን ፡ አእሩግ ፡ ቁም ፤ ወዘ
ርኢከ ፡ እምውስቴቶሙ ፡ ጠቢበ ፡ ትልዎ ። 35 ወ
ኵሎ ፡ ነገረ ፡ መጽሐፍ ፡ አፍቅር ፡ ለሰሚዕ ፤ ወ
አምሳለ ፡ ጥበብኒ ፡ ኢይትረሳዕከ ። 36 ወለእመ ፡
ርኢከ ፡ ጠቢበ ፡ ጊሰ ፡ ኀቤሁ ፤ ወመድረከ ፡ ኆ
ኃቱ ፡ ያንሳሕልል ፡ ሰኰናከ ። 37 ኀሊ ፡ ትእዛ
ዘ ፡ ለእግዚአብሔር ፡ ወአንብብ ፡ መጽሐፎ ፡ በ
ኵሉ ፡ ጊዜ ፤ ወውእቱ ፡ ያጸንዕከ ፡ ልበከ ፤ ወይ
ሁበከ ፡ ታፍቅራ ፡ ለጥበብ ። VII. ኢትግበራ ፡
ለእኪት ፤ ወኢይርከብከ ፡ እኩይ ። 2 ተገሐሥ ፡
እምነ ፡ ዐመፃ ፤ ወትትገሐሥ ፡ እምኔከ ፡ ለሊሃ ።
3 ኢትዝራእ ፡ ውስተ ፡ ትልመ ፡ ኀጢአት ፤ ከ
መ ፡ ኢትእረራ ፡ ለከ ፡ ምስብዒተ ። 4 ኢትስአ
ል ፡ በኀበ ፡ እግዚአብሔር ፡ መንግሥተ ፡ > ወ
ኢትስአል ፡ በኀበ ፡ ንጉሥ ፡ መንበረ ፡ ክብር ። <
5 ወኢትጸደቅ ፡ ቅድመ ፡ እግዚአብሔር ፤ ወኢ
ትጠበብ ፡ በኀበ ፡ ንጉሥ ። 6 ወኢትፍቅድ ፡ ከ
ዊነ ፡ መኰንን ፤ ዮጊ ፡ ኢትክል ፡ ተበቅሎቶ ፡
ለዘአበሰ ፤ ወዮጊ ፡ ታደሉ ፡ ለገጸ ፡ ዐቢይ ፤ ወታ
በውእ ፡ ኀጢአተ ፡ ማእከለ ፡ ጽድቅከ ። 7 ወ
ኢተአብስ ፡ ለሀገርከ ፤ ወኢታስሕት ፡ ርእሰከ ፡
በማእከለ ፡ ሕዝብከ ። 8 ወኢትፀምር ፡ አሲረ ፡
ክልኤቲ ፡ ኀጣይእ ፡ (ኃቡረ ፡ ኢታድርግ ፤) እ
ስመ ፡ እምውስተ ፡ አሐቲሰ ፡ ኢታመሥጥ ፡ (ግ
ብር) ። 9 ወኢትበል ፡ በብዝኀ ፡ መባእየ ፡ ይሰ
ሪ ፡ ሊተ ፤ ወእምከመ ፡ አበእኩ ፡ ለእግዚአብሔ
ር ፡ ልዑል ፡ ይሣህለኒ ። 10 ወኢትጐጕእ ፡ ሶ
በ ፡ ትጼሊ ፤ ወኢታስትት ፡ ገቢረ ፡ ምጽዋት ።
11 ወኢትሥሐቅ ፡ ላዕለ ፡ ብእሲ ፡ ሕዙን ፤ እስ
መ ፡ ሀለወ ፡ ዘያሐምም ፡ ወያስተፌሥሕ ። 12
ወኢትሕርስ ፡ ሐሰተ ፡ ላዕለ ፡ ቢጽከ ፤ ወኢትግ
በር ፡ ከመዝ ፡ ላዕለ ፡ (ቢጽከ ፡ ወ)ዐርክከ ። 13
ወኢታፍቅር ፡ ሐሰተ ፡ ለዝሉፉ ፡ ወኢበምንት
ኒ ፤ እስመ ፡ ደኃሪታ ፡ ትብእሰከ ። 14 ኢትዛለ
ፍ ፡ በማእከለ ፡ ሊቃውንት ፤ ወኢትሚጥ ፡ ብጽ
ዐቲከ ፡ ዘነበብከ ፡ (ወኢትወልጥ ፡ ቃለከ ።) 15
ወኢታስትት ፡ ተግባረ ፡ እደዊከ ፤ ወዘርአከ ፡ ዘ
ያበቍል ፡ ፈጣሪከ ፡ 16 ወኢትኅበር ፡ ምስለ ፡
ኃጥኣን ፡ ለእመ ፡ በዝኁ ፤ 17 ተዘከር ፡ ከመ ፡
ኢይጐነዲ ፡ መንሱት ። ፈድፋደ ፡ አትሕታ ፡ ለ
ነፍስከ ፤ እስመ ፡ ፍዳሆሙ ፡ ለኃጥኣን ፡ ዕፄ ፡ ወእ
ሳት ። 18 እንተ ፡ ጸብሐት ፡ ኢትወልጥ ፡ ዐርከ ፤
ወኢትሀጐል ፡ ዐርክከ ፡ በእንተ ፡ ወርቅ ፡ ቀይ
ሕ ። 19 ወኢትጽላእ ፡ ብእሲተ ፡ ጠባበ ፡ ወኄር
ተ ፡ > እስመ ፡ ሞገሳ ፡ ይትበደር ፡ እምወርቅ ። <
20 ወኢታሕሥም ፡ ላዕለ ፡ ነባሪከ ፡ ዘበጽድቅ ፡
ይትቀነይ ፡ ለከ ፤ ወኢላዕለ ፡ ገባኢከ ፡ ዘይሜጡ ፡
ነፍሶ ፡ በእንቲአከ ። 21 አፍቅሮ ፡ እምነፍስከ ፡
ለጠቢብ ፡ ነባሪከ ፤ ወኢታሀጕሎ ፡ ዕሴቶ ፡ ከመ ፡
ታግዕዞ ፡ (እንተ ፡ አሰፈውከ ።) 22 ወኢትኅድ

35 አፍቅር ፡] አፍጥን ፡ BF. ወምሳሌ ፡ F, C corr. 36 ኆኃተ ፡ ቤቱ ፡ E, ቤቱ ፡ AC. ያንሰሐልል ፡ AE. 37 ወንብብ ፡ M. VII. 1 ወኢይር′ ፡] ^ ወ F; ከመ ፡ pro ወ T. 3 ትእርራ ፡ EF. 4 > < e F, C corr. 7 ሕዝብ ፡ T. 8 አሠረ ፡ ME. ( ) in omnibus (at ኃ′ ፡ ኢታድርክ ፡ M). ግብር ፡ AMT, ግብረ ፡ B, ገቢረ ፡ EF, C corr. 11 ሰብእ ፡ ABF. 13 ወኢምንተኒ ፡ BT(C). 14 ( ) omn., sed F i. l. 15 ፈጣሪ ፡ ለከ ፡ F, C i. l.; ለከ ፡ እግዚአብሔር ፡ T. 17 ^ ወእሳት ፡ ABMT. 18 ዐርከ ፡] ዐርክከ ፡ FT. 19 > < e CF (E). 20 ገባኢከ ፡] ገባሪከ ፡ M, ገብርከ ፡ B. 21 ተሰፈወከ ፡ vel ተሰፈውከ ፡ codd, exc. M. 22 ^ አንብር ፡ ኀቤከ ፡ ABMT; አቅርብ ፡ ኀቤከ ፡ CF.

ግ ፡ ዘልፈ ፡ ፈቂደ ፡ እንስሳከ ፤ ወዘይበቍዐከ ፡
እምውስቴቶሙ ፡ አንብር ፡ ኀቤከ ። 23 ለእመ ፡
ብከ ፡ ውሉደ ፡ ገሥጾሙ ፡ ወመሀሮሙ ፤ እምን
እሶሙ ፡ ግምጽ ፡ ክሳዶሙ ። 24 ወለእመ ፡ ብ
ከ ፡ አዋልደ ፡ ዕቀቦን ፡ ወኢታስሕቶን ፤ ወኢት
ሥሐቅ ፡ ሎን ፡ ወኢትትየውሆን ። 25 አብጽ
ሐ ፡ ለወለትከ ፡ በዐቅማ ፡ (ወዕቀባ ፡) ወዐቢየ ፡
ግብረ ፡ ፈጸምከ ፡ (ወአንፈስከ) ፤ ወለብእሲ ፡ ጠ
ቢብ ፡ አስተዋስባ ። 26 ወለእመ ፡ ብከ ፡ ብእሲ
ተ ፡ ዘከመ ፡ ነፍስከ ፡ ኢታውፅአ ። 27 በኵሉ ፡
ልብከ ፡ አክብሮ ፡ ለአቡከ ፤ ወኢትርሳዕ ፡ ሕማ
ማ ፡ ለእምከ ። 28 ወተዘከር ፡ ከመ ፡ በእንቲአ
ሆሙ ፡ ተወለድከ ፤ ወምንተ ፡ ተዐስዮሙ ፡ ህየ
ንተ ፡ ዘገብሩ ፡ ለከ ። 29 በኵሉ ፡ ነፍስከ ፡ ፍር
ሆ ፡ ለእግዚአብሔር ፤ ወአክብሮሙ ፡ ለካህናቲ
ሁ ። 30 ወበኵሉ ፡ ኀይልከ ፡ አክብሮ ፡ ለፈጣሪ
ከ ፤ ወኢትኅድጎሙ ፡ ለእለ ፡ ይፀመድዎ ። 31 ፍ
ርሆ ፡ ለእግዚአብሔር ፡ ወአክብር ፡ ዘይፀመዶ ፤
ወሀቦ ፡ ክፍሎ ፡ ዘእዙዝ ፡ ለከ ፤ ቀዳሚያተ ፡ ወ
ዘበእንተ ፡ ኀጢአት ፡ ወመዝራዕተ ፤ ወመሥዋ
ዕተ ፡ ቅድሳት ፡ ወቀዳሜ ፡ ቅድሳት ። 32 ለነዳ
ይ ፡ ስፋሕ ፡ እዴከ ፤ ከመ ፡ ፍጽምተ ፡ ትኩን ፡
በረከትከ ። 33 ዕሴተ ፡ ጸጋከ ፡ ትረክብ ፡ በእን
ተ ፡ ኵሉ ፡ ነፍስ ፤ ወለዘሞተኒ ፡ ኢትኅድግ ፡ ጸ
ግዎ ። 34 ወኢትኅድግ ፡ እምእለ ፡ ይበክዩ ፤ ወ
ላሑ ፡ ምስለ ፡ ዘይላሑ ። 35 ወኢትትሀከይ ፡ ሐ
ውጾ ፡ ድዉይ ፤ ወበዝንቱ ፡ ያፈቅሩከ ። 36 ው
ስተ ፡ ኵሉ ፡ ዘተናገርከ ፡ ተዘከራ ፡ ለደኃሪትከ ፤
ወኢተአብስ ፡ ለዝላፉ ። VIII. ወኢትትጋአ
ዝ ፡ ምስለ ፡ ዐበይት ፡ ሰብእ ፤ ከመ ፡ ኢትደቅ ፡
ውስተ ፡ እዴሆሙ ። 2 ወኢትትቃሐው ፡ ምስ
ለ ፡ ዘይብዕለከ ፤ ከመ ፡ በብዕሉ ፡ ኢይማእከ ፤
እስመ ፡ ብዙኃን ፡ ተሀጕሉ ፡ በእንተ ፡ ወርቅ ፤
ወገመጸሙ ፡ ልበሙ ፡ ለነገሥት ። 3 ወኢትት
ላኰይ ፡ ምስለ ፡ ብእሲ ፡ ነባቢ ፤ ወእመ ፡ አከሰ ፡
ወጣሕከ ፡ ዕፀወ ፡ ዲበ ፡ እሳት ። 4 ኢትሳለቅ ፡
ምስለ ፡ አብድ ፤ ከመ ፡ ኢታኅስር ፡ አዝማዲከ ።
5 ኢትትሀበበ ፡ ለዘይትጋነይ ፡ በእንተ ፡ ጌጋዩ ፤
ተዘከር ፡ ከመ ፡ ኵልነ ፡ ኃጥአን ፡ ንሕነ ። 6 ኢ
ታስተአክዮ ፡ ለሰብእ ፡ በርሥአቱ ፤ እስመ ፡ እ
ምውስቴትነኒ ፡ በ ፡ ዘይረሥእ ። 7 ኢትትፌሣ
ሕ ፡ ላዕለ ፡ ዘሞተ ፤ ተዘከር ፡ ከመ ፡ ኵልነ ፡ ን
መውት ። 8 ኢታስትት ፡ ነገረ ፡ ጠቢባን ፤ ወተ
መሀር ፡ አምሳሊሆሙ ፤ እስመ ፡ በኀቤሆሙ ፡
ትረክበ ፡ ለጥበብ ፤ ወተፀ[ምዶ ፡] መኳንንት ።
9 ወዕቀብ ፡ ተግሣጸሙ ፡ ለአእሩግ ፤ እስመ ፡ እ
ሙንቱኒ ፡ በኀበ ፡ አበዊሆሙ ፡ ተምህሩ ፤ ወአ
ንተኒ ፡ በኀቤሆሙ ፡ ትጠብብ ፤ ወትረክብ ፡ ዘ
ትነብብ ፡ በጊዜ ፡ ትካዝከ ፡ ወታአምር ፡ ዘታወ
ሥእ ። 10 ኢትሱጥ ፡ እሳቶሙ ፡ ለኃጥአን ፤ ከ

---

23 ገሥጾ ፡ ወመሀሮ ፡ codd., exc. F, C corr. ገምጽ ፡ AEM. 24 ወኢትየውሆን ፡ AF. 25 ወዕቀባ ፡ omn., exc. B. ፈጸመት ፡ ነፍስከ ፡ B, C pr. m. 28 ትዔስዮሙ ፡ B. 30 አክብሮ ፡] አፍቅሮ ፡ F. 31 ቅድሳት ፡ 1°] ቅድስት ፡ MT. ወቀዳሚያተ ፡ CF. 32 ለነዳይኒ ፡ CEFM. 33 ነፍስከ ፡ MTF. 34 ኢትትኅደግ ፡ F. እለ ፡ ይላሕዉ ፡ CF. VIII. 1 ∧ ሰብእ ፡ M. 3 ብእሲ ፡] ሰብእ ፡ CEM. 7 ኢትፍታሕ ፡ T. 8 ወተፀመድ ፡ codd., seq. መኳንንት ፡ (sic) BCEM, ʹንተ ፡ AF, ʹንቲከ ፡ T. 9 ትጠብብ ፡] ጥበብ ፡ AT, ተጠበብ ፡ F. 10 ኢትሱጥ ፡] ኢትግስስ ፡ B.

መ ፡ ኢተዐይ ፡ በነዶሙ ። 11 ኢትትቋሣእ ፡ በ
ኀበ ፡ ጸዓሊ ፤ ከመ ፡ ኢያስሕትከ ፡ በቃለ ፡ አፉ
ሁ ። 12 ወኢትለቅሖ ፡ ለዘ ፡ ይብዕለከ ፤ ወለእ
መ ፡ ለቃሕከሁ ፡ ረሲ ፡ ከመ ፡ ዘሀጐልከ ። 13 ኢ
ትትሐበ[ይ ፡ በ] ዘይጸንዐከ ፤ ወለእመሰ ፡ ተሐበ
ይከ ፡ ኅሊ ፡ እንከ ፡ ዘከመ ፡ ትፈዲ ፡ ለሊከ ። 14
ኢትሳነን ፡ ምስለ ፡ መኰንን ፤ እስመ ፡ በከመ ፡
ክብሩ ፡ ያገብኡ ፡ ሎቱ ፡ ፍትሐ ። 15 ምስለ ፡
መስተኀይል ፡ ኢትኅበር ፡ መንገደ ፤ ከመ ፡ ኢ
ይትባዐ ፡ ላዕሌከ ፤ እስመ ፡ ውእቱሰ ፡ ዘፈቀደ ፡
በልቡ ፡ ይገብር ፤ ወትመውት ፡ አንተ ፡ በእበ
ደ ፡ ዚአሁ ። 16 ወኢትትጋአዝ ፡ ምስለ ፡ መዐ
ትም ፤ ወኢትፃእ ፡ ሐቅለ ፡ ምስሌሁ ፤ እስመ ፡
ወኢከመ ፡ ምንትኒ ፡ ክዒወ ፡ ደም ፡ በኀቤሁ ፤
ወኀበ ፡ አልቦ ፡ ረድኤት ፡ ይወስደከ ። 17 ወኢ
ትትማከር ፡ ምስለ ፡ አብድ ፤ እስመ ፡ ኢይክል ፡
ዐቂበ ፡ ነገር ፡ ዘሰምዐ ። 18 ኢትግበር ፡ ቅድመ ፡
ነኪር ፡ ትካዘከ ፤ እስመ ፡ ኢታአምር ፡ እፎ ፡ ይ
በጽሕ ። 19 ኢትክሥት ፡ ለኵሉ ፡ ሰብእ ፡ ዘው
ስተ ፡ ልብከ ፤ ከመ ፡ ኢይኩንከ ፡ ህጉለ ፡ ዕሴት
ከ ። IX. ኢታቅንእ ፡ ለብእሲተ ፡ ሕፅንከ ፤ ወ
ኢትትመሀር ፡ ላዕሌከ ፡ ትምህርተ ፡ እኩየ ። 2
ኢትመጥዋ ፡ ለብእሲት ፡ ነፍሰከ ፤ ከመ ፡ ኢት
ትከየድ ፡ ላዕለ ፡ ኀይልከ ። 3 ኢትስሐጥ ፡ ብእ
ሲተ ፡ ባዕድ ፤ ከመ ፡ ኢትደቅ ፡ ውስተ ፡ መሥ
ገርታ ። 4 ኢትዛዋዕ ፡ ምስለ ፡ መሰንቃዊት ፤ ከ
መ ፡ ኢታሥግርከ ፡ በማሕሌታ ። 5 ኢትስሐ
ጣ ፡ ለድንግል ፤ ከመ ፡ ኢያስሕትከ ፡ ፈቃዳ ።
6 ኢትመጥዋ ፡ ለዘማ ፡ ነፍሰከ ፤ ከመ ፡ ኢትህ
ጐል ፡ ርስተከ ። 7 ኢትሀስክ ፡ ውስተ ፡ ፍናወ ፡
ሀገር ፤ ወኢያስሕትከ ፡ ጽጐጕሃ ። 8 ሚጥ ፡ ዐ
ይነከ ፡ እምነ ፡ ብእሲት ፡ ሠናይት ፤ ወኢያፍቱ
ከ ፡ ሥና ፡ ለብእሲተ ፡ ባዕድ ፤ ብዙኃን ፡ እለ ፡
ስሕቱ ፡ በሥነ ፡ ብእሲት ፤ ወበእንተዝ ፡ ይነድ
ድ ፡ ፍቅር ፡ ከመ ፡ እሳት ። 9 ኢትንበር ፡ ምስ
ለ ፡ ብእሲተ ፡ ብእሲ ፤ ወኢትስከር ፡ ምስሌሃ ፡
በስታይ ፤ ከመ ፡ ኢትግምጽ ፡ ነፍስከ ፡ መንገሌ
ሃ ፤ ወኢትድኅፅ ፡ መንፈስከ ፡ ውስተ ፡ ሞት ።
10 ወኢትኅድግ ፡ ዐርከከ ፡ ዘትካት ፤ እስመ ፡ ኢ
ይከውነከ ፡ ከማሁ ፡ ዐርክ ፡ ግብት ። ዐርክ ፡ ሐ
ዲስ ፡ ወይን ፡ ሐዲስ ፤ ወእመሰ ፡ ከረመ ፡ ስት
ዮ ፡ በትፍሥሕት ። 11 ኢያቅንእከ ፡ ብዕሎሙ ፡
ለኃጥኣን ፤ እስመ ፡ ኢታአምር ፡ ዘከመ ፡ ይትገ
ፈትኡ ። 12 ወኢያፍቱከ ፡ ተድላሆሙ ፡ ለረሲ
ዓን ፤ ተዘከር ፡ ከመ ፡ ኢይጸድቁ ፡ እስከ ፡ አመ ፡
ይመውቱ ። 13 ረሐቅ ፡ እምነ ፡ መኰንን ፡ ዘነ
ፍሰ ፡ ይኴንን ፤ ወኢይርከብከ ፡ ትሕዝብተ ፡ ሞ
ት ፤ እመኒ ፡ ቀረብከ ፡ ኢትነስሕ ፤ ከመ ፡ ኢት
ግድፍ ፡ ሕይወተከ ፤ ወአእምር ፡ ባሕቱ ፡ ከመ ፡
ማእከለ ፡ መሥገርት ፡ ተኀልፍ ፤ ወከመ ፡ ዘማ

---

11 ጸላኢ ፡ BE, F pr. m. 12 ወኢታለቅሖ ፡ M, ወኢተለቅሖ ፡ E. ዘአህጐልከ ፡ M. 13 [ ] ዮ ፡ ለ codd. ተሐበይከሁ ፡ ABCF, C corr. 15 መስተኀብል ፡ F. ኢታኅብር ፡ M. ልቡ ፡ BF, C corr. 16 ከመ ፡ ወኢምንትኒ ፡ EFT, C corr. በኀቤሁ ፡] በኀበ ፡ ዐይኑ ፡ F, C corr. 18 ኢትግበር ፡] ኢትንግር ፡ CEF. ይበጽሐከ ፡ ABEF, C corr. 19 ሀጕለ ፡ BCF. IX. 1 ኢትቅናእ ፡ B. ከመ ፡ ኢትት′ ፡ CF. 2 ኢትትከየድ ፡ A, ኢትትከየድከ ፡ B, ኢትኪድ ፡ F, C corr. 7 Pro obsoleto ኢትሀስክ ፡ AT, reliqui ኢትኅሥሥ ፡ exhibent, B ኢትኂስ ፡ 9 ለሰትይ ፡ vel ለሰቲይ ፡ omn., exc. T. 10 ትሰትዮ ፡ BF, c. corr. 13ይኴንን ፡] + ነዋኅ ፡ መካነ ፡ (πόῤῥω) FC.

እከለ ፡ ቀልቀል ፡ ታንሶሱ ። 14 በአምጣነ ፡ ት
ክል ፡ አሠኒ ፡ ለቢጽከ ፤ ወምስለ ፡ ጠቢባን ፡ ተ
ማከር ። 15 ወምስለ ፡ ማእምራን ፡ ይኩን ፡ ትካ
ዝከ ፤ ወኵሉ ፡ ነገርከ ፡ በሕገ ፡ እግዚአብሔር ፡
ይኩንከ ። 16 ወዕደው ፡ ጻድቃን ፡ የሀልዉ ፡ ው
ስተ ፡ ምሳሕከ ፤ ወበፍርሀተ ፡ እግዚአብሔር ፡
ይኩን ፡ ምክሕከ ። 17 በውስተ ፡ እደ ፡ ኬንያ
ሁ ፡ ይትለማዕ ፡ ግብሩ ፤ ወለመልአከ ፡ አሕዛብ
ኒ ፡ ይንእድዎ ፡ በጥበበ ፡ ቃሉ ። 18 ግሩም ፡ ው
እቱ ፡ ብእሲ ፡ ነባቢ ፡ በውስተ ፡ ሀገሩ ፤ ወይጸል
እዎ ፡ ለዝሉ[ፍ] ፡ እምነ ፡ ቃሉ ። X. ንጉሥ ፡
ጠቢብ ፡ ይጌሥጽ ፡ አሕዛቢሁ ፤ ወመኰንን ፡ ለ
ባዊ ፡ ይገብር ፡ ሥርዐተ ። 2 ከመ ፡ መልአከ ፡
አሕዛብ ፡ ከማሁ ፡ ወዓሊሁ ፤ ወከመ ፡ መኰንና ፡
ለሀገር ፡ ይገብሩ ፡ እለ ፡ ውስቴታ ። 3 ንጉሥ ፡
አብድ ፡ ያሀጕል ፡ አሕዛቢሁ ፤ ሀገርኒ ፡ ይጸንዕ ፡
በጥበቢሆሙ ፡ ለሊቃውንት ። 4 ውስተ ፡ እዴ
ሁ ፡ ለእግዚአብሔር ፡ ኵነኔሃ ፡ ለምድር ፤ . . . ።
5 . . . . ፤ ወእምገጹ ፡ ለጸሓፊ ፡ ይትዐወቅ ፡ ጥ
በቢሁ ። 6 ወኵሉ ፡ ዘስሕተ ፡ ለከ ፡ ቢጽከ ፡ ኢ
ትሒሶ ፤ ወአልቦ ፡ ዘትገብር ፡ ሕሡመ ፡ ምንተ
ኒ ፡ በሒስከ ። 7 ጽሉእ ፡ ትዕቢት ፡ በኀበ ፡ እግ
ዚአብሔር ፡ ወበኀበ ፡ እጓለ ፡ እመሕያው ፤ ወእ
ምኵሉ ፡ ተአኪ ፡ ዐምፃ ። 8 መንግሥትሰ ፡ ት
ትፋለስ ፡ እምሕዝብ ፡ ለሕዝብ ፤ እንበይነ ፡ ዐመ
ፃ ፡ ወእንበይነ ፡ ጋእዝ ፡ ወእንበይነ ፡ ንዋይ ። 9
ወለምንት ፡ እንከ ፡ ይትዔበይ ፡ መሬት ፡ ወሐመ
ድ ፤ ዘእንዘ ፡ ሕያው ፡ ውእቱ ፡ ይጸይእ ፡ ነፍስ
ቱ ። 10 ለቍስልኒ ፡ ዐቢይ ፡ ይፌውሶ ፡ ዐቃቤ ፡
ሥራይ ፤ ወንጉሥሰ ፡ ለዮም ፡ ወጌሠመሰ ፡ ይመ
ውት ። 11 ወእምከመ ፡ ሞተ ፡ ሰብእ ፡ ይከው
ን ፡ ክፍለ ፡ ዕፄ ። 12 ቀዳሚሃ ፡ ለትዕቢት ፡ ታ
ወጽእ ፡ እምነ ፡ እግዚአብሔር ፤ ወታክሕዶ ፡ እ
ምነ ፡ ፈጣሪሁ ። 13 ቀዳሚሃ ፡ ለትዕቢት ፡ ኀጢ
አት ፤ ወለዘአጽንዓ ፡ ታበዝኃ ፡ ላዕሌሁ ፡ ርኵ
ሰ ። ወእንበይነ ፡ ዝንቱ ፡ ያርኢ ፡ እግዚአብሔ
ር ፡ ፍዳሆሙ ፤ ወይገፈትኦሙ ፡ ለዝሉፉ ። 14 ነ
ሠተ ፡ እግዚአብሔር ፡ መናብርቲሆሙ ፡ ለመላ
እክት ፤ ወሢመ ፡ የውሓነ ፡ ህየንቴሆሙ ። 15 ሥ
ርዎሙ ፡ ለአሕዛብ ፡ መልኀ ፡ እግዚአብሔር ፤
ወተከለ ፡ የውሃነ ፡ ህየንቴሆሙ ። 16 በሓውር
ተ ፡ አሕዛብ ፡ ደምሰሰ ፡ እግዚአብሔር ፤ ወሠረ
ዎሙ ፡ እስከ ፡ መሠረተ ፡ ምድር ። 17 ወአሰሰ
ሎሙ ፡ ወአጥፍኦሙ ፤ ወሰዐሮሙ ፡ እምነ ፡ ም
ድር ፡ ዝክሮሙ ። 18 አኮ ፡ ለእጓለ ፡ እመሕያ
ው ፡ ዘተፈጥረ ፡ ትዕቢት ፤ ወአኮ ፡ ለዘይትወለ
ድ ፡ እምአንስት ፡ መዐተ ፡ መንሱት ። 19 ዘር
እ ፡ ክቡር ፡ ዘርአ ፡ እጓለ ፡ እመሕያው ፤ አይኑ ፡
ዘርእ ፡ ክቡር ፡ (ዘርአሙ ፡ ለእጓለ ፡ እመሕያው ፡
ለ)ፈራህያነ ፡ እግዚአብሔር ። ዘርእ ፡ ኅሱር ፡ ዘ

---

18 ለዝሉፉ ፡ codd. X. 1 በሥርዐት ፡ B, በሥርዐቱ ፡ F. 3 የሀጕል ፡ EF, C corr. 6 ወበኵሉ ፡ F. በዘሔስከሁ ፡ BF, C corr.; በዘሔስከ ፡ M. 7 ተዐቢ ፡ AT, ያዐቢ ፡ B. ዐመፃ ፡ BF. 9 ወእንዘ ፡ T; እንዘ ፡ caet. exc. A. 10 ለዮም ፡] + ዳእሙ ፡ ABCEF. ወጌሠምሰ ፡ M, ወጌሠመ ፡ BEF. 12 ወታክሕድ ፡ ልበ ፡ CF. 14 የዋሃነ ፡ ABF, item 15. 15 የውሃነ ፡] ትሑታነ ፡ FC. 17 ወአሰዐሮሙ ፡ AFT. ወሰዐረ ፡ B, C corr. 18 ዘተፈጥረት ፡ EM. መዐት ፡ MC, መዐት ፡ ወ BEFT. 19 ( ) omn., exc. quod F ለእ' ፡ እመ' ፡, C ለ ante ፈራ' ፡ omisit. እለ ፡] ለእለ ፡ omn., exc. T.

ርእሙ ፡ ለእኅለ ፡ እመሕያው ፤ አይኑ ፡ ዘርአ ፡
ኅሱር ፡ እለ ፡ ኢየዐቅቡ ፡ ትእዛዘ ። 20 ክቡር ፡
ውእቱ ፡ መኰንን ፡ እምነ ፡ ቢጹ ፤ ወእለኒ ፡ ይ
ፈርህዎ ፡ ለእግዚአብሔር ፡ በቅድመ ፡ አዕይን
ቲሁ ። 22 ለባዕልኒ ፡ ወለነዳይኒ ፡ ወለክቡርኒ ፤
በፈሪሀ፡እግዚአብሔር፡ ይኩኖሙ፡ምክሖሙ።
23 አኮ ፡ ርቱዕ ፡ ያስተአክይዎ ፡ ለነዳይ ፡ ጠቢ
ብ ፤ ወአኮ ፡ ርቱዕ ፡ ያክብርዎ ፡ ለብእሲ ፡ ኃጥ
እ ። 24 ይከብሩ ፡ ዐበይትኒ ፡ ወመላእክትኒ ፡ ወ
መኳንንትኒ ፤ ወአልቦ ፡ እምውስቴቶሙ ፡ ዘየዐ
ብዮ ፡ ለፈራሄ ፡ እግዚአብሔር ። 25 ነባሬ ፡ ጠ
ቢ[ብ] ፡ ንጹ[ሕ] ፡ ይትለአክ ፤ ወብእሲኒ ፡ ማእ
ምር ፡ ኢየሐይስ ። 26 ኢትጠበብ ፡ እንዘ ፡ ትገ
ብር ፡ ግብረከ ፤ ወኢትትዐበይ ፡ በመዋዕለ ፡ ተ
ጽናስከ ። 27 ይኄይስ ፡ ዘይትቀነይ ፡ ወይትጌበ
ር ፤ እምነ ፡ ዘያንሶሱ ፡ ወይመክሕ ፡ ወኢይረከ
ብ ፡ ሲሳዮ ። 28 ወልድየ ፡ በየውሀትከ ፡ አስተ
ፍሥሓ ፡ ለነፍስከ ፤ ወአስተዳልዋ ፡ በአምጣነ ፡
ትክል ። 29 ዘላዕለ ፡ ነፍሱ ፡ ይኤብስ ፡ ለመኑ ፡
ኄረ ፡ ይከውን ፤ ወለዘ ፡ ኢያስተዳልዋ ፡ ለነፍ
ሱ ፡ መኑ ፡ ያአኵቶ ። 30 ለነዳይሰ ፡ ይንእድዎ ፡
በጥበቢሁ ፤ ወለባዕልኒ ፡ እንበይነ ፡ ብዕሉ ። 31
ዘአመ ፡ ይጼነስ ፡ ኢየሐዝን ፤ አመ ፡ ይዴለው ፡
እፎ ፡ ያስተፌሥሕ ። XI. ይከብር ፡ ነዳይ ፡ በ
ጥበቢሁ ፤ ወይነብር ፡ ማእከለ ፡ መኳንንት ። 2
ኢታድሉ ፡ ለሰብእ ፡ እንበይነ ፡ ላሕዩ ፤ ወኢታ
ስተአክዮ ፡ ለሰብእ ፡ እንበይነ ፡ ሕሠሚሁ ። 3 እ
ምኵሉ ፡ አዕዋፍ ፡ ትንእስ ፡ ንህብ ፤ ወእምኵሉ ፡
ይጥዕም ፡ ፍሬሃ ። 4 ኢትዘኀር ፡ በሥነ ፡ አልባ
ሲከ ፤ ወበመዋዕለ ፡ ክብርክኒ ፡ ኢታዕቢ ፡ ርእሰ
ከ ፤ እስመ ፡ ነኪር ፡ ግብሩ ፡ ለእግዚአብሔር ፤
ወኅቡእ ፡ እምእጓለ ፡ እመሕያው ፡ ኪኑ ። 5 ብ
ዙኃን ፡ መኳንንት ፡ እለ ፡ ወድቁ ፡ ውስተ ፡ ም
ድር ፤ ወቦ ፡ ባሕታዊ ፡ ዘተቀጸለ ፡ አክሊለ ። 6
ብዙኃን ፡ ዐበይት ፡ እለ ፡ ኀሰሩ ፡ ፈድፋደ ፤ ወ
ብዙኃን ፡ ክቡራን ፡ እለ ፡ ገብኡ ፡ ታሕተ ፡ እደ ፡
ትሑት ። 7 ኢትሒስ ፡ ዘእንበለ ፡ ትሕትት ፤ ቅ
ድም ፡ ጠይቅ ፡ ወድኅረ ፡ ትጌሥጽ ። 8 እንበ
ለ ፡ ትስማዕ ፡ ኢታውሥእ ፤ ወውስተ ፡ ነገረ ፡
ባዕድ ፡ ኢትባእ ። 9 ወውስተ ፡ ዘኢኮነ ፡ ትካዝ
ከ ፡ ኢትትለሐፍ ፤ ወኢትሰነን ፡ በቀሥተ ፡ ጊ
ጉይ ። 10 ወልድየ ፡ ኢታብዝኅ ፡ ተግባረከ ፤ እ
ስመ ፡ ለእመ ፡ አብዛኅከ ፡ ትጸደቅ ፡ ኢያበውሐ
ከ ፤ ወኢታመሥጥ ፡ ለእመ ፡ ሮጽከ ፤ ወኢትረ
ክብ ፡ ለእመ ፡ ዴገንከ ። 11 እስመ ፡ ቦ ፡ ዘይጔ
ጕእ ፡ ወይሰርሕ ፡ ወይጻሙ ፤ ወፈድፋደ ፡ ይጼ
ነስ ። 12 ወቦ ፡ ዘእንዘ ፡ ድኩም ፡ ውእቱ ፡ ወ
(ኢ)ይስእል ፡ ወኢይክል ፡ ምንተኒ ፤ ወለእመ
ኒ ፡ ጸንዐ ፡ ወፈድፋደ ፡ ይጼነስ ፤ ወአመ ፡ ነጸሮ ፡
እግዚአብሔር ፡ በሠናይ ፤ ያነሥኦ ፡ እምተጽና

22 transp. ወለነ' ፡ ወለከ' ፡ F. ፈሪሀ ፡ sine በ T. 25 ነባሪ ፡ ጠቢብ ፡ ንጹሐ ፡ (በንጹሕ ፡ E) codd.; ነባሬ ፡ ንጹሕ ፡ ወጠቢብ ፡ T. ይኄይሶ ፡ T, ይኄይስ ፡ B, ኢየሐይሶ ፡ E. 27 ወይትሜክሕ ፡ BCEFT. ዘኢይረክብ ፡ ABM. 29 'ዴልዋ ፡ AE. 30 ወለባዕልኒ ፡] + ይዌድስዎ ፡ FCE. 31 ይትፌሣሕ ፡ EF. XI. 2 ሕሠሙ ፡ T. 4 ክብርኒ ፡ M. 5 ውስተ] ዲበ ፡ BT. 6 ትሑት ፡] ባዕድ ፡ BT, C corr. 7 ቅድመ ፡ BCEF, A corr. 9 ኢትትላሐፍ ፡ AT, 'ሐለፍ ፡ BE. ወኢትሳነን ፡ CEF. በቅሥተ ፡ BCFT. 10 ትጸድቅ ፡ idque post ኢያበ' ፡ positum F. 11 ∧ ቦ ፡ ABMT. ዘይጕጕእ ፡ CM. ይጸሙ ፡ sine ወ BT. 12 (ኢ) ∧ B. ∧ ወ ante ፈድፋደ ፡ F, C corr.

ሱ ፤ 13 ወያዐብዮ ፡ ወያከብሮ ፡ ወያነክርዎ ፡ ብ
ዙኃን ። 14 ሠናይትኒ ፡ ወእኪትኒ ፡ ሐይውኒ ፡
ወመዊትኒ ፡ ነዲይኒ ፡ ወብዒልኒ ፡ እምኀበ ፡ እ
ግዚአብሔር ። 17 ጸጋሁ ፡ ለእግዚአብሔር ፡ ት
ዜውሮሙ ፡ ለጻድቃን ፤ ወፈቃዱ ፡ ያስተፌሥ
[ሕ] ፡ ለዓለም ። 18 ሀለወ ፡ ዘይብዕል ፡ በብዝ
ኀ ፡ ጠዊዕ ፡ ወእንዘ ፡ ይቄቂ ፤ ወባቲ ፡ ይሰልጥ ፡
ትፍሥሕቶ ። 19 ወአመ ፡ ተሰፈወ ፡ ያዕርፍ ፤
ወአመ ፡ ይብል ፡ እበልዕ ፡ ወእንከሰ ፡ እፈግዕ ፡
ወአእከልኩ ፤ ወኢያአምር ፡ ዕለተ ፡ እንተ ፡ ት
በጽሖ ፤ ወየኀድግ ፡ ኵሎ ፡ ለባዕድ ፡ ወይመው
ት ፡ ውእቱ ። 20 ቁም ፡ በሥርዐትከ ፡ ወቦቱ ፡ ተ
መሀር ፤ ወርሣእ ፡ በተግባርከ ። 21 ወኢያፍቱ
ከ ፡ ግብሮሙ ፡ ለኃጥኣን ፤ ተአመን ፡ በእግዚአ
ብሔር ፡ ወተሰፈው ፡ ጻማከ ። እስመ ፡ ቀሊል ፡
በኀበ ፡ እግዚአብሔር ፡ (ኵሉ ፡) ለምዕር ፡ > ወ
ግብተ ፡ ያብዕሎ ፡ ለነዳይ ። < 22 በበረከተ ፡ እ
ግዚአብሔር ፡ ዕሴቶሙ ፡ ለጻድቃን ፤ ወትትባዛ
ኅ ፡ በረከቱ ፡ ለጻድቅ ። 23 ወኢትበል ፡ ኢይፈ
ቅድ ፡ እንከ ፤ ወኢትበል ፡ አልብየ ፡ ዕስየተ ፡ እ
ንከ ፤ 24 እምይእዜሰ ፡ አከለኒ ፤ ወእምይእዜሰ ፡
ኢይጼነስ ፡ እንከ ። 25 አመ ፡ ዕለተ ፡ ሠናይት ፡
ይረስዕዋ ፡ ለእኪት ፤ ወአመ ፡ ዕለተ ፡ እኪት ፡ ይ
ረስዕዋ ፡ ለሠናይት ። 26 እስመ ፡ ቀሊል ፡ በኀ
በ ፡ እግዚአብሔር ፡ ዕለተ ፡ ሞት ፤ እስመ ፡ ይፈ
ድዮ ፡ ለሰብእ ፡ በከመ ፡ ግዕዙ ። 27 በእኪት ፡
ዕለት ፡ ይከሪ ፡ ጽጋብ ፤ ወበደኃሪቱ ፡ ለሰብእ ፡
ይትዐወቅ ፡ ምግባሩ ። 28 ወኢትበሎ ፡ ብጹዕ ፡
ዘእንበለ ፡ ትርአይ ፡ ደኃሪቶ ፤ ወበላዕለ ፡ ውሉ
ዱ ፡ ያስተርኢ ፡ ንብረቱ ፡ ለሰብእ ። 29 ኢታብ
እ ፡ ኵሎ ፡ ሰብአ ፡ ዘረከብከ ፡ ውስተ ፡ ቤትከ ፤
እስመ ፡ በብዙኅ ፡ ይጤበበከ ፡ ጕሕልያ ። 30 ቆ
ቃሕ ፡ ተሠግረ ፡ በቈጽለ ፡ አሥርቆ ፤ ከማሁ ፡
ልቡ ፡ ለዕቡይ ፤ ወከመ ፡ ሰብአ ፡ ዐይን ፡ ይትሐ
ዘባ ፡ ለድቀቱ ። 31 ወመጠነ ፡ ሠናይት ፡ እኪ
ተ ፡ የዐስየከ ፡ ጕሕልያ ፤ ወይገብር ፡ ለከ ፡ ነው
ረ ፡ በዘአልብከ ። 32 በብዝኀ ፡ ትንታጉ ፡ ለ[ሐ
ው] ፡ ይበዝኅ ፡ ፍሕሙ ፤ ወብእሲሰ ፡ ኃጥእ ፡ ይ
ንዕዋ ፡ ለነፍስ ። 33 ተዐቀብ ፡ እምነ ፡ እኩይ ፡
እስመ ፡ እኩየ ፡ ይፈጥር ፤ ከመ ፡ ኢይግበር ፡ ለ
ዝሉፉ ፡ ጽዕለተ ፡ ላዕሌከ ። 34 ለእመ ፡ አኀደ
ርከ ፡ ነኪረ ፡ ምስሌከ ፡ የሀውከከ ፡ ወያዐልወከ ፤
ወያወፅአከ ፡ እምንዋይከ ። XII. እመ ፡ ትገ
ብር ፡ ሠናየ ፡ አእምር ፡ ለዘትገብር ፤ በዘትረከ
ብ ፡ ዕሴተ ፡ ሠናይትከ ። 2 ግበር ፡ ለጻድቅ ፡ ወ
ትረክብ ፡ ዕሴተከ ፤ ወእመ ፡ ኢረከብከ ፡ በኀቤ
ሁ ፡ ትረክብ ፡ በኀበ ፡ ፈጣሪሁ ። 3 አልቦ ፡ ሠ
ናይት ፡ በኀበ ፡ ዘይትጌበራ ፡ ለእኪት ፤ ወበኀበ ፡

---

14 እግዚ' ፡] + ውእቱ ፡ A, C corr. 17 ትዜወሮሙ ፡ F. ያ(ታ)ስተፌሥሐ ፡ codd. ('ሥሐ
ሙ ፡ B, 'ሥሕ ፡ ዓለመ ፡ F). 18 በብዙኅ ፡ M. ወባቲ ፡] ወበዝንቱ ፡ T. ይሴልጥ ፡ F. 19 ወአከ
ልኩ ፡ BT. 21 ( ) omn. > < e FCE. 22 በረከተ ፡ BT. ወትበዝኅ ፡ BT. 23 ወኢትበሉ ፡ ኢንፈ
ቅድ ፡ BM(T). 24 አከለኒ ፡ C. 26 ፈድዮ ፡ M. 27 ምግባሩ ፡] ደኃሪቱ ፡ (sic) AMT. 28 ብጹዐ ፡ F.
29 ብዙኀ ፡ CEF. ጕሕላዊ ፡ F, ጐሕላይ ፡ A (item 31). 30 በቈጽልዐ ፡ ሠርቆ ፡ A. ይትሐዘብ ፡
M, ይትሔዘባ ፡ BF, C corr. 31 ዘአልብከ ፡ E. 32 [ ] ሐይው ፡ AMT, እሳት ፡ BEF, C corr. ለነፍሱ ፡
ABCFT. XII. 1 አመ ፡ FT. ዕሴተከ ። ሠናይተከ ፡ M (C corr.). 2 ፈጣሪከ ፡ T.

ዘኢይገብር ፡ ምጽዋተ ። 4 ሀብ ፡ ለጻድቅ ፡ ከ
መ ፡ ኢይንሣእ ፡ ኃጥእ ። 5 አሠኒ ፡ ለነዳይ ፡ ወ
ኢተሀብ ፡ ለእኩይ ፤ ወአፅርዕ ፡ እክለከ ፡ ከመ ፡
ኢይንሣእ ፡ ውእቱ ፤ ከመ ፡ ኢይማእከ ፡ በንዋ
ይከ ፤ እስመ ፡ ካዕበተ ፡ ትረክባ ፡ ለእኪት ፡ በኀ
ቤሁ ፤ ዕሴተ ፡ ኵሉ ፡ ሠናይት ፡ እንተ ፡ ገበርከ ፡
ሎቱ ። 6 እስመ ፡ እግዚአብሔር ፡ ጸልአሙ ፡ ለ
ኃጥአን ፤ ወይትቤቀሎሙ ፡ ለእኩያን ። 7 ሀብ ፡
ለጻድቅ ፡ እምተሀብ ፡ ለኃጥእ ። 8 ኢያምሥጥ
ከ ፡ ዐርክከ ፡ አመ ፡ ትፍሥሕትከ ፤ ወኢይትኀባ
እከ ፡ ጸላኢከ ፡ አመ ፡ ምንዳቤከ ። 9 ትፍሥሕ
ትከ ፡ ያቈስሎሙ ፡ ለጸላእትከ ፤ ወተጽናስከ ፡ ይ
ሰዶሙ ፡ ለአዕርክቲከ ። 10 ኢትትአመኖ ፡ ለጸ
ላኢከ ፡ ለዝሉፉ ፤ እስመ ፡ ከመ ፡ ዛሕለ ፡ ብርት ፡
እከየ ፡ ልቡ ። 11 ወእመኒ ፡ ትጼነስ ፡ ይፀመደ
ከ ፡ እንዘ ፡ ኢይንእደከ ፤ አጽንዓ ፡ ለነፍስከ ፡ ወ
ተዐቀቦ ፤ ወትከውኖ ፡ ከመ ፡ መጽሔት ፡ ዝሕል
ት ፤ ወኢይክለከ ፡ ለዝሉፉ ። 12 ወኢታቅሞ ፡
መንገሌከ ፤ ከመ ፡ ኢይጕዳእከ ፡ ወኢይቁም ፡
ውስተ ፡ መከንከ ፤ ወኢታንብሮ ፡ መንገለ ፡ የማ
ንከ ፤ ከመ ፡ ኢይንሣእከ ፡ ሢመተከ ፤ ወበደኃሪ
ት ፡ ሀለወከ ፡ ታእምሮ ፡ ለቃልየ ፤ ወትዜከሮ ፡
ለተግሣጽየ ። 13 መኑ ፡ ያስተምሕሮ ፡ ለአርዌ ፡
ምድር ፤ ወለኵሉ ፡ አርዌ ፡ እኩይ ፤ 14 ከማሁ ፡
ለዘየሐውርኒ ፡ ምስለ ፡ ብእሲ ፡ ኃጥእ ፤ ወይደ
መር ፡ ምስለ ፡ ኀጢአቱ ። 15 እንተ ፡ ምዕር ፡ ይ
ቀውም ፡ ምስሌከ ፤ ወእስከ ፡ ትትመየጥ ፡ (ኢት
ሬእዮ ፡ እንከ ፡ ወ)ኢይትዔገሥ ፡ ምስሌከ ። 16 በ
ከናፍሪሁሰ ፡ ያስተጥዕም ፡ ለከ ፡ (ቃሎ ፡) ጸላኢ
ከ ፤ ወበልቡ ፡ ይመክር ፡ ውስተ ፡ ግብ ፡ ያውድ
ቀ ፤ ወዐይኖሂ ፡ ያነብዕ ፡ ለከ ፡ ጸላኢከ ፤ ወእም
ከመ ፡ አስሐተከ ፡ ኢይጸግብ ፡ እምደምከ ። 17
ወእመኒ ፡ ተመንደብከ ፡ ቀዳሚ ፡ ኵሉ ፡ ትረክ
በ ፡ ቅድመ ፡ ገጽከ ፤ ወከመ ፡ ዘይረድአከ ፡ ያቴ
ሕት ፡ ርእሶ ፡ ታሕተ ፡ ሰኰናከ ፤ 18 ወይጠፍሕ ፡
በእደዊሁ ፡ ወየሐውስ ፡ ርእሶ ፤ ወእምዝ ፡ ይመ
ይጥ ፡ ገጾ ፡ ወይትቄጸበከ ። XIII. ዘገሰሰ ፡ ፒ
ሳ ፡ ይትአኀዝ ፡ ቦቱ ፤ ወዘተዓረከ ፡ ለዕቡይ ፡ ይ
ከውን ፡ ከማሁ ። 2 ኢታንሥእ ፡ ክቡደ ፡ ወኢ
ትሰከም ፡ ላዕሌከ ፤ ኢትደምር ፡ ንዋየከ ፡ ምስ
ለ ፡ ዘይኄይለከ ፡ ወይብዕለከ ። በአይቴ ፡ ይትዓ
ረክ ፡ መቅጹት ፡ ምስለ ፡ ጽህርት ፤ እስመ ፡ ለሊ
ሃ ፡ ትጐድእ ፡ ወለሊሃ ፡ ትሰበር ፤ 3 ከማሁ ፡ ባ
ዕል ፡ ለሊሁ ፡ ይገፍዕ ፡ ወለሊሁ ፡ ይትመዓዕ ፤
ወነዳይሰ ፡ ውእቱ ፡ ይትገፋዕ ፡ ወውእቱ ፡ ይገ
ኒ ። 4 ለእመ ፡ ብከ ፡ በዘትበቍዖ ፡ ያቀርበከ ፡
ኀቤሁ ፤ ወእመሰ ፡ ተጸነስከ ፡ ኢይኄጽረከ ፡ እን
ከ ። 5 ወለእመ ፡ ብከ ፡ የኀብር ፡ ምስሌከ ፤ ወያ
ኀልቅ ፡ ለከ ፡ ዘዚአከ ፡ ወዓዲ ፡ ኢያነክረከ ። 6
ወእመቦ ፡ ትከዘ ፡ ዘይፈቅድ ፡ ይየውሀከ ፤ ወብ

---

5 ወአጽንዕ ፡ F i. l. ዕሴተከ ፤ ኵሎ ፡ ሠናይተ ፡ codd. (exc. F, C corr.). አንተ ፡ ግበር ፡ ሎቱ ፡ MB. 6 ይጸልአሙ ፡ codd., exc. MT. 11a vid. 19,26. ተጸነሰ ፡ EF. ይጸመመከ ፡ T. ይንእደከ ፡ F. 12 ኢይንሣእ ፡ C. ወበደኃሪትከ ፡ CEFM. 13 ይምሕሮ ፡ E, F corr. 15 ምዕረ ፡ F, C corr. 16 ( ) omn. exc. T. 18 ወይ' ፡ በእ' ፡ post ርእሶ ፡ positum F. ወይትቃጸበከ ፡ CF. XIII. 1 ፔሳ ፡ CM. ይእኀዝ ፡ TM. 2 ትሰብር ፡ CFM. 3 ለሊሁ ፡, ወለሊሁ ፡ pro ው' ፡, ወው' ፡ CFT. 4 በዘታቀርቦ ፡ ወይበቍዕ ፡ (ወያስተበቍዕ ፡ T) ያቀርበከ ፡ (ያቅርብከ ፡ AT) ኀቤሁ ፡ AMT. 5 የኀብር ፡] የሐውር ፡ BT. 6 ዘይፈቅደከ ፡ AEFT. ወይሥሕቅ ፡ ለከ ፡ F, C corr.

ዙኀ ፡ ያስተሴፍወከ ፡ ወይሥሕቀከ ፤ ወሠናየ ፡
ይትናገረከ ፡ ወምንተ ፡ ትፈቅድ ፡ ይብለከ ። 7
ወበመብልዑ ፡ የኀይጠከ ፤ ወከዐበ ፡ ወሥልሰ ፡
ያሰፍጠከ ፤ ወእምዝ ፡ ድኅረ ፡ ይገብእ ፡ ኢይስ
ማዕከ ፤ ወእመኒ ፡ ርእየከ ፡ ይሥሕቅ ፡ ላዕሌከ ፤
ወየሐውስ ፡ ርእሶ ፡ ለከ ። 8 ተዐቀብ ፡ ኢያስሕ
ትከ ፡ ወኢይየውህከ ፤ ወኢታብእ ፡ ሐዘነ ፡ ማ
እከለ ፡ ትፍሥሕትከ ። 9 ዘይቤለከ ፡ ዐቢይ ፡ አ
ሆ ፡ በሎ ፡ ለግዕዙ ፤ ወለእመኒ ፡ ጸውዐከ ፡ ኢት
እበዮ ፤ ወፈድፋደ ፡ ያፈቅረከ ። 10 ኢትርሐቅ
ኒ ፡ ወኢትስሐትኒ ፤ ወኢትጐንዲ ፡ ርሒቆቶ ፡
ከመ ፡ ኢይርሳዕከ ። 11 ወኢታፈድፍድ ፡ ተና
ግሮ ፡ ምስሌሁ ፤ ወኢትትአመኖ ፡ በብዙኅ ፡ ነ
ገሩ ፤ እስመ ፡ በብዝኅ ፡ ነገር ፡ ያሜክረከ ፤ ወከ
መ ፡ ዘይሥሕቅ ፡ ምስሌከ ፡ የሐተከ ። 12 አል
ቦ ፡ ሣህለ ፡ ዘያወጽእ ፡ ምክረ ፡ ቢጹ ፤ እስመ ፡
ኢያሐዝኖ ፡ ተሞቅሖ ፡ ወመንሱት ። 13 ዑቅ ፡
ወተዐቀብ ፡ በሕቁ ፤ እስመ ፡ ምስለ ፡ ቀታሊከ ፡
ተሐውር ። 15 ኵሉ ፡ እንስሳ ፡ ያፈቅር ፡ ዘመዶ ፤
ወኵሉ ፡ ሰብእ ፡ ያፈቅር ፡ ቢጾ ። 16 > ወኵሉ ፡
ነፍስ ፡ ይትጋባእ ፡ ምስለ ፡ ዘከማሁ ፡ < ወሰብእ
ኒ ፡ ምስለ ፡ ዘይዘውኅ ፡ ይትሉ ። 17 በአይቴ ፡
ይትዓረክ ፡ ተኵላ ፡ ምስለ ፡ በግዕ ፤ ከማሁ ፡ ኃጥ
እ ፡ ምስለ ፡ ጻድቅ ። 18 ወመኑ ፡ ያስተሰናእዎ
ሙ ፡ ለአክልብት ፡ ምስለ ፡ አዝእብት ፤ ወመኑ ፡
ያስተዓርከ ፡ ለነዳይ ፡ ምስለ ፡ ባዕል ። 19 . . . . ፤
ከማሁ ፡ ይትዔገሎ ፡ ባዕል ፡ ለነዳይ ። 20 ያስቆ
ርሮ ፡ ዕቡይ ፡ ለዘያቴሕት ፡ ርእሶ ፤ ከማሁ ፡ ያስ
ቆርሮ ፡ ባዕል ፡ ለነዳይ ። 21 ባዕል ፡ ለእመ ፡ ተ
ንተነ ፡ ይሰውቅዎ ፡ አዕርክቲሁ ፤ ወነዳይሰ ፡ ለ
እመ ፡ ወድቀ ፡ ይከይድዎ ፡ ቢጹ ። 22 ባዕል ፡
ለእመ ፡ ድኅፀ ፡ ብዙኃን ፡ ያነሥእዎ ፤ ወእመኒ ፡
ነበበ ፡ ቃሎ ፡ ያረትዑ ፡ ሎቱ ። ነዳይሰ ፡ ለእመ ፡
ስሕተ ፡ ይረግምዎ ፤ ወእመኒ ፡ ሠናየ ፡ ነበበ ፡ ኢ
ያፀምእዎ ። 23 ወባዕልሰ ፡ ለእመ ፡ ነበበ ፡ ኵሉ ፡
ያረምም ፤ ወይንእዱ ፡ ሎቱ ፡ ምግባሮ ፡ ወያበጽ
ሕዎ ፡ እስከ ፡ ደመና ። ወነዳይሰ ፡ ለእመ ፡ ነበ
በ ፡ ምንትኑ ፡ ዝንቱ ፡ ይብልዎ ፤ ወእመኒ ፡ ተዐ
ቅፈ ፡ ያቴክልዎ ። 24 ሠናይ ፡ ብዒል ፡ እንዘ ፡
ኢይገብር ፡ ኀጢአተ ፤ ወያሐሥማ ፡ ኃጥእ ፡ ለ
ንዴቱ ፡ በአፉሁ ። 25 ልቡ ፡ ለሰብእ ፡ ይዌልጦ ፡
ገጾ ፤ ለእመኒ ፡ ፍሡሕ ፡ ውእቱ ፡ ወለእመኒ ፡ ት
ኩዝ ፡ ውእቱ ። 26 አሠሩ ፡ ለልብ ፡ ፍሡሕ ፡ ገ
ጽ ፡ ብሩህ ፤ ወትረክብ ፡ ምክረ ፡ ጥበብ ፡ ሰሪሐ
ከ ። XIV. ብፁዕ ፡ ዘኢይድኅዕ ፡ በአፉሁ ፤ ወ
ለኃጥእሰ ፡ ኢያደነግጾ ፡ ሐዘን ። 2 ብፁዕ ፡ ዘኢ
ያሐዝን ፡ ነፍሶ ፤ ወዘኢሀጕለ ፡ ተስፋሁ ። 3 ለ
ብእሲ ፡ ዘኢያአምር ፡ ቃለ ፡ ኢይደልዎ ፡ ብዒ
ል ፤ ወለብእሲ ፡ ጠዋዒ ፡ ኢይደልዎ ፡ ንዋይ ።
4 ዘይቈቅያ ፡ ለነፍሱ ፡ ይዘግብ ፡ ለባዕድ ፤ ወከ
ልእ ፡ ይፈግዕ ፡ በንዋዩ ። 5 ዘለነፍሱ ፡ ይጠው
ዕ ፡ ለመኑ ፡ ሀለዎ ፡ ይጸጉ ፤ ወዘኢይትፌሣሕ ፡

8 ወኢያየውህከ ፡ T. 10 ወኢትስ' ፡ ወኢትር' ፡ posuit C. 16 > < e F, C corr. ዘይዘውኅ ፡ BEF, ዘይዘወኅ ፡ C. 22 ቃሎ ፡ (depravatum ex ዕልወ ፡?); ቃሉ ፡ CT. 23 ያረምሙ ፡ CE. ምግባሮ ፡] ቃሎ ፡ F. ደመናት ፡ M. 25 ይዌልጥ ፡ BCEF. XIV. 1 emendes ወለኀጢአት ፡, ሐዘና ፡ 2 emendes ዘኢያሐዝኖ ፡ ነፍሱ ፡ 3 ጠዋይ ፡ BM.

በንዋዩ። 6 አልቦቱ፡ ዘየአክዮ፡ ለዘይጠውዕ፡
ለነፍሱ፤ ወውእቱ፡ ይከውኖ፡[ፍዳሃ፡ ለእከዩ።]
7 ወሶበኒ፡ ያሤኒ፡ እመ፡ ረስዐ፡ ዳእሙ፡ ያሤ
ኒ፤ ወድኅረ፡ ያዐውቅ፡ እከዩሁ። 8 እኩይ፡ ዐ
ይን፡ ጠዋዒ፤ ዘይመይጥ፡ ገጾ፡ ወይትዔወር፡
ነፍሶ። 9 ኢያጸግቦ፡ ክፍሉ፡ ለዐይን፡ ሥሡዕ፤
ወእከየ፡ ልቡ፡ ያቈቅዖ፡ አዕፅምቲሁ። 10 ዐ
ይኑ፡ ለሐማሚ፡ ይጠውዕ፡ እክለ፤ ወይደነጹ፡
በውስተ፡ ማእድ። 11 ወልድየ፡ በአምጣነ፡ ት
ክል፡ አስተዳልዋ፡ ለነፍስከ፤ ወአብእ፡ መባ
አ፡ ለእግዚአብሔር፡ በዘይደልወከ። 12 ወተ
ዘከር፡ ከመ፡ ኢይጐንዲ፡ ሞት፤ ወኢተሐዘብ
ከ፡ ዕለተ፡ መዊት። 13 እንበለ፡ ትሙት፡ አሠ
ኒ፡ ለቢጽከ፤ ወበአምጣነ፡ ትክል፡ ስፋሕ፡ እ
ዴከ፡ ወሀብ። 14 ወኢትትኀጣእ፡ [እም]ዕለ
ተ፡ ትፍሥሕት(ከ)፤ ወመክፈልተ፡ ሠናይ፡ ኢ
ያምሥጥከ። 15 አኮኑ፡ ለባዕድ፡ ተኀድጎ፡ ለ
ጻማከ፤ ወኵሎ፡ ተግባረከ፡ ይትከፈሉ፡ መዋ
ርስቲከ። 16 ንሣእ፡ ወሀብ፡ ወአስተፍሥሓ፡
ለነፍስከ፤ እስመ፡ አልቦ፡ ዘትረክብ፡ ትፍሥሕ
ተ፡ በውስተ፡ መቃብር። 17 ኵሉ፡ ዘነፍስ፡ ይ
በሊ፡ ከመ፡ ልብስ፤ እስመ፡ ትእዛዝ፡ ሕግ፡ ተ
ፈጥረ፡ ሞተ፡ ትሙት። 18 ከመ፡ ቈጽለ፡ ዕ
ፅ፡ ዘጽፉቅ፡ ቈጽሉ፤ ዘቀዳሚ፡ ይትነገፍ፡ ወ
ደኃሪ፡ ይሠርጽ፤ ከማሁ፡ ኵሉ፡ ትውልድ፡ ዘ
ሥጋ፡ ወደም፤ ዝከቱ፡ ይትወለድ፡ ወዝከቱ፡
ይመውት። 19 ኵሉ፡ ግብር፡ ይበሊ፡ ወየኀል
ቅ፤ ወገባሪሁኒ፡ የኀልፍ፡ ምስሌሁ። 20 ወባ
ሕቱ፡ ብጹዕ፡ ብእሲ፡ እንዘ፡ ጠቢብ፡ ውእቱ፡
ዘሞተ፤ ወዘተምህረ፡ ወዐቀበ፡ ጥበቢሁ፤ 21 ወ
ዘይኄሊ፡ ፍናዊሃ፡ ለጥበብ፡ በልቡ፤ ወይትሜ
ሀር፡ ኅቡአቲሃ። 22 ትልዋ፡ ድኅሬሃ፡ ወኅሥ
ሥ፡ አሠረ፤ ወዕቀብ፡ ፍናዊሃ። 23 ዘይሔው
ጽ፡ እንተ፡ መሳክዊሃ፡ ወያፀምእ፡ በውስተ፡
አናቅጺሃ፤ 24 ወዘየኀድር፡ ቅሩበ፡ ቤታ፤ ወይ
ተክል፡ መታክሊሁ፡ ውስተ፡ አረፋቲሃ፤ 25 ወ
ያቀውም፡ ደብተራሁ፡ ውስተ፡ እደዊሃ፤ ወየ
ኀድር፡ ውስተ፡ መኃድሪሃ፡ ሠናይ፤ 26 ወያነ
ብር፡ ውሉዶ፡ ውስተ፡ ጽላሎታ፤ ወይበይት፡
ታሕተ፡ አዕጹቂሃ፤ 27 ወያጸልል፡ እምነ፡ መ
ርቄ፡ ታሕቴሃ፤ ወያዐርፍ፡ በውስተ፡ ክብራ።
XV. ፈራሄ፡ እግዚአብሔር፡ ይገብር፡ ከመዝ፤
ወዘየዐቅብ፡ ሕገ፡ ይረክባ። 2 ወትጸንሖ፡ ከመ፡
እሙ፤ ወተሐቅፎ፡ ከመ፡ ብእሲት፡ ድንግል፤
3 ወትሴስዮ፡ እክለ፡ ጥበብ፤ ወታሰትዮ፡ ማየ፡
አእምሮ። 4 ወይትመረጐዝ፡ ባቲ፡ ወኢይትነ
ትን፤ ወይትአመን፡ ባቲ፡ ወኢይትኀፈር። 5 ወ
ታዐብዮ፡ እምነ፡ ቢጹ፤ ወበማእከለ፡ ብዙኃን፡
ይከሥት፡ አፉሁ። 6 ወትሁብ፡ አክሊለ፡ (ጥ
በብ፡ ወ)ትፍሥሕት፡ ወሐሤት፤ ወይወርስ፡ ስ
መ፡ ዘለዓለም። 7 ወአብዳንሰ፡ ኢይረክብዋ፤
ወኃጥአንሰ፡ ኢይሬእይዋ። 8 ርሕቅት፡ እም

---

6 ነፍሱ፡ CM, እምነፍሱ፡ F. [ ] ex FC; እከዩ፡ ለፍዳሁ፡ MAE. እኩየ፡ ፍዳሁ፡ B, እኩየ፡ ለፍዳሁ፡ T. 8 ዐይን፡ AT. 9 ያቈቅዖ፡ EF. 12 ወኢታሕዝብከ፡ M, ወኢያስተሕዝብከ፡ F. corr. 14 [ ] አመ፡ codd. ወመክፈልት፡ CEF. 15 መዋርስት፡ AF. 17 ነፍስ፡ BCFM. 25 ማኅደሪሃ፡ CF. XV. 2 ወትጸ'፡] ወተሐፅኖ፡ CF. 6 ( ) omn., exc. CF. ትፍሥሕተ፡ ወአክሊለ፡ ሐሤት፡ CF. 7 ወኃጥአንሰ፡] + ኢይረክብዋ፡ ወ ABE(TM).

ነ ፡ ዕቡያን ፤ ወሐሳውያንኒ ፡ ኢይዜክርዋ ። 9 ኢ
ከነ ፡ አዳመ ፡ ቃለ ፡ አፉሁ ፡ ለኃጥእ ፤ እስመ ፡
ኢኮነ ፡ በፍርሀተ ፡ እግዚአብሔር ፡ ዘይነብብ ።
10 በጥበብ ፡ ይነግርዋ ፡ ለአምሳል ፤ ወእግዚአብ
ሔር ፡ ይረድአ ፡ ለዘ ፡ ይትሜሀራ ። 11 ኢትበ
ል ፡ በእንተ ፡ እግዚአብሔር ፡ ተሐረምኩ ፤ ወ
ዘውእቱ ፡ ጸልአ ፡ ኢትግበር ። 12 ወኢትበል ፡
ውእቱ ፡ አስሐተኒ ፤ ውእቱሰ ፡ ኢይፈቅድ ፡ ብ
እሴ ፡ ኃጥአ ። 13 እስመ ፡ ኵሎ ፡ ርኩሰ ፡ ጸል
አ ፡ እግዚአብሔር ፤ . . . . ። 14 ውእቱ ፡ ገብሮ ፡
ለእጓለ ፡ እመሕያው ፡ ቀዳሚሁ ፤ ወኀደጎ ፡ በግ
ዕዙ ፡ በዘፈቀደ ። 15 ወለእመሰ ፡ ትፈቅድ ፡ ት
ዕቀብ ፡ ትእዛዘ ፤ ወትግበር ፡ ሃይማኖተ ፡ ፈቃዱ ።
16 ናሁ ፡ አንበረ ፡ ለከ ፡ እሳተ ፡ ወማየ ፤ ከመ ፡
ትደይ ፡ እዴከ ፡ ኀበ ፡ ኀረይከ ። 17 ሕይወትኒ ፡
ወሞትኒ ፡ ቅድሜሁ ፡ ለእጓለ ፡ እመሕያው ፤ ወ
ዘኀረየ ፡ እምውስቴቱ ፡ ይሁብዎ ። 18 እስመ ፡
ብዙኀ ፡ ጥበቢሁ ፡ ለእግዚአብሔር ፤ ጽኑዕ ፡ ኀ
ይሉ ፡ ወያአምር ፡ ኵሎ ፡ ወይሬኢ ። 19 ወአዕ
ይንቲሁኒ ፡ ኀበ ፡ እለ ፡ ይፈርህዎ ፤ ውእቱ ፡ ያ
አምር ፡ ኵሎ ፡ ግብሮ ፡ ለእጓለ ፡ እመሕያው ።
20 ወውእቱሰ ፡ አልቦ ፡ ለዘ ፡ አዘዘ ፡ ይግበሩ ፡ ኀ
ጢአተ ፤ ወኢያብሐ ፡ ወኢለመኑሂ ፡ ከመ ፡ የአ
ብሱ ። XVI. ወኢትፍቅድ ፡ ብዙኀ ፡ ውሉደ ፡
እለ ፡ አልቦሙ ፡ በቍዐ ፤ ወኢትትፈሣሕ ፡ በእ
ኩይ ፡ ውሉድ ። 2 ወለእመኒ ፡ በዝኁ ፡ ኢትት
ፈሣሕ ፡ በሙ ፤ ለእመ ፡ አልቦሙ ፡ ፍርሀተ ፡ እ
ግዚአብሔር ፡ ላዕሌሆሙ ። 3 ኢትትአመኖሙ ፡
በሕይወቶሙ ፤ ወኢያስተፍሥሕከ ፡ ብዝኆሙ ።
ይኄይስ ፡ አሐዱ ፡ እምዐሠርቱ ፡ ምእት ፤ ወይ
ኄይስ ፡ መዊት ፡ ዘእንበለ ፡ ውሉድ ፡ እምወሊ
ደ ፡ እኩይ ። 4 እስመ ፡ በ፩ጠቢብ ፡ ትጸንዕ ፡ ሀ
ገር ፤ ወሕዝበሙሰ ፡ ለኃጥአን ፡ ይጠፍኡ ። 5 ብ
ዙኀ ፡ ዘከመዝ ፡ ርእየት ፡ ዐይንየ ፤ ወዘየዐቢ ፡
እምዝ ፡ ሰምዐት ፡ እዝንየ ። 6 ውስተ ፡ ማኅበ
ሮሙ ፡ ለኃጥኣን ፡ ትነድድ ፡ እሳት ፤ ወላዕለ ፡ ሕ
ዝብ ፡ ዐላዊያን ፡ ትነድድ ፡ መዐት ። 7 ወቀደም
ትኒ ፡ እለ ፡ ይርባሕ ፡ ኢያድኀኑ ፡ ነፍሰሙ ፤ እ
ለ ፡ ተአመኑ ፡ በኀይሎሙ ። 8 ወኢመሐከ ፡ ለ
ብሔር ፡ ኀበ ፡ ነበረ ፡ ሎጥ ፤ እለ ፡ አዕበዩ ፡ ርእ
ሶሙ ፡ ወአስቆረርዎ ፡ ለሎጥ ። 9 ወኢተሣሀሎ ፡
ለሕዝብ ፡ ኃጥእ ፤ እለ ፡ ተሠርዉ ፡ በኀጢአቶ
ሙ ፤ 10 ስሳ ፡ እልፍ ፡ አጋር ፡ እሙንቱ ፤ እለ ፡
ተጋብኡ ፡ ወአእከዩ ፡ ልበሙ ። 11 ወእመኒበ ፡
አሐዱ ፡ ዘአግዘፈ ፡ ክሳዶ ፤ ወውእቱኒ ፡ ነኪር ፡
ለእመ ፡ ድኅነ ፤ እስመ ፡ ሣህልኒ ፡ ወመቅሠፍት
ኒ ፡ እምኀቤሁ ፤ ወይክል ፡ ተሣህሎ ፡ ወይክል ፡
አምጽአ ፡ መቅሠፍት ። 12 በአምጣነ ፡ ብዝኀ ፡
ምሕረቱ ፡ ከማሁ ፡ ተግሣጹ ፤ ወይፈድዮ ፡ ለሰ
ብእ ፡ በከመ ፡ ምግባሩ ። 13 ወኢያመሥጥ ፡ ኃ

---

9 አዳም ፡ codd., exc. FC. 10 ይትመሀራ ፡ M. 13 Lacunam explent ወያፈቅሮሙ ፡ ለእለ ፡ ይፈርህዎ ፡ CEF. 14 ዘፈቀደ ፡ F. 15 ወትገብር ፡ AE. 16 አንበረ ፡] አቅረበ ፡ T(B). ኀረይከ ፡] ፈቀድከ ፡ A, ዘፈቀድከ ፡ BE. 17 እምውስቴቶሙ ፡ ABF, C corr. 18 ይሬኢ ፡ (sine ወ) M. 19 ^ ኵሎ ፡ BMT. 20 ይግበር ፡ BF. XVI. 2 ኢትትፌሣሕ ፡ BET. 3 እምውሉድ ፡ BT. 6 ማኅደሮሙ ፡ FC. መዐት ፡] መንሱት ፡ FC, እሳት ፡ AEM, መቅሠፍት ፡ B. 7 ያርብሕ ፡ omn., exc. AM. ነፍሰሙ ፡] TF, ርእሶሙ ፡ rel. 8 ወኢመሐከሙ ፡ omn., exc. T. 12 በዝኀ ፡ M. 13 ዕስየተ ፡ M, ዕስያተ ፡ T.

ጥእ ፡ እምነ ፡ ዳሕፍ ፤ ወኢየሀጐል ፡ ጻድቅ ፡ ዕ
ሴተ ፡ ትዕግሥቱ ። 14 ኵሉ ፡ ምጽዋት ፡ ሣህ
ለ ፡ ያመጽእ ፤ ወኵሉ ፡ ሰብእ ፡ ይረክብ ፡ ዘከመ ፡
ግዕዙ ። 17 ኢትበል ፡ ኣመሥጥ ፡ እምእግዚአ
ብሔር ፤ ወአልቦ ፡ ዘይረክበኒ ፡ በሰማያት ፤ ወበ
ውስተ ፡ ብዙኃ ፡ አሕዛብ ፡ አልቦ ፡ ዘያአምረኒ ፤
ወምንትኑ ፡ ኈልቋ ፡ ለነፍስየ ፡ በውስተ ፡ ኵሉ ፡
ዓለም ። 18 ናሁ ፡ ሰማይ ፡ ወሰማይኒ ፡ ዘመልዕ
ልተ ፡ ሰማይ ፡ ወቀላይኒ ፡ ወምድርኒ ፤ ኵሉዝ ፡
ያድለቀልቅ ፡ እምከመ ፡ ሐወጸሙ ። 19 ወአድ
ባርኒ ፡ ወመሠረተ ፡ ምድርኒ ፤ እምከመ ፡ ነጸሮ
ሙ ፡ ይርዕዱ ፡ ወያድለቀልቁ ። 20 ወበዝኒ ፡ ኢ
ይኄልዮ ፡ ልብ ፤ መኑ ፡ ይክል ፡ አእምሮ ፡ ፍና
ዊሁ ። 21 ወዐውሎሂ ፡ ዘኢይሬኢ ፡ እጓለ ፡ እ
መሕያው ፤ ወዘይበዝኃ ፡ ግብሩ ፡ ኅቡእ ፡ ውእ
ቱ ። 22 ግብረ ፡ ጽድቅ ፡ መኑ ፡ ይሜህር ፤ ወመ
ኑ ፡ ይጸንሕ ፡ ተስፋሃ ፡ ለምሕረቱ ። 23 ሕጹጸ ፡
ልብ ፡ ይኄሊ ፡ ከመዝ ፤ ብእሲ ፡ አብድ ፡ ወጊጉ
ይ ፡ ይኄሊ ፡ እበደ ። 24 ስምዐኒ ፡ ወልድየ ፡ ወ
ተመሀር ፡ ጥበበ ፤ ወአፅምእ ፡ እምልብከ ፡ ለነገ
ርየ ። 25 አርእያ ፡ ለጥበብከ ፡ ደሊወከ ፡ በመዳ
ልው ፤ ወጠይቅ ፡ ነገራ ፡ ለትምህርትከ ። 26 ግ
ብሩ ፡ ለእግዚአብሔር ፡ ተፈጥረ ፡ በኵነኔሁ ፤ ወ
ፈለጠሙ ፡ ሥርዐቶሙ ፡ በበ ፡ በሓውርቲሆሙ ።
27 ወሠርዐ ፡ ኵሎ ፡ ግብሮ ፡ በዘይቀውም ፡ ዓለ
ም ፤ ወአሕዛቢሆሙ ፡ በበፍጥረቶሙ ፤ ዘኢይ
ጸምእ ፡ ወዘኢይርኅብ ፡ ወዘኢየኀልቅ ፡ ግብሮ
ሙ ፤ 28 ወኢይጠወቅ ፡ አሐዱ ፡ ምስለ ፡ ካል
ኡ ፤ ወለዓለም ፡ ኢይትገሐሡ ፡ እምነ ፡ ቃሉ ።
29 ወእምዝ ፡ ነጸረ ፡ እግዚአብሔር ፡ ውስተ ፡ ም
ድር ፤ ወአጽገባ ፡ እምነ ፡ (ኵሉ ፡) በረከቱ ። 30
መንፈሰ ፡ ኵሉ ፡ ዘሕያው ፡ መልአ ፡ ላዕለ ፡ ም
ድር ፤ ወውስተ ፡ ምድር ፡ ምግባኢሆሙ ። XVII.
እግዚአብሔር ፡ ፈጠሮ ፡ ለእጓለ ፡ እመሕያው ፡
እምነ ፡ ምድር ፤ ወካዕበ ፡ ያገብኦ ፡ ውስቴታ ።
2 ወወሀቦሙ ፡ ዓመተ ፡ መዋዕለ ፡ ኍልቍ ፤ ወ
አኰነኖሙ ፡ ኵሎ ፡ ዘውስቴታ ። 3 ወአልበሶ
ሙ ፡ ኀይለ ፡ ዘዚአሆሙ ፤ ወበአምሳለ ፡ ዚአ
ሁ ፡ ገብሮሙ ። 4 ወገብረ ፡ ሎሙ ፡ ይፍርህዎ
ሙ ፡ ኵሉ ፡ ዘነፍስ ፤ ወይቅንይዎሙ ፡ ለአራዊ
ት ፡ ወለአዕዋፍ ። 6 ወወሀቦሙ ፡ ቃለ ፡ ወልሳ
ነ ፡ ወዐይነ ፤ ወእዝነ ፡ ወልበ ፡ በዘ ፡ ይኄልዩ ።
7 አእምሮ ፡ ጥበብ ፡ አጽገቦሙ ፤ ወአርአዮሙ ፡
እኪተኒ ፡ ወሠናይተኒ ። 8 ወወደየ ፡ ውስተ ፡
ልቦሙ ፡ ፍርሀተ ፤ ከመ ፡ ያርእዮሙ ፡ ዕበየ ፡ ግ
ብሩ ፤ 10 ከመ ፡ ይሰብሕዎ ፡ ለስሙ ፡ ቅዱስ ፤
9 ከመ ፡ ይትናገሩ ፡ በዕበየ ፡ ግብሩ ። 11 ወወ
ሀቦሙ ፡ ጥበበ ፤ ወሕገ ፡ ዘያሐይዎሙ ፡ አውረ
ሰሙ ። 12 ኪዳነ ፡ ዘለዓለም ፡ ተካየዶሙ ፤ ወነ
ገሮሙ ፡ ኵነኔሁ ። 13 ወዕበየ ፡ ስብሐቲሁ ፡ ር

---

14 በከመ ፡ BET. 17 ኍለቋሃ ፡ (sic) F, ኍልቋሃ ፡ C. 18 ኵሉዝ ፡] ኵሉ ፡ T, ወኵሉ ፡ C, ወኵሉዝ ፡ M. 19 ወመሠረታተ ፡ BC. 20 ወበዝየኒ ፡ CF. 21 ወዐውሎሁ ፡ omn., exc. B. 22 ተስፋ ፡ T, ተስፋሁ ፡ M. 23 ዘከመዝ ፡ M. 24 ወአፅምኦ ፡ F(C). 25 Imperativi ex Imperfectis 1 p. s. depravati. 26 ተፈጥሩ ፡ FM. 27 ለዓለም ፡ F. በበሥርዐቶሙ ፡ (pro በበፍ' ፡) CF. 29 ( ) ∧ CEF. 30 መንፈስ ፡ AMT. ላዕለ ፡] + ኵሉ ፡ omn., exc. FT. XVII. 2 ወመዋዕለ ፡ በኍልቍ ፡ CEF. 4 ∧ ሎሙ ፡ T. 9 ዕበየ ፡ (sine በ) C. 13 ሰምዓ ፡ እዘኒሆሙ ፡ omn., exc. T.

እያ ፡ አዕይንቲሆሙ ፤ 14 ወይቤሎሙ ፡ ተዐቀ
ቡ ፡ እምኵሉ ፡ ዐመፃ ፡ 13 ወቃለ ፡ ስብሐቲሁ ፡
ሰምዐት ፡ እዝኖሙ ፤ 14 ወአዘዞሙ ፡ ለኵሎሙ ፡
በእንተ ፡ ቢጾሙ ። 15 ወቅድሜሁ ፡ ፍናዊሆ
ሙ ፡ በኵሉ ፡ ጊዜ ፤ ወአልቦሙ ፡ ኅበ ፡ ይትኅ
ብኡ ፡ እምነ ፡ አዕይንቲሁ ። 17 ወለኵሎሙ ፡
አሕዛብ ፡ ሤመ ፡ ሎሙ ፡ ነገሥተ ፤ ወእስራኤ
ል ፡ ኮነ ፡ ክፍለ ፡ እግዚአብሔር ። 19 ወኵሉ ፡
ግብሮሙ ፡ ከመ ፡ ፀሓይ ፡ በቅድሜሁ ፤ ወአዕይ
ንቲሁ ፡ ዘልፈ ፡ ይኔጽሩ ፡ ፍናዊሆሙ ። 20 ወ
ኢይትኀባእ ፡ ኀጢአቶሙ ፡ እምኔሁ ፤ ወኵሉ ፡
ጌጋዮሙ ፡ ቅድመ ፡ እግዚአብሔር ። 22 ምጽ
ዋቱ ፡ ለሰብእ ፡ ከመ ፡ ማኅተም ፡ ምስሌሁ ፤ ዕ
ሴቱ ፡ ለሰብእ ፡ ከመ ፡ ብንተ ፡ ዐይን ፡ ትትዐቀ
ብ ፡ ሎቱ ። 23 ወድኅረ ፡ ይትመየጦ ፡ ወየዐስዮ ፤
ወፍዳ ፡ ኀጢአቶሙ ፡ ያገብእ ፡ ላዕለ ፡ ርእሶሙ ።
24 ወባሕቱ ፡ ወሀቦሙ ፡ ፍኖተ ፡ በዘ ፡ ይኔስሑ ፤
ወያስተፌሥሖሙ ፡ ለእለ ፡ ቀብጹ ፡ ተስፋሆ
ሙ ። 25 ተመየጥ ፡ ኀበ ፡ እግዚአብሔር ፡ ወ[ኅ
ድጋ ፡ ለኀጢአት] ፤ ተጋነይ ፡ ቅድሜሁ ፡ ወነስ
ሕ ፡ አበሳከ ። 26 ወግባእ ፡ ኀበ ፡ ልዑል ፡ ወተ
መየጥ ፡ እምነ ፡ ዐመፃ ፤ ወጽላእ ፡ ኵሎ ፡ ርኩሰ ፡
[ፈድፋደ] ። 27 መኑ ፡ ይሴብሖ ፡ ለልዑል ፡ በ
መቃብር ፤ ከመ ፡ ሕያዋን ፡ እለ ፡ ይትጋነዩ ፡ ሎ
ቱ ። 28 ወለዘ ፡ ሞተሰ ፡ ወኢከመ ፡ ምንትሂ ፡
ንስሓ ፡ ኀለፎ ፤ በሕይወትከ ፡ እንዘ ፡ ትትፌሣ
ሕ ፡ ሰብሖ ፡ ለእግዚአብሔር ። 29 እስመ ፡ ዐቢ
ይ ፡ ምሕረቱ ፡ ለእግዚአብሔር ፤ ወይሣሀሎሙ ፡
ለእለ ፡ ይትጋነዩ ፡ ሎቱ ። 30 እስመ ፡ ኢይክል ፡
ኵሎ ፡ ከዊነ ፡ እጓለ ፡ እመሕያው ፤ እስመ ፡ መ
ዋቲ ፡ ውእቱ ፡ እጓለ ፡ እመሕያው ። 31 ምን[ት] ፡
ይበርህ ፡ እምነ ፡ ፀሓይ ፡ ወውእቱሂ ፡ ይጠፍእ ፤
ወእኩየ ፡ ይኄሊ ፡ ዘሥጋ ፡ ወደም ። 32 ወውእ
ቱሰ ፡ (ኢ)ያአምር ፡ ኀይለ ፡ ልዕልና ፡ ሰማያት ፤
ወእጓለ ፡ እመሕያውሰ ፡ ኵሉ ፡ ሐመድ ፡ ወመ
ሬት ፡ ውእቱ ። XVIII. ዘሕያው ፡ ለዓለም ፡
ፈጠረ ፡ ኵሎ ፡ ኅቡረ ፤ 2 እግዚአብሔር ፡ ባሕ
ቲቱ ፡ ጻድቅ ። 4 ወኢያብሖ ፡ መኑሂ ፡ የአም
ር ፡ ግብሮ ፤ ወመኑ ፡ ያአምር ፡ አሠረ ፡ ዕበዩ ።
5 ወመኑ ፡ ኈለቈ ፡ ጽንዐ ፡ ኀይሉ ፤ ወመኑ ፡ ይ
ክል ፡ ነጊረ ፡ ምሕረቱ ፡ ጥንቁቀ ። 6 አልቦ ፡ ከ
መ ፡ ይወስኩ ፡ ወአልቦ ፡ ከመ ፡ ያንትጉ ፤ ወአ
ልቦ ፡ ዘይረክብ ፡ አሠረ ፡ ስብሐቲሁ ፡ ለእግዚአ
ብሔር ። 7 አመ ፡ ይፈጥሮ ፡ ለእጓለ ፡ እመሕያ
ው ፤ ይእተ ፡ አሚረ ፡ ይኤዝዞ ፤ ወአመ ፡ ያሰል
ጦ ፡ ይእተ ፡ አሚረ ፡ ያዐርፎ ። 8 ምንት ፡ ውእ
ቱ ፡ እጓለ ፡ እመሕያው ፡ ወምንት ፡ በቍዑ ፤ ም
ንትኑ ፡ ሠናይቱ ፡ ወምንትኑ ፡ እኪቱ ። 9 ኈል
ቈ ፡ መዋዕሊሁ ፡ ምእት ፡ ክረምቱ ፤ 10 ከመ ፡
አሐቲ ፡ ነጠብጣበ ፡ ማይ ፡ ውስተ ፡ ኵሉ ፡ ማየ ፡

20 ወኢተኀብአት ፡ omn., exc. TM. 22 ማኅቶት ፡ ABT. 23 ይትመየጥ ፡ ABCF. ወየዐስዮሙ ፡ CF. ይገብእ ፡ AEMT. 25 [ ] ወየኀድግ ፡ ለከ ፡ ኀጢአተከ ፡ AMT(B). 26 [ ] e B; ፈቂደ ፡ ME, ፈቃደ ፡ AT, ወግበር ፡ ፈቃዶ ፡ CF. 27 ተጋነዩ ፡ EM. 28 ^ እንዘ ፡ AEM. 31 ምንተ ፡ AEMT. 32 ኢ intrusum in omn. ውእቱ ፡ vel (ABEFT) ወውእቱ ፡ ad XVIII. 1 trahitur in codd. 4 መኑሂ ፡ CE. የአምር ፡] ያእምር ፡ FC, ያእምሮ ፡ E, ያእምሩ ፡ AT. 8 በቍዑ ፡ CEFM. 9 ክረምት ፡ CE. 10 ^ ኵሉ ፡ 1° T. ^ ኵሉ ፡ 2° M.

ባሕር ፤ ወከመ ፡ አሐቲ ፡ ኳጠተ ፡ ኆጻ ፡ እምው
ስተ ፡ ኵሉ ፡ ኆጻ ፤ ከማሁ ፡ ኅዳጥ ፡ ዓመቲሁ ፡
እምውስተ ፡ ኵሉ ፡ መዋዕለ ፡ ዓለም ። 11 እን
በይነዝ ፡ ይትዔገሥሙ ፡ እግዚአብሔር ፤ ወሶጠ ፡
ምሕረቶ ፡ ላዕሌሆሙ ። 12 ርእዮሙ ፡ ወአእመ
ሮሙ ፡ ከመ ፡ እኪት ፡ ደኃሪቶሙ ፤ እስመ ፡ ከ
ማሁ ፡ አብዝኀ ፡ ምሕረቶ ። 13 ሰብእሰ ፡ ይም
ሕር ፡ ቢጾ ፤ ወእግዚአብሔር ፡ ባሕ(ቲ)ቱ ፡ ይሣ
ሀል ፡ ለኵሉ ፡ ዘነፍስ ፤ ወይጌሥጽሂ ፡ ወይሜህ
ርሂ ፤ ወይመይጥ ፡ ከመ ፡ ኖላዊ ፡ መርዔቶ ። 14
ወይሣህሎሙ ፡ ለእለ ፡ ይትዔገሡ ፡ በተግሣጹ ፤
ወለእለ ፡ ይተልዉ ፡ ሕጎ ። 15 ወልድየ ፡ ውስ
ተ ፡ ትፍሥሕት ፡ ኢታምጽእ ፡ ሐዘነ ፤ ወበኵ
ሉ ፡ ዘትሁብ ፡ ኢታሕሥም ፡ ቃለ ። 16 አኮኑ ፡
ዝናም ፡ ያቈርሮ ፡ ለመርቄ ፤ ከማሁ ፡ ቃል ፡ ሠ
ናይ ፡ ይኄይስ ፡ እምውሂብ ። 17 ናሁኬ ፡ እን
ከ ፡ ይትበደር ፡ ቃል ፡ ሠናይ ፡ እምውሂብ ፤ ወ
ክልኤሆሙ ፡ በኀበ ፡ ብእሲ ፡ ጻድቅ ፡ ይትረከ
ቡ ። 18 (ወ)ይሁብ ፡ ደንጻዊ ፡ እንዘ ፡ ኢይሔ
ውዘ ፡ ለልብ ፤ ወአብድኒ ፡ ይዘረኪ ፡ ወኢያአ
ኵት ። 19 እንበለ ፡ ትንብብ ፡ ጠይቅ ፤ ወእንበ
ለ ፡ ትሕምም ፡ ተፈወስ ። 20 ወእንበለ ፡ ትትኰ
ነን ፡ ተሐተት ፤ ወትረክብ ፡ ሣህለ ፡ ለጊዜ ፡ ም
ንዳቤከ ። 21 ዘእንበለ ፡ ትድክም ፡ አትሕት ፡ ር
እሰከ ፤ ወተጋነይ ፡ ሶበ ፡ ትኤብስ ። 22 ወኢት
ጐንዲ ፡ ውሂበ ፡ ብፅዓቲከ ፤ ወግበራ ፡ ለጽድቅ ፡
እንበለ ፡ ትሙት ። 23 ወእንበለ ፡ ትብፃዕ ፡ አስ
ተዳሉ ፡ ብፅዓቲከ ፤ ወኢትኩን ፡ ከመ ፡ ዘያሜ
ክሮ ፡ ለእግዚአብሔር ። 24 ሶበ ፡ ትትመዓዕ ፡ ተ
ዘከር ፡ ዕለተ ፡ ሞት ፤ ወተዘከር ፡ ዕለተ ፡ ፍዳከ ፡
ወነስሐ ፡ ወተጋነይ ። 25 ወተዘከር ፡ መዋዕለ ፡
ረኃብ ፡ አመ ፡ መዋዕለ ፡ ጽጋብ ፤ ወተዘከር ፡ መ
ዋዕለ ፡ ተጽናስ ፡ አመ ፡ መዋዕለ ፡ ትዴሎ ። 26 እ
ስመ ፡ እምነግህ ፡ እስከ ፡ ሰርክ ፡ ትትዐለው ፡ መ
ንበርት ፤ ወኵሉ ፡ ፍጡን ፡ በኀበ ፡ እግዚአብሔ
ር ፡ (ለእንተ ፡ ምዕር) ። 27 ወብእሲሰ ፡ ጠቢብ ፡
ይፈርህ ፡ በኵሉ ፡ ወይትዐቀብ ፤ ወበመዋዕለ ፡ ት
ኤብስ ፡ ተነሳሕ ። 28 ወኵሉ ፡ ለባዊ ፡ ይረክባ ፡
ለጥበብ ፤ ወለዘ ፡ ረከባሂ ፡ ታአምኖ ፡ ወታፈር
ሆ ። 29 ማእምራነ ፡ ቃል ፡ ይጠብቡ ፡ ለሊሆ
ሙ ፡ በልበሙ ፤ ወይነግሩ ፡ አምሳለ ፡ ጥንቁቀ ።
30 ኢትሖር ፡ ወኢትትሉ ፡ ፈቃዳ ፡ ለኀጢአት ፤
ወተዐገሥ ፡ እምፍትወተ ፡ እኩይ ። 31 ወእመ
ሰ ፡ ወሀብካሃ ፡ ዘትፈቱ ፡ ለነፍስከ ፤ ትሬስየከ ፡
ጥቡዐ ፡ ለጸላኢከ ። 32 . . . . . ፤ ኢትስአል ፡ ከ
መ ፡ ትትፈጋዕ ፡ ምስሌሃ ። 33 ኢትትለቃሕ ፡ እ
ንዘ ፡ ነዳይ ፡ አንተ ፡ ከመ ፡ ኢትሠገር ፤ እንዘ ፡
አልብከ ፡ ወኢምንተኒ ፡ ውስተ ፡ ቍናማቲከ ።
XIX. ሠያጢ ፡ ወሰካሪ ፡ ኢይብዕል ፤ ዘያሰትት ፡
ኅዳጠ ፡ ብዙኀ ፡ የሀጕል ። 2 ስታይ ፡ ወአንስ
ት ፡ ያስሕቶ ፡ ለጠቢብ ፤ ወዘይተልዋ ፡ ለዘማ ፡
ጊጉይ ፡ ውእቱ ፤ 3 ወለዝ ፡ ደኃሪቱ ፡ ዕፄ ፡ ወ

12 እ′ ፡ ከ′ ፡ omn. 13 ( ) omn. + ይቀሥፍኒ ፡ ante ወይጌ′ ፡ F(C). 15 ትፍሥሕትከ ፡ omn. exc. MT. ኢታብእ ፡ BCEF. 18 ኢይሔውዝ ፡ B. ልቡ ፡ ABET; ለልቡ ፡ F, C. corr. ወኢያአኵቶ ፡ T. 20 በጊዜ ፡ T (F ለአመ ፡). 22 ወኢታጐንዲ ፡ plur. 24 ሞትከ ፡ ACM. ፍዳ ፡ B. 25 ጽጋብ ፡] ትጸግብ ፡ ABCEF. 27 ትነስሕ ፡ AM, ነስሐ ፡ C. 28 ወታበርሆ ፡ T. 29 ይጠበቡ ፡ ME. 30 እምፍትወት ፡ BCEF. 33 ቍናመትከ ፡ A. XIX. 2 ያስሕታሆሙ ፡ ለጠቢባን ፡ CF(B). 3 ወለዘ ፡ MT, ወ C. ኢትዜወር ፡ CEF.

ሙስና ፤ ነፍስ ፡ ዝልፍት ፡ ኢትዜውር ። [4] ዘ
ፍጡነ ፡ የአምን ፡ ቀሊል ፡ ልቡ ፤ ወዘይገብር ፡
ኃጢአተ ፡ ላዕለ ፡ ነፍሱ ፡ ይኤብስ ። [5] ዘያስተ
ፌግዕ ፡ ልበ ፡ ይትነከር ፤ ወዘይጸልእ ፡ ብዙኀ ፡
ነቢበ ፡ ያሐጽጻ ፡ ለኀጢአቱ ። [7] ኢታውጽእ ፡
ቃለ ፡ ዘሰማዕከ ፡ ወኢትድግም ፤ ወለዝላፉ ፡ ኢ
ይብእሰከ ። [8] በኀበ ፡ ዐርክ ፡ ወጸላኢ ፡ አልቦ ፡
ዘትትናገር ፤ ወኢታይድዕ ፡ አበሳከ ፡ ዘሰማዕከ ።
[9] እስመ ፡ ለእመ ፡ ከመ ፡ ሰምዐ ፡ ኢየኀብእ ፡ ለ
ከ ፡ ወያጸንሐከ ። [10] እስከ ፡ አመ ፡ ትመውት ፡
ኢታውጽእ ፡ ነገረ ፡ ዘሰማዕከ ፤ ወተአመን ፡ እ
ንከ ፡ ከመ ፡ ሕሡም ፡ አልቦ ፡ ዘይረክበከ ። [11] የ
ዐነብዝ ፡ አብድ ፡ እስከ ፡ ይነግር ፡ ቃለ ፡ ዘሰም
ዐ ፤ ወይትቄፃኅ ፡ ከመ ፡ ማሕምም ፡ እንተ ፡ ት
ወልድ ፡ ሕፃነ ። [12] ወከመ ፡ ይጌጕእ ፡ ዘተነድ
ፈ ፡ ይምላኅ ፡ ሐጸ ፡ እምላዕሌሁ ፤ ከማሁ ፡ ይጌ
ጕእ ፡ አብድ ፡ ያውጽእ ፡ ቃለ ፡ ዘሰምዐ ። [13] ገ
ሥጾ ፡ ለዐርክከ ፡ ዮጊ ፡ ኢገብረ ፤ ወእመኒ ፡ ገብ
ረ ፡ ከመ ፡ ኢይድግም ። [14] ገሥጾ ፡ ለዐርክከ ፡
ዮጊ ፡ ኢነበበ ፤ ወእመኒ ፡ ነበበ ፡ ከመ ፡ ኢይድ
ግም ። [15] ገሥጾ ፡ ለዐርክከ ፡ ዮጊ ፡ በጽልእ ፡ አ
ስተዋደይዎ ፤ ወኢትትአመን ፡ ኵሎ ፡ ቃለ ፡ ዘ
ነገሩከ ። [16] እስመቦ ፡ ዘይስሕት ፡ እንዘ ፡ ኢይ
ፈቅድ ፡ እምልቡ ፤ ወመኑ ፡ ውእቱ ፡ ዘኢይስሕ
ት ፡ በአፉሁ ። [17] ገሥጾ ፡ ለዐርክከ ፡ እንበለ ፡
ይትነዋኅ ፡ መዐት ፤ አኅልፉ ፡ ለመዐት ፡ እኪት ፡
እንበይነ ፡ ሕገ ፡ እግዚአብሔር ። [20] እስመ ፡ ኵ
ሉ ፡ ጥበብ ፡ ፈሪሀ ፡ እግዚአብሔር ፡ ይእቲ ፤ እ
ስመ ፡ ኵሉ ፡ ጥበብ ፡ ትገብሮ ፡ ለሕጉ ። [22] ወ
አልቦ ፡ ጥበብ ፡ ዘእኩየ ፡ ይሜህር ፤ ወአልቦ ፡ ጥ
በብ ፡ ምክረ ፡ (ረሲዓን ፡ ወ)ኃጥኣን ። [23] ቦ ፡ እ
ከይ ፡ እንተ ፡ እምኵሉ ፡ ትረኵስ ፤ ወሀለወ ፡ አ
ብድ ፡ ሕጹጸ ፡ ልብ ። [24] ወይኄይስ ፡ ባሕቱ ፡
አብድ ፡ እንዘ ፡ ይፈርሆ ፡ ለእግዚአብሔር ፤ እ
ምትጥበብ ፡ ወትክሐድ ፡ ሕጎ ፡ ለእግዚአብሔ
ር ። [25] ሀለወ ፡ ዘይጠበብ ፡ ወይጠናቀቅ ፡ እን
ዘ ፡ ይዔምፅ ፤ ወሀለወ ፡ ዘይመይጣ ፡ ለምክር ፤
ወያስተርኢ ፡ ከመ ፡ ያድሉ ፡ ለቢጹ ፡ ወከመ ፡
ያስተራትዕ ፡ ፍትሐ ፡ ለማኅፈሩ ። [26] ወቦ ፡ ዘያ
ደሉ ፡ ለእኩይ ፡ እንዘ ፡ ኢይንእድ ፤ ወልቡሰ ፡
ምሉእ ፡ ጕሕሉት ። [27] ወቦ ፡ ዘያደሉ ፡ ለገጽ ፡
እንዘ ፡ ካልእ ፡ ውስተ ፡ ልቡ ፤ ወእንተ ፡ ኀበ ፡
ኢሐዘብከ ፡ ይመጽአከ ። [28] ወእመኒ ፡ ደከመ ፡
ኀይሉ ፡ ወስእነ ፡ አሕሥሞ ፡ ላዕሌከ ፤ እንተ ፡ አ
መሰ ፡ ያስሕተከ ፡ ግብር ፡ ያሐምመከ ። [29] እስ
መ ፡ እምራእዩ ፡ ይትዐወቅ ፡ ሰብእ ፤ ወእምገጹ ፡
ይትዐወቅ ፡ ጠቢብ ። [30] ወእምልብሰቱ ፡ ለሰብ
እ ፡ ወእምሑረቱ ፡ ወእምሠሐቁ ፡ ይትዐወቅ ፡

5 ዘያስተፈግዕ ፡ MT. ልቡ ፡ M. ይትኔከር ፡ T. 7 ኢይብአስከ ፡ AFT(CE). 8 ዘሰማዕከ ፡] ዘስሕትከ ፡ CEF. 9 ለእመ ፡ ከመ ፡] እምከመ ፡ CEF(B). ወያጸንሖ ፡ T, ʹሖ ፡ A; ወይጸንሕ ፡ ለከ ፡ C, ወይጸንሐከ ፡ F. 11 ይነግር ፡] ያወጽእ ፡ MB. ማሕምመ ፡ exspectaveris. 12 ይጐጕእ ፡ 1° CT. 13 ኢይግበር ፡ MEB, ይግበር ፡ T. 14 ኢይንብብ ፡ TE. 16 በልቡ ፡ M. 17 ይትናዋኅ ፡ EF. 20 ኵላ ፡ 1° EFT. 22 ለምክረ ፡ CF. ( ) ∧ CF. 23 እኩይ ፡ plur. 24 እንዘ ፡] ዘ T. 25 ዘይጠብብ ፡ TABF. ይደሉ ፡ M. ለቢጹ ፡] ለገጹ ፡ T. 26 ለእከይ ፡ ABFT. ጕሕሉተ ፡ F. 27 ∧ ኀበ ፡ MBF. ኢተሐዘብከ ፡ ABEF, C corr. 28 ግʹ ፡ ያʹ ፡] ግብረ ፡ ያመጽእ ፡ ላዕሌከ ፡ E, C corr. 29 ጥበቢሁ ፡ T, C corr.

ግዕዙ ። XX. ሀለወ ፡ ዘይጌሥጽ ፡ እንዘ ፡ ኢ
ኮነ ፡ ለሠናይ ፤ ወሀለወ ፡ ዘያረምም ፡ እንዘ ፡ ጠ
ቢብ ፡ ውእቱ ። 2 ይኄይስ ፡ ትገሥጽ ፡ እምት
ሒስ ፤ ወቦ ፡ ዘይትጋነይ ፡ እስመ ፡ በኀጢኡ ፡ ተ
ስእኖ ። 4 ከመ ፡ ይፈቱ ፡ ኅጽው ፡ ወለተ ፡ ድን
ግለ ፤ ከማሁ ፡ ዘይፈቱ ፡ የዐምፅ ፡ ፍትሐ ። 5 ወ
ቦ ፡ እንዘ ፡ ያአምር ፡ ዘያረምም ፤ ወቦ ፡ ዘያጸል
እ ፡ ርእሶ ፡ በብዝኀ ፡ ነቢቡ ። 6 ወቦ ፡ ዘያረም
ም ፡ እስመ ፡ ኢያአምር ፡ ዘያወሥእ ፤ ወቦ ፡ ዘያ
ረምም ፡ እስከ ፡ ይረክብ ፡ ጊዜሁ ። 7 ወብእሲ ፡
ጠቢብ ፡ ያረምም ፡ እስከ ፡ ይረክብ ፡ ጊዜሁ ፤ ወ
አብድሰ ፡ ወዝሉፍ ፡ በከመ ፡ ረከበ ፡ ይነብብ ።
8 ለዘያበዝኅ ፡ ነቢበ ፡ ይትቈጥዕዎ ፤ ወለዘኒ ፡ ያ
ዐቢ ፡ ርእሶ ፡ ይጸልእዎ ። 9 ቦ ፡ ሰብእ ፡ ዘምን
ዳቤሁ ፡ ያ[ሜ]ኅቶ ፤ ወቦ ፡ ዘእንዘ ፡ ይረክብ ፡ ኢ
ይነብሮ ። 10 ቦ ፡ ዘይሁበከ ፡ ዘኢይበቍዐከ ፤ ወ
ቦ ፡ ዘይሁበከ ፡ ወካዕበቶ ፡ ይትፈደየከ ። 11 ወ
ቦ ፡ ዘእንዘ ፡ ይጼነስ ፡ ያዐቢ ፡ ርእሶ ፤ ወቦ ፡ ዘይ
ከብር ፡ በአትሕቶ ፡ ርእሱ ። 12 ወቦ ፡ ዘይሠይ
ጥ ፡ ብዙኀ ፡ በኅዳጥ ፤ ወየኀሥሥ ፡ ይረስዮ ፡ ም
ስብዒቶ ። 13 ዘጠቢብ ፡ በቃሉ ፡ ያስተቌርብ ፡
ርእሶ ፤ ጸጋሆሙ ፡ ለአብዳን ፡ አልባቲ ፡ ሞገስ ።
14 ይሁብ ፡ አብድ ፡ ዘአልቦቱ ፡ በቍዐ ፤ ለእመ
ኒ ፡ ኅዳጠ ፡ ወሀበ ፡ ብዙኀ ፡ ይመስሎ ፡ ለልቡ ፡
ዘጸገወከ ። 15 ወእመኒ ፡ ኅዳጠ ፡ ወሀበከ ፡ ከመ ፡
ዘብዙኀ ፡ ወሀበከ ፡ ይዘረክየከ ፤ ወያዐቢ ፡ አፉ
ሁ ፡ ላዕሌከ ፡ ወየዐውድ ፡ ይንግር ፡ ለከ ፡ ዘወሀ
በከ ። ዮም ፡ ለእመ ፡ ወሀበከ ፡ ጌሠመ ፡ ይትፈ
ደየከ ፤ መጽልእ ፡ ዘከመዝ ፡ ሰብእ ። 16 አብድ
ሰ ፡ ይብል ፡ ኢይፈቅድ ፡ ዐርከ ፡ ምንተ ፡ ይበቍ
ዐኒ ፤ እስመ ፡ ኢይረክብ ፡ ዕሤተ ፡ እንተ ፡ ገበር
ኩ ፡ ሠናይተ ፤ እለኒ ፡ ይሴሰዩ ፡ እክልየ ፡ ያሐሥ
ሙ ፡ አፉሆሙ ፡ ላዕሌየ ፤ 17 ወዘልፈ ፡ ኵሎሙ ፡
የሐምዩኒ ፡ ወይሥሕቁ ፡ ዲቤየ ። 18 ይኄይስ ፡
ትድኀፅ ፡ ወትደቅ ፡ ዲበ ፡ ምድር ፤ እምትድኀ
ፅ ፡ (በአፉከ ፡) ወትደቅ ፡ በልሳንከ ፤ ከማሁ ፡ ድ
ቀ[ተ ፡ እኩይ ፡] ፍጡነ ፡ ትመጽእ ። 19 ወዘሰ ፡
ይነብብ ፡ በከመ ፡ ረከበ ፡ ያለስሕ ፡ ርእሶ ፡ ወአ
ልቦ ፡ ሞገሰ ፡ ቃሉ ፤ ውስተ ፡ አፉሆሙ ፡ ለአብ
ዳን ፡ ልሱሕ ፡ ነገር ። 20 ወውስተ ፡ አፉሁ ፡ ለ
አብድ ፡ ይለስሕ ፡ አምሳል ፤ እስመ ፡ ኢይነግራ ፡
በጊዜሃ ። 21 ወቦ ፡ ለእመ ፡ ከመ ፡ ተጸነሰ ፡ ዘይ
ትመየጥ ፡ ውስተ ፡ ፍርሀተ ፡ እግዚአብሔር ፤ ወ
ሎቱ ፡ በሠናይ ፡ ታዐርፍ ፡ ነፍሱ ። 22 ወቦ ፡ ዘ
በኀፍረት ፡ ያሀጕል ፡ ነፍሶ ፤ ወበእበዲሁ ፡ ይገ
ድፍ ፡ ነፍሶ ። 23 ወቦ ፡ ዘበኀፍረት ፡ ያስተሴፍ
ዎ ፡ ለማኅፈሩ ፡ (እንዘ ፡ ኢይሁቦ) ፤ ወእንበይነ
ዝ ፡ ጸላኤ ፡ ይከውኖ ፡ በከንቱ ። 24 እኪት ፡ ኅ
ሳሩ ፡ ለብእሲ ፡ ሐሳዊ ፤ ልሱሕ ፡ ነገሮሙ ፡ ለአ
ብዳን ። 25 ይኄይስ ፡ ሰራቂ ፡ እምሐስዎ ፤ ወባ

XX. 2 በኀጥኡ ፡ A; male በኀጣይኡ ፡ BT, በኀቡእ ፡ E. 4 ያዕምፅ ፡ A, ዐምፆ ፡ T. 5 ንበብ ፡ F, ነቢብ ፡ B. 8 ይትቈጥዕዎ ፡ C. 9 ያስሕቶ ፡ ABMT, ያቴሕቶ ፡ CEF. ኢይነብር ፡ B, ኢያነብሮ ፡ T. 10 ወካዕበቶ ፡ M. 12 ዘይሣየጥ ፡ F(C). ይረሲ ፡ T. ምስብዒተ ፡ ACE. 14 ይሁበከ ፡ F. ወሀበ ፡] + ከ ፡ omn. (exc. TM). በልቡ ፡ AF; ^ C. 15 ለሰብእ ፡ CF. 16 ሠናያተ ፡ F. 18 ( ) ^ F. [ ] ቱ ፡ እኪት ፡ omn. 19 ልሱሕ ፡] ይለስሕ ፡ CF. 21 ለእምከመ ፡ M, እምከመ ፡ BCEF. 22 ዘበኀፈር ፡ CF (item 23). 23 ይከውኖ ፡] + ሎቱ ፡ CE. 25 ሰሬቅ ፡ omn., exc. M.

ጥበበ ፡ ሲራክ ፡ ፳ወ፳፩ 75

ሕቱ ፡ ለክልኤሆሙ ፡ ሞት ፡ ደኃሪቶሙ ፡ ወኅ
ሳር ። 26 እስመ ፡ ሐሳዊ ፡ ሰብእ ፡ የኀስር ፤ ወይ
ትኀፈር ፡ ለዝሉፉ ። 27 ዘጠቢብ ፡ ውእቱ ፡ በ
ቃሉ ፡ ይሰማዕ ፡ ነገሩ ፤ ወብእሲ ፡ ጠቢብ ፡ ያሰ
ልጥ ፡ ለመኳንንቲሁ ። 28 ዘይትጌበራ ፡ ለምድ
ር ፡ ያዐብያ ፡ ለክምረ ፡ እክሉ ፤ ወዘይፀመድ ፡ መ
ኳንንቲሁ ፡ ይበቍዕ ፡ ለርእሱ ። 29 አምኃ ፡ ወ
ሕልያን ፡ ያዐውሮሙ ፡ አዕይንቲሆሙ ፡ ለጠቢ
ባን ፤ ወይፈፅም ፡ አፉሆሙ ፡ ወይመይጠሙ ፡ ቃ
ሎሙ ። 30 ጥበብ ፡ ዘኅቡእ ፡ ከመ ፡ መድፍን ፡
ክቡት ፤ ምንት ፡ እንከ ፡ ረባሐሙ ፡ ለክልኤሆ
ሙ ። 31 ይኄይስ ፡ አብድ ፡ ዘየኀብእ ፡ እበዲ
ሁ ፤ እምጠቢብ ፡ ዘይከብት ፡ ጥበቢሁ ። XXI.
ወልድየ ፡ ለእመቦ ፡ ዘአበስከ ፡ (ወተስሕተከ ፡)
ኢትድግም ፡ ዑቅ ፡ እንከ ፤ ወተጋነይ ፡ እንበይ
ነ ፡ ዘቅድም ፡ ጌጋይከ ። 2 ወከመ ፡ ዘይጕይይ ፡
እምአርዌ ፡ እኩይ ፤ ከማሁ ፡ ጕየይ ፡ እምኀጢ
አት ፤ ወእመሰ ፡ አድምዐተከ ፡ ኢታወጽአከ ፤ ከ
መ ፡ ስነነ ፡ ዐንበሳ ፡ ስነኒሃ ፤ ወታኀልቅ ፡ ነፍሰ ፡
እጓለ ፡ እመሕያው ። 3 ከመ ፡ መላጼ ፡ በሊኅ ፡
ዘክልኤ ፡ አፉሁ ፡ ከማሁ ፡ ኵሉ ፡ ኀጢአት ፤ ወ
ኀበኒ ፡ አቍሰለት ፡ አልባቲ ፡ ፈውሰ ፡ ቍስላ ።
4 ትዝኅርት ፡ (ወምክሕ ፡) ወትዕቢት ፡ ያማስኖ ፡
ለባዕል ፤ ከማሁ ፡ ይማስን ፡ ቤቶሙ ፡ ለዕቡያን ።
5 ሶበ ፡ ይስእል ፡ ነዳይ ፡ ያበቁ ፡ እስከ ፡ እዘኒሁ ፤
ወገዓሩኒ ፡ ፍጡነ ፡ ይበጽሕ ። 6 ዘይጸልእ ፡ ተ
ግሣጸ ፡ ተለዎሙ ፡ ለኃጥኣን ፤ ወዘሰ ፡ ይፈርህ ፡
እግዚአብሔር ፡ እምከመ ፡ ገሠጽዎ ፡ ይመይጥ ፡
ልቦ ። 7 ይትዐወቅ ፡ እምርሑቅ ፡ ዘይክል ፡ ነቢ
በ ፤ ወለጠቢብሰ ፡ ይትዐወቆ ፡ ዘተስሕቶ ። 8 ዘ
የሐንጽ ፡ ቤቶ ፡ በንዋየ ፡ ልቃሕ ፤ ከመ ፡ ንድቀ ፡
ክረምት ፡ ሕንጻሁ ። 9 ከመ ፡ ክምረ ፡ ሐሠር ፡
ከማሁ ፡ ማኅበሮሙ ፡ ለኃጥኣን ፤ ወደኃሪቶሙ ፡
ለነደ ፡ እሳት ፡ ይከውኑ ። 10 መብእስ ፡ እበኒሃ ፡
ለፍኖተ ፡ ኃጥኣን ፤ ወጸድፍ ፡ ሙፃእታ ። 11
ዘአጽንዐ ፡ ልቦ ፡ የዐቅብ ፡ ሕገ ፡ እግዚአብሔር ፤
ወደኃሪሃ ፡ ለፍርሀተ ፡ እግዚአብሔር ፡ ጥበብ ።
12 ወኢይጠብብ ፡ ዘኢተመ[የነ] ፤ ሀለወ ፡ ዘይ
ትሜ[የን] ፡ ወይትዌሰክ ፡ ኀሳሩ ። 13 ኀሊናሁ ፡
ለጠቢብ ፡ ብዙኅ ፡ ከመ ፡ ማየ ፡ አይኅ ፤ ወምክ
ሩኒ ፡ ይነቅዕ ፡ ከመ ፡ ማየ ፡ ሕይወት ። 14 ልቡ ፡
ለአብድ ፡ ከመ ፡ ጻሕብ ፡ ስቁር ፤ ወኢይክል ፡ ዐ
ቂበ ፡ ኵሎ ፡ ነገረ ፡ ዘሰምዐ ። 15 ነገረ ፡ ጠቢብ ፡
እምከመ ፡ ሰምዐ ፡ ለባዊ ፡ ይንእዶ ፤ ወይዌስክ ፡
ዓዲ ፡ በዲቤሁ ፤ ወእኩይሰ ፡ ልብ ፡ እምከመ ፡ ሰ
ምዖ ፡ ይቀይእ ፤ ወያገብኦ ፡ ድኅረ ፡ ዘባኑ ። 16
ነገሩ ፡ ለአብድ ፡ ከመ ፡ ጾር ፡ (ክቡድ ፡) በውስ
ተ ፡ ፍኖት ፡ (ርሑቅ) ፤ ወሠናይ ፡ ሞገሶን ፡ ለከ
ናፍረ ፡ ጠቢብ ። 17 ቃለ ፡ ጠቢብ ፡ ይሰማዕ ፡ በ
ውስተ ፡ እንግልጋ ፤ ወነገሩሂ ፡ ይበውእ ፡ ውስ

27b ∧ MB. 28 ለርእሱ ፡] ለነፍሱ ፡ T. 29 ያዐ′ ፡] ያዘውሮሙ ፡ M. ወይፌፅም ፡ T, ወይፌፅሞሙ ፡ AF. ወይመ′ ፡] ወይጠውም ፡ M, ወይጠውሞሙ ፡ BET. 30 ዘበኅቡእ ፡ AFT. XXI. 1 ወስሕትከ ፡ ABC. ዘቀዲሙ ፡ BF. 2 ጕይይ ፡ ABCM. እምኀጢአትከ ፡ BEMT. አደመተከ ፡ BEF. 3 ለቍስላ ፡ BE, FC corr. 4 ለብዕል ፡ E. 5 ያበቁ ፡] + አፉሁ ፡ CEF. 9 ክምረ ፡ AC. ∧ ከማሁ ፡ T. ከመ ፡ ነደ ፡ እሳት ፡ (sine ይከውኑ ፡) B. 10 ፍኖቶሙ ፡ ለ AM. Restituendum መጽያሕተ ፡ እብን ፡ ፍ′ ፡ ኃ′ ፡ 12 [ ] ነየ ፡ codd. [ ] ነይ ፡ codd. 13 ∧ ብዙኅ ፡ CT. አይኅ ፡] ክረምት ፡ C corr. 14 እስመ ፡ ኢይክል ፡ omn, exc. T. ዘሰምዐ ፡] ጥበብ ፡ F. 15 ወያገ′ ፡ ድ′ ፡ ዘ′ ፡] ∧ BMT.

76 ጥበበ ፡ ሲራክ ፡ ፳፩ወ፳፪

ተ ፡ ልብ ፡፡ 18 ከመ ፡ ቤተ ፡ መዝብር ፡ ከማሁ ፡
ጥበብ ፡ በኀበ ፡ አብዳን ፤ ወምክሩሰ ፡ ለአብድ ፡
ዘኢይትፌቀድ ፡ ነገር ፡፡ 19 ከመ ፡ እግር ፡ ሙቁ
ሕ ፡ ከማሁ ፡ ት[ም]ህርቶሙ ፡ ለአብዳን ፤ ወከመ ፡
ዘእሱር ፡ እዴሁ ፡ ዘየማን ፡ (ከማሁ ፡ ዕቡስ ፡ ል
ቡ ፡ ለአብድ ፡፡) 20 ሰበ ፡ ይሥሕቅ ፡ አብድ ፡ ያ
ዐቢ ፡ ቃሎ ፤ ወጠቢብሰ ፡ እምዕጹብ ፡ ያከሞስ
ስ ፡ ከናፍሪሁ ፡፡ 21 ከመ ፡ ሰርጐ ፡ ወርቅ ፡ ከማ
ሁ ፡ ጥበብ ፡ በኀበ ፡ ለባዊ ፤ ወከመ ፡ ድጕልማ ፡
ውስተ ፡ እደ ፡ የማን ፡፡ 22 እግሩ ፡ ለአብድ ፡ ፍ
ጡነ ፡ ትገብእ ፡ ውስተ ፡ ቤት ፤ ወብእሲሰ ፡ ዘበ
ኵሉ ፡ ተጐድአ ፡ የኀፍር ፡ ገጾ ፡፡ 23 ወአብድሰ ፡
እምኆኅት ፡ ይሔውጽ ፡ ቤተ ፡ ባዕድ ፤ ወብእሲ
ሰ ፡ ጠቢብ ፡ አፍአ ፡ ይቀውም ፡፡ 24 እበዲሁ ፡
ለሰብእ ፡ እምአፍአ ፡ ትሰማዕ ፤ ወበኀበ ፡ ጠቢ
ብሰ ፡ ዕጹብ ፡ አስተሐቅሮ ፡፡ 25 ወበኀበ ፡ ነኪ
ር ፡ ዕጹብ ፡ ዝነገር ፤ ቃሎሙ ፡ ለጠቢባን ፡ ድሉ
ት ፡ በመዳልው ፡፡ 26 ወለአብዳንሰ ፡ ውስተ ፡ አ
ፉሆሙ ፡ ልቦሙ ፤ ወምክሮሙ ፡ ለጠቢባን ፡ ቃ
ለ ፡ አፉሆሙ ፡፡ 27 ሰበ ፡ ይረግሞ ፡ ኃጥእ ፡ ለጋ
ኔን ፤ ለሊሁ ፡ ነፍሰ ፡ እንቲአሁ ፡ ይረግም ፡፡ 28
ወዘየሐሚ ፡ ለሊሁ ፡ ነፍሶ ፡ ይጌምን ፤ ወያጸል
እ ፡ ርእሶ ፡ በኀበ ፡ ኀደረ ፡፡ XXII. ከመ ፡ እብ
ነ ፡ ጸላዕ ፡ ከማሁ ፡ ሀካይ ፡ በኀበ ፡ ነበረ ፤ ወያፀ
ርዕ ፡ ኵሎ ፡ በኀሳረ ፡ ሀኬቱ ፡፡ 2 ከመ ፡ ዕፍዕ ፡
ግዱፍ ፡ ከማሁ ፡ ሀካይ ፡ በኀበ ፡ ሰከበ ፤ ኵሉ ፡
ዘቀተሎ ፡ ነገፈ ፡ እዴሁ ፡፡ 3 ኀፍረት ፡ ለአቡ[ሁ] ፡
ውሉድ ፡ አብድ ፤ ወወለትሰ ፡ አብድ ፡ ኀስርት ፡
ትከውን ፡፡ 4 ወወለትሰ ፡ ጠባብ ፡ ትወርሶ ፡ ለም
ታ ፤ ወእንተሰ ፡ ታስተኃፍር ፡ ሐዘን ፡ ይእቲ ፡ ለ
ወላዲሃ ፡፡ 5 ወበኵለሄ ፡ ተሐረትም ፡ ምክዕቢ
ተ ፤ ታስተኃፍር ፡ አባሃኒ ፡ ወታስተኀፍር ፡ ም
ታኒ ፡ ዝልፍት ፡፡ 6 ከመ ፡ ዘይሰንቁ ፡ በቤተ ፡ ላ
ሕ ፡ ዘይነግር ፡ ቃሎ ፡ በኀበ ፡ ረከበ ፤ መቅሠፍ
ት ፡ ወተግሣጽ ፡ በኵለሄ ፡ ያጠብብ ፡፡ 7 ከመ ፡
ዘያስተጣብቅ ፡ አግዕልተ ፡ ዘይሜህሮ ፡ ለአብድ ፤
አንቅሆ ፡ እምዐቢይ ፡ ንዋም ፡ ለዘይነውም ፡፡ 8
(ከማሁ ፡) ዘይነግሮ ፡ ለአብድ ፡ ከመ ፡ ዘይነግሮ ፡
ለድቁስ ፤ ወሰበ ፡ አኅለቀ ፡ ነጊሮቶ ፡ ይብለከ ፡
ምንተ ፡ ትቤ ፡፡ 11 ብክዮ ፡ ለዘሞተ ፡ እስመ ፡ ኀ
ለፈ ፡ ብርሃኑ ፤ ወብክዮ ፡ ለአብድ ፡ እስመ ፡ አ
ምሠጠ ፡ ልቡ ፡፡ ርቱዕ ፡ ትብክዮ ፡ ለዘሞተ ፡ እ
ስመ ፡ አልቦ ፡ ምግባአ ፤ ወለአብድሰ ፡ ብክዮ ፡
በሕይወቱ ፤ እስመ ፡ ሐይው ፡ የአክዮ ፡ እምነ ፡
መዊት ፡፡ 12 . . . . ፤ ብክዮ ፡ ለአብድ ፡ ወለኃጥ
እ ፡ በኵሉ ፡ መዋዕለ ፡ ሕይወቱ ፡፡ 13 ኢታብዝ
ኀ ፡ ተናግሮ ፡ ምስለ ፡ አብድ ፤ ወኢትሖር ፡ ም
ስለ ፡ ዘአልቦ ፡ ልበ ፡፡ ወተዐቀብ ፡ ከመ ፡ ኢያብ
እከ ፡ ውስተ ፡ ጻሕብ ፤ ወከመ ፡ ኢትትሐየስ ፡ አ
ንተ ፡ በእበደ ፡ ዚአሁ ፡፡ ረሐቅ ፡ እምኔሁ ፡ ወ

---

18 **ቤት ፡** TF. **መዝብርት ፡** F. **ነገር ፡**] **ለነጊር ፡** F. 19 **እግረ ፡** ABT. [ም] ex CEF; caet. **ዝ.** ( ) omn. **ዕበስ ፡** ABE. 21 **ድልጕማ ፡** CM. 24 **ተሰምዐ ፡** BMT. 25 **ድልው ፡** ABF. 26 **ወአብዳንሰ ፡** AE. 27 **ይረግም ፡** 1° EMT. **ነፍሶ ፡** M(C). XXII. 1 **ጸላዕት ፡** T. (An **ወያጸርዓ ፡**?) 2 **ዘቀተሎ ፡** omn. 3 [ ] ex BCF, **ሆሙ ፡** caet. **ወልድ ፡** F. **አብድ ፡** 2°] ∧ E, **እብድ ፡** C corr., **አብድት ፡** F. 5 inversio stichorum in omn.; **በኵለሄ ፡** e **በክልኤሆሙ ፡** depravatum videtur. 7 **ዘያስተጣግዕ ፡** F, C corr. 13 [ ] ex EFC; caet. **ናገር ፡**

ታዐርፍ ፡ ነፍስከ ፡ (ወይቀልለከ) ፤ ወአልቦ ፡ ዘ
ትት[ነከይ] ፡ አንተ ፡ በእበደ ፡ ዚአሁ ። 14 ምን
ት ፡ ይከብድ ፡ እምነ ፡ ዐረር ፤ ወምንት ፡ ስሙ ፡
ዘእንበለ ፡ አብድ ። 15 ይኄይስ ፡ ትጸር ፡ ኖጻ ፡
ወፄወ ፡ ወዘብርታተ ፡ ኀጺን ፤ እምትንበር ፡ ም
ስለ ፡ አብድ ። 16 መሠንየ ፡ ማእሰር ፡ ዘእሱር ፡
ውስተ ፡ ቅጽረ ፡ ንድቅ ፤ ወኢይትፈታሕ ፡ ለእ
መኒ ፡ አድለቅለቀ ፤ ከማሁ ፡ ምክረ ፡ ጥበብ ፡ ው
ስተ ፡ ልበ ፡ ጽኑዕ ። 17 ወኢይትፈታሕ ፡ ቅጽ
ሩ ፡ ለዝላፉ ፡ ለልብ ፡ ጽኑዕ ፡ ወለምክረ ፡ ጥበ
ብ ፤ ወከመ ፡ መርገ ፡ ኖጻ ፡ በውስተ ፡ አረፍት ።
18 ወከመ ፡ ሐሠር ፡ ቅድመ ፡ ዐውሎ ፤ ዘኢይቀ
ውም ፡ እምከመ ፡ መጽአ ፡ ነፋስ ፤ ከማሁ ፡ ኅሊ
ና ፡ አብድ ፡ በውስተ ፡ ልበ ፡ ፈራህ ፤ ዘኢይቀ
ውም ፡ ለእምከመ ፡ ቦቱ ፡ ዘገረሞ ። 19 ዘደጐ
ጸ ፡ ዐይኖ ፡ ያወርድ ፡ አንብዐ ፤ ወዘደጐጸ ፡ ል
ቦ ፡ ያርኢ ፡ ጥበበ ። 20 ዘወገሮን ፡ ለአዕዋፍ ፡
ይሰዶን ፤ ወዘይዘረክዮ ፡ ለዐርኩ ፡ ሰዐረ ፡ ታእ
ኃሁ ። 21 እመኒ ፡ መላኅከ ፡ መጥበሕተ ፡ ላዕለ ፡
ዐርክከ ፤ 22 ወእመኒ ፡ አዕበይከ ፡ አፉከ ፡ ላዕ
ሌሁ ፡ ኢትቅበጽ ፡ በከመ ፡ ይትዓረከከ ። እንበ
ለ ፡ ዳእሙ ፡ ለእመ ፡ ዘርከይከሁ ፤ ወአዕበይከ ፡
አፉከ ፡ ላዕሌሁ ፡ ወጸዐልከሁ ፤ ወለእመኒ ፡ ከሠ
ትከ ፡ ሎቱ ፡ ምክሮ ፡ ወተጓሕለውከሁ ፡ ወአሕ
መምከሁ ፤ በዝንቱ ፡ ነገር ፡ ይጐይይ ፡ ኵሉ ፡ ዐ
ርክ ። 23 ለእመኒ ፡ ነዳይ ፡ አንተ ፡ ሃይማኖተከ ፡
ዕቀብ ፡ ምስለ ፡ ቢጽከ ፤ ከመ ፡ ትትፈሣሕ ፡ አ
መ ፡ ትፍሥሕቱ ። ለእመኒ ፡ ተጸነሰ ፡ ተዐገሥ ፡
ምስሌሁ ፤ ከመ ፡ ትትፈሣሕ ፡ አመ ፡ ይረክብ ፡
ርስቶ ፡ ምስሌሁ ። 24 ለእሳትኒ ፡ ይቀድም ፡ ይ
ጠይስ ፡ ተነ ፡ ጢሱ ፤ ከማሁ ፡ ለደምኒ ፡ ይቀድ
ም ፡ ላኳ ፡ ወጋእዝ ። 25 ሰውሮቶ ፡ ለዐርክየ ፡
ኢየኀፍር ፤ ወኢይትኀባእኒ ፡ እምቅድመ ፡ ገጹ ።
26 ወእመሰ ፡ እኪት ፡ ትረክበኒ ፡ በእንቲአሁ ፤
ኵሉ ፡ ዘሰምዐ ፡ የዐቅብ ፡ ርእሶ ፡ እምኔሁ ። 27
መኑ ፡ ይሠይም ፡ ሊተ ፡ ዐቃቤ ፡ ላዕለ ፡ አፉየ ፤
ወማኅተመ ፡ ጥበብ ፡ ዲበ ፡ ከናፍርየ ፤ ከመ ፡ ኢ
ይደቅ ፡ ቦቱ ፤ ወከመ ፡ ኢይቅትለኒ ፡ ልሳንየ ።
XXIII. እግዚኦ ፡ አቡየ ፡ አምላከ ፡ ሕይወትየ ፤
ኢትግድፈኒ ፡ በምክረ ፡ ዚአሆሙ ፤ ወኢትኅድ
ገኒ ፡ እደቅ ፡ በሙ ። 2 መኑ ፡ ይጌሥጽ ፡ ሊተ ፡
ለልብየ ፤ ወመኑ ፡ ይሜህራ ፡ ሊተ ፡ ጥበበ ፡ ለ
ኅሊናየ ፤ ከመ ፡ ይኅድገኒ ፡ እበድየ ፤ ወኢይማ
እኑኒ ፡ በዘይነቡ ፡ ላዕሌየ ፤ 3 ወከመ ፡ ኢይብዝ
ኀኒ ፡ ጌጋይየ ፤ ወከመ ፡ ኢትፈድፍድ ፡ ኀጢአ
ትየ ፤ ወከመ ፡ ኢይደቅ ፡ ቅድሜሆሙ ፡ ለፀርየ ፤
ወኢይትፈሥሑ ፡ ጸላእትየ ፡ ዲቤየ ። 4 እግዚ
እየ ፡ ወአቡየ ፡ ወአምላከ ፡ ሕይወትየ ፤ ኢታም
ጽእ ፡ ሊተ ፡ ዘያስሕታ ፡ ለዐይንየ ፤ 5 ወአሰስ
ል ፡ ፍትወተ ፡ እምኔየ ። 6 ጽጋብ ፡ ኢይምጽአ
ኒ ፤ ወፈሐል ፡ ኢይክርየኒ ፤ ወለነፍስ ፡ እኪት ፡
ኢትመጥወኒ ። 7 > ስምዑኒ ፡ ደቂቅየ ፡ ተግሣ

---

15 ∧ ወፄወ ፡ BT. ወብርታተ ፡ ወኀጺን ፡ T, ወብርተ ፡ ወኀጺን ፡ E corr. 16 ጠቢብ ፡ BCEFM. ልብ ፡ BF. 17 ቍጽሩ ፡ ABF, C corr. ጠቢብ ፡ CFM. 18 ዘገረሞ ፡ ex AB; caet. ዘረገሞ ፡ 19 ያር ኢ ፡] ያወጽእ ፡ T, ይሜህር ፡ E. 20 ይሰድዶን ፡ BEF. ተአኃሁ ፡ BCE. 22 ኢትቅብጾ ፡ T. 24 ይ ጠ′ ፡] ጠዩሰ ፡ F. 26 ይዕቀብ ፡ BMT. 27 ላዕለ ፡] ለ BCE. ኢትቅትለኒ ፡ AT. XXIII. 7 > < e CE; ∧ in rel. ዐቀበ ፡] + ቃልየ ፡ EF, + ቃሎ ፡ C i. l. ከና′ ፡] + ኢይወድቅ ፡ CF.

ጸ ፡ አፉየ ፡ < ወዘሰ ፡ ዐቀበ ፡ ኢይድኅፅ ፤ ወዘአ
ጽንዐ ፡ ከናፍሪሁ ። 8 ኃጥእ ፡ ወዕቡይ ፡ ወጸዓ
ሊ ፡ ይትዐቀፉ ፡ በሙ ። 9 ወልድየ ፡ ኢታልም
ዶ ፡ መሐላ ፡ ለአፉከ ፤ ወስሞ ፡ ለቅዱስ ፡ ኢት
ዝክር ፡ ሶበ ፡ ትምሕል ። 10 ከመ ፡ ገብር ፡ ዘኵ
ሎ ፡ ጊዜ ፡ የሐትትዎ ፡ ኢይጸብእ ፡ ቍስል ፡ ለ
ሥጋሁ ፤ ከማሁ ፡ ዘይዜክር ፡ ስሞ ፡ ለእግዚአብ
ሔር ፡ ዘልፈ ፡ እንዘ ፡ ይምሕል ፤ ኢይነጽሕ ፡ እ
ምነ ፡ ኀጢአት ። 11 ብዙኀ ፡ ጌጋዩ ፡ ለብእሲ ፡
መሓሊ ፤ ወኢየኀልቅ ፡ መቅሠፍተ ፡ ቤቱ ። ወ
እመኒ ፡ ረስዐ ፡ ኀጢአቱሰ ፡ ኢይትኀደጎ ፤ ወእ
መኒ ፡ ተጸመመ ፡ ካዕበተ ፡ ይከውኖ ፡ ጌጋዩ ። ወ
ኢይጸድቅ ፡ በዘ ፡ መሐለ ፤ እስመ ፡ ምሉእ ፡ ፍ
ዳሁ ፡ ዲበ ፡ ቤቱ ። 12 ቦቱ ፡ ቃለ ፡ እንተ ፡ ታ
መጽእ ፡ ለሞት ፤ ወኢትሄሉ ፡ ውስተ ፡ ርስተ ፡
ያዕቆብ ። ኵሉ ፡ ዝንቱ ፡ ኢሀለወ ፡ ኀበ ፡ ጻድቃ
ን ፤ ወኢይትዐቀፉ ፡ በኀጢአት ። 13 ነገረ ፡ ስ
ላቅ ፡ ኢይፃእ ፡ እምአፉከ ፤ እስመቦ ፡ ውስቴቱ
ኒ ፡ ብዙኀ ፡ ኀጢአት ። 14 ተዘከሮሙ ፡ ለአቡ
ከ ፡ ወለእምከ ፤ ወተፀመድ ፡ መኳንንቲከ ፡ ወኢ
ትስሐት ፡ በቅድሜሆሙ ፤ ወኢትልሳሕ ፡ በእበ
ድከ ፤ ከመ ፡ ኢትበል ፡ ሶበ ፡ ኢተወለድኩ ፤ ወ
ከመ ፡ ኢትርግም ፡ ዕለተ ፡ ተወለድከ ። 15 ብ
እሲ ፡ ዘልሙድ ፡ ስላቀ ፡ ኢይጠብብ ፡ አምጣነ ፡
ሕያው ፡ ውእቱ ። 16 ክልኤቱ ፡ እሙንቱ ፡ እ
ለ ፡ ያመጽእዋ ፡ ለኀጢአት ፤ ወሣልሶሙ ፡ ያመ
ጽኣ ፡ ለመንሱት ፤ ነፍስ ፡ መዐትም ፡ ዘይነድድ ፡
ከመ ፡ እሳት ፤ ወኢትቄርር ፡ እስከ ፡ ታሰጥሞ ፤
ወብእሲኒ ፡ ዘይዜሙ ፡ በነፍስተ ፡ ሥጋሁ ፤ ኢ
የኀድግ ፡ እስከ ፡ ያነድዳ ፡ ለእሳት ። 17 ለብእሲ ፡
ዘማዊ ፡ ኵሉ ፡ እክል ፡ ይጥዕሞ ፤ ወኢያዐርፍ ፡
እስከ ፡ አመ ፡ ይመውት ። 18 ብእሲ ፡ ዘይትፋ
ለስ ፡ እምነ ፡ ምስካቢሁ ፤ ወይብል ፡ በልቡ ፡ አ
ልቦ ፡ ዘይሬእየኒ ፤ ጽልመት ፡ ብሔር ፡ ወአረፍ
ትኒ ፡ ይሴውረኒ ፤ ምንተ ፡ እፈርህ ፡ እንከ ፡ አል
ቦ ፡ ዘያአምረኒ ፤ ወልዑልኒ ፡ ይረስዕ ፡ (ሊተ ፡)
ኀጢአትየ ፡ ወኢይዜከረኒ ፤ 19 ወዳእሙ ፡ ዐይ
ነ ፡ ሰብእ ፡ ይፈርህ ፡ ኢይርአዮ ፤ ወኢያአምር ፡
ከመ ፡ ዐይነ ፡ እግዚአብሔር ፡ ይበርህ ፡ እምአእ
ላፈ ፡ ፀሓይ ፤ ወይሬእዮ ፡ ኵሎ ፡ ምግባሮ ፡ ለእ
ጓለ ፡ እመሕያው ፤ ወያአምሮ ፡ ኵሎ ፡ ዘይገብ
ር ፡ ጽምሚተ ። 20 . . . . ፤ ወከመዝ ፡ ይሬስዮ ፡
እምከመ ፡ አኀለቀ ። 21 ወበማእከለ ፡ ሀገር ፡ ይ
ትቤቀሎ ፤ ወእንተ ፡ ኀበ ፡ ኢተሐዘበ ፡ ያሠግ
ሮ ። 22 ወከማሁ ፡ ብእሲትኒ ፡ እንተ ፡ ተኀድግ ፡
ምታ ፤ ወትወልድ ፡ ወራሴ ፡ በዲበ ፡ መሐዛ ።
23 አሐቲ ፡ ክሕደት ፡ በእግዚአብሔር ፤ ወካል
እታ ፡ ዐለወቶ ፡ >ለምታ ፤< ወሣልስታ ፡ ሰረ
ቀት ፡ በዝሙታ ፤ ወአቀመት ፡ ውሉደ ፡ እምላ
ዕለ ፡ መሐዛ ። 24 ለእንተ ፡ ከመዝ ፡ ያኀስርዋ ፤
ወትትቀሠፍ ፡ በውሉዳ ። 25 ወይሤረው ፡ ዘር
አ ፡ ወፍሬሃ ፤ ወኢይፈርዩ ፡ አዕጹቂሃ ። 26 ወ

---

9 ማሕላ ፡ AB. 10 የሐትዎ ፡ AET. ኢይጸብእ ፡] ኢይጸምም ፡ EF(C). ኀጢ' ፡] መቅሠፍት ፡ ACEFT. 11 ኀጢአቱ ፡ FT. 12 ታመጽአ ፡ EF, ታመጽእ ፡ A. 13 እስመ ፡ በውስ' ፡ MT. ብዙኀ ፡ A. 16 ታሰጥም ፡ CE, ያሰጥም ፡ F, ታጠፍእ ፡ M. ይነድድ ፡ ከመ ፡ እሳት ፡ E. 17 ይጥዕም ፡ CM. 18 ( ) ∧ T. 19 እምአእላፍ ፡ አእላፍ ፡ MC, 'ላፈ ፡ አእ' ፡ E, እምእልፍ ፡ አእ' ፡ AB. ወይሬኢ ፡ F. ወያአምር ፡ EF. 23 አሐተ ፡ M. > < ፀ CE.

ርጉመ ፡ ይከውን ፡ ዝክሩ ፡ ወታወርስ ፡ መርገ
መ ፡ ለቤታ ፤ ወኢየኀልቅ ፡ ለዝላፉ ፡ (መርገማ ፡
ወ)ኀሳሩ ። 27 ወያአምር ፡ እንከ ፡ ኵሉ ፡ ዘርእ
ያ ፤ ከመ ፡ አልቦ ፡ ዘይኄይስ ፡ እምፈሪሀ ፡ እግ
ዚአብሔር ፤ ወአልቦ ፡ ዘይጥዕም ፡ እምነ ፡ ዐቂ
በ ፡ ትእዛዙ ፡ ለእግዚአብሔር ። XXIV. ጥበ
ብ ፡ ትዌድስ ፡ ነፍሳ ፤ ወትትሜካሕ ፡ በማእከለ ፡
ሕዝባ ። 2 ውስተ ፡ ማኅበረ ፡ ልዑል ፡ ትከሥ
ት ፡ አፉሃ ፤ ወትትሜካሕ ፡ በቅድመ ፡ ኀይሉ ።
3 አንሰ ፡ እምአፉሁ ፡ ለልዑል ፡ ወፃእኩ ፤ ወከ
መ ፡ ጊሜ ፡ ከደንክዋ ፡ ለምድር ። 4 አንሰ ፡ ው
ስተ ፡ ሰማያት ፡ ኅደርኩ ፤ ወመንበርየኒ ፡ ውስ
ተ ፡ ዐምደ ፡ ደመና ። 5 ወዖድኩ ፡ በሕቲትየ ፡
አጽናፈ ፡ ሰማይ ፤ ወአንሶሰውኩ ፡ ውስተ ፡ ዕ
ሙቅ ፡ ቀላይ ፤ 6 ወመልዕልተ ፡ ማዕበለ ፡ ባሕ
ርኒ ፡ ወውስተ ፡ ኵሉ ፡ ምድር ፤ ወአጥረይኩ ፡
በውስተ ፡ ኵሉ ፡ አሕዛብ ፡ ወበውስተ ፡ ኵሉ ፡
ሕዝብ ። 7 ወእምድኅረዝ ፡ ኵሉ ፡ ዕረፍተ ፡ ኀ
ሠሥኩ ፤ ውስተ ፡ ርስተ ፡ መኑ ፡ እንከ ፡ አኅድ
ር ። 8 ወእምዝ ፡ አዘዘኒ ፡ ፈጣሬ ፡ ኵሉ ፤ ወአ
ዕረፈ ፡ ሊተ ፡ ፈጣሪየ ፡ መንበርየ ፤ ወይቤለኒ ፡
ኅበ ፡ ያዕቆብ ፡ ኅድሪ ፤ ወበውስተ ፡ እስራኤል ፡
ተዋረሲ ። 9 እምቅድመ ፡ ይትፈጠር ፡ ዓለም ፡
ፈጠረኒ ፤ ወኢይጠፍእ ፡ ለዝሉፉ ፡ ወለዓለመ ፡
ዓለም ። 10 ወተልእኩ ፡ በውስተ ፡ ደብተራሁ ፡
ቅዱስ ፡ በቅድሜሁ ፤ ወውስተ ፡ ጽዮን ፡ አስመ
ኩ ። 11 ወከማሁ ፡ ውስተ ፡ ሀገር ፡ ቅድስት ፡ አ
ዕረፍኩ ፤ ወበኢየሩሳሌም ፡ ምኵናንየ ፡ ኅበ ፡ አ
ኰንኖኒ ። 12 ወአብቈልኩ ፡ ሥርውየ ፡ በውስተ ፡
ሕዝብ ፡ ክቡር ፤ በውስተ ፡ መክፈልተ ፡ እግዚ
አብሔር ፡ ወበውስተ ፡ ርስቱ ። 13 ከመ ፡ ዕፀ ፡
ቄድሮስ ፡ በውስተ ፡ ሊባኖስ ፡ ተለዐልኩ ፤ ወከ
መ ፡ ዕፀ ፡ ቄጽሮስ ፡ በውስተ ፡ አድባረ ፡ ኤርሞ
ን ። 14 ወኖኅኩ ፡ ከመ ፡ በቀልት ፡ ኅበ ፡ ድንጋ
ገ ፡ ማይ ፤ ወከመ ፡ ጽጌ ፡ ረዳ ፡ ዘውስተ ፡ ኢያ
ሪኮ ፤ ወከመ ፡ ዕፀ ፡ ዘይት ፡ ሠናይት ፡ ዘውስተ ፡
ገዳም ፤ ወዐበይኩ ፡ ከመ ፡ ጵላጣኖስ ። 15 ወጥ
ዕመ ፡ መዐዛየ ፡ ከመ ፡ ቀናንሞስ ፡ ወከመ ፡ አስ
ጳዳቶስ ፤ ወከመ ፡ መዐዛ ፡ ዕፍረት ፡ ቅድው ፡ ከ
ነ ፡ መዐዛየ ፤ ወከመ ፡ ከልበኔ ፡ ወከመ ፡ እንክ
ስ ፡ ወከመ ፡ ስጠቄጤ ፤ ወከመ ፡ ጢሰ ፡ ስኂን ፡
በውስተ ፡ ደብተራ ። 16 ወኖኀ ፡ አዕጹቅየ ፡ ከ
መ ፡ ዕፀ ፡ ጤርባንቶስ ፤ ወአዕጹቅየኒ ፡ አዕጹቀ ፡
ክብር ፡ ወስብሐት ። 17 አንሰ ፡ ከመ ፡ ዐጸደ ፡
ወይን ፡ ሠረጽኩ ፡ ሞገሰ ፤ ወጽጌየኒ ፡ ፍሬ ፡ ክ
ብር ፡ (ወስብሐት ፡) ወብዕል ። 19 ንዑ ፡ ኀቤየ ፡
ኵልክሙ ፡ እለ ፡ ትፈቅዱኒ ፤ ወትጸገቡ ፡ እም
ነ ፡ ቀምሕየ ። 20 እስመ ፡ ይጥዕም ፡ እምነ ፡ መ
ዓር ፡ ዝክርየ ፤ ወእምነ ፡ ሶከር ፡ ርስትየ ። 21 ወ
እለኒ ፡ ይበልዑኒ ፡ ኢይጸግቡኒ ፤ ወእለኒ ፡ ይሰ
ትዩኒ ፡ ኢይረውዩኒ ። 22 ወዘኒ ፡ ይሰምዐኒ ፡ ኢ
ይትኀፈር ፤ ወኢይስሕቱ ፡ እለ ፡ ሊተ ፡ ይትቀነ
ዩ ። 23 ዝኵሉ ፡ ነገር ፡ ዘመጽሐፈ ፡ ሕጉ ፡ ለል
ዑል ፤ ሕግ ፡ ዘአዘዘ ፡ ሙሴ ፤ ወርስቶሙ ፡ ለማ

27 ወያአምሩ ፡ EFT. ∧ ኵሉ ፡ M. XXIV. 5 ዕመቀ ፡ C. 6 ወኢያጥረይኩ ፡ FC. 11 ሀገ ርኒ ፡ ACEF. 13 አርሞን ፡ M. 14 ብልጠኖስ ፡ M, ጰልጠኖስ ፡ C. 15 አንክሶ ፡ ACEF. ሠጠቄጤ ፡ M, ሰጣቄጤ ፡ T, ሰጡቃጤ ፡ AEF. 16 ጠርቤንቶስ ፡ C, ጤርቤንቶስ ፡ B. 23 ሕግ ፡] ሕገ ፡ M. ዘ አዘዘነ ፡ BFMT.

ኀበረ ፡ ያዕቆብ ። 25 ዘይመልኣ ፡ ከመ ፡ ተከዜ ፡
ፊሶን ፡ ለጥበብ ፤ ወከመ ፡ ተከዜ ፡ ጤግሪስ ፡ በ
አውራኅ ፡ ኄዎን ፤ 26 ወይመልኣ ፡ ከመ ፡ ተከ
ዜ ፡ ኤፍራጢስ ፡ ለምክር ፤ ወከመ ፡ ተከዜ ፡ ዮ
ርዳኖስ ፡ በመዋዕለ ፡ ማእረር ። 27 ዘይከሥታ ፡
ከመ ፡ ብርሃን ፡ ለጥበብ ፤ ወከመ ፡ ተከዜ ፡ ግዮ
ን ፡ በመዋዕለ ፡ ማእረረ ፡ ቀሥም ። 28 ቀዳማዊ
ኒ ፡ ኢፈጸመ ፡ አእምሮታ ፤ ወደኃራዊኒ ፡ ኢረከ
በ ፡ አሠራ ። 29 ይበዝኅ ፡ እምነ ፡ ማየ ፡ ባሕር ፡
ኅሊናሃ ፤ ወየዐምቅ ፡ እምነ ፡ ማየ ፡ ቀላይ ፡ ም
ክራ ። 30 ወከነኒ ፡ ከመ ፡ ሙሓዘ ፡ ማይ ፡ ዘይወ
ጽእ ፡ እምነ ፡ ተከዜ ፤ ወከመ ፡ ምንኅር ፡ ቦእኩ ፡
ውስተ ፡ ገነት ። 31 ወእቤ ፡ ከመ ፡ እስቅያ ፡ ለ
ገነትየ ፤ ወአርውዮ ፡ ለዐጸደ ፡ ሐምልየ ፤ ወከነኒ ፡
ዝክቱ ፡ ሙሓዝየ ፡ ከመ ፡ ተከዜ ፤ ወፈለግየኒ ፡
ከነኒ ፡ መጠነ ፡ ባሕር ። 32 ወዓዲ ፡ አበርሃ ፡ ለ
ጥበብ ፡ ከመ ፡ ጎሕ ፤ ወአርእያ ፡ እስከ ፡ ነዋኅ ።
33 ወእሰውጣ ፡ ለትምህርት ፡ ከመ ፡ ተነብዮ ፤ ወ
አነብራ ፡ ለውሉደ ፡ ውሉድ ፡ ወለዓለመ ፡ ዓለ
ም ። 34 ናሁ ፡ ርእዩ ፡ ከመ ፡ አኮ ፡ ለባሕቲትየ ፡
ዘጻመውኩ ፤ አላ ፡ ለኵሎሙ ፡ እለ ፡ የኀሡኒ ።
XXV. በእላ ፡ ሠለስቱ ፡ ሠነይኩ ፡ ወቆምኩ ፡
ሠናየ ፡ ቅድመ ፡ እግዚአብሔር ፡ ወቅድመ ፡ እ
ጓለ ፡ እመሕያው ፤ ኣኀው ፡ እለ ፡ የኀብሩ ፡ ል
በ ፤ ወታእኃሆሙ ፡ ለአዕርክት ፤ ወብእሲ ፡ ምስ
ለ ፡ ብእሲቱ ፡ እለ ፡ የኀብሩ ፡ ግዕዘ ። 2 ወሠለ
ስቲሆሙ ፡ ከንቶ ፡ መነነት ፡ ነፍስየ ፡ ወጸልአቶ
ሙ ፤ ወፈድፋደ ፡ አስተቈጥዐኒ ፡ ሕይወቶሙ ፤
ነዳየ ፡ ዕቡየ ፡ ወባዕለ ፡ ደንጻዌ ፡ ወአረጋዌ ፡ ዘ
ማዌ ፡ ዘአልቦ ፡ ልበ ። 3 ዘእምንእስከ ፡ ኢተገ
ሠጽከ ፤ እፎ ፡ ትጠብብ ፡ በርሥአኒከ ። 4 ይደ
ልዎን ፡ ኰንኖ ፡ ለሢበት ፤ ወይደልዎሙ ፡ ምክ
ር ፡ ለሊቃውንት ፤ 5 ወይደልዎሙ ፡ ጥበብ ፡ ለ
አእሩግ ፤ ወትደልዎሙ ፡ ትምህርተ ፡ ጥበብ ፡ ለ
ዐበይት ። 6 አክሊሎሙ ፡ ለአእሩግ ፡ ብዝኀ ፡
ትምህርት ፤ ወምክሐሙ ፡ ፈሪሀ ፡ እግዚአብሔ
ር ። 7 ተስዐቱ ፡ እሙንቱ ፡ እለ ፡ አስተብፃእክ
ዎሙ ፡ በልብየ ፤ ወዓሥርሙሰ ፡ እነግር ፡ በቃ
ልየ ፤ ብእሲ ፡ ዘይትፌሣሕ ፡ በውሉዱ ፤ ወእን
ዘ ፡ ሕያው ፡ ውእቱ ፡ ይሬኢ ፡ ድቀተ ፡ ጸላኢ
ሁ ። 8 ብፁዕ ፡ ዘአውሰበ ፡ ብእሲተ ፡ ጠባበ ፤ ወ
ብፁዕ ፡ ዘኢስሕተ ፡ በቃሉ ፤ ወዘኢገብአ ፡ ታሕ
ተ ፡ ዘየአክዮ ። 9 ብፁዕ ፡ ዘረከበ ፡ ለጥበብ ፤ ወ
ዘረከበ ፡ ዘይትኤዘዝ ፡ ሎቱ ። 10 ዐቢይ ፡ ውእ
ቱ ፡ ዘረከባ ፡ ለጥበብ ፤ ወየዐብዮ ፡ ፈራሄ ፡ እግ
ዚአብሔር ። 11 ፈሪሀ ፡ እግዚአብሔር ፡ እም
ኵሉ ፡ ትኤይስ ፤ ወዘኪያሃ ፡ ዐቀበ ፡ አልቦ ፡ ዘይ
መስሎ ። 13 እምኵሉ ፡ ቍስል ፡ የአኪ ፡ ቍስ
ለ ፡ ልብ ፤ ወእምኵሉ ፡ እኪት ፡ ተአኪ ፡ እኪት ፡
ብእሲት ። 14 ወለእመ ፡ በኵሉ ፡ ወደቀ ፡ ኢት

---

25 ኤፌሶን ፡ BCMT. ጤግሮስ ፡ BCEFT. በወርኀ ፡ CEF. 26 ወይመልእ ፡ BEM. ኤፍራጥስ ፡ EF. 27 ጌዎን ፡ ET, ግዎን ፡ A. 29 ∧ ማየ ፡ 2° ABF. 30 ሙሓዘ ፡] ውሒዘ ፡ AE. መንኅር ፡ A. 31 ለገነትየ ፡ C corr. 32 አብርሃ ፡ ACFM. XXV. 1 በእላ ፡] በእሉ ፡ CF; በእንተ ፡ BET. ሠናየ ፡] ለሠናይ ፡ T. 2 ነዳይ ፡ ዕቡይ ፡ κ. τ. λ. in Nominativo pos. ABET. 3 በርሥአቲከ ፡ AET. 4 ይደልዎ ፡ 1° F, C corr. 8 ታሕተ ፡] + እደ ፡ F, C corr. 10 ፈሪሀ ፡ BFMT. 14 ጸላኢከ ፡ 1°] ጸላእትከ ፡ M.

ደቅ ፡ ውስተ ፡ እደ ፡ ጸላኢከ ፤ ወለእመ ፡ ኵሉ ፡
ተበቀለከ ፡ ጸላኢከ ፡ ኢይትበቀልከ ። 15 አል
ቦ ፡ ርእስ ፡ ዘየአኪ ፡ እምርእሰ ፡ አርዌ ፡ ምድር ፤
ወአልቦ ፡ ቂም ፡ ዘየአኪ ፡ እምቂመ ፡ ጸላኢ ።
16 ይኄይስ ፡ ትንበር ፡ ምስለ ፡ ዐናብስት ፡ ወም
ስለ ፡ አራዊተ ፡ ምድር ፤ እምትንበር ፡ ምስለ ፡
እኪት ፡ ብእሲት ። 17 እከይሃ ፡ ያዐልዎ ፡ ለራእ
ያ ፤ ወያጸልሞ ፡ ከመ ፡ ርእየተ ፡ ድብ ፡ ለገጻ ።
18 ወበማእከለ ፡ ቢጹ ፡ ይትሀበብዎ ፡ ለምታ ፤ ወ
መሪረ ፡ ሐዘነ ፡ ያቴክዝዎ ፡ ወያመነዝዝዎ ። 19
ኵሉ ፡ እኪት ፡ ትንእስ ፡ እምእኪት ፡ ብእሲት ፤
ውስተ ፡ መክፈልተ ፡ ኀጢአት ፡ ታበጽሕ ፡ ይእ
ቲ ። 20 ከመ ፡ ያደክሞሙ ፡ ዐቀበ ፡ ኖጻ ፡ እገ
ሪሆሙ ፡ ለአእሩግ ፤ ከማሁ ፡ ታደክሞ ፡ ብእሲ
ት ፡ ነባቢት ፡ ለብእሲ ፡ የዋህ ። 21 ኢያስሕት
ከ ፡ ላሕያ ፡ ለብእሲት ፡ >ወኢያፍቱከ ፡ ላሕያ ፡
ለብእሲት ፤< 22 እስመ ፡ (መቅሠፍት ፡ ወ)መ
ንሱት ፡ ወዐቢይ ፡ ኀሳር ፡ ይእቲ ፤ ወኀፍረትሂ ፡
ለእመ ፡ ሴሰየቶ ፡ ለምታ ፡ ብእሲት ። 23 ቍስ
ል ፡ (ይእቲ ፡) ለልብ ፡ ወጽልመት ፡ (ይእቲ ፡)
ለገጽ ፤ ወሐዘን ፡ (ይእቲ ፡) ለነፍስ ፡ ብእሲት ፡
እኪት ። ከመ ፡ እድ ፡ ፅቡስ ፡ ወከመ ፡ እግር ፡ ፅ
ዉስ ፤ ከማሁ ፡ ብእሲት ፡ እንተ ፡ ኢታአኵቶ ፡
ለምታ ። 24 ቀዳሚሁኒ ፡ እምላዕለ ፡ ብእሲት ፡
ወጽአት ፡ ኀጢአት ፤ ወበእንቲአሃ ፡ ኵልነ ፡ ን
መውት ። 25 ኢትግበር ፡ ሎቱ ፡ ሙሐዘ ፡ ለማ
ይ ፤ ወኢታርእያ ፡ ዘውስተ ፡ ልብከ ፡ ለብእሲት ።
26 ለእመ ፡ ኢኮነት ፡ ከመ ፡ ግዕዝከ ፤ ምትራ ፡ እ
ምኔከ ፡ ወአውፅአ ፡ እምሥጋከ ። XXVI. ለ
ብእሲት ፡ ኄርት ፡ ያበጽዕ ፡ ምታ ፤ ወይትመከዐ
ብ ፡ መዋዕለ ፡ ሕይወቱ ። 2 ብእሲት ፡ ዕብራዊ
ት ፡ ታስተፌሥሖ ፡ ለምታ ፤ ወይፌጽም ፡ መዋ
ዕሊሁ ፡ በሰላም ። 3 ብእሲት ፡ ኄርት ፡ ሠናይ ፡
መክፈል[ት] ፤ ወ[ት]በጽሖ ፡ ለፈራሄ ፡ እግዚአ
ብሔር ፡ ውስተ ፡ መክፈልቱ ። 4 ለባዕልኒ ፡ ወ
ለነዳይኒ ፡ ልቡ ፡ ይሠኒ ፤ ወለዝሉፉ ፡ ብሩሀ ፡ ይ
ኩን ፡ ገጽከ ። 5 እምእሉ ፡ ሠለስቱ ፡ ደንገጸኒ ፡
ልብየ ፤ ወራብዕሰ ፡ አፍርሀኒ ፡ ገጽየ ፤ ማዕሌተ ፡
ሀገር ፡ ወእንግልጋ ፡ አሕዛብ ፤ ወስምዐ ፡ ሐሰት ፡
ላዕለ ፡ ነፍስ ፡ ዘያበጽሕ ፡ ለሞት ። 6 ቍስል ፡
ይእቲ ፡ ለልብ ፡ ወላሕ ፡ ይእቲ ፡ ለነፍስ ፡ ብእሲ
ት ፡ እንተ ፡ ታስተቃንእ ፤ ከመ ፡ መቅሠፍተ ፡ ል
ሳን ፡ ትዔሪ ፡ በኵሉ ፡ እኩይ ። 7 ከመ ፡ አርዑ
ተ ፡ ብዕራ ፡ ዘያንቀለቅል ፡ ከማሁ ፡ ብእሲት ፡ እ
ኪት ፤ ወዘይነብር ፡ ምስሌሃ ፡ ከመ ፡ ዘይፀብጥ ፡
ዐቅረበ ። 8 ዐቢይ ፡ መንሱት ፡ ይእቲ ፡ ብእሲ
ት ፡ ሰካሪት ፤ እንተ ፡ ኢትክል ፡ ኀፍረታ ፡ ከዲ
ነ ። 9 ዝሙታ ፡ ለብእሲት ፡ ይትዐወቅ ፡ እምአ
ዕይንቲሃ ፤ ወይትአመር ፡ በቀራንብቲሃ ። 10 ወ
ለወለትከኒ ፡ አጽንዓ ፡ ዐቂቦታ ፤ ለእመ ፡ ሥኀተ

17 የዐልዎ ፡ CEM. 18 ይትሐበለይዎ ፡ M. 19 ትበጽሕ ፡ E. 20 ለብእሲ ፡] ለምታ ፡ T. 21 > < e C; ወኢያፍቱከ ፡ E, ^ in caeteris. 23 ፅዉስ ፡] ፅቡስ ፡ M, C corr. XXVI. 1 ያበጽዓ ፡ C corr., ያስተበፅዓ ፡ B, F corr. ወይትመከዐብ ፡ BEF. 2 ዕብራዊት ፡ vid. Lex. c. 756; ብዕራዊት ፡ FC. 3 [ ] e B; ታ ፡ caet. [ ] emendavi; ታ codd. 4 ይሤኒ ፡ BEM. ገጹ ፡ C corr. 6 ንዔሪ ፡ A. 7 ብዕራይ ፡ BEF, CT corr. ዐቅራበ ፡ FC. 8 ከዲኖተ ፡ EF, ከዲኖታ ፡ A, C corr. 10 አጽንዕ ፡ BC. ትማስን ፡ omn., exc. MC.

ት ፡ ከመ ፡ ኢታማስን ፡ ርእሳ ። 11 ወተዐቀብ ፡
እምነ ፡ ዐይነ ፡ [መ]ታሂ ፤ ከመ ፡ ኢትግባእ ፡ ት
ነስሕ ፡ ለእመቦ ፡ ዘብእሰከ ። 12 ከመ ፡ ይልሕስ ፡
ጽሙእ ፡ ወይሰቲ ፡ እምኵሉ ፡ ማይ ፡ ዘቀርበ ፤
ወያጸልል ፡ ታሕተ ፡ ኵሉ ፡ ዕፀው ፤ ወከመ ፡ ዘ
ያወጽእ ፡ አሕጻሁ ፡ እምኰንጻሁ ። 13 ሞገሳ ፡
ለብእሲት ፡ ያስተፌሥሖ ፡ ለምታ ፤ ወጥበቢሃ ፡
ያጠልሎ ፡ ለአዕፅምቲሁ ። 14 ፍቱ ፡ ለእግዚአ
ብሔር ፡ ብእሲት ፡ የዋህ ፤ ወአልባቲ ፡ መድሎ
ተ ፡ ነፍስ ፡ ጠባብ ። 15 ሠናይት ፡ በዲበ ፡ በረ
ከት ፡ ብእሲት ፡ ኀፋሪት ፤ ወአልባቲ ፡ ተውላጠ ፡
ነፍስ ፡ መስተዓግሥት ። 16 ከመ ፡ ፀሓይ ፡ በው
ስተ ፡ ሰማዩ ፡ ለእግዚአብሔር ፤ ከማሁ ፡ ላሕየ ፡
ሥና ፡ ለብእሲት ፡ ኄርት ፡ በውስተ ፡ ትርሲተ ፡
ቤታ ። 17 ከመ ፡ ማኅቶተ ፡ ቅድሳት ፡ እንተ ፡
ታበርህ ፡ በዲበ ፡ ተቅዋማ ፤ ከማሁ ፡ ላሕየ ፡ ገ
ጹ ፡ ለጠቢብ ፡ በሥነ ፡ ግዕዙ ። 18 ከመ ፡ አዕ
ማደ ፡ ወርቅ ፡ እለ ፡ ይቀውሙ ፡ ዲበ ፡ ምክያደ ፡
ብሩር ፤ ከማሁ ፡ በአተ ፡ እገሪሁ ፡ ለኄር ፡ ዘይቀ
ውም ፡ በሠናይ ። 28 በእሉ ፡ ሠለስቱ ፡ ተከዘኒ ፡
ልብየ ፤ ወራብዖሙሰ ፡ መዐተ ፡ አምጽአ ፡ ላዕ
ሌየ ፤ ብእሲ ፡ መስተቃትል ፡ (ወተባዕ ፡) ሶበ ፡
የኀጥእ ፡ ወይጼነስ ፤ ዕደው ፡ ጠቢባን ፡ ለእመ ፡
ስሕቱ ፤ ወዘየኀድጋ ፡ ለጽድቅ ፡ ወይገብእ ፡ ው
ስተ ፡ ኀጢአት ፤ እግዚአብሔር ፡ ያወድቆ ፡ በ
ኵናት ። 29 እምዕጹብ ፡ ይድኅን ፡ ሠያጢ ፡ እ

ምኀጢአት ፤ ወኢይጸድቅ ፡ መያሲ ፡ እምዐም
ፆት ። XXVII. ብዙኃን ፡ እለ ፡ በአድልዎ ፡
ይገብርዋ ፡ ለኀጢአት ፤ ወዘሰ ፡ ይፈቅድ ፡ ይት
ባዛኅ ፡ ይመይጥ ፡ ዐይኖ ። 2 ማእከለ ፡ ንድቀ ፡
አእባን ፡ ይትከሉ ፡ መትከለ ፤ ወማእከለ ፡ ሤጥ ፡
ወተግባር ፡ ትመጽእ ፡ ኀጢአት ። 3 ለእመ ፡ ኢ
ያፍጠነ ፡ ተዐቅቦ ፡ በፍርሀተ ፡ እግዚአብሔር ፤
ኢይጐነዲ ፡ ተገፍትአ ፡ ቤቱ ። 4 ውስተ ፡ መ
ንጠፍት ፡ ይጥሕል ፡ ሐሠር ፤ ከማሁ ፡ ሰብእኒ ፡
እምኀሊናሁ ፡ ተረክበ ፡ ርስሐቱ ። 5 ለንዋየ ፡
ለብሓኒ ፡ እሳት ፡ ይፈትኖ ፤ ወለሰብእኒ ፡ ኀሊና ፡
ልቡ ፡ ያሜክሮ ። 6 ዐቃቢሁ ፡ ለቀምሕ ፡ ይሬ
ኢ ፡ ፍሬሁ ፤ ከማሁ ፡ ቃሉ ፡ ለሰብእ ፡ ይከሥቶ ፡
ፍትወተ ፡ ልቡ ። 7 እንበለ ፡ ትጠይቆ ፡ ለሰብ
እ ፡ ኢትንእዶ ፤ እስመ ፡ እምነ ፡ ግዕዙ ፡ ያሜክ
ርዎ ፡ ለሰብእ ። 8 ለእመ ፡ ዴገንካ ፡ ለጽድቅ ፡
ትረክባ ፤ ወትለብሳ ፡ ከመ ፡ ልብሰ ፡ ጳዴር ፡ ዘ
ክቡር ። 9 አዕዋፍኒ ፡ ምስለ ፡ ዘመዱ ፡ የኀድር ፤
ወጽድቅኒ ፡ ኀበ ፡ እለ ፡ ይገብርዋ ፡ ተሐውር ።
10 ዐንበሳ ፡ ይንዑ ፡ ዘይበልዕ ፤ ከማሁ ፡ ኀጢአ
ትኒ ፡ ትንዕዎሙ ፡ ለእለ ፡ ይገብርዋ ። 11 ጻድ
ቅሰ ፡ ይሜህር ፡ ዘልፈ ፡ ጥበበ ፤ ወአብድሰ ፡ ባ
ሕቱ ፡ እንተ ፡ ጸብሐት ፡ የሐጽጽ ፡ ልቡ ፡ ከመ ፡
ወርኅ ። 12 በኀበ ፡ አብዳን ፡ ተዐቀብ ፡ ጊዜሁ ፤
ወበኀበ ፡ ጠቢባን ፡ ተጠየቅ ፡ በኵሉ ፡ ጊዜ ።
13 ነገሮሙ ፡ ለአብዳን ፡ ያስተቈጥዕ ፤ ወሠሐቆ

11 ምታሂ ፡ omn. (ምታ ፡ ወ E). ዘብእስከ ፡ ME, አበስከ ፡ B. 13 ያጠሎ ፡ T. 14 የዋሂት ፡ F, C corr. መድሉተ ፡ EM. 17 ማኅቶት ፡ ቅድስት ፡ BMT. 18 መክያደ ፡ A, መከየደ ፡ EF, መከይደ ፡ BT. በአተ ፡] በእንተ ፡ AM. 29 እምኅ' ፡] እምዐምፆት ፡ BE. እምዐ' ፡] እምኀጢአት ፡ BE. XXVII. 2 መታክለ ፡ ABCFT. 4 ይጠሐል ፡ F. ትረክበ ፡ ርስሐት ፡ F(AT). 5 ለብሓዊኒ ፡ FM. 6 ይከሥቶ ፡ omn. 8 ጳዴሬ ፡ T. ዘክቡር ፡] ∧ ዘ ACE. 9 ዖፍኒ ፡ F, C corr. 12 ጠይቅ ፡ F. 13 ፍግዓ ፡ M.

ጥበበ ፡ ሲራክ ፡ ፳፯ወ፳፰ 83

ሙኒ ፡ ፍግዐ ፡ ኀጢአት ። 14 ነገሩ ፡ ለዘ ፡ ብዙ
ኀ ፡ ይምሕል ፡ ያንሥጥጥ ፡ ሥዕርተ ፤ ወላኲሆ
ሙኒ ፡ ያጸምም ፡ እዝነ ። 15 ያከዑ ፡ ደመ ፡ ላ
ኲሆሙ ፡ ለዕቡያን ፤ ወጋእዘሙ ፡ ስራሕ ፡ ለዘይ
ሰምዖሙ ። 16 ዘከሠተ ፡ ምክረ ፡ ቢጹ ፡ ሀጕለ ፡
ሃይማኖቶ ፤ ወኢይረክብ ፡ እንከ ፡ ዐርከ ፡ ዘከመ ፡
ልቡ ። 17 ዕቀብ ፡ ዐርከከ ፡ ወተአመን ፡ ምስሌ
ሁ ፤ ወለእመሰ ፡ ከሠትከ ፡ ምክሮ ፡ ኢትዴግኖ ፡
(እንከ ፡ ወኢትትልዎ ፡) ድኅሬሁ ። 18 ከመ ፡
ሀጕለ ፡ ሰብእ ፡ ጸላኢሁ ፤ ከማሁ ፡ ሀጕልከሁ ፡
አንተኒ ፡ ታእኃሁ ፡ ለዐርክከ ። 19 ከመ ፡ ያፍ ፡
እንተ ፡ ታመሥጠከ ፡ እምእዴከ ፤ ከማሁ ፡ ሰረ
ረ ፡ እምኔከ ፡ ዐርክከ ። 20 ወኢትዴግኖ ፡ እን
ከ ፡ እስመ ፡ ነዋኀ ፡ ኀበ ፡ አምሠጠከ ፤ ከመ ፡ አ
ምሠጠት ፡ ምዳቍ ፡ እምነ ፡ ማዕገት ። 21 ሰበ
ሰ ፡ ቍስል ፡ ውእቱ ፡ እምፈወስዎ ፤ ወለዘኒ ፡ ተ
ጽዕለ ፡ ያስተማውጽዎ ፤ ወለዘሰ ፡ ከሠተ ፡ ምክ
ረ ፡ ቢጹ ፡ ይቀብጽዎ ። 22 ዘይቀጽብ ፡ በዐይኑ ፡
ኢይሜኒ ፡ ኀሊናሁ ፤ አልቦ ፡ ዘይክል ፡ አኀድኆ
ተ ፡ እከዩ ። 23 ለዐይንከሰ ፡ ያጥዕም ፡ ለከ ፡ አ
ፉሁ ፤ ወበኵሉ ፡ ዘነበብከ ፡ ይንእደከ ፤ ወድኅ
ረ ፡ የዐልወከ ፡ ቃሎ ፤ ወያስሕተከ ፡ በቃልከ ፡ እ
ንተ ፡ ነበብከ ። 24 ብዙኃነ ፡ እለ ፡ ጸላእኩ ፡ ወ
አኮሰ ፡ ከማሁ ፤ ወእግዚአብሔርኒ ፡ ጸልአ ፡ ኪ
ያሁ ። 25 ዘይወግር ፡ እብነ ፡ ላዕሌሁ ፡ ትወርድ ፡
ዲበ ፡ ርእሱ ፤ መቅሠፍተ ፡ ዐመፃሰ ፡ ይትዐወቅ ፡
ቍስሉ ። 26 ዘከረየ ፡ ግበ ፡ (ለቢጹ ፡) ለሊሁ ፡
ይወድቅ ፡ ውስቴቱ ፤ ወዘኒ ፡ ሠርዐ ፡ መሥገር
ተ ፡ ውእቱ ፡ ይሠገር ፡ ቦቱ ፤ 27 . . . . ፤ ወኢያ
አምር ፡ እንተ ፡ ኀበ ፡ ይመጽእ ። 28 ኀጢአት ፡
ጸዐሎሙ ፡ ወሠሐቆሙ ፡ ለዕቡያን ፤ ከመ ፡ ዐን
በሳ ፡ ትንዕዎሙ ፡ ወትትቤቀሎሙ ። 29 በመ
ሥገርት ፡ ይሠገሩ ፡ እለ ፡ ይትፌሥሑ ፡ በድቀ
ቱ ፡ ለጻድቅ ፤ መቅሠፍት ፡ ይመስዎሙ ፡ ዘእን
በለ ፡ ይብጽሖሙ ፡ ጊዜ ፡ ሞቶሙ ። 30 መዐት
ኒ ፡ ወቍጥዓ ፡ ርኩሳን ፡ እሙንቱ ፤ ወበኀበ ፡ ብ
እሲ ፡ ኃጥእ ፡ ይሄልዉ ። XXVIII. ዘይትዔገ
ሥ ፡ ለእግዚአብሔር ፡ ይትቤቀል ፡ ሎቱ ፤ ወኀ
ጢአቶ ፡ የኀድግ ፡ ሎቱ ። 2 ኅድግ ፡ ሎቱ ፡ ለ
ቢጽከ ፡ ዘተሐይሶ ፤ ወይእተ ፡ ጊዜ ፡ እምከመ ፡
ተጋነይከ ፡ ይሰሪ ፡ ለከ ፡ ኀጢአተከ ። 3 ሰበ ፡ አ
ንተ ፡ እንዘ ፡ ሰብእ ፡ አንተ ፡ ትትቄየም ፡ ሰብአ ፡
(ዘከማከ) ፤ እፎ ፡ እንከ ፡ ተሣሀለኒ ፡ ትብሎ ፡ ለ
እግዚአብሔር ። 4 እንዘ ፡ ኢታስተምሕር ፡ ሰ
ብአ ፡ ከማከ ፤ እፎ ፡ ትስእሎ ፡ ይስረይ ፡ ለከ ፡
ኀጢአተከ ። 5 . . . . . 6 ተዘከር ፡ [ደኃሪተ
ከ ፡] ወኅድጋ ፡ ለጽልእ ፤ ተዘከሮ ፡ ለሞት ፡ ወለ
ሙስና ፡ ወዕቀብ ፡ ትእዛዞ ። 7 ተዘከር ፡ ሕገ ፡
ወኢትትቀየም ፡ ቢጸከ ፤ ተዘከር ፡ ኵነኔሁ ፡ ለል
ዑል ፡ ወአሰስላ ፡ ለመዐት ። 8 ኅድግ ፡ ለጋእዝ ፡
ወታውኅዶን ፡ ለኀጣውኢከ ፤ ብእሲ ፡ መዐት
ም ፡ ያፈልሐ ፡ ለላኲ ። 9 ወብእሲ ፡ ኃጥእ ፡ ያ

---

15 ይከዑ ፡ AB. ላኲሆሙ ፡ M (item 14). 17 ( ) ‸ M. 20 መዳኍ ፡ AET. 21 ተጸዐለ ፡ AT. 23 ያስተጣዕም ፡ T. ወያስሕት ፡ AM. 25 እምቍስሉ ፡ F. 28 ጻዕሎሙ ፡ CMT. ወሠ' ፡] ወስላቆሙ ፡ C. ትትበቀሎሙ ፡ AF. 29 ይሜገሩ ፡ C. XXVIII. 1 ይትዐገሥ ፡, ወይትቤቀል ፡ A(MB). 2 ዘተሐየሰ ፡ M. 3 ‸ አንተ ፡ 1° BCEM. 4 ኢትምሕር ፡ BCF. 6 [ ] e C; caet. ኀጢአተከ ፡ 9 ያሰርሐ ፡ BE. ለቢጹ ፡ BEM.

ሰርሕ ፡ ቢጾ ፤ ወያስተዳጉጽ ፡ ማእከለ ፡ አዕርከ
ት ። 10 በአምጣነ ፡ ዕፁ ፡ ለእሳት ፡ የዐቢ ፡ ነዱ ፤
ወበአምጣነ ፡ ዕበየ ፡ ጋእዙ ፡ ከማሁ ፡ ይፈልሕ ፡
ላኲሁ ፤ በአምጣነ ፡ ኀይሉ ፡ ለሰብእ ፡ [ቂ]ሙ ፤
ወበአምጣነ ፡ ብዕሉ ፡ ከማሁ ፡ ያዐብያ ፡ ለመዐ
ቱ ። 11 ዘያልሕሓ ፡ ለትዝኅርቱ ፡ ያነድዳ ፡ ለእ
ሳት ፤ ወዘይጔጕእ ፡ ለጋእዝ ፡ ያፈጥን ፡ ክዒወ ፡
ደም ። 12 እመ ፡ ነፋሕከ ፡ ለፍሕም ፡ ትነድድ ፤
ወእመ ፡ ወረቃ ፡ ትጠፍእ ፤ ወክልኤሆሙ ፡ እ
ምውስተ ፡ አፍ ፡ ይወጽኡ ። 13 ለሐማዪ ፡ ወ
ለዘ ፡ ክልኤቱ ፡ ልሳኑ ፡ ይረግምዎ ፤ እስመ ፡ ብ
ዙኃነ ፡ አዕርክተ ፡ አስተቃተለ ። 14 ልሳን ፡ መ
ስተዳጕጽ ፡ ሆከሙ ፡ ለብዙኃን ፤ ወአስተፋለሶ
ሙ ፡ እምሕዝብ ፡ ውስተ ፡ ሕዝብ ፤ ወአህጉረ ፡
ጽኑዓተ ፡ አመዝበረት ፤ ወአብያቲሆሙ ፡ ለዐበ
ይት ፡ አውደቀት ። 15 ልሳን ፡ ነባቢት ፡ ሰደደ
ቶን ፡ ለአንስት ፡ እምአብያተ ፡ አምታቲሆን ፤
ወአህጕለቶን ፡ ጻማሆን ። 16 ወዘሰ ፡ ኢተዐቀ
በ ፡ ኢያዐርፍ ፡ ለዝላፉ ፤ ወኢይነብር ፡ በሰላም ።
17 ቍስለ ፡ መቅሠፍት ፡ ይገብር ፡ አምግልተ ፤
ወቍስለ ፡ ልሳን ፡ ይሰብር ፡ አዕፅምተ ። 18 ብ
ዙኃን ፡ እለ ፡ ወድቁ ፡ በኀጺን ፤ ወአኮ ፡ ከመ ፡
እለ ፡ ወድቁ ፡ በልሳን ። 19 ብፁዕ ፡ ዘድኅነ ፡ እ
ምኔሃ ፤ ወዘኢድኅፀ ፡ በመንሱታ ፤ ወዘኢሐረሰ ፡
በአርዑታ ፤ ወዘኢተሞቅሐ ፡ በማእሰራ ። 20 አ
ርዑታሂ ፡ አርዑተ ፡ ኀጺን ፤ ወመዋቅሕቲሃኒ ፡
ዘብርት ። 21 እኩይ ፡ ሞት ፡ ሞታ ፤ ትቀልል ፡
ሲኦል ፡ እምኔሃ ። 22 ለጻድቃንሰ ፡ ኢትበጽሖ
ሙ ፤ ወኢይውዕዩ ፡ በእሳታ ። 23 እለ ፡ ይረስዕ
ዎ ፡ ለእግዚአብሔር ፡ ይወድቁ ፡ ባቲ ፤ ወታው
ዕዮሙ ፡ በዘኢይጠፍእ ፡ እሳት ፤ ወትሰርር ፡ ላዕ
ሌሆሙ ፡ ከመ ፡ ዐንበሳ ፤ ወትእኅዞሙ ፡ ከመ ፡
ነምር ። 24 እመኒ ፡ ሐጸርከ ፡ በሦክ ፡ ላዕለ ፡ ን
ዋይከ ፤ ወኀተምከ ፡ ወርቀከ ፡ ወብሩረከ ፤ 25 ወ
ደለውከ ፡ በመዳልው ፡ ቃለከ ፤ ወወደይከ ፡ ማ
ዕጾ ፡ ወመንሠገ ፡ ላዕለ ፡ አፉከ ፤ 26 ዓዲ ፡ ተዐ
ቀብ ፡ ኢታድኅዕከ ፡ ልሳንከ ፤ ወኢታውድቀ ፡
ቅድመ ፡ ዘይነዕወከ ። XXIX. ዘይገብር ፡ ም
ጽዋተ ፡ ይሌቅሖ ፡ ለቢጹ ፤ ወዘኒ ፡ የአክል ፡ ው
ስተ ፡ እዴሁ ፡ ይገብር ፡ ትእዛዘ ። 2 ለቅሖ ፡ ለ
ቢጽከ ፡ አመ ፡ ተጽናሱ ፤ ከመ ፡ ትደለው ፡ ምስ
ሌሁ ፡ አመ ፡ ተድላሁ ። 3 ዕቀብ ፡ ነገረከ ፡ ወ
ተአመን ፡ ምስሌሁ ፤ ወአንተ ፡ ሰበ ፡ ፈቀድከ ፡
ትረክበ ፡ ለጽድቅከ ። 4 ብዙኃን ፡ እለ ፡ ይመስ
ሎሙ ፡ ከመ ፡ ዘውስተ ፡ ምድር ፡ ዘረከብዎ ፡ ለ
ንዋየ ፡ ልቃሕ ፤ ወአስርሕዎሙ ፡ ለእለ ፡ (ለቅሕ
ዎሙ ፡ እለ ፡) ረድእዎሙ ፡ (አመ ፡ ምንዳቤሆ
ሙ) ። 5 እስከ ፡ ይትሌቃሕ ፡ ይስዕመከ ፡ ርእሰ
ከ ፤ ወያደክም ፡ ቃሎ ፡ ወይየውህከ ፡ እስከ ፡ ይ
ነሥእ ፡ ንዋየከ ። ወእመ ፡ ትትፈደዮ ፡ ያነውኅ ፡

---

10 [ ] ቆ codd. በአምጣነ ፡ ቆሙ ፡ ለሰብእ ፡ ኀይሉ ፡ EFC. ብዕሉ ፡] ኀይሉ ፡ F; praemittunt ብዝኀ ፡ omn. (exc. M). 11 ዘያለሐልሓ ፡ F, ዘያፈልሓ ፡ B. ለትዝኅርት ፡ FC. 14 መስተዳጕጺ ፡ ABT. 16 ይትዐቀብ ፡ E, ኢዐቀብ ፡ B. 17 ይሴብር ፡ M. 19 ወዘኢሖረሰ ፡ AF(M). 22 ወኢዋዕዩ ፡ ለእሳት ፡ vel ወኢዋዕያ ፡ ለ' ፡ omn., exc. C. 25 ወመንሥገ ፡ ABE. 26 ተዐቀብ ፡ BCT. XXIX. 1 ለቢጹ ፡] ለእግዚአብሔር ፡ CE. 3 ወአንተ ፡ omn., exc. AB. 4 ዘረከብዎ ፡] ∧ ዘ BC. ( ) omn. 5 ይትለቃሕ ፡ MT. ወይዬውህከ ፡ AF. ወያተክት ፡ AEFT, ወያታክተከ ፡ C.

ለከ ፡ ዕድሜከ ፤ ወየዐስየከ ፡ ቅሥተ ፡ ወተስናን ፡
በንዋይከ ፤ ወያቴክት ፡ (ወያስተኀልፍ ፡) ዕድሜ
ከ ። 6 እምዕጹብ ፡ መንፈቆ ፡ ለእመ ፡ ፈደየከ ፤
ወዓዲ ፡ ኪያሁኒ ፡ ይመስለከ ፡ ከመ ፡ ዘበዲበ ፡
ምድር ፡ ረከብከ ። ወእመ ፡ አልቦሰ ፡ ተሀጕል ፤
ወዓዲ ፡ ጸላኤ ፡ ይከውነከ ፤ ወመርገመ ፡ ወጽዕ
ለተ ፡ የዐስየከ ፤ ወያኀስረከ ፡ ዘእምአክበረከ ።
7 ወብዙኃን ፡ እለ ፡ ኢይሌቅሑ ፡ በኢፈቂደ ፡ ጻ
ሕብ ፤ ወበፈሪሀ ፡ ኢይህጕሉ ፡ ወከመ ፡ ኢይጻ
ልኡ ። 8 ወባሕቱ ፡ ለነዳይሰ ፡ ተዐገሥ ፤ ወምጽ
ዋተኒ ፡ ኢታኅልፎ ። 9 እንበይነ ፡ ምጽዋት ፡ ተ
ወከፎ ፡ ለነዳይ ፤ ወእስመ ፡ ጽኑስ ፡ ውእቱ ፡ ኢ
ታውጽኦ ፡ ዕራቆ ። 10 ህጕል ፡ ወርቀከ ፡ እም
ትህጕል ፡ ዐርከከ ፡ ወቢጸከ ፤ ወእምይዝሐል ፡
ውስተ ፡ መድፍን ፡ ወይትሀጕል ፡ ታሕተ ፡ እብ
ን ። 11 አስተዋፅኦ ፡ ለመድፍንከ ፡ በእንተ ፡ ት
እዛዙ ፡ ለልዑል ፤ ወይረብሐከ ፡ ፈድፋደ ፡ እመ
ዛግብተ ፡ ወርቅ ። 12 ዝግባ ፡ ለምጽዋት ፡ ውስ
ቲ ፡ አብያቲከ ፤ ወይእቲ ፡ ትኄይስ ፡ አድኅኖተ
ከ ፡ እምነ ፡ ኵሉ ፡ ምንዳቤከ ። 13 እመኒ ፡ በኵ
ናት ፡ ወበንዋየ ፡ ሐቅል ፤ ትበድር ፡ ይእቲ ፡ (ወ
ትመውእ ፡ ለከ ፡ ጸላኤከ ፡) ወትትቃተል ፡ ለከ ፡
ፀረከ ። 14 ብእሲሰ ፡ ኄር ፡ ይትሐበዮ ፡ ለዐርኩ ፤
ወዘኢየኀፍር ፡ ይትዔወር ፡ ቢጾ ። 15 ዕሴቶ ፡ ለ
ዘ ፡ ተሐበየከ ፡ ኢትርሳዕ ፡ ሎቱ ፤ እስመ ፡ መጠ
ወ ፡ ነፍሶ ፡ ህየንቴከ ። 16 ሠናይ ፡ ተሐብዮ ፡ ለ
አጥፍኦ ፡ እኩይ ። 17 ወኃጥእሰ ፡ ይረስዕ ፡ ዕሴ
ተ ፡ ዘአድኀኖ ። 18 ብዙኃን ፡ ኄራን ፡ አሕመሞ
ሙ ፡ ተሐብዮ ፤ ወሆከሙ ፡ ከመ ፡ ማዕበለ ፡ ባ
ሕር ፤ ወአስሐቶሙ ፡ ለዕደው ፡ ጽኑዓን ፤ ወው
ስተ ፡ አሕዛበ ፡ ባዕድ ፡ አፍለሶሙ ። 19 ኃጥእ
ሰ ፡ ይትመነሶ ፡ በሕቢት ፤ ወዘይሜሥዕ ፡ በረባ
ሕ ፡ ይወድቅ ፡ ውስተ ፡ መንሱት ። 20 ተወከፍ ፡
ቢጸከ ፡ በአምጣነ ፡ ኀይልከ ፤ ወተዐቀብ ፡ ርእሰ
ከ ፡ ኢያስሕትከ ። 21 ቀዳሜ ፡ ሕይወትከ ፡ እክ
ል ፡ ወማይ ፡ ወልብስ ፤ ወቤት(ከሰ) ፡ ኀበ ፡ ት
ሴውር ፡ ኀፍረተከ ። 22 ይኄይስ ፡ ትጸነስ ፡ በታ
ሕተ ፡ ሠርዌ ፡ ቤትከ ፤ እምትደለው ፡ ወትትፈ
ጋዕ ፡ በቤተ ፡ ባዕድ ፡ በንዋየ ፡ ነኪር ። 23 ለን
ኡስኒ ፡ ወለዐቢይኒ ፡ አሠኒ ፡ ግዕዘከ ፡ ወቃለከ ።
24 እኩይ ፡ ሕይወቱ ፡ ለዘይትፋለስ ፡ እምቤት ፡
ቤተ ፤ ወኀበ ፡ ኀደርከ ፡ ዑቅ ፡ ኢታሕሥም ፡ አ
ፉከ ። 25 ወእመ ፡ አኮሰ ፡ ታበልዕኒ ፡ ወታሰቲ
ኒ ፡ ወአኰቴተ ፡ አልብከ ፤ ወምስለ ፡ ኵሉዝ ፡
መራረ ፡ ያወሥኡከ ። 26 ወአመሰ ፡ ትዴለው ፡
ይብሉከ ፡ ባእ ፡ ኀዳሪነ ፡ ሥራዕ ፡ ማእደ ፤ ወአ
ብልዐነ ፡ ዘብከ ። 27 ወእምከመ ፡ ተጸነስከ ፡ ይ
ብሉከ ፡ ፃእ ፡ ኀዳሪነ ፤ በጽሐ ፡ ማኅፈርነ ፤ ንፈ
ቅድ ፡ ቤተነ ። 28 ዕጹብ ፡ ዝነገር ፡ በኀበ ፡ ብእ
ሲ ፡ ጠቢብ ፤ ያኀስረከ ፡ ዘአኀደ[ረ]ከ ፡ ወይዘረ

---

6 ተሀጕል ፡] + ንዋየከ ፡ C, + ኵሎ ፡ ንዋየከ ፡ E. 7 ወበፈሪሀ ፡ EF. ወከመ ፡] ∧ ከመ ፡ ET. ኢይጻልኡ ፡ C, ኢይጸዐሉ ፡ E. 8 ኢታስተኅልፎ ፡ CF. 9 ፅቡስ ፡ M. 11 አስተውፅኦ ፡ M. ወያረብሐከ ፡ T. 12 ትኄይስ ፡] + ወትከል ፡ F, C corr. 13a depravatum ex እምነ ፡ ኵናት ፡ ወንዋየ ፡ ሐ' ፤ 13b ትትበደር ፡ A. ጸላኢከ ፡ ABE. 16 corruptum; restituas ሠናይ[ተ ፡ ዘ]ተሐበዮ ፡ ያጠፍእ ፡ እ' ፡ 18 ለብዙኃን ፡ ኄራን ፡ CF. አሕዛብ ፡ T. 19 በሐቢቱ ፡ A. 21 ወቤትሰ ፡ BE. 22 ትጼነስ ፡, እምትዴሎ ፡ MB. 24 ቤተ ፡] ለቤት ፡ BT. 25 ትበልዕኒ ፡ ወትሰቲኒ ፡ EC. መሪረ ፡ BF. 28 [ ] ex E; ር caet. [ ] ex AEM; ቃሕ ፡ caet.

ክየከ ፡ ዘለ[ቅሐ]ከ ። XXX. ዘያፈቅር ፡ ወልዶ ፡
ኢያጸብእ ፡ ተግሣጸ ፤ ከመ ፡ ይትፈሣሕ ፡ ቦቱ ፡
በደኃሪቱ ። 2 ዘመሀሮ ፡ ለወልዱ ፡ ይንእድዎ ፡
ቦቱ ፤ ወይከውኖ ፡ ምክሐ ፡ በኀበ ፡ ማኅፈሩ ።
3 ዘመሀሮ ፡ ለወልዱ ፡ ያቀንእ ፡ ለጸላኢሁ ፤ ወ
ይትፌሣሕ ፡ ቦቱ ፡ በኀበ ፡ አዕርክቲሁ ። 4 እ
መኒ ፡ ሞተ ፡ አቡሁ ፡ ከመ ፡ ዘኢሞተ ፤ እስመ ፡
ኀደገ ፡ ድኅሬሁ ፡ ዘከማሁ ። 5 ወእንዘ ፡ ሕያው ፡
ውእቱ ፡ ተፈሥሐ ፡ በወልዱ ፤ ወእመኒ ፡ ይመ
ውት ፡ ኢያሐምሞ ፡ ልበ ። 6 እስመ ፡ ኀደገ ፡
ድኅሬሁ ፡ ዘይትቤቀሎሙ ፡ ለጸላእቱ ፤ ወዘየዐ
ስዮሙ ፡ ለአዕርክቲሁ ። 7 እንበይነ ፡ ነፍሰ ፡ ው
ሉድከ ፡ ፅምም ፡ ልበከ ፤ እስመ ፡ እምነ ፡ ብካዮ
ሙ ፡ ይትመሰወከ ፡ አማዑቲከ ። 8 ፈረስ ፡ ዘኢ
ተረየፀ ፡ ይወፅእ ፡ እኩየ ፤ ወልድ ፡ ዘኢተገሠ
ጸ ፡ ይወፅእ ፡ ዝሉፈ ። 9 እምከመ ፡ አስተማዘ
ኀከ ፡ ለወልድከ ፡ ይገብእ ፡ ይትኄየልከ ፤ እምከ
መ ፡ ተዋነይከ ፡ ምስሌሁ ፡ ይገብእ ፡ ያሕምምከ ።
10 ኢትሥሐቅ ፡ ሎቱ ፡ ከመ ፡ ኢያሕዝንከ ፤ ወ
አመ ፡ ደኃሪትከ ፡ ያፀርሰከ ፡ አስናኒከ ። 11 ኢ
[ታ]ኰንኖ ፡ ለወልድከ ፡ በውርዙቱ ። 12 እም
ንእሱ ፡ አጸንጽዎ ፡ አዕፅምተ ፡ ገበዋቲሁ ፤ ከመ ፡
እምከመ ፡ ጸንዐ ፡ ኢይዕሉከ ። 13 መሀሮ ፡ ለወ
ልድከ ፡ ወያሰልጠከ ፤ ከመ ፡ ኢትኀፈር ፡ በሙ
ስና ፡ ዚአሁ ። 14 ይኄይስ ፡ ነዳይ ፡ ጥዑይ ፡ ው
እቱ ፡ ወፍቱሕ ፡ ነፍሱ ፤ እምነ ፡ ባዕል ፡ ዘድዉ
ይ ፡ሥጋሁ ፡ ወእሱር ፡ ነፍሱ ። 15 ጥዒየ ፡ ይ
ኩን ፡ ሥጋከ ፡ ወፍቱሐ ፡ ይኩን ፡ ነፍስከ ፤ ወ
ዝእምኵሉ ፡ ብዕል ፡ ይኄይስ ፤ ወእምኵሉ ፡ ብ
ዕል ፡ ወንዋይ ፡ ይኄይስ ፡ ጥዕዮ ፡ ነፍስ ። 16 ኢ
ይትበደር ፡ ብዕል ፡ እምነቢረ ፡ ጥዑይ ፤ አልቦ ፡
ትፍሥሕት ፡ ዘይኄይስ ፡ እምሐሤተ ፡ ልብ ።
17 ይኄይስ ፡ መዊት ፡ እመራር ፡ ሕይወት ፤ ወ
እምነ ፡ ደዌ ፡ ሲሕ ። 18 ከመ ፡ ሥሩዕ ፡ መብል
ዕ ፡ ውስተ ፡ አፍ ፡ ፍፁም ፤ ከማሁ ፡ ዘያወፍር ፡
እክለ ፡ ውስተ ፡ መቃብር ። 19 ምንተ ፡ ይበቍ
ዕ ፡ ሠዊዕ ፡ ለአማልክት ፤ ኢእሙንቱ ፡ ይበል
ዑ ፡ ወኢእሙንቱ ፡ ያጼንዉ ፤ ከማሁ ፡ ዘእግዚ
አብሔር ፡ ቀሠፎ ። 20 ይሬኢ ፡ በአዕይንቲሁ ፡
ወያሐምም ፡ ልበ ፤ ከመ ፡ ኅጽው ፡ ሶበ ፡ የሐቅ
ፉ ፡ ለድንግል ፡ ወይቴክዝ ። 21 ኢታሕዝን ፡
ነፍሰከ ፡ ወኢታጥቅ ፡ ልበከ ። 22 ትፍሥሕቱ ፡
ለልብ ፡ ሕይወቱ ፡ ለሰብእ ፤ ወሐሤተ ፡ ነፍስ ፡
ያነውኅ ፡ መዋዕለ ። 23 የውሃ ፡ ለነፍስከ ፡ ወና
ዝዛ ፡ ለልብከ ፤ ከመ ፡ ታውፅእ ፡ ሐዘነ ፡ እምላ
ዕሌከ ። እስመ ፡ ለብዙኃን ፡ ቀተሎሙ ፡ ሐዘን ፤
ወአልበቲ ፡ ዘትበቍዕ ፡ ሐዘን ። 24 ቅንአት ፡
ወመዐት ፡ ያውኅዱ ፡ መዋዕለ ፡ ሕይወት ፤ ወእ
ንበለ ፡ ይብጻሕ ፡ ጊዜሁ ፡ ያረሥእ ፡ ትካዝ ። 25
ከመ ፡ ዘየአሪ ፡ ድኅረ ፡ ዘይቀሥም ፤ በበረከቱ ፡

XXX. 1 ውሉዶ ፡ omn., exc. M. ኢያጸርዕ ፡ EFT, C corr.; ኢያጸምእ ፡ (sic) B. 2 ምክሐ ፡ CEF. 5 ኢያሐምም ፡ AE; ኢየሐምም ፡ ልቡ ፡ BC. 7 ወልድከ ፡ M. ፀምም ፡ M. እስመ ፡ እምነ ፡] እንበይነ ፡ M. ኢይትመሰወከ ፡ A; ይትከወስ ፡ C. 8 (ወ)ውሉድ ፡ ABET. ዝሉፉ ፡ M. 9 አስተማሐዝከ ፡ vel አስተመሐ' ፡ BCFT. 11 [ታ]ት ፡ codd.; ኰንኖ ፡ C corr. 12 ∧ ከመ ፡ EMT. 15 ∧ ይኄይስ ፡ 1° CF. ∧ ወእምኵሉ ፡ — ይኄይስ ፡ F. ∧ ብዕል ፡ ወ C. ጥዕዮ ፡] ጣዕዮ ፡ MA(B); ጥዑየ ፡ CFT, ጥዑይ ፡ E. 19 እሙንቱ ፡ ኢ F. 21 ወኢታጥቅ ፡] ወኢታስተቄጥዕ ፡ FC corr. 22 ነፍስ ፡] ልብ ፡ BF. 25 ምክያደ ፡ EC.

ለእግዚአብሔር ፡ በጻሕኩ ፤ ከመ ፡ ማእረረ ፡ ወ
ይን ፡ መላእኩ ፡ ምክያድየ ። 26 ናሁ ፡ ርእዩ ፡
ከመ ፡ አኮ ፡ ለባሕቲትየ ፡ ዘጻመውኩ ፤ ወከመ ፡
ለኵሉ ፡ እለ ፡ ይፈቅዱ ፡ ይጥበቡ ። 27 ስምዑ
ኒ ፡ መኳንንተ ፡ ሕዝብ ፤ ወአፅምኡኒ ፡ መላእክ
ተ ፡ አሕዛብ ። 28 ለወልድከ ፡ ወለብእሲትከ ፡
ወለእኁከ ፡ ወለዐርክከ ፤ ኢታኰንኖሙ ፡ ንዋየ
ከ ፡ እንዘ ፡ ሕያው ፡ አንተ ፤ ወኢታመግብ ፡ ነ
ኪረ ፡ ላዕለ ፡ ቤትከ ፤ ከመ ፡ ኢትነስሕ ፡ ድኅረ ፡
ወኢትግበእ ፡ ታስተበቍዖሙ ። 29 እምጣነ ፡
ሕያው ፡ አንተ ፡ ወሀለወት ፡ ነፍስከ ፤ ኢትወል
ጥ ፡ ግዕዘከ ። 30 ይኄይሰከ ፡ ውሉድከ ፡ ይስአ
ሉከ ፤ እምትጽናሕ ፡ አንተ ፡ እምእዴሆሙ ፡ ለ
ደቂቅከ ። 31 ኩን ፡ ጠቢበ ፡ በኵሉ ፡ ዘገበርከ ፤
ወኢታሒስ ፡ ርእሰከ ፡ በኀበ ፡ ሜሙከ ። 32 አ
መ ፡ የኀልቃ ፡ መዋዕለ ፡ ሕይወትከ ፤ ወአመ ፡
ትበጽሕ ፡ ደኃሪትከ ፤ ይእተ ፡ አሚረ ፡ አስተዋ
ርስ ፡ ንዋየከ ። 33 ለአድግሰ ፡ አቅምሖ ፡ ወጸዐ
ኖ ፡ ወዝብጦ ፤ ወለገብርኒ ፡ ገሥጾ ፡ ወሴስዮ ፡
ወቅንዮ ። 34 ወቅንዮሙ ፡ ለአግብርቲከ ፡ ወት
ረከብ ፡ ዕረፍተ ፤ ወለእመሰ ፡ አፅራዕከሙ ፡ ይ
ትገዐዙ ፡ (ይፈቅዱ ፡ ይፃኡ ፡ እምኔከ) ። 35 ፀ
ሚደ ፡ አርዑት ፡ ያደንኖ ፡ ለክሳድ ፤ ወለገብር
ሰ ፡ እኩይ ፡ ሰውጥ ፡ ወመቃይጽ ። 36 ቅንዮ ፡
ለገብርከ ፡ ወኢታንብሮ ፡ ፅሩዐ ፤ 37 እስመ ፡ ብ
ዙኀተ ፡ እኪተ ፡ ትሜህር ፡ አፅርዖት ። 38 ወሀ
ቦ ፡ ግብሮ ፡ በአምጣነ ፡ ኀይሉ ፤ ወእመሰ ፡ ኢገ
ረረ ፡ አክብድ ፡ ገንዶራቲሁ ። ወኢትትአመኖ ፡
ለኵሉ ፡ ዘሥጋ ፤ አልቦ ፡ ዘትገብር ፡ ዘእንበለ ፡
ምክር ። 39 ወእመ ፡ ብከ ፡ ነባሬ ፡ (ኄረ) ፡ ረስ
ዮ ፡ ከመ ፡ እኁከ ፤ ወአፍቅሮ ፡ ከመ ፡ ነፍስከ ።
40 ወእምከመ ፡ አሕሠምከ ፡ ዲቤሁ ፡ ወተኀጥአ
ከ ፡ ያመሥጠከ ፤ በአይ ፡ ፍኖት ፡ እንከ ፡ ተኀሥ
ሦ ። XXXI. ብእሲሰ ፡ አብድ ፡ ከንቶ ፡ ይሴፈ
ዋ ፡ ለሐሰት ፤ ወሕልምኒ ፡ ያደነግጾ ፡ ለአብድ ።
2 ከመ ፡ ዘይፀብጥ ፡ ጽላሎተ ፡ ወከመ ፡ ዘይዴግ
ን ፡ ነፋሰ ፤ ከማሁ ፡ ዘይትአመን ፡ ሕልመ ። 3 እ
ምዝንቱ ፡ ውስተ ፡ ዝንቱ ፡ ይትፋለስ ፡ ሕልም ፤
ወበበ ፡ አምሳለ ፡ ገጹ ፡ ያርእየከ ፡ ዘዘዚአሁ ።
4 እምውስተ ፡ ርኩስ ፡ ምንት ፡ ይወፅእ ፡ ንጹሕ ፤
ወበውስተ ፡ ሐሰት ፡ በአይቴ ፡ ይትረከብ ፡ ጽድ
ቅ ። 5 ሕልም ፡ ወሰገል ፡ ወመቅሰም ፡ ከንቱ ፡
ኵሎሙ ፤ ወያደነግጹ ፡ ልበ ፡ ወይቀጽዑ ፡ ከመ ፡
ማሕምም ። 6 ለእመ ፡ ኢኮነ ፡ እምኀበ ፡ እግዚ
አብሔር ፡ ዘተፈነወ ፡ እመ ፡ ይሜህል ፤ ኢትደ
ዮ ፡ ውስተ ፡ ልብከ ። 7 እስመ ፡ ለብዙኃን ፡ አ
ስሐቶሙ ፡ ሕልም ፤ ወወድቁ ፡ እንዘ ፡ ኪያሁ ፡
ይሴፈውዎ ። 8 እሙነ ፡ ይበጽሕ ፡ ዘእምኀበ ፡ [እ

---

26 ወከመ ፡] አላ ፡ FC. 28 + ወኢተሀብ ፡ (ante ወኢታመግብ ፡) M. ታስተብቍዖሙ ፡ AF. 30 ውስተ ፡ እዴ' ፡ A; caet. (exc. M) nonnisi እዴ' ፡ 31 ወኢትሒስ ፡ AT, ወኢታኀስር ፡ BEF. በኀበ ፡] + ኵሉ ፡ ዘ FC. 32 የኀልቅ ፡ EF, C corr. 34 ይግዕዙ ፡ T. 38 ኢገብረ ፡ MT. 40 ይትኀጥአከ ፡ ወ CF. በአይቴ ፡ ፍኖት ፡ እንተ ፡ ተኀሥሦ ፡ T. XXXI. 2 በሕልም ፡ BE. 5 ወመቃስም ፡ M. 6 እመ ፡] ከመ ፡ CEF. 7 ኪያሆሙ ፡ AMT, C pr. m. 8 [ ] vid. 37,21; አስተርስ ፡ M, ዓስታርስ ፡ B, ዐስርርስ ፡ T, አስተርእስ ፡ (voci እግዚአብሔር ፡ expunctae superscriptum) C, ያስተረስዕ ፡ E, አስተርአየሰ ፡ F; ∧ A (unâ cum ዘእምኀበ ፡).

ግዚአብሔር ፡] ዘእንበለ ፡ ሐሰት ፤ ወጥዩቀ ፡ ይ
ከውን ፡ ቃለ ፡ ጽድቅ ። 9 ብእሲ ፡ ምሁር ፡ ተ
ግሣጸ ፡ ብዙኀ ፡ ያአምር ፤ ወዘፈድፋደ ፡ ሐመ
መ ፡ ጥበበ ፡ ይነግር ። 10 ወዘሰ ፡ ኢተጕድአ ፡
አልቦ ፡ ዘያአምር ፤ 11 ዘብዙኀ ፡ ተመንደበ ፡ ብ
ዙኀ ፡ ይትሜ[የን] ። 12 ብዙኀ ፡ ርኢኩ ፡ አመ ፡
ተመንደብኩ ፤ ወበዝኀ ፡ ቃልየ ፡ እምነ ፡ ኀሊና
የ ። 13 እስመ ፡ ዘልፈ ፡ እትመነደብ ፡ ወእበጽ
ሕ ፡ ለሞት ፤ ወእንበይነዝ ፡ ያድኅነኒ ፡ እግዚአ
ብሔር ። 14 ነፍስ ፡ እንተ ፡ ትፈርሆ ፡ ለእግዚ
አብሔር ፡ ተሐዩ ፤ 15 ወይድኅኑ ፡ ኵሎሙ ፡ እ
ለ ፡ ይሴፈዉ ፡ ኪያሁ ። 16 ለፈራሂ ፡ እግዚአብ
ሔር ፡ አልቦ ፡ ዘይጌርሞ ፤ ወኢይደነግጽ ፡ እስ
መ ፡ ውእቱ ፡ ተስፋሁ ። 17 ብፅዕት ፡ ነፍስ ፡ እ
ንተ ፡ ትፈርሆ ፡ ለእግዚአብሔር ፤ 18 እስመ ፡
ላዕሌሁ ፡ ያሰምክ ፡ ወውእቱ ፡ ምእመኑ ። 19 አ
ዕይንቲሁ ፡ ለእግዚአብሔር ፡ ኀበ ፡ እለ ፡ ያፈቅ
ርዎ ፤ ምእመን ፡ ኀይሉ ፡ ወጽኑዕ ፡ ምስማኩ ።
ያቈርር ፡ ለከ ፡ መርቄ ፤ ወይጼልለከ ፡ እምፀሓ
የ ፡ ቀትር ፤ የዐቅበከ ፡ እምዕቅፍት ፡ ወይረድአ
ከ ፡ እምድቀት ። 20 ያዐብያ ፡ ለነፍስከ ፡ ወያበ
ርሆን ፡ ለአዕይንቲከ ፤ ወይፌውስኒ ፡ ወይሁብ ፡
ሕይወተ ፡ ወያጸግብ ፡ በረከተ ። 21 ርኩስ ፡ መ
ሥዋዕቱ ፡ ለመባአ ፡ ዐመፃ ፤ ወግሙን ፡ ቍርባ
ኖሙ ፡ ለኃጥአን ። 22 ወኢይትወከፎሙ ፡ መ
ባአሙ ፡ ለረሲዓን ። 23 አኮ ፡ በብዝኀ ፡ መባእ
ከ ፡ ዘይትኀደግ ፡ ለከ ፡ ኀጢአትከ ። 24 ከመ ፡
ዘይቀትሎ ፡ ለሕፃን ፡ በቅድመ ፡ አቡሁ ፤ ከማ
ሁ ፡ ዘበንዋየ ፡ ዐመፃ ፡ ያበውእ ፡ መባአ ። 25 ሕ
ይወቱ ፡ ለነዳይ ፡ ስኢለ ፡ ምጽዋት ፤ ወዘሰ ፡ አ
በዮ ፡ ቀታሌ ፡ ነፍስ ፡ ውእቱ ። 26 ከመ ፡ ዘቀ
ተለ ፡ ቢጾ ፡ ዘፈለጠ ፡ ብእሴ ፡ እምብእሲቱ ።
27 ወዘሄደ ፡ ዐስበ ፡ ለዐሳቡ ፡ ከዐወ ፡ ደሞ ። 28
ሶበ ፡ ፩ዱ ፡ የሐንጽ ፡ ወካልኡ ፡ ይነሥት ፤ ምን
ተ ፡ በቍዐ ፡ ጻማሆሙ ፡ ለክልኤሆሙ ። 29 ሶ
በ ፡ ፩ዱ ፡ ይድኅር ፡ ወካልኡ ፡ ይረግም ፤ ለመ
ኑ ፡ እምውስተ ፡ ክልኤሆሙ ፡ ይሰምዖሙ ፡ ቃ
ሎሙ ። 30 ዘይትኀፀብ ፡ እምድኅር ፡ ገሲሶ ፡ በ
ድነ ፤ ወካዕበ ፡ ይደግም ፡ ገሲሶ ፤ ምንተ ፡ በቍ
ዖ ፡ ተኀፅቦ ፤ 31 ከማሁ ፡ ሰብእ ፡ ዘይጸውም ፡
እንበይነ ፡ ኀጢአቱ ፤ ወካዕበ ፡ የሐውር ፡ ዳግ
መ ፡ የአብስ ። መኑ ፡ እንከ ፡ ይሰምዖ ፡ ጸሎቶ ፡
ሎቱ ፤ ወምንተ ፡ በቍዖ ፡ አሕምሞ ፡ ነፍሱ ።
XXXII. ዘየዐቅብ ፡ ሕገ ፡ ያበውእ ፡ መባአ ፤ 2
ወዘያፀምእ ፡ ትእዛዘ ፡ ይሠውዕ ፡ ለመድኀኒቱ ።
3 ዕሴቶ ፡ ያገብእ ፡ ዘያበውእ ፡ ስንዳሴ ፤ 4 ወዘ
ገብረ ፡ ምጽዋተ ፡ ሦዐ ፡ መሥዋዕተ ፡ ስብሐት ።
5 ፈቃዱ ፡ ለእግዚአብሔር ፡ ከመ ፡ ኢትግበር ፡
እኩየ ፤ ወሥምረቱ ፡ ከመ ፡ ትትገሐሥ ፡ እምዐ
መፃ ። 6 ኢትባእ ፡ ቅድመ ፡ እግዚአብሔር ፡ ዕ
ራቅከ ፤ 7 ወግበር ፡ ዘኵሎ ፡ በእንተ ፡ ትእዛዙ ።
8 መሥዋዕቱ ፡ ለጻድቅ ፡ ያጠልሎ ፡ ለምሥዋዕ ፤

---

9 ዘተገሠጸ ፡ CFT, ዘተአገሠ ፡ E. ወዘአፈድፈደ ፡ ሕማመ ፡ F, C corr. 11 [ ] ነይ ፡ codd. (vid. 21,12). 13 + እስከ ፡ ante ለሞት ፡ F, C corr. 19 ያፈ' ፡] ይፈርህዎ ፡ AMC. መስመኩ ፡ ET. 27 ለዐሳብ ፡ BF, ለዐሳቢሁ ፡ C. 30 እምድር ፡ MB; እምድኅረ ፡ T; እምድኅረ ፡ ገሰሰ ፡ EFC. ገሲሶ ፡ 2°] ገሲሰ ፡ BCEF. ይበቍዖ ፡ CEF. 31 ይበቍዖ ፡ BCEF. XXXII. 3 + መባአ ፡ ante ስንዳሴ ፡ BEF. 6 ዕራቀከ ፡ ACF.

ወመዐዛሁ ፡ ይበጽሕ ፡ ቅድመ ፡ ልዑል ። 9 ወ
መሥዋዕቱ ፡ ለብእሲ ፡ ጻድቅ ፡ ቅዱስ ፡ ውእቱ ፤
ወኢይትረሳዕ ፡ ዝክሩ ፡ ሎቱ ። 10 በፍሥሐ ፡
ዐይን ፡ አእኵቶ ፡ ለእግዚአብሔር ፤ ወኢትንድ
ግ ፡ አብአ ፡ እምውስተ ፡ ቀዳሚ ፡ ተግባርከ ።
11 እንዘ ፡ ፍሥሐ ፡ ገጽከ ፡ መጥዎ ፡ ለኵሉ ፡ ዘ
ጸገውከ ፤ ወእንዘ ፡ ትትሐሠይ ፡ አብእ ፡ ዓሥራ
ቲሁ ፡ ለተግባርከ ። 12 ወአብእ ፡ ለእግዚአብሔ
ር ፡ በከመ ፡ አኰቴቱ ፤ ወእምዘ ፡ ረከብከ ፡ ው
ስተ ፡ እዴከ ፡ አብእ ፡ ሎቱ ፡ በሠናይ ፡ ዐይን ።
13 እስመ ፡ እግዚአብሔር ፡ ያገብእ ፡ ዕስየተ ፡ ወ
የዐስየከ ፡ ምስብዒተ ። 14 ኢታብእ ፡ ሎቱ ፡ ሕ
ልያነ ፡ እስመ ፡ ኢይትወከፍ ፡ ለከ ፤ 15 ወኢይ
ምሰልከ ፡ ዘይሰጠወከ ፡ በአብአ ፡ ዐመፃ ፤ እስመ ፡
እግዚአብሔር ፡ መኰንን ፡ ጽድቅ ፡ ውእቱ ፤ ወ
ኢያደሉ ፡ ለገጽ ። 16 ወኢይሠዊ ፡ እንበይነ ፡
ነዳይ ፤ ወይሰምዖ ፡ ዐውያቶ ፡ ለግፉዕ ። 17 ወ
ኢይጸመም ፡ ጸሎቶ ፡ ለእጓለ ፡ ማውታ ፤ ወእቤ
ረ ፡ ብእሲተኒ ፡ ለእመ ፡ ዘአግዐራ ። 18 ወአ
ውረደት ፡ አንብዐ ፡ ዲበ ፡ መላትሒሃ ፤ 19 ከማ
ሁ ፡ ያወርድ ፡ ዐውያተ ፡ ዲበ ፡ ዘአግዐራ ። 20
ለዘይፀመዶ ፡ በጽድቅ ፡ ይትወከፎ ፡ ሎቱ ፤ ወ
ተዐርግ ፡ እስከ ፡ ደመና ፡ ጸሎቱ ። 21 ወጸሎ
ተ ፡ ነዳይሰ ፡ ትትዐዶ ፡ እምደመና ፤ ወኢትትመ
የጥ ፡ እስከ ፡ ትበጽሕ ፡ ኀቤሁ ፤ ወኢትገብእ ፡
እስከ ፡ ይሬእያ ፡ እግዚአብሔር ። 22 ወይፈት
ሕ ፡ ሎሙ ፡ ለጻድቃን ፡ ወይትቤቀል ፡ ሎሙ ፤
ወኢይጐነዲ ፡ እግዚአብሔር ፡ ላዕሌሆሙ ፤ ወ
ኢይትዔገሥ ፡ በእንቲአሆሙ ፤ እስከ ፡ ይቀጠ
ቅጦሙ ፡ ሐቌሆሙ ። 23 ወይትቤቀሎሙ ፡ ለ
አሕዛብ ፤ ወይሤርዎሙ ፡ ለኵሎሙ ፡ ዐማፅያ
ን ፤ ወይሰብራ ፡ ለበትረ ፡ ኃጥአን ። 24 ለኵሉ ፡
ሰብእ ፡ ይፈድዮ ፡ በከመ ፡ ምግባሩ ፤ ወለኵሉ ፡
እጓለ ፡ እመሕያው ፡ በበ ፡ ምግባሮሙ ፡ ወበበ ፡
ፍኖቶሙ ፤ 25 እስከ ፡ ይትቤቀል ፡ በቀለ ፡ ሕዝ
ቡ ፤ ወያስተፌሥሖሙ ፡ በምሕረቱ ። 26 ብፁ
ዕ ፡ ዘይረክብ ፡ ሣህለ ፡ በመዋዕለ ፡ ሕማሙ ፤ ከ
መ ፡ ደመና ፡ ዝናም ፡ ውስተ ፡ ብሔረ ፡ መርቄ ።
XXXIII. ተሣሀለነ ፡ እግዚኦ ፡ አምላከ ፡ ኵሉ ፡
ኀይል ፡ ወተመየጠነ ፤ 2 ፈኑ ፡ ፍርሀተከ ፡ ላዕ
ለ ፡ ኵሉ ፡ አሕዛብ ። 3 ወአንሥእ ፡ እዴከ ፡ ላ
ዕለ ፡ ሕዝብ ፡ ነኪር ፡ ወይርአዩ ፡ ኀይለከ ። 4 በ
ከመ ፡ እንዘ ፡ ይሬእዩ ፡ እሙንቱ ፡ ተቀደስከ ፡ በ
ኀቤነ ፤ ከማሁ ፡ እንዘ ፡ ንሕነኒ ፡ ንሬኢ ፡ ተሰባ
ሕ ፡ በኀቤሆሙ ። 5 ወያእምሩከ ፡ እሙንቱኒ ፡
በከመ ፡ አእመርናከ ፡ ንሕነ ፤ እስመ ፡ አልቦ ፡ አ
ምላክ ፡ ዘእንበሌከ ፡ እግዚኦ ። 6 አርኢ ፡ ተአ
ምረከ ፡ ወክሥት ፡ ስብሐቲከ ። 7 በኀይለ ፡ እ
ዴከ ፡ ወበክብረ ፡ የማንከ ፡ 8 አምጽእ ፡ መንሱ
ተ ፡ ወፈኑ ፡ መቅሠፍተ ፤ 9 ወሠርዎ ፡ ለዐማፂ ፡
ወቀጥቅጦ ፡ ለፀራዊ ። 10 ተዘከር ፡ መሐላሆ
ሙ ፡ ወአፍጥና ፡ ለዕለቶሙ ፤ .... ። 11 ወቅ
ሥፎሙ ፡ በመዐት ፡ ወበእሳት ፡ ወአጥፍአሙ ፡
ለእለ ፡ አምሠጡ ፡ እምውስቴቶሙ ፤ ወእለ ፡ አ

---

9 + ኵሉ ፡ ante ዝክሩ ፡ ABCEF. 10 ዐይን ፡] ልብ ፡ M, ዐይነ ፡ ልብ ፡ F. ቀዳሚ ፡ T. 11 ዘጸገወከ ፡ MB, ዘጸገዎከ ፡ A. 13 ዕሴተከ ፡ CF. 15 በአብአ ፡] መበአ ፡ F, C corr. 16 ወኢይሰሪ ፡ T, F pr. m. XXXIII. 2 ፈሪሆተከ ፡ FC. 4 ተሰባሕከ ፡ ABEMT. 9 ወሥርዎ ፡ M. 11 ‸ በመዐት ፡ ወ in omn., exc. M. ወእለ ፡] ወለእለ ፡ F, C corr.

ሕሠሙ ፡ ላዕለ ፡ ሕዝብከ ፡ ይርከበሙ ፡ ሞቶሙ ።
12 ወስብሮሙ ፡ አርእስቲሆሙ ፡ ለመላእክተ ፡
ፀር ፤ እለ ፡ ይብሉ ፡ አልበ ፡ ባዕደ ፡ ዘእንበሌነ ።
13 ወአስተጋብአሙ ፡ ለኵሎሙ ፡ ዘርአ ፡ ያዕቆ
ብ ። XXXIV. ለሠናይ ፡ ልብ ፡ ወለጥዑም ፡
እክል ፡ ኢይሜንንዎ ። ትጋሁ ፡ ለብዕል ፡ ያቈ
ቍዕ ፡ አዕፅምተ ፡ ወነፍስተ ፤ ወኀልዮ ፡ ንዋይ ፡
ያሰርር ፡ ንዋመ ። 2 ወኀልዎ ፡ ዘይትሐዘብ ፡ ያ
ኀልቅ ፡ ንዋመ ፡ በድቃስ ፤ ክቡድ ፡ ሕማም ፡ ያ
ተግህ ፡ ወአልበ ፡ ንዋም ። 3 የዐውድ ፡ ባዕል ፡
ከመ ፡ ይዝግብ ፡ ንዋየ ፤ ወእንተ ፡ ጊዜ ፡ ያዐር
ፍኒ ፡ ይፈግዕ ፡ በጽጋብ ። 4 ይሰርሕ ፡ ነዳይ ፡ በ
ኅጢአ ፡ ንዋይ ፤ ወሶበ ፡ እምአዕረፈኒ ፡ ይገብእ ፡
ውስተ ፡ [ስኢ]ል ። 5 ኢይጸድቅ ፡ ዘያፈቅር ፡
ንዋየ ፤ ወዘያፈቅራ ፡ ለኅጢአት ፡ ይተልዋ ። 6
ብዙኃን ፡ እለ ፡ ወድቁ ፡ እንበይነ ፡ ንዋይ ፤ ወር
እይዎ ፡ ለሞቶሙ ፡ ቅድመ ፡ ገጾሙ ። 7 ዕፀ ፡
ዕቅፍት ፡ ይእቲ ፡ ለኵሎሙ ፡ እለ ፡ የኀሥሥዋ ፤
ወኵሉ ፡ አብድ ፡ ይትዐቀፍ ፡ ቦቱ ። 8 ብፁዕ ፡
ባዕል ፡ ዘንጹሕ ፡ እምኅጢአት ፤ ወዘኢያትለወ ፡
ልበ ፡ድኅረ ፡ ንዋይ ። 9 መኑ ፡ እንጋ ፡ ውእቱ ፡
ወናስተበፅዖ ፤ ዘገብረ ፡ ሠናየ ፡ ላዕለ ፡ ሕዝቡ ።
10 መኑ ፡ እንጋ ፡ ዘተመከረ ፡ ቦቱ ፡ ወኢስሕተ ፤
ወውእቱ ፡ ኮኖ ፡ ምክሐ ፤ መኑ ፡ እንጋ ፡ እንዘ ፡
ይክል ፡ አሕሥሞ ፡ ዘኢያሐሥም ፤ ወመኑ ፡ እ
ንዘ ፡ ይክል ፡ ገቢረ ፡ ኅጢአት ፡ ወኢይገብር ።
11 ለትጽናዕ ፡ በረከቱ ፡ ወይሰማዕ ፡ ምጽዋቲሁ ፡
በውስተ ፡ ሕዝብ ። 12 ወእምከመ ፡ ነበርከ ፡ ው
ስተ ፡ ማእድ ፡ ዐቢይ ፤ ኢታርኁ ፡ ጕርዔከ ፡ ላ
ዕሌሁ ፤ ወኢትበል ፡ ብዙኀ ፡ ሠርዐ ፡ ውስቴቱ ።
13 ተዘከር ፡ ከመ ፡ እኩይ ፡ ዐይነ ፡ ሰብእ ፤ ምን
ት ፡ የአኪ ፡ እምነ ፡ ዐይነ ፡ እኩለ ፡ እመሕያው ፤
ወእንበይነዝ ፡ ታነብዕ ፡ ዐይን ። 14 ኢትሥሥ
ዕ ፡ ውስተ ፡ ኵሉ ፡ ዘርኢከ ፡ ወኢትጥማዕ ፡ እ
ዴከ ፤ ወኢትኅሥሥ ፡ አጽሕልተ ፡ ወኢትልሐ
ስ ፡ መጻብኅተ ። 15 አእምር ፡ ዘአምስሐከ ፡ ቢ
ጽከ ፤ ወጠይቅ ፡ ኵሎ ፡ ዘአቅረበ ፡ ለከ ። 16 ወ
ብላዕ ፡ ከመ ፡ ብእሲ ፡ ጠቢብ ፡ ዘሠርዐ ፡ ለከ ፤
ወኢትልሳሕ ፡ እንዘ ፡ ትመጽር ፡ ከመ ፡ ኢታጽ
ልኦ ፡ ለቢጽከ ። 17 ቅድም ፡ እምኵሉ ፡ ኅዲገ ፡
ከመ ፡ ጠቢብ ፤ ወኢተሐሲ ፡ ወኢትኩን ፡ ከመ ፡
ዘኢይጸግብ ። 18 እመኒ ፡ ማእከለ ፡ ብዙኃን ፡
ነበርከ ፤ ኢትቅድም ፡ አውርዶ ፡ እዴከ ። 19 በ
ዐቅሙ ፡ ብላዕ ፡ ከመ ፡ ብእሲ ፡ > ጠቢብ ፡< ዘ
ኀዳጥ ፡ የአክሎ ፤ ወኢይክበድከ ፡ ነፍስትከ ፡ በ
ውስተ ፡ ምስካብከ ። 20 ጥዑይ ፡ ንዋሙ ፡ ለዘ
ይዔቅማ ፡ ለነፍሱ ፤ ሶበኒ ፡ ይነቅህ ፡ በጽባሕ ፡
ኢይደበድብ ፡ ነፍስቱ ፤ ለብእሲሰ ፡ ሥሡዕ ፡ ዘ
ኢይጸግብ ፡ ደዌሁ ፡ ቅንጣዌ ፡ ወገብጥ ፡ ወጥዋ
ይ ። 21 እመኒ ፡ አገበሩከ ፡ ትብላዕ ፡ ብድሮሙ ፡

---

12 ‸ ባዕደ ፡ F (አምላክ ፡ i. l.). XXXIV. 2 ወኀልዮ ፡ BCE, F corr. 3 ይፌግዕ ፡ CE. 4 አዕረፈ ፡ sine እም ፡ vel እመ ፡ CF(E). [ ] ex EF; caet. ሲኦ ፡ 7 ይእቲ ፡] እሙንቱ ፡ ABMT. ቦቱ ፡] ባቲ ፡ F, C corr. 10 ዘተማከረ ፡ ABM. ዘኢያሕሠመ ፡ B, ወኢያሐሥም ፡ E. 12 ማእደ ፡ AT. ላዕሌሁ ፡] ለበሊዕ ፡ F, C corr. 14 መጽብኅተ ፡ CT. 15 + ኵሎ ፡ post አእምር ፡, omn. exc. T. ዘአቅረቡ ፡ ABCE. 16 ትሜጽር ፡ F, C corr. 18 ብዙኀ ፡ ABEM. 19 በዐቅም ፡ BEF. > < e CEF. 20 ጥዑም ፡ M, C corr. ኢይበደብድ ፡ A. ነፍስቱ ፡] ነፍሱ ፡ T. ቀንጣዌ ፡ AM. ወገበጥ ፡ M, ወግብጥ ፡ E. ወጠዋይ ፡ ME, ወጠዊይ ፡ C corr., ወጠውይ ፡ F corr. 21 አግበሩከ ፡ M.

ተንሥእ ፡ ወአዕርፍ ። 22 አፅምአኒ ፡ ወልድየ ፡
ወኢ.ታስትት ፡ ተግሣጽየ ፤ ወድኅረ ፡ ትረክቦ ፡
ለነገርየ ። ኢትኩን ፡ ፅቡሰ ፡ በኵሉ ፡ ዘገበርከ ፤
ከመ ፡ ኢትኅጣእ ፡ ወኢ.ምንተኒ ። 23 ለጸጋዊ
ሰ ፡ ይድኅርዎ ፡ በሥነ ፡ ምግባሩ ፤ . . . . ። 24 ወ
ለደንጻዊ ፡ ይረግምዎ ፡ በእከየ ፡ ግዕዙ ፤ . . . . ።
25 እምከመ ፡ ሰተይከ ፡ ኢትዘኀር ፤ እስመ ፡ ለ
ብዙኃን ፡ አስሐቶሙ ፡ ስታይ ። 26 በምንሃብ ፡
ያሜክርዎ ፡ ለኀጺን ፡ ጽኑዕ ፤ ከማሁ ፡ ወይንኒ ፡
በውስተ ፡ ልበሙ ፡ ለዕቡያን ። 27 ሕይወቱ ፡ ለ
ሰብእ ፡ ሰትየ ፡ ወይን ፤ ወትፍሥሕት ፡ ውእቱ ፡
ለዘይሰትዮ ፡ በዐቅሙ ፤ ምንትኑ ፡ ሕይወቱ ፡ ለ
ዘኢ.ይሰቲ ፡ ወይነ ፤ እስመ ፡ ውእቱ ፡ ለትፍሥ
ሕተ ፡ እጓለ ፡ እመሕያው ፡ ተፈጥረ ። 28 ትፍ
ሥሕትኒ ፡ ውእቱ ፡ ለልብ ፡ ወሐሜት ፡ ውእቱ ፡
ለነፍስ ፤ ሠናይ ፡ ሰትየ ፡ ወይን ፡ በዐቅሙ ፡ ወ
በጊዜሁ ። 29 ሐዘና ፡ ለልብ ፡ ያረስዕ ፡ ወይን ፤
ለዘይላሑ ፡ ወለዘይቴክዝ ፡ አስትዮ ፡ ወይነ ።
30 ወአብድሰ ፡ እምከመ ፡ ሰትየ ፡ ያበዝኀ ፡ ላኳ ፡
ወይስሕት ፡ ወይጌጊ ፤ ብዙኀ ፡ ሰትይ ፡ ኢያረክ
ብ ፡ ኀይለ ፡ ወኢያኀጥእ ፡ ቍስለ ። 31 ወኢ.ት
ገሥጽ ፡ ቢጸከ ፡ እንዘ ፡ ስቱይ ፡ ወይነ ፤ ወኢ.ታ
ተክዘ ፡ እንዘ ፡ ፍሡሕ ፡ ውእቱ ፡ ልቡ ፤ ወኢ.ት
ንግሮ ፡ ዘተሐይሶ ፡ ወኢ.ታጽሕቦ ፤ ወኢ.ትስአ
ሎ ፡ ትካዘከ ፡ እንዘ ፡ ስኩር ፡ ውእቱ ። XXXV.
ወእመኒ ፡ ሜሙከ ፡ መልአከ ፡ ኢ.ታዕቢ ፡ ርእሰ
ከ ፤ ኩን ፡ ከማሆሙ ፡ ከመ ፡ ፩ዱ ፡ እምኔሆሙ ፤
ወተከዝ ፡ ትካዘሙ ፡ ወንበር ፡ 2 ኰንኖሙ ፤ ከ
መ ፡ ትርከብ ፡ አክሊለ ፡ ክብር ፡ ፈጺመከ ፡ መ
ልእክተከ ። 3 ንብብ ፡ አረጋዊ ፡ ወይደልወከ ፤
ወኢ.ትጸመም ፡ ለሠናይ ፡ ነገር ፡ ትምህርተ ፡ ጥ
በብከ ። 4 ኢ.ታይድዕ ፡ ቃለከ ፡ ለኵሉ ፡ ዘሐተ
ተከ ፤ ወኢ.ትጠበብ ፡ በከመ ፡ ረከብከ ። 5 ከመ ፡
ዕንቍ ፡ ክቡር ፡ ውስተ ፡ ሰርጐ ፡ ወርቅ ፤ ከማ
ሁ ፡ ማሕሌት ፡ በኀበ ፡ ይሰትዩ ፡ ወይነ ። 6 ወ
ከመ ፡ መረግድ ፡ ውስተ ፡ ባዝግና ፡ ወርቅ ፤ ከ
ማሁ ፡ ሐዋዝ ፡ ማሕሌት ፡ ወመሰንቆ ፡ በቤተ ፡
ስታይ ። 7 ንብብ ፡ ወሬዛ ፡ ለእመ ፡ አብሐኩከ ፤
እምዕጹብ ፡ ንግር ፡ ሶበ ፡ ዳግመ ፡ ተስእሉከ ።
8 ምዕረ ፡ አውሢአከ ፡ ሶቤሃ ፡ ፈጽም ፡ ቃለከ ፤
ወእንዘ ፡ ታአምር ፡ አርምም ፡ አፉከ ። 9 ወኢ.
ትንበር ፡ ማእከለ ፡ ዐበይት ፤ እንዘ ፡ ባዕድ ፡ ይነ
ግር ፡ ኢ.ታይድዕ ፡ ቃለከ ። 10 ከመ ፡ ይረውጽ ፡
መብረቅ ፡ ቅድመ ፡ ነጐድጓድ ፤ ከማሁ ፡ ሞገሱ ፡
ቅድመ ፡ ገጹ ፡ ለዘየኀፍር ። 11 ኵሎ ፡ በጊዜሁ ፡
ወበዐቅሙ ፡ ግበር ፤ አቲወከ ፡ ቤተከ ፡ ወበህየ ፡
ተፈሣሕ ፡ 12 ወተዋነይ ፤ ወግበር ፡ ኵሎ ፡ ዘመ
ፍትው ፡ ዘትፈቅድ ፤ ዑቅ ፡ ኢ.ትንብብ ፡ ነገረ ፡
ትዕቢት ፡ ወኢ.ተአብስ ፡ በቃልከ ። 13 ምስለ ፡
ዝንቱ ፡ ኵሉ ፡ አእኵቶ ፡ ለፈጣሪከ ፤ ወውእቱ ፡
ያጸግበከ ፡ እምነ ፡ ኵሉ ፡ በረከቱ ። 14 ዘይፈር
ሆ ፡ ለእግዚ.አብሔር ፡ ይገኒ ፡ ለተግሣጹ ፤ ወእ

22 + ወ ante ከመ ፡ T. 25 ኢ.ትዘ′ ፡] ኢ.ትስከር ፡ BT. 27 በዐቅም ፡ ABEF. 28 ስታየ ፡ T. 29 ለልብ ፡] ለነፍስ ፡ C. 30 ላኳ ፡ M. ብዝኀ ፡ ሰቲይ ፡ BT. XXXV. 2 Post ኰንኖሙ ፡ supplent ወአኅሊቀከ ፡ ግብረከ ፡ አዕርፍ ፡ ወተፈሣሕ ፡ ምስሌሆሙ ፡ EFC. 3 ይደልወከ ፡ sine ወ EC. + ንግር ፡ ante ትም′ ፡ EF, C corr. 4 ወኢ.ትጥበብ ፡ MT. 5 ‸ ከመ ፡ M. + እለ ፡ post በኀበ ፡ CEF. 6 ብዝጋና ፡ AT. 11 ‸ ወ ante በህየ ፡ B. 12 ዘይትፈቀድ ፡ CF.

ለኒ ፡ ይገይሱ ፡ ኀቤሁ ፡ ይረክቡ ፡ ፍትወቶሙ ።
15 ወዘየኀሥሥ ፡ ለሕጉ ፡ ይጸግብ ፡ እምውስቴ
ቱ ፤ ወዘሰ ፡ ይናፍቅ ፡ ቦቱ ፡ ይወድቅ ፡ ወይጌጊ ።
16 እለ ፡ ይፈርህዎ ፡ ለእግዚአብሔር ፡ ይፈትሕ ፡
ሎሙ ፤ ወቀትረ ፡ መዓልት ፡ ይትቤቀል ፡ በቀሎ
ሙ ። 17 ውብእሲሰ ፡ ኃጥእ ፡ ኢያፀምእ ፡ ዘይ
ጌሥጽዎ ፤ ወኵሉ ፡ ከማሁ ፡ ይመስሎ ፡ ለልቡ ።
18 ብእሲ ፡ ጠቢብ ፡ አልቦ ፡ ዘይገብር ፡ ዘእንበ
ለ ፡ ምክር ፤ ፀራይ ፡ ወዕቡይ ፡ ዘኢይቴክዝ ፡ ፍ
ርሀተ ፡ ይገብር ፡ እንበለ ፡ ምክር ። 19 ወአንተ
ሰ ፡ ወልድየ ፡ አልቦ ፡ ዘትገብር ፡ ዘእንበለ ፡ ም
ክር ፤ ወዘኒ ፡ ገበርከ ፡ ኢታማስን ። 20 ወኢት
ሖር ፡ ፍኖተ ፡ በዳ ፤ ከመ ፡ ኢትትዐቀፍ ፡ በእብ
ን ፡ መንሱት ። 21 ኢትትአመኖ ፡ ለጸላኢከ ፡ በ
ሐቅል ፤ 22 ወኢትትአመን ፡ ወልደከኒ ፡ ዘኢ
የሐውር ፡ በግዕዝከ ። 23 ወበኵሉ ፡ ዘገበርከ ፡
አስተፍሥሓ ፡ ለነፍስከ ፤ ወበኵሉ ፡ ዕቀብ ፡ ት
እዛዘ ። 24 ዘይፈርህ ፡ ሕገ ፡ ያፀምእ ፡ ትእዛዘ ፡
መጽሐፉ ፤ ወዘይትአመን ፡ በእግዚአብሔር ፡ አ
ልቦ ፡ ዘየኀጥእ ። XXXVI. ለፈራሄ ፡ እግዚአ
ብሔር ፡ ኢይረክቦ ፡ እኩይ ፤ እንበለ ፡ ከመ ፡ ያ
መክርዎ ፡ ወይድኅን ፡ እምኔሃ ። 2 ብእሲሰ ፡ ጠ
ቢብ ፡ ያፈቅር ፡ ሰሚዐ ፡ መጽሐፍ ፤ ወዘሰ ፡ ይ
ናፍቅ ፡ ወኢይትአመን ፡ በመጽሐፉ ፤ ይከውን ፡
ከመ ፡ ሐመር ፡ እንተ ፡ ታንከልል ፡ ማእከለ ፡ ዐ
ውሎ ። 3 ብእሲ ፡ ጠቢብ ፡ ይትአመን ፡ ወይገ
ኒ ፡ በሕጉ ፡ ለእግዚአብሔር ፤ ወእግዚአብሔር
ኒ ፡ ይከውኖ ፡ ምእመኖ ፡ ወያስተፌሥሖ ። 4 አ
ስተዳሊወከ ፡ ዘትነብብ ፡ ቃለከ ፡ [አስምዕ] ፤ ወ
ቈጺረከ ፡ ምክረ ፡ ዘትገብር ፡ አውሥእ ። 5 ከ
መ ፡ መንኰራኵረ ፡ ሰረገላ ፡ ልቡ ፡ ለአብድ ፤ ወ
ከመ ፡ መንከኮት ፡ እንተ ፡ ተዐውድ ፡ ከማሁ ፡
ምክሩ ፡ ለፈራህ ። 6 ፈረስ ፡ ገይድ ፡ ከመ ፡ ዐር
ክ ፡ ኄር ። 7 በእፎ ፡ ዕለት ፡ እምዕለት ፡ ትነው
ኅ ፤ እንዘ ፡ ኵሉ ፡ መዋዕለ ፡ ዓመት ፡ በብርሃነ ፡
ፀሓይ ፡ የሐውር ። 8 ወበትእዛዘ ፡ እግዚአብሔ
ር ፡ ይትፈለጥ ፡ ኵሉ ፡ መዋዕል ፤ ወጊዜ ፡ በዓላ
ቲሁ ፡ በኊላቌሁ ፡ ይትዐወቅ ። 9 እምውስተ ፡
መዋዕልኒ ፡ ቦ ፡ ዘቀደሰ ፡ ወአዕበየ ፤ ወፈለጠ ፡
እምውስቴቶሙ ፡ ክረምተ ፡ ወማእረረ ፡ ወሐጋ
የ ፤ በበ ፡ ኊላቌሆሙ ፡ ወበበ ፡ ጊዜሆሙ ። 10
ወኵልነ ፡ እጓለ ፡ እመሕያው ፡ እምውስተ ፡ መ
ሬት ፡ ንሕነ ፤ ወእምነ ፡ ምድር ፡ ተፈጥረ ፡ አዳ
ም ። 11 ወሌለዮ ፡ እግዚአብሔር ፡ በብዝኀ ፡ ጥ
በቢሁ ፤ ወሠርዖሙ ፡ ፍናዊሆሙ ። 12 ወቦ ፡ እ
ለ ፡ ባረከ ፡ እምውስቴቶሙ ፡ ወአዕበዮሙ ፤ ወ
ቦ ፡ እለ ፡ ቀደሰ ፡ እምውስቴቶሙ ፡ ወአስተርአ
የ ፡ ሎሙ ፤ ወቦ ፡ እለ ፡ ረገመ ፡ እምውስቴቶሙ ፡
ወአኅሰሮሙ ፤ ወዐለዎሙ ፡ በከመ ፡ ምግባሮሙ ።
13 ከመ ፡ ጽቡር ፡ ውስተ ፡ እዴሁ ፡ ለለብሓዊ ፤
ከማሁ ፡ ንሕነ ፡ በኀቤሁ ፤ ወኵሉ ፡ ግብሩ ፡ የሐ
ውር ፡ በፍናዊሁ ፤ ወከማሁ ፡ ሰብእኒ ፡ ውስተ ፡

---

15 በውስቴቱ ፡ AMT. 16 በቀሎሙ ፡] ሎሙ ፡ T. 17 ዘይጌሥጸ ፡ BC. 19 ኢትማስን ፡ MT. (an degeneratum ex ኢትነስሕ ፡?). 20 ወኢትሖር ፡] + ወኢትንግድ ፡ omn., exc. M. XXXVI. 2 ታንኰልል ፡ F. 4 [ ] አዕምእ ፡ codd.; አምጽእ ፡ F. 6 ጋይድ ፡ B. 7 ዘብርሃነ ፡ M. 8 ወበጊዜ ፡ ABCMF. በኊልቆ ፡ CET. 10b ∧ MB. 11 + በበ ፡ CF, + በ ET ante ፍናዊሆሙ ፡ 13 ወከማሁ ፡] ወከመ ፡ AMT.

እደ ፡ ፈጣሪሁ ፤ ወይፈድዮ ፡ ለኵሉ ፡ በከመ ፡
ምግባሩ ። 14 መናቅዕቲሃ ፡ ለእኪት ፡ ሠናይት ፤
ወመናቅዕቲሃ ፡ ለሞት ፡ ሕይወት ፤ ከማሁ ፡ መ
ናቅዕቲሁ ፡ ለጻድቅ ፡ ኃጥእ ። 15 ወምስለ ፡ ኵ
ሉዝ ፡ ርኢ ፡ ግብሮ ፡ ለልዑል ፤ ወኵሉ ፡ በበክ
ልኤቱ ፤ ፩፩ በበዚአሁ ። 16 አንሰ ፡ ድኅረ ፡ ኀ
ለይክዎ ፡ ለዝንቱ ፡ ወኀሠሥክዎ ፡ እምጥንቱ ።
17 ተሣሀለነ ፡ እግዚኦ ፡ አሕዛቢከ ፡ እለ ፡ ተሰም
ዩ ፡ በስምከ ፤ ወለእስራኤልሂ ፡ እለ ፡ በበኵርከ ፡
አስተማሰልከ ። 18 ተሣሀል ፡ ሀገረ ፡ ቅድሳቲከ ፤
ወኢየሩሳሌምሂ ፡ ሀገረ ፡ ማኅደረ ፡ ምዕራፊከ ።
19 ወምልአ ፡ ለጽዮን ፡ በረከተ ፡ ቃልከ ፤ ወእ
ምነ ፡ ስብሐቲከ ፡ ላዕለ ፡ ሕዝብከ ። 20 ወሀበ
ሙ ፡ ሕገ ፡ ለቀደምት ፡ [ፍጡራኒከ] ፤ ወአቅም ፡
ነቢያተ ፡ ለስምከ ። 21 ወሀበሙ ፡ ዕሴቶሙ ፡ ለ
እለ ፡ ተሰፈዉከ ፤ ከመ ፡ ይእመንዎሙ ፡ ለነቢ
ያቲከ ። 22 ስማዕ ፡ እግዚኦ ፡ ጸሎቶሙ ፡ (ለነቢ
ያቲከ ፡ ወ)ለአግብርቲከ ፤ በረከተ ፡ አሮን ፡ ፈኑ ፡
ላዕለ ፡ ሕዝብከ ፤ ወያእምሩ ፡ ኵሎሙ ፡ እለ ፡ ሀ
ለዉ ፡ ዲበ ፡ ምድር ፤ ከመ ፡ አንተ ፡ ውእቱ ፡ እ
ግዚአብሔር ፡ አምላክ ፡ ዘለዓለም ። 23 ኵሉ ፡
እክል ፡ ይትበላዕ ፡ ወይወርድ ፡ ውስተ ፡ ከርሥ ፤
ወባሕቱ ፡ ቦ ፡ እክል ፡ ዘይጥዕም ፡ እምእክል ።
24 ወጕርዔ ፡ ይፈልጠ ፡ ለኵሉ ፡ ጣዕመ ፡ እክል ፤
ወከማሁ ፡ ልቡ ፡ ለጠቢብ ፡ ይፈልጥ ፡ ነገረ ፡ ሐ
ሰት ። 25 ልብ ፡ እኩይ ፡ ያመጽእ ፡ [ሐዘነ ፤] ወ
ብእሲ ፡ ዘብዙኀ ፡ ሐመ ፡ ይለምዶ ፡ ትዕግሥቱ ።
26 ኵሉ ፡ ተባዕት ፡ ይትወከፍ ፡ አንስተ ፤ ወቦ ፡
ብእሲት ፡ እንተ ፡ ትሤኒ ፡ እምብእሲት ። 27 ላ
ሕየ ፡ ለብእሲት ፡ ያበርሆ ፡ ለገ[ጽ] ፤ እምኵሉ ፡
ፍትወተ ፡ ብእሲ ፡ ይእቲ ፡ ተዐቢ ። 28 ወእመ
ሰ ፡ የዋህ ፡ ይእቲ ፡ ወሠናይ ፡ ቃላ ፤ ኢኮነ ፡ ከ
መ ፡ እጓለ ፡ እመሕያው ፡ ምታ ። 29 ዘአውሰበ ፡
ብእሲተ ፡ ኄርተ ፡ ረከበ ፡ ተድላሁ ፤ እስመ ፡ ረ
ዳኢቱ ፡ ወዐምደ ፡ ምስማኩ ፡ ይእቲ ። 30 ከመ ፡
ዘአልቦ ፡ ጥቅመ ፡ ወይሰረቅ ፡ ንዋዩ ፤ ከማሁ ፡ ዘ
አልቦ ፡ ብእሲተ ፡ ምንዱበ ፡ ይነብር ። 31 መኑ ፡
ዘይትሐበዮ ፡ ለሰራቂ ፡ ዘይትፋለስ ፡ ሀገረ ፡ እም
ሀገር ፤ ከማሁ ፡ ለብእሲኒ ፡ ዘአልቦ ፡ ውሉደ ፡ ወ
አልቦ ፡ ንብረተ ፤ ዘኀበ ፡ መስዮ ፡ ይበይት ።
XXXVII. ኵሉ ፡ ዘተዓረከ ፡ ይብል ፡ ተዓረኩ ፡
አነኒ ፤ ባሕቱ ፡ ቦቱ ፡ ዐርክ ፡ ለስም ፡ በከ ፡ ዘይ
ትዓረክ ። 2 ወሐዘንሰ ፡ ይነብር ፡ (ውስተ ፡ ል
ብ ፡) እስከ ፡ አመ ፡ ዕለተ ፡ ሞት ፤ (ወቦ ፡) ዐር
ክ ፡ ዘይከውነከ ፡ ጸላኤ ። 3 እኪት ፡ ፍትወት ፡
እምአይቴኑ ፡ አንኰርኰርኪ ፤ ወመላእኪ ፡ ው
ስተ ፡ ብሔር ፡ ኀጢአተ ። 4 ወቦ ፡ ዐርክ ፡ ዘይ
ቀርበከ ፡ አመ ፡ ትፍሥሕትከ ፤ ወእምከመ ፡ ተ
መንደብከ ፡ ውእቱ ፡ ይከውነከ ፡ ፀረከ ። 5 ወ
ቦ ፡ ዐርክ ፡ ዘእንበይነ ፡ ከርሡ ፡ ይቴክዝ ፡ ለከ ፡
ሕማመከ ፤ ወእምከመቦ ፡ ዘዐለወከ ፡ ውእቱ ፡ ይ
ቀድም ፡ ይትቃተለከ ። 6 ኢትርሳዕ ፡ ዐርከከ ፡

14 ለጽድቅ ፡ omn. exc. T. ኃጥእ ፡] ኀጢአት ፡ ABEF. 15 በበዘዚአሁ ፡ C, በዘዘዚአሁ ፡ F. 16 + ኵሉ ፡ post ድኅረ ፡ E. 17 ሕዝበከ ፡ CEF. 18 ^ ማኅደረ ፡ C corr. 20 [ ] ፈጣሪከ ፡ M, ፍጥረትከ ፡ E, ዘፈጠርከ ፡ BF(A), እለ ፡ ፈጠርከ ፡ CT. 21 ይሴፈዉከ ፡ EF. 25 [ ] ex E; ሐሰተ ፡ caet. ይለምድ ፡ ተዕግሥተ ፡ B, ይለምዶ ፡ ለትዕግሥት ፡ F, C corr. 27 [ ] e BF; ጸ caet. 28 የዋሂት ፡ F, C corr. 29 ረድኤቱ ፡ CFM. XXXVII. 5 አመ ፡ ሕማምከ ፡ F, C corr.

94 ጥበበ ፡ ሲራክ ፡ ፴፯

እምከመ ፡ ተደሎከ ፤ ወኢትኀድጎ ፡ ለእምከመ ፡
ንዋየ ፡ ረከብከ ። [7] ኵሉ ፡ መምክር ፡ ያመክር ፡
ምክረ ፤ ወቦ ፡ ዘያመክር ፡ ዘይበቍዕ ፡ ለርእሱ ።
[8] ዕቀብ ፡ ልበከ ፡ እምነ ፡ ዘያመክረከ ፤ ቅድም ፡
አእምር ፡ ትካዞ ፡ በዘይፈቅደከ ፤ እስመ ፡ እንበ
ይነ ፡ ርእሱ ፡ ያመክረከ ፤ [9] ወይብለከ ፡ ሠናየ ፡
ገበርከ ፤ ወያመጽእ ፡ ለከ ፡ በዘ ፡ ያህጕለከ ፡ ንዋ
የከ ፤ ወእምከመ ፡ ተጸነስከ ፡ ይኔጽረከ ፡ ወይሥ
ሕቅ ፡ ላዕሌከ ። [10] ኢትትማከር ፡ ምስለ ፡ ዘይ
ትዐቀበከ ፤ ወኅባእ ፡ ቃለከ ፡ እምነ ፡ ዘይትኄሠ
ሠከ ። [11] ኢትትናገር ፡ ምስለ ፡ ብእሲት ፡ በዘ
ታቀንአ ፤ ወኢትትማከር ፡ ምስለ ፡ ፈራህ ፡ እን
በይነ ፡ ፀብእ ፤ ኢትትማከር ፡ እንበይነ ፡ ረባሕ ፡
ምስለ ፡ ሠያጢ ፤ ወኢትትማከር ፡ ምስለ ፡ ነጋ
ዲ ፡ እንበይነ ፡ ተግባር ፤ ወኢትትማከር ፡ ምስ
ለ ፡ ደንጻዊ ፡ ለውሂበ ፡ ምጽዋት ፤ ወኢትትማ
ከር ፡ ምስለ ፡ ዐላዊ ፡ ለአግብኦ ፡ ዕሴት ፤ ወኢ
ትትማከር ፡ ምስለ ፡ ሀካይ ፡ በእንተ ፡ ግብር ፤ ወ
ኢትትማከር ፡ ምስለ ፡ ዐሳብ ፡ እንበይነ ፡ ጥብዖ
ት ፤ ወኢትትማከር ፡ ምስለ ፡ አብድ ፡ እንበይነ ፡
ኪን ፤ (ቅኒ ፡ ነባሬከ ፡ ወኢታንብሮ ፡ ዕሩዐ ፤) ወ
ምስለዝ ፡ ኵሉ ፡ አልቦ ፡ ዘትትማከሮሙ ፡ እን
በይነ ፡ ዝነገር ። [12] ምስለ ፡ ብእሲ ፡ ጻድቅ ፡ ዘ
ልፈ ፡ ተናገር ፡ ምክረከ ፤ ዘታአምር ፡ ከመቦ ፡ ሃ
ይማኖተ ፡ ወይፈርህ ፡ እግዚአብሔር ፤ ዘከመ ፡
ልብከ ፡ ልቡ ፤ ወእመኒ ፡ ተከዝከ ፡ የሐምም ፡
ሕማመከ ። [13] ወአቅም ፡ ምክረ ፡ ነፍስከ ፤ እስ
መ ፡ ይእቲ ፡ እምኵሉ ፡ ምእመንከ ። [14] እስ
መ ፡ ነፍሱ ፡ ለሰብእ ፡ እንተ ፡ ትረክቦ ፡ ታሐዝ
ቦ ፤ ፈድፋደ ፡ እምነ ፡ ፯ቱ ፡ አስባብ ፡ ሰብአ ፡ ዐ
ይን ። [15] ምስለ ፡ ዝንቱ ፡ ኵሉ ፡ ጸሊ ፡ ኀበ ፡ ል
ዑል ፤ ከመ ፡ ያርትዓ ፡ በንጹሕ ፡ (በጽድቅ ፡) ለ
ፍኖትከ ። [16] ቀዳሚ ፡ ኵሉ ፡ ትካዝ ፡ ነገር ፤ ወ
ቀዳሚ ፡ ኵሉ ፡ ግብር ፡ ምክር ። [17] አሠረ ፡ ል
ቡ ፡ ለብእሲ ፡ መርብዕተ ፡ ያስተርኢ ፡ [18] ለእ
መኒ ፡ ለሐዘን ፡ ወለእመኒ ፡ ለትፍሥሕት ፤ እመ
ኒ ፡ ለሞት ፡ ወእመኒ ፡ ለሕይወት ፤ ወልሳን ፡ ያ
መጽአሙ ፡ ለኵሎሙ ። [19] ወቦ ፡ ሰብእ ፡ ዘበ
ኵሉ ፡ ይትሜየን ፡ ወብዙኀ ፡ ያአምር ፤ ወኢይ
ክል ፡ በቍየታ ፡ ለነፍሱ ። [20] ወቦ ፡ ዘይጠብ
ብ ፡ በነገር ፡ ወያጸልእ ፡ ርእሶ ፤ ወለዘ ፡ ከመዝ ፡
የኀልፎ ፡ ኵሉ ፡ ረባሕ ። [21] እስመ ፡ ኢይሁቦ ፡
[እግዚአብሔር ፡] ሞገሰ ፤ ወወጽአ ፡ እምኵሉ ፡
ጥበብ ። [22] ሀሎ ፡ ዘይጠብብ ፡ ለነፍሱ ፡ ወይዬ
ውህ ፡ በቃሉ ። [23] ብእሲ ፡ ጠቢብ ፡ ይጌሥጾ
ሙ ፡ ለሕዝቡ ፤ ወይሜህሮሙ ፡ ጥበበ ፡ ለሰብ
ኡ ። [24] ብእሲ ፡ ጠቢብ ፡ ይጸግብ ፡ እምበረከ
ቱ ፤ ወያስተበፅዕዎ ፡ ኵሎሙ ፡ እለ ፡ ይሬእይዎ ።
[25] መዋዕሊሁ ፡ ለእጓለ ፡ እመሕያው ፡ በኍል
ቍ ፤ ወመዋዕሊሆሙ ፡ ለእስራኤል ፡ ዘኢይት

---

7 መማክር ፡ M. ከመ ፡ ይበቍዕ ፡ M, ከመ ፡ ይብቋዕ ፡ ABCEF. 11 በዘታቄንአ ፡ M. ነጋዲ ፡ T, ዘይነግድ ፡ caet. ለውሂበ ፡ ም′ ፡] እንበይነ ፡ ውሂብ ፡ T. ጥብዓት ፡ ABCET. ( ) exhibent omn. (vid. 30,36). 13 ነፍስከ ፡] + ምስሌሁ ፡ EF, C corr. 14 ታሔዝቦ ፡ C. አሳብብ ፡ T(M). 15 ( ) ወጽድቅ ፡ F, ወበጽድቅ ፡ BCET. 17 ለሰብእ ፡ BT. 19 ይትሜነይ ፡ BT. በቍዔታ ፡ (vel ተ) ፡ BCEFM. 20 ዘይጠበብ ፡ AE. 21 [ ] ex E; አስታር ፡ (vid. 31,8) M, አስታረ ፡ C, ዓሥራተ ፡ AB, ዓስር ፡ T, ኢይሁቦ ፡ እግዚአብሔር ፡ አሶተ ፡ ሞገስ ፡ እስታር ፡ (ዘስማ ፡ ቦኮከብ ፡) F. 22 ወይየውህ ፡ BCEF; ወየዋህ ፡ MT.

ኈለቍ ። 26 ዘጠበበ ፡ በሕዝቡ ፡ ይረክብ ፡ ዕሴ
ቶ ፤ ወይነብር ፡ ስሙ ፡ ለዝላፉ ። 27 ወልድየ ፡
እንዘ ፡ ሕያው ፡ አንተ ፡ አመክራ ፡ ለነፍስከ ፤ አ
እምር ፡ ዘይብእሳ ፡ ወኢተሀባ ። 28 እስመ ፡ አ
ከ ፡ ኵሉ ፡ ዘይደልዋ ፤ ወአኮ ፡ ኵሉ ፡ ዘታስተ
አድም ፡ ኵሉ ፡ ነፍስ ። 29 ወኢትሠሥዕ ፡ ለኵ
ሉ ፡ መብልዕ ፤ ወኢተሐሚ ፡ ለኵሉ ፡ እክል ፡
ዘርኢከ ። 30 እስመ ፡ ያደዊ ፡ ብዙኅ ፡ በሊዕ ፤
ወያበዝኆ ፡ ለገብጥ ፡ ሥሥዕት ። 31 ወብዙኃ
ን ፡ እለ ፡ ቀተሎሙ ፡ ሥሥዕት ፤ ወዘሰ ፡ በዐቅ
ሙ ፡ ይበልዕ ፡ ጥዑይ ፡ ነፍሱ ። XXXVIII. አ
ክብሮ ፡ ለዐቃቤ ፡ ሥራይ ፡ እስመ ፡ በከመ ፡ እ
ዴሁ ፡ ከማሁ ፡ ክብሩ ፤ እስመ ፡ ሎቱኒ ፡ እግዚ
አብሔር ፡ ፈጠሮ ። 2 እንዘ ፡ ሕይወትሰ ፡ በኀ
በ ፡ እግዚአብሔር ፤ ወፍተኒ ፡ እምኀበ ፡ ንጉሥ ፡
ይነሥእ ። 3 በጥበቢሁ ፡ ለዐቃቤ ፡ ሥራይ ፡ ያ
ከብሮ ፡ ኵሉ ፤ ወይትአኰት ፡ በኀበ ፡ መኳንን
ት ። 4 እግዚአብሔር ፡ ፈጠረ ፡ ሥራያተ ፡ እም
ነ ፡ ምድር ፤ ወብእሲሰ ፡ ጠቢብ ፡ ኢይሜንኖ ።
5 አኮኑ ፡ በዕፅ ፡ ጥዕመ ፡ ማይ ፤ ከመ ፡ ያእምሩ ፡
ኀይሎ ። 6 ወውእቱ ፡ ወሀቦሙ ፡ ለእጓለ ፡ እመ
ሕያው ፡ ጥበበ ፤ ከመ ፡ ይክበሩ ፡ በስብሐቲሁ ።
7 ወቦቱ ፡ ይፌውሶሙ ፡ ወያሴስል ፡ ኵሎ ፡ ሕ
ማሞሙ ። 8 እምውስቴቱ ፡ ይገብሩ ፡ ሥራያ
ተ ፡ በዘ ፡ ይፌውሱ ፤ ወውእቱ ፡ ያመጽእ ፡ ሰላ
መ ፡ ለብሔር ። 9 ወልድየ ፡ ኢትጸመም ፡ ሕማ
መከ ፤ ጸሊ ፡ ኀበ ፡ እግዚአብሔር ፡ ወውእቱ ፡
ይፌውሰከ ። 10 ወኅድጋ ፡ ለኀጢአት ፡ ወአር
ትዕ ፡ እዴከ ፤ ወአንጽሕ ፡ [ልበከ] ፡ እምኵሉ ፡
ዐመፃ ። 11 አብእ ፡ መባአከ ፡ ወተዘከር ፡ ስንዳ
ሌ ፤ ወአሥብሕ ፡ መሥዋዕተከ ፡ በከመ ፡ ይትከ
ሀለከ ። 12 ወግበር ፡ ሎቱ ፡ ፍኖተ ፡ ለዐቃቤ ፡
ሥራይ ፤ እስመ ፡ ሎቱኒ ፡ እግዚአብሔር ፡ ፈጠ
ሮ ፤ ወኢታርሕቆ ፡ እምኀቤከ ፡ እስመ ፡ ሎቱኒ ፡
ትፈቅዶ ። 13 እስመቦ ፡ጊዜ ፡ ይከውን ፡ አሶት ፡
በእዴሆሙ ። 14 እስመ ፡ እሙንቱኒ ፡ ይስእሉ ፡
ኀበ ፡ እግዚአብሔር ፤ ከመ ፡ ይርድኦሙ ፡ ወየ
ሀቦሙ ፡ ዕረፍተ ፤ ወከመ ፡ ይፈውስ ፡ ሎሙ ፡
በኵሉ ፡ ጊዜ ። 15 ወዘይኤብስ ፡ ቅድመ ፡ ፈጣ
ሪሁ ፤ ይወድቅ ፡ በእደ ፡ ዐቃቤ ፡ ሥራይ ። 16 ብ
ኪ ፡ ወልድየ ፡ ላዕለ ፡ ዘሞተ ፤ ወላሕዎ ፡ ወአሕ
ምም ፡ ርእሰከ ፤ ወበከመ ፡ ግዕዙ ፡ ግበር ፡ ሎቱ ፡
ወቅብሮ ፤ ወኢትጸመም ፡ ሞቶ ፡ (ለዘ ፡ ተልእ
ከከ) ። 17 አምርር ፡ በኪዮቶ ፡ ወአዕምቅ ፡ ላሕ
ዎቶ ፤ ወላሕዎ ፡ በከመ ፡ ግዕዙ ፤ አሐተ ፡ ዕለ
ተ ፡ ወሰኑየ ፡ መዋዕለ ፡ እንበይነ ፡ ሕግ ፤ ወእም
ዝ ፡ ንግፍ ፡ ላሐከ ። 18 ሐዘን ፡ ኢይባእከ ፡ እ
ስመ ፡ ብዙኃን ፡ እለ ፡ ሞቱ ፡ እንበይነ ፡ ሐዘን ፤
እስመ ፡ ሐዘኑ ፡ ለልብ ፡ ይሰብሮ ፡ ለኀይል ። 19
ወያበጽሕ ፡ ለሞት ፡ ሐዘን ፡ ወትካዝ ፤ ወኵሉ ፡
መዋዕሊሁ ፡ ለነዳይ ፡ የኀልቅ ፡ በትካዝ ። 20 ኢ
ታብእ ፡ ሐዘነ ፡ ውስተ ፡ ነፍስከ ፤ አርሕቃ ፡ ለ

26 ለሕዝቡ ፡ BEF. 29 ወኢተኀሊ ፡ CF corr. 30 ብዝኅ ፡ BCT. XXXVIII. 2 ወፈተወኒ ፡ M, ወፍትሕኒ ፡ AB. 4 + እስመ ፡ ante እግዚ' ፡ omn., exc. M. ሥራየ ፡ BCEF. 10 [ ] ex CEF; እ ዴከ ፡ ABM. 16 ወቅብሮ ፡] ተዝካሮሙ ፡ E; ተዝካሮ ፡ ወአምዕዞ ፡ ወቅብሮ ፡ F. ( ) omn., exc. T. 17 አምርር ፡] አእምር ፡ BEMT. ∧ ዕለተ ፡ T. ∧ መዋዕለ ፡ C. 18 ይሴብሮ ፡ M. 19 ወያበጽሖ ፡ ACEF.

ሐዘን ፡ እምኔከ ። 21 ወአእምር ፡ ከመ ፡ አልባ
ቲ ፡ ፈውስ ፤ ወርእስከኒ ፡ ታሐምም ፡ ወአልቦ ፡
ዘትበቍዕ ። 22 ርኢ ፡ በላዕሌየ ፡ ዘተፈደይኩ ፡
አነኒ ፤ ወአእምር ፡ ከመ ፡ ከማሁ ፡ ትትፈደይ ፡
አንተኒ ፤ አነ ፡ ዮም ፡ ወአንተ ፡ ጌሠም ። 23 ዘ
ሞተሰ ፡ አዕረፈ ፡ ወባሕቱ ፡ ግበር ፡ ሎቱ ፡ ተዝ
ካሮ ፤ ወእምዝ ፡ ንግፍ ፡ ላሐ ፡ ከመ ፡ ታዕርፍ ፡
ነፍሱ ። 24 ጥበቢሁ ፡ ለጸሓፊ ፡ በመዋዕለ ፡ ሣኒ
መቱ ፤ ወይጠብብ ፡ ዘኢያበዝኃ ፡ ግብሮ ። 25 ወ
ምንትኑ ፡ ይጠብብ ፡ ዘያጸንዕ ፡ ዕርፎ ፤ ወይዜኀ
ር ፡ በሐሪሱ ፤ ወይቀሥፍ ፡ ብዕራሁ ፡ ወይትመ
የጥ ፡ በምግባሮሙ ፤ ወኵሉ ፡ ነገሩ ፡ ተያፍን ፡
ውብዕራ ። 26 ወኵሉ ፡ ኀሊናሁ ፡ ዘከመ ፡ የሐር
ስ ፡ ትለሚሁ ፤ ወትጋሁኒ ፡ ዘከመ ፡ ያቀምሕ ፡
ብዕራሁ ፡ (ወይሰርሕ ፡ እስከ ፡ ያገርር ፡ ተያፍኒ
ሁ) ። 27 ከማሁ ፡ ኵሉ ፡ ጸራቢ ፡ ወሊቀ ፡ ጸረ
ብትኒ ፤ ዘሌሊተ ፡ መዓልተ ፡ ይከውኖ ። እለ ፡
ይገልፉ ፡ ወየኀርጪ ፡ ዐይነ ፡ ማኅተም ፤ ኵሉ ፡
ኀሊናሁ ፡ ዘከመ ፡ ያስተማስል ፡ በበገጹ ፤ ወኵ
ሉ ፡ ምክሩ ፡ ዘከመ ፡ ያጠነቅቅ ፡ ኀሪወ ፡ ማኅተ
ም ፤ ወትጋሁኒ ፡ ዘከመ ፡ ይፌጽም ፡ ግብሮ ። 28
ወከማሁ ፡ ነሃቢኒ ፡ ዘይነብር ፡ ኀበ ፡ ምንሃብ ፤ ወ
ይትሜህር ፡ ግብረ ፡ ኀጺን ፤ ጢሰ ፡ ምንሃብ ፡ ያ
ስሕክ ፡ ሥጋሁ ፤ ወነደ ፡ እሳት ፡ ይመስዋ ፡ ለነ
ፍሱ ፤ ወድምፀ ፡ ሰፌልያ ፡ ያጸምም ፡ እዘኒሁ ፤
ወአዕይንቲሁኒ ፡ ይጤይቅ ፡ ኵሎ ፡ አምሳለ ፡ መ
ብዐል ፤ ወይኄሊ ፡ በልቡ ፡ በከመ ፡ ይፌጽም ፡
ግብሮ ፤ ወትጋሁኒ ፡ ዘከመ ፡ ያስተሤኒ ፡ መብዐ
ሎ ፡ ወምንሀበ ። 29 ወከማሁ ፡ ለብሓዊኒ ፡ ዘይ
ነብር ፡ ዲበ ፡ ግብሩ ፤ ወያዐውድ ፡ መንኰራኵ
ሪሁ ፡ በእገሪሁ ፤ ወዘልፈ ፡ ይኄሊ ፡ ዘከመ ፡ ይ
ፌጽም ፡ ግብሮ ፤ ወይኌልቍ ፡ ኵሎ ፡ ዘገብረ ።
30 ይሜስል ፡ ጽቡረ ፡ በእደዊሁ ፤ ወያደክም ፡
ኀይሎ ፡ እንዘ ፡ ይትቀነይ ፡ በእገሪሁ ፤ ወኀሊና ፡
ልቡ ፡ ዘከመ ፡ ይፌጽም ፡ ግብሮ ፤ ወትጋሁኒ ፡
በከመ ፡ [የአዱ ፡] ሞፍጠ ። 31 እሉ ፡ ኵሎሙ ፡
ይሴፈዉ ፡ በተግባረ ፡ እደዊሆሙ ፤ ወኵሎሙ ፡
ይጠብቡ ፡ በግብሮሙ ። 32 ወዘእንበሌሆሙ ፡
ኢይትከሀል ፡ ነቢረ ፡ ሀገር ፤ . . . . ። 33 ወበው
ስተ ፡ እንግልጋ ፡ ኢይመክርዎሙ ፡ ምክረ ፤ ወ
በውስተ ፡ ዐውድ ፡ ኢያነብርዎሙ ፡ ምስለ ፡ መ
ኰንን ፤ ወኢያፈትሕዎሙ ፡ ፍትሐ ፡ ኵነኔ ፤ ወ
ኢያኴንንዎሙ ፡ ወኢያመልክዎሙ ፤ ወውስ
ተ ፡ መስሎ ፡ ነገርሂ ፡ ኢይሄልዉ ፤ 34 እንበለ ፡
ዘይጼንዑ ፡ መፍቅደ ፡ ብሔር ፤ ወጸሎቶሙኒ ፡
ከመ ፡ ይጥብቡ ፡ በውስተ ፡ ኪኖሙ ። XXXIX.
ወባሕቱ ፡ (ኪንሰ ፡) ለዘ ፡ አስተሐመመ ፡ በል
ቡ ፡ (ውእቱ ፤) ወዘይኄሊ ፡ ሕገ ፡ ለልዑል ፤ ጥ
በብ(ሰ) ፡ ተኀሥተ ፡ በኀበ ፡ ኵሎሙ ፡ ቀደምት ፤
ወትሜህር ፡ ተነብዮተ ፡ ለዕደው ፤ 2 እለ ፡ አስ
መዩ ፡ በሃይማኖት ፤ ወታበውእ ፡ ውስተ ፡ አም
ሳለ ፡ ነቢያት ። 3 ወተኀሥሥ ፡ አምሳለ ፡ ዘኅቡ

25 ወበምንትኑ ፡ C corr. ትያፍን ፡ M. 26 ተያፍንቲሁ ፡ E. 27 ምክሩ ፡] ግብሩ ፡ ET, ምክ
ሩ ፡ ወግብሩ ፡ FC. ከመ ፡ ይፈጽም ፡ F, C corr. 28 ያጸሞ ፡ ABM. 30 መፍጠ ፡ M, ምፍጠ ፡ C, ም
ፈጠ ፡ F, መፈጠ ፡ E. [ ] የዐውድ ፡ vel ያዐውድ ፡ codd. 31 በተግባረ ፡] በተግሣጸ ፡ C. 33 መ
ኳንንት ፡ BCEF. 34 ይጠበቡ ፡ EFT. XXXIX. 1 አስተሐመሞ ፡ plur. 3 [ ] ex E; caet. ወት
መይጥ ፡

እ ፤ [ወትትመየጥ ፡] በፍካሬ ፡ አምሳል ። 4 ወ
ትበቍዕ ፡ በማእከለ ፡ መኳንንት ፤ ወታስተርኢ ፡
በማእከለ ፡ መላእክት ፤ ወትበውእ ፡ ብሔረ ፡ አ
ሕዛብ ፡ ነኪር ፤ እስመ ፡ ወጠንቶሙ ፡ ለእጓለ ፡
እመሕያው ፡ በሠናይትኒ ፡ ወበእኪትኒ ። 5 ወ
ሜጠ ፡ ልበ ፡ ከመ ፡ ይጊሥ ፡ ኀበ ፡ እግዚአብሔ
ር ፡ ፈጣሪሁ ፤ ወ(ከመ ፡) ይጼሊ ፡ ቅድመ ፡ ል
ዑል ፤ ወይከሥት ፡ [አፉሁ ፡] ወይስእል ፤ ወይ
ትጋነይ ፡ እንበይነ ፡ ኀጢአቱ ። 6 ወእመሰ ፡ ፈ
ቀደ ፡ እግዚአብሔር ፡ ዘዐቢይ ፡ ውእቱ ፤ ወመ
ልአ ፡ ሎቱ ፡ መንፈሰ ፡ ጥበብ ፡ ላዕሌሁ ፤ ወው
እቱ ፡ ያነቅዕ ፡ ቃለ ፡ ጥበቢሁ ፡ [ለሊሁ] ፤ ወበጸ
ሎቱ ፡ ይገኒ ፡ ለእግዚአብሔር ። 7 ወውእቱ ፡
ያረትዕ ፡ ሎቱ ፡ ምክረ ፡ ወጥበበ ፤ ወያኄልዮ ፡
ዘኅቡእ ፡ ያእምር ። 8 ወውእቱ ፡ ያርኢ ፡ ጥበ
በ ፡ ትምህርቱ ፤ ወይትሜካሕ ፡ በሕገ ፡ ኪዳኑ ፡
ለእግዚአብሔር ። 9 ወብዙኃን ፡ ይዌድስዎ ፡ እ
ንበይነ ፡ ጥበቢሁ ፤ ወኢይደመሰስ ፡ ለዓለም ፤ ወ
ኢይጠፍእ ፡ ዝክሩ ፤ ወይቀውም ፡ ስሙ ፡ ለት
ውልደ ፡ ትውልድ ። 10 ወይትናገሩ ፡ አሕዛብ ፡
በጥበቢሁ ፤ ወይዌድስዎ ፡ በማእከለ ፡ ማኅበር ።
11 ወይኄይስ ፡ ቀዊመ ፡ ስሙ ፡ እምነ ፡ ፲፻ ፤ ወ
እምድኅረ ፡ ሞተኒ ፡ ጽኑዕ ፡ ግብሩ ። 12 ወዓዲ ፡
እኄሊ ፡ ወእነግር ፤ . . . . ። 13 ስምዑኒ ፡ ውሉ
ደ ፡ ጻድቃን ፡ ወሥረጹ ፤ ወከመ ፡ ይጸጊ ፡ ጽጌ ፡
በውስተ ፡ ጠለ ፡ ገዳም ፡ ጽገዩ ። 14 ወከመ ፡ መ
ዐዛ ፡ ሊባኖስ ፡ ከማሁ ፡ ይጥዐም ፡ መዐዛክሙ ፤
ወአብቍሉ ፡ ፍሬክሙ ፡ ከመ ፡ ጽጌ ፡ ረዳ ፤ ወ
አጥዕሙ ፡ መዐዛክሙ ፡ ወሰብሑ ፡ ማሕሌቶ ፤
ወባርክዎ ፡ ለእግዚአብሔር ፡ በኵሉ ፡ ምግባሩ ።
15 ወአዕብይዎ ፡ ለስሙ ፤ ወግነዩ ፡ ሎቱ ፡ ለስብ
ሐቲሁ ፤ በ፲፻ማሕሌት ፡ ወበመሰንቆ ፤ ወከመ
ዝ ፡ በሉ ፡ ሶበ ፡ ትሴብሕዎ ፤ 16 ዐቢይ ፡ ግብሩ ፡
ለእግዚአብሔር ፡ ወፈድፋደ ፡ ሠናይ ፤ ወኵሉ ፡
ሥርዐቱ ፡ ዘበዕድሜሁ ። 17 ወአልቦ ፡ ከመ ፡ ይ
በሉ ፡ ለምንትኑ ፡ ዝንቱ ፡ ወለምንትኑ ፡ ዝክቱ ፤
ወኵሉ ፡ በጊዜሁ ፡ ይትፈቀድ ፤ አቀሞ ፡ ለማይ ፡
ከመ ፡ አረፍት ፡ በቃሉ ፤ . . . . ። 18 . . . . ፤ ወ
አልቦ ፡ ዘያሐጽጽ ፡ መድኀኒቶ ። 19 ወቅድሜ
ሁ ፡ ውእቱ ፡ ግብረ ፡ ኵሉ ፡ ዘነፍስ ፤ ወአልቦ ፡
ዘይክል ፡ ተኀብኦ ፡ እምቅድመ ፡ አዕይንቲሁ ።
20 እምቅድመ ፡ ይትፈጠር ፡ ዓለም ፡ ወእስከ ፡
ለዓለም ፡ ኵሎ ፡ አእመረ ፤ ወአልቦ ፡ ምንትኒ ፡
ነኪር ፡ በቅድሜሁ ። 21 ወአልቦ ፡ ዘይክል ፡ ይ
በል ፡ ለምንትኑ ፡ ዝንቱ ፡ ወለምንትኑ ፡ ዝክቱ ፤
እስመ ፡ ኵሉ ፡ መፍቅዶሙ ፡ ተፈጥረ ። 22 ወ
በረከቱኒ ፡ ከመ ፡ ማየ ፡ ተከዜ ፡ መልአት ፤ ወከ
መ ፡ ማየ ፡ አይኅ ፡ [አርወየታ ፡] ለምድር ። 23
ወከማሁ ፡ መዐቱኒ ፡ ከፈለቶሙ ፡ ለአሕዛብ ።
24 ርቱዕ ፡ ፍናዊሁ ፡ ለጻድቅ ፤ ወለኃጥእሰ ፡ ዕ

4 አሕዛበ ፡ CM. ወጠነቶሙ ፡ ABT, ውጥነቶሙ ፡ EC, F corr.; depravatum videtur e ፈተኖሙ ፡ 5 ( ) omn.; seq. Subjunctivo in omn., exc. MT. [ ] ልበ ፡ omn. 6 [ ] ላዕሌሁ ፡ codd. (ዲቤሁ ፡ CE). 7 ወይኄልዮ ፡ BMT. 13 ወሥርጹ ፡ F, C corr. 14 + ጽጌክሙ ፡ ወ ante ፍሬ' ፡ EFC. 17 ይብሉ ፡ M, ይብሎ ፡ E. ‸ ዝንቱ ፡ ወለምንትኑ ፡ M. 21 ዘይክል ፡ ይበል ፡] ዘይብል ፡ BEF, C corr.; ዘይክል ፡ MA. ‸ ዝንቱ ፡ ET. ለመፍቅዶሙ ፡ F corr. 22 ተከዚ ፡ AT. [ ] ex F; አርኀወታ ፡ caet. 24 ለጻድቃን ፡ T.

ቅፍት ፡ ውእቱ ፤ ዘሜጠ ፡ ለማይ ፡ ወረሰዮ ፡ ጼ
ወ ። 25 ሠናይት ፡ ለሠናያን ፡ ተፈጥረት ፡ እም
ትካት ፤ ወከማሁ ፡ እኪትኒ ፡ ለኃጥኣን ። 26 ቀ
ዳሜ ፡ ኵሉ ፡ መፍቅዱ ፡ ለሰብእ ፤ ማይ ፡ ወእሳ
ት ፡ ወኀጺን ፡ ወጼው ፡ ወእክል ፤ ሥርናይ ፡ ወ
መዓር ፡ ወሐሊብ ፤ ደመ ፡ አስካል ፡ ወቅብእ ፡ ወ
ልብስ ። 27 ዝንቱ ፡ ኵሉ ፡ በረከቶሙ ፡ ለጻድ
ቃን ፤ ወከማሁ ፡ ለኃጥኣን ፡ ይትመየጦሙ ፡ በ
እኩይ ። 28 ወቦ ፡ መንፈስ ፡ ለተበቅሎ ፡ ተፈጥ
ረት ፤ ወበመንሱቶሙ ፡ ያዐብይዋ ፡ ለመቅሠፍ
ቶሙ ፤ ወበዕድሜሆሙ ፡ ይዘረው ፡ ኀይሎሙ ፤
ወመቅሠፍተ ፡ ፈጣሪሆሙ ፡ ይቀርበሙ ። 29 እ
ሳት ፡ ወበረድ ፡ ወረኃብ ፡ ወብድብድ ፤ ኵሉ ፡
ዝንቱ ፡ ለተበቅሎ ፡ ተፈጥረ ፤ 30 ስነነ ፡ አራዊ
ት ፡ ምድር ፡ ወዐቃርብት ፡ ወአፍዖት ፤ ወኵና
ት ፡ ከመ ፡ ትሠርዎሙ ፡ ለኃጥኣን ። 31 ወውእ
ቱሰ ፡ [ያስተፌሥሖ ፡] በሣህሉ ፤ ወያስተዴሉ ፡
ለዓለም ፡ መፍቅደ ፤ ወኵሉ ፡ እምከመ ፡ በጽሐ ፡
ዕድሜሁ ፡ ወከነ ፡ ጊዜሁ ፡ የኀልቅ ፡ ሶቤ[ሃ] ።
32 እንበይነ ፡ ዝንቱ ፡ እምፍጥረቱ ፡ ተሠርዐ ፡
ኵሉ ፤ ወኀለይክዎ ፡ ለዝንቱ ፡ ወለካእክዎ ፡ ው
ስተ ፡ መጽሐፍ ። 33 እስመ ፡ ኵሉ ፡ ግብሩ ፡ ለ
እግዚአብሔር ፡ ሠናይ ፤ ወይሁብ ፡ ለሰብእ ፡ ኵ
ሎ ፡ መፍቅዶ ፡ በበጊዜሁ ። 34 ወአልቦ ፡ ዘይ
ብሎ ፡ ዘንተሰ ፡ እኩየ ፡ ፈጠርከ ፡ ወዝክተሰ ፡
አሠነይከ ፤ እስመ ፡ ለኵሉ ፡ ዕለቱ ፡ [ይንእዶ] ።
35 ወይእዜኒ ፡ በኵሉ ፡ ልብክሙ ፡ ወበአፉክሙ ፡
ሰብሕዎ ፡ ለእግዚአብሔር ፤ ወባርኩ ፡ ለስሙ ፡
በኵሉ ፡ ጊዜ ። XL. ዐቢይ ፡ ትሕዝብት ፡ ፍ
ጥረቱ ፡ ለእጓለ ፡ እመሕያው ፤ ወክቡድ ፡ ጾር ፡
ላዕለ ፡ ውሉደ ፡ አዳም ፤ እምከመ ፡ ይወፅኡ ፡ እ
ምከርሠ ፡ እሞሙ ፤ እስከ ፡ አመ ፡ ይትቀበሩ ፡
ውስተ ፡ እመ ፡ ኵሉ ። 2 ድንጋጼ ፡ ይእቲ ፡ ወ
ፍርሀተ ፡ ልብ ፤ ትሕዝብታ ፡ ለዕለተ ፡ ሞት ፡ ላ
ዕለ ፡ ኵሉ ፡ እጓለ ፡ እመሕያው ፤ 3 እምነ ፡ ዘይ
ነብር ፡ ላዕለ ፡ መንበረ ፡ መንግሥት ፤ እስከ ፡ ነ
ዳይ ፡ ዘይሰክብ ፡ ውስተ ፡ መሬት ፡ ወሐመድ ።
4 . . . . . . ። 5 መዐት ፡ ወቅንአት ፡ ወጋእዝ ፡
ወሁከት ፡ ወፍርሀተ ፡ ሞት ፡ ወቀሐው ፡ ወሐኔ
ት ፤ ጊዜ ፡ ይሰክብ ፡ ውስተ ፡ ምስካቢሁ ፡ ይዌ
ልጥ ፡ ኀሊናሁ ፡ ንዋመ ፡ ሌሊት ። 6 ኀዳጥኒ ፡
ወኢከመ ፡ ምንት ፡ ውእቱ ፡ ለዕረፍት ፤ ወ፡፡ን
ዋሙ ፡ ይትዐወቆ ፡ ወይረክቦ ፡ ከመ ፡ እንግልጋ ፡
ለምዕር ፤ ወያወላውላ ፡ ለምክረ ፡ ልቡ ፡ ከመ ፡
ዘይነትዕ ፡ በውስተ ፡ ቀትል ። 7 ወዘሰ ፡ ይገይ
ስ ፡ ያመሥጥ ፡ በዕለቱ ፤ ለሊሁ ፡ [ያነክራ] ፡ ለ
ፍርሀቱ ። 8 ወዝ ፡ ምስለ ፡ ኵሉ ፡ ነፍሰ ፡ እጓ
ለ ፡ እመሕያው ፡ እስከ ፡ እንስሳ ፤ ዘላዕለ ፡ ኃጥ
ኣን ፡ ይብእስ ፡ ምስብዒተ ፡ ዝንቱ ፡ ኵሉ ፤ 9 ቀ
ትል ፡ ወትዝኀርት ፡ ወብድብድ ፡ ወኵናት ፤ ረ
ኃብ ፡ ወቍስለ ፡ ልብ ፡ ወመቅሠፍት ። 10 ዝን
ቱ ፡ ኵሉ ፡ ተፈጥረ ፡ ላዕለ ፡ ኃጥኣን ፤ ወእንበ

---

26 ቅድመ ፡ T. 28 al. ይዘረዉ ፡ 31 [ ] ex EF, C corr.; ይትፌሣሕ ፡ caet. ሶቤሁ ፡ T, ዕድሜሁ ፡ caet.; ∧ C; እምቅድሜሁ ፡ E. 33 መፍቅዶ ፡ M. 34 ዘተሰ ፡ A. ኵሉ ፡ sine ለ BF. [ ] ይነድእ ፡ codd. XL. 1 ውስተ ፡] + ከርሠ ፡ omn., exc. T. 2 ∧ ይእቲ ፡ F corr. 5 ወተቃሕዎ ፡ BF, C corr. ወሐኔት ፡ MET, C pr. m.; ወሐሜት ፡ ABF. 6 ወያወለውላ ፡ AB, ዘያስተወላውላ ፡ EFC. 7 ይገይስ ፡] ጕየ ፡ F, C corr. [ ] ex E; ይነግራ ፡ caet. 8 ይብእሶ ፡ BM.

ይነ ፡ ዚአሆሙ ፡ መጽአ ፡ ማየ ፡ አይኅ ። 11 ኵ
ሉ ፡ እምነ ፡ ምድር ፡ ወኵሉ ፡ ውስተ ፡ ምድር ፤
ወአፍላግኒ ፡ ኵሉ ፡ ውስተ ፡ ባሕር ፡ ይገብእ ፡
ማዩ ። 12 ወኵሉ ፡ [ሕልያን ፡] ወዐመፃ ፡ ትደመ
ሰስ ፤ ወሃይማኖትሰ ፡ ለዓለም ፡ ትቀውም ። 13 ን
ዋየ ፡ ዐመፃ ፡ ከመ ፡ ውሒዝ ፡ ይየብስ ፤ ወይደ
ምፅ ፡ ከመ ፡ ዐቢይ ፡ ፀዓዕ ፡ ሶበ ፡ ይዘንም ። 14
ወውእቱሰ ፡ እምከመ ፡ ሰፍሐ ፡ እዴሁ ፡ ያስተ
ፌሥሕ ፤ ወእለሰ ፡ የዐልውዎ ፡ የኀልቁ ፡ ወይ
ጠፍኡ ። 15 ውሉደ ፡ ኃጥአን ፡ ኢይትባዝኁ ፡
አዕጹቂሆሙ ፤ ወሥርዎሙ ፡ ለርኩሳን ፡ ከመ ፡
ዘውስተ ፡ ኰኵሕ ፡ ልሙጽ ። 16 ወይደምፅ ፡
በላዕለ ፡ ኵሉ ፡ ማይ ፡ ወበጽንፈ ፡ ውሒዝ ፡ ወ
ይቀውም ፡ ተምሒዎ ፡ እምነ ፡ ኵሉ ፡ ሣዕር ።
17 ወጸጋሁሰ ፡ ከመ ፡ ገነተ ፡ እግዚአብሔር ፡ በ
በረከት ፤ ወምጽዋትኒ ፡ ለዓለም ፡ ይቀውም ።
18 ሕይወቱ ፡ ለዘይደልው ፡ ዘገብረ ፡ ይጥዕሞ ፤
ወእምነ ፡ ክልኤሆሙ ፡ ረኪበ ፡ መድፍን ። 19
ውሉድኒ ፡ ወሕንጻ ፡ ሀገር ፡ ያዐብዩ ፡ ስመ ፤ ወ
እምነ ፡ ክልኤሆሙ ፡ ብእሲት ፡ እንተ ፡ ሠናይ ፡
ልብ ። 20 ወይን ፡ ወማሕሌት ፡ ያስተፌሥሕ ፡
ልበ ፤ ወእምነ ፡ ክልኤሆሙ ፡ አፍቅሮታ ፡ ለጥ
በብ ። 21 መሰንቆ ፡ ወመዝሙር ፡ ይሔውዝ ፡
ለነፍስ ፤ ወእምነ ፡ ክልኤሆሙ ፡ ልሳን ፡ ጥዑም ።
22 ሥን ፡ ወላሕይ ፡ ይኤድማ ፡ ለዐይን ፤ ወእም
ነ ፡ ክልኤሆሙ ፡ ሐመልማለ ፡ ዘርእ ። 23 ዐር
ክ ፡ ወማኅፈር ፡ ይበቍዑ ፡ በመዋዕሊሆሙ ፤ ወ
እምነ ፡ ክልኤሆሙ ፡ ብእሲት ፡ ኄርት ፡ ለምታ ።
24 አኀውኒ ፡ ወረድኤትኒ ፡ ለዕለተ ፡ ምንዳቤ ፤
ወእምነ ፡ ክልኤሆሙ ፡ ምጽዋት ፡ ትኄይስ ፡ አ
ድኅኖ ። 25 ወርቅ ፡ ወብሩር ፡ ያጸንዑ ፡ ሀገረ ፤
ወእምነ ፡ ክልኤሆሙ ፡ ምክር ፡ ሠናይት ። 26 ብ
ዕል ፡ ወንዋይ ፡ ያስተፌሥሑ ፡ ልበ ፤ ወእምነ ፡
ክልኤሆሙ ፡ ፈሪሀ ፡ እግዚአብሔር ። ፈሪሀ ፡
እግዚአብሔር ፡ አልቦቱ ፡ ዘታኅጥእ ፤ ወኢትፈ
ቅድ ፡ ላቲ ፡ ረድኤተ ። 27 ፈሪሀ ፡ እግዚአብሔ
ር ፡ ከመ ፡ ገነተ ፡ እግዚአብሔር ፡ በረከታ ፤ ወ
ኵሉ ፡ ክብር ፡ ወትፍሥሕት ፡ ውስቴታ ። 28 ወ
ልድየ ፡ በሕይወትከ ፡ ኢታፍቅራ ፡ ለስኢል ፤
ይኄይስ ፡ መዊት ፡ እምነ ፡ ስኢል ። 29 ብእሲ ፡
ዘማእደ ፡ ባዕድ ፡ ይጸንሕ ፡ ወይሴፈው ፤ ንብረ
ቱ ፡ ከመ ፡ ዘኢኮነ ፡ ሕያወ ፡ ዘይፈቱ ፡ እክለ ፡ በ
ዕድ ፤ ወብእሲሰ ፡ ጠቢብ ፡ ዘተገሠጸ ፡ ይትዐቀ
ብ ። 30 ጥዑም ፡ ስኢል ፡ ውስተ ፡ አፈ ፡ ዘኢ
የኀፍር ፤ ወውስተ ፡ ከርሡሰ ፡ እሳት ፡ ትነድድ ።
XLI. አሞት ፡ እፎ ፡ ዝክርከ ፡ >መሪር ፡< ሶ
በ ፡ ትመጽእ ፡ ላዕለ ፡ ብእሲ ፡ እንዘ ፡ ጻኅነ ፡ ይ
ነብር ፤ ወይደልው ፡ በኵሉ ፡ ወቦ ፡ ኀይለ ፡ ወፍ
ቱሕ ፡ ነፍሱ ፡ ለበሊዕ ። 2 አሞት ፡ ሠናይ ፡ ኵ
ነኔከ ፤ ሶበ ፡ ትመጽእ ፡ ላዕለ ፡ ብእሲ ፡ ነዳይ ፡ ዘ
አልቦ ፡ ኀይለ ፤ ላዕለ ፡ ዘልህቀ ፡ ወረሥአ ፡ ወአ
ልቦ ፡ ወኢምንተኒ ፡ ዘይክል ፡ ወአልቦ ፡ ዘ[የአ
ምን] ። 3 ኢትፍራህ ፡ ኵነኔሁ ፡ ለሞት ፤ ተዘከ
ሮሙ ፡ ለእለ ፡ እምቅድሜከ ፡ ወለእለ ፡ እምድ

---

11 ይትጋባእ ፡ E, C corr.; ይቀብል ፡ F pr. m. 12 [ ] ሕያዋን ፡ codd. 17 ወጸጋሁ ፡] + ለጻድቅ ፡ M. 24 ለአድኅኖ ፡ F, C corr. 29 እክለ ፡ ባዕድ ፡] + ኢይድኅን ፡ እምኀጢአት ፡ EF, C corr. XLI. 1 > < ex F, C corr. ጻኅን ፡ ABT. 2 [ ] ያአምር ፡ codd. 3 ኢትፍርሆ ፡ ABMT, seq. ለ F.

ኀሬከ። 4 እስመ፡ኵነኔ፡እግዚአብሔር፡ው
እቱ፡ላዕለ፡ኵሉ፡ዘነፍስ፤ ወለምንት፡እንከ፡
ትግእዝ፡ፈቃዶ፡ለእግዚአብሔር፤ እመኒ፡ዐ
ሠርተ፡ምእተ፡ዓመተ፡ሐዮከ፡አልብከ፡ም
ስለ፡ሞት፡ዘለፉ፡ሕይወትከ። 5 ውሉደ፡ሕ
ርቱማ[ነ]፡ይከውኑ፡ውሉደ፡ኃጥአን፤ ወይት
ገፈታእ፡አብያቲሆሙ፡ለረሲዓን። 6 ውሉደ፡
ኃጥአን፡የሀጕሉ፡ርስቶሙ፤ ወልህቀ፡ምስለ፡
ፍሬሆሙ፡ኀሳሮሙ። 7 ለአብ፡ኃጥእ፡ያሐ
ረትሙ፡ውሉዱ፤ እስመ፡በእንቲአሁ፡የኀስ
ሩ። 8 አሌ፡ለክሙ፡ለዕደው፡ኃጥአን፤ እለ፡
ኀደግሙ፡ሕገ፡ለልዑል። 9 ወእመኒ፡ተዋለ
ድክሙ፡ለመርገም፡ትወልዱ፤....። 10 ኵ
ሉ፡እምነ፡ምድር፡ተፈጥረ፡ወውስተ፡ምድ
ር፡ምግባኢሁ፤ ከማሁ፡ኃጥአንሂ፡እመርገም፡
ውስተ፡ሞት። 11 [ላሑ]፡ለሰብእ፡በሥጋሁ፤
ወስሞሙኒ፡ለኃጥአን፡ይደመሰስ። 12 ኀሊ፡
ስመ፡ትግበር፡ለከ፤ ውእቱ፡ይተርፈከ፡እም
ነ፡እልፍ፡መዛግብተ፡ወርቅ፡ዐበይት። 13 ሠ
ናይ፡ሐይው፡በኍልቄ፡መዋዕሊከ፡በትፍሥ
ሕት፤ ይኄይስ፡ስም፡ሠናይ፡እስመ፡ውእቱ፡
ለዓለም፡ይቀውም፡ለከ። 14 ጥበብሰ፡በሰላ
ም፡ትትመሐፀን፡ውሉዳ፤ ጥበብሰ፡ክቡት፡
ወመዝገብ፡ዘኢያስተርኢ፡ምንት፡ረባሐሙ፡
ለክልኤሆሙ። 15 ይኄይስ፡ብእሲ፡ዘየኀብእ፡
እበዲሁ፤ እምነ፡ብእሲ፡ዘይከብት፡ጥበቢሁ።
16 ኀፈሩ፡እንከ፡ቃልየ፡(ወጥበብየ)፤ ኵሉ፡
ዘየኀፍር፡ሠናየ፡ይትዐቀብ፤ ወአኮ፡ኵሉ፡ዘ
እሙን፡በኵሉ፡ይትሜከር። 17 ኀፍረት፡ለ
አብ፡ወለእም፡እንበይነ፡ውሉድ፡በዝሙት፤
ኀፍረት፡ለመልአክ፡ወለዐበይት፡ሐሰት፤ 18
ኀፍረት፡ለመኰንን፡ወለመስፍን፡ወልጠ፡ቃ
ል፤ ኀፍረት፡ለሕዝብ፡ወለማኅበር፡ስሒት፤
ኀፍረት፡ተዓምፆ፡ምስለ፡ዐርክከ፡ወምስለ፡
መፅመርከ፤ 19 ኀፍረት፡ለኀዳሪ፡ሰሪቀ፡ማኅ
ደር፤....፤ ኀፍረት፡ተቃርቦ፡ለበሊዐ፡እክ
ለ፡ባዕድ፤ ኀፍረት፡ሰሪቅ፡እምንዋየ፡ማሕፀ
ንትከ፡ወእምተግባረ፡ቢጽከ፤ 20 ኀፍረት፡ተ
ጸምሞቱ፡ለዘ፡ይበጽሐከ፤ ኀፍረት፡አስተአ
ድሞ፡ብእሲተ፡ባዕድ፤ 21 ኀፍረት፡ተዐው
ሮቱ፡ለቢጽከ፡በምንዳቤሁ፤ ኀፍረት፡ተሰቀ
ቆ፡ንዋየ፡ባዕድ፤ ኀፍረት፡ተናግሮ፡ብእሲ
ተ፡ባዕድ፡ወኢትትኃሐለው፡ላቲ፤ 22 ወኢ
ትኒጣ፡ለወለታ፡ወኢትቅረብ፡ኀበ፡ምስካ
ባ፤ ኀፍረት፡ዘርክዮቱ፡ለዐርክከ፡እምድኅረ፡
ጸገወከ፤ ኀፍረት፡አውፅኦ፡ነገር፡ዘሰማዕከ፤
ኀፍረት፡ከሢተ፡ምክረ፡ዐርክከ። 23 ወዘን
ተ፡ለእመ፡ተዐቀብከ፡አማን፡ኀፋረ፡ትከው
ን፤ ወትረክብ፡በኀበ፡ኵሉ፡ሰብእ፡ሞገሰ።
XLII. እንበይነ፡ዝንቱሰ፡ባሕቱ፡ኢትኀፈር፤

4 ወእመኒ፡፲ዓመተ፡ወእመኒ፡፻ዓመተ፡ወእመኒ፡፲፻ዓመተ፡ E. 5 [ነ፡] ን፡ codd. 10 ሞት፡] ሲኦል፡ M. 11 [ ] ልቡ፡ codd. 12 ስመ፡] + ሠናየ፡ EF. ትግበር፡] ትገብር፡ codd., ዘትገብር፡ T. 14 ʿፀኖሙ፡ለውሉዳ፡ EF; ʿሐፀና፡ለውሉዳ፡ AMT. (ለውሉድ፡ T). 17 ወዝሙት፡ AE. 18 መፀምርከ፡ A, መፅምርከ፡ T, መፃምርቲከ፡ E, C corr. 20 ይበጽሐከ፡] ይጼውዐከ፡ EF, C corr. 21 ወኢትጕልሓ፡ A. 22 ጸጎከሁ፡ F, C corr. 23 ዐቀብከ፡ omn., exc. MT. ኀፋሬ፡ EF, ኀፍረት፡ ABT.

ወኢታድሉ ፡ ለገጸ ፡ ሰብእ ፡ ከመ ፡ ጌጋየ ፡ ኢ
ይኩንከ ፤ 2 በእንተ ፡ ሕጉ ፡ ለልዑል ፡ ወበእን
ተ ፡ ሕርመትከ ፤ ወበእንተ ፡ ፍትሕኒ ፡ ከመ ፡ ኢ
ታንጽሖ ፡ ለጊጉይ ፤ 3 ወሰበኒ ፡ ትትሓሰብ ፡ ም
ስለ ፡ ሱታፌከ ፡ በእንተ ፡ ተግባርከ ፤ በእንተኒ ፡
ሜጥ ፡ ወበእንተኒ ፡ ርስትከ ፤ 4 በእንተ ፡ መዳ
ልውኒ ፡ ወበእንተ ፡ መስፈርት ፤ ወእንበይነ ፡ ጥ
ሪትከኒ ፡ እመኒ ፡ ውኁድ ፡ ወእመኒ ፡ ብዙኅ ፤
5 በእንተ ፡ ኵሉ ፡ ዘይረብሐከ ፡ ወዘይበቍዐከ ፤
ወበእንተ ፡ ምህሮቶሙ ፡ ለውሉድከ ፤ ለገብር ፡
እኩይ ፡ ሥትሮ ፡ ገበዋቲሁ ። 6 ሠናይ ፡ ኀቲ
ም ፡ ላዕለ ፡ ብእሲት ፡ እኪት ፤ ወኀበ ፡ ብዙኅ ፡
በዋኢቱ ፡ በመዝግሕ ፡ አንብር ። 7 ኵሎ ፡ ዘገ
በርከ ፡ በኍልቍ ፡ ወበመስፈርት ፡ ወበመዳል
ው ፡ ግበር ፤ ወኵሉ ፡ ዘአባእከ ፡ ወአውፃእከ ፡
ወዘወሀብከ ፡ ወነሣእከ ፡ በመጽሐፍ ፡ ይኩንከ ።
8 ወበእንተ ፡ ገሥጾቱ ፡ ለአብድ ፡ ወለዘ ፡ አል
ቦ ፡ ልበ ፤ ወለአረጋዊኒ ፡ ዘበርሥአቱ ፡ ይትሉ ፡
ዝሙተ ፤ ወትከውን ፡ በአማን ፡ ጠቢበ ፡ ወማ
እምረ ፡ በኀበ ፡ ኵሉ ፡ ሰብእ ። 9 ወለትሰ ፡ ትጋ
ሀ ፡ ኀቡእ ፡ ይእቲ ፡ ለአቡሃ ፤ ወኀልዮታ ፡ ያሰ
ርሮ ፡ ለንዋሙ ፤ እምንእሳ ፡ እስከ ፡ አመ ፡ ትል
ህቅ ፡ እንበለ ፡ ትፍትው ፡ 10 . . . . . ወእምድ
ኅረኒ ፡ አውሰበት ፡ ከመ ፡ ኢትምክን ። 11 ለወ
ለት ፡ እንተ ፡ ኢተኀፍር ፡ አጽንዕ ፡ ዐቂቦታ ፤ ከ
መ ፡ ኢትረሲከ ፡ ሰላተ ፡ ጸላኢከ ፡ ወ[ነገረ] ፡ ለ
ማኅፈርከ ፡ ወለማኅበረ ፡ ሕዝብከ ፤ ከመ ፡ ኢታ
ስተኀፍርከ ፡ በማእከለ ፡ ብዙኃን ። 12 ኢታድ
ሉ ፡ ለኵሉ ፡ ሰብእ ፡ እንበይነ ፡ ላሕዩ ፤ ወኢት
በእ ፡ ማእከለ ፡ አንስት ። 13 እምነ ፡ ልብስ ፡ ይ
ወፅእ ፡ ቍንቍኔ ፤ ወእምነ ፡ አንስት ፡ ኵሉ ፡ እ
ኪት ። 14 ይኄይስ ፡ እከይሁ ፡ ለብእሲ ፡ እምነ ፡
ኂሩታ ፡ ለብእሲት ፤ ብእሲትኒ ፡ እንተ ፡ ታስተ
ቃንእ ፡ ኀፍረት ፡ ይእቲ ። 15 ወእዜከር ፡ ግብ
ሮ ፡ ለእግዚአብሔር ፡ ወእነግር ፡ ዘርኢኩ ፤ እ
ስመ ፡ በቃሉ ፡ ለእግዚአብሔር ፡ ኵሉ ፡ ግብሩ ።
16 ፀሓይኒ ፡ ያበርህ ፡ ወያርኢ ፡ ላዕለ ፡ ኵሉ ፤
ወስብሐቲሁ ፡ ለእግዚአብሔር ፡ >ምሉእ ፡< ላ
ዕለ ፡ ኵሉ ፡ ግብሩ ። 17 ወኢገብረኑ ፡ እግዚአ
ብሔር ፡ ለቅዱሳኑ ፡ ከመ ፡ ይንግሩ ፡ ኵሎ ፡ ስ
ብሐቲሁ ፤ ዘአጽንዖ ፡ እግዚአብሔር ፡ ዘኵሎ ፡
ይመልክ ፤ ወኵሉ ፡ ጽኑዕ ፡ በስብሐቲሁ ። 18 ለ
ቀላይኒ ፡ ወለልብኒ ፡ ይረክበሙ ፡ አሠሮሙ ፤ ወ
ያአምሮሙ ፡ ምክሮሙ ፤ ወያአምር ፡ እግዚአብ
ሔር ፡ ኵሎ ፡ ኅሊና ፡ ልብ ፤ ወርእየ ፡ ትእምር
ቶ ፡ ለዓለም ። 19 ወዘኒ ፡ ኀለፈ ፡ ወዘኒ ፡ ይመ
ጽእ ፡ ውእቱ ፡ ይዜኑ ፤ ወይከሥት ፡ አሠረ ፡ ዘ
ኅቡእ ። 20 ወአልቦ ፡ ዘያመሥ[ጦ] ፡ እምነ ፡ ኵ
ሉ ፡ ምክር ፤ ወአልቦ ፡ ዘይሴወሮ ፡ እምነ ፡ ኵሉ ፡
ወኢአሐ[ቲ]ኒ ፡ >ቃል ፡< ። 21 ወአሰርገ[ወ] ፡
ዕበ[ያ] ፡ ለጥበቢሁ ፤ እንተ ፡ ይእቲ ፡ ዘእንበለ ፡
ይትፈጠር ፡ ዓለም ፡ ወለዓለምኒ ፡ ትሄሉ ፤ ኢሂ ፡
ትትዌሰክ ፡ ወኢሂ ፡ ተሐጽጽ ፤ ወኢፈቀደ ፡ ወ
ኢአሐደ ፡ መምክረ ። 22 ወኵሉ ፡ ግብሩ ፡ ሠ

XLII. 6 በዊኦት ፡ C corr. 10 ተወሰበት ፡ AF, C corr. 11 ሰላቀ ፡ BFT, C corr. [ ] ንግር ፡ codd.; ወኀፍረት ፡ T. 12 ወኢታብአ ፡ AM, ወኢታብእ ፡ CE, ወኢታግብአ ፡ F. 16 > < ex EF. 17 ወኢገብረነ ፡ T: an primitus ወኢገብረኒ ፡? 18 ወርእዩ ፡ AM. 20 [ ] ጥ codd. [ቲ] ፡ e F; ተ codd. > < ∧ in omn. 21 [ወ] ex EF: caet. ዋ ፡ [ያ] ex EF; caet. በይሁ ፡

ናይ ፡ ወመፍትው ፤ ወከመ ፡ ብርሃን ፡ ውእቱ ፡
ለርእይ ። 23 ወኵሉ ፡ ዝንቱ ፡ ሕያው ፡ ወይሄ
ሉ ፡ ለዓለም ፤ ወይሰምዕ ፡ በኵሉ ፡ ዘፈቀዱ ።
24 ወኵሉ ፡ ምክዕቢተ ፡ ፩፩ቅድመ ፡ ካልኡ ፤ ወ
አልቦ ፡ ዘገብረ ፡ ወኢምንተኒ ፡ ዘሕጹጽ ። 25 ፩
ምስለ ፡ ካልኡ ፡ አስተጻንዖሙ ፡ ለሠናይ ፤ ወመ
ኑ ፡ ዘይጸግብ ፡ እምርእየ ፡ ሠናይቱ ። XLIII.
ላዕለ ፡ ጽንዓ ፡ ለሰማይ ፡ በንጽሕ ፤ ወርእየተ ፡
ሰማይኒ ፡ በስብሐቲሁ ። 2 ወያሠርቅ ፡ ፀሐየ ፡
ከመ ፡ ያርኢ ፡ ብርሃኖ ፤ ወነኪር ፡ ሥርዐቱ ፡ ለ
ግብረ ፡ ሰማይ ። 3 ወበቀትሩሂ ፡ ያየብስ ፡ ብሔ
ረ ፤ ወመኑ ፡ ይትቃወማ ፡ ለላህቡ ። 4 ከመ ፡ እ
ቶን ፡ ዘይነድድ ፡ ይሬሲ ፡ ላህ[ቦ] ፤ ወመሥል
ስ[ተ] ፡ ፀሐይ ፡ ያውዕዮሙ ፡ ለአድባር ፤ ወላህ
በ ፡ እሳት ፡ ይነፍኅ ፡ እምኔሁ ፤ ወነጽሮ ፡ ብርሃ
ኑ ፡ ያከፍእ ፡ ዐይነ ። 5 ዐቢይ ፡ ውእቱ ፡ እግዚ
አብሔር ፡ ዘገብሮ ፤ ወበቃሉ ፡ ይፈጥን ፡ ሑረ
ቱ ። 6 ወወርኅኒ ፡ ዕድሜሁ ፡ ውእቱ ፡ ለኵሉ ፤
ወትእምርት ፡ ለብሔር ፡ ወባቲ ፡ ይትፈለጥ ፡ መ
ዋዕል ። 7 እምነ ፡ ወርኅ ፡ ይትዐወቅ ፡ ትእምር
ተ ፡ በዓላት ፤ ብርሃን ፡ ዘየኀልቅ ፡ እንዘ ፡ የሐጽ
ጽ ። 8 ወወርኅሰ ፡ በከመ ፡ ስማ ፡ ይእቲ ፤ ወነ
ኪር ፡ ከመ ፡ ተዐቢ ፡ ወዕጹብ ፡ ከመ ፡ ታስተባ
ሪ ፤ በውስተ ፡ ሥርዐተ ፡ ትዕይንተ ፡ ሰማይ ፤ ወ
ያበርህ ፡ በውስተ ፡ ኀይለ ፡ ሰማይ ። 9 ስርጋዌ
ሃ ፡ ለሰማይ ፡ ክብሮሙ ፡ ለከዋክብት ፤ ወያበር
ሁ ፡ ለብሔር ፡ በውስተ ፡ ሰማዩ ፡ ለእግዚአብሔ
ር ። 10 ወበቃለ ፡ ቅድሳቲሁ ፡ የሐውሩ ፡ በበ
ሥርዐቶሙ ፤ ወኢይስሕቱ ፡ ወኢይፈልሱ ፡ እ
ምነ ፡ ዐቅሞሙ ። 11 ወርኢ ፡ ቀስቶሂ ፡ ወባር
ክ ፡ ለፈጣሪሁ ፤ እስመ ፡ ፈድፋደ ፡ ሠናይ ፡ ዋካ
ሁ ። 12 ወይቀምር ፡ ውስተ ፡ ሰማይ ፡ ወያዐው
ዶ ፡ ስብሐቲሁ ፤ እደዊሁ ፡ ለልዑል ፡ ይቀምሮ ።
13 በትእዛዘ ፡ ዚአሁ ፡ ይዘንም ፡ በረድ ፤ ወይፈ
ጥን ፡ መብረቅ ፡ በፈቃዱ ። 14 ወእንበይነ ፡ ዝ
ንቱ ፡ ይከሥት ፡ መዛግብቲሁ ፤ ወይሰርራ ፡ ደ
መናት ፡ ከመ ፡ አዕዋፍ ። 15 ወበዕበይሁ ፡ ያጸ
ንዖሙ ፡ ለደመናት ፤ ወይትፈተት ፡ እብነ ፡ በረ
ድ ። 16 ወበሐውጸቱ ፡ ያድለቀልቁ ፡ አድባር ፤
ወበፈቃዱ ፡ ይነፍኅ ፡ ነፋስ ፡ ጽባሓዊ ። 17 ወ
ቃለ ፡ ፀዓው ፡ ያፈርሃ ፡ ለምድር ፤ ወዐውሎሁ ፡
ለነፋስ ፡ ዐረባዊ ፡ ያጠውያ ፡ ለመንፈስ ፤ ወከመ ፡
አዕዋፍ ፡ ዘይሰርር ፡ ይዘርዎ ፡ ለበረድ ፤ ወከመ ፡
ርደተ ፡ አንበጣ ፡ ርደቱ ። 18 ወዕጹብ ፡ ለዐይ
ን ፡ ሥነ ፡ ጽዕዱቱ ፤ ወነኪር ፡ ለልብ ፡ ዝናሙ ።
19 እስመ ፡ ይሰውጣ ፡ ለበረዱ ፡ ከመ ፡ ጼው ፡
ውስተ ፡ ምድር ፡ ለጊሜሁ ፤ ወእምከመ ፡ ረግ
ዐ ፡ አስሐትያ ፡ ይትፈለጽ ፡ ከመ ፡ ስባሬተ ፡ ማ
ህው ፡ በላኅት ። 20 ቈሪረ ፡ ነፋስ ፡ ይነፍኅ ፡ ነ
ፋስ ፡ ጽባሓዊ ፤ ወአስሐትያኒ ፡ ይረግዕ ፡ ዲበ ፡

---

23 ዘይፈቅዱ ፡ CF; ዘፈቃዱ ፡ M. 24 ምክዕቢት ፡ EF. 25 አስተጸ' ፡ ABM. እምራእየ ፡ M. XLIII. 1 ጸንዓ ፡ MC; አጽንዓ ፡ F. 2 ፀሓዮ ፡ AM. 4 [ቦ] e CE; ቡ ፡ caet. [ተ] ታ ፡ ለ codd. 5 ያፈጥን ፡ ሑረቶ ፡ F. 8 ኀይለ ፡] primitus ጽንዐ ፡? 9 ሰርጓቲሃ ፡ M. 11 ^ ሠናይ ፡ ABEM. ዋጋሁ ፡ M. 12 ወይትቀመር ፡ C corr. ወየዐውዶ ፡ EC, ወዐውደ ፡ M. 13 ወያፈጥን ፡ MF (seq. መብረቅ ፡)· 15 ያጸንዖን ፡ A. 18 ጻዕድዎቱ ፡ EF, C corr. 19 ጼው ፡] + ወይዘርዎ ፡ EF, C corr. ስባረ ፡ ABC. በሊኃት ፡ CF. 20 ቈሪር ፡ BF. ^ ነፋስ ፡ 2° F. ያኀድር ፡ M.

ማይ ፤ ወይነብር ፡ ላዕለ ፡ ኵሉ ፡ ምቅዋመ ፡ ማ
ይ ፤ ወከመ ፡ ልብሰ ፡ ኀጺን ፡ የኀድር ፡ ዲበ ፡
ማይ ፡ ወይገለብባ ። 21 ወይበልዕ ፡ አድባረ ፡ ወ
ያውዒ ፡ ገዳመ ፤ ወያሐርር ፡ ለሣዕር ፡ ከመ ፡ እ
ሳት ። 22 ወፈወሰ ፡ ኵሎ ፡ ፍጡነ ፡ ጊሜ ፤ ዝ
ናምኒ ፡ እምከመ ፡ ወረደ ፡ ውስተ ፡ [መርቄ ፡] ያ
ስተፌሥሖ ። 23 ወበምክረ ፡ ዚአሁ ፡ ይየብስ ፡
ቀላይ ፤ ወእምዝ ፡ ተከ[ላ] ፡ ዮሴፅ ። 24 ወእለ
ኒ ፡ ይነግድዋ ፡ ለባሕር ፡ ይነግሩ ፡ ሕማማ ፤ ወን
ሕነሰ ፡ ሰሚዐነ ፡ ናነክር ። 25 ወህየ ፡ ዕጹብ ፡ ግ
ብሩ ፡ ወነኪር ፤ ወአጥርዮ ፡ እንስሳሂ ፡ በበዘመ
ዱ ። 26 ወእምውስቴቱ ፡ ይትገበር ፡ ሎቱ ፡ ለ
ሠናይ ፡ መዐዘ ፤ ወበቃሉ ፡ ይከውን ፡ ኵሉ ። 27
ወብዙኀ ፡ ንነግር ፡ ወኢንክል ፡ ፈጽሞቶ ፤ ወማ
ኅለቅቱ ፡ ለኵሉ ፡ ነገር ፤ ውእቱ ፡ ዳእሙ ፡ ባሕ
ቲቱ ። 28 ሚመጠነ ፡ ንክል ፡ አእኵቶቶ ፤ እስ
መ ፡ ውእቱ ፡ የዐቢ ፡ እምነ ፡ ኵሉ ፡ ግብሩ ። 29
ወግሩም ፡ ውእቱ ፡ እግዚአብሔር ፡ ወፈድፋደ ፡
ዕበዩ ፤ ወዕጹብ ፡ ኀይሉ ። 30 አእኵትዎ ፡ ለእ
ግዚአብሔር ፡ ወአዕብይዎ ፡ በአምጣነ ፡ ትክሉ ፤
እስመ ፡ ኢታጠነቅቁ ፡ ፈጽሞ ፤ ዓዲ ፡ የዐቢ ፡ እ
ምኵሉ ፡ ዝንቱ ፤ ወበኵሉ ፡ ኀይልክሙ ፡ አዕ
ብይዎ ፤ ወኢትትህከዩ ፡ እስመ ፡ ኢትበጽሕዎ ።
31 መኑ ፡ ዘርእዮ ፡ ወይነግረነ ፤ ወመኑ ፡ ያዐብ
ዮ ፡ በአምጣነ ፡ ዕበዩ ። 32 ወብዙኅ ፡ ዘኢያስ
ተርኢ ፡ የዐቢ ፡ እምነ ፡ ዝንቱ ፤ ውኁድ ፡ ዳእ
ሙ ፡ ዘርኢነ ፡ ግብሩ ። 33 እስመ ፡ ኵሎ ፡ እግ
ዚአብሔር ፡ ገብረ ፤ ወወሀበሙ ፡ ጥበበ ፡ ለጻድ
ቃን ። XLIV. ንወድሶሙ ፡ ለዕደው ፡ ክቡራ
ን ፤ ለአበዊነ ፡ በመዋዕሊሆሙ ። 2 እስመ ፡ ብ
ዙኀ ፡ ክብረ ፡ ወሀቦሙ ፡ እግዚአብሔር ፤ ወዕ
በዩኒ ፡ እምፍጥረተ ፡ ዓለም ። 3 ወኰነኑ ፡ በመ
ንግሥቶሙ ፤ ዕደው ፡ እለ ፡ አስመዩ ፡ በኀይሎ
ሙ ፤ ወመከርያን ፡ በጥበቢሆሙ ፤ ወይነግሩ ፡
በትንቢቶሙ ፤ 4 ነገሥተ ፡ አሕዛብኒ ፡ በአጽባ
ኢሆሙ ፤ ወጸሐፍቶሙኒ ፡ ለሕዝብ ፡ በጥበበ
ሙ ፤ በጥበበ ፡ ቃሎሙ ፡ ዘውስተ ፡ ልበሙ ፤
5 ወእለሰ ፡ የኀሥሡ ፡ ሐውዘ ፡ መሰንቆ ፡ ወማ
ሕሌት ፤ ወየሐልዩ ፡ ከመ ፡ ዘበመጽሐፍ ፤ 6 ወ
ዕደውኒ ፡ ብዑላን ፡ እለ ፡ የአክሎሙ ፡ ኀይሎ
ሙ ፤ እለ ፡ ዳኅነ ፡ ይነብሩ ፡ ውስተ ፡ አብያቲሆ
ሙ ። 7 ወእሉ ፡ ኵሎሙ ፡ እለ ፡ ከብሩ ፡ በመ
ዋዕሊሆሙ ፤ ወተደለዉ ፡ በሕይወቶሙ ። 8 ወ
ቦ ፡ እምውስቴቶሙ ፡ እለ ፡ ኀደጉ ፡ ስመ ፤ ክብ
ረ ፡ ዘይትናገሩ ፡ ቦቱ ። 9 ወቦ ፡ እለ ፡ አልቦ ፡ ዘ
ይዜከሮሙ ፤ ወእለኒ ፡ ጠፍኡ ፡ ወኮኑ ፡ ከመ ፡
ዘኢተፈጥሩ ፤ ወገብኡ ፡ ከመ ፡ ዘኢተወልዱ ፤
ወውሉዶሙሂ ፡ ከማሁ ፡ ምስሌሆሙ ። 10 ወእ
ሉሰ ፡ ዕደው ፡ ሥሁላን ፤ እለ ፡ ኢተረስዐት ፡ ሎ
ሙ ፡ ጽድቆሙ ። 11 ወትቀውም ፡ ምስለ ፡ ው
ሉዶሙ ፡ ለዝሉፉ ፤ ሠናይ ፡ ርስቶሙ ፡ በላዕለ ፡
ውሉዶሙ ፤ 12 ወበሥርዐቶሙ ፡ ይነብሩ ፡ ው
ሉዶሙ ፤ .... ፤ 13 .... ፤ ወኢየኀልቅ ፡ ክብ
ሮሙ ፤ 14 ወተቀብረ ፡ በሰላም ፡ ሥጋሆሙ ፤

---

22 ወፈውሰ ፡ ኵሉ ፡ BT. [ ] መሬት ፡ codd. ያስተፌሥሓ ፡ M, ʻሐ ፡ C. 23b ‸ T. [ ] ለ codd. 29 ወፈድፈደ ፡ AF. 30 ኢትጠናቀቁ ፡ AT. 32 ግብሮ ፡ CFT. 33 ገባሪሃ ፡ M; ፈጠረ ፡ B. XLIV. 2 ወአዕበዮሙኒ ፡ EF, C corr. 5 ሐዋዘ ፡ EFT. ወማሕሌተ ፡ BCF. 8 ክብረ ፡ e B; caet. ክቡረ ፡ 10 ‸ ሎሙ ፡ T. 12 ይነብሩ ፡] ይቀውሙ ፡ M.

ወለዓለም ፡ ትቀውም ፡ ስሞሙ ። 15 ወይትናገ
ሩ ፡ አሕዛብ ፡ በጥበቢሆሙ ፤ ወበማኅበረ ፡ አሕ
ዛብ ፡ ይዌድስዎሙ ። 16 ወሄኖክሰ ፡ አሥመሮ ፡
ለእግዚአብሔር ፡ ወኀብአ ፤ ወኮነ ፡ አርአያ ፡ ለ
ዓለም ፡ ከመ ፡ ይነስሑ ። 17 ወኖኅኒ ፡ ተረክበ ፡
ፍጹመ ፡ ጻድቅ ፤ ወአመ ፡ መዋዕለ ፡ መንሱት ፡
ኮነ ፡ ውእቱ ፡ ሣህለ ፡ ለዓለም ፤ ወውእቱ ፡ ተረ
ፈ ፡ ለብሔር ፡ አመ ፡ ኮነ ፡ ማየ ፡ አይኅ ። 18 ተ
ካየደ ፡ ምስሌሁ ፡ ለዓለም ፤ ከመ ፡ ኢያጥፍ[አ] ፡
ማየ ፡ አይኅ ፡ ለኵሉ ፡ [ዘ]ነፍስ ። 19 አብርሃም ፡
ዐቢይ ፡ ውእቱ ፡ አቡሆሙ ፡ ለአሕዛብ ፡ ኵሎ
ሙ ፤ ወኢተረክበ ፡ ከማሁ ፡ ክቡር ፤ 20 ዘዐቀ
በ ፡ ሕጎ ፡ ለልዑል ፤ ወተካየደ ፡ ምስሌሁ ፡ >በ
ሥጋሁ ፡< ግብረ ፡ ሕጉ ፤ ወአመኒ ፡ አመከሮ ፡
ተረክበ ፡ ምእመነ ። 21 ወእንበይነ ፡ ዝንቱ ፡ በ
መሐላ ፡ አቀመ ፡ ሎቱ ፡ ኪዳነ ፤ ከመ ፡ ይትባረ
ኩ ፡ አሕዛብ ፡ በዘርኡ ፤ ወከመ ፡ ያብዝኖ ፡ ከ
መ ፡ ኆጻ ፡ ምድር ፤ ወከመ ፡ ኮከብ ፡ ይትባዝኁ ፡
ዘርኡ ፤ ወከመ ፡ ያውርሶሙ ፡ እምባሕር ፡ እስ
ከ ፡ ባሕር ፤ ወእምነ ፡ አፍላግ ፡ እስከ ፡ አጽናፈ ፡
ምድር ። 22 ወለይስሐቅኒ ፡ ከማሁ ፡ አቀመ ፡
ሎቱ ፡ እንበይነ ፡ አብርሃም ፡ አቡሁ ፤ በረከተ
ኒ ፡ ለኵሉ ፡ እጓለ ፡ እመሕያው ፡ ወሥርዐተ ።
23 ወአዕረፈት ፡ ላዕለ ፡ ያዕቆብ ፡ ዲበ ፡ ርእሱ ፤
ወአስተርአየት ፡ ሎቱ ፡ በበረከቱ ፤ ወወሀበ ፡ ር
ስቶ ፡ ኪያሃ ፤ ወፈለጠ ፡ ሎሙ ፡ ርስቶሙ ፡ ዘዘ
ዚአሆሙ ፤ ወከፈሎሙ ፡ ለዐሠርቱ ፡ ወክልኤ
ቱ ፡ አሕዛብ ፤ 24 ወአውፅአ ፡ እምኔሆሙ ፡ ዕ
ደወ ፡ ጻድቃነ ፡ እለ ፡ ከብሩ ፤ ወረከቡ ፡ ሞገሰ ፡ በ
ኀበ ፡ ኵሉ ፡ እጓለ ፡ እመሕያው ፤ ወተፈቅሩ ፡
በኀበ ፡ እግዚአብሔር ፡ ወበኀበ ፡ ሰብእ ። XLV.
ወሙሴኒ ፡ ዘቡሩክ ፡ ዝክሩ ፤ 2 ወስብሐተ ፡ ቅ
ዱሳን ፡ ዝክሩ ፡ ወአምሳሉ ፤ ወአዕበዮ ፡ ወግሩ
መ ፡ ኮነ ፡ ላዕለ ፡ ፀር ። 3 ወገብረ ፡ ተአምረ ፡
በቃሉ ፤ ወወደሶ ፡ በቅድመ ፡ ነገሥት ፡ ወአዘዞ ፡
በእንተ ፡ ሕዝቡ ፤ ወአርአዮ ፡ ስብሐቲሁ ። 4 ወ
ቀደሶ ፡ በበይነ ፡ ሃይማኖቱ ፡ ወየውሃቱ ፤ ወኪ
ያሁ ፡ ኀረየ ፡ እምነ ፡ ኵሉ ፡ ሰብእ ። 5 ወአስም
ዖ ፡ ቃሎ ፤ ወአብኦ ፡ ውስተ ፡ ቆባር ፤ ወወሀቦ ፡
ትእዛዘ ፡ በቅድሜሁ ፤ ወመሀሮ ፡ ሕገ ፡ ሕይወ
ት ፤ ከመ ፡ ይምሀሮ ፡ ለያዕቆብ ፡ ኪዳኖ ፤ ወኵነ
ኔሁ ፡ ለእስራኤል ። 6 ወአሮንሂ ፡ ዐቢይ ፡ ከማ
ሁ ፡ ቅዱስ ፤ ወእኁሁሰ ፡ እምሕዝበ ፡ ሌዊ ። 7
ወአቀመ ፡ ሎቱ ፡ ሕገ ፡ ዘለዓለም ፤ ወወሀበ ፡ ቅ
ድሳቶሙ ፡ ለሕዝብ ፤ ወአብፅዖ ፡ በሠናይ ፡ ሰር
ጉ ፤ ወአልበሶ ፡ ልብሰ ፡ ክብር ። 8 ወአልበሶ ፡
ወአስተመክሐ ፡ በኵሉ ፤ ወአጽንዖ ፡ በመዋዕ
ለ ፡ ኀይል ፤ ወቆጽናቲሁኒ ፡ ወልብሰ ፡ ጳጼሬ ፡ ወ
ልብሰ ፡ ዐጽፍ ። 9 ወእንተ ፡ ዐውዱ ፡ ጽጌያት ፤
ወጸናጽለ ፡ ወርቅ ፡ ብዙኅ ፡ ዐውዱ ፤ ወኀበኒ ፡
ኬደ ፡ ይደምፅ ፡ እግሩ ፡ በቃለ ፡ ፀዓዕ ፤ ወነገረ ፡
ይገብር ፡ ድምፀ ፡ ጽርሑ ፤ ወተዝካረ ፡ ለሕዝቡ ፡

---

16 ሄኖኅ ፡ scribunt AT. 17 ጻድቀ ፡ E, ጽድቅ ፡ MC, በጽድቅ ፡ F. 18 [አ] e C; caet. እ ፡ [ዘ] e BCF; ^ caet. 19 ለኵሎሙ ፡ CMT. 20 > < ex EFC; ^ caet. ገቢረ ፡ E, ገብረ ፡ ሕጎ ፡ F, C corr. 23 በረከቱ ፡ sine በ BCF. ሎቱ ፡ ርስቶ ፡ M. XLV. 2 ^ ዝክሩ ፡ ወ C. 3 ወተወደሰ ፡ CF. 8 በመዋዕለ ፡ omn.; (an በማዕበለ ፡?). ጳጼር ፡ CEF. 9 ወተዝካር ፡ CT.

ወለውሉዶሙ ፤ 10 ወአልበሰ ፡ ወርቅ ፡ ዘቅድ
ሳት ፡ ወያክንት ፤ ወአልባስ ፡ ዘተገብረ ፡ በዐስ
ቀ ፡ ሜላት ፤ ወአልበሰ ፡ ሎግዮን ፡ ዘበነገረ ፡ ጽ
ድቅ ፡ ወርትዕ ፤ 11 ልብስ ፡ በልብሰት ፡ እንተ ፡
ክዑብ ፡ ፈትላ ፡ ዘለይ ፡ ግብረ ፡ ኬንያ ፤ ወዕን
ቍ ፡ ዘዕጹብ ፡ ሤጡ ፡ ኅርው ፡ ዐይነ ፡ ማኅተም ፤
መቍጸሪቱ ፡ ወርቅ ፤ ወግቡር ፡ በ[ዕንቍ] ፤ ወ
ጽሑፍ ፡ ተዝካር ፡ ውስቴቱ ፡ ወልኩእ ፤ በአም
ጣነ ፡ ኍልቆሙ ፡ ለደቂቀ ፡ እስራኤል ፡ በበሕ
ዘቢሆሙ ። 12 ወቀጸላ ፡ ወርቅ ፡ መልዕልተ ፡
ቈዳራን ፡ በአምሳለ ፡ ዐይነ ፡ ማኅተም ፡ ቅድሳ
ቱ ፤ ምክሐ ፡ ክብሩ ፡ ወግብረ ፡ ኀይሉ ፤ መፍት
ው ፡ ለዐይን ፡ ሰርጉ ፡ ወፈድፋደ ፡ ሥኑ ። 13 ወ
ኢተገብረ ፡ እምቅድሜሁ ፡ ዘከማሁ ፤ ለዓለም ፡
አልቦ ፡ ዘለብሰ ፡ ከማሁ ፤ ዘእንበለ ፡ ደቂቁ ፡ በ
ሕቲቶሙ ፤ ወአዝማዲሁኒ ፡ ለዝላፉ ፤ 14 ከመ ፡
ይሡዑ ፡ ሎቱ ፡ በመሥዋዕት ፤ ኵሎ ፡ አሚረ ፡
እንተ ፡ ጸብሐት ፡ ካዕበ ፡ ለዕለት ። 15 ወፈፀመ ፡
ሎሙ ፡ ሙሴ ፡ እደዊሆሙ ፤ ወቀብአ ፡ ቅብአ ፡
ቅድሳት ። ወኮኖ ፡ ሕገ ፡ ዘለዓለም ፤ ወለውሉዱ
ኒ ፡ በአምጣነ ፡ መዋዕለ ፡ ሰማይ ፤ ከመ ፡ ይትቀ
ነዩ ፡ ሎቱ ፡ ወይኩንዎ ፡ ካህናቲሁ ፤ ወከመ ፡ ይ
ባርክዎ ፡ ለሕዝቡ ፡ በስሙ ። 16 ወኪያሁ ፡ ኀ
ረየ ፡ እምኵሉ ፡ ሕያዋን ፤ ከመ ፡ ያብእ ፡ መሥ
ዋዕተ ፡ ለእግዚአብሔር ፤ ወዕጣነ ፡ ወተዝካረ ፡
መዐዛ ፡ ሠናይ ፤ ከመ ፡ ያስተስሪ ፡ ሎሙ ፡ ለሕ
ዝቡ ። 17 ወወሀቦ ፡ ትእዛዘ ፤ ወሠርዖ ፡ ፍትሐ ፡
ወኵነኔሁ ፤ ከመ ፡ ይምሀሮ ፡ ለያዕቆብ ፡ ስምዖ ፤
ወከመ ፡ ያለብዎሙ ፡ ለእስራኤል ፡ ሕጎ ። 18 ወ
ተቃወምዎ ፡ ነኪራን ፡ ወቀንኡ ፡ ላዕሌሁ ፡ በገ
ዳም ፤ ዕደው ፡ እለ ፡ ዳታን ፡ ወአቤሮን ፤ ወትዕ
ይንቶሙ ፡ ለእለ ፡ ቆሬ ፤ ወሞቱ ፡ በመቅሠፍት ፡
ወበመንሱት ። 19 ወርእዮሙ ፡ እግዚአብሔር ፡
ወኢያሥመርዎ ፤ ወአጥፍአሙ ፡ በመዐቱ ፤ ወ
ገብረ ፡ ዕጹበ ፡ በላዕሌሆሙ ፤ ወአኅለቆሙ ፡ በ
ነደ ፡ እሳት ። 20 ወወሰከ ፡ ክብረ ፡ ለአሮን ፤ ወ
ወሀቦ ፡ መክፈልቶ ፡ ቀዳሜ ፡ እክሎሙ ፤ ወቅድ
መ ፡ ሠርዖሙ ፡ እክለ ፡ ዘያጸግቦሙ ፤ 21 ከመ ፡
ይብልዑ ፡ መሥዋዕቶ ፡ ለእግዚአብሔር ፤ ዘወ
ሀቦ ፡ ሎቱ ፡ ወለፍሬሁ ፤ 22 ከመ ፡ ኢይትክፈ
ሎሙ ፡ ምድሮሙ ፡ ለሕዝቡ ፤ ወኢይትዋረስ ፡
ምስለ ፡ ሕዝ[ብ] ፡ ርስ[ተ] ፤ እስመ ፡ ውእቱ ፡ ክ
ፍልከ ፡ ወርስትከ ። 23 ወፊንሐስኒ ፡ ወልደ ፡ አ
ልዐዛር ፡ ሣልስ ፡ ክብሩ ፤ እስመ ፡ ቀንአ ፤ ለፍ
ርሀተ ፡ እግዚአብሔር ፤ ወአቀሞ ፡ ለገሥጸ ፡ ሕ
ዝቡ ፤ በኂሩና ፡ ነፍሱ ፡ እምፈቃዱ ፡ አስተርአ
የ ፡ ለእስራኤል ። 24 ወእንበይነ ፡ ዝንቱ ፡ አቀ
መ ፡ ሎቱ ፡ ኪዳነ ፡ ሰላም ፤ ከመ ፡ ይምሀሮሙ ፡
ለሕዝቡ ፡ በሥርዐተ ፡ ቅዱሳን ፤ ወከመ ፡ ይኩ
ኖ ፡ ሎቱ ፡ ወለዘርኡ ፡ ዐቢይ ፡ ክህነት ፡ ዘለዓለ
ም ፤ 25 ወትርሲተ ፡ ወልዱ ፡ ለዳዊት ፡ ዘእምነ
ገደ ፡ ይሁዳ ፤ ወመክፈልተ ፡ መንግሥተ ፡ ውሉ

10 ወአልበሶ ፡ ወርቀ ፡ MEF. ወአልባሰ ፡ M. ሎግዮ ፡ CFM. 11 ልብሰ ፡ AF, ልብሶ ፡ CET. ፈትሉ ፡ EF, ፈትለ ፡ ABM. ምቍጸ′ ፡ M, መቍጸርቱ ፡ F, መቍጸሪሁ ፡ T. [ ] e C; ወርቅ ፡ codd. 12 ቈዳርን ፡ F. 14 መሥዋዕተ ፡ CEF. 17 ወሠርዐ ፡ E, F corr. 20 ወወሀቦሙ ፡ መክፈልቶሙ ፡ CEM. ቀዳሜ ፡] ቅድመ ፡ AMT. 22 ወኢወረሰ ፡ AEF. [ ] ex F; caet. ሕዝበ ፡ ርስት ፡ 23 በኂር ውና ፡ CEF. አስተርአየ ፡] legas አስተስረየ ፡ (vid. lex. c. 299). 25 ውሉዱ ፡] ወልዱ ፡ M, ውሉድ ፡ AB, ውሉደ ፡ ውሉዱ ፡ EF.

ዱ ፡ ዘበሕጉ ፤ ወሎቱኒ ፡ ርስቱ ፡ ወለውሉዱ ።
26 ከመ ፡ የሀበሙ ፡ ጥበበ ፡ ውስተ ፡ ልበሙ ፤
ከመ ፡ ይኰንንዎሙ ፡ ለሕዝቡ ፡ በጽድቅ ፤ ከ
መ ፡ ኢያማስኖሙ ፡ በረከቶሙ ፡ ወክብሮሙ ፡
በኵሉ ፡ መዋዕሊሆሙ ። XLVI. ጽኑዕ ፡ ው
እቱ ፡ በውስተ ፡ ቀትል ፡ ኢያሱ ፡ ወልደ ፡ ነዌ ፤
ወተለዎ ፡ እምነ ፡ ሙሴ ፡ ተነብዮት ፤ ወኮነ ፡ በ
ከመ ፡ ስሙ ፡ ዐቢየ ፡ ወአድኅኖሙ ፡ ለኅሩያኒ
ሁ ፤ ወተበቀለ ፡ ፀሮሙ ፡ ከመ ፡ ያውርሶሙ ፡ ለ
እስራኤል ፡ ምድሮሙ ። 2 ወተሰብሐ ፡ ሶበ ፡
አንሥአ ፡ እዴሁ ፤ ወሶበ ፡ ቈልቈለ ፡ ኲናተ ፡
ላዕለ ፡ አህጉሪሆሙ ። 3 መኑ ፡ እምቅድሜሁ ፡
ዘኮነ ፡ ከማሁ ፤ ወለሊሁ ፡ እግዚአብሔር ፡ ጸብ
አ ፡ ሎሙ ፡ ፀሮሙ ። 4 አኮኑ ፡ በእዴሁ ፡ ቆመ
ት ፡ ፀሓይ ፤ ወአሐቲ ፡ ዕለት ፡ ሰኑየ ፡ መዋዕለ ፡
ኮነት ። 5 ወጸውዖ ፡ ለልዑል ፡ ወኅያል ፤ ሶበ ፡
አመንደብዎ ፡ ፀሩ ፡ እምዐውዱ ፤ ወ[አውሥአ] ፡
እግዚአብሔር ፡ ዐቢይ ፤ በእብነ ፡ በረድ ፡ ወበኀ
ይል ፡ ጽኑዕ ፤ 6 ወአዝነመ ፡ ላዕለ ፡ ሕዝብ ፡ እ
ለ ፡ ጸብእዎሙ ፤ በውስተ ፡ ጸድፍ ፡ አጥፍአሙ ፡
ለእለ ፡ ተቃተልዎሙ ፤ ከመ ፡ ያእምሩ ፡ ሕዝብ ፡
ኀይሎ ፤ እስመ ፡ እግዚአብሔር ፡ ውእቱ ፡ ዘይ
ጸብአሙ ፤ ወአትለወ ፡ ምስሌሆሙ ፡ ኀይሎ ።
7 ወበመዋዕለ ፡ ሙሴኒ ፡ ገብረ ፡ ሣህሎ ፡ ምስሌ
ሆሙ ፤ ውእቱ ፡ ወካሌብ ፡ ወልደ ፡ ዮፎኒ ፤ ወ
ተቃወሙ ፡ ቅድመ ፡ ፀር ፡ ወከልእዎሙ ፡ ለሕ

ዝብ ፡ ጌጋየ ፤ ወአኅደግዎሙ ፡ እኩየ ፡ ነጐርጓ
ረ ። 8 ወእሙንቱ ፡ ዳእሙ ፡ ክልኤሆሙ ፡ እለ ፡
ድኅኑ ፤ እምነ ፡ ስሳ ፡ እልፍ ፡ አጋራን ፤ ወበኡ ፡
ምድረ ፡ እንተ ፡ ትውሕዝ ፡ ሐሊበ ፡ ወመዓረ ።
9 ወወሀበ ፡ እግዚአብሔር ፡ ኀይለ ፡ ለካሌብ ፤ ወ
ነበረ ፡ ምስሌሁ ፡ እስከ ፡ አመ ፡ ይልህቅ ፤ ወአ
ዕረጎ ፡ ውስተ ፡ መልዕልተ ፡ ምድር ፤ ወውሉዱ ፡
ተካፈሉ ፡ ርስቶሙ ፤ 10 ከመ ፡ ይርአዩ ፡ ኵሎ
ሙ ፡ ደቂቀ ፡ እስራኤል ፤ ከመ ፡ ሠናይ ፡ ተሊ
ዎቱ ፡ ለእግዚአብሔር ። 11 ወመኳንንቲሆሙ
ኒ ፡ ኵሎሙ ፡ በበአስማቲሆሙ ፤ ወኵሎሙ ፡ እ
ለ ፡ ኢዘመወ ፡ ልበሙ ፤ ወኵሎሙ ፡ እለ ፡ ኢ
ኀደግዎ ፡ ለእግዚአብሔር ፤ ቡሩክ ፡ ለይኩን ፡
ዝክሮሙ ። 12 ወይትፈሣሕ ፡ አዕጽምቲሆሙ ፡
በኀበ ፡ ሀለዉ ፤ ወይትባረኩ ፡ ውሉዶሙ ፡ ወይ
ክበሩ ። 13 ሳሙኤልኒ ፡ ፍቁር ፡ ውእቱ ፡ በኀ
በ ፡ እግዚአብሔር ፤ ወነቢይ ፡ ውእቱ ፡ በኀበ ፡
እግዚአብሔር ፡ ወያነግሥ ፡ ንጉሠ ፤ ወይቀብእ ፡
ንጉሠ ፡ ለሕዝቡ ። 14 ወበሕገ ፡ እግዚአብሔር ፡
[ኰነነ ፡] ትዕይንተ ፤ ወተሣሀሎ ፡ እግዚአብሔ
ር ፡ ለያዕቆብ ። 15 ወበሃይማኖቱ ፡ ጸንዐ ፡ ተነ
ብዮ ፡ ነቢይ ፤ ወአስተርአየ ፡ በቃሉ ፡ ራእየ ፡ ም
እመን ። 16 ወጸውዖ ፡ ለእግዚአብሔር ፡ ኀያል ፤
ሶበ ፡ አመንደብዎ ፡ ፀሩ ፡ ወዐገትዎ ፤ በመሥዋ
ዕተ ፡ ማሕስዐ ፡ በግዕ ። 17 ወአንጐድጐደ ፡ እ
ግዚአብሔር ፡ በሰማይ ፤ ወበዐቢይ ፡ ፀዓዕ ፡ ገብ

---

26 ትኰንንዎሙ ፡ BEM(A). ኢይማስኖሙ ፡ CT. XLVI. 1 ኢያሱስ ፡ T. ወተለወ ፡ F. ተነብዮተ ፡ MF. ለሙሴ ፡ እምተነብዮቱ ፡ B. ዐቢይ ፡ ABM. 2 ኲናቶ ፡ CEF. 5 [ ] ጸውዖ ፡ codd. 7 ሣህለ ፡ T. 11 ኵሎሙ ፡] ex E; ወኵሎሙ ፡ C, ለኵሎሙ ፡ caet. 13 ∧ በኀበ ፡ እግዚ' ፡ 2° FT. 14 [ ] ቀብአ ፡ omn. 15 ∧ ነቢይ ፡ F, C corr. ርእየ ፡ ምእመነ ፡ T, ራእይ ፡ መእመን ፡ C(F). 16 መሐስዐ ፡ codd., exc. T.

ረ ፡ ድምፀ ፡ ቃሉ ። 18 ወቀጥቀጦሙ ፡ ለነገሥ
ተ ፡ ጢሮስ ፤ ወለኵሎሙ ፡ ነገሥተ ፡ ፍልስጥኤ
ም ። 19 ወእንበለ ፡ ይብጻሕ ፡ ዕለተ ፡ ሞቱ ፤ አ
ስምዖ ፡ ለእግዚአብሔር ፡ ወለመሲሑ ፤ እምን
ዋዮሙ ፡ እስከ ፡ አሣእኒሆሙ ፡ ከመ ፡ ኢነሥአ ፡
እምኔሆሙ ፡ እምኵሎሙ ፤ ወአልቦ ፡ እምውስ
ቴቶሙ ፡ ዘግእዞ ። 20 ወተነበየ ፡ እምድኅረ ፡
ሞተ ፤ ወነገረ ፡ ሞቶ ፡ ለንጉሥ ፤ ወአ[ን]ሥአ ፡
ቃሎ ፡ እምውስተ ፡ ምድር ፤ ወበተንብዮቱ ፡ አ
ደምሰሰ ፡ ጌጋዮሙ ፡ ለሕዝብ ። XLVII. ወ
እምድኅሬሁ ፡ ተንሥአ ፡ ናታን ፡ ወተነበየ ፡ በ
መዋዕለ ፡ ዳዊት ። 2 ከመ ፡ ይፈልጡ ፡ ሥብሐ ፡
መሥዋዕተ ፡ መድኀኒት ፤ ከማሁ ፡ ዳዊት ፡ ተፈ
ልጠ ፡ እምነ ፡ ደቂቀ ፡ እስራኤል ። 3 ከመ ፡ መ
ሓስዐ ፡ አጣሊ ፡ ከማሁ ፡ ዐናብስተ ፡ በኀቤሁ ፤
ወከመ ፡ ማሕስዐ ፡ በግዕ ፡ ከማሁ ፡ ድብ ፡ በኀቤ
ሁ ። 4 አኮኑ ፡ በንእሱ ፡ ቀተለ ፡ ይርባሕ ፤ ወአ
ኅደጎሙ ፡ ጽዕለቶሙ ፡ ለሕዝቡ ፤ ሶበ ፡ አንሥ
አ ፡ እዴሁ ፡ ወጸፎ ፡ በእብን ፤ ወሄጾ ፡ ውስተ ፡
ፍጽሙ ፡ ለጎልያድ ፡ ወረከበ ፡ ናላሁ ። 5 እስ
መ ፡ ጸውዖ ፡ ለእግዚአብሔር ፡ ልዑል ፤ ወወሀ
በ ፡ ኀይለ ፡ ውስተ ፡ የማኑ ፤ ከመ ፡ ይቅትል ፡ ብ
እሴ ፡ ኃያለ ፡ በውስተ ፡ ጸብእ ፤ ከመ ፡ ያንኅ ፡ ቀ
ርኖሙ ፡ ለሕዝቡ ። 6 ወሎቱሰ ፡ አግብአ ፡ ሎ
ቱ ፡ ዕልገቶ ፤ በእልፍ ፡ ሐለያሁ ፡ ወዘመራሁ ፡
በበረከተ ፡ እግዚአብሔር ፤ ወተቀጸለ ፡ አክሊ
ለ ፡ ስብሐት ። 7 ወቀጥቀጦሙ ፡ ለፀሩ ፡ እለ ፡
ዐውዱ ፤ ወአኅሰሮሙ ፡ ለፀ[ር] ፡ ፍልስጥኤም ፤
ወሰበሮሙ ፡ ቀርኖሙ ፡ እስከ ፡ ዮም ። 8 ወበ
ኵሉ ፡ ዘገብረ ፡ ይትአመን ፡ ቦቱ ፤ ወበቃለ ፡ ስ
ብሐቲሁ ፡ ለልዑል ፡ ወቅዱስ ፤ ወሰብሐ ፡ በኵ
ሉ ፡ ግብሩ ፤ ወአእኰቶ ፡ ለፈጣሪሁ ፡ ወአፍቀ
ሮ ። 9 ወአቀመ ፡ መዘምራነ ፡ ቅድመ ፡ ምሥዋ
ዑ ፤ ወጐማ ፡ ቃሎሙ ፡ ሐዋዝ ፡ ወጥዑም ። 10
ወገብረ ፡ በዓለ ፡ ሠናየ ፡ ወአስተፍሥሐ ፡ ኵሎ ፡
ዓመተ ፤ ወሰብሐ ፡ ስሞ ፡ ቅዱሰ ፤ እምነግህ ፡ ይ
ትነበብ ፡ ቅድሳቱ ። 11 ወደምሰሰ ፡ ሎቱ ፡ እግ
ዚአብሔር ፡ ኀጣውአ ፤ ወአንኀ ፡ ቀርኖ ፡ ለዓለ
ም ፤ ወወሀበ ፡ መንግሥተ ፡ ቡርከተ ፤ ወመንበ
ረ ፡ ክብሮሙ ፡ ለእስራኤል ። 12 ወእምድኅሬ
ሁ ፡ ሎቱ ፡ ቆመ ፡ ወልዱ ፡ ጠቢብ ፤ ወበእንቲ
አሁ ፡ ኀደረ ፡ ውስተ ፡ መርሕብ ። 13 ወነግሠ ፡
ሰሎሞን ፡ በመዋዕለ ፡ ሰላም ፤ ወአዕረፎ ፡ እግዚ
አብሔር ፡ እምኵሉ ፡ ዐውዱ ፤ ወአቀመ ፡ ቤተ ፡
በስመ ፡ ዚአሁ ፤ ወገብረ ፡ መቅደሰ ፡ በስሙ ፡ ዘ
ለዓለም ። 14 ወፈድፈደ ፡ ጥበብከ ፡ እምንእስ
ከ ፤ ወመልአት ፡ ጥበብከ ፡ ከመ ፡ ማየ ፡ ተከዜ ።
15 ወደፈነቶ ፡ ለምድር ፡ ነፍስከ ፤ ወአብዛኅከ ፡
አምሳሊከ ፡ ወፍከሬ ፡ ነገርከ ። 16 ወተሰምዐ ፡
ስምከ ፡ እስከ ፡ ርሑቅ ፡ ደሰያት ፤ ወአፍቀሩከ ፡
እንበይነ ፡ ሰላምከ ፤ 17 ወበመዝሙርከ ፡ ወበአ
ምሳሊከ ፡ ወበነገርከ ፤ ወአንከሩከ ፡ በሓውርት ፡
እምነ ፡ ፍከሬ ፡ ቃልከ ። 18 በስመ ፡ እግዚአብ
ሔር ፡ ዘተሰምየ ፡ አምላከ ፡ እስራኤል ፤ ወዘገብ
ከሁ ፡ ለወርቅ ፡ ከመ ፡ ዐረር ፤ ወከመ ፡ ናእክ ፡
መላእከሁ ፡ ለብሩር ። 19 ወሜጣከ ፡ አንስት ፡

---

20 [ ] ው ፡ codd. ለሕዝቡ ፡ AEF. XLVII. 4 ያርብሐ ፡ EFC. ለሕዝብ ፡ F. ወወጸፎ ፡ CEF. 5 ያኑኅ ፡ M. 6 ወሎቱሰ ፡] ወውእቱሰ ፡ A. ^ ሎቱ ፡ BF. 7 ለፀ[ር ፡] ለፀረ ፡ ABM, ለሕዝበ ፡ EF, C corr., ለቅጽረ ፡ T. ወሰበረ ፡ FC. 11 አኖኅ ፡ M. 14 ተከዚ ፡ AT.

ኀሊናከ ፤ ወተሠለጥከ ፡ በሥጋከ ። 20 ወአንወ
ርከ ፡ ክብረከ ፡ ወገመንከ ፡ ዘርአከ ፤ ወአምጻእ
ከ ፡ መንሱተ ፡ ወመቅሠፍተ ፡ ላዕለ ፡ ውሉድከ ፤
ወአደንገጸኒ ፡ እበድከ ። 21 ወተናፈቀ ፡ ምኵና
ኒከ ፤ ወእምነ ፡ ኤፍሬም ፡ ወፅአት ፡ መንግሥ
ት ፡ ዐላዊት ። 22 ወእግዚአብሔር ፡ ኢኀደገ ፡
ምሕረቶ ፡ ወኢያጥፍአ ፡ ተግባሮ ፤ ወኢደመሰ
ሰ ፡ ውሉደ ፡ ጻድቃን ፤ ወኢያእተተ ፡ ዘርአሙ ፡
ለእ[ለ ፡ ያፈቅርዎ] ፤ ወወሀበ ፡ ለያዕቆብ ፡ ተረ
ፈ ፡ ወለዳዊትኒ ፡ ሥርወ ፡ እምኔሁ ። 23 ወአዕ
ረፈ ፡ ሰሎሞን ፡ ምስለ ፡ አበዊሁ ፤ ወኀደገ ፡ እ
ምድኅሬሁ ፡ ዘርአ ፡ ለሕዝብ ፡ አብድ ፡ ዘአልቦ ፡
ልበ ፤ ሮብዓም ፡ ዘአዕለዎሙ ፡ ለሕዝብ ፡ በምክ
ሩ ፤ ወኢዮርብዓም ፡ ዘአስሐቶሙ ፡ ለእስራኤ
ል ፤ ወገብረ ፡ ፍኖተ ፡ ኀጢአት ፡ ለኤፍሬም ።
24 ወበዝኀ ፡ ኀጢአቶሙ ፡ ፈድፋደ ፤ ወአውፅ
አሙ ፡ እምነ ፡ ምድሮሙ ። 25 ወኀሠሥዋ ፡ ለ
ኵላ ፡ እኪት ፤ እስከ ፡ በጽሖሙ ፡ ፍዳሆሙ ።
XLVIII. ወተንሥአ ፡ ኤልያስ ፡ ነቢይ ፡ ዘከመ ፡
እሳት ፤ ወቃሉኒ ፡ ከመ ፡ ነድ ፡ ያውዒ ። 2 ወአ
ምጽአ ፡ ረኃበ ፡ ላዕሌሆሙ ፤ ወበቅንአቱ ፡ አው
ኀዶሙ ። 3 ወበቃለ ፡ እግዚአብሔር ፡ ከልአ ፡
ለሰማይ ፤ ወአውረደ ፡ እሳተ ፡ እምሰማይ ፡ ሥ
ልሰ ። 4 እፎ ፡ ተሰባሕከ ፡ ኤልያስ ፡ በስብሐቲ
ከ ፤ ወመኑ ፡ ተመክሐ ፡ ከማከ ። 5 ዘአንሥአ ፡
በድነ ፡ እምነ ፡ ምውታን ፤ ወእምነ ፡ መቃብር
ኒ ፡ በቃለ ፡ ልዑል ። 6 ወአውረዶሙ ፡ ለነገሥ
ት ፡ ውስተ ፡ ሞት ፤ ወለክቡራን ፡ እምነ ፡ ዓራ
ታቲሆሙ ። 7 ዘያ[ፀምእ ፡] ኵነኔ ፡ በሲና ፤ ወ
በኮሬብኒ ፡ ፍትሐ ፡ ወበቀለ ። 8 ዘይቀብአሙ ፡
ለነገሥት ፡ ወይትፈደዮሙ ፤ ወተዐልዉ ፡ ነቢ
ያት ፡ እምኔሁ ። 9 ዘዐርገ ፡ በነደ ፡ እሳት ፤ በሰ
ረገላት ፡ ወበአፍራስ ፡ ዘእሳት ። 10 ዘአጽሐፈ ፡
ኵነኔ ፡ ለዕድሜሁ ፤ ከመ ፡ ያቍርር ፡ መዐተ ፡
እምቅድመ ፡ መቅሠፍት ፤ ወከመ ፡ ያግብእ ፡ ል
በ ፡ አብ ፡ ኀበ ፡ ውሉድ ፤ ወከመ ፡ ያቅሞሙ ፡
ለአሕዛበ ፡ ያዕቆብ ። 11 ብፁዓን ፡ እለ ፡ ያአም
ሩከ ፤ ወእለ ፡ ስርግዋን ፡ በፍቅርከ ፤ ወንሕነኒ ፡
ሕይወተ ፡ ነሐዩ ፡ (በእንቲአከ) ። 12 ኤልያስ ፡
ዘዐርገ ፡ በነደ ፡ እሳት ፤ ወኤልሳዕኒ ፡ ዘመልአ ፡
ላዕሌሁ ፡ እምነ ፡ መንፈሱ ፡ (ቅዱስ) ፤ ወበመዋ
ዕሊሁኒ ፡ ኢያደንገጽዎ ፡ መላእክት ፤ ወአልቦ ፡
ዘተዐገሎ ፡ ወኢመኑሂ ። 13 ወእምኵሉ ፡ ነገር ፡
አልቦ ፡ ዘተስእኖ ፤ ወመዊቶሂ ፡ ተነበየ ፡ በድኑ ።
14 ወበሕይወቱሂ ፡ ገብረ ፡ ነኪረ ፤ ወበሞቱሂ ፡
ዕጹብ ፡ ግብሩ ። 15 ወምስለዝ ፡ ኵሉ ፡ ኢነስ
ሑ ፡ ሕዝብ ፤ ወኢኀደጉ ፡ ጌጋዮሙ ፤ እስከ ፡ ተ
ፄወዉ ፡ እምነ ፡ ብሔሮሙ ፤ ወተዘርዉ ፡ ውስ
ተ ፡ ኵሉ ፡ ምድር ፤ ወተርፉ ፡ ኀዳጣን ፡ እምው
ስተ ፡ ሕዝብ ፤ ወመልአ[ከ] ፡ እምነ ፡ ቤተ ፡ ዳዊ
ት ። 16 ወቦ ፡ እምውስቴቶሙ ፡ እለ ፡ ገብሩ ፡
ሠናየ ፤ ወቦ ፡ እለ ፡ አብዝኀዋ ፡ ለኀጢአት ። 17
ወሕዝቅያስኒ ፡ አጽንዐ ፡ ሀገሮ ፤ ወአብአ ፡ ማየ ፡
ማእከላ ፤ ወአውቀረ ፡ ኰኵሐ ፡ በኀጺን ፤ ወሐ
ነጸ ፡ ምዕቃለ ፡ ማይ ። 18 ወዐርገ ፡ ሰናክሬም ፡
በመዋዕሊሁ ፤ ወለአከ ፡ ለረፍስቂስ ፡ ወሐረ ፡ ኀ

22 ወኢይደመሰስ ፡ ABM. ወኢያአትት ፡ MT. [ ] ex E; ሉ ፡ (ለእሉ ፡) caet.; ለ ፡ ይፈርህዎ ፡ F. XLVIII. 7 [ ] መጽእ ፡ codd. 8 ወተዐለዉ ፡ FT, ወተለዉ ፡ C. 10 ለለዕድሜሁ ፡ BCEFT. 15 [ ] ኩ ፡ codd. 17 ማእከለ ፡ codd., exc. EF. ምዕ' ፡ ማይ ፡] ወአዕቀለ ፡ ማየ ፡ codd., exc. ECF.

ቤሁ ፤ ወአንሥአ ፡ እዴሁ ፡ ላዕለ ፡ ጽዮን ፤ ወተ
ዘኀረ ፡ ወአዕበየ ፡ አፉሁ ። 19 ወውእተ ፡ አሚ
ረ ፡ ደንገጸሙ ፡ ልበሙ ፡ ወእደዊሆሙ ፤ ወሐ
ሙ ፡ ከመ ፡ እንተ ፡ ትወልድ ። 20 ወጸውዕዎ ፡
ለእግዚአብሔር ፡ ለመሐሪ ፤ ወአንሥኡ ፡ እደ
ዊሆሙ ፡ ኀቤሁ ፤ ወፍጡነ ፡ ሰምዖሙ ፡ ቅዱስ ፡
እምሰማይ ፤ ወቤዘዎሙ ፡ በእደዊሁ ፡ ለ[ኢሳይ
ያስ] ። 21 ወቀተሎሙ ፡ ተዓይኒሆሙ ፡ ለፋር
ስ ፤ ወቀጥቀጠሙ ፡ መልአኩ ። 22 እስመ ፡ ገ
ብረ ፡ ሕዝቅያስ ፡ ዘይኤድሞ ፡ ለእግዚአብሔር ፤
ወአጽንዐ ፡ [እኂዘ ፡] ፍናዌ ፡ ዳዊት ፡ አቡሁ ፤ በ
ከመ ፡ አዘዘ ፡ ኢሳይያስ ፡ ነቢይ ፤ ወምእመን ፡
ውእቱ ፡ ወዐቢይ ፡ ራእዩ ። 23 ወተፀርዐት ፡ ፀ
ሓይ ፡ በመዋዕሊሁ ፤ ወወሰከ ፡ ዓመቲሁ ፡ ለንጉ
ሥ ። 24 ወበዐቢይ ፡ መንፈስ ፡ ርእየ ፡ ደኃሪተ ፤
ወአስተፍሥሖሙ ፡ ለእለ ፡ ይላሕዉ ፡ በጽዮን ።
25 ወነገረ ፡ ዘይከውን ፡ ለዓለም ፤ ወዘኒ ፡ ኅቡእ ፡
ዘእንበለ ፡ ይኩን ። XLIX. ዝክሩ ፡ ለኢዮስ
ያስ ፡ ሠናይ ፡ ዝክረ ፡ ጥበብ ፤ ከመ ፡ ዕፍረት ፡
ዘቅድው ፡ መዐዛሁ ፤ ወጥዑም ፡ ከመ ፡ መዓር ፡
ውስተ ፡ ኵሉ ፡ አፍ ፤ ወከመ ፡ ማሕሌት ፡ ውስ
ተ ፡ ስታይ ። 2 ወውእቱ ፡ ረትዐ ፡ ወሜጠሙ ፡
ለሕዝብ ፤ ወአእተተ ፡ ኵሎ ፡ ኀጢአተ ፡ ርኵስ ።
3 ወአርትዐ ፡ ልበ ፡ ኀበ ፡ እግዚአብሔር ፤ ወበ
መዋዕለ ፡ ኃጥኣን ፡ አጽንዓ ፡ ለጽድቅ ፤ 4 ዳዊ
ት ፡ ዳእሙ ፡ ወሕዝቅያስ ፡ ወኢዮስያስ ፤ ወኵ
ሎሙ ፡ እልክቱሰ ፡ አበሱ ፡ ወጌገዩ ፤ ወኀደጉ ፡
ሕገ ፡ ለልዑል ፤ ወኀልቁ ፡ ነገሥተ ፡ ይሁዳ ።
5 እስመ ፡ አግብኡ ፡ ቀርኖሙ ፡ ለባዕድ ፤ ወክ
ብሮሙኒ ፡ ለካልእ ፡ ሕዝብ ። 6 ወአውዐይዋ ፡
ለሀገር ፡ ኅሬት ፡ ወቅድስት ፤ ወአጥፍኡ ፡ ፍና
ዊሃ ፡ በእደ ፡ ኤርምያስ ። 7 እስመ ፡ ሣቀይዎ ፤
ወውእቱሰ ፡ እምከርሠ ፡ እሙ ፡ ተቀደሰ ፡ ይኩ
ን ፡ ነቢየ ፤ ከመ ፡ ይሥሩ ፡ ወከመ ፡ ያጥፍእ ፤ ወ
ከማሁ ፡ ከመ ፡ ይትክል ፡ ወከመ ፡ ይሕንጽ ። 8
ወሕዝቅኤልኒ ፡ ዘርእየ ፡ ርእየተ ፡ ስብሐቲሁ ፤
ወርእዮ ፡ ላዕለ ፡ ሰረገላ ፡ ዘኪሩቤል ። 9 ወዘከ
ሮሙ ፡ በመዐት ፡ ለፀር ፤ ወበሠናይ ፡ አርትዐ ፡
ፍናዎሙ ፡ ለጻድቃን ። 10 ወሠረጸ ፡ አዕጽም
ቲሆሙ ፡ ለዐሠርቱ ፡ ወክልኤቱ ፡ ነቢያት ፡ በ
መከኖሙ ። ወአስተፍሥሖ ፡ ለያዕቆብ ፤ ወቤዘ
ዎሙ ፡ በሃይማኖት ፡ ተስፋሆሙ ። 11 እፎኑ ፡
እንኃ ፡ ናዐብዮ ፡ ለዘሩባቤል ፤ ወውእቱሰ ፡ ከ
መ ፡ ሕልቀተ ፡ ማዕተብ ፡ ውስተ ፡ እደ ፡ የማን ፤
12 ወኢዮሴዕኒ ፡ ወልደ ፡ ዮሴዴቅ ፤ እለ ፡ ሐነ
ጹ ፡ ቤተ ፡ በመዋዕሊሆሙ ፤ ወአዕበይዎ ፡ [ለሕ
ዝበ ፡] እግዚአብሔር ፤ ዘድልው ፡ ለክብር ፡ ዘ
ለዓለም ። 13 ወለነሐምያን ፡ ብዙኀ ፡ ዝክሩ ፤
[ዘ]አንሥአ ፡ ለነ ፡ አረፍተ ፡ ውድቅተ ፤ ወአቀ
መ ፡ ኆኀተ ፡ ወገብረ ፡ መናሥግተ ፤ ወሐነጸ ፡
ለነ ፡ አብያቲነ ። 14 ወአልቦ ፡ ዘተፈጥረ ፡ ውስ
ተ ፡ ምድር ፡ ዘከመ ፡ ሄኖክ ፤ ወሎቱኒ ፡ ነሥእ
ዎ ፡ እምነ ፡ ብሔር ። 15 ወኢተወልደ ፡ ሰብእ ፡
ዘከመ ፡ ዮሴፍ ፤ መልአከ ፡ ኮነ ፡ ለአኀዊሁ ፤ ወ

---

20 ‸ እደዊሆሙ ፡ AM. [ ] ø F; codd. ለዮሴዕ ፡ 22 [ ] እግዚእ ፡ codd. (erasum in C). ለ ፍናዌ ፡ M. 23 ዓመታቲሁ ፡ BEF. XLIX. 2 ረትዕ ፡ F, አርትዐ ፡ T. 6 ወቅ' ፡] ወለመቅደስ ፡ E. 10 በበመከኖሙ ፡ E. 12 ወዮሴዕኒ ፡ FM. ኢዮሴዴቅ ፡ F. [ ] ሕዝብ ፡ ለ codd. 13 ወለነሐምያኒ ፡ CEF. [ ] ex E; ወ caet. 15 ለሕዝብ ፡ M.

ኀይለ ፡ ኮነ ፡ ለሕዝቡ ፤ ወሣህለ ፡ ረከበ ፡ ለአዕ
ፅምቲሁ ። 16 ሴም ፡ ወሴት ፡ ከብሩ ፡ እምእጓ
ለ ፡ እመሕያው ፤ ወአዳምኒ ፡ እምኵሉ ፡ ሕያው ፡
ዘተፈጥረ ። L. ስምዖን ፡ ወልደ ፡ . . . ካህን ፡
ዐቢይ ፤ ወበሕይወቱ ፡ ሐነጸ ፡ ቤተ ፤ ወበመዋ
ዕሊሁ ፡ አጽንዐ ፡ ጽርሐ ። 2 ወከማሁ ፡ ሣረረ ፡
ዘይነውኖ ፡ ካዕበቶ ፤ ወገብረ ፡ ልብሰ ፡ ቀጢነ ፡
ዘይትዐጸፍ ፡ ካህን ። 3 ወበመዋዕሊሁ ፡ ሐነጸ ፡
አንቅዕተ ፡ ማያት ፤ ወዐዘቅትኒ ፡ ዘከመ ፡ ማየ ፡
ባሕር ፡ ብዝኁ ። 4 ዘይኄልዮሙ ፡ ለሕዝቡ ፡ እ
ምነ ፡ ድቀት ፤ ወኀሠሠ ፡ አሠረ ፡ ሀገር ፡ ወቀተ
ለ ። 5 ወተሰብሐ ፡ በሚጠቶሙ ፡ ለሕዝብ ፤ ወ
በመንጦላዕተ ፡ አንቀጸ ፡ ቤት ። 6 ከመ ፡ ኮከበ ፡
ጽባሕ ፡ በውስተ ፡ ደመና ፤ ወከመ ፡ ወርኅ ፡ ም
ልእት ፡ በዕለተ ፡ ገሃህ ፤ 7 ወከመ ፡ ፀሓይ ፡ እን
ተ ፡ ታበርህ ፡ በመቅደሱ ፡ ለልዑል ፤ ወከመ ፡
ስብሐተ ፡ ብርሃን ፡ በ[ቀስተ] ፡ ደመና ፡ 8 ወከ
መ ፡ ጽጌ ፡ ረዳ ፡ በወርኀ ፡ ኔዎን ፤ ወከመ ፡ ዘይ
ፈሪ ፡ ኀበ ፡ ሙሓዘ ፡ ማይ ፤ ወከመ ፡ ሠርጸ ፡ ሊ
ባኖስ ፡ በመዋዕለ ፡ ማእረር ። 9 ወከመ ፡ ስኂን ፡
ውስተ ፡ እሳት ፡ ዲበ ፡ ማዕጠንት ፤ ወከመ ፡ ን
ዋየ ፡ ወርቅ ፡ ዝብጦ ፤ 10 ወከመ ፡ ዕፀ ፡ ዘይት ፡
እንተ ፡ ሠረጸ ፡ ፍሬሃ ፤ ወከመ ፡ ዕንቍ ፡ ክቡር ፡
ውስተ ፡ ሰርጐ ፤ ወከመ ፡ ዕፀ ፡ ቄጵሮስ ፡ ነዋኅ ፡
በታሕተ ፡ ደመና ፤ 11 ከማሁ ፡ ውእቱ ፡ ሶበ ፡
ይለብስ ፡ ልብሰ ፡ ክብሩ ፤ ወሶበ ፡ ይለብስ ፡ ሰር
ጐ ፡ ምክሑ ፤ ወሶበ ፡ የዐርግ ፡ ውስተ ፡ መዓር
ገ ፡ ምሥዋዕ ፤ ወተሰብሐ ፡ በልብሰ ፡ ቅድሳት ፡
ስብሐት ፡ 12 ሶበ ፡ ይትሜጦ ፡ ሥጋ ፡ መሥዋ
ዕት ፡ እምእደዊሆሙ ፡ ለካህናት ፤ እንዘ ፡ ይቀው
ም ፡ ውስተ ፡ ምቅዋመ ፡ ግብሩ ፤ ወይቀውሙ ፡
ዐውዶ ፡ አኀዊሁ ፡ ወይኬልልዎ ፤ ወየዐውድዎ ፡
ከመ ፡ በቀልት ፡ ተመርት ፤ 13 ወኵሎሙ ፡ ደ
ቂቀ ፡ አሮን ፡ በትርሲቶሙ ፤ ወመባአ ፡ እግዚ
አብሔር ፡ ውስተ ፡ እደዊሆሙ ፤ በቅድመ ፡ ኵ
ሉ ፡ ማኅበሮሙ ፡ ለእስራኤል ፤ 14 ወይገብሩ ፡
ግብሮሙ ፡ በውስተ ፡ መሥዋዕት ፤ ወያሤንዩ ፡
መሥዋዕቶ ፡ ለልዑል ፡ ዘኵሎ ፡ ይመልክ ። 15
ወአንሥአ ፡ እዴሁ ፡ በሞጻሕት ፤ ወአውጽሐ ፡
በደመ ፡ አስካል ፤ ወይሰውጥ ፡ ውስተ ፡ መሠረ
ተ ፡ ምሥዋዕ ፤ መዐዛ ፡ ሠናይ ፡ ለልዑል ፡ ለን
ጉሠ ፡ ኵሉ ፡ ነገሥት ። 16 ወያነብቡ ፡ ደቂቀ ፡
አሮን ፤ ወይነፍኁ ፡ በቀርነ ፡ ዝብጦ ፤ ወያሰም
ዑ ፡ ድምፆ ፡ በዐቢይ ፡ ቃል ፤ ተዝካረ ፡ በቅድ
መ ፡ ልዑል ። 17 ይእተ ፡ አሚረ ፡ ኅቡረ ፡ ያዐ
ርፉ ፡ ኵሎሙ ፡ ሕዝብ ፤ ወይሰግዱ ፡ በገጾሙ ፡
ውስተ ፡ ምድር ፤ ወይገንዩ ፡ ለእግዚአብሔር ፡
እግዚአሙ ፡ ለልዑል ፡ ዘኵሎ ፡ ይመልክ ። 18
ወይሴብሕዎ ፡ መዘምራን ፡ በቃሎሙ ፤ ወይመ
ልእ ፡ ኵሎ ፡ ቤተ ፡ ዕበየ ፡ ጐማ ፡ ቃሎሙ ።
19 ወይጼልዩ ፡ ሕዝብ ፡ ኀበ ፡ እግዚአብሔር ፡
ልዑል ፤ ወይስእሉ ፡ ቅድሜሁ ፡ ለመሓሪ ፤ እስ

L. 1 ጽርሖ ፡ FMT. 3 ወዐዘቃትኒ ፡ CMT. በዝኁ ፡ M. 4 ዘያኄይሎሙ ፡ F. 4b in omn., corruptum (an ወአጽንዐ ፡ ሐጹረ ፡ ሀገር ፡ ለቀቲል ፡?) 6 ኀሕ ፡ M. 7 [ ] ex CEF; በቅድስት ፡ caet. 10 ‸ እንተ ፡ AMT. ሠረጸት ፡ ABE. ቄጴሮስስ ፡ C. 12 በቀልተ ፡ F. ወተመርት ፡ M. 14 መሥ' ፡ 1°] ምሥዋዕ ፡ C corr. 16 ድምፀ ፡ BF. ተዝከር ፡ BC; ተዘከር ፡ AMT. 18 ጕማ ፡ EF. 19 ግብሮሙ ፡ [E]FT, C corr.

ከ ፡ ይፌጽሙ ፡ በሕገ ፡ እግዚአብሔር ፤ ወይገ
ብሩ ፡ ግብሮ ። 20 ወእምዝ ፡ ወረደ ፡ ወአንሥ
አ ፡ እዴሁ ፤ ላዕለ ፡ ኵሉ ፡ ማኅበሮሙ ፡ ለደቂ
ቀ ፡ እስራኤል ፤ ከመ ፡ የሀበሙ ፡ በረከተ ፡ እግ
ዚአብሔር ፡ በከናፍሪሁ ፤ ወከመ ፡ ይትመክሑ ፡
በስሙ ። 21 ወደገሙ ፡ ሰጊደ ፤ ከመ ፡ ያርኢ ፡
ልዑል ፡ በረከቶ ። 22 ወይእዜኒ ፡ ባርክዎ ፡ ለአ
ምላከ ፡ ኵሉ ፤ ዘይገብር ፡ ዐቢየ ፡ በኵለሄ ፤ ዘያ
ነውኅ ፡ መዋዕሊነ ፡ እምከርሥ ፡ እምነ ፤ ወይገብ
ር ፡ ምስሌነ ፡ በከመ ፡ ምሕረቱ ። 23 ወየሀበነ ፡
ትፍሥሕተ ፡ ልብ ፤ ወይ[ግበ]ር ፡ ሰላመ ፡ በመ
ዋዕሊነ ፤ ወበላዕለኒ ፡ እስራኤል ፡ በአምጣነ ፡ መ
ዋዕለ ፡ ዓለም ። 24 ወተአመነ ፡ ምስሌነ ፡ ምሕ
ረቱ ፤ ወቤዘወነ ፡ በመዋዕሊነ ። 25 ክልኤተ ፡
አሕዛበ ፡ ጸልአት ፡ ነፍስየ ፤ ወሣልሰሙሰ ፡ ኢ
ኮነ ፡ ሕዝበ ፤ 26 እለ ፡ ይነብሩ ፡ ውስተ ፡ ደብ
ረ ፡ ሰማርያ ፡ ወፍልስጥኤም ፤ ወሕዝበ ፡ አሞሬ
ዎን ፡ እለ ፡ ይነብሩ ፡ ውስተ ፡ ሰቂማ ። 27 ትም
ህርተ ፡ ጥበብ ፡ ወተግሣጽ ፤ ጸሐፍኩ ፡ ውስተ ፡
ዝንቱ ፡ መጽሐፍ ፤ ኢያሱ ፡ ወልደ ፡ ሲራክ ፡ ወ
ልደ ፡ አልዐዛር ፡ ዘኢየሩሳሌም ፤ ዘአንቅዓ ፡ ለ
ጥበብ ፡ እምልቡ ። 28 ብፁዕ ፡ ዘይገብር ፡ ከመ
ዝ ፡ ዘንተ ፤ ወዘይጠብብ ፡ ወየዐቅቦ ፡ ለዝንቱ ።
29 ዘዘንተ ፡ ገብረ ፡ ኵሎ ፡ ይክል ፤ እስመ ፡ ብ
ርሃኑ ፡ ለእግዚአብሔር ፡ አሠሩ ። LI. እገኒ ፡
ለከ ፡ እግዚኦ ፡ ንጉሥ ፤ ወእሴብሐከ ፡ አምላኪ
የ ፡ ወመድኅኒየ ፤ ወእትአመን ፡ በስምከ ፤ 2 እ
ስመ ፡ ኮንከኒ ፡ ረዳኤ ፡ ወመሰውረ ፤ ወቤዘው
ከ ፡ ለሥጋየ ፡ እምነ ፡ ሞት ፤ ወእምነ ፡ መሥገር
ተ ፡ ውድየተ ፡ ልሳን ፤ ወእምነ ፡ አእላፍ ፡ እለ ፡
ይትጌበርዋ ፡ ለሐሰት ። በቅድመ ፡ ኵሎሙ ፡ እ
ለ ፡ ቆሙ ፡ ላዕሌየ ፤ ኮንከኒ ፡ ረዳእየ ፡ ወመሰው
ርየ ፤ 3 ወቤዘውከኒ ፡ በከመ ፡ ብዝኀ ፡ ምሕረት
ከ ፡ ወበእንተ ፡ ስምከ ። ከመ ፡ ዘየሐቅዩ ፡ ዘአስ
ተዳለዉ ፡ ይብልዑ ፤ ከማሁ ፡ ኀሠሥዋ ፡ ለነፍ
ስየ ፤ በብዝኀ ፡ ሕማም ፡ እንተ ፡ ረከበተኒ ። 4 ወ
ከመ ፡ ዘዐገቶ ፡ እሳት ፡ ወኢይውዒ ፡ በማእከለ ፡
እሳት ፤ 5 ወእምታሕቱ ፡ እምከርሠ ፡ ሞት ፤ ወ
እምልሳን ፡ ግሙን ፡ ወእምቃለ ፡ ሐሰት ፤ 6 ል
ሳን ፡ ዐማፂ ፡ ዘያስተዳጕጽ ፡ ኀበ ፡ ንጉሥ ፤ ወ
አብጽሐ ፡ ውስተ ፡ ሞት ፡ ለ(ሕይወትየ ፡ ወለ)
ነፍስየ ፤ ወሕይወትየኒ ፡ አልጸቀት ፡ ለመቃብ
ር ። 7 ወዐገቱኒ ፡ እምኵለሄ ፡ ወኀጣእኩ ፡ ረዳ
ኤ ፤ ወተናጸርኩ ፡ እመቦ ፡ ዘይትዔዘበኒ ፡ ሰብ
እ ፡ ወአልቦ ። 8 ወተዘከርኩ ፡ ሣህለከ ፡ እግዚ
ኦ ፤ ወግብረከኒ ፡ ዘእምፍጥረተ ፡ ዓለም ፤ እስ
መ ፡ ብፁዓን ፡ እለ ፡ ኪያከ ፡ ይሴፈዉ ፤ ወታድ
ኅኖሙ ፡ እምእደ ፡ ፀሮሙ ። 9 ወአንሣእከኒ ፡
እምነ ፡ ምድር ፡ እምኀጢአትየ ፤ ወሰአልኩ ፡ ከ
መ ፡ እድኅን ፡ እሞት ። 10 ወእቤሎ ፡ ለእግዚ
አብሔር ፡ አቡየ ፡ ወእግዚእየ ፤ ኢትኅድገኒ ፡ አ
መ ፡ ምንዳቤየ ፤ በመዋዕለ ፡ ዕቡያን ፡ ኀበ ፡ አ

21 **ወከመ ፡** omn., exc. FC. 22 **ዘይገብር ፡** ex E; caet. **ወይገ′ ፡** 23 **ወየሀበነ ፡** ex M; caet. **ወይሁበነ ፡** [ ] **ገብ ፡** omn. 27 + **አነ ፡** ante **ኢያሱ ፡** CEFT. ^ **ወልደ ፡** 1° BC, F i. l. 28 **ዘይሌቡ ፡ ወይገብር ፡** EF, C corr. 28 **ለዝንቱ ።**] + **ወልድየ ፡ ረስዮ ፡ ለእግዚአብሔር ፡ ቅድሜከ ፡ በኵሉ ፡ ጊዜ ።** EF, C corr. 29 **አሠሩ ፡**] + **ሎቱ ፡** CEF. LI. 2 **ወመስወሬ ፡** M. 7 **ወነጸርኩ ፡** E, C corr. **ዘይዔዝበኒ ፡** TA(B)E; **ዘይትቤዘወኒ ፡** F, C corr. 9ª omn. (pro **ወአንሣእኩ ፡** — **አስተብቍዖትየ ፡**).

ልበ ፡ ረድኤት ። 11 ወእሴብሕ ፡ ለስምከ ፡ ለዝ
ሉፉ ፤ ወእገኒ ፡ ወአነብብ ፤ ወ[ሰ]ምዐኒ ፡ ስእለት
የ ፡ 12 ወአድ[ኀ]ነኒ ፡ እሞት ፤ ወባልሐኒ ፡ እም
ዕለት ፡ እኪት ፤ እንበይነ ፡ ዝንቱ ፡ እገኒ ፡ ለከ ፡
ወእሴብሐከ ፤ ወእባርከ ፡ ለስምከ ፡ እግዚአ ።
13 እንዘ ፡ ንኡስ ፡ አነ ፡ እንበለ ፡ እስሐት ፤ ኀሠ
ሥክዋ ፡ ለጥበብ ፡ ወአብደርክዋ ፡ በጸሎትየ ።
14 ወበቅድመ ፡ መቅደስ ፡ ሰአልኩ ፡ በእንቲአ
ሃ ፤ ወለዝሉፉ ፡ አኀሥሣ ። 15 ወሠረጸ ፡ ፍሬ
ሃ ፡ ከመ ፡ ቆዐ ፡ ቀምሕ ፤ ወተፈሥሐ ፡ ልብየ ፡
ባቲ ፤ ወቆመት ፡ እግርየ ፡ በጽድቅ ፤ ወእምንእ
ስየ ፡ ተለውኩ ፡ አሠራ ። 16 ወአፅማእኩ ፡ ሕ
ቀ ፡ በእዝንየ ፡ ወኀረይክዋ ፤ ወብዙኀ ፡ ጥበበ ፡
[ረከብ]ኩ ፡ ሊተ ። 17 ወኮነኒ ፡ ተልዕሎ ፡ ባቲ ፤
ወእሴብሖ ፡ ለዘወሀበኒያ ፡ ለጥበብ ። 18 ወኀለ
ይኩ ፡ ከመ ፡ እግበራ ፤ ወቀናእኩ ፡ ለሠናይ ፡ ወ
ኢይትኀፈር ። 19 ወተኀየለት ፡ >ነፍስየ ፡< ባ
ቲ ፤ ወጠበብኩ ፡ በግብርየ ፤ ወአንሣእኩ ፡ ላዕ
ለ ፡ እደዊየ ፤ ወለሐውክዋ ፡ ለእበድየ ። 20 ወ
አርታዕኩ ፡ ነፍስየ ፡ በእንቲአሃ ፤ ወረከብክዋ ፡
በንጹሕ ፤ ወአቀምኩ ፡ ልብየ ፡ ምስሌሃ ፡ እምቀ
ዳሚሁ ፤ ወእንበይነ ፡ ዝንቱ ፡ ኢገደፈኒ ። 21 ወ
ከርሥየኒ ፡ ተሀውከት ፡ ላቲ ፡ ወኀሠሠታ ፤ እን
በይነ ፡ ዝንቱ ፡ አጥረይኩ ፡ ሠናየ ፡ ጥሪተ ። 22
ወወሀበኒ ፡ እግዚአብሔር ፡ በልሳንየ ፡ ዕሴትየ ፤
ወእሴብሖ ፡ ባቲ ። 23 ቅረቡ ፡ ኀቤየ ፡ አብዳን ፤
ወትኅደሩ ፡ ውስተ ፡ ቤተ ፡ ጥበብ ። 24 በእፎ ፡
ኀጣእክምዋ ፡ ንግሩ ፡ እንበይነ ፡ ዝንቱ ፤ ወነፍ
ስክሙኒ ፡ ጸምአት ፡ ፈድፋደ ፤ 25 ወከሠትኩ ፡
አፉየ ፡ ወነገርኩ ፤ ወአጥ[ርይዋ] ፡ ለክሙ ፡ እ
ንበለ ፡ ሤጥ ። 26 አትሕቱ ፡ ክሳደክሙ ፡ ወተሰ
ከምዋ ፡ ጾራ ፤ ወትትወከፍ ፡ ነፍስክሙ ፡ ጥበ
በ ፤ ቅሩብ ፡ ውእቱ ፡ ረኪቦታ ። 27 ናሁ ፡ ርእ
ዩ ፡ በአዕይንቲክሙ ፤ ከመ ፡ ውኁደ ፡ ጻመው
ኩ ፤ ወብዙኀ ፡ ዕረፍተ ፡ ረከብኩ ፡ ሊተ ። 28
አብ[ድር]ዋ ፡ ለጥበብ ፡ እምነ ፡ ብዙኀ ፡ ብሩ
ር ፤ ወእምነ ፡ ብዙኀ ፡ ወርቅ ፡ ዘአልበ ፡ ኆልቌ ፡
አጥ[ርይ]ዋ ፡ ለክሙ ። 29 ወ[ትትፈሣሕ ፡ ነፍ
ስክሙ ፡] በምሕረቱ ፤ ወኢትኀፈሩ ፡ አእኰቶ
ቶ ። 30 ግበሩ ፡ ግብረክሙ ፡ እንበለ ፡ ይብጻ
ሕ ፡ ዕድሜሁ ፤ ከመ ፡ የሀብክሙ ፡ ዕሴተክሙ ፡
በጊዜሁ ።

11 [ሰ] ስ codd.; ወሰማዕከኒ ፡ ጸሎትየ ፡ EC(F). 12 [ኀ]ኃ codd.; ወአድኀንከኒ ፡, ወበላሕከኒ ፡ EF, C corr. 16 [ ] ኀረይ ፡ ABMT. 19 > < ex FC. ባቲ ፡] ላቲ ፡ ABEMT. 20 በንጽሕ ፡ F. 23 ወኅድሩ ፡ B, ወተኅድሩ ፡ EFT. 24 ንግሩኒ ፡ codd., exc. AM. 25 [ ] ረይክዋ ፡ codd. 26 ለጾራ ፡ CT. 27 ‸ ሊተ ፡ ABF, ባቲ ፡ E. 28 [ ] ደርከ codd. [ ] ረይከ codd. 29 [ ] ተፈሥሐት ፡ ነፍስየ ፡ codd.; (ወትትፌሥሐኒ ፡ E). አእኰቶቶ ፡] + ለእግዚአብሔር ፡ M. 30 ይብጻሕክሙ ፡ M.

Siracida. 113

Libri Siracidae Aethiopici amplius viginti in Europa exstant exemplaria, quae omnia perlustrare nec volui nec potui. Septem tantum adhibui, quae sunt: 1) T, Tubingense (Ms. aeth. 19), saeculi XV vel XVI, negligentius exaratum, in quo mediis fasciculi primi et decimi plagulis deperditis Cap. 3,13—4,17 et 42,18—43,21 deficiunt, etiam 38,1 et 2[b]—12 nec non ob homoeoteleuton alia multa omissa sunt; 2) A, d'Abbadianum LV (Catal. p. 65—8), antiquum, 3) E, d'Abbadianum XXXV (Cat. p. 42—4) saeculi XVII, accurate exscriptum et recognitum, 4) F, Francofurtense (Rüpell Reise II. 407), diligenter scriptum et retractatum, 5) B, Berolinense (Peterm. II Nachtr. 55; in Cat. meo No. V) saeculi XVI, minus accurate exscriptum, 6) C, Berol. (Pet. II N. 35; in Cat. No. IV), saeculi XVII, alia manu correctum, 7) M, Musei Britannici (Add. 16188, in meo Cat. No. V), saeculi XVI vel XV. E codicibus Parisiensibus Eth. 9 et 10 (in Zotenb. catal. No. VI et VIII) et Londinensi Orient. 494 (in Wrightii cat. No. XVIII) disticha quaedam vexata, a viris cl. Zotenberg et Bezold collata, inspexi, unde eos meis non meliores esse didici. Eo magis caeteros, plerosque aetate inferiores, supersedendos existimavi.

Prologus, a nepote auctoris libro praemissus, in versione Aethiopica desideratur. Vice proëmii vulgata libri versio (TBF; in C manu recenti additum) exhibet Cap. 1,1—19, **ቀዳሚሂ ፡ (ለጥበበ ፡ ሲራክ ፡)** inscriptum; in antiqua versione (AME) C. 1,1—19 non legitur, nec dubium videtur, quin hoc exordium ab iis, qui illam retractaverunt, suppletum sit.

Perturbatio ordinis capitulorum inde a Cap. 31,24 usque ad 36,31 apud Abessinos eadem comparet, quae in editione Graeci Vaticana invaluit. Sed nova illis confusio, plagulis perperam dispositis, antiquitus accrevisse videtur. Plerisque enim in codicibus sese excipiunt Cap. 1,20—4,28[a]. 22,11—25,18. 5,13—22,8. 25,19—30,40. Cp. 31—51 (secundum ordinem Vaticanum). Desunt 4,28[b]—5,12, nec nisi in F et in C (f. 2[b]. 3[a]) suppleta reperiuntur. Praeterea aliis in codicibus alia quoque perturbata inveniuntur: ex. gr. in B post Cp. 28,11 sequitur 31,20—36,3 med., deinde 28,12—31,19. 36,3[b]. 4—51,30; in M vero (transpositis archetypi cujusdam plagulis) omnia permista et confusa sunt, sc. 1,20—4,28[a]; 22,11—25,18; 5,13—11,19[b] **(ወአእከልኩ ፡)**; 38,24 **(መዋዕለ ፡)** — 40,11[a] **(አፍላግኒ ፡ ኵሉ ፡)**; 36,19 **(ለጽዮን ፡)** — 38,24[a] **(ለጸሓፊ ፡)**; 42,18[b] **(ወያአምሮሙ ፡)** — 47,4 **(አኮኑ ፡)**; 30,34[b] **(ይፈቅዱ ፡)** — 36,19 **(ወምልአ ፡)**; 40,11[b] **(ውስተ ፡ ባሕር ፡)** — 42,18[b] **(ምክሮሙ ፡)**; 47,4 **(በንእሱ ፡)** — 50,5[a] **(ለሕዝብ ፡)**; 28,14 **(መስተዳጉጽ ፡)** — 30,34[b] **(ይትገዐዙ ፡)**; 11,19[c] **(ወኢያአምር ፡)** — 22,8 **(ትቤ ፡)**; 25,19—28,15[a] **(ልሳን ፡)**; 50,5[b] **(በመንጦላዕተ ፡)** — 51,30. Solus codex F, eximius versionis recognitae testis, vulgatum Graeci Vaticani ordinem restitutum praebet. Hunc ordinem vulgarem et ipse in adornanda mea editione non potui non sequi.

Partitionem libri nullam omnino exhibet T. In A et F inscriptiones rubricatae inveniuntur 44,1 **ውዳሴ ፡ ጻድቃን ፡**, 51,1 **ጸሎቱ ፡ ለኢያሱ ፡**; eaedem nec non 30,1 **በበይነ ፡ ውሉድ ፡** in E; eaedem, quae in E, in B et C, praeterea 24,1 **በእንተ ፡ ውዳሴ ፡ ጥበብ ፡ ወትዕግሥት ፡** (etiam 20,27 **ነገረ ፡ አምሳል ፡** in C, sed posthac deletum). Rubricatis initiis vel interstitiis insignitae sunt sectiones in M: 24,10. 34. 43,14[b]; in C: 3,1. 27,8. 28,10. 23. 29,4. 30,1. 14. 27. 31,14. 27. 32,17[b]. 34,3. 12. 19. 35,3. 36,14. 17. 37,11. 38,1.

16. 27. 29. 39,1ᵇ. 12. 40,5. 18. 28. 41,1. 42,5. 12. 44,1. 16. 19. 22. 23. 45,1. 6. 23. 46,1. 9. 13. 47,1. 13. 23ᵇ. 48,1. 12ᵇ. 17. 49,1. 6. 8. 11. 13. 14. 50,27; in E 27,8. 28,10. 22. 29,21. 30,1. 14. 31,14. 34,12. 22. 36,17. 37,27. 38,16. 39,1ᶜ. 12. 26. 40,28. 42,15. 44,1. 16. 45,6. 23. 46,1. 9. 13. 47,1. 13. 48,1. 12ᵇ. 17. 49,1. 8. 13. 16. Praeterea in margine codicis E ምዕራፍ ፡ (capitula) manu recentiori adscripta sunt, in summa 49; in F sub finem libri nonnumquam ክፍል ፡ (numero non addito) inscriptum legitur, ut 39,1ᶜ. 40,1. 42,1 al.

Etiam in titulo libri mire variant codices. Qui a Cp. 1,20 incipiunt, inscripti sunt 1) M: ጥበብ ፡ ኢያሱ ፡ ወልደ ፡ ሲራክ ፡ ወልደ ፡ አልዓዛር ፡ ዘኢየሩሳሌም ፡, 2) A: ትምህርተ ፡ ጥበብ ፡ ወተግሣጽ ፡ ዘጸሐፍኩ ፡ ውስተ ፡ ዝንቱ ፡ መጽሐፍ ፡ አነ ፡ ኢያሱ ፡ ሲራክ ፡ ወልደ ፡ አልዓዛር ፡ ዘኢየ' ፡ (vid. 50,27), 3) E: መጽሐፈ ፡ ጥበበ ፡ ሲራክ ። ትም' ፡ ጥ' ፡ ወቃለ ፡ ተግሣጽ ፡ ጸሐፍኩ ፡ ው' ፡ ዝ' ፡ መ' ፡ አነ ፡ ኢ' ፡ ሲ' ፡ ወልደ ፡ ሲራክ ፡ ወ' ፡ አል' ፡ ዘኢ' ። Etiam T ante Cp. 1,20 eundem titulum (exc. መጽ' ፡ ጥ' ፡ ሲ' ፡) exhibet, quem E.[1]) Qui autem proëmium 1,1—19 praemissum habent, inscripti sunt 1) F: ጥበብ ፡ ዘሆሴዕ ፡ ወልደ ፡ ሲራክ ፡[2]); 2) B: ጥበብ ፡ ዘተከሥተ ፡ በኢየሩሳሌም ፡ ለኢያሱ ፡ ወልደ ፡ አልዓዛር ፡; 3) T: ኩሉ ፡ ጥበብ ፡ኀበ ፡ እግዚአብሔር ፤ ጥበብ ፡ ተከሥተ ፡ በኢየሩ' ፡; 4) C: ጥበብ ፡ ኢያሱ ፡ ወልደ ፡ ሲራክ ፡ ትምህርተ ፡ ጥበብ ፡ ወቃለ ፡, caetera sicut in E.[3])

Libro subscriptum in BMT nihil legitur; in CE: ተፈጸመ ፡ በዝየ ፡ ጥበቢሁ ፡ ለኢያሱ ፡ ወልደ ፡ ሲራክ ፡; in A: በዝየ ፡ ተፈጸመ ፡ ሲራክ ፡ ወልደ ፡ አልዓዛር ፡; in F: ተፈ' ፡ መጽሐፈ ፡ ሲራክ ፡ ዘተጽሕፈ ፡ በ፷፻ወ፩፻ወ፸ዓመት ፡ (quocum convenit Par. Eth. 9), i. e. anno mundi 6170 vel Christi 678. Sententiam Zotenbergi[4]), qui huic anno annum mundi 7170 (vel Christi 1678) substituendum esse censet, equidem non approbaverim; facilius crediderim, anno 678 Ecclesiasticum in Geez versum esse. At in codice Musei Brit. Orient. 494 (in Wrightii cat. p. 17) legitur: ዘተጽሕፈ ፡ በ፷፻ወ፱፻ወ፸ዓመት ፡ i. e. anno mundi 6970 (Christi 1478), quam lectionem si quis potiorem habuerit, illo anno aut archetypum quorumdam recentiorum apographorum exaratum, aut priscam versionem ex auctoritate libri Graeci refectam esse existimaverit.

Etenim sicut alii libri sacri, ita sine dubio Ecclesiasticus quoque ineunte Christianismi Abessinorum aetate in Geez linguam translatus est. At saeculis interlapsis postquam varia versionis menda, sive nativa sive apographorum corruptionibus et scholiorum additamentis sensim illata, comperta sunt, doctores quosdam sacrarum literarum studiosos ad versionis apographa, quae tunc circumferebantur, passim quidem emendanda aggressos esse negari non potest. Quae cum ita sint, meum erat, priscam a recognita versione

---

[1]) Cum ETA concordant Parisienses Eth. 10 et 106, cfr. Zotenberg catal. p. 13 et 261.

[2]) itidem Par. Eth. 9 (apud Zot. p. 10) et Lond. Mus. Brit. Orient. 486 et 500 (in Wrightii catalogo p. 9 et 19).

[3]) Praeterea cfr. in Par. Eth. 10 (Zotenb. p. 12): ዘኢያሱ ፡ ዘአሰር ፡ (i. e. አሳር) ድንትርያሱ ፡ (legas ጽን' ፡, i. e. πανάρετος) ጥበብ ፡ ዘተከሥተት ፡ በኢየሩ' ፡ (unde Syriaci quoque Ecclesiastici notitiam quandam ad Abessinos pervenisse elucet).

[4]) Catal. p. 10.

bene distinguere. Sed huic officio quo minus ea qua par erat constantia satisfacerem, ipsa codicum manuscriptorum indoles obstabat. Nullus enim adhuc codex repertus est, quo prisca versio integra et pura contineatur. Neque antiquiores AM (BT), qui priscam magis sequi solent, depravationibus, immutationibus et additamentis satis immunes sunt, neque EF (C correctus), praecipui versionis recognitae testes, novas tantum lectiones praebent, sed multis in locis priscas (in caeteris corruptas) restitutas exhibent. Quare cum omnes codices prisca et recentiora magis minusve mixta contineant, nihil reliquum erat, nisi ut lectiones antiquiorum codicum secundum verba Graeci recenserem, variatas autem aut ex aliis codicibus (ubi fieri poterat) aut conjectura emendarem, et rejectas nec non e recognitione priscae versionis oriundas in infimis paginis adnotarem. Lacunas e testibus recognitae versionis expletas inter > < posui; ne in illis quidem sartas serie punctorum . . . . notavi; additamenta et interpretamenta manifesta semicirculis ( ), emendationes uncinis [ ] inclusi. Nec dubito, quin editio quam offero ad priscam versionem satis prope accedat. Restant quidem loci complures obscuri vel manifesto corrupti, qui quomodo sanandi sint, haud ita facile est intellectu. Sunt etiam disticha multa, quae a Graeco longius discedant[1]). Sed cum ejusmodi discrepantiae in aliis quoque Ecclesiastici versionibus (ut Syriaca et Latina), etiam plures quam in Aethiopica, reperiantur, neque facile disceptari possit, utrum ab interprete ipso an a lectoribus vel librariis inferioris aetatis originem duxerint, eas non tangendas esse censui[2]). Plurima enim quamvis bene, nonnumquam eleganter verterit interpres, tamen aliarum sententiarum non verba, sed vim tantum exprimere satis habuit. Praeterea non desunt loci, ubi quid auctor sibi voluerit cum non intellexerit interpres, verba ejus in alia deflexerit vel male strictimve interpretatus sit. Exempla habes Cp. 5,15. 6,30 (*κόσμος*); 7,18 (*ἀδιαφόρου*, item 27,1); 9,3 (*ἑταιριζομένη*), 14 (*στόχασαι*); 10,31. 12,12. 17. (*ὑποσχάσει*); 13,10. 14,3 (*μικρολόγῳ*); 18,7. 18. 24. 33 (*συμβολοκοπῶν*); 19,8. 9. 26. 27 (*ἑτεροκωφῶν*); 20,2. 12. 21. 24. 21,15 (*σπαταλῶν*); 22,1 (*ἠρδαλωμένῳ, ἐκσυριεῖ*). 2 (*ἀναιρούμενος*); 25,2 (*εἴδη*). 18 (*ἀναπεσεῖται*). 26,6^b. 12. 28 (*σκυβαλισθῶσι*); 28,1. 29,1 (*ἐπισχύων*). 2^b. 30,31 (*ὑπεράγων*); 34,1. 35,2—4. 11. 20—24. 36,3. 6. 8^b. 9^b. 25. 26. 37,22. 23. 38,23. 24. 39,1. 2. 31. 40,29. 41,2. 14. 42,9. 10. 14. 44,4 (*διαβουλίοις*). 45,3. 18. 46,6. 47,23. 48,12^a. 50,2—5.

Permulta denique, quae a Graeco recepto discedunt, e varietate archetypi Graeci, quo interpres usus est, originem duxerunt. Lectionum a Graeco Holmesiano discrepantium, quas secutus esse videtur, conspectum offero hunc: 1,13 *εὐλογηθήσεται* (pro *εὑρ. χ.*). 14 *Κύριον* (pro *Θεόν*). 21 *θυμώδης*. 22 *ἀνέξεται. εὐφροσύνην*. 23 *πολλῶν* (pro *πιστῶν*). 2,1 ^ *Θεῷ*. 3,7 ^ *ἐν* (ante *τοῖς*). 14 *ἐπιλησθήσεται*] + *σοι*. 20 *ἐν τοῖς ταπεινοῖς*. 26 *ἀπολεῖται* (pro *ἐμπεσεῖται*). *πονηρά* (? pro *σκληρά*). 27 *πονηρά* (? pro *σκληρά*). 28 *ἐπαγωγῇ. ἐν αὐτοῖς*. 31 *μνησθήσεται. πτώσεως*] + *αὐτοῦ*. 4,4 *οἰκέτην*. 10 *ἢ μήτηρ*. 11 *υἱοὺς αὐτῆς*. 15 *προσέχων* (pro *προσελθών*). [5,2 ^ *τοῦ πορεύεσθαι ἐν ἐπιθυμίαις καρδίας σου*. 3 ^ *σε*.] 6,3 *ἀφήσει σεαυτόν*.

---

[1]) Ex. gr. Cp. 34,29, ubi e Prov. 31,6, vel Cp. 47,4. 6, ubi e libro Samuelis quaedam immixta videntur.

[2]) Ex. gr. Cp. 21,18 ዘኢይትፌከር፡ pro ዘኢይትፌቀድ፡, 39,28 ይዘርው፡ et ያቈርሩ፡ pro ይዘረው፡ et ይቀርቦሙ፡ conjici poterat.

^{9} *ἐχθρόν.* ^{29} *αἱ πέδαι αὐτῆς.* 7,^{17} stichus *μνήσθητι κ. τ. λ.* ante stichum *ταπείνωσον κ. τ. λ.* positus. 9,^{5} *ἐπιθυμίαις* (pro *ἐπιτιμίοις*). 10,2 ‸ *αὐτοῦ* 1^{0}. ^{9} *εὐρωτιᾷ* vel *σαπρίζει* (?) pro *ἔῤῥιψα.* ^{10} *ἐκκόπτει* (?). ^{11} ‸ *ἑρπετὰ καὶ θηρία καί.* ^{17} *ἐξῆρεν* (pro *ἐξήρανεν*). 11,^{17} *εὐοδοῖ.* ^{27} *πλησμονήν.* ^{30} *θηρεύεται.* 12,^{8} *ἐκβληθήσεται* (?). 14,^{22} *ὁδοῖς* (pro *εἰσόδοις*). ^{25} *ἀγαθῷ.* 15,^{20} + *εὑρήσει* ante *καί* 2^{0}. 16,^{3} *τὸ πλῆθος* (pro *τὸν τόπον*). ^{18} ‸ *τοῦ Θεοῦ.* 17,^{8} *φόβον* (pro *ὀφθ.*). ^{13b} et ^{14a} transpositi. ^{23} *αὐτῷ* pro *αὐτοῖς.* ^{27} ‸ *καὶ ζώντων* 2^{0}. ^{31} *πονηρόν. σάρξ.* 18,^{9} *αὐτοῦ* pro *ἀνθρώπου.* ‸ *πολλά* (?). ^{10} *ἡμέραις.* ^{11} *μακροθυμεῖ.* ^{24} *μνήσθητι τελευτῆς ἐν ἡμέραις θυμοῦ.* ^{32} *μὴ προσδεήθῃς συμβολῆς αὐτῆς.* 19,^{22} ‸ *ὅπου.* 20,^{17} *μου* pro *αὐτοῦ* (?). ^{27} *προσάξει.* 21,^{2} *δέξεται.* ^{17} *διανοηθήσονται.* ^{24} *ἀκροᾶται.* 22,^{16} *ἐν καιρῷ οὐ δειλιάσει* commati sequenti conjunctum. ^{23} *εὐφρανθῇς* (pro *ὁμοῦ πλησθῇς*). 23,^{1} *Θεέ* pro *δέσποτα.* ^{10} ‸ *γάρ. διαπαντός*] + *τὸ ὄνομα Κυρίου.* ^{11} ‸ *διακενῆς* (?). 24,^{7} *μετὰ ταῦτα πάντα* (?). ^{11} *ἡγιασμένῃ* pro *ἠγαπ.* ^{16} *τερέβινθος.* ^{19} *ἐμπλησθήσεσθε.* ^{32} *αὐτήν* pro *αὐτά.* ^{34} *με* pro *αὐτήν* (?). 25,^{17} *ἄρκος* pro *σάκκον.* ^{21} *γυναῖκα*] + *ἐν κάλλει.* 26,^{5} *ἐφοβήθην* (pro *ἐδεήθην*). ‸ *πάντα μοχθηρά* (?). 27,^{6} *ἐνθύμημα.* ^{20} ‸ *καὶ οὐ θηρεύσεις αὐτόν* (?). ^{22} *αὐτά* pro *αὐτόν.* 28,^{10} stichus *καὶ κατὰ τὴν στ. τ. μ. ἐκκ.* ante stichum *κατὰ τὴν ἰσχύν* positus. ^{12} ‸ *σου.* ^{13} *ἀπώλεσεν.* ^{16} *ὃς οὐ προσέχει* (?). 29,^{19} *ἐμπεσεῖται.* ^{24} *παροικήσεις, ἀνοίξεις.* ^{27} ‸ *ἀπὸ προσώπου δόξης* (?). 30,^{2} *αἰνεθήσεται* pro *ὀνήσεται.* ^{7} *περὶ ψυχῶν υἱῶν.* ^{13} ‸ *καὶ μὴ παρίδῃς — νεότητι.* (^{18} *ἐδέσματα* pro *ἀγαθά* ?). ^{23} *ἀπάτα* (pro *ἀγάπα*). $^{38\,(29)}$ *πιστεύσῃς* pro *περισσεύσῃς* (?). $^{39\,(31)}$ ‸ *ἔστω — οἰκέτης. ἀδελφόν* pro *σεαυτόν.* 31,$^{29\,(24)}$ ‸ *ὁ δεσπότης* (?). 32$^{21\,(17)}$ *Κύριος* (pro *ὁ ὕψιστος*). *δικαίοις.* $^{22\,(18)}$ ‸ *ἀνελεημόνων* (?). 34,^{2} *ὕπνον.* ^{7} *ἐνθουσιάζουσιν.* (^{13} *ἀνδρός* pro *πονηρός* ?). ^{26} *ἐν καρδίᾳ* pro *καρδίας ἐν μάχῃ* (?). 35,^{8} ‸ *πολλά* (?). ‸ *ὡς.* ^{11} *ἀθύμει.* ^{14} *παιδείαν*] + *αὐτοῦ. ὀρθρίζοντες*] + *πρὸς αὐτόν.* ^{24} *προσέχων* pro *πιστεύων.* 36,^{5} *δειλοῦ* (pro *αὐτοῦ* ?). ^{18} *πόλιν*] + *τόπον.* ^{20} *προφήτας.* ^{22} *οἰκετῶν* (pro *ἱκετῶν*). 37,^{1} ‸ *αὐτῷ.* ^{2} *μένει* (pro *ἔνι*). ^{10} *ζητούντων* (pro *ζηλούντων*). ^{26} *χάριν* (pro *πίστιν* ?). ^{29} *τροφῇ.* 38,^{1} *πρὸς τὰς χεῖρας αὐτοῦ.* ^{7} *αὐτῶν* pro *αὐτοῦ.* ^{13} *εὐοδία.* ^{17} *διαταγῆς* (pro *διαβολῆς* ?). ^{22} *τὸ κρίμά μου. οὕτως* (pro *οὕτω ὡς*). ^{28} *ἔργον σιδήρου. κωφοῖ* (pro *καινιεῖ* ?). 39,^{4} *ἡγουμένων.* ^{14} *ἔργοις*] + *αὐτοῦ.* ^{15} *χιλίων.* ^{17} praemissum: *οὐκ ἔστιν εἰπεῖν· τί τοῦτο, εἰς τί τοῦτο;* ^{23b} ad finem commatis 24 adscriptum est. ^{26} *πυρός.* ^{32} *ἐστηρίχθη πάντα* (?). 40,^{9} ‸ *ἐπαγωγαί.* ^{16} *ἠχεῖ* (?). ^{21} *μέλη.* ^{22} ‸ *σου.* ^{25} *πόλιν* pro *πόδα.* 41,^{5} *ἀναστρεφόμεναι παροικίαι* (?). ^{8} ‸ *Θεοῦ.* ^{14} *παιδεία ἐν εἰρήνῃ συντηρήσει τέκνα αὐτῆς* (?). 42,^{2} *κρίματος*] + *μή.* ^{8} *περὶ πορνείας* (pro *πρὸς νέους*). ^{13} ‸ *γυναικός* 2^{0}. ^{16} *Κυρίου* (pro *αὐτοῦ* 1^{0}). ^{21} *ὡς* pro *καὶ ἕως.* 43,^{2} *ὑψίστων.* ^{4} *ἐκφυσῶν* (pro *ἐμφ.*). ^{9} *κόσμον. Κυρίου.* ^{10} *ἐκκλιθῶσιν.* ^{16} *θελήματι*] + *αὐτοῦ.* ^{20} *ἐφ'* pro *ἀφ'.* ^{25} *κτῆσις κτηνῶν.* ^{26} *εὐωδία.* 44,^{2} *Κύριος*] + *ἐν αὐτοῖς.* ^{3} *βουλευταί.* ^{9} *αὐτῶν* (pro *αὐτούς*). ^{17} *ὅτε* pro *διὰ τοῦτο* 2^{0}. 45,^{4} *ἡγίασεν*] + *αὐτόν.* ^{5} ‸ *καὶ ἐπιστήμης* (?). ^{15} *χεῖρας*] + *αὐτοῦ.* ^{22} + *καί* ante *κληρονομία.* ^{23} *ἐντροπῇ* (?). ^{25} *τῷ υἱῷ Δαυίδ. Ἀαρών*] *αὐτῷ.* 46,^{1} *Ἰησοῦς*] + *υἱός.* ^{6} *πόλεμον*] *πολέμιον. πανοπλίαν αὐτοῦ.* ^{13} *βασιλείαν*] *βασιλέα. ἄρχοντα.* ^{15} *πίστει* 2^{0}] *ῥήματι.* ^{16} *θλίψαι*] + *αὐτόν.* ^{19} *χριστοῦ*] + *αὐτοῦ.* 47,^{10} *αὐτούς*] *αὐτόν.* ^{18} ‸ *τοῦ θεοῦ.* ^{22} *διαφθείρῃ.* 48,^{9} *λαμπάδι.* ^{11} *ἰδόντες*] *εἰδότες.* ^{17} *τὸν Γώγ*] *ὕδωρ.* ^{18} *τὴν χεῖρα.* 49,^{9} *ἀγαθῶσαι*] *ἀνώρθωσε.* ^{12} ‸ *ἅγιον.* 50,^{9} *κεκοσμημένον — πολυτελεῖ*] positum in comm. 10 post *καρπούς.* ^{12} ‸ *ὡς βλάστημα — Λιβάνῳ* (?). ^{17} *κατέπαυσαν.* ^{18} *ἐμεγαλύνθη.* ^{20} *Κυρίου.* ^{21} *ἐδευτέρωσαν.* ^{22} *πάντες*] *πάντων.* ^{26} *Σαμαρείας*] + *καί. μωρός*] *Ἀμοῤῥαίων.* ^{27} *Σειράχ*] + *υἱὸς Ἐλεαζάρου.* 51,^{2} *χιλίων.* ^{8} *ἐθνῶν*] *ἐχθρῶν.* ^{9} *ἐπί*] *ἀπό.* 10 *Κυρίου*] *καὶ Κύριον.* 19 *λιμοῦ*] *μου.* 20 *καρδίαν* — *ἀρχῆς*] post *εὗρον αὐτήν* positum. 22 *μοι*] *μου.* 24 *διότι*] *τί ὅτι.* *ὑστερεῖτε*] + *λέγετε.*

Postremo de duobus locis libri vexatis quaedam annotare juvat. In Cap 11,30 illud ቈጽለ፡ አሥርቆ፡, de quo in Lexico meo c. 240 et 473 frustra laboravi, nescio an explanandum sit e G. Schweinfurth Abyssinische Pflanzennamen (in Abhandlungen der K. Preuss. Akademie der Wissenschaften vom Jahr 1893) p. 23 et 58, ubi legitur asserkokha i. e. Cissus adenantha (teste Schimper). Deinde in Cp. 31,8. 37,21 pro እግዚአብሔር፡, quod consulto imprimendum curavi, vocem አስታር፡ antiquitus traditam esse, e variis codicum lectionibus pro certo colligi potest. Astar autem Abessinis, priusquam ad sacra Christiana transierunt, divino honore cultum esse ex inscriptione Axumitica nunc satis constat. Sequitur, eo tempore, quo Ecclesiasticus in Geez sermonem translatus est, paganismi vestigia nondum ita superata fuisse, ut illicitum videretur, fortunam seu fatum hujus dei nomine nuncupare.

ጥበበ ፡ ሰሎሞን ፡

አፍቅርዋ ፡ ለጽድቅ ፡ መኳንንተ ፡ ምድር ፤
ኅልዩ ፡ በእንተ ፡ እግዚአብሔር ፡ ሠናየ ፤ ወበ
ፍሥሓ ፡ ልብክሙ ፡ ኅሥዎ ። 2 እስመ ፡ ይትረ
ከብ ፡ ለእለ ፡ [ኢ]ያሜክርዎ ፤ ወያስተርኢ ፡ ለ
እለ ፡ ኢይክሕድዎ ። 3 እስመ ፡ ጠዋይ ፡ ኅሊ
ና ፡ እምእግዚአብሔር ፡ ያርሕቅ ፤ ወእንዘ ፡ ት
ትሜከር ፡ ኀይል ፡ ትዘልፎሙ ፡ ለአብዳን ። 4 እ
ስመ ፡ ውስተ ፡ ምይንት ፡ ነፍስ ፡ ኢትበውእ ፡
ጥበብ ፤ ወኢየኀድር ፡ ውስተ ፡ ሥጋ ፡ ዘቅኑይ ፡
ለኀጢአት ። 5 ቅዱስ ፡ መንፈስ ፡ ትምህርተ ፡
ያጐይይ ፡ ዘእከይ ፤ ወይትነሣእ ፡ እምኅሊናሆ
ሙ ፡ ለአብዳን ፤ ወይዘልፍ ፡ በምጽአታ ፡ ለእከ
ይ ። 6 እስመ ፡ መፍቀሬ ፡ ሰብእ ፡ መንፈሰ ፡ ጥ
በብ ፤ ወኢያነጽሕ ፡ ጽሩፈ ፡ እምከናፍሪሁ ፤ እ
ስመ ፡ ለኵልያቲሁ ፡ ስምዕ ፡ እግዚአብሔር ፤ ወ
ለልቡ ፡ ሐዋጺ ፡ ህልው ፤ ወለልሳን ፡ ሰማዒ ።
7 እስመ ፡ መንፈሰ ፡ እግዚአብሔር ፡ መልአ ፡
ዓለመ ፤ ወዘይእኅዝ ፡ ኵሎ ፡ አእመሮ ፡ በቃል ።
8 በእንተዝ ፡ ዘይነብብ ፡ ዐመፃ ፡ መኑሂ ፡ ኢያ
መሥጥ ፤ ወኢትትዐደዎ ፡ ለዘሊፍ ፡ ኵነኔ ። 9
እስመ ፡ ለምክሮሙ ፡ ለረሲዓን ፡ ሐተታ ፡ ይከ
ውን ፤ ወለንባቦሙ ፡ ድምፁ ፡ ኀበ ፡ እግዚአብ
ሔር ፡ ይበጽሕ ፤ ወለዘላፉ ፡ አበሳሁ ። 10 እስ
መ ፡ እዝን ፡ ቀናኢ ፡ ይሰምዕ ፡ ኵሎ ፤ ድምፀ ፡
ነጐርጓር ፡ ኢይትኀባእ ። 11 ተዐቀቡኬ ፡ እንከ ፡
ነጐርጓረ ፡ ዘኢይበቍዕ ፤ ወእምሐሜት ፡ [ባል
ሑ ፡ ልሳነ] ፤ እስመ ፡ ነገር ፡ ዘበጽምሚት ፡ በ
ከ ፡ ኢይወፅእ ፤ አፍ ፡ ዘይጠቅል ፡ ይቀትል ፡ ነ
ፍሰ ። 12 ኢትቅንኡ ፡ ሞተ ፡ በስሕተተ ፡ ሕይ
ወትክሙ ፤ ወኢ[ትንሥኡ] ፡ ሥራዌ ፡ በምግባ

1a ለጥበብ ፡ ወለጽድቅ ፡ BO. 1b ወኅልዩ ፡ ኀይለ ፡ (ግብረ ፡ NP) እግዚ" ፡ በአእምሮ ፡ ሠና ይ ፡ ж. 1c ወበስፉሕ ፡ (ወበፍሡሕ ፡ EN) ልብ ፡ ኅሥዎ ፡ ж. 2 ያሜክርዎ ፡ AES, caet. ኢያሜ' ፡, ያ አምርዎ ፡ MNO. 3b ወኀይል ፡ ፍትንት ፡ ж. 5a እስመ ፡ መንፈሰ ፡ ተግሣጽ ፡ ቅዱስ ፡ ትምህርተ ፡ ያ' ፡ ዘእ' ፡ ж. 5b ወይትነሣእ ፡] + በመዊእ ፡ ж. 5c ወይዘልፍ ፡ እኩየ ፡ ሶበ ፡ ይመጽእ ፡ ж. 6b ፀ ራፌ ፡ ж. 6c ላዕለ ፡ ኵል' ፡ ж. 6d ወሐዋጺ ፡ ህልው ፡ ይሔውጽ ፡ ልበ ፡ ወልሳኖ ፡ ሰማዒ ፡ ж. 7b ወዘይ' ፡ ኵሎ ፡ ፍጥረተ ፡ ያገምር ፡ አእምሮ ፡ ቃሎሙ ፡ ж. 8 በእንተ ፡ ዝንቱ ፡ ኢይትኀባእ ፡ እምኔሁ ፡ ወኢመኑሂ ፡ እንዘ ፡ (v. እምዘ ፡) ይትናገር ፡ ቃለ ፡ ዐመፃ ፤ እስመ ፡ ኢይትዐደዎ ፡ ኵነ ኔ ፡ በከሢተ ፡ ግብሩ ፡ ж. 9a እስመ ፡ ለረሲዓን ፡ የሐትቶሙ ፡ በምክረ ፡ ኅሊናሆሙ ፡ ж. 9c ለ ዘልፈተ ፡ አበሳሆሙ ፡ ж. 10a እስመ ፡ አከ ፡ እንበይነ ፡ ቅንአት ፡ ዘይሰምዕ ፡ ኵሎ ፡ ግብረ ፡ ж. 10b ኢይትኀ' ፡] + እምኔሁ ፡ ж. 11a እምነጐርጓር ፡ ж. 11b [ ] በልሑሳስ ፡ A; በ' ፡ ልሳነክሙ ፡ ж. 11d ዘይጠ' ፡] + ወይሔሱ ፡ ж. 12 ሞተ ፡] ለመዊት ፡ ж. [ ] e ж; ትቅንኡ ፡ A.

ረ ፡ እደዊክሙ ። 13 እስመ ፡ እግዚአብሔር ፡
ሞተ ፡ ኢ[ገብረ] ፤ ወኢያስተአድም ፡ በሀጕሎ
ሙ ፡ ለሕያዋን ። 14 እስመ ፡ ፈጠረ ፡ ለከዊነ ፡
ኵሉ ፤ ወመድኀኒ[ት] ፡ ፍጥረተ ፡ ዓለም ፤ ወአ
ልቦ ፡ ውስቴቶን ፡ ሥራየ ፡ ዘያማስን ፤ ወኢለሲ
አል ፡ መንግሥተ ፡ በምድር ። 15 እስመ ፡ ጽድ
ቅ ፡ ኢመዋቲት ፡ ይእቲ ። 16 ወረሲዓንሰ ፡ በእ
ደው ፡ ወበቃል ፡ ጸውዕዎ ፤ ዐርከ ፡ አምሰልዎ ፡
ወተመሰዉ ፤ ወኪዳነ ፡ ተካየዱ ፡ ምስሌሁ ፤ እ
ስመ ፡ ይደልዎሙ ፡ መክፈልተ ፡ ዚአሁ ፡ ከዊነ ።
II. ይቤሉ ፡ በርእሶሙ ፡ ኢኀሊዮሙ ፡ ርቱዐ ፤
ኀዳጥ ፡ ወማሕዝን ፡ ንብረትነ ፤ ወአልቦ ፡ ፈው
ሰ ፡ በሞቱ ፡ ለብእሲ ፤ ወአልቦ ፡ ዘተአምረ ፡ ዘ
ገብአ ፡ እምሲኦል ። 2 እስመ ፡ በከ ፡ ለሊነ ፡ ተ
ፈጠርነ ፤ ወእምድኅረዝ ፡ ንከውን ፡ ከመ ፡ ዘኢ
ተፈጠርነ ፤ እስመ ፡ ጢ[ስ] ፡ እስትንፋስ ፡ ውስ
ተ ፡ አንፍነ ፤ ወቃ[ል] ፡ ቀለምጽጽ ፡ በሑሰተ ፡
ልብነ ፤ 3 ዘእምከመ ፡ ጠፍአ ፡ ሐመደ ፡ ይከው
ን ፡ ሥጋ ፤ ወመንፈስኒ ፡ ይትከዐው ፡ ከመ ፡ ሳ
ሕወ ፡ ደመና ። 4 ወስምነ ፡ ይትረሳዕ ፡ በመዋዕ
ል ፤ ወአልቦ ፡ ዘይዜክር ፡ ምግባሪነ ፤ ወየኀልፍ ፡
ንብረትነ ፡ ከመ ፡ አሠረ ፡ ደመና ፤ ወከመ ፡ ጊ
ሜ ፡ ይትፈረዘዝ ፤ እንተ ፡ ተሰደት ፡ በእግረ ፡ አ
ሚር ፤ ወእምላህቡ ፡ እንተ ፡ ከብደት ። 5 ከመ ፡
ጽላሎት ፡ ኀላፊት ፡ ንብረትነ ፤ ወአልቦ ፡ ግብአ
ተ ፡ በሞትነ ፤ ወአመ ፡ ተዐትበ ፡ ወአልቦ ፡ ዘይ
ገብእ ። 6 ንዑኬ ፡ ንትፈጋዕ ፡ በዘሀሎ ፡ ሠናይ ፤
ወንግበር ፡ ውስተ ፡ ፍጥረት ፡ ከመ ፡ ወራዙት ፡
ፍጡነ ። 7 ወይነ ፡ ብዙኀ ፡ ወዕፍረተ ፡ ንትመ
ላእ ፤ ወኢይኅልፈነ ፡ ጽጌ ፡ ደመና ። 8 ወንት
[ቀ]ጸል ፡ ጽጌ ፡ ረዳ ፤ ሠርጸ ፡ ዘእንበለ ፡ ይጸመ
ሂ ። 9 አልቦ ፡ ዘእምውስቴትክሙ ፡ ዘኢይደል
ዎ ፡ እምነ ፡ እንቲአነ ፡ ፍሥሓ ፤ በኵለሄ ፡ ንኅ
ድግ ፡ ነገረ ፡ ፍግዕ ፤ እስመ ፡ ይእቲ ፡ መክፈል
ትነ ፡ ወርስትነ ። 10 ንትዐገል ፡ ነዳየ ፡ ጻድቀ ፤
ወኢንምሀክ ፡ እቤረ ፤ ወልሂቀኒ ፡ ኢንኅፈር ፡
በሢበት ፡ ብዙኀ ፡ መዋዕል ፤ 11 ይኩነነ ፡ ኀይ
ልነ ፡ ሕገ ፡ ለጽድቅ ፤ እስመ ፡ ፅቡስ ፡ ምኑነ ፡
ይትበሀል ። 12 ንቅትሎ ፡ ለጻድቅ ፡ እስመ ፡ ክ
ቡድ ፡ ውእቱ ፡ ለነ ፤ ወይትቃወሞን ፡ ለምግባ
ሪነ ፤ ወይዘነጕጎነ ፡ በኀጢአ ፡ ሕግ ፤ ወይሰብ
ክ ፡ ለነ ፡ አበሳ ፡ ትምህርትነ ። 13 ወይብል ፡ አ

---

13 [ ] e ϰ; ይገብር ፡ AS. 14a እ′ ፡ ፈ′ ፡ ፍጥረተ ፡ ይኩን ፡ ህልወ ፡ ϰ. 14b ወልደተ ፡ ዓለም ፡ ለድኂን ፡ ϰ. [ ] ተ ፡ A. 14c ወአ′ ፡ ው′ ፡ ሕምዘ ፡ ሥራይ ፡ ለአማስኖ ፡ ϰ. 14d ወለሲኦልኒ ፡ አልቦቱ ፡ መ′ ፡ በ′ ፡ ϰ. 16 ከዊን ፡ BMO. II. 1c ለሞተ ፡ ብእሲ ፡ ϰ. 2c እ′ ፡ ከመ ፡ ጢስ ፡ ϰ. [ ] ሰ ፡ AS. 2d [ ] ለ ፡ Aϰ. 3 ወእምከመ ፡ ϰ (exc. S). ስሕወ ፡ M. 4b ወአልቦ ፡ መኑሂ ፡ ዘይ′ ፡ ምግባራቲነ ፡ ϰ. 4c አሠረ ፡ ኀልፈተ ፡ ደ′ ፡ ϰ (exc. SP). 4f ወእ′ ፡ እ′ ፡ ፈለሰ ፡ ϰ. 5b ወአ′ ፡ ክልአት ፡ ለሞትነ ፡ ϰ. 5c እስመ ፡ ውእቱ ፡ ነገር ፡ ዕቱብ ፡ ወኢይመይጦ ፡ መኑሂ ፡ ϰ. 6a ሠናያት ፡ ϰ. 6b ወንግበር ፡ ሐዋዘ ፡ ውስተ ፡ ፍጥረትነ ፡ በአስተሐምሞ ፡ እንዘ ፡ ሀሎ ፡ መዋዕለ ፡ ውርዛዌ ፡ ϰ. 7 ወዕፍረተ ፡] + ምዑዘ ፡ ϰ (exc. S). ደመና ፡] አጼንዎ ፡ ENOP. 8 [ ] ቄ A. ሠርጽነ ፡ ϰ; ∧ EN. 9 praemittitur ወኢይኩን ፡ መኑሂ ፡ ዘኢይሳተፍ ፡ እምጽጌ ፡ ትዕቢትነ ፡ ϰ (exc. ENS). 9b በኵ′ ፡ ንኅ′ ፡ ወናንብር ፡ ነ′ ፡ እበድ ፡ ϰ. 10c ወኢንኅፈር ፡ እምሢበተ ፡ ልሂቅ ፡ ብ′ ፡ መ′ ፡ ወዓመታት ፡ ϰ. 11 ሕገ ፡ ጽድቅ ፡ ϰ (ሕ′ ፡ ጻድቃን ፡ OPS). እ′ ፡ ኀሊና ፡ ፅቡስ ፡ ም′ ፡ ይ′ ፡ ϰ. 12c ሕግ ፡] ጽድቅ ፡ A.

እምሮ ፡ እግዚአብሔር ፡ ብየ ፤ ወወልደ ፡ እግዚ
አብሔር ፡ ይብል ፡ ርእሶ ። 14 ዘኮነነ ፡ መዝለ
ፊ ፡ ኅሊናነ ፤ ክቡድ ፡ ውእቱ ፡ ለነ ፡ በራእዩኒ ።
15 እስመ ፡ ኢይትማሰል ፡ ምስለ ፡ ባዕድ ፡ ንብ
ረቱ ፤ ወፍሉጥ ፡ ፍኖቱ ፤ 16 ምኑናነ ፡ ኮነ ፡ ሎ
ቱ ፤ ወይርሕቅ ፡ እምፍናዊነ ፡ ከመ ፡ ዘእምርኩ
ስ ፤ ወያስተበፅዕ ፡ ደኀሪቶሙ ፡ ለጻድቃን ፤ ወ
ይትሜካሕ ፡ በአብ ፡ እግዚአብሔር ። 17 ንርአ
ይ ፡ ለእመ ፡ ነገሩ ፡ ህልው ፤ ወናመክር ፡ ደኀሪ
ቶ ። 18 ወእመሰ ፡ ጻድቅ ፡ ወልዱ ፡ ለእግዚአ
ብሔር ፡ ያድኅኖ ፤ ወይባልሖ ፡ እምእደ ፡ እለ ፡
ይትቃወምዎ ። 19 በጽዕለት ፡ ወበሕማም ፡ ንሕ
ትቶ ፤ ከመ ፡ ናእምር ፡ ትዕግሥቶ ፤ ወንኩንን ፡
ትዕግሥተ ፡ ኢተዘክሮ ፡ እከይ ። 20 በሞት ፡ ኅ
ሱር ፡ ንኩንኖ ፤ እመ ፡ ይከውኖ ፡ ረድኤተ ፡ በ
ከመ ፡ ቃሉ ። 21 ዘንተ ፡ ኀለዩ ፡ ወስሕቱ ፤ እስ
መ ፡ አንቄረቶሙ ፡ እከዮሙ ። 22 ወኢያእመ
ሩ ፡ ኅቡአቲሁ ፡ ለእግዚአብሔር ፤ ወዐስበ ፡ ኢ
ተሰፈዉ ፡ ዘጽድቅ ፤ ወኢያምሰሉ ፡ ክብረ ፡ ለ
ነፍሳት ፡ ንጹሓት ። 23 እስመ ፡ እግዚአብሔር ፡
ፈጠሮ ፡ ለሰብእ ፡ ለንጽሕ ፤ ወአርአያ ፡ አምሳ
ለ ፡ ዚአሁ ፡ በራእዩ ፡ ገብሮ ። 24 ወበቅንአተ ፡
ዲያብሎስ ፡ ሞት ፡ መጽአ ፡ ውስተ ፡ ዓለም ፤ ወ
ያሜክርዎ ፡ እለ ፡ እመክፈልተ ፡ ዝንቱ ፡ እሙ
ንቱ ። III. ነፍሶሙ ፡ ለጻድቃን ፡ ውስተ ፡ እ
ደ ፡ እግዚአብሔር ፤ ወኢይለክፎሙ ፡ ሥቃይ ።
2 ተመሰሉ ፡ በአዕይንቲሆሙ ፡ ለአብዳን ፡ ዘሞ
ቱ ፤ ወተኈለቈት ፡ ለእከይ ፡ ፀአቶሙ ፤ 3 ወኅ
ልፈቶመ ፡ ተመሰለ ፡ ቅጥቃጤ ፡ ሎሙ ፤ ወእ
ሙንቱሰ ፡ በሰላም ፡ ሀለዉ ። 4 እስመ ፡ ለገጸ ፡
ሰብእ ፡ እመሂ ፡ ተኰነኑ ፤ ተስፋሆሙ ፡ ሕይወ
ት ፡ ፍጽምት ። 5 ወኅዳጠ ፡ ተኰኒኖሙ ፡ ዐቢ
የ ፡ ይደልዉ ፤ እስመ ፡ እግዚእብሔር ፡ አመከ
ሮሙ ፤ ወረከቦሙ ፡ እለ ፡ ይደልዉ ፡ ሎቱ ። 6
ከመ ፡ ወርቅ ፡ ዘበምንሃብ ፡ አመከሮሙ ፤ ወከ
መ ፡ ጽንሓሐ ፡ መሥዋዕት ፡ ተወክፎሙ ፤ 7 ወ
በመዋዕለ ፡ ውሓዬሆሙ ፡ ይበርሁ ፤ ወከመ ፡ ቀ
ለምጽጽ ፡ ውስተ ፡ ብርዕ ፡ ይረውጹ ። 8 ወይ
ኴንኑ ፡ አሕዛበ ፡ ወይእኅዙ ፤ ወይነግሥ ፡ ሎ
ሙ ፡ እግዚአብሔር ፡ ለዓለም ። 9 እለ ፡ ይትዌ
ከሉ ፡ ቦቱ ፡ ያአምሩ ፡ ርትዐ ፤ ወመሃይምናን ፡ በ
አፍቅሮ ፡ ይሄልዉ ፡ ኀቤሁ ፤ እስመ ፡ ጸጋ ፡ ወ

---

14 ወኮነነ ፡ ×. 16a ሎቱ ፡] በኀቤሁ ፡ ×. 16d ወይ′ ፡ ከመ ፡ እ′ ፡ አቡሁ ፡ vel በእግዚ′ ፡ ከ
መ ፡ አቡሁ ፡ ×. 17b ወና′ ፡ ዘይከውን ፡ እምርእየቱ ፡ ×. 18a ወወልዱ ፡ A. 18b ወይ′ ፡ እምእ
ለ ፡ ይቀውሙ ፡ A. 19b ከ′ ፡ ና′ ፡ የውሀቶ ፡ ×. 19c ወናመክር ፡ ትዕግሥቶ ፡ በእኩይ ፡ ×.
21a ዘ′ ፡ ንባበ ፡ ኀ′ ፡ ወቦቱ ፡ ስ′ ፡ ×. 22c ወኢፈለጡ ፡ ዕበየ ፡ ክብረ ፡ ነፍሳት ፡ ን′ ፡ እለ ፡ አልቦ
ን ፡ ነውረ ፡ ×. 23a ለን′ ፡] እንበለ ፡ ሙስና ፡ × (በንጽሕ ፡ እ′ ፡ ሙ′ ፡ SP). 23b ወገብሮ ፡ በአር
አያ ፡ (በአምሳለ ፡ PS) ዚአሁ ፡ ×. 24a መጽአ ፡] ቦአ ፡ ×. 24b ወያ′ ፡ ሰብእ ፡ እለ ፡ እሙንቱ ፡ እ
መክፈልተ ፡ ዝንቱ ፡ ×. III. 2 ከመ ፡ እሙንቱ ፡ ዘሞቱ ፡ ×. ከመ ፡ እከይ ፡ ×. 3a ^ A. 4a ለ
ገጸ ፡] በቅድመ ፡ ገጸ ፡ ×. 4b ፍጽ′ ፡] + እንተ ፡ አልባቲ ፡ ሞት ፡ ×. 5 እለ ፡ ይደ′ ፡] ድልዋነ ፡
×. 6a ወርቅ ፡] + ዘይትፈተን ፡ ×. 6b መሥ′ ፡] ዕጣን ፡ ውኩፍ ፡ (v. ውክፍት ፡) ×. 7a ውሓ′ ፡]
ሕዋጼሆሙ ፡ ×. 7b ከመ ፡ ሩጻተ ፡ ቀለ′ ፡ × (exc. MS). 8a ወይእ′ ፡] + ሕዝበ ፡ ×. 9b ወመሃይ
ምናኒሁ ፡ በፍቅር ፡ ይሄልዉ ፡ ሎቱ ፡ ×. 9c + ወሕዋጼ(ሁ) ፡ ክሡት ፡ ለጻድቃኒሁ ፡ × (e cod.
Alex.).

ክብር ፡ ላዕለ ፡ ኅሩያኒሁ ። 10 ወረሲዓንሰ ፡ በከ
መ ፡ ኀለዩ ፡ ይረክቡ ፡ ተግሣጸ ፤ እለ ፡ አስተት
ዎ ፡ ለ[ጻ]ድቅ ፡ ወእምእግዚአብሔር ፡ ርሕቁ ።
11 ጥበበ ፡ ወተግሣጸ ፡ [ዘ]ይሜንን ፡ ሕርቱም ፤
ወከንቱ ፡ ተስፋሆሙ ፡ ወሕማሞሙ ፡ ዘእንበለ ፡
በቍዕ ፤ ወከንቱ ፡ ምግባራቲሆሙ ፤ 12 ወአን
ስቲያሆሙኒ ፡ አብዳት ፤ ወፀዋጋን ፡ ውሉዶሙ ፤
ወርጉም ፡ ትውልዶሙ ። 13 እስመ ፡ ብፅዕት ፡
መካን ፡ እስመ ፡ ንጽሕት ፤ እንተ ፡ ኢያእመረ
ት ፡ ምስካበ ፡ ለአብሶ ፤ ትረክብ ፡ ፍሬ ፡ በሕዋ
ጼ ፡ ነፍሳት ። 14 ወኅጽው ፡ ዘኢገብረ ፡ በእደ
ሁ ፡ አበሳ ፤ ወኢኀለየ ፡ ላዕለ ፡ እግዚአብሔር ፡
እኩየ ፤ እስመ ፡ ይትወሀበ ፡ ለሃይማኖት ፡ ጸጋ ፡
ኅርየት ፤ ወመክፈልት ፡ በቤተ ፡ እግዚአብሔር ፡
ዘይትፈቶ ። 15 እስመ ፡ ለኄር ፡ ጻማ ፡ ፍሬሁ ፡
ክብር ፤ ወአልቦ ፡ ድቀተ ፡ ሥርወ ፡ አእምሮ ።
16 ወውሉደ ፡ ዘማውያንሰ ፡ ንትጋ ፡ ይከውኑ ፤
ወዘበአበሳ ፡ ምስካብ ፡ ዘርእ ፡ ይማስን ። 17 ወ
እመኒ ፡ ኖኀ ፡ መንበርቶሙ ፡ ውስተ ፡ ምንትኒ ፡
ኢይትኌለቁ ፤ ወኅሱር ፡ በአኃሪቶሙ ፡ ርሥ
አሙ ። 18 ወእመኒ ፡ ፍጡነ ፡ ሞቱ ፡ አልቦሙ ፡
ተስፋ ፤ ወአመ ፡ ዕለተ ፡ ሐተታ ፡ ኑዛዜ ። 19 ለ
ትውልድ ፡ ፀዋግ ፡ እኩይ ፡ አኃሪታ ። IV. ይ
ኄይስ ፡ ኢወሊድ ፡ ምስለ ፡ ኂሩት ፤ እስመ ፡ ኢ
ይመውት ፡ ውእቱ ፡ ተዝካሩ ፤ እስመ ፡ በኀበ ፡
እግዚአብሔር ፡ ትትአኰት ፡ ወበኀበ ፡ ሰብእኒ ።
2 እንዘ ፡ ሀለወትኒ ፡ ያከብርዋ ፤ ወያፈቅርዋ ፡ ኀ
ሊፉኒ ፤ ወበዓለም ፡ አክሊለ ፡ ተቀጺላ ፡ ታንሶ
ሱ ፤ ዘኢይጸመሂ ፡ ገድለ ፡ መዊ[አ] ። 3 ወብዙ
ኀ ፡ ትውልደ ፡ ረሲዓን ፡ ኢይበቍዕ ፤ ወእምከ
ንቱ ፡ ተክል ፡ ኢይሁብ ፡ ውስተ ፡ [ዕመቅ ፡] ሥ
ርዎ ፤ ወጽኑዐ ፡ ምንባረ ፡ ኢይነብር ። 4 እመ
ኒ ፡ ዘበጊዜ ፡ ዘበአዕጹቃቲሁ ፡ ይሠርጽ ፤ ጽኑዕ ፡
እንዘ ፡ ኢያንቀለቅል ፡ እምነፋስ ፡ ይትሐወስ ፤
ወበኀይለ ፡ ነፋሳት ፡ ይሤረው ። 5 ይሰብር ፡ አ
ዕጹቀ ፡ ዘእለ ፡ ኢኮኑ ፡ ፍጹመ ፤ ወፍሬሆሙ ፡
ቆዐ ፡ ከንቱ ፡ ዘኢኮነ ፡ ዚአሆሙ ፡ ለበሊዕ ፤ ወ
ለምንትኒ ፡ ኢይበቍዕ ። 6 እስመ ፡ በንዋመ ፡
እከይ ፡ ውሉድ ፡ ዘይትወለድ ፤ ሰማዕት ፡ እሙ
ንቱ ፡ ለእከየ ፡ ዘመዶሙ ፡ በሐተታሆሙ ። 7 ወ

10 ተግሣጸ ፡] ኵነኔ ፡ BPS. [ ] ጽ codd. 11 [ ] ∧ A. ወጻማሆሙ ፡ (pro ወሕማ' ፡) ϰ. 13a እስመ ፡ መካን ፡ እንተ ፡ አልባቲ ፡ ነውረ ፡ ብፅዕት ፡ ϰ. 13b አበሳ ፡ vel ዘአበሳ ፡ ϰ. 14c እ' ፡ ይ' ፡ ጸጋ ፡ ሃይማኖት ፡ ኅሪት ፡ ϰ. 15a ክብር ፡] + ወሥን ፡ ϰ. 15b ወሥርወ ፡ አእምሮ(ቱ) ፡ ኢያንቀለቅል ፡ ϰ (exc. BM). 16b ወዘርእ ፡ ዘይወፅእ ፡ እምስካበ ፡ ተዐዳዌ ፡ ሕግ ፡ ይማስን ፡ ϰ. 17a ውስተ ፡ ምድር ፡ (በ)ምንትኒ ፡ ϰ. 17b በደኃሪቶሙ ፡ ϰ (vid. 19). 18b ወኢኑዛዜ ፡ አ' ፡ ዕ' ፡ ሐ' ፡ ϰ (exc. S). 19 እስመ ፡ ለት' ፡ ዐማፂት ፡ እ' ፡ ደኃሪታ ፡ ϰ. IV. 1a ይኄ' ፡] ግብር ፡ ትሩፍ ፡ ϰ. 1b እ' ፡ ዝክሩ ፡ ኢመዊት ፡ (ኢመዋቲ ፡ EMO) ውእቱ ፡ ϰ. 1c ትትአ' ፡] እምርት ፡ ይእቲ ፡ ϰ. 2b ይፈትውዋ ፡ ወያፈቅርዋ ፡ ϰ. 2c ወበዝንቱ ፡ ዓለም ፡ ϰ. 2d መዊእ ፡ Aϰ (exc. O). 3a ብዝኀ ፡ ϰ. 3b ወ(ለ)ከንቱ ፡ ተክል ፡ ኢይትአመን ፡ ላቲ ፡ ሥርው ፡ ϰ (exc. PS). [ ] e S; ዐቅም ፡ A. 3c ወጽ' ፡ መንበረ ፡ ኢትገብር ፡ ϰ (exc. PS). 4 ወእመኒ ፡ ጊዜ ፡ ሠረፀ ፡ ውስተ ፡ አዕጹቂሃ ፤ ቈጽል ፡ ጽኑዕ ፡ እንዘ ፡ ኢይልህቅ ፡ ያንቀለቅሎ ፡ ነፋስ ፤ ወበኀይለ ፡ ነፋስ ፡ ይትመላኅ ፡ ϰ. 5a ይሰበሩ ፡ አዕጹቂሁ ፡ ('ሆሙ) ፡ እንዘ ፡ ኢኮኑ ፡ ፍጹማነ ፡ ϰ. 5b ዘኢ' ፡ ዚ' ፡] ኢይደሉ ፡ ϰ. ለበሊዕ ፡] + እስመ ፡ ኢኮነ ፡ (በ)ጊዜሁ ፡ ϰ. 6a እ' ፡ ውሉድ ፡ እለ ፡ ይትወለዱ ፡ እምእኩያን ፡ ϰ.

ጻድቅሰ ፡ እመ ፡ በጽሐ ፡ ለመዊት ፡ በዕረፍት ፡
ይሄሉ ። 8 ርሥእ ፡ ክቡር ፡ አኮ ፡ ዘብዙኅ ፡ መ
ዋዕል ፤ ወአኮ ፡ በኆልቈ ፡ ዓመታት ፡ ዘይትኌ
ለቍ ። 9 ሢበት ፡ ይእቲ ፡ አእምሮ ፡ ለሰብእ ፤
ወበ ፡ ርሥእ ፡ ሢበት ፡ ዘእንበለ ፡ ነውር ። 10 መ
ሥምረ ፡ ከዊኖ ፡ ለእግዚአብሔር ፡ ተፈቅረ ፤ ወ
እንዘ ፡ የሐዩ ፡ ምስለ ፡ ኃጥአን ፡ [ፈለሰ] ። 11 ተ
መሥጠ ፡ ከመ ፡ እኩይ ፡ ኢትሚጥ ፡ አእምሮ ፤
ወእመ ፡ አኮ ፡ ሕብል ፡ ኢያስፍጣ ፡ ለነፍሱ ።
12 [ምትሐቱ ፡ ለእከይ ፡] ይጼልሎን ፡ ሠናያተ ፤
ወነዛህላለ ፡ ፍትወት ፡ ያፈልስ ፡ ልበ ፡ የዋህ ።
13 ተፈጺሞ ፡ በኅዳጣት ፡ መልአ ፡ ነዋኅ ፡ መዋ
ዕለ ። 14 እስመ ፡ ሥምርት ፡ ለእግዚአብሔር ፡
ነፍሱ ፤ በእንተዝ ፡ ጐጕአ ፡ እማእከለ ፡ ፅግ ።
15 ወነኪራንሰ ፡ ርእዮሙ ፡ ወኢያእሚሮሙ ፤
ወኢያንቢሮሙ ፡ ዲበ ፡ ኅሊናሆሙ ፡ ዘከመዝ ፤
ከመ ፡ ክብር ፡ ወሣህል ፡ ዲበ ፡ ጻድቃኒሁ ፤ ወ
ውሐይ ፡ ለኅሩያኒሁ ። 16 ይኴንኖሙ ፡ ጻድቅ ፡
መዊቶ ፡ ለሕያዋን ፡ ረሲዓን ፤ ወውርዙት ፡ እን
ተ፡ ተፈጸመት ፡ ፍጡነ ፡ ዘብዙኅ ፡ ዓመታት ፡
ርሥአ ፡ በእከይ ። 17 እስመ ፡ ይሬእዩ ፡ ሙተ
ተ ፡ ጻድቅ ፤ ወኢያ[አም]ሩ ፡ ምንተ ፡ መከሩ ፡
በእንቲአሁ ፤ ወለምንት ፡ አስተጋብአ ፡ እግዚአ
ብሔር ። 18 ይሬእዩ ፡ ወይሜንኑ ፤ ወኪያሆሙ
ሰ ፡ እግዚአብሔር ፡ ይሥሕቆሙ ፤ ወይከውኑ ፡
እምድኅረዝ ፡ ለድቀት ፡ ኅሱር ፤ ወለጽዕለተ ፡
ምውታን ፡ ዘለዓለም ። 19 እስመ ፡ ያነቅዖሙ ፡
እንዘ ፡ ኢይነቡ ፡ ሐቢጦሙ ፤ ወያንቀለቅሎሙ ፡
እመሠረታ ፤ ወለዝሉፉ ፡ ይበድዉ ፤ ወይከው
ኑ ፡ ጽዑራነ ፤ ወዝክሮሙ ፡ ይትሀጐል ። 20 ወ
ይቀርቡ ፡ ለቅሥተ ፡ ኅጢአቶሙ ፡ ፍሩሃነ ፤ ወ
ይዘልፎሙ ፡ በአንጻሪሆሙ ፡ ኀጣይኢሆሙ ።
V. አሜሃ ፡ ይቀውም ፡ ጻድቅ ፡ በብዙኅ ፡ ግህ
ደት ፤ አንጻረ ፡ ቅድመ ፡ እለ ፡ አመንደብዎ ፤ ወ
እለ ፡ ይሜንኑ ፡ ነገሮ ። 2 ርእዮሙ ፡ ይትሀወ
ኩ ፡ በግርማ ፡ እኩይ ፤ ወይደመሙ ፡ በእንተ ፡

8a ክብረ ፡ ርሥእ ፡ አኮ ፡ ብዝኅ ፡ መ' ፡ ϰ. 8b ‸ ዘይት' ፡ ϰ. 9b ወአክሊላ ፡ (ወአካላ ፡ EN) ለርሥእ ፡ ግዕዝ ፡ ዘእ' ፡ ነ' ፡ ϰ. 10a መሥመሬ ፡ እግዚ' ፡ ዘኮነ ፡ ይትፈቀር ፡ ϰ. 10b ምስለ ፡] ማእከለ ፡ ϰ. [ ] ተፈጥረ ፡ A corr.; ይፈልስ ፡ ϰ. 11a ወይትመሠጥ ፡ እምቅድመ ፡ ትሚጥ ፡ እኪት ፡ አእምሮቶ ፡ ϰ. 12a እስመ ፡ ቅንአተ ፡ እከይ ፡ ያጸልም ፡ ሠ' ፡ ϰ. [ ] መትሕቶን ፡ ለእከዩ ፡ A. 12b ወንዝህላለ ፡ ϰ. 13 ወለእመኒ ፡ ሞተ ፡ በኅዳጥ ፡ መዋዕል ፡ ፈጸመ ፡ ዓመታተ ፡ ነዋኀ ፡ ϰ. 14a ሀለወት ፡ ሥምርት ፡ ϰ. 14b ጐጕአ ፡ ወሖረ ፡ ϰ. 15 ወነ' ፡ ርእ' ፡ ዘንተ ፡ ኢለበውዎ ፤ ወኢያስተጋብኡ ፡ ውስተ ፡ ኅሊናሆሙ ፡ ፍከሬሁ ፡ ለዝ ፤ እስመ ፡ ፍትሑ ፡ ለእግዚ' ፡ ውእቱ ፡ ለጻድቃኒሁ ፤ ወሕዋጼሁ ፡ ለሣህል ፡ ይከውን ፡ ዲበ ፡ ኅሩያኒሁ ፡ ϰ. 16 ብእሲሰ ፡ ጻድቅ ፡ መዊቶ ፡ ይኴንን ፡ ረሲዓነ ፡ እንዘ ፡ ሀለዉ ፡ ሕያዋኒሆሙ ፤ ወወሬዛዊ ፡ ሶበ ፡ ይመውት ፡ ፍ' ፡ ይኴንን ፡ ብዙኀ ፡ ዓመታተ ፡ ርሥእ ፡ ዘዐማፂ ፡ ϰ. 17 ጻድቅ ፡] + ጠቢብ ፡ ϰ. [ ] እመ ፡ A; ወኢይሌብዉ ፡ ϰ. መከረ ፡ ϰ. 18a ይሬእይዎ ፡ ወይትቃጸቡ ፡ ቦቱ ፡ ϰ. ለዓለም ፡ ϰ. 19a—c እስመ ፡ ይመትሮሙ ፡ ወያነቅዖሙ ፡ ወይትረከቡ ፡ ውዱቃነ ፡ በገጾሙ ፡ እንዘ ፡ አልቦሙ ፡ ቃል ፡ ወየሀውኮሙ ፡ እምሥርዎሙ ፡ ወለዝሉፉ ፡ ይከውኑ ፡ ከመ ፡ ምድር ፡ ብዱት ፡ ϰ. 20 ለቅሥተ ፡] ለዝክረ ፡ BENO. ወይዘ' ፡] + ገሃደ ፡ ϰ. V. 1c ወክሕዱ ፡ ጻማሁ ፡ ወመነኑ ፡ ነገሮ ፡ ϰ. 2 በግርማ ፡] + ወበፍርሀት ፡ ϰ. [ ] ም A. ዳኅናሁ ፡ ϰ.

[መን]ክረ ፡ ዳኅና ። 3 ይብሉ ፡ በበይናቲሆሙ ፡
እንዘ ፡ ይኔስሑ ፤ ወበጽዑር ፡ መንፈስ ፡ ይጸር
ኁ ፡ ወይብሉ ፤ ዝኑ ፡ ውእቱ ፡ ዘረስይነ ፡ ቀዲ
ሙ ፡ ወኮነነ ፡ ለሠሐቅ ፡ ወለምስለ ፡ ዝንጓጔ ።
4 አብዳን ፡ ንብረቶ ፡ ረሰይነ ፡ እበደ ፤ ወሞተ
ቶ ፡ ምኑነ ። 5 እፎ ፡ ምስለ ፡ ውሉደ ፡ እግዚአ
ብሔር ፤ ወበቅዱሳን ፡ ኮነ ፡ ርስቱ ። 6 ስሕትነ
ኬ ፡ እምፍኖተ ፡ ጽድቅ ፤ ወብርሃኑ ፡ ለጽድቅ ፡
ኢያስተርአየ ፡ ለነ ፤ ወፀሓይ ፡ ኢሠረቀ ፡ ለነ ።
7 አበሳ ፡ መላእነ ፡ በፍናው ፡ ወሀጕለ ፤ ወነገድ
ነ ፡ ገዳመ ፡ በድው ፤ ወፍኖተ ፡ እግዚአብሔር ፡
ኢያእመርነ ። 8 ምንተ ፡ በቍዐነ ፡ ትዕቢት ፤ ወ
ምንት ፡ ብዕል ፡ ዘምስለ ፡ ትፍሥሕት ፡ ተውሀ
በ ፡ ለነ ። 9 ኀላፊ ፡ ውእቱ ፡ ኵሉ ፡ ከመ ፡ ጽላ
ሎት ፤ ወከመ ፡ ዜና ፡ ዘይረውጽ ፤ 10 ወከመ ፡
ሐመር ፡ እንተ ፡ ተኀልፍ ፡ ዘያመዐብል ፡ ማየ ፤
እንተ ፡ ምኅላፊ ፡ አሠራ ፡ አልቦ ፡ ዘይትረከብ ፤
ወፍኖተ ፡ እንግድአሃ ፡ በውስተ ፡ ማዕበል ፤ 11
ወከመ ፡ ዖፍ ፡ ዘሰረረ ፡ ደመና ፤ አልቦ ፡ ዘይረ
ክብ ፡ ዘይትዐወቅ ፡ ፍኖታ ፤ ወዝብጠተ ፡ ስረተ ፡
መንፈስ ፡ ቀሊል ፤ ወይሠጥቅ ፡ ኀይለ ፡ [ሩጸ]ት ፤
ወአ[ሕዊ]ሶ ፡ ክነፊሁ ፡ ይነግድ ፤ ወእምዝ ፡ ኢ
ተረክበ ፡ ትእምርተ ፡ ምቅዋሚሃ ፤ 12 ወከመ ፡
ሐጽ ፡ ዘተውህበ ፡ ለሰሪር ፤ ተሠጥቀ ፡ ደመና ፡
ወበጊዜሁ ፡ ተጋብአ ፡ ከመ ፡ ቀዳሚ ፤ እስከ ፡ ይ
ትኀጣእ ፡ አሠሩ ፤ 13 ወከማሁ ፡ ንሕነሂ ፡ ተወ
ሊደነ ፡ ኀለቅነ ፤ ወ[ዘ]ሠናይ ፡ ትእምርተ ፡ አል
ብነ ፡ ዘናርኢ ፤ ወበእከይ ፡ ኀለቅነ ። 14 እስመ ፡
ተስፋሆሙ ፡ ለረሲዓን ፡ ከመ ፡ ጸበል ፡ ዘይግሕ
ፍ ፡ ነፋስ ፤ ከመ ፡ አስሐትያ ፡ ዘእምነፋስ ፡ ተሰ
ደ ፡ ቍሩ ፤ ወከመ ፡ ጢስ ፡ ዘእምነፋስ ፡ ተክዕ
ወ ፤ ወከመ ፡ ዝክረ ፡ ኀዳሪ ፡ ዘአሐቲ ፡ ዕለት ፡
ኀለፈ ። 15 ወጻድቃንሰ ፡ ለዓለም ፡ የሐይዉ ፤
ወእምእግዚአብሔር ፡ ዐስበሙ ፤ ወትካዘሙ ፡ እ
ምኀበ ፡ ልዑል ። 16 በእንተዝ ፡ ይነሥኡ ፡ መ
ንግሥተ ፡ ክብር ፤ ወቀጸላ ፡ ሥን ፡ እምእደ ፡ እ
ግዚአብሔር ፤ እስመ ፡ በየማኑ ፡ ይከድኖሙ ፤
ወበመዝራዕቱ ፡ ይረድኦሙ ። 17 ወይነሥእ ፡
ንዋየ ፡ ሐቅለ ፡ ቅንአቱ ፤ ወይሬስያ ፡ ንዋየ ፡ ሐ
ቅል ፡ ለፍጥረቱ ፡ ለበቀለ ፡ ፀር ፤ 18 ይለብስ ፡

3b ይጸ' ፡] ይቴክዙ ፡ ወይጸ' ፡ ϰ. 3c ዝኑ ፡ ዘኮነ ፡ ኀቤነ ፡ እምአብዳን ፡ ቀዲሙ ፡ (ወ)ሠሐ
ቀ ፡ ወነገረ ፡ ዝንጓጔ ፡ ϰ. 4a ወረሰይነ ፡ ግዕዘ ፡ እበደ ፡ ϰ. 5a እፎ ፡ ኮነ ፡ ወልደ ፡ እግዚ' ፡ ϰ.
8b ወምንተ ፡ አምጽአ ፡ ላዕሌነ ፡ ብዕል ፡ ምስለ ፡ ትዕቢት ፡ ϰ. 9a ኀ' ፡ ው' ፡] ኀለፈ ፡ ዝንቱ ፡ EN.
9b ወከመ ፡] + ኀልፈተ ፡ ϰ. 10a ወከመ ፡ ሐ' ፡ እ' ፡ ተኀልፍ ፡ (v. ዘየሐድፍ ፡ S) ወይመሥጠ ፡
ማይ ፡ በመዕበሉ ፡ ϰ. 10c ወፍ' ፡ ገጸ ፡ ሩጸቱ ፡ ኢይትአመር ፡ በውስተ ፡ ማዕበል ፡ ϰ. 11 ወከ
መ ፡ ዖፍ ፡ ዘይሰርር ፡ ውስተ ፡ ነፋስ ፡ አልቦ ፡ ዘይትረከብ ፡ አሠረ ፡ ፍኖቱ ፤ እስመ ፡ ሶበ ፡ ኀለፈ ፡
ተዳድቆተ ፡ ስረቱ ፤ ይሬሲ ፡ ነፋሰ ፡ ቀሊለ ፡ ዝቡጠ ፤ ወይሠጥቆ ፡ በጽንዐ ፡ ፍጥነቱ ፤ ይነግድ ፡ ወ
ይረውጽ ፡ በአሑሶ ፡ (v. በአሕውሶ ፡) ክነፊሁ ፤ ወእምዝ ፡ ኢይትረከብ ፡ ትእምርተ ፡ ኀልፈቱ ፡
በውስቴቱ ፡ ϰ. [ ] ርደ, [ ] ሕ A. 12b እስመ ፡ ነፋስ ፡ ተሠጥቀ ፡ ቦቱ ፡ ϰ. 12c ወኀልፈቱ ፡ ው
ስቴቱ ፡ ኢይትአመር ፡ ϰ. 13b [ ] ∧ A. ወኢይደልወነ ፡ ከመ ፡ ንርአይ ፡ (legas ናርኢ ፡) ትእም
ርተ ፡ ሠናየ ፡ ዳእሙ ፡ ኀለቅነ ፡ በእከይ ፡ ϰ. 14b ቍሩ ፡] ቀጢን ፡ (post አሰሐትያ ፡ pos.) ϰ. 14c ተ
ክዕወ ፡] ይትመሰ ፡ ϰ (διελύθη). 14d ኀ' ፡ ዘአሐተ ፡ ዕለተ ፡ ኀደረ ፡ ϰ. 15b ወበእግዚ' ፡ ጽኑዕ ፡
ዐስበሙ ፡ ϰ. 15c ወት' ፡ ይሄሉ ፡ ኀበ ፡ ልዑል ፡ ϰ. 17a ቅን' ፡] + ፍጹመ ፡ ϰ.

ድርዐ ፡ ጽድቅ ፤ ወይትቄጸል ፡ ጌራ ፡ ኵነኔ ፡ ኢ
ያድልዎ ፤ 19 ወይነሥእ ፡ ወልታ ፡ ዘኢይትመ
ዋእ ፡ ጽድቀ ፤ 20 ወያበልኅ ፡ ምትረተ ፡ በመዐ
ተ ፡ ሰይፉ ፤ ይትቃተል ፡ ዘምስሌሁ ፡ ዓለም ፡ ዲ
በ ፡ መስትታን ። 21 የሐውሩ ፡ ርቱዐ ፡ ሞጸፍ
ተ ፡ መባርቅቱ ፤ ወከመ ፡ ዘእምሠናይ ፡ ምዕዋ
ድ ፡ ቀስተ ፡ ደመና ፡ በአድምዖ ፡ ይቀንጹ ። 22
ወእምኰኵሐ ፡ መዐተ ፡ ሞጸፍ ፡ ፍጹመ ፡ ይወ
ድቁ ፡ አብራድ ፤ ወይ[ትቈጣዕ] ፡ ላዕሌሆሙ ፡
ማየ ፡ ባሕር ፤ ወአፍላግ ፡ ያድለቀልቁ ፡ ፍጡነ ።
23 ወይትቃወሞሙ ፡ መንፈሰ ፡ ኀይል ፤ ወከመ ፡
ነፋስ ፡ ይነሥኦሙ ፤ ወትማስን ፡ ኵላ ፡ ምድር ፡
በአበሳ ፤ ወእከየ ፡ ምግባር ፡ [ትመይጥ ፡] መንበ
ረ ፡ ኀየልት ። VI. ስምዑኒኬ ፡ ነገሥት ፡ ወለ
ብዉ ፤ ወአእምሩ ፡ መኳንንተ ፡ ጽንፈ ፡ ምድ
ር ። 2 አፅምኡ ፡ እለ ፡ ትእኅዙ ፡ ብዙኀ ፤ ወእ
ለ ፡ ትትዌበዩ ፡ በብዙኃ ፡ አሕዛብ ። 3 እስመ ፡
ተውህበ ፡ እምእግዚአብሔር ፡ እኂዘትክሙ ፤
ወጽንዕክሙ ፡ እምኀበ ፡ ልዑል ፤ ዘየሐትት ፡ ም
ግባሪክሙ ፡ ወምክረክሙ ፡ ይፈትን ። 4 እስመ ፡
እንዘ ፡ ላእካን ፡ [አንትሙ ፡] ለመንግሥተ ፡ ዚ
አሁ ፤ ኢኰንንክሙ ፡ ርትዐ ፡ ወኢዐቀብክሙ ፡
ሕገ ፤ ወኢበከመ ፡ ምክረ ፡ እግዚአብሔር ፡ ሖ
ርክሙ ። 5 ድንጉፀ ፡ ወፍጡነ ፡ ይትቃወመክ
ሙ ፤ እስመ ፡ ኵነኔ ፡ ምቱረ ፡ ለመኳንንት ፡ ይ
ከውን ። 6 እስመ ፡ ትሑትሰ ፡ ንሕሱይ ፡ ለተም
ሕሮ ፤ ጽኑዓንሰ ፡ ጽኑዐ ፡ ይትሐተቱ ። 7 እስ
መ ፡ ኢይፈልጥ ፡ ገጸ ፡ መኰንን ፡ ኵሉ ፤ ወኢ
የኀፍር ፡ ዕበየ ፤ እስመ ፡ ዐቢየ ፡ ወንኡሰ ፡ ውእ
ቱ ፡ ገብረ ፤ ወከማሁ ፡ ይኄሊ ፡ በእንተ ፡ ኵሉ ።
8 ወለኀየልት ፡ ኃዪለ ፡ ይከውን ፡ ሐተታ ። 9 ለ
ክሙኬ ፡ መኳንንት ፡ ነገርየ ፤ ከመ ፡ ታእምሩ ፡
ጥበበ ፡ ወኢትደቁ ። 10 እስመ ፡ እለ ፡ የዐቅቡ ፡
ጽድቀ ፡ በጽድቅ ፡ ይጸደቁ ፤ ወእለ ፡ ተመሀርዎ
ን ፡ ይረክቡ ፡ ምሕረተ ። 11 ፍትዉኬ ፡ እንከ ፡
ነገርየ ፤ አፍቅሩ ፡ ወትትጌሠጹ ። 12 ብርህት ፡

---

19 ወነሥአ ፡ A. 20 ያበልኅ ፡ መዐቶ ፡ ሰይፈ ፡ መታሬ ፤ ወዓለምሂ ፡ ይጻበእ ፡ ወይትቃተል ፡ ምስሌሁ ፡ ዲበ ፡ መስትታን ፡ (v. መስሕታን ፡) ж. 21 የሐውር ፡ ርቱዐ ፡ ሞጸፈ ፡ መባ' ፡ ከመ ፡ ይ ርከቦሙ ፡ ፍጡነ ፤ ወከመ ፡ ዘሠናይ ፡ ምዕዋደ ፡ ቀስተ ፡ ደ' ፡ በአድምዖ ፡ (sic) ይ' ፡ ж. 22 ይወድ ቁ ፡] ይወርዱ ፡ EN; ያወርድ ፡ 'ራደ ፡ ж. 22b [ ] ቀጠቅጥ ፡ A. 22c ያድ' ፡] + ወየዐግትዎሙ ፡ ж. 23b ይነ' ፡] ይሥዕዮሙ ፡ ወይዘርዎሙ ፡ ж. 23cd እስመ ፡ አበሳ ፡ ታማስን ፡ ኵሎ ፡ ምድረ ፤ ወገቢረ ፡ እከይ ፡ ይገፈትእ ፡ መናብርተ ፡ ኀያላን ፡ ж. [ ] ትትመየጥ ፡ A. VI. 1 ስምዑኬ ፡ ENS. አጽናፈ ፡ ж. 2 በብዝኀ ፡ ж. 3a እስመ ፡ እግዚ' ፡ ወሀበክሙ ፡ እዘዘ ፡ ж. 3c ወውእቱ ፡ ዘየሐት ት ፡ ж. 4a [ ] እሙንቱ ፡ A. 4b እፎመ ፡ ኢትኴንኑ ፡ ፍትሐ ፡ ርቱዐ ፡ ወኢዐ' ፡ ሕገ ፡ ж. 4c ወ ኢሖርክሙ ፡ በፍናወ ፡ እግዚ' ፡ ж. 5a ወያነሥእ ፡ ላዕሌክሙ ፡ ድንጋጼ ፡ ፍጡነ ፡ ዘይትቃወመ ክሙ ፡ ж. 5b ምቱር ፡ ж. 6 እስመ ፡ ለነዳይሰ ፡ ትሑት ፡ ያነሐስዩ ፡ ሎቱ ፡ እምፍኖተ ፡ ምሕረት ፤ ለጽኑዓንሰ ፡ ጽኑዐ ፡ ሐተታ ፡ የሐትትዎሙ ፡ ж. 7a እስመ ፡ እግዚ' ፡ ኢያደሉ ፡ ለገጸ ፡ ኵሉ ፡ ж. 7b ዕ' ፡] ክብረ ፡ ዕበይ ፡ ж. 7d ኵሉ ፡] + ወይሠርዖሙ ፡ ж. 8 ይከውን ፡] ይበጽሖሙ ፡ ж. 9a መ ኳ' ፡] + እኩያን ፡ ወገፋዕያን ፡ ж. 10a ጽድቀ ፡] ትእዛዘ ፡ ж. ይጸድቁ ፡ ж. 10b ተመሀርዋ ፡ ж. 11b አፍቅርዋ ፡ ወተገሠጹ ፡ ж. 12 ብ' ፡ ይእቲ ፡ ጥበብ ፡ ወኢይጸ' ፡ ሥና ፤ ወእለ ፡ ያፈቅርዋ ፡ ይ ሬእይዋ ፡ ፍጡነ ፤ ወእለ ፡ የኀሥሥዋ ፡ ይረክብዋ ፡ ж.

ወኢትጸመሂ ፡ ይእቲ ፡ ጥበብ ፤ ወፍጡነ ፡ ትት
ረአይ ፡ እምኀበ ፡ እለ ፡ ያፈቅርዋ ፤ ወትትረከብ ፡
በኀበ ፡ እለ ፡ የኀሥዋ ። 13 ትበጽሖ ፡ ለእለ ፡ ይ
ፈትውዋ ፡ ትትአመሮሙ ። 14 ዘይገይሥ ፡ ኀ
ቤሃ ፡ ኢይጻሙ ፤ ወትረ ፡ እንዘ ፡ ትጸናሕ ፡ ይ
ረክ[ባ] ፡ ውስተ ፡ ኆኅ[ቱ] ። 15 ኀሊዮ ፡ በእን
ቲአሃ ፡ ፍጻሜ ፡ አእምሮ ፤ ወዘተግሀ ፡ በእንቲ
አሃ ፡ ፍጡነ ፡ ዘእንበለ ፡ ትካዝ ፡ ይከውን ። 16
እስመ ፡ ለእለ ፡ ይ[ደ]ልውዋ ፡ ላቲ ፡ ትትአመሮ
ሙ ፡ ተዐውድ ፡ ወተኀሥሦሙ ፤ ወበውስተ ፡
መንገድ ፡ ታስተርእዮሙ ፡ ግብተ ፡ አዳም ፤ ወ
በኵሉ ፡ ኅሊና ፡ ትትራከበሙ ። 17 ቀዳሚሃ ፡
እንተ ፡ በህልው ፡ [ዘ]ተግሣ[ጽ ፡ ፍት]ወት ፤ ወ[ጻ
ህቀ ፡ ተግሣጽ] ፡ ፍቅር ፤ 18 ወፍቅር ፡ ዐቂበ ፡
ሕገ ፡ ዚአሃ ፤ ወ[አፅምኦ] ፡ ሕገ ፡ ዚአሃ ፡ ጸኒዖ ፡
[ኢሙስና ፡] 19 ኢሙስናሰ ፡ ቅሩበ ፡ ትሬሲ ፡
ኀበ ፡ እግዚአብሔር ። 20 ፍትወታኬ ፡ ለጥበ
ብ ፡ [ያዐርግ ፡ ኀበ ፡ መንግሥት] ። 21 [እመኬ ፡
ትፈትዊ ፡] መናብርተ ፡ ወኰንኖ ፡ ዐበይተ ፡ አ

ሕዛብ ፤ አክብርዋ ፡ ለጥበብ ፡ ከመ ፡ ለዓለም ፡
ትንግሡ ። 22 ምንት ፡ ይእቲ ፡ ጥበብ ፡ ወእፎ ፡
ኮነት ፡ አየድዕ ፤ ወኢየኀብአክሙ ፡ ክቡተ ፤ ወ
እምነ ፡ ቅድመ ፡ ፍጥረት ፡ አአሥር ፤ [ወእሬሲ ፡]
ክሡተ ፡ አእምሮታ ፤ [ወኢይትዐደው ፡ ጽድ
ቀ] ። 23 ወበቅንአ ፡ ሐማሚ ፡ ኢየሐውር ፤ ወ
ከመዝ ፡ ኢይሳተፍ ፡ ለጥበብ ። 24 ብዝኀ ፡ ጥ
በብ ፡ መድኀኒተ ፡ ዓለም ፤ ወንጉሥ ፡ ጠቢብ ፡
ያቀውም ፡ ሕዝበ ። 25 ተገሠጹኬ ፡ በቃልየ ፡
ወትረብሑ ። VII. እስመ ፡ አነኒኬ ፡ መዋቲ ፡
ሰብእ ፡ ትዕሪር ፡ ከመ ፡ ኵሉ ፤ እምድር ፡ ኮነ ፡
ዘተወለድኩ ፡ እም[ዘ]ቀዳሚ ፡ ተልሕኮ ። 2 ወ
ውስተ ፡ ከርሠ ፡ እምየ ፡ ተገለፍኩ ፡ ሥጋ ፤ ወ
ነበርኩ ፡ ርጉዐ ፡ በደም ፡ ፤ አውራኀ ፤ እምዘር
አ ፡ [ብእሲ ፡] ወፍትወተ ፡ ንዋም ፡ በሩካቤ ። 3
ወአነኒ ፡ ከዊንየ ፡ ነሣእኩ ፡ ዘለኵሉ ፡ ደመና ፤
ወውስተ ፡ መምሰለ ፡ ሕማም ፡ ወረድኩ ፡ ምድ
ረ ፤ ቀዳሚተ ፡ ቃለ ፡ መምሰለ ፡ ኵሉ ፡ አውጻ
እኩ ፡ ብካየ ፤ 4 በአፅርቅት ፡ ልህቁ ፡ ወበትካ

---

13 ወትትአመሮሙ ፡ ቅድመ ፡ ж. 14[b] [ ] ቡ ፡, [ ] ታ ፡ A. እስመ ፡ ውእቱ ፡ ይረክባ ፡ ወት
ረ ፡ እንዘ ፡ ትጸንሖ ፡ ውስተ ፡ ኆኅቱ ፡ ж. 15 አእምሮ ፡ ፍጻሜ ፡ AN. 16 [ ] ተ ፡ AMNP. ∧ ትት
አመሮሙ ፡ ж. ተዐውድ ፡ ወ] ትመጽእ ፡ እንዘ ፡ ж. መንገድ ፡] ፍኖት ፡ ж. ታስተ' ፡] + ሥዕል
ታ ፡ ж. 17 እስመ ፡ ቀዳሚ ፡ ተግሣጽ ፡ ህልው ፡ ውእቱ ፡ ፍትወታ ፡ ወአስተሐምሞ ፡ በተግሣጽ ፡
አፍቅሮታ ፡ ውእቱ ፡ ж. [ ] ∧, [ ] ጸ ፡ ፈተ, [ ] ተግሣጸ ፡ A. 18[a] ወፍቅር ፡] ወአፍቅሮታሂ ፡
ж. 18[b] ወአፅምኦ ፡ ውስተ ፡ ሕገ ፡ ዚአሃ ፡ ጠይቆ ፡ ኢሙስና ፡ ж. [ ] e ж; ብዙኀ ፡ A. [ ] ∧ A.
20 [ ] e BMP; ከመ ፡ ለዓለም ፡ ትነግሥ ፡ A. ያዐ' ፡ ኀበ ፡] ያሌዕል ፡ ውስተ ፡ ENOS. 21[a] [ ] እስ
ከ ፡ ትፈቱ ፡ A. ወኰ' ፡] ወሢመተ ፡ ወመንግሥተ ፡ ж. ዐበ' ፡] አመኳንንተ ፡ ж. 22[bc] ወኢየኀብ
እ ፡ እምኔክሙ ፡ ምሥጢራቲሃ ፡ ክቡታተ ፤ (ወ)ባሕቱ ፡ አኀሥሥ ፡ (እም)ጥንተ ፡ ክዋኔሃ ፡ ж.
22[d] [ ] e ж; ወእደግም ፡ A. 22[e] ex ж; ወይመይጥ ፡ ዕደወ ፡ ጻድቃን ፡ A. 23[b] እስመ ፡ ዘከመዝሰ ፡
(ዝሰ ፡ EMN) ኢይሳተፉ ፡ ለጥ' ፡ ж. 24[a] እስመ ፡ ብ' ፡ ጠበብት ፡ መ' ፡ ዓ' ፡ ж. 24[b] ወን' ፡ ልብው ፡
ቃውመ ፡ ሕዝብ ፡ ж. VII. 1 ትዕሪር ፡] ዕሩይ ፡ ENOPS; ∧ BM. ከመ ፡] አምሳለ ፡ BEM. 1[b] ወል
ደ ፡ ምድራዊ ፡ ዘተልሕኮ ፡ ቅድመ ፡ ж. [ ] ∧ A. 2[ab] ∧ A. 2[c] [ ] ∧ A. 3[a] ወአነሂ ፡ ሰበ ፡ ተ
ወለድኩ ፡ ነሣእኩ ፡ ነፍሰ ፡ (sic) ከመ ፡ ኵሉ ፡ ж. 3[b] መምሰሊተ ፡ ж.

ዝ ። 5 እስመ ፡ አልቦ ፡ እምነገሥት ፡ ዘካልአ ፡
ከነ ፡ ልደቱ ፤ 6 አሐቲ ፡ ይእቲ ፡ ምጽአቱ ፡ ለ
ኵሉ ፡ ውስተ ፡ ንብረት ፤ ወፀአቱ ፡ ዕሩይ ። 7 በ
እንተዝ ፡ ጸለይኩ ፡ ወአእምሮ ፡ ተውህበ ፡ ሊተ ፤
ወአስተብቍዕኩ ፡ ወመጽአኒ ፡ መንፈሰ ፡ ጥበብ ።
8 አቅደምክዋ ፡ እምኵነኔ ፡ ወመናብርት ፤ ወብ
ዕለ ፡ ወኢከመ ፡ ምንትኒ ፡ ረሰይክዋ ፡ ወአስተ
ዐረይክዋ ፤ 9 ወኢያስተማሰልክዋ ፡ በእብን ፡ ዘ
ሤጠ ፡ አልቦ ፤ እስመ ፡ ኵሉ ፡ ወርቅ ፡ በቅድመ ፡
ገጻ ፡ ከመ ፡ ኖጻ ፡ ኅዳጥ ፤ ወከመ ፡ ጽቡር ፡ ይ
መስል ፡ ብሩር ፡ በቅድሜ[ሃ] ። 10 እምሕይወ
ት ፡ ወእምላሕይ ፡ ፈተውክዋ ፤ ወአብደርክዋ ፡
እምብርሃን ፡ ትኩነኒ ፤ እስመ ፡ ኢይነውም ፡ ዘ
እምውስቴታ ፡ ጸዳለ ፡ ብርሃን ። 11 መጽአኒ ፡
ሠናይ ፡ ኵሉ ፡ ምስሌሃ ፡ ኅቡረ ፤ ወዘኍልቍ ፡
አልቦ ፡ ብዕል ፡ ውስተ ፡ እዴሃ ። 12 ወተፈሣሕ
ኩ ፡ በኵሉ ፡ እስመ ፡ መኰንኖሙ ፡ ይእቲ ፡ ጥ
በብ ፤ ወኢያእመርክዋ ፡ ከመ ፡ ገባሪቶሙ ፡ ይ
እቲ ፡ ለዝ ፡ ኵሉ ። 13 ዘእንበለ ፡ እከይ ፡ ነሣእ
ኩ ፡ ወዘእንበለ ፡ ቅንአት ፡ እሁብ ፤ ብዕላ ፡ ኢ
የኀብእ ። 14 ዘኢየኀልቅ ፡ መዝገብ ፡ ይእቲ ፡
ለሰብእ ፤ እለ ፡ አጥረይዋ ፡ ኀበ ፡ እግዚአብሔ
ር ፡ ተዓረኩ ፤ እስመ ፡ እምትምህርተ ፡ ተግሣ
ጽ ፡ ቆሙ ። 15 ወየሀበኒ ፡ ሊተኒ ፡ እግዚአብሔ
ር ፡ እንግር ፡ በፍትወት ፡ ወአኀሊ ፡ ዘይደሉ ፡ ለ
ዘ ፡ ይትወሀብ ፤ እስመ ፡ ውእቱ ፡ ለጥበብኒ ፡ መ
ርሐ ፡ ውእቱ ፡ ወለጠበብት ፡ መርትዖሙ ። 16
እስመ ፡ ውስተ ፡ እዴሁ ፡ ንሕነኒ ፡ ወነገር[ነ]ኒ ፤
ኵሉ ፡ ጠይቆ ፡ ወምግባረ ፡ ትምህርት ። 17 እስ
መ ፡ ውእቱ ፡ ወሀበኒ ፡ ለዘ ፡ ከነ ፡ አእምሮ ፡ ወ
አከ ፡ ሐስወ ፤ ለአእምሮ ፡ ቁመተ ፡ ዓለም ፡ ወም
ሕዋረ ፡ ፀሓይ ፡ ወወርኅ ፡ ወከዋክብት ፤ 18 ጽ
ንፎ ፡ ወተፍጻሜቶ ፡ ወማእከለ ፡ መዋዕል ፤ ወ
ለጊዜያት ፡ ሙያጤሁ ፡ ወለመዋዕል ፡ ሙያጤ
ሆን ፤ 19 ዑዳተ ፡ ዓመታት ፡ ወንብረተ ፡ ከዋክ
ብት ፤ 20 ፍጥረተ ፡ እንስሳ ፡ ወመዐተ ፡ አራዊ
ት ፡ ወመናፍስተ ፡ ኀይል ፡ ወኀሊና ፡ ሰብእ ፤ ፍ
ላጤ ፡ ዕፀው ፡ ወምግባረ ፡ አሥራው ። 21 ወእ
መኒበ ፡ ኅቡአተ ፡ ወክሡታተ ፡ አእመርኩ ። 22
እስመ ፡ ኬንያሁ ፡ ለኵሉ ፡ መሀረኒ ፡ ጥበ[ብ] ፤

5 ጥንተ ፡ ልደቱ ፡ ϰ (exc. N). 6 ንብረት ፡] ዓለም ፡ ϰ. ወፀአተ ፡ ኵሉ ፡ በዕሩይ ፡ ϰ (exc. NO). 8a አክበርክዋ ፡ እምኵናነ ፡ መንግሥት ፡ ወመና' ፡ ϰ. 8b ወአስተዐ' ፡] በመድሎ(ሉ EM)ታ ፡ ϰ. 9a በእብን ፡] በእብነ ፡ ባሕርይ ፡ ϰ (exc. NP). 9b ገጻ ፡] ገጽየ ፡ A. 9c [ ] የ ፡ A. 10a ወእምሥነ ፡ ላሕይ ፡ ϰ. ፈተ' ፡] ኢፈተውኩ ፡ A; አፍቀርክዋ ፡ ፈድፋደ ፡ ϰ (exc. NP). 10b እምብ' ፡] ህየንተ ፡ ብርሃን ፡ ϰ (exc. B). ትኩነኒ ፡] + ጽድቀ ፡ AN. 10c ኢይነ' ፡] ኢይትኃባእ ፡ ወኢይነውም ፡ ϰ. 12 መኰንንቶሙ ፡ ϰ. 13a ወሶበ ፡ አእመርኩ ፡ ዘንተ ፡ ዘእንበለ ፡ እከይ ፡ ወዘ' ፡ ቅ' ፡ እሁብ ፡ ኪያሃ ፡ ϰ. 14c በእንተ ፡ ምግባረ ፡ ተግሣጽ ፡ እንተ ፡ ትከሥት ፡ ሀብተ ፡ ϰ. 15a ወሀበኒ ፡ ϰ. በፍ' ፡] ዘይትፈተው ፡ ϰ. 16 [ ] ∧ A. ኵሎ ፡ ጠዪቆ ፡ A. ወምግ' ፡ ትም' ፡] ወአእምሮ ፡ ምግባራት ፡ ϰ. 17a እ' ፡ ው' ፡ ወ' ፡ አእምሮ ፡ ሀልወ ፡ ዘእንበለ ፡ ሐስዎ ፡ ϰ. 17b ከመ ፡ አእምር ፡ ሥርዐተ ፡ ቁመተ ፡ ዓለም ፡ ወምግባረ ፡ ፀ' ፡ ወወ' ፡ ወከ' ፡ ϰ. 18a ጽንፎ ፡] ጥንተ ፡ (+ ዓለም ፡ S, መዋዕል ፡ EN) ϰ. 18b ወሙያጤ ፡ መዋዕል ፡ ወተፋልሶ ፡ ጊዜያት ፡ ϰ. 20 ፍጥ' ፡] ጠባይዐ ፡ ϰ (ጠ' ፡ ህላዌ ፡ ENS). ወመዐተ ፡] ወነፍሳተ ፡ ϰ. ወኀይለ ፡ ነፋሳት ፡ ϰ. ፈሊጠ ፡ ϰ. ወኀይለ ፡ ምግ' ፡ አሥ' ፡ ϰ. 21 ወእመኒበ ፡] ወኵሎ ፡ ϰ. 22 ለኵሉ ፡] + ግብር ፡ ϰ. [ ] ቦ ፡ A, በ ፡ ϰ. [ ] ሳን ፡ A.

እስመ ፡ ባቲ ፡ ይእቲ ፡ መንፈሰ ፡ አእምሮ ፤ ቅ
ዱ[ስ] ፤ ብሑተ ፡ ልደት ፤ ክፍ[ልት] ፡ ውስተ ፡
ብዙኅ ፤ ቀጣን ፤ ጽህርት ፤ ሠናይተ ፡ ቃል ፤ እ
ንተ ፡ ኢትጸመሂ ፤ ህሉት ፤ እንተ ፡ አልባ ፡ ጽን
ፈ ፤ መፍቀሪተ ፡ ሠናይ ፤ [በላኅ] ፤ እንተ ፡ ኢት
ትከላእ ፤ መስልጥ ፤ 23 መፍቀሪተ ፡ ሰብእ ፤ ጽ
ንዕተ ፡ ኀይል ፤ እንተ ፡ እንበለ ፡ ትካዝ ፤ ከሃሊ
ተ ፡ ኵሉ ፤ ዋሐዪተ ፡ ኵሉ ፤ ወእን[ተ] ፡ ኵሉ ፡
ታገምር ፡ መናፍስተ ፡ ዘይትዐወቅ ፡ ንጹሓን ፡
ቀጢናን ። 24 እምኵሉ ፡ ፍጡነ ፡ ሑሰታ ፡ ታ
ፈጥን ፡ ጥበብ ፤ ታንሶሱ ፡ ወተሐውር ፡ እንተ ፡
ዲበ ፡ ኵሉ ፡ በእንተ ፡ ንጽሓ ። 25 እስመ ፡ እ
ስትንፋስ ፡ ይእቲ ፡ ዘእምኀይለ ፡ እግዚአብሔር ፤
ወፅአት ፡ [እም]እንተ ፡ አኃዜ ፡ [ኵሉ ፡] ስብሐ
ት ፡ ንጽሕት ፤ በእንተዝ ፡ አልቦ ፡ ርኩሰ ፡ ምን
ተኒ ፡ ዘይዳደቃ ። 26 እስመ ፡ ዋካ ፡ ይእቲ ፡ ለ
ብርሃን ፡ ዘኢያስተርኢ ፤ ወመጽ[ሔ]ት ፡ ዘኢይ
ዴምን ፡ ዘእምግብረ ፡ እግዚአብሔር ፤ ወአርአ
ያ ፡ ኂሩቱ ። 27 እንዘ ፡ አሐቲ ፡ [ይእቲ ፡] ኵሎ ፡
ትክል ፤ ወእንዘ ፡ በርእ[ሳ] ፡ ሀሎት ፡ ኵሎ ፡ ት
ሔድስ ፤ ወበበትውልድ ፡ ውስተ ፡ ነፍሰ ፡ ጻድ
ቃን ፡ ትትፋለስ ፤ አዕርክተ ፡ እግዚአብሔርኒ ፡
ወነቢያተኒ ፡ ትሬሲ ። 28 እስመ ፡ አልቦ ፡ ዘያፈ
ቅር ፡ እግዚአብሔር ፤ ዘእንበለ ፡ ምስለ ፡ ጠቢ
ባን ፡ ዘየኀድር ። 29 እስመ ፡ ትልሒ ፡ እምፀሓ
ይ ፤ ወእምኵሉ ፡ ንብረተ ፡ ከዋክብት ፤ ምስለ ፡
ብርሃን ፡ እንዘ ፡ ትትቃወም ፡ ትትረከብ ፡ ከመ ፡
ቀዳሚት ፡ ይእቲ ። 30 እስመ ፡ ለዝሰ ፡ ይዌል
ጦ ፡ ሌሊት ፤ ወለጥበብሰ ፡ ኢይትኄየላ ፡ እከይ ።
VIII. ትሰፍሕ ፡ እምአጽናፍ ፡ እስከ ፡ አጽናፍ ፤
ወትሠርዕ ፡ ኵሎ ፡ ሠናየ ። 2 ዛተ ፡ አፍቀርኩ ፡
ወኀሠሥክዋ ፡ እምውርዙትየ ፤ ወአፍቀርኩ ፡
እንሥኣ ፡ መርዓተ ፡ ሊተ ፤ ወመፍቅረ ፡ ከንኩ ፡
ለሥና ። 3 ኂሩ[ተ] ፡ ትሴብሕ ፡ ሰብሳበ ፡ እንተ ፡
እምኀበ ፡ እግዚአብሔር ፡ እንዘ ፡ ባ ፤ ወመኰን
ነ ፡ ኵሉ ፡ አፍቀራ ። 4 እስመ ፡ [መ]ምክር ፡ ይ

ʌ ብ' ፡ ልደት ፡ ENS. [ ] ለተ ፡ A; እንዘ፩ክፍሉ ፡ ውስተ ፡ ብዙኅ ፡ ክፉል ፡ ϰ. ጽህ' ፡] ዘፍጡን ፡ ነሶሳዉ ፡ (seq. ወሠናይ ፡ ቃሉ ፡) ϰ. እ' ፡ ኢትጸ' ፡ — ሠናይ ፡] ጠቢብ ፤ ዘአልቦ ፡ ርስሐት ፤ ዘኢይጸሙ ፤ ህልው ፤ እንተ ፡ አልባቲ ፡ ጽንፈ ፤ መፍቀሬ ፡ ኂሩት ፡ ϰ. [ ] ባልሐ ፡ A; በሊኅ ፡ ϰ. አልቦ ፡ ዘይከልእ ፤ ዘያሜኒ ፡ ϰ. 23 መፍቀሬ ፡ ሰብእ ፤ ስንአሃ ፡ ለጥበብ ፤ ማእምር ፡ ዘበአማን ፤ ዕጉሥ ፤ ዘእንበለ ፡ ትካዝ ፤ ከሃሌ ፡ ኵሉ ፡ ወሐዋጼ ፡ ኵሉ ፤ ዘይበውእ ፡ ውስተ ፡ መናፍስት ፡ ንጹሓት ፡ ለባውያት ፡ ወቀጢናት ፡ ϰ. [ ] በለ ፡ A. 24 እስመ ፡ ሑሰታ ፡ ለጥበብ ፡ ይፈጥን ፡ እምኵሉ ፡ ሑሰት ፤ ትሰፍሕ ፡ ወታንሶሱ ፡ ውስተ ፡ ኵሉ ፤ ወተሐውር ፡ እንተ ፡ ዲበ ፡ ኵሉ ፡ በእንተ ፡ ጽርየተ ፡ ንጽሓ ፡ ϰ. 25ab እ' ፡ ላህበ ፡ ኀይለ ፡ እግዚ' ፡ ይእቲ ፤ ወስብሐተ ፡ አኃዜ ፡ ኵሉ ፡ ዘዕዉቅ ፡ አርአያሁ ፡ ስቡሕ ፡ ወንጹሕ ፡ ϰ [ ] [ ] ʌ A. 26a እ' ፡ ዋካ ፡ ብርሃን ፡ ይእቲ ፡ ዘቀዳማዊ ፡ ϰ. 26b [ ] አ A. ወመጽሔተ ፡ ግብረ ፡ እግዚ' ፡ እንተ ፡ ኢትዴ' ፡ ϰ. 27 [ ] ʌ A. [ ] ስ ፡ A. እምትውልድ ፡ ውስተ ፡ ትውልድ ፡ ϰ. ነፍሳተ ፡ ϰ. 28 ጠቢ' ፡] ጥበብ ፡ ϰ. ዘይትኃደር ፡ ONS. 29a ትላሒ ፡ A; + ይእቲ ፡ ϰ. 29b ወትፈደፍድ ፡ እምኵሉ ፡ ን' ፡ ከ' ፡ ϰ. 29c ሶበ ፡ ተደለወት ፡ ም' ፡ ብ' ፡ ትትረ' ፡ እምቅድሜሁ ፡ ϰ. 30 ለዝሰ ፡] ለብርሃንሰ ፡ ϰ. VIII. 1 አጽናፍ ፡] + ጥዒታ ፡ v. 'ተ ፡ ϰ (εὐρώστως). ሠናየ ፡] በኂሩታ ፡ ϰ. 2b ወአፍ' ፡] ወፈቀድኩ ፡ ϰ. 2c ወመፍቀሬ ፡ ϰ. 3a እስመ ፡ ኂሩተ ፡ ትዝምዳ ፡ (ያከብር ፡ እንዘ ፡ ENSO) ያቀርብ ፡ ኀበ ፡ እግዚ' ፡ ϰ. [ ] ት ፡ A. 4 [ ] ʌ A. እስመ ፡ መምክርት ፡ ይእቲ ፡ ለአእምሮ ፡ ምስጢረ ፡ እግዚ' ፤ ወትትሌዐል ፡ ዕበየ ፡ እምኵሉ ፡ ግብሩ ፡ ϰ.

እቲ ፡ ለትምህርተ ፡ እግዚአብሔር ፤ ወመፍቀሪ
ተ ፡ ምግባሪሁ ። 5 ወእመ ፡ ብዕልኒ ፡ መፍትው ፡
ውእቱ ፡ ጥሪት ፡ ለንብረት ፤ ምንትኑ ፡ ይብዕላ ፡
ለጥበብ ፡ እንተ ፡ ኵሎ ፡ ትገብር ። 6 ወእመኒ ፡
አእምሮ ፡ ትገብር ፤ መኑ ፡ እምኔሃ ፡ እምዘ ፡ ሀ
ሎ ፡ ከማሃ ፡ ኬንያ ። 7 ወእመኒቦ ፡ ጽድቀ ፡ ዘ
ያፈቅር ፡ ጻማሃ ፡ ለዛ ፡ ውእቱ ፡ ሠናይ ፤ እስመ ፡
ንጽሐ ፡ ወጥበበ ፡ ትሜህር ፤ ጽድቀ ፡ ወጽንዐ ፤
ዘአልቦ ፡ ዘይበቍዕ ፡ እምኔሁ ፡ ወኢምንተኒ ፡ በ
ሕይወተ ፡ ሰብእ ። 8 ወእመኒ ፡ ዘብዙኅ ፡ አእም
ሮ ፡ ቦዘያፈቅር ፤ ታአምር ፡ ዘእምቅድም ፡ ወዘ
ይመጽእ ፤ ታአምር ፡ ተጋብኦ ፡ ነገር ፡ ወፈክሮ ፡
ቅጽበት ፤ ተአምረ ፡ ወመንክረ ፡ ታቀድም ፡ አ
እምሮ ፡ ወፀአተ ፡ ጊዜ ፡ መዋዕል ። 9 ፈቀድኩ
ኬ ፡ ዛተ ፡ እንሥአ ፡ ተሀሉ ፡ ምስሌየ ፤ እስመ ፡
አአምር ፡ ከመ ፡ ትከውነኒ ፡ መምክረ ፡ ለሠናይ ፤
ወናዛዚተ ፡ ለትካዝ ፡ ወለሐዘን ። 10 እረክብ ፡
በእንቲአሃ ፡ አኰቴተ ፡ በኀበ ፡ ብዙኃ ፤ ወክብ
ረ ፡ እምኀበ ፡ ሊቃውንት ፡ ወሬዛ ። 11 በሊኅ ፡

እኩን ፡ ለኵነኔ ፤ ወበገጸ ፡ ኀያላን ፡ እትነከር ።
12 እንዘ ፡ አረምም ፡ ይጸንሑኒ ፤ ወእንዘ ፡ እነብ
ብ ፡ ያፀምኡኒ ፤ ወእመ ፡ አብዛኅኩ ፡ ተናግሮ ፤
እደሆሙ ፡ ያነብሩ ፡ ውስተ ፡ አፉሆሙ ። 13 እ
ረክብ ፡ በእንቲአሃ ፡ ኢመዊተ ፤ ወዝክረ ፡ ዓለ
ም ፡ ለእለ ፡ እምድኅሬየ ፡ አኀድግ ። 14 እሠር
ዕ ፡ ሕዝበ ፡ ወአሕዛብ ፡ ይትኴነኑ ፡ ሊተ ። 15 ይ
ፈርሁኒ ፡ ሰሚያሙ ፡ መኳንንት ፡ መደንግፃን ፤
በማኅበር ፡ አስተርኢ ፡ ኄረ ፡ ወበፀብእ ፡ ጽኑዐ ።
16 ወበዊእየ ፡ ቤትየ ፡ ኣዐርፍ ፡ ምስሌሃ ፤ እስ
መ ፡ አልቦ ፡ ምረተ ፡ ሀልዎ ፡ ምስሌሃ ፤ ወኢሐ
ዘነ ፡ ሀልዎ ፡ ምስሌሃ ፤ ዘእንበለ ፡ [ክ]መ ፡ ፍሥ
ሓ ፡ ወሐሤት ። 17 ዘንተ ፡ ኀሊይየ ፡ በርእስየ ፡
ወተኪዝየ ፡ በልብየ ፤ ከመ ፡ ኢመዊት ፡ ውእቱ ፡
ዘመዳ ፡ ለጥበብ ፤ 18 ወውስተ ፡ ፍቅራ ፡ ጥዑ
ም ፡ ሠናይት ፤ [ወውስተ ፡ ግብረ ፡ እደዊሃ ፡ ብ
ዕል ፡ ዘኢየኀልቅ ፤] ወውስተ ፡ ነገራ ፡ ትምህር
ተ ፡ አእምሮ ፤ ወሠናይ ፡ ክብር ፡ ውስተ ፡ ሱታ
ፌ ፡ ንባባ ፤ ዖድኩ ፡ እንዘ ፡ አኀሥሣ ፡ ከመ ፡ እ

5a ወኀበሂ ፡ ሀለወት ፡ ብዕል ፡ ይእቲ ፡ ትትበደር ፡ ያጥርይዋ ፡ ውስተ ፡ ዓለም ፡ ×. መፍት
ውኒ ፡ A. 5b እንተ ፡] ወለእንተ ፡ A. ገባሪተ ፡ ኵሉ ፡ ×. 6a ወእመኒ ፡] + ባቲ ፡ ×. ትገብር ፡] ∧
ENSO; ተገብረ ፡ BMP. 6b መኑ ፡ እምእለ ፡ ሀለዉ ፡ ዘይፈደፍድ ፡ እምኔሃ ፡ ኬንያ ፡ ×. 7d ትሩፋ
ተ ፡ ሠናያተ ፡ ዘአልቦ ፡ ውስተ ፡ ዓለም ፡ ዘይበቍዕ ፡ ወይሤኒ ፡ እምኔሃ ፡ ወኢምንትኒ ፡ ሕይወቱ ፡
(ይእቲ ፡) ለሰብእ ፡ ×. 8 ወእመኒቦ ፡ ዘአፍቀረ ፡ አእምሮ ፡ ብዙኀ ፡ ወሠናይተ ፡ [ሠናይት ፡ ይእ
ቲ ፡ EP] እስመ ፡ አእመረ ፡ ግብረ ፡ ዘቀዲሙ ፡ ወዘይመጽእሂ ፡ ወያአምር ፡ አውሥአተ ፡ ነገር ፡
ወፈክሮ ፡ ቅ' ፡ ወያቀድም ፡ አእምሮ ፡ ተአምራተ ፡ ወመንክራተ ፡ ወኀልፈተ ፡ ጊዜያት ፡ ወዓመ
ታት ፡ ×. 9 መምክርተ ፡ ×. ወናዛ' ፡ ለ' ፡ ወ' ፡] ወመገሥጽተ ፡ ዘታኅድግ ፡ ሐዘነ ፡ ወትካዘ ፡ ×.
10 ረከብኩ ፡ ×. 11a ወኮንኩ ፡ በሊኅ ፡ ኀሊና ፡ ለኰንኖ ፡ ×. 11b እትናከር ፡ A, ተነከርኩ ፡ ×.
12 ይጸን' ፡] + ወይትዔገሡ ፡ ×. 13 ረከብኩ ፡ ×. ኀደጉ ፡ ×. 14 ወአሕዛበ ፡ A. 15 መኳ' ፡] መ
ኳንንተ ፡ ምድር ፡ ×. 16a ምስ' ፡] ባቲ ፡ ×. 16bc እ' ፡ ሀልዎ ፡ ምስ' ፡ አልቦ ፡ ውስቴቱ ፡ ምረት ፤
ወኢጻማ ፡ ወኢሐዘን ፡ ቀሪብ ፡ (v. ኢይቀርብ ፡) ኀቤሃ ፡ ×. [ ] ከ A; ∧ ×. 17 ዘንተ ፡ እንዘ ፡ እ
ኄሊ ፡ በር' ፡ ነበርኩ ፡ ወእጽህቅ ፡ ባቲ ፡ በልብየ ፤ እስመ ፡ ከመ ፡ ኢመ' ፡ ው' ፡ ትዝምዳ ፡ ለጥ' ፡ ×.
18 ጥዑም ፡ ሠ' ፡] ፍሥሓ ፡ ሠናይ ፡ ×. [ ] e ×; ∧ A. ወሠ' ፡ ክ' ፡] ምክሕ ፡ ×. ለርእስየ ፡] ሊተ ፡
መርዓተ ፡ EP.

ንሥአ ፡ ለርእስየ ። 19 ወወልድ ፡ አነ ፡ ማእም
ር ፤ ወነፍስ ፡ ኄርት ፡ ከነት ፡ ሊተ ። 20 እስመ ፡
ኄር ፡ አነ ፡ መጻእኩ ፡ ውስተ ፡ ሥጋ ፡ ንጹሕ ።
21 ወአእሚርየ ፡ ከመ ፡ ኢይክል ፡ ነጺሐ ፡ እመ ፡
እግዚአብሔር ፡ ኢወሀበ ፤ ወዝኒ ፡ ጥበብ ፡ አእ
ምሮ ፡ እምይእቲ ፤ ሰከይኩ ፡ [ኀበ ፡] እግዚአብ
ሔር ፡ ወሰአልክዎ ፡ ወእቤ ፡ እምኵሉ ፡ ልብየ ፤
IX. አምላከ ፡ አበው ፡ ወእግዚአ ፡ ለምሕረት ፤
ዘገበርከ ፡ ኵሎ ፡ በቃልከ ፤ 2 ወበጥበብከ ፡ ረሰ
ይከ ፡ ሰብአ ፤ ከመ ፡ ይኰንን ፡ ለዘ ፡ እምኀቤከ ፡
ተገብረ ፡ ፍጥረት ፤ 3 ወያንሶሱ ፡ ዲበ ፡ ምድር ፡
በኂሩት ፡ ወበጽድቅ ፤ ወበርቱዕ ፡ መንፈስ ፡ ኵ
ነኔ ፡ ይ[ኰ]ንን ፤ 4 ሀበኒ ፡ እንተ ፡ ኀበ ፡ መናብ
ርቲከ ፡ ትነብር ፡ ጥበብ ፤ ወኢትመንነኒ ፡ እም
ደቂቅከ ። 5 እስመ ፡ አነ ፡ ገብርከ ፡ ወልደ ፡ አ
መትከ ፤ ብእሲ ፡ ድዉይ ፡ ወሕጹጸ ፡ መዋዕል ፤
ወትሑት ፡ ለአእምሮ ፡ ወለኵነኔ ፡ ወለሕግ ። 6
ወለእመኒ ፡ ዘከነ ፡ ፍጹመ ፡ እምውሉደ ፡ ሰብ
እ ፤ እምከመ ፡ እንተ ፡ እምኀቤከ ፡ ጥበብ ፡ ኢ
ትኄሉ ፤ ወኢከመ ፡ ምንት ፡ ውእቱ ። 7 አንተ ፡
ኀረይከኒ ፡ ንጉሠ ፡ ለሕዝብከ ፤ ወመኰንነ ፡ ለ
ውሉድከ ፡ ወለአዋልዲከ ። 8 ትቤ ፡ ይትሐነጽ ፡
ቤተ ፡ መቅደስ ፡ በደብረ ፡ መቅደስከ ፤ ወውስ
ተ ፡ ሀገረ ፡ ምዕራፊከ ፡ ምሥዋዕ ፤ አምሳለ ፡ ማ
ኅደረ ፡ ቅድሳቲከ ፡ እንተ ፡ አስተዳሎከ ፡ እምፍ
ጥረት ። 9 ወምስሌከ ፡ ጥበብ ፡ እንተ ፡ ታአም
ር ፡ ግብረከ ፤ ወሀለወት ፡ አመ ፡ ትገብር ፡ ዓለ
መ ፤ ወ[ት]ጤይቅ ፡ ምንተ ፡ ዘያሠምር ፡ በቅድ
መ ፡ አዕይንቲከ ፤ ወበእንተ ፡ ዘርቱዕ ፡ ትእዛዛ
ቲከ ። 10 [አውርዳ ፡] እምቅዱሳን ፡ ሰማያት ፤ ወ
እመንበረ ፡ ስብሐቲከ ፡ ፈንዋ ፤ ከመ ፡ ተሀሉ ፡
ምስሌየ ፡ ወትጻሙ ፤ ወአእምር ፡ ምንተ ፡ ውእ
ቱ ፡ ዘያሠምረከ ። 11 እስመ ፡ ይእቲ ፡ ታአም
ር ፡ ኵሎ ፡ ወትጤይቅ ፤ ወትምርሐኒ ፡ በምግባ
ረትየ ፡ ንጹሐ ፤ ወትዕቀበኒ ፡ በክብራ ። 12 ወይ
ከውን ፡ ሥሙረ ፡ ምግባርየ ፤ ወእኴንን ፡ ሕዝ
በከ ፡ በጽድቅ ፤ ወእከውን ፡ ዘይደሉ ፡ ለመናብ
ርተ ፡ አቡየ ። 13 መኑ ፡ ውእቱ ፡ ሰብእ ፡ ዘያአ
ምር ፡ ምክረ ፡ እግዚአብሔር ፤ ወመኑ ፡ ዘይኄ
ሊ ፡ ዘከመ ፡ ይፈቅድ ፡ እግዚአብሔር ። 14 እ
ስመ ፡ ኅሊናሆሙ ፡ [ለመዋትያን ፡] ፈራሂ ፤ ወ
እቡስ ፡ ኅሊናን ። 15 እስመ ፡ ዘይማስን ፡ ሥጋ ፡

---

19 ኄርተ ፡ A⁎ (exc. NS). 20 ሥጋሃ ፡ ⁎ (exc. N). 21[a] ኢወሀበኒያ ፡ ሊተ ፡ ⁎. 21[b] ወዝኒ ፡ ምክር ፡ እምጥበብ ፡ ከነ ፡ ከመ ፡ አእምር ፡ ለመኑ ፡ ይእቲ ፡ ጸጋ ፡ ⁎. [ ] e ⁎, እምነ ፡ A. IX. 1 አበውየ ፡ ⁎. 3 ምድር ፡] + ወይሥራዕ ፡ ዓለመ ፡ ⁎. ወበርትዐ ፡ BEMOP. [ ] ኴ AMN. 4 እምደ' ፡] እማእከለ ፡ (v. እምኵሉ ፡) አግብርቲከ ፡ ⁎. 5 ኵነኔ ፡ (v. ፍትሕ ፡) ወሕግ ፡ ⁎. 6[bc] እምከመ ፡ ርሕቀት ፡ እምኔሁ ፡ ጥበብ ፡ እንተ ፡ እምኀቤከ ፤ እስመ ፡ ውእቱ ፡ ከመ ፡ ወኢምንት ፡ እምከነ ፡ ⁎. 8 ቤተ ፡ መቅ' ፡] ቤት ፡ ⁎. ቅድሳት ፡ ⁎. 9 [ ] እ A. 9[d] ወምንት ፡ ውእቱ ፡ ዘርቱዕ ፡ በትእ' ፡ ⁎. 10 [ ] ዘወረደ ፡ A; ፈንዋ ፡ ⁎. ሰማያት ፡] + ትትነሣእ ፡ ወትምጻእ ፡ ኀቤየ ፡ ⁎. 10[bc] transp. ⁎. 11 ኵሎ ፡ ወት' ፡] ኵሎ ፡ ግብረ ፡ ዘአንተ ፡ ት' ፡ BMNO. 12 ዘይደሉ ፡] ድልወ ፡ ⁎. አበውየ ፡ ⁎. 13 ዘከመ ፡] ምንተ ፡ ⁎ (exc. NO). 14 [ ] ‸ A. ፈራህ ፡ ⁎. ‸ ኅሊናን ፡ ⁎. 15[a] ያከ' ፡] ይከድና ፡ ወይ(ያ M)ከብዳ ፡ ⁎. 15[b] ወያበ' ፡ ቤተ ፡ ዘእ' ፡ ልበ ፡ ብዙኀ ፡ ትካዝ ፡ A; ወማኅደር ፡ ምድራዊ ፡ ይከድን ፡ ልበ ፡ በብዝኀ ፡ ጻሕቅ ፡ ወትካዝ ፡ ⁎.

ያከብዳ ፡ ለነፍስ ፤ ወያበዝኃ ፡ ቤ[ት] ፡ ዘእምድ
ር ፡ [ለልብ ፡] ብዙ[ኃ] ፡ ትካ[ዘ] ። [16] ወበዕጹብ ፡
እመ ፡ ዐየነ ፡ ዘበዲበ ፡ ምድር ፤ ወዘበእዴነ ፡ ን
ረክብ ፡ (ዘ)በጻማ ፤ ወዘውስተ ፡ ሰማይሰ ፡ መኑ ፡
ፈተነ ። [17] ወምክርከ ፡ መኑ ፡ አእመሮ ፤ ሶበ ፡
አከ ፡ አንተ ፡ ወሀብከ ፡ ጥበበ ፤ ወፈነውከ ፡ ቅ
ዱሰ ፡ መንፈሰከ ፡ እምአርያም ። [18] ወበዝ ፡ ረ
ትዐ ፡ ፍኖቶሙ ፡ ለእለ ፡ ውስተ ፡ ምድር ፤ ወዘ
ያሠምረከ ፡ ተምህሩ ፡ ሰብእ ፤ ወበቲ ፡ ለጥበብ ፡
ድኅኑ ። X. ዛቲ ፡ ቀዳሚ ፡ ልሕኰት ፡ አበ ፡
ዓለም ፡ ባሕቲቶ ፡ ተገቢሮ ፡ ተማሕፀነት ፤ ወአ
ድኅነቶ ፡ እምአበሳ ፡ ርእሱ ። [2] ወወሀበቶ ፡ ኃ
ይለ ፡ ይኰንን ፡ ኵሎ ። [3] ወርሒቆ ፡ እምኔሃ ፡
ገ[ፋዒ] ፡ በመዐቱ ፤ ምስለ ፡ ቀታልያነ ፡ አኀው ፡
ተሀጕለ ፡ በቍጥዓ ። [4] ወከዕበ ፡ እንዘ ፡ ተአይ
ኅ ፡ ምድር ፡ አድኀነታ ፡ ጥበብ ፤ ወበከንቱ ፡ ዕ
ፅ ፡ ለጻድቅ ፡ ኀደፈቶ ፡ ይእቲ ። [5] ወበኅብረተ ፡
እከይ ፡ አሕዛብ ፡ [ሶበ ፡] ተከዕ[ዉ] ፡ አእመረቶ ፡
ለጻድቅ ፤ ወዐቀበቶ ፡ ዘእንበለ ፡ አበሳ ፡ ለእግዚ
አብሔር ፤ ወበ[ምሕረተ ፡ ውሉድ ፡] ጽኑዐ ፡ ዐ
ቀበቶ ። [6] ይእቲ ፡ [ለጻ]ድቅ ፡ እምነ ፡ እለ ፡ ይ
ትሀጐሉ ፡ ረሲዓን ፡ ባልሐቶ ፤ ጐዪዮ ፡ ዘወረደ ፡
እሳት ፡ ዲበ ፡ ኀምስ ፡ አህጉር ፤ [7] ዘዓዲ ፡ ሀሎ ፡
ስምዑ ፡ ለእከያ ፡ እንተ ፡ ትጠይስ ፡ ኮነት ፡ በድ
[ው] ፤ ወዲበ ፡ አድባር ፡ ዘእንበለ ፡ ጊዜሁ ፡ ፍ
ረያት ፤ ለእንተ ፡ ኢአምነት ፡ ነፍስ ፡ ተዝካረ ፡
ቆመት ፡ ሐውልተ ፡ ጼው ። [8] ጥበበ ፡ እለ ፡ ተ
ዐደዉ ፡ አኮ ፡ ክመ ፡ ዘኀሰሩ ፡ በኢያእምሮ ፡ ሠ
ናይ ፤ ዓዲ ፡ ለእበዶሙ ፡ ኀደጉ ፡ ለንብረ[ት] ፡
ተዝካ[ረ] ፤ ከመ ፡ በዘ ፡ አበሱ ፡ አበሳ ፡ ኢይትከ
ሀል ፡ ተረስዮቶሙ ። [9] ጥበብሰ ፡ ለእለ ፡ ይትለ
አክዋ ፡ እምሕማም ፡ ባልሐት ። [10] ይእቲ ፡ እ
ንዘ ፡ ይጐይይ ፡ መዐተ ፡ [እኁው ፡] ጻድቀ ፡ መ
ርሐቶ ፡ ፍኖተ ፡ ርቱዐ ፤ አርአየቶ ፡ መንግሥተ ፡
እግዚአብሔር ፤ ወወሀበቶ ፡ አእምሮ ፡ ቅዱሳን ፤
አብዐለቶ ፡ በጻማ ፡ ወአብዝኀት ፡ ጥሪቶ ። [11] ለ

16a ዐየነ ፡ — ምድር ፡] ዐየነ ፡ ንረክብ ፡ ምግባረ ፡ ዘውስተ ፡ ምድር ፡ ϰ. 16b ወዘበ′ ፡] ግብ ረ ፡ እንተ ፡ ንገሥሣ ፡ በእደዊነ ፡ ϰ. 17b ኢወሀብከ ፡ ϰ. 18 ረትዐት ፡ ϰ. ተም′ ፡] አእመሩ ፡ ϰ. X. 1 ቀ′ ፡ ልሕ′ ፡] ዘተልሕኰ ፡ ቅድመ ፡ ϰ. 2 ይኰ′ ፡] + ወየአኀዝ ፡ ϰ. 3 ወሶበ ፡ ርሕቀ ፡ እም ኔሃ ፡ ዐማፂ ፡ ወገፋዒ ፡ ተሀጕለ ፡ በመዐት ፡ (′ቱ ፡ EN) ምስለ ፡ ነፍሳተ ፡ ቀታ′ ፡ አኀው ፡ ϰ. [ ] ፍ ዐ ፡ A. 4 አድኀነቶ ፡ ϰ. 4b በከ′ ፡ ዕፅ ፡] በንዋየ ፡ ዕፅ ፡ ምኑን ፡ ϰ (exc. N). 5 [ ] ዘ, [ ] ወ ፡ A. እከይ ፡] + ወፁግ ፡ ϰ. አመረቶ ፡ ϰ. አበሳ ፡] + ወነውር ፡ ϰ. 5c ወዐቀበት ፡ ወልደ ፡ ጽኑዐ ፡ በምሕረት ፡ ϰ (ወውሉደ ፡ በምሕረት ፡ ጽኑዕ ፡ ዐቀበት ፡ N). [ ] ውሉደ ፡ ምሕረት ፡ A. 6 [ ] ጽ A. 6b ወአድኀነቶ ፡ በጐይይ ፡ ሶበ ፡ ወረደ ፡ እሳት ፡ ዲበ ፡ ፭አ′ ፡ ϰ. 7a [ ] ወ ፡ A. 7ab እስከ ፡ ይእዜ ፡ ሀሎ ፡ ስምዓ ፡ ለእከዮሙ ፡ እንዘ ፡ ትጠይስ ፡ ሀለወት ፡ ብዱተ ፤ ወአትክልቲሃኒ ፡ አመ ፡ በጊዜያት ፡ ይፈርዩ ፡ ዘኢኮኑ ፡ ፍጹማነ ፡ ϰ. ጼው ፡] + ዘታስተርኢ ፡ ϰ. 8a praem. እስመ ፡ እል ክቱ ፡ ϰ. በኢያ′ ፡ ሠ′ ፡] በአእምሮ ፡ ርደተ ፡ መዐት ፡ እንተ ፡ በጽሐቶሙ ፡ ϰ. 8b [ ] ተ, [ ] ር ፡ A. አላ ፡ ኀደጉ ፡ ውስተ ፡ ዓለም ፡ ላዕለ ፡ እበዶሙ ፡ ዝክረ ፡ ϰ (exc. N). 8c ከመ ፡ ኢይትከሀሎ ሙ ፡ ኅብአተ ፡ አበሳ ፡ እንተ ፡ አበሱ ፡ ϰ. 9 ባልሐቶሙ ፡ N. 10 [ ] አኀው ፡ A, እኁሁ ፡ ϰ. አ ብዐ′ ፡] ወአርሐበት ፡ ሎቱ ፡ ብዕሎ ፡ ϰ. 11 እምእለ ፡ የ′ ፡ ወይ′ ፡ ቆመት ፡ ሎቱ ፡ ወረድአቶ ፡ ወዐ ቀበቶ ፡ ϰ.

እለ ፡ የሀይድዎ ፡ ወይኄይልዎ ፡ ቆመት ፡ ወአብ
ዐለቶ ። 12 ተማሕፀነቶ ፡ እምፀር ፤ ወእምእለ ፡
የዐግቱ ፡ ዐቀበቶ ፤ ወገድለ ፡ ጽኑዐ ፡ [አምአቶ] ፤
ከመ ፡ ያእምር ፡ ከመ ፡ እምኵሉ ፡ ትጸንዕ ፡ በሠ
ናይ ፡ አፍቅሮ ፡ እግዚአብሔር ። 13 ይእቲ ፡ ተ
ሠይጠ ፡ [ጻድቀ ፡] ኢኀደገት ፡ ወአድኀነቶ ፡ እ
ምኀጢአት ፤ ወረደት ፡ ምስሌሁ ፡ ውስተ ፡ ዐዘ
ቅት ። 14 ወውስተ ፡ሞቅሕ ፡ ኢኀደገቶ ፤ እስ
ከ ፡ ሶበ ፡ አምጽአት ፡ ሎቱ ፡ ሢመተ ፡ ወመንግ
ሥተ ፡ ወምልክና ፡ ለእለ ፡ ይትኄየልዎ ፤ ወአር
አየት ፡ ሐሰቶሙ ፡ ለእለ ፡ ይሜንንዎ ፤ ወወሀበ
ቶ ፡ ክብረ ፡ ዘለዓለም ። 15 ዛቲ ፡ ሕዝበ ፡ ጻድ
ቀ ፡ ወዘርአ ፡ ዘአልቦ ፡ [ሒሰ ፡] ባልሐት ፡ እም
አሕዛብ ፡ እምእለ ፡ ያመነድቡ ። 16 ቦአት ፡ ው
ስተ ፡ ነፍ[ሰ ፡ ገ]ብረ ፡ እግዚአብሔር ፤ ወተቃወ
መ ፡ ለነገሥት ፡ መደንግፃን ፡ በአርአያ ፡ ወተአ
ምር ። 17 ወወሀበቶሙ ፡ ዐስበ ፡ ጻማሆሙ ፤ ወ
መርሐቶሙ ፡ በፍኖት ፡ መንክር ፤ ወኮነቶሙ ፡
ጽላሎተ ፡ ለዕለት ፡ ወለላህበ ፡ ከዋክብት ፡ በሌ
ሊት ። 18 ወአዕደወቶሙ ፡ ባሕረ ፡ ኤርትራ ፤
ወአኅለፈቶሙ ፡ እንተ ፡ ማእከለ ፡ ማያት ፡ ብዙ
ኃ ፤ 19 ወፀሮሙሰ ፡ አስጠመት ፤ ወእምዕመቀ ፡
ቀላይ ፡ ጎሥዐቶ[ሙ] ። 20 በእንተዝ ፡ ጻድቃ
ን ፡ ማህረኩ ፡ ረሲዓነ ፤ ወአእኰቱ ፡ እግዚኦ ፡ ስ
መከ ፡ ቅዱሰ ፤ ወእዴከ ፡ መስተቃትልተ ፡ ሰብ
ሑ ፡ ኅቡረ ። 21 እስመ ፡ ጥበብ ፡ ከሠተት ፡ አ
ፈ ፡ በሃመ ፤ ወልሳናቶሙ ፡ ለሕፃናት ፡ረሰየት ፡
ርቱዐ ። XI. ሠርሐት ፡ ምግባሮሙ ፡ በእደ ፡
ነቢይ ፡ ቅዱስ ፤ 2 ወአንሶሰዉ ፡ ወነገዱ ፡ ምድ
ረ ፤ ወውስተ ፡ በድው ፡ ተከሉ ፡ ምጽላላተ ። 3
ተቃወምዎሙ ፡ ለእለ ፡ ይትቃተሉ ፡ ወፀረ ፡ ተ
በቀሉ ። 4 ጸምኡ ፡ ወጸውዑከ ፤ ወተውህበ ፡
ሎሙ ፡ እምኰኵሕ ፡ እዝኅ ፡ ማየ ፤ ወፈወሶሙ ፡
ጽምአሙ ፡ እብን ፡ ጽኑዕ ። 5 በዘ ፡ ተቃተለ ፡
ፀሮሙ ፤ በሙ ፡ እሙንቱ ፡ በምንዳቤሆሙ ፡ ተ
ደለዉ ። 6 ህየንተ ፡ ነቅዐ ፡ ፈለግ ፡ ዘኢይነት
ግ ፤ በደመ ፡ ዐምዐም ፡ ሕሙግ ፡ 7 ለዘለፉ ፡ ቀ
ተልተ ፡ ሕፃናት ፡ በትእዛዛት ፤ ወሀብኮሙ ፡ ብ

12 [ ] አመአቱ ፡ A. 12c ወሠርዐቶ ፡ አመ ፡ ጸገወቶ ፡ ገድለ ፡ ጽኑዐ ፡ ϰ. 12d በሠ' ፡ አ' ፡ እ' ፡] ተቀንዮ ፡ ለእግዚ' ፡ በሠናይ ፡ ϰ. 13 [ ] ጽድቅ ፡ A. ዐዘቅት ፡] ግብ ፡ BEM, ግብ ፡ ዕሙቅ ፡ S. 14b ሢመተ ፡ መንግሥት ፡ ϰ. ተኀየልዎ ፡ ϰ. 14c ወከሠተት ፡ ሐሰቶሙ ፡ ለእለ ፡ አንወርዎ ፡ ወመነንዎ ፡ ϰ. 15 [ ] ሐሰተ ፡ ANO; ነውር ፡ ወሒስ ፡ ϰ. 16a [ ] ሱ ፡ ግ A. 16b ወተቃወመት ፡ (BMO). ነገሥተ ፡ ብዙኃነ ፡ በተአምራት ፡ ወመንክራት ፡ ϰ. 17a e ϰ; ∧ A; ወወ' ፡ ዐስበሙ ፡ ለእለ ፡ በጽድቅ ፡ ሐሙ ፡ NO. 17c ወኮ' ፡ በመዓልት ፡ ጽ' ፡ ወበሌ' ፡ ህየንተ ፡ ሥርቀተ ፡ ከዋ' ፡ ጸዳለ ፡ ϰ. 18 ኤር' ፡] መፍርሀ ፡ ϰ. 19 [ ] ∧ A. ጎሥ' ፡] አዕረገቶሙ ፡ ϰ. 20c መስተ' ፡] + ወመዋኢተ ፡ ϰ. 21 በሃማን ፡ ϰ. 21b ወረሰየት ፡ ልሳነ ፡ ሕ' ፡ ርቱዐ ፡ ነባቤ ፡ ϰ. XI. 1 ሠር' ፡] እስመ ፡ ውእቱ ፡ ሠርሐ ፡ ϰ (exc. S, E corr). 2a ምድረ ፡] ብሔረ ፡ በድወ ፡ ዘኢኀደሮ ፡ መኑሂ ፡ ϰ. 2b ወተከሉ ፡ መታክለ ፡ ደባትሪሆሙ ፡ ውስተ ፡ መካን ፡ እንተ ፡ ኢተከይደት ፡ ϰ. 3 ፀረ ፡] አፅራረ ፡ ϰ. 4b ማይ ፡ ϰ. 4c ወፈውስ ፡ ለጽምአሙ ፡ እምእ' ፡ ጽ' ፡ ϰ. 5 እስመ ፡ በዝንቱ ፡ ግብር ፡ ተኰነኑ ፡ ወተቀትሉ ፡ አፅራሪሆሙ ፤ ወበዝንቱ ፡ አሠነይከ ፡ ሎሙ ፡ ሶበ ፡ ተመንደቡ ፡ ወዐጸቦሙ ፡ ϰ. 6b ዘሐመግዎ ፡ እልክቱ ፡ በደመ ፡ ቅቱላን ፡ ϰ. 7 ወሀብኮሙ ፡ ማየ ፡ ብዙኀ ፡ ዘአንቃዕከ ፡ ፍጡነ ፡ ዘእንበለ ፡ አሰፍዎ ፤ ለዘለፉ ፡ ብእሲት ፡ ቀታሊተ ፡ ሕፃናት ፡ ϰ (ለዘሊፈ ፡ ቅትለተ ፡ ሕፃናት ፡ በትእዛዝ ፡ S).

ዙኅ ፡ ማየ ፡ ዘእንበለ ፡ ተስፋ ። 8 አርአይከ ፡
በዘትካት ፡ ጽምእ ፡ ዘከመ ፡ እፎ ፡ ቀተልከሙ ፡
ለፀር ። 9 እስመ ፡ አመ ፡ ተመከሩ ፡ ለተግሣጽ ፡
እንዘ ፡ ለምሕረት ፤ አእመሩ ፡ እፎ ፡ እንዘ ፡ በ
መዐት ፡ ይኴንን ፡ ረሲዓን ፡ ይዴየኑ ። 10 እስ
መ ፡ እላንቱሰ ፡ ከመ ፡ አብ ፡ ዘእንዘ ፡ ይጌሥጽ ፡
አመክርከ ፤ ወእልክቱሰ ፡ ከመ ፡ ዘእንበለ ፡ ምሕ
ረት ፡ ንጉሥ ፡ እንዘ ፡ ይኴንን ፡ [ፈተንከ] ። 11
እለ ፡ ሀለዉኒ ፡ ወእለ ፡ ኢሀለዉኒ ፡ ዕሩየ ፡ ተቀ
ሥፉ ። 12 እስመ ፡ እንተ ፡ ምክዕቢት ፡ አኀዞ
ሙ ፡ ሐዘን ፤ ወገዓረ ፡ ተዝካር ፡ ለዘ ፡ ኀለፈ ።
13 እስመ ፡ አመ ፡ ረስዑ ፡ ዘበጌጋዮሙ ፡ መቅ
ሠፍት ፤ በተድላሆሙ ፡ ሰበ ፡ ይሬእዩ ፤ ያአምር
ዎ ፡ ለእግዚአብሔር ። 14 እስመ ፡ ዘተገድፈ ፡
ቀዲሙ ፡ ክሕድዎ ፡ በስላቅ ፤ በፍጻሜ ፡ ፀአት ፡
አንከሩ ፤ አኮ ፡ ከመ ፡ ጻድቃን ፡ ዘ[ጸም]ኡ ። 15
ወህየንተ ፡ ኀሊና ፡ እከዮሙ ፡ እለ ፡ በሐሰት ፡
አምለኩ ፡ ዘኢይነብብ ፡ እንስሳ ፡ ወዘይሰርር ፡
ምኑነ ፤ ፈኖከ ፡ ሎሙ ፡ ብዙኀ ፡ ዘኢይነብብ ፡
እንስሳ ፡ ለተበቅሎ ፤ 16 ከመ ፡ ያእምሩ ፡ ከመ ፡
ዘበቱ ፡ አበሰ ፡ ቦቱ ፡ ይትኴነን ። 17 እስመ ፡ አ
ኮ ፡ ዘትስእን ፡ እንተ ፡ ኵሎ ፡ ትክል ፡ የማንከ ፤
እስመ ፡ ፈጠረት ፡ ዓለመ ፡ እምአመ ፡ ሕሡም ፤
[ፈንዎ ፡] ሎሙ ፡ ብዙኀ ፡ ድብተ ፡ ወመዐተ ፡ ዐ
ናብስት ፤ 18 ወእመ ፡ አኮ ፡ ግብተ ፡ [ዘተፈጥ
ሩ ፡ ምሉኣነ ፡ መዐት ፡ አራዊተ ፡] እለ ፡ ኢይት
አመሩ ፤ ወእመ ፡ አኮ ፡ ዘእሳተ ፡ ያስተነፍስ ፡ ወ
ይነፍኁ ፡ ወይልህብ ፤ ወእመ ፡ አኮ ፡ ጼና ፡ ጢ
ስ ፡ ፍጉግ ፡ እለ ፡ ይሠዕዩ ፤ ወእመ ፡ አኮ ፡ እም
ውስተ ፡ [ዐይኖሙ ፡] ፀዋገ ፡ ቀለምጽጸ ፡ እለ ፡
ያበርቁ ፡ 19 ዘኢኮነ ፡ በባሕቲቱ ፡ በተኰንኖ ፡
ዘእምተሐርፀ ፤ ርእዮሙ ፡ ጥቀ ፡ በግርማ ፡ እም
ቀተለቶሙ ። 20 ወዘእንበለ ፡ ዝኒ ፡ በ፩ መንፈ
ስ ፡ እምወድቁ ፡ እምኀበ ፡ ኵነኔ ፡ ተሰዲዶሙ ፤

---

8 ዘከመ ፡ ቀተልከሙ ፡ ለፀር ፡ ወከማሁ ፡ ኰነንከ ፡ ተቃዋምያነ ፡ ×. 9 አመ ፡ አመከሩ ፡ (sic) ሶበ ፡ ጸምኡ ፤ ወእሙንቱሰ ፡ በምሕረት ፡ ተገሠጹ ፤ ወአእመሩ ፡ እፎ ፡ አመ ፡ ተኰነኑ ፡ ረሲዓን ፡ (ተኰነኑ ፡) በመዐት ፡ ×. 10a ለእሉሰ ፡ ×. ከመ ፡ አብ ፡ መገሥጽ ፡ ×. 10b [ ] ድኅንከ ፡ A; ዴገንከ ፡ ወፈተንከ ፡ ×. 11 ወበዝንቱ ፡ አምሳል ፡ ቀሠፍከሙ ፡ ወአተከዝከሙ ፡ እንዘ ፡ ሀለዉ ፡ ወእንዘ ፡ ኢሀለዉ ፡ ×. 12 እስመ ፡ ምክዕቢት ፡ አኀዘሙ ፡ ሐ' ፤ ወገ' ፡ ተ' ፡ ዘእኩይ ፡ [ለእከየ ፡ EO] አእምሮ ፡ ዘኀለፈ ፡ ×. 13 አመ ፡ ሰምዑ ፡ ከመ ፡ አሠነየ ፡ ሎሙ ፡ በምንዳቤሆሙ ፤ እሙንቱሂ ፡ ረሰይዎ ፡ ተድላ ፡ ዘእግዚ' ፡ ×. 14 ወዓዲ ፡ ለዘገደፉ ፡ ቀዲሙ ፡ ውስተ ፡ ሕሡም ፡ ቀብጽዎ ፤ ወጕዩ ፡ እምኔሁ ፡ በስላቅ ፤ ወአንከሩ ፡ እምፍጻሜ ፡ ፀአተ ፡ ትእዛዝ ፤ አኮ ፡ እሙንቱ ፡ ዘጸምኡ ፡ በከመ ፡ ጸምኡ ፡ ጻድቃን ፡ ×. [ ] መጽ ፡ A. 15a ወህየንተ ፡ እከየ ፡ ኀሊና ፡ ዐመፃሆሙ ፡ እንተ ፡ አልባቲ ፡ አእምሮ ፤ እንተ ፡ (v. እስመ ፡) ሶበ ፡ ስሕቱ ፡ ባቲ ፡ አምለኩ ፡ እንስሳ ፡ ዘኢይነብብ ፤ ሀብተ ፡ ምኑነ ፡ ወከንቶ ፡ ×. 16 ዘበቱ ፡ አበሰ ፡] ግብር ፡ ዘይኤብስ ፡ ቦቱ ፡ ሰብእ ፡ ×. 17a እስመ ፡ ኢይሰአኖ ፡ ለእዴከ ፡ ዘኵሎ ፡ ይክል ፡ (ወ)የማንከ ፡ እንተ ፡ ፈጠረት ፡ ዓለመ ፡ እምነ ፡ ከንቱ ፡ ዘአልቦቱ ፡ ገጽ ፡ ×. 17b [ ] ፈነወ ፡ A, ከመ ፡ ትፈኑ ፡ ×. ወመዐተ ፡] ወመዓትማነ ፡ ×. 18a [ ] e ×; ዘእምፍጥረተ ፡ ምሉእ ፡ መዐት ፡ አራዊት ፡ A. 18b ዘያነፍሱ ፡ እሳተ ፡ ዘይነፍኁ ፡ ወይልህብ ፡ ×. 18c አኮ ፡] + እለ ፡ A (item 18d), ×. 18d [ ] ʌ A, seq. 'ግ ፡ 'ጽ ፡ እለ ፡ ይበርቁ ፡ ×. 19 አኮ ፡ ባሕቲቱ ፡ እከዮሙ ፡ ወኵነኔሆሙ ፡ ዘይክል ፡ ከመ ፡ ይሕርፆሙ ፡ አላ ፡ ራእዮሙሂ ፡ እምገረሞሙ ፡ ወቀተሎሙ ፡ ×. 20ab ወ' ፡ ዝ' ፡ በአሐቲ ፡ ትእምርት ፡ እምደለዎሙ ፡ ከመ ፡ ይደቁ ፡ እንዘ ፡ ትሰድዶሙ ፡ በቃልከ ፡ ወትሥዕዮሙ ፡ በመ' ፡ ኀ' ፡ ×.

ወእምተሥዕዩ ፡ በመንፈሰ ፡ ኀይልከ ፤ ወባሕቱ ፡
ኵሎ ፡ በዐቅም ፡ ወበኍልቌ ፡ መዳልው ፡ ሠራ
ዕከ ። 21 እስመ ፡ ዕበየ ፡ ክሂሎትከ ፡ ሀሎ ፡ ዘል
ፈ ፤ ወለኀይለ ፡ መዝራዕትከ ፡ መኑ ፡ ይትቃወ
ማ ። 22 እስመ ፡ ከመ ፡ ልጽላጼ ፡ እምውስተ ፡
መዳልው ፡ ኵሉ ፡ ዓለም ፡ በቅድሜከ ፤ ወከመ ፡
ናፍንፈ ፡ ጠል ፡ እንተ ፡ ነግህ ፡ ወረደት ፡ ውስ
ተ ፡ ምድር ። 23 ትምሕር ፡ ኵሎ ፡ እስመ ፡ ኵ
ሎ ፡ ትክል ፤ ወትትሄየይ ፡ ኀጣውአ ፡ ሰብእ ፡ ለ
ንስሓ ። 24 ወታፈቅር ፡ ኵሎ ፡ ዘሀሎ ፡ ወኢል
ቦ ፡ ዘትሜንን ፡ ዘገበርከ ፤ እስመ ፡ አልቦ ፡ ዘገበ
ርከ ፡ እንዘ ፡ ትጸልእ ። 25 ወእፎ ፡ እምሀሎ ፡ ም
ንትኒ ፡ ሶበ ፡ አኮ ፡ አንተ ፡ ዘትፈቅድ ፤ ወዘኢተ
ጸውዐ ፡ እምኀቤከ ፡ እምተዐቅበ ። 26 ወትምሕ
ር ፡ ኵሎ ፡ እስመ ፡ ዚአከ ፡ ውእቱ ፡ እግዚአ ፡
መፍቀሬ ፡ ነፍስ ። XII. እስመ ፡ ዘኢይጠፍ
እ ፡ መንፈስ[ከ] ፡ ሀሎ ፡ ውስተ ፡ ኵሉ ። 2 እስ
መ ፡ ለእለ ፡ ይወድቁ ፡ በበ ፡ ሕቅ ፡ ትዛለፍ ፤ ወ
አበሳ ፡ [ዘ]ይኤብሱ ፡ እንዘ ፡ ትዜክር ፡ [ትጌሥ
ጽ] ፤ ከመ ፡ ርሒቆሙ ፡ እምእኩይ ፡ ይእመኑ ፡
ብከ ፡ እግዚአ ። 3 እስመ ፡ እለ ፡ ቀደምት ፡ ኀ
ደርተ ፡ ለቅድስት ፡ ምድርከ ፡ ጸላእከ ። 4 በግ
ብረ ፡ ዐመፃ ፡ ዘይጸ[ላ]እ ፡ በግብረ ፡ አበሳ ፡ ዘሥ
ራያት ፡ ወአጣዕዎ ፡ ኀጢአት ፤ 5 ቀተልተ ፡ ው
ሉዶሙ ፡ ኢመሐርያን ፤ ወበላዕያነ ፡ ሥጋ ፡ ሰብ
እ ፡ ወደም ፡ 6 በቅድመ ፡ መላእክት ፡ ቅዱሳኒ
ከ ፤ ወኅቡላነ ፡ ትዝምድ ፡ ለነፍስ ፡ እለ ፡ ኢይ
ትራድኡ ፤ ፈቀድከ ፡ ታህጕል ፡ በእደ ፡ አበዊ
ነ ፤ 7 ከመ ፡ ዘይደሉ ፡ ማኅደረ ፡ ይንሥኡ ፡ ደ
ቂቀ ፡ እግዚአብሔር ፤ እንተ ፡ እምኀቤከ ፡ ክብ
ርት ፡ እምኵሉ ፡ ምድር ። 8 ወኪያሆሙኒ ፡ ከ
መ ፡ ሰብእ ፡ መሐርከሙ ፤ ፈነውከ ፡ ሐዋርያቲ
ከ ፡ ከመ ፡ መራዲ ፡ ትኒንያ ፤ ከመ ፡ ኪያሆሙ ፡
በበሕቅ ፡ ይሠርዉ ፤ 9 እንዘ ፡ አኮ ፡ ስኢነከ ፡
አስተዳልዎ ፡ ረሲዓን ፡ ወአግብኦ ፡ [ለጻድቃን ፡ |
ውስተ ፡ እዴሆሙ ፤ ወእመ ፡ አኮ ፡ ለአራዊት ፡

21 ሀሎ ፡] ሀልው ፡ ኀቤከ ፡ ፨. 22 ልሳነ ፡ ለጽሊጸ ፡ መዳ′ ፡ ፨ (ልጽላጼ ፡ ልሳነ ፡ መ′ ፡ ES). ናፍ′ ፡] ነጥበ ፡ ፨ (ነጠብጣበ ፡ S). 23a ት′ ፡ ኵ′ ፡ እስመ ፡ ከሃሊ ፡ አንተ ፡ ላዕለ ፡ ኵሉ ፡ ፨. ለንስ ሓ ፡] እንዘ ፡ ትጸንሕ ፡ (ለ)ንስሓ ፡ ፨. 24b ሶበሰ ፡ ጸላእከ ፡ ምንተኒ ፡ እምኢገበርከ ፡ ፨. 25 ወእፎ መ ፡ እምጸንዐ ፡ በቅድሜከ ፡ እመ ፡ ለሊከ ፡ ኢፈቀድከ ፤ አው ፡ እፎመ ፡ እምተዐቅበ ፡ ዘኢጸዋዕ ከ ፡ አንተ ፡ ፨. 26 ወት′ ፡ ኵሎ ፡] ትምህክ ፡ ወትሣሀል ፡ ላዕለ ፡ ኵሉ ፡ ፍጥረት ፡ ፨. XII. 1 [ ] ∧ A. 2a እስመ ፡] ወበእንተዝ ፡ ፨. ወድቁ ፡ ፨. ትዘልፍ ፡] + ዘከመ ፡ ይደሉ ፡ በንባብ ፡ ፨. 2b [ ] ∧ A. [ ] ተግሣጸ ፡ A. ታዜክሮሙ ፡ ወትጌሥጸሙ ፡ ፨. 2c ከመ ፡] + ሶበ ፡ ይጤይቁ ፡ ፨. 3 እ′ ፡ ለቀደምት ፡ እለ ፡ የኀድሩ ፡ ውስተ ፡ ም′ ፡ ቅ′ ፡ ጸሊአከ ፡ ፨. 4 [ ] ል A. በእንተ ፡ ምግባራቲሆ ሙ ፡ ግብረ ፡ ሥራይ ፡ ጽሉእ ፡ ወበዓላቲሆሙኒ ፡ ዘርሑቅ ፡ እምጽድቅ ፡ ፨. 5a ወቅትለተ ፡ B. ኢመ′ ፡] ዘእንበለ ፡ ምሕረት ፡ ፨. 5b ወአስተበውሖቶሙ ፡ ለበሊዐ ፡ ንዋየ ፡ ውስጠ ፡ ከርሦሙ ፡ ለሰብእ ፡ ወሥጋሆሙ ፡ ወደሞሙ ፡ ፨. 6ab እስመ ፡ ተአተተ ፡ እምኔሆሙ ፡ አእምሮ ፡ ምስጢራ ተ ፡ መለኮትከ ፤ ወለነፍስ ፡ እንተ ፡ አልባቲ ፡ ረድኤት ፡ እምኀበ ፡ መኑሂ ፡ ይቀትሉ ፡ ነፍሳቲሆ ሙ ፡ ፨. 8a ከመ ፡ ሰ′ ፡] ዘከመ ፡ ትምሕር ፡ ሰብአ ፡ ፨. 8b ወፈኖከ ፡ መራደ ፡ ትንንያ ፡ ይቅድሙ ፡ ተዓይኒከ ፡ ፨. ትኒንያ ፡ A. 9a [ ] ጻድቃነ ፡ A. ወእምኢተስእነከ ፡ ከመ ፡ ታግብአሙ ፡ ለረሲዓ ን ፡ ው′ ፡ እዴ′ ፡ ለጻድቃን ፡ በበጸታሆሙ ፡ ይፄውውዎሙ ፡ ፨. 9b አኮ ፡] + ትመጥዎሙ ፡ ፨. 9c አዘዘ ፡ ወአጥፍአ ፡ A; አዚዘከ ፡ ታጥፍአሙ ፡ በአሐቲ ፡ ጊዜ ፡ ፨.

ፀዋጋን ፤ ወእመ ፡ አኮ ፡ በአሐቲ ፡ ቃል ፡ አግዘዘ ፡
ወአጥፍአ ። 10 ወበኵንኖ ፡ በበሕቅ ፡ ትሁብ ፡
መካነ ፡ ለንስሓ ፤ አኮ ፡ ኢያእሚረከ ፡ ከመ ፡ እ
ኩይ ፡ ትውልዶሙ ፤ ወከመ ፡ እምኔሆሙ ፡ እከ
ዮሙ ፤ ወከመ ፡ ኢይትመየጥ ፡ ኀሊናሆሙ ፡ ለ
ዓለም ፤ 11 እስመ ፡ ዘርእ ፡ ውእቱ ፡ ርጉም ፡ እ
ምትካት ፤ ወአኮ ፡ መነሂ ፡ ኀፊረከ ፡ ለአበሳ ፡ ዘ
ትሁብ ፡ ስርየተ ። 12 ወመኑ ፡ ውእቱ ፡ ዘይብ
ል ፡ ምንተ ፡ ገበርከ ፤ ወመኑ ፡ ውእቱ ፡ ዘይትቃ
ወሞ ፡ ለኵነኔከ ፤ ወመኑ ፡ ዘይትኋሠሠከ ፡ በእ
ንተ ፡ ሕዝብ ፡ ዘተሀጕለ ፡ ዘአንተ ፡ ገበርከ ፤ [ወ
መኑ ፡ መኰንን ፡ ዘይበጽሕ ፡ ኀቤከ ፡ ለአስተዋ
ቅሦ ፡ በእንተ ፡ ሰብእ ፡ ዐማፅያን] ። 13 እስመ ፡
አልቦ ፡ አምላከ ፡ ዘእንበሌከ ፡ ባዕድ ፡ ዘየሐዝን ፡
በእንተ ፡ ኵሉ ፤ ከመ ፡ ታርኢ ፡ ከመ ፡ አኮ ፡ ግ
ፍዐ ፡ ዘኰነንከ ። 14 ወኢንጉሥ ፡ ወኢመምዕ
ለይ ፡ ተናጽሮ ፡ ይክል ፡ ምስሌከ ፡ በእንተ ፡ እ
ለ ፡ ኰነንከ ። 15 እስመ ፡ ጻድቅ ፡ አንተ ፡ [ዘበ
ጽድቅ ፡] ኵሎ ፡ ትሠር[ዕ] ፤ ኪያሁ ፡ ዘኢኮነ ፡ መ
ፍትወ ፡ ለተኰንኖ ፡ ትኴንን ፡ ነኪረ ፡ ረሰይከ ፡
እምኀይልከ ። 16 እስመ ፡ ኀይልከ ፡ ቀዳሚሃ ፡
ለጽድቅ ፤ እስመ ፡ ኵሎ ፡ ትመልክ ፡ ይሬስየከ ፡
ትምሐር ፡ ኵሎ ። 17 ኀይለ ፡ ታርኢ ፡ እንዘ ፡
ኢየአምንከ ፡ በጽንዐ ፡ ፍጻሜ ፤ ወለእለ ፡ ኢያ
አምሩ ፡ መዐተ ፡ ትዘልፍ ። 18 ወእንዘ ፡ አንተ ፡
መኰንን ፡ ኀያል ፡ ዘበየውሀት ፡ ትኴንን ፤ ወም
ስለ ፡ ብዙኅ ፡ ምሕረት ፡ ታሔልወነ ፤ እስመ ፡ ህ
ልው ፡ ለከ ፡ ሶበ ፡ ፈቀድከ ፡ ክሂል ። 19 ወመ
ሀርከ ፡ ሕዝበከ ፡ በዘ ፡ ከመዝ ፡ ምግባር ፤ ከመ ፡
መፍትው ፡ ይኩን ፡ ጻድቅ ፡ መፍቀሬ ፡ ሰብእ ፤
ወሠናያነ ፡ ተስፋ ፡ ተናገርከሙ ፡ ለውሉድከ ፤
ከመ ፡ ተሀብ ፡ ለአበሲ ፡ ንስሓ ። 20 [እመ ፡] ፀ
ረ ፡ ደቅከ ፡ መፍትዋነ ፡ ለመዊት ፡ ምስለ ፡ እን
ተ ፡ መጠኔዝ ፡ ትዕግሥት ፡ ኰነንከ ፤ ወወሀብ
ከ ፡ መዋዕለ ፡ ወመካነ ፡ ከመ ፡ ያንፍሱ ፡ እምእ
ኩይ ፤ 21 ምስለ ፡ እንተ ፡ ሚመጠን ፡ ጥንቃቄ ፡
ትኴንን ፡ ውሉደከ ፤ ለእለ ፡ ለአበዊሆሙ ፡ መ
ሐላ ፡ ወኪዳነ ፡ ወሀብከ ፡ ለሠናይ ፡ ተስፋ ። 22

10a ፈታሕከ ፡ ይኩን ፡ ዝንቱ ፡ በበሕቅ ፡ እንዘ ፡ ትሁብ ፡ ኪያሆሙ ፡ መ′ ፡ ለን′ ፡ ϰ. 10b ት ው′ ፡] ሀልዎቶሙ ፡ ϰ. 10c ወእከዮሙ ፡ ጥቀ ፡ ፈድፋደ ፡ ϰ. 11 ውእቱ ፡] እሙንቱ ፡ ϰ. ስርየ ተ ፡] + ወዕድሜ ፡ ϰ. 12c ወመኑ ፡ ውእቱ ፡ ዘያስተዋድየከ ፡ ወይትኋሠሠከ ፡ በእ′ ፡ አሕዛብ ፡ ′ሉ ፡ ዘ′ ፡ ገ′ ፡ ϰ. 12d e ϰ; ∧ A. 13a ዘየሐ′ ፡] ዘይኄሊ ፡ ϰ (exc. ES). 14 መምዕለይ ፡] መስፍን ፡ ϰ. ተና′ ፡ ኢይክል ፡ ምስሌከ ፡ እንዘ ፡ የሐምየከ ፡ በ′ ፡ እ′ ፡ ኰ′ ፡ ϰ. 15 [ ] e ϰ; ∧ A. [ዕ] ሕ A. ትኴ ንን ፡] ከመ ፡ ትኰንን ፡ ϰ. 16b እ′ ፡ ቀንየትከ ፡ ወምልክናከ ፡ ኵሎ ፡ ይሬስየከ ፡ ትሣሀል ፡ ላዕለ ፡ ኵሉ ፡ ϰ. 17 እስመ ፡ ከሠትከ ፡ ኀይለከ ፡ ለዘኢየአምን ፡ ፍጻሜ ፡ ክሂሎትከ ፤ ወለእለ ፡ (ኢ EMN) ያአምሩ ፡ ትዘልፍ ፡ ተኀብሎቶሙ ። 18 መኰንነ ፡ ኀይል ፡ ϰ (exc. M). 18c ወማእዜመ ፡ እመ ፡ ፈቀድከ ፡ እስመ ፡ ክሂል ፡ ሀሎ ፡ ኀቤከ ፡ ϰ. 19b ሰብእ ፡] + ወርኀሩኅ ፡ ϰ. 19c ተስፋ ፡] + ረሰ ይከ ፡ ወ ϰ. 19d እስመ ፡ ትሁብ ፡ ϰ. 20 [ ] እስመ ፡ A. እመ ፡ — ለመዊት ፡] ወኀበኒ ፡ ሀለዉ ፡ ፀረ ፡ ደቂቅከ ፤ እልክቱ ፡ እለ ፡ ድልዋን ፡ ለመዊት ፡ ϰ. መጠነዝ ፡ ϰ. ወመካነ ፡] ወፍኖተ ፡ ϰ. ያንፍሱ ፡] ይድኀኑ ፡ ባቲ ፡ ϰ. 21 ወሚመጠነ ፡ በጥንቃቄ ፡ ϰ. ∧ ለአበዊሆሙ ፡ ϰ. 22 ትኴ′ ፡ ወ ፀ′ ፡] ትጌሥጽ ፡ ፀረነ ፡ ϰ. ምእልፌተ ፡ ϰ. 22b [ ] ንትኴነን ፡ A. ከመ ፡ ሶበ ፡ ት (v. ን) ኴንኖ ሙ ፡ ኂ′ ፡ ንዘ′ ፡ ወንትመሰል ፡ ϰ. ንሴፎ ፡ codd. (exc. B).

እንዘ ፡ ኪያነኬ ፡ ትኴንን ፡ ወፀረነ ፡ በምእልፌት ፡
ትቀሥፍ ፤ ከመ ፡ ኄሩተከ ፡ ንዘከር ፡ እንዘ ፡ [ን
ኴንን] ፤ ወእንዘ ፡ ንትኴነን ፡ ንሰፎ ፡ ሣህለከ ።
23 እስመ ፡ ዘበ ፡ እበ[ደ] ፡ ሕይወ[ተ] ፡ ንብረት ፡
ዘበ ፡ ኀጢአት ፤ በዘ ፡ ዚአሆሙ ፡ ኰነንከሙ ፡
በርኵሶሙ ። 24 እስመ ፡ እምፍኖተ ፡ ስሒትኒ ፡
እንተ ፡ ታርሕቅ ፡ [ስሕቱ] ፤ አማልክት ፡ እንዘ ፡
ይብሉ ፡ ዘእምእንስሳኒ ፡ ፀር ፡ ርኩሰ ፤ [ከመ ፡] ሕ
ፃናት ፡ ደቂቀ ፡ አብዳን ፡ ተሐሲዎሙ ። 25 በእ
ንተዝ ፡ ከመ ፡ ሕፃናት ፡ አብዳን ፡ ኵነኔ ፡ ለስላ
ቅ ፡ ፈኖከ ። 26 [አላ ፡] በተውኔተ ፡ ስላቅ ፡ እ
ለ ፡ ኢተገሠጹ ፤ ዘይደሉ ፡ ኵነኔ ፡ ዘእምእግዚ
አብሔር ፡ ይረክቡ ። 27 እስመ ፡ እሙንቱ ፡ በ
ዘ ፡ የሐሙ ፡ ይትአነተሉ ፤ በሙ ፡ በእለ ፡ ይብ
ሉ ፡ አማልክት ፡ ሎሙ ፡ እንዘ ፡ ይትኴነኑ ፤ [እ
ንዘ ፡] ያአምሩ ፡ ዘካዕበ ፡ ይክሕዱ ፡ አእምሮ ፡
እግዚአብሔር ፡ አእ[መሩ] ፡ ህል[ወ] ፤ ወበዝ ፡
ፍጻሜሁ ፡ ለኵነኔ ፡ ላዕሌሆሙ ፡ በጽሐ ። XIII.
ወኢምን[ት]ኒ ፡ ሰብእ ፡ ኵሉ ፡ በሰብእ ፤ ለእለ ፡
ላዕሌሆሙ ፡ በሙ ፡ ኢያእምሮ ፡ እግዚአብሔር ፤
ወበዘያስተርኢ ፡ ሠናያት ፡ ስእኑ ፡ አእምሮ ፡ ሀ
ልው ፤ ወእንዘሂ ፡ ይሬእዩ ፡ ምግባራተ ፡ ኢያእ
መርዎ ፡ ለኬንያ ። 2 [አላ ፡] እሳተ ፡ ወመንፈ
ሰ ፡ ወዘፍጡነ ፡ ደመና ፡ ወእመ ፡ ዑደተ ፡ ከዋ
ክብት ፡ ወእመ ፡ ኀይለ ፡ ማይ ፡ ወብርሃናተ ፡ ሰ
ማይ ፡ [ሰበከተ ፡] ዓለም ፡ አማልክተ ፡ አምሰሉ ።
3 እለ ፡ በላሕዮሙ ፡ በአስተአድሞ ፡ ኪያሆሙ ፡
አማልክተ ፡ ረሰዩ ፤ ያ[እ]ምሩ ፡ እፎ ፡ ፈድፋደ ፡
እግዚአሙ ፡ ለእሉ ፡ ይኄይስ ፤ እስመ ፡ [ወላ
ዴ ፡] ሥን ፡ ፈጠሮሙ ። 4 ወ[እመ ፡] እምኀይ
ል ፡ ወምግባር ፡ ተደሙ ፤ ያ[እ]ምሩ ፡ እምኔሆ
ሙ ፡ እፎ ፡ ፈድፋደ ፡ ዘገብሮሙ ፡ ኀያል ፡ ው
እቱ ። 5 እስመ ፡ በዕበይ ፡ ወበሥን ፡ [ዘፍጥረ
ት ፡] ይትዐወቅ ፡ ዘገብሮሙ ። 6 ወበሕቱ ፡ ዓ

23a [ደ] ድ, ؘ [ተ] ት A. ወበዝየሰ ፡ ኰነንከ ፡ ዐማፅያነ ፡ እለ ፡ በእበድ ፡ ሐይዉ ፡ ሕይወተ ፡ ወነበሩ ፡ በኀጢአት ፡ ፨. 24a [ ] ስሒተ ፡ A. እስመ ፡ ተሀጕሉ ፡ በነዊኅ ፡ ፍኖተ ፡ ስሕተት ፡ ፨. 24b አ′ ፡ እ′ ፡ ይ′ ፡ ኀሡራነ ፡ እንስሳ ፡ ዘኀበ ፡ አንጻሪሆሙ ፡ ፨. 24c [ ] ∧ A. ወሐሰዉ ፡ ከመ ፡ ደቂቅ ፡ እለ ፡ አልቦሙ ፡ አእምሮ ፡ ፨. 25 አብዳን ፡] እለ ፡ አልቦሙ ፡ ንባብ ፡ ፨. ለስላቅ ፡] ዘከመ ፡ ተውኔቶሙ ፡ ፨. 26 [ ] እለ ፡ A. ሶበሰ ፡ ኢተገሠጹ ፡ በተግሣጸ ፡ መዐት ፡ ይጥዐሙኬ ፡ ኀብስተ ፡ ኵነኔሁ ፡ ለእግዚ′ ፡ ጻድቅ ፡ ፨. 27 [ ] እስመ ፡, [ ] ምሮ ፡, [ ] ው ፡ A. 27a—c እስመ ፡ እሙንቱ ፡ አንጐርጐሩ ፡ በዘረከቦሙ ፡ ሕማም ፡ ወተአንተሉ ፤ ወበእልክቱ ፡ እለ ፡ ኀለይዎሙ ፡ አማልክተ ፡ ሶበ ፡ ተኰነኑ ፤ በሙ ፡ ያአምሩ ፡ ዘክሕድዎ ፡ ቀዲሙ ፡ ወኢያእመርዎ ፡ ከመ ፡ ውእቱ ፡ አምላክ ፡ ዘበጽድቅ ፡ ፨. 27d ወበዝ ፡] ወበእንተዝ ፡ ፨. XIII. 1a [ ] ተ A. 1ab እስመ ፡ ኵሉ ፡ ሰብእ ፡ እለ ፡ ሕጸተ ፡ አእምሮ ፡ እግዚ′ ፡ ህልው ፡ ውስቴቶሙ ፡ በአማን ፡ ከንቱ ፡ እሙንቱ ፡ ፨. 1c ዘህልው ፡ ፨. 2 [ ] እለ ፡ A. ወመ′ ፡ — ደመና ፡] ወነፋስ ፡ ዘፍጡነ ፡ ይነፍኅ ፡ (v. ስ) ፡ ፨. ኀዩለ ፡ ማየ ፡ ፨. [ ] ሰብከተ ፡ A; እለ ፡ ይትለአኩ ፡ ለሥርዐተ ፡ ፨. 3a ወለእመ ፡ ለእሉ ፡ ምግባረት ፡ ረሰይዎሙ ፡ አማልክተ ፡ ሶበ ፡ ተፈሥሑ ፡ በአድሞ ፡ ሥነ ፡ ላሕዮሙ ፡ ፨. 3b [ ] አ A. 3c [ ] ውሉደ ፡ A. ፈጠ′ ፡] ገብረ ፡ ዘንተ ፡ ፍጥረተ ፡ ፨. 4a [ ] ∧ A. ወሶበሰ ፡ እምኀይሎሙ ፡ ወምግባሮሙ ፡ ተደሙ ፡ ፨. 4b [ ] አ A; ይለብዉኬ ፡ ፨. 5 [ ] ፈጠረ ፡ A. በሁ ፡ ዕበየ ፡ ሥነ ፡ ዘፍጥረት ፡ ርእዮሙ ፡ ፍጡራን ፡ በቱ ፡ አስተማሰልዎ ፡ ለገባሪ (v. ሬ) ፡ ከዋኔሁ ፡ ፨. 6a ወበሕቱ ፡ ምስለ ፡ ዝኒ ፡ ዓዲ ፡ አከ ፡ ሒስ ፡ ንስቲት ፡ ላዕሌሆሙ ፡ ፨. እንጓ ፡] እንጋ ፡ ሰበ ፡ ፨. ለእግዚ′ ፡] ለ አምላክ ፡ ENPS. ይርከብዎ ፡ ፨.

ዲ ፡ ለእሉ ፡ ሀለወት ፡ ሒስ ፡ ንስቲት ፤ እስመ ፡
እሙንቱኒ ፡ እንጓ ፡ ይስሕቱ ፡ እንዘ ፡ የኀሥሥዎ ፡
ለእግዚአብሔር ፡ ወፈቀዱ ፡ ይርከቡ ። 7 እን
ዘ ፡ ውስተ ፡ ግብሩ ፡ ይትመየጡ ፡ የኀሡ ፡ ወየ
አምኑ ፡ በገጽ ፡ ከመ ፡ ሠና[ይ] ፡ ዘያስተርኢ ።
8 ወካዕበ ፡ እሙንቱኒ ፡ አኮ ፡ ዘእንበለ ፡ ሒስ ።
9 ዘመጠነዝ ፡ ክህሉ ፡ አእምሮ ፡ ከመ ፡ ይክሉ ፡
ዐቅሞ ፡ ዓለመ ፤ ለእሉ ፡ መኰንኖሙ ፡ እፎ ፡ ፍ
ጡነ ፡ ኢረከቡ ። 10 ኅሱራን ፡ በውስተ ፡ ምው
ታንኒ ፡ ተስፋሆሙ ፤ እለ ፡ ጸውዑ ፡ አማልክተ ፡
ግብረ ፡ እደ ፡ ሰብእ ፤ ወርቀ ፡ ወብሩረ ፡ ኪነ ፡
ትምህርት ፡ ወአያያተ ፡ እንስሳ ፡ ወእብነ ፡ ምኑ
ነ ፡ ግብረ ፡ እድ ፡ ዘትካት ። 11 ወእመኒ ፡ ገዛሜ ፡
ዖም ፡ ጸራቢ ፡ ዘሠናየ ፡ ይትሐወስ ፡ ዕፀ ፡ ወሠ
ረ ፤ ቀረፈ ፡ ኵሎ ፡ ቅርፍቶ ፡ በሥነ ፡ ኪን ፤ ወ
ተኬ[ኒ]ዎ ፡ ሠናየ ፡ ገብረ ፡ ዘይበቍዕ ፡ ንዋየ ፡ ለ
ነሶሳው ፡ ሕይወት ፤ 12 ወዘተርፈ ፡ እምግብሩ ፡
ለአስተዳልዎ ፡ ሲሲት ፡ አስተዋፅአ ፡ ጸገበ ፡ 13
ወ[ዘ]ወፅአ ፡ እምኔሆሙ ፡ አልቦ ፡ ዘይበቍዕ ፡
ዕፅ ፡ ጠዋይ ፡ ዘአዕጽቅ[ቱ] ፡ ኵለሄ ፡ ነሚአ ፡ ገ
ለፎ ፡ በፅርዐተ ፡ ዘውዑ ፤ ወበረኪበ ፡ ዕረፍት ፡
አስተማሰሎ ፡ ወመሰሎ ፡ አምሳለ ፡ ሰብእ ፡ 14 ወ
እመሂ ፡ ለእንስሳ ፡ ከንቱ ፡ አስተማሰሎ ፤ [ቀቢ
አ ፡] ሀኮሬ ፡ ወዐጽፈ ፡ ሠሪዮ ፡ [ሕብሮ ፡] ወኰ
ሎ ፡ ጥላቄ ፡ ቀቢአ ፡ ሎቱ ፤ 15 ወገብረ ፡ ሎቱ ፡
ዘሎቱ ፡ ይደሉ ፡ ቤተ ፤ ውስተ ፡ አረፍት ፡ አጥ
በቆ ፡ አጽኒዖ ፡ በኀጺን ፤ 16 ወከመ ፡ ኢይደቅ ፡
ኀለየ ፡ ሎቱ ፤ እስመ ፡ ያአምር ፡ ከመ ፡ ኢይክ
ል ፡ ረዲአ ፡ ርእሶ ፤ እስመ ፡ ምስል ፡ ውእቱ ፡
ወይፈቅድ ፡ ዘይረድኦ ። 17 ወበእንተ ፡ ጥሪቱ
ሰ ፡ ወከብካቡ ፡ ወበእንተ ፡ ውሉዱ ፡ እንዘ ፡ ይ
ጼሊ ፡ (ወ)ኢየኀፍር ፡ ለዘ ፡ እንበለ ፡ ነፍስ ፡ እ
ንዘ ፡ ይትናገር ። 18 ወበእንተ ፡ ሕይወ[ት] ፡ ድ
ዉ[የ] ፡ ይስእል ፤ ወበእንተ ፡ ሕይወ[ት] ፡ ምው

---

7 ተመይጦሙ ፡ ውስተ ፡ ምግባሩ ፡ እምኀሠሥዎ ፤ ወአእከሉ ፡ (v. ወአእመሩ ፡ EN) በርእ
ይ ፡ እስመ ፡ እለ ፡ ያስተርእዩ ፡ ሠናያን ፡ እሙንቱ ፡ ж. [ ] የ ፡ A. 8 ዓዲመ ፡ እስመ ፡ ምክንያቶ
ሙ ፡ ስፉሕ ፡ ж. 9 እመሰ ፡ በዝንቱ ፡ ገጽ ፡ ዘመጠነዝ ፡ ክህሉ ፡ ይነጽሩ ፡ እስከ ፡ ደለዎሙ ፡ ጠይ
ቆተ ፡ ዓለም ፤ እፎመ ፡ ኢክህሉ ፡ ይርከብዎ ፡ ለእግዚአ ፡ እሉ ፡ ፍጡነ ፡ ж. 10a ኅሱራንኬ ፡ እ
ሙንቱ ፡ ወበውስተ ፡ ምግባርኒ ፡ ምውታን ፡ ተስ′ ፡ ж. 10c እምወርቅ ፡ ወእምብሩር ፡ ገብርዎ
ሙ ፡ በተኬንዎ ፡ ምግባር ፡ ወአምሳለ ፡ እን′ ፡ አው ፡ እብነ ፡ ዘኢይበቍዕ ፡ ግ′ ፡ እ′ ፡ ዘ′ ፡ ж. 11ab ወ
እመኒቦ ፡ ጸራቢ ፡ ዘይጸርብ ፡ ዕፀ ፡ ዘያስተርኢ ፡ ወዘይትሐወስ ፡ እስመ ፡ ወሠረ ፡ ዕፀ ፡ ዘሠናየ ፡ ሠ
ረጸ ፡ ወጸረበ ፡ በሥነ ፡ ኪኑ ፡ ኵሎ ፡ ቅርፍቶ ፡ ж. 11c [ ] ን A. ለነሶ′ ፡] ለመልእክተ ፡ ж. 12 ወ
ፈጸመ ፡ ጸሪበ ፡ ግብሩ ፡ ዘአስተዋፅአ ፡ ለመልእክተ ፡ ሲሲት ፡ ወጸገበ ፡ ж. 13 [ ] ለ A. [ቱ] ተ ፡
A. 13 ወዓዲ ፡ ግማደ ፡ ዘተርፈ ፡ እምዕፅ ፡ ዘኢይበቍዕ ፡ ለምንትኒ ፤ ዕፅ ፡ ጽኑዕ ፡ ወጠዋይ ፤ ዘአዕ
ጹቂሁ ፡ ኵለሄ ፤ ነሚአ ፡ ወጸሪቦ ፡ በአስተሐምሞ ፡ ግብሩ ፤ ወእምዝ ፡ ገለፎ ፡ በመዋዕለ ፡ ፅርዐቱ ፡
ወመሰሎ ፡ በአምሳለ ፡ ሰብእ ፡ ж. 14 [ ] ቅብአ ፡ A. [ ] ሕበሮ ፡ A. 14bc ወቀብኦ ፡ በሀኮሬ ፡ ወ
ሜረዮ ፡ ወአቅየቀይሖ ፡ ሕብሮ ፡ በአጽፋር ፡ ወመልአ ፡ ጥላቄ ፡ ዘሎቱ ፡ (v. ዘቦቱ ፡) ж. 15 ቤ
ተ ፡] + ዘውቅሮ ፡ ወአንበሮ ፡ ውስተ ፡ መካን ፡ ዘወቀረ ፡ ሎቱ ፡ ж. 16 ኀለየ ፡ ሎቱ ፡] አስተሐመ
መ ፡ ቦቱ ፡ ж. 17 ወከብ′ ፡] ወብእሲቱ ፡ ж. እንዘ ፡ ይጼሊ ፡] ያስተበቍዕ ፡ ኀቤሁ ፡ ж. 18 [ ] ተ ፡,
[ ] ይ ፡ A. [ ] ተ ፡, [ ] ት ፡ A. 18a ወየኀሥሥ ፡ ኀበ ፡ ድዉይ ፡ በእንተ ፡ ፈውስ ፡ ж. 18d ወበእን
ተ ፡ ሐዊረ ፡ ፍኖት ፡ ይስእል ፡ ኀበ ፡ ዘኢይክል ፡ ይትሐወስ ፡ ወኢየሐውር ፡ አሐተ ፡ ምሥጋረ ፡ ж.

[ተ] ፡ ያስተበቍዕ ፤ ወበእንተ ፡ ንብረት ፡ ለዘ ፡
ኢያአምር ፡ ይትመሐለል ፤ ወበእንተ ፡ መንግ
ድ ፡ ዘኬደ ፡ ተሐውሶ ፡ ጥቀ ፡ ኢይክል ። 19 ወ
በእንተ ፡ ጥሪት ፡ ወምግባር ፡ ወረኪብ ፡ ለሕርቱ
ም ፡ ኀይለ ፡ ለእድ ፡ ይስእል ። XIV. ወመን
ግደ ፡ ሐመር ፡ ዘይፈቅድ ፡ ካዕበ ፡ ወፀዋገ ፡ ሀሊ
ዎ ፡ ይነግድ ፡ ሞገታተ ፡ [እም]ሐመር ፡ እንተ ፡
ታመጽ[አ] ፡ ዘይደክም ፡ ዕፀ ፡ ይስእል ። 2 ወኪ
ያሁሰ ፡ ፍትወተ ፡ ረባሕ ፡ ኀለየ ፤ ወኬንያ ፡ በጥ
በብ ፡ ገብረ ፡ 3 ወእንቲአከ ፡ አባ ፡ [ተ]ኀድፍ ፡
ሥምረ[ት] ፤ እስመ ፡ ወሀብከ ፡ ውስተ ፡ ባሕር ፡
ፍኖተ ፡ ወውስተ ፡ ሞገትኒ ፡ አሠረ ፡ ጽኑዐ ፤ 4
ታርኢ ፡ ከመ ፡ እምኵሉ ፡ ትክል ፡ አድኅኖ ፡ ከ
መ ፡ ዘእንበለ ፡ ኪንኒ ፡ ዘዐርገ ። 5 ትፈቅድ ፡ ከ
መ ፡ ዕሩዐ ፡ ኢይኩን ፡ ምግባሪሃ ፡ ለጥበብከ ፤
በእንተ ፡ ዝንቱ ፡ ውስተ ፡ ዕፅ ፡ ሕጹጽ ፡ ይትአ
መኑ ፡ ሰብእ ፡ ነፍሶሙ ፤ ወተዐዲዎሙ ፡ ማዕበ
ለ ፡ በአርማስ ፡ ድኅኑ ። 6 ወቀዲሙ ፡ አመ ፡ ይ
ትሀጐሉ ፡ ዕቡያን ፡ ረዐይት ፤ ተስፋ ፡ ዓለም ፡ ው
ስተ ፡ ዕፅ ፡ ተጸዊኖ ፤ ኀደገት ፡ ለዓለም ፡ ዘርአ ፡
ትውልድ ፡ ተኀዲፋ ፡ በእደ ፡ ዚአከ ። 7 እስመ ፡
ተባረከ ፡ ዕፅ ፡ በዘ ፡ ይትገበር ፡ ጽድቀ ። 8 ወዘ
በእድሰ ፡ ይትገበር ፡ ርጉም ፡ ውእቱ ፡ ወዘገብ
ሮ ፤ እስመ ፡ ውእቱሰ ፡ ገብረ ፡ ወዘይማስን ፡ አ
ምላከ ፡ ተሰምየ ። 9 እስመ ፡ ዕሩየ ፡ ተጸልአ ፡
በኀበ ፡ እግዚአብሔር ፡ ረሲዕኒ ፡ ወርስዓኑ ። 10
እስመ ፡ ዘይትገበር ፡ ወገባሪሁኒ ፡ ይትኴነን ። 11
በእንተ ፡ ጣዖቶሙኒ ፡ ለአሕዛብ ፡ ውሓ[ይ] ፡ ይ
ከውን ፤ እስመ ፡ ዘፈጠረ ፡ እግዚአብሔር ፡ ለአ
ጣዕዎ ፡ ገብሩ ፤ ወለማዕቀፈ ፡ ነፍሰ ፡ ሰብእ ፡ ወ
ለመሥገርተ ፡ እግረ ፡ አብዳን ። 12 እስመ ፡ ቀ
ዳሚ ፡ ዝሙት ፡ ኀሊና ፡ አጣዕዎ ፤ ወረኪቦቶ
ሙ ፡ ሙስናሃ ፡ ለሕይወት ። 13 እስመ ፡ ኢሀ
ሎ ፡ እምፍጥረት ፡ ወለዓለምኒ ፡ ኢይሄሉ ። 14 ግ
ብተ ፡ ተከብሮ ፡ በአት ፡ ውስተ ፡ ዓለም ፤ ወበእ
ንተዝ ፡ ፍጡነ ፡ ኀልቀቱ ፡ ተኀ[ለየ] ፡ 15 ቆዐ ፡

19 በእንተ ፡ ብዕል ፡ ወምግባር ፡ ወረኪብ ፡ ወበ (v. ለ) አርትዖ ፡ ግብረ ፡ እድ ፡ ኀበ ፡ ዘኢይገ
ብራ ፡ እደዊሁ ፡ ምንተኒ ፡ ይስእል ፡ ወየኀሥሥ ፡ እምኔሁ ፡ ይጸግዎ ፡ ኀይለ ፡ ወአፍጥኖ ፡ ምግባ
ር ፡ ϰ. XIV. 1 ወካዕበ ፡ ሶበ ፡ ይፌኑ ፡ ሰብአ ፡ ይዕርግ ፡ ሐመረ ፡ ውስተ ፡ ባሕር ፤ እንዘ ፡ ይፈቅ
ድ ፡ ይንግድ ፡ ውስተ ፡ ፀዋጋት ፡ ሞገዳት ፤ ይስእል ፡ ወይጸርኅ ፡ ኀበ ፡ ዕፅ ፡ ዘየኀስር ፡ ወይደክም ፡
እምሐመር ፡ እንተ ፡ ትጸውሮ ፡ ϰ. [ ] ለ, [ ] እ ፡ A. 2a እስመ ፡ ለዝኩ ፡ ጣዖት ፡ በፍትወተ ፡ ረ
ባሕ ፡ ተኬነ(ው)ዎ ፡ ϰ. 2b በጥበቡ ፡ ϰ. 3a [ተ] አ, [ት] ተ A. ወእ' ፡ ኀዳፍ ፡ አአብ ፡ ትሠርዕ ፡
ኵሎ ፡ ϰ. 3b መዋግድ ፡ ϰ. 4 ታ' ፡ ከ' ፡ ትክል ፡ ኵሎ ፡ አድኅኖ ፡ ዘበጽድቅ ፤ በአዕርጎሂ ፡ ውስ
ተ ፡ ሐመር ፡ ወዘእንበለ ፡ ኪን ፡ ዓዲ ፡ አኅለፍከ ፡ ϰ. 5 ሕጹጽ ፡] ምኑን ፡ BS, + ወኅሱር ፡ ϰ.
5c ወይትዐደዉ ፡ ማእከለ ፡ መዋግድ ፡ በሐመር ፡ ንኡስ ፡ ወበአርማስ ፡ ይድኅኑ ፡ ϰ. 6a ተሀጕሉ ፡
ϰ. 6b ተጸዊሮ ፡ ወተጸዊኖ ፡ ኀደገ ፡ ϰ. ተኀዲፎ ፡ ϰ 7 ይትባረከ ፡, በዘቦቱ ፡, ጽድቅ ፡ ϰ. 8 ገ
ብረ ፡] ገብሮ ፡ ES, ግብሮ ፡ caet., + ወበላዩ ፡ (ውእቱ ፡) ϰ. 9 ወረሲዓኑ ፡ ϰ. 10 እ' ፡ ግብር ፡ ዘተ
ገብረ ፡ ምስለ ፡ ገባሪሁ ፡ ይ' ፡ ϰ. 11ab [ ] የ A. ወበእንተዝ ፡ ሐተታ ፡ ይከውን ፡ በእንተ ፡ ጣዖቶ
ሙ ፡ ለአሕዛብ ፤ እስመ ፡ ተገብረ ፡ (+ ውስተ ፡ BM) ፍጥረት ፡ ለአህጉሎ ፡ ϰ. 12 ኀ' ፡ አ' ፡] ኀል
ዮ ፡ ውስተ ፡ ፈጠራሁ ፡ ለጣዖት ፡ ϰ. 14 ወበምክንያተ ፡ ሰብእ ፡ ከንቱ ፡ ቦአ ፡ ውስተ ፡ ዓለም ፡ ከ
መዝ ፤ በእንተዝ ፡ ያፈጥን ፡ ፍጻሜ ፡ ኀልፈተ ፡ ምሥጠቶሙ ፤ ወእምዝ ፡ ኀለዩ ፡ ገቢረ ፡ ጣዖት ፡
ϰ. [ ] የለ ፡ A. 15 እስመ ፡ አብ ፡ ይጼዐር ፡ ወይላሑ ፡ ለ፩ ሎቱ ፡ እንዘ ፡ ቆው ፡ (ቆፅ ፡ SN) ተመ

ላሐ ፡ እንዘ ፡ ይጼዐር ፡ አብ ፤ ለዘ ፡ ፍጡነ ፡ ተ
መሥጠ ፡ ሕፃኑ ፡ አምሳለ ፡ ገቢሮ ፤ ዘቀዲሙ ፡
ሞተ ፡ ሰብእ ፡ ከመ ፡ አምላከ ፡ አክበርዎ ፤ ወወ
ሀበ ፡ ለእለ ፡ ምስሌሁ ፡ በኈሐን ፡ ወዘውዕ ። 16
ወእምዝ ፡ በርሕቀ[ተ] ፡ መዋዕል ፡ ተእኂዘ ፡ ል
ማ[ደ ፡ እብ]ሰት ፡ ከመ ፡ ሕግ ፡ ዐቀብዋ ፤ ወበእ
ንተ ፡ ትእዛዘ ፡ መኳንንት ፡ ያመልኩ ፡ ግልፎ ።
17 ወለእለ ፡ በገጽ ፡ ይከልእዎሙ ፡ አእኰቶ ፡ ሰ
ብእ ፤ እስመ ፡ ርሑቀ ፡ ሀለዉ ፤ እንተ ፡ ርሕቀ
ት ፡ ገጸ ፡ መሲሎሙ ፤ እንተ ፡ ታስተርኢ ፡ አ
ምሳለ ፡ ለዘ ፡ ያከብሩ ፡ ንጉሥ ፡ ገብሩ ፤ ከመ ፡
ዘኢሀሎ ፡ ከመ ፡ ዘሀሎ ፡ ያስተብቍዕ ፡ በጻህቅ ።
18 ለጸ[ኒዐ] ፡ አም[ልክ] ፡ ለእለ ፡ ኢያአምሩ ፡ ም
ግባሩ ፡ ለኬንያ ፡ አስፈጠቶሙ ፡ በሥን ። 19 ወ
በ ፡ ካዕበ ፡ እንዘ ፡ ለዘ ፡ ይኄይል ፡ (እንዘ ፡) ይ
ፈቅድ ፡ ያድሉ ፡ ተጠንቀቀ ፡ ወተዐገለ ፡ ለኪኑ ፡
ለአስተማስሎ ፡ አምሳሎ ። 20 ወአሕዛብ ፡ ተ
መስከ ፡ በሥነ ፡ ላሕዩ ፡ ምግባር ፤ ዘእምቅድመ ፡
ንስቲት ፡ አክበርዎ ፡ ለብእሲ ፡ ይእዜ ፡ ከመ ፡ አ
ምላክ ፡ ረሰይዎ ። 21 ወዝንቱ ፡ ኮነ ፡ ለንብረት ፡
ለፅ[ርዐ]ት ፤ እስመ ፡ ለሙስና ፡ ግብተ ፡ ወእመ ፡
ለኀይ[ል] ፡ ዘይትቀነዩ ፡ ሰብእ ፡ ዘኢሱቱፍ ፡ ስ
ም ፡ ለእብን ፡ ወለዕፅ ፡ አንበሩ ። 22 ኢአከሎ
ሙሁ ፡ ስሒተ ፡ ኢያእምሮ ፡ እግዚአብሔር ፤
ወእንዘ ፡ ዓዲ ፡ [የሐይዉ ፡ በዐቢይ ፡ ዘ]ኢያእ
ምሮ ፡ ጸብእ ፡ ዘመጠኔዝ ፡ እኩየ ፡ ሰላመ ፡ ይሬ
ስይዎ ፡ 23 እንዘ ፡ ውሉዶሙ ፡ ይቀትሉ ፡ ለግ
ብር ፡ ወኅቡእ ፡ ኈሐን ፡ ወእለ ፡ ይትዔበ[ዱ] ፡
እምካልእ ፡ ሥርዐት ፡ መሓልየ ፡ ያመጽኡ ፤ 24
እለ ፡ ወኢንብረተ ፡ ወኢሰብሳበ ፡ ንጹሐ ፡ እን
ዘ ፡ ኢዐቀቡ ፤ ወካልእ ፡ ካልአ ፡ እመ ፡ አኮ ፡ በ
ፅኑስ ፡ ይቀትል ፤ ወእመ ፡ አኮ ፡ በሥራይ ፡ ያደ

ሥጠ ፡ ሕፃኑ ፡ ፍጡነ ፤ አምሳለ ፡ ገብረ ፡ ሎቱ ፡ ቀዲሙ ፡ ለዘሞተ ፡ ሰብእ ፡ ይእዜሰ ፡ ከመ ፡ አም
ላክ ፡ አክበርዎ ፤ ወወሀብዎ ፡ ቅኑያን ፡ ለኀጢአት ፡ በዓላተ ፡ በጉሃን ፡ ወመሥዋዕተ ፡ በምስጢር ፡
×. 16 [ተ] ‸ A. [ ] ድ ፡ አበ A. 16b ወበትእዛዘ ፡ መኳንንት ፡ እኩያን ፡ አምለክዎሙ ፡ ለግል
ፍዋት ፡ ×. 17 ወለእለ ፡ ኢይትከሀሎሙ ፡ ለሰብእ ፡ ያክብርዎሙ ፡ በቅድመ ፡ ገጾሙ ፤ እ' ፡ ር' ፡
ሀ' ፤ መሰሉ ፡ ገጾሙ ፡ ዘርሑቅ ፡ መልክዑ ፡ ወገብሩ ፡ ለንጉሥ ፡ ዘክቡር ፡ በኀቤሆሙ ፡ አምሳለ ፡
ክሡተ ፤ ወከመ ፡ ዘሀሎ ፡ ለዘኢሀሎ ፡ ያስተበቍዑ ፡ በጻ' ፡ ×. 18 [ ] ውዖ ፡, [ ] ላክ ፡ A. ወእለ
ሂ ፡ ኢያአምሩ ፡ ስሕተቶሙ ፡ ጸንዑ ፡ በአምልኮቱ ፡ ወሜጡ ፡ ክብረ ፡ ኬንያ ፡ ውስተ ፡ ኪን ፡ ×.
19 ወቦ ፡ ካ' ፡ ዘይፈቅድ ፡ ያድሉ ፡ ወያሥምሮ ፡ ለነጋሢ ፡ አኃዚ ፡ ተጠናቀቀ ፡ ለገቢረ ፡ አምሳሉ ፡
በዘይሤኒ ፡ ወይኄይስ ፡ ×. 20 ወበውእቱ ፡ ተስሕበ ፡ ሰብእ ፡ ብዙኀ ፡ በእንተ ፡ ፍሥሐሆሙ ፡ በ
ሥነ ፡ ላ' ፡ ም' ፤ ወለብእሲ ፡ ዘሀሎ ፡ እምቅ' ፡ መዋዕል ፡ በንስቲት ፡ ክብር ፡ ይ' ፡ ከ' ፡ አ' ፡ ረ' ፡ ×.
21 [ ] ራዕ A. [ል] ለ A. ወዝንቱ ፡ ኮነ ፡ መሥገርተ ፡ ለዓለም ፤ እስመ ፡ ሰብእ ፡ ተቀንዩ ፡ ሎቱ ፡
በምንዳቤ ፡ አው ፡ በአገብሮ ፤ ወረሰዩ ፡ ስሞ ፡ ለአምላክ ፡ ዘአልቦቱ ፡ ሱታፌሁ ፡ ለዕፅ ፡ ወለእብ
ን ፡ (ዘይረብሖሙ ፡ ለፍጡራን ፡) ×. 22 [ ] በዐቢይ ፡ ያሐይዉ ፡ A. ዓዲ ፡ ኢአከሎሙ ፡ ስሕተ
ቶሙ ፡ እምኢያእምሮ ፡ እግዚ' ፤ አላ ፡ እንዘሂ ፡ ሀለዉ ፡ ውስተ ፡ ጸብእ ፡ ዐቢይ ፡ ዘመጠነዝ ፡ ሕ
ያዋን ፡ በእበዶሙ ፡ ለዘመጠነዝ ፡ እኩይ ፡ ዐቢየ ፡ ረሰይዎ ፡ ወሰመይዎ ፡ ሰላመ ፡ ×. 23 እስመ ፡
እለ ፡ (‸ እለ ፡ ENP) ሀለዉ ፡ ይቀትሉ ፡ ደቂቆሙ ፡ ወይገብሩ ፡ ኅቡአ ፡ ምስጢረ ፤ አው ፡ የሐል
ዩ ፡ ወጺአሙ ፡ እንዘ ፡ ያንጎግዉ ፡ በካልእ ፡ ሥርዐት ፡ ×. [ዱ] ዩ ፡ A. 24 ኢፍናዊሆሙ ፡ ወኢ
ሰብሳቦሙ ፡ ዐቀቡ ፡ እንከ ፤ ዳእሙ ፡ ካልእ ፡ ይቀትሎ ፡ ለካልኡ ፤ ወእመ ፡ አኮ ፡ ይየውሆ ፡ ወያ
ስተሴፍዎ ፡ በዘያደውዮ ፡ ×.

ጥበበ ፡ ሰሎሞን ፡ ፲፬ወ፲፭ 139

ዊ ። 25 ኵሉ ፡ ኅዉሥ ፡ በደመ ፡ ወቀትለ ፤ ስ
ርቀ ፡ ወ[ጽልሑት] ፤ ሙስና ፤ ኢአሚን ፤ ሁከ
ተ ፤ መሐላ ፤ 26 ሀዊክ ፡ ሠናየ ፤ ዕሴተ ፡ ኢተ
ዘክሮ ፤ ግማኔ ፡ ነፍስ ፤ ሙያጤ ፡ ምግባር ፤ ሰብ
ሳበ ፡ እከይ ፤ ዝሙት ፡ ወርኵስ ። 27 እስመ ፡
በ ፡ እለ ፡ እንበለ ፡ ስም ፡ ጣዖተ ፡ አምልኮ ፡ ቀ
ዳሚ ፡ ኵሉ ፡ እከይ ፡ ወምክንያት ፡ ወፍጻሜ ፡
ይእቲ ። 28 እስመ ፡ በፈጊዕ ፡ የዐብዱ ፤ ወእመ ፡
አኮ ፡ ይትኔበዩ ፡ ሕስወ ፤ ወእመ ፡ አኮ ፡ የሐይ
ዉ ፡ ሕርቱመ ፤ ወእመ ፡ አኮ ፡ ይምሕሉ ፡ ፍጡ
ነ ፡ ወሕስወ ። 29 እስመ ፡ ለእለ ፡ [እንበለ ፡] ነፍ
ስ ፡ ይትአመኑ ፡ ጣዖት ፤ ሕስወ ፡ እመ ፡ መሐ
ሉ ፡ ኢይትኴነኑ ፡ ይሴፈዉ ። 30 ኅቡረ ፡ ይረ
ክበሙ ፡ ዘበጽድቅ ፤ እስመ ፡ እኩየ ፡ ኀለዩ ፡ ዘ
በእንተ ፡ እግዚአብሔር ፡ በነጽሮ ፡ ጣዖት ፤ ወ
ግፍዐ ፡ መሐሉ ፡ በሕብል ፡ አስተአኪዮሙ ፡ ጽ
ድቀ ። 31 እስመ ፡ አኮ ፡ ኀይለ ፡ እለ ፡ ይምሕል

ዎሙ ፡ አላ ፡ ኵነኔ ፡ ለእለ ፡ ይኤብሱ ፡ ትትቤቀ
ል ፡ ዘልፈ ፡ ለእለ ፡ ይገፍዑ ፡ በዐመፃሆሙ ።
XV. ወአንተ ፡ [አምላክነ ፡] ኄር ፡ ወየዋህ ፤ ዕ
ጉሥ ፡ ወበምሕረት ፡ ትሠርዕ ፡ ኵሎ ። 2 እስ
መ ፡ እመሂ ፡ አበስነ ፡ ዚአከ ፡ ንሕነ ፡ እንዘ ፡ ና
አምር ፡ ጽንዐከ ፤ ወኢንኀጥእ ፡ ባሕቱ ፡ እስመ ፡
ናአምር ፡ ከመ ፡ እሊአከ ፡ ንሕነ ። 3 እስመ ፡ አ
እምሮትከ ፡ ፍጽምት ፡ ይእቲ ፡ ጽድቅ ፤ ወአእ
ምሮ ፡ ጽንዕከ ፡ ሥርወ ፡ ኢመዊት ። 4 እስመ ፡
ኢያስሐተነ ፡ ኅሊና ፡ ኪነ ፡ ሰብእ ፤ ወኢ[ዘጸሓ
ፎ ፡] ጽላሎት ፡ ጻማ ፡ [ዘአልበ ፡] ፍሬ ፤ [መል
ክዕ ፡] ጥቡቅ ፡ በሕብር ፡ ዘዘ ፡ ዚአሁ ፤ 5 ዘርእ
ዮ ፡ ለአብድ ፡ ውስተ ፡ ፍትወት ፡ ይመጽእ ፤ ያ
ፈቅር ፡ ባሕቱ ፡ አምሳለ ፡ ምውት ፡ ዘእንበለ ፡
ነፍስ ። 6 መፍቅራነ ፡ እኩይ ፡ ይደልዎሙ ፡ ዘ
ከመዝ ፡ ተስፋ ፡ እለ ፡ ይገብሩኒ ፡ ወእለ ፡ ያፈቅ
ሩኒ ፡ ወእለ ፡ ያመልኩኒ ። 7 እስመ ፡ ለበሓዊ

25 [ ] ላሐ ፡ A. ወኵሉ ፡ ምግባራቲሆሙ ፡ ድሙር ፡ ውስቴቱ ፡ ደም ፡ ወቀትል ፤ ስርቅ ፡ ወሕብል ፤ ሙስና ፡ ወሕጸተ ፡ አኰቴት ፡ ወኢአሚን ፤ መሐላ ፡ ϰ. 26 ወሀዊከ ፡ ሠናይ ፤ ኢተዘክሮ ፡ ዕሴት ፤ ግ' ፡ ነ' ፡ ወሙ' ፡ ልደት ፤ ንሥተተ ፡ ሥርዐተ ፡ ሰብሳብ ፤ ዝ' ፡ ወር' ፡ ϰ. 27 እስመ ፡ አምልኮተ ፡ ጣዖት ፡ እለ ፡ አልበሙ ፡ ስመ ፡ ውእቱ ፡ ጥንተ ፡ ኵሉ ፡ እከይ ፡ ወምክንያቱ ፡ ወፍጻሜሁ ፡ ϰ. 28a እስመ ፡ እለ ፡ ያመልክዎሙ ፡ ለእመ ፡ ተፈሥሑ ፡ የዐብዱ ፡ ወይትቤቀሉ ፡ ϰ. ∧ ወሕስወ ፡ ϰ. 29 [ ] ∧ A. 30 ዘበጽድቅ ፡] praem. ኵነኔ ፡ ϰ. በነጽሮ ፡ ጣ' ፡] አመ ፡ ነጸሩ ፡ ጣዖተ ፡ ϰ. መሐሉ ፡] + ቦቱ ፡ (ሎቱ ፡) ϰ. ጽድቀ ፡] + ፈጣሪ ፡ ϰ. 31 እስመ ፡ አኮ ፡ በእንተ ፡ ኀይል ፡ ዘመሐሉ ፡ ቦቱ ፡ ዳእሙ ፡ ለአኅልፎ ፡ (ለዘለፋ ፡ NO) ኵነኔ ፡ አበሳሆሙ ፤ ትምጻእኬ ፡ እንከ ፡ ኵነኔ ፡ ዲበ ፡ ዕልወቶሙ ፡ ለገፋዕያን ፡ ዘልፈ ፡ ϰ. XV. 1 [ ] ትመልክኒ ፡ A. የዋህ ፡] ጻድቅ ፡ ወ NO; ማእምር ፡ ዘበጽድቅ ፡ S(E). 2 ወኢነ' ፡] ወለእመሂ ፡ ኢንኤብስ ፡ ϰ. 3 ጽድቅ ፡ ይእቲ ፡ ϰ. 4a ኪነ ፡] praem. እኩይ ፡ ϰ. 4b ወኢጻማ ፡ ሰርጕ ፡ ዘኢይፈሪ ፡ በቀኍዔተ ፡ ϰ. [ዘጸ' ፡] ጸሐፎ ፡ A. [ዘአ' ፡] ጽላሎተ ፡ A. 4c አው ፡ ግብር ፡ ዘበተሜርዮ ፡ ይዌልጥ ፡ (ይትዌለጥ ፡ EMNP) ሕብሮሙ ፡ ϰ. [ ] ልቡስ ፡ A. 5a ዘራእዮሙ ፡ ይስሕቦ ፡ ለአብድ ፡ ውስተ ፡ ፍትወቶሙ ፡ ይምጻእ ፡ ϰ. 5b ነፍስ ፡] + ወኢነሶሳው ፡ ϰ. 6 መፍ' ፡ እ' ፡] ፈታውያነ ፡ እከይ ፡ እሙንቱ ፤ ϰ. 'ብርዎሙኒ ፡, 'ቅርዎሙኒ ፡, 'ክዎሙኒ ፡ ϰ. 7 እ' ፡ ለ' ፡ አመ ፡ ሎሰ ፡ ጽቡረ ፡ ልምሉመ ፡ ይገብር ፡ ዘዘዚአሁ ፡ ዘይደሉ ፡ ለመልእክተ ፡ ኵሉ ፡ ለለ፩፩ እምኔነ ፤ ወበ' ፡ እምውእቱ ፡ ጽ' ፡ ይገብር ፡ ንዋያተ ፡ ለመልእክተ ፡ ምግባራት ፡ ንጹሓት ፡ ወለካልኣት ፡ ምግባራት ፡ ከማሆሙ ፡ አምሳለ ፡ እልክቱ ፡ ይገብር ፤ ተ

ኒ ፡ ድክምተ ፡ መሬተ ፡ ለዊሶ ፡ ለሕማማ ፡ ይል
ሕኮ ፡ ለነሶሳውነ ፡ ዘዘ ፡ ዚአሁ ፤ ወባሕቱ ፡ እም
ውስተ ፡ ውእቱ ፡ ጽቡር ፡ ለሐኰ ፡ ንጹሐ ፡ ለነ
ሶሳው ፡ ንዋየ ፡ ወዘአንጻረ ፡ ከማሁመ ፡ ዘይመ
ስል ፤ ወለእሉ ፡ ኵሎሙ ፡ ዘዘ ፡ ዚአሁ ፡ ለመፍ
ቅዱ ፡ ፈታሒሁ ፡ አጽባሪሁ ። 8 ወከንቶ ፡ [ዘ]ጻ
መወ ፡ እምውስተ ፡ ውእቱ ፡ ጽቡር ፡ አምላከ ፡
ከንቶ ፡ ይልሕኮ ፤ ዘእምቅድመ ፡ ንስቲት ፡ ዘእ
ምድር ፡ ተገብረ ፡ ንስቲተ ፡ [ሀሊዎ ፡] ይገብእ ፡
እንተ ፡ እምውስቴታ ፡ ተነሥአ ፤ ዘነፍስ ፡ እን
ዘ ፡ ስኢሎሙ ፡ ዕዳ ፡ [ይፈዲ] ። 9 ወባሕቱ ፡ ቦ
ቱ ፡ ትካዝ ፡ አኮ ፡ እስመ ፡ ሀለዎ ፡ ይጻሙ ፡ [ወ
አኮ ፡ እስመ ፡] ንስቲተ ፡ ሀሎና ፡ ዘቦ ፤ ወባሕቱ ፡
ይትቃሐው ፡ ለነሀብተ ፡ ብሩር ፡ ወወርቅ ፡ ወይ
ትሜሰሎሙ ፡ ለለሓኩያነ ፡ ብርት ፤ ወክ[ብ]ረ ፡
ይሬሲ ፡ እስመ ፡ ርኩሰ ፡ ይገብር ። 10 ሐመድ ፡

ልቡ ፤ ወእምነ ፡ መሬት ፡ ታሕተ ፡ ተስፋሁ ፤ ወ
እምጽቡርኒ ፡ ምኑን ፡ ንብረቱ ። 11 እስመ ፡ ኢ
ያአምሮ ፡ ለዘ ፡ ገብሮ ፡ ወአስተንፈሰ ፡ ሎቱ ፡ ነ
ፍሰ ፡ እንተ ፡ ታሰልጥ ፡ ወነፍኀ ፡ መንፈሰ ፡ ሕ
ይወት ። 12 እስመ ፡ ረሰዩ ፡ ለነ ፡ ስላቀ ፡ ሕይወ
ተነ ፤ ወንብረተ ፡ ለሤጠ ፡ ረባሕ ፤ ወ[መፍትወ] ፡
ይቤሉ ፡ እምውስተ ፡ ዘኮነ ፡ እምእኩይ ፡ ያ[ጥ]ር
ዩ ፡ 13 ወዝ ፡ ያአምር ፡ ከመ ፡ እምኵሉ ፡ ይፌ
ደፍድ ፡ [አብሶ ፡] እምንዋየ ፡ ምድር ፡ ዘይሰበ
ር ፡ ንዋያተ ፡ ግልፎ ፡ ዘይገብር ። 14 ወእምኵ
ሉ ፡ አብዳን ፡ ወሕርቱማን ፡ እምነፍሰ ፡ ሕፃና
ት ፡ ጥቀ ፡ ፀረ ፡ ሕዝብከ ፡ እለ ፡ ተዐገልዎሙ ።
15 እስመ ፡ ኵሉ ፡ ጣዖቶሙ ፡ ለአሕዛብ ፡ አማ
ልክት ፡ እለ ፡ ወኢአዕይንቲሆሙ ፡ ለርኢይ ፤
ወኢአንፎሙ ፡ ለተማዕዘ ፡ ደመና ፤ ወኢእዝን ፡
ለሰሚዕ ፤ ወኢአጻብዐ ፡ እድ ፡ ለገሢሥ ፤ ወእ

ግባሮሙሰ ፡ ለእሉ ፡ ኵሎሙ ፡ ለዘዘዚአሁ ፡ መፍቅድ ፤ ወፈታሒ ፡ መኰንን ፡ ገባሬ ፡ ጽቡር ፡ ው
እቱ ፡ ϰ. 8a [ ] ∧ A. ወዘይጻሙሂ ፡ ለእከይ ፡ ϰ. 8b ዝንቱ ፡ ዘእ' ፡ ን' ፡ እምድር ፡ ተ' ፡ ወእም
ድኅረ ፡ ንስቲት ፡ መዋዕል ፡ ሀለዎ ፡ ይግባእ ፡ ውስተ ፡ እንተ ፡ ወጽአ ፡ እምኔሃ ፡ ϰ. [ ] ብሂሎ ፡
A. 8c ወይትኀሠሥዎ ፡ በኵነኔ ፡ ነፍሱ ፡ ϰ. [ ] ∧ A. 9a ባሕቱ ፡ ጻሀቅሰ ፡ ዘኀቤሁ ፡ አኮ ፡ እስ
መ ፡ ሀለዎ ፡ ይጻሙ ፡ ወይድክም ፡ ወኢሀልዎተ ፡ ንብረቱ ፡ ንስቲት ፡ ϰ. [ ] እስመ ፡ አኮ ፡ A.
9b አላ ፡ ከመ ፡ ይትቀሐዎሙ ፡ ለነ' ፡ ብ' ፡ ወወ' ፡ ወይትማሰሎሙ ፡ ለገባርያነ ፡ ብ' ፡ ϰ. 9c ወገቢ
ሮ ፡ ኅሱረ ፡ ይጼግዎ ፡ ክብረ ፡ ϰ. [ ] ቡ A. 10 ታሕተ ፡] የኅስር ፡ ϰ. ምኑን ፡] ይትሜነን ፡ ፈድ
ፋደ ፡ ϰ. 11 ሎቱ ፡] ቦቱ ፡ ϰ. ወነፍኀ ፡] + ውስቴቱ ፡ ϰ. 12 [ ] እኩየ ፡, ጠ A. ባሕቱ ፡ እስመ ፡
እሙንቱ ፡ ኀለዩ ፡ ሕይወተነ ፡ ተውኔተ ፡ ወስላቀ ፡ ወንብረተነ ፡ ትእምርተ ፡ (at ኀለዩ ፡ ከንቶ ፡ እ
ስመ ፡ ፍትወትነ ፡ ተውኔት ፡ ወስላቅ ፡ ወንብረትነ ፡ ትእምርት ፡ ENOPS) ለረባሕ ፤ እስመ ፡ ውእ
ቱ ፡ ይቤ ፡ የዐጽበኒ ፡ እስመ ፡ ኅጣእኩ ፡ ወእምዝ ፡ ይረብሕ ፡ ወያጠሪ ፡ እኩየ ፡ ϰ. 13 ወናሁ ፡ ተ
ዐውቀ ፡ ከመ ፡ ዝንቱ ፡ ይኤብስ ፡ ፈድፋደ ፡ እምኵሉ ፡ እስመ ፡ ገብረ ፡ ጣዖተ ፡ ዘግልፎ ፡ እምዘ
ያስተርኢ ፡ ውስተ ፡ ምድር ፡ ዘይማስን ፡ ወይጠፍእ ፡ ፍጡነ ፡ ϰ. [ ] አእምሮ ፡ A. 14 (sec. lec-
tionem πάντες) ወኵሎሙ ፡ አብዳን ፡ ወሕርቱማን ፡ እሙንቱ ፤ ወኵሎሙ ፡ ምውታን ፡ እምሕዝ
ብ ፡ ፂውዋን ፡ ወእሱራን ፡ ቦቱ ፤ ያፈድፍዱ ፡ እበደ ፡ እምነፍሰ ፡ ሕፃናት ፡ ϰ. 15a እስመ ፡ እሙ
ንቱ ፡ ኀለዩ ፡ (ወረሰዩ ፡) ጣዖተ ፡ አሕዛብ ፡ አማልክተ ፡ እለ ፡ ኢይትክሀሎሙ ፡ ተገብሮ ፡ በአዕይ
ንቲሆሙ ፡ ውስተ ፡ ርእይ ፡ ϰ. 15b—e ለተማ' ፡ ደ' ፡] ለአጼንዎ ፡ ነፋስ ፡ ϰ. ወኢእዝኖሙ ፡ ϰ. እ
ደዊሆሙ ፡ ϰ. ፅሩዓት ፡ እምነሰሳው ፡ ϰ.

ገሪሆሙ ፡ ፅኑዕ ፡ ለተሐውሶ ። 16 እስመ ፡ ብ
እሲ ፡ ገብሮሙ ፤ ዘመንፈሰ ፡ ተለቅሐ ፡ ለሐከ
ሙ ፤ እስመ ፡ አልቦ ፡ ሰብእ ፡ ዘከማሁ ፡ ዘይክል ፡
ልሒከ ፡ አምላከ ። 17 እስመ ፡ መዋቲ ፡ ውእቱ ፡
ምዉተ ፡ ይገብር ፡ በእደ ፡ ኀጢአት ፤ እስመ ፡
ይኄይስ ፡ ውእቱ ፡ እምአማልክቲሁ ፤ እስመ ፡
ውእቱሰበ ፡ አመ ፡ ሐይወ ፡ ወእልክቱሰ ፡ ወኢ
ማእዜኒ ። 18 ወእንስሳተኒ ፡ ምኑነ ፡ ያመልኩ ፤
እስመ ፡ ስሑተ ፡ ኀሊዮሙ ፡ እምዝክቱኒ ፡ [የ]አ
ኪ ። 19 ወኵሉ ፡ መጠነ ፡ ያፈቅር ፡ ወይፈቱ ፡
ርእየ ፡ እንስሳ ፡ ሠናየ ፡ ይከውን ፤ ጕየ ፡ ክብረ ፡
እምኀበ ፡ እግዚአብሔር ፡ ወበረከቶ ። XVI. በ
እንተዝ ፡ በዝ ፡ አምሳል ፡ በዘ ፡ ይመስሎሙ ፡
ተቀሥፉ ፡ እስመ ፡ ይደልዎሙ ፤ ወብዙኀ ፡ ዘ
ይቀሐወስ ፡ ጻዕሮሙ ። 2 ህየንተ ፡ ጻዕር ፡ አስ
ተደለውከ ፡ ሕዝበከ ፤ ለእለ ፡ ለፍትወት ፡ ወሀ
ብከሙ ፡ ጣዕመ ፡ ነኪር ፤ ሲሲተ ፡ አስተደለው
ከ ፡ ፍርፍርተ ፤ 3 ከመ ፡ እልክቱ ፡ በፍትወተ ፡
መብልዕ ፡ በእንተ ፡ ብዙኀ ፡ ዘተፈነወ ፡ ወዘዘል
ፍኒ ፡ ፍትወተ ፡ መነኑ ፤ ወእሉ ፡ ንስቲተ ፡ ተጸ
ኒሶሙ ፡ ወነኪር ፡ ጣዕመ ፡ መብልዑ ፡ [በጽሐ
ሙ] ። 4 ወመፍትው ፡ ለእልክቱሰ ፡ ይምጽአ
ሙ ፡ ዘእንበለ ፡ ኑፋቄ ፡ ረኃብ ፡ ለእለ ፡ ይትኄ
የሉ ፤ ወለእሉሰ ፡ [ከ]መ ፡ ይርአዩ ፡ እፎ ፡ ፀሮ
ሙ ፡ ይጸዐሩ ። 5 እስመ ፡ አመ ፡ መጽአሙ ፡ ፀ
ዋግ ፡ [ዘ]አርዌ ፡ መዐት ፡ ወበንስከተ ፡ እኩይ ፡
አርዌ ፡ ምድር ፡ ይመውቱ ፡ አኮ ፡ ለዝሉፉ ፡ ዘነ
በረ ፡ መቅሠፍትከ ። 6 ለተግሣጽ ፡ ኀዳጠ ፡ ተ
ሀውኩ ፡ እንዘ ፡ መምክረ ፡ በሙ ፡ ለተዝካረ ፡ ት
እዛዘ ፡ ሕግከ ። 7 እስመ ፡ ዘይትመየጥ ፡ አኮ ፡
[በ]ዘያስተርኢ ፡ ዘይድኅን ፤ አላ ፡ በእንቲአከ ፡
መድኅኒ ፡ ኵሉ ። 8 ወበዝኒ ፡ አእመንከሙ ፡ ለ

16b ወመንፈስ ፡ ዘተከፍለ ፡ ለ' ፡ ж. 16c እ' ፡ ኢይትከሀሎ ፡ ለሰብእ ፡ ይግበር ፡ አምሳሊሁ ፡
አምላከ ፡ ж. 17a እስመ ፡] + እንዘ ፡ ж. 17c ∧ በ ፡ አመ ፡ ж. ወኢማ' ፡] ኢየሐይዉ ፡ ግሙራ ፡
ж. 18 ወእንስሳኒ ፡ እለ ፡ ረሰይዎሙ ፡ አማልክተ ፡ ያመልክዎሙ ፡ በእበድ ፤ ወለእሉሰ ፡ ሶበ ፡ ደ
ለውዎሙ ፡ በኀሊና ፡ የአክዩ ፡ እምካልኣን ፡ አማልክት ፡ ж. [ ] ያ A. 19 ወዘሂ ፡ ፈተወ ፡ ፍትወ
ተ ፡ ናሁ ፡ ሰለጠ ፡ በ፩እምኔሆሙ ፡ ውስተ ፡ ርእየተ ፡ እንስሳ ፡ (ወበ፩ዐለወ ፡) እስመ ፡ በዝንቱ ፡
ጕየ ፡ ውዳሴ ፡ እግዚ' ፡ ወክብሩ ፡ ж. ክብር ፡ A. XVI. 1a ∧ በዝ ፡ አምሳል ፡ ж. ይመ' ፡] + ለ
አማልክቲሆሙ ፡ ж. ተቀ' ፡] + በጽድቅ ፡ ж. 1b ወበብዙኀ ፡ እለ ፡ ይትሐወሱ ፡ ሕሡማን ፡ ተጽ
ዕኑ ፡ ж. 2 ወአሠነይከ ፡ ለሕዝብከ ፡ አንጻረ ፡ ፀሮሙ ፡ ወወሀብከመ ፡ ፍ' ፡ መብልዐ ፡ ለፍትወቶ
ሙ ፡ ይጥዐሙ ፡ ፍትወተ ፡ ዘጣዕሙ ፡ ነኪር ፡ ж. 3 ወእልክቱሰ ፡ አመ ፡ ፈተዉ ፡ መብልዐ ፡ ባሕ
ቱ ፡ በእንተ ፡ ዘተፈነወ ፡ ላዕሌሆሙ ፡ ይትመየጡ ፡ ወዘዘልፈኒ ፡ ልማደ ፡ መነኑ ፤ ወእሉሰ ፡ ሶበ ፡
ረከቦሙ ፡ ዐጸባ ፡ ወኀጥኡ ፡ ኀዳጠ ፡ መዋዕለ ፡ ተደለዉ ፡ በመብልዕ ፡ ዘጣዕሙ ፡ ነኪር ፡ ж [ ] ∧
A. 4 እስመ ፡ መፍቅድ ፡ ጸውዐ ፡ ይብጻሕ ፡ ላዕለ ፡ እልክቱ ፡ ኵነኔ ፡ ዘእንበለ ፡ ምሂክ ፡ እስመ ፡
እኩያን ፡ ወኀዩላን ፡ እሙንቱ ፤ ወከመ ፡ ይርአዩ ፡ እሉ ፡ እፎ ፡ ባሕቲቶሙ ፡ ተጽዕኑ ፡ አፅራሪሆ
ሙ ፡ ж. [ ] ከ A. 5 [ ] ∧ A. እ' ፡ አመ ፡] ወለእመ ፡ ж. መዐተ ፡ አራዊት ፡ ፀዋግ ፡ ('ጋን ፡
var.) ж. ይመ' ፡] የኀልቁ ፡ ж. ዘነ' ፡ መቅ' ፡] ዘጸንዐ ፡ መዐትከ ፡ ж. 6 ዳእሙ ፡ ተሀውኩ ፡ ኀዳጠ ፡
መዋዕለ ፡ ከመ ፡ ይትገሠጹ ፡ ወዝንቱ ፡ ትእምርት ፡ ኮኖሙ ፡ መድኅኒተ ፡ ያዘክሮሙ ፡ ትእዛዘ ፡
ሕግከ ፡ ж. 7a እስመ ፡ ዘተመይጠ ፡ እምኔሆሙ ፡ አኮ ፡ ዘድኅነ ፡ በዘርእየ ፡ ж. [ ] እስመ ፡ A.
አመድኅኔ ፡ ж. 8 አእመ' ፡] አምከርከሙ ፡ ж (አመርከሙ ፡ E).

ፀርኒ ፡ ከመ ፡ አንተ ፡ ውእቱ ፡ ዘታድኅን ፡ እም
ኵሉ ፡ እኩይ ። [9] ዘመንፈቆሙ ፡ ንስከተ ፡ አን
በጣ ፡ ወትኒንያ ፡ ቀተለ ፤ ወኢተረክበ ፡ ፈውስ ፡
ለነፍሶሙ ፤ እስመ ፡ ይደልዎሙ ፡ እምኀበ ፡ እ
ለ ፡ ከመዝ ፡ ይጻዐሩ ። [10] ወውሉድከሰ ፡ ወኢ
በዘ ፡ ሕምዘ ፡ ቦቱ ፡ ስነነ ፡ አክይስት ፡ [ተ]ሞኡ ፤
እስመ ፡ ምሕረትከ ፡ ኀለፈ ፡ ወፈወሶሙ ። [11] እ
ስመ ፡ ለተዝካረ ፡ ቃልከ ፡ ይደጕጹ ፤ ወፍጡነ ፡
[የሐይዉ ፡] ከመ ፡ ውስተ ፡ ዕሙቅ ፡ ረሲዖት ፡
ኢይደቁ ፤ ወከመ ፡ ውስተ ፡ ሕማም ፡ ኢይኩ
ኑ ፡ እምተድላ ፡ እንቲአከ ። [12] እስመ ፡ ወኢዕ
ፅ ፡ ወኢሥራይ ፡ ቦቱ ፡ ዘፈወሶሙ ፤ አላ ፡ ቃ
ለ ፡ ዚአከ ፡ እግዚኦ ፡ ዘኵሎ ፡ ይፌውስ ። [13] እ
ስመ ፡ አንተ ፡ ለሕይወት ፡ ወለሞት ፡ ሥልጣነ ፡
ብከ ፤ ወታወርድ ፡ ውስተ ፡ አናቅጸ ፡ሲኦል ፡
ወታወጽእ ። [14] ወሰብእሰ ፡ ይቀትል ፡ በእከዩ ፤
ወዘወፅአሰ ፡ መንፈስ ፡ ኢይገብእ ፤ ወኢያሠው
ጥ ፡ ነፍሰ ፡ እንተ ፡ ተነሥአት ። [15] ወእምእዴ ፡
ዚአከሰ ፡ ጕዪየ ፡ ኢይትከሀል ። [16] እስመ ፡ እ
ንዘ ፡ ይክሕዱከ ፡ ኢያእመሩ ፡ ረሲዓን ፡ በኀይ
ለ ፡ መዝራዕትከ ፡ ተቀሥፉ ፤ በማይ ፡ ነኪር ፡ ወ
በደመና ፡ ዝናም ፡ እንዘ ፡ ይሰደዱ ፡ ዘእንበለ ፡
ከልክሎ ፡ ወእንዘ ፡ በእሳት ፡ የኀልቁ ። [17] ወዘ
መንክርሰ ፡ ዘበዘ ፡ ኵሉ ፡ ይጠፍእ ፡ በመይ ፡ ፈ
ድፋደ ፡ ያሰልጥ ፡ እሳት ፤ እስመ ፡ መርድእ ፡ ዓ
ለም ፡ ለጻድቃን ። [18] እስመበ ፡ አመ ፡ [ላህብ ፡]
ነደ ፡ ከመ ፡ ኢያውዒ ፡ [ዘኀበ ፡] ረሲዓን ፡ ተፈ
ነወ ፡ እንስሳ ፤ ወባሕቱ ፡ እሙንቱ ፡ እንዘ ፡ ይ
ሬእዩ ፡ ይኔጽሩ ፡ ከመ ፡ በኵነኔ ፡ እግዚአብሔ
ር ፡ ይሰደዱ ። [19] ወቦ ፡ አመ ፡ ምስለ ፡ ማይ ፡ ፈ
ድፋደ ፡ እምኀይለ ፡ እሳት ፡ አውዐየ ፤ ከመ ፡ በ
እሳት ፡ ለምድር ፡ ፍረያቲሃ ፡ ያማስን ። [20] ህየ
ንተ ፡ መብልዐ ፡ መላእክት ፡ ፈአምከ ፡ ለሕዝብ
ከ ፤ ወድልወ ፡ ኅብስተ ፡ እምሰማይ ፡ ፈኖከ ፡ ሎ
ሙ ፡ ዘእንበለ ፡ ጻማ ፤ ኵሎ ፡ እንተ ፡ [በ]ኀይለ ፤
ወጥዕምተ ፡ በአምሳለ ፡ ኵሉ ፡ ጣዕም ። [21] እስ

---

9 እስመ ፡ ለእሉ ፡ ቀተለቶሙ ፡ ንስከተ ፡ አንበጣ ፡ ወጽንጽንያ ፡ ϰ. 9c እ′ ፡ ይደ′ ፡ (ከመ ፡) ትኩንኖሙ ፡ በዘከመዝ ፡ አምሳል ፡ ϰ. 10a ወለውሉድከሰ ፡ ሶበ ፡ ተአዘዘ ፡ በሙ ፡ ስነነ ፡ አክይስት ፡ ዘቦቱ ፡ ሕምዝ ፡ (∧ οὐκ ἐνίκησαν) ϰ. [ ] ∧ A. 10b ኀለፈ ፡] መጽአሙ ፡ ϰ. 11a እስመ ፡ ለተዘክሮ ፡ ቃልከ ፡ ጥዕሙ ፡ ዘንተ ፡ ϰ. 11b [ ] ያሐዩ ፡ A. ርስዐት ፡ ϰ. 11c ወከመ ፡ ኢይኩኑ ፡ ውስተ ፡ ካልእ ፡ ምግባር ፡ ወሕማም ፡ እምዝክረ ፡ ሠናያቲከ ፡ ϰ. 12a እ′ ፡ አኮ ፡ ዕፅ ፡ ዘይሰትይዎ ፡ ወኢሥራይ ፡ ዘይቀብእዎ ፡ ፈ′ ፡ ϰ. 14c ወኢትሠወጥ ፡ ነፍስ ፡ እ′ ፡ ተ′ ፡ ϰ. 16a ወሶበ ፡ አእመርከ ፡ ከመ ፡ ረሲዓን ፡ ይክሕዱከ ፡ በኀ′ ፡ መዝ′ ፡ ተቀ′ ፡ ϰ. 16b ወተሰዱ ፡ በዝናም ፡ ነ′ ፡ ወበበረድ ፡ ወበአስራብ ፡ ማይ ፡ ዘእንበለ ፡ ምሕረት ፡ ወኢክልአት ፡ ወኀልቁ ፡ በእሳት ፡ ϰ. 17a ወዘመ′ ፡ ግብር ፡ ዘኢይትከሀል ፡ ዘይጠፍእ ፡ ኵሉ ፡ በማይ ፡ ወፈድፋደ ፡ ተገብረ ፡ ወተሰልጠ ፡ ውስቴቱ ፡ እሳት ፡ ϰ. 18a እስመ ፡ ላህበ ፡ ነድ ፡ ኮነ ፡ ልሙደ ፡ ከመ ፡ ኢያውዒ ፡ እንስሳ ፡ ዘተፈነወ ፡ ላዕለ ፡ ረ′ ፡ ϰ. [ ] ልበ ፡ A. [ ] ዘእምኀበ ፡ A. 18b ወባሕቱ ፡ ሶበ ፡ ርእዩ ፡ ዘንተ ፡ እሙንቱ ፡ ያእምሩ ፡ ከ′ ፡ በ′ ፡ እ′ ፡ ይ′ ፡ ϰ. 19 ወቦሙ ፡ በማእከለ ፡ ማይ ፡ ይነድድ ፡ ኀይለ ፡ እሳት ፡ ፈድፋደ ፡ ከመ ፡ ያማስን ፡ ወያጥፍእ ፡ ፍሬያተ ፡ ምድር ፡ ዐማፂት ፡ ϰ. 20a ህየንተ ፡ vid. 18,3. ወህየንቴሁ ፡ መብ′ ፡ መላ′ ፡ አብላዕከ ፡ ሕዝበከ ፡ ϰ. 20c [ ] በ A. ዘይትኄየል ፡ ጣዕሙ ፡ እምኵሉ ፡ ዘይጥዕም ፡ ወያኀስር ፡ ኵሎ ፡ ጣዕመ ፡ ϰ. 21 እስመ ፡ አርአያ ፡ መልክእከ ፡ ዘላዕሉ ፡ ከሠተ ፡ ጣዕመ ፡

መ ፡ መለኮተ ፡ ዚአከ ፡ ዘ[ለከ] ፡ ኀበ ፡ ውሉድ
ከ ፡ አርአየ ፡ ጣዕመ ፤ ወለዘ ፡ ይነሥአ ፡ በሐሳ
በ ፡ ፍትወቱ ፡ ይትለአክ ፤ ወበከመ ፡ ኀለየ ፡ በ
ኵሉ ፡ ይትፌሣሕ ። 22 በረድ ፡ ወአስሐትያ ፡
ቆመ ፡ ተዐጊሦ ፡ እሳተ ፡ [ወ]ኢተመስወ ፤ ከመ ፡
ያእምሩ ፡ አዝርእቲሆሙ ፡ ለፀር ፡ አማሰነት ፡ እ
ሳት ፡ እንተ ፡ ትነድድ ፡ ውስተ ፡ በረድ ፡ ወበው
ስተ ፡ ዝናማት ፡ እንዘ ፡ ይበርቅ ። 23 ወዝኒ ፡ ከ
ዕበ ፡ ከመ ፡ ይሴሰዩ ፡ ጻድቃን ፡ ወከመ ፡ ኀይለ ፡
ርእሰሙ ፡ ይርስዑ ። 24 እስመ ፡ ፍጥረት ፡ ለ
ከ ፡ [ገባሪ ፡] እንዘ ፡ ትትለአክ ፡ ወትትመሰከ ፡ ለ
መቅሠፍት ፡ ላዕለ ፡ ኃጥኣን ፡ ወ[ትትከ]ላእ ፡ በ
ተድላሆሙ ፡ ለእለ ፡ ብከ ፡ ተአመኑ ። 25 በእ
ንተዝ ፡ ትከትኒ ፡ እንዘ ፡ ውስተ ፡ ኵሉ ፡ ትትዌ
ለጥ ፡ ለመሴሲተ ፡ ኵሉ ፡ ጸጋከ ፡ ትትለአክ ፡ በ
ከመ ፡ [ዘ]እለ ፡ ይስእሉከ ፡ ፍትወት ፤ 26 ከመ ፡
ያእምሩ ፡ ውሉድከ ፡ እለ ፡ አፍቀርከ ፡ እግዚኦ ፤
ከመ ፡ አኮ ፡ ፍሬ ፡ ዘርእ ፡ ዘይሴስዮ ፡ ለሰብእ ፤
አላ ፡ ቃልከ ፡ ለእለ ፡ የአምኑ ፡ ብከ ፡ የዐቅብ ።
27 እስመ ፡ በእሳትኒ ፡ [ዘ]ኢይማስን ፤ በከ ፡ በን
ስቲት ፡ ላህበ ፡ ፀሐይ ፡ መዊቆ ፡ ይትመሰ ፤ 28 ከ
መ ፡ ይትአመር ፡ ከመ ፡ ሀሎ ፡ ፀሐይኒ ፡ ይብጻ
ሕ ፡ ለአኰቴትከ ፡ ወኀበ ፡ ሠረቀ ፡ ብርሃን ፡ ሰ
ኪየ ፡ ለከ ። 29 እስመ ፡ ለዘ ፡ ኢያእኰት ፡ ተስ
ፋሁ ፡ ከመ ፡ ዘአስሐትያ ፡ ይትመሰ ፤ ወይውሕ
ዝ ፡ ከመ ፡ ማይ ፡ ርኩስ ። XVII. እስመ ፡ ዐ
ቢይ ፡ ኵነኔከ ፡ ወዕጹብ ፡ ለተናግሮ ፤ በእንተዝ ፡
እለ ፡ እንበለ ፡ ትምህርት ፡ ነፍሳት ፡ ስሕታ ። 2
እስመ ፡ አምሰሉ ፡ የኀይሉ ፡ ሕዝ[በ] ፡ ቅዱ[ሰ] ፡
ኃጥኣን ፡ እሱራነ ፡ በጽልመት ፡ ወርሑቀ ፡ ሙ
ቁሓነ ፡ በሌሊት ፡ ተዐጺዎሙ ፡ ወተሰቂሎሙ ፡
[ጕዩያነ ፡] እም[ዘ] ፡ ዓለም ፡ ኀ[ሊይ] ፡ ኮኑ ። 3
ዘኢያአምርዎሙ ፡ አምሰሉ ፡ (ዘኢያአምርዎ
ሙ ፡) ዘበኅቡአት ፡ ኀጣይኢሆሙ ፤ ለዘ ፡ አል

ምዕርዕርናከ ፡ ለውሉድከ ፤ ወይትፋለስ ፡ ጣዕሙ ፡ ለዘይነሥእ ፡ እምኔሁ ፡ ወይትለአክ ፡ ለፈጽሞ ፡ ፍትወቱ ፡ በዘኀለየ ፡ እምነ ፡ መባልዕት ፡ ወፈቀደ ፡ ϰ. [ ] ላዕለ ፡ A. 22a [ ] ዘ A. በ′ ፡ ወአ′ ፡ ጸንዑ ፡ ወቆሙ ፡ ዘምስለ ፡ እሳት ፡ ወኢተመስዉ ፡ ϰ. 22b ያእምሩ ፡] + እስመ ፡ ፍሬያተ ፡ ϰ. ትበርቅ ፡ ϰ. 23 ወዘንተኒ ፡ ካ′ ፡ ከ′ ፡ ሶበ ፡ ተሴሰዩ ፡ ጻ′ ፡ ኀይለ ፡ ሲሳየ ፡ ርእ′ ፡ ይር′ ፡ ϰ. 24 [ ] ግብረ ፡ A. [ ] ትከ A. እ′ ፡ ፍ′ ፡ (ኵሉ ፡) ለከ ፡ ትትለአክ ፡ አገባሪ ፤ ትሰፍሕ ፡ ኵነኔ ፡ ዘይትፌኖ ፡ ላዕለ ፡ ዐማፅያን ፤ ወትጼጉ ፡ ተድላ ፡ ይብጻሕ ፡ ኀበ ፡ እለ ፡ ይትአመኑ ፡ ብከ ፡ ϰ. 25 [ ] ∧ A. ወበእንተዝ ፡ አሜሃ ፡ ሀብትከ ፡ ሀለወት ፤ ወትትፋለስ ፡ ውስቱ ፡ ኵሉ ፡ ግብር ፤ ወትትለአክ ፡ ውስተ ፡ ኵሉ ፡ መብልዕ ፤ መንገለ ፡ መፍቅድ ፡ ዘሰአሉ ፡ ወፈተዉ ፡ ϰ. 26b አኮ ፡] + ዘዘ ፡ ዚአሁ ፡ ϰ. 26c የዐቅበሙ ፡ ϰ. 27 [ ] ∧ A. ተመስወ ፡ ϰ. 28 ሰኪየ ፡ vid. Gramm. § 182. ከ′ ፡ ይ′ ፡ እስመ ፡ ፀሐይኒ ፡ የኀሥሥ ፡ ይብጻሕ ፡ ኀቤነ ፡ ከመ ፡ ኪያከ ፡ ናእኵት ፡ ወናስተብቍዕ ፡ ኀቤከ ፡ መንገለ ፡ ሠረቀ ፡ ፀሐይ ፡ ϰ. 29 ዘአስ′ ፡] አስሐትያ ፡ ክረምት ፡ ϰ. ርኩስ ፡] ሕሙግ ፡ ዘኢይበቍዕ ፡ ϰ. XVII. 2 [ ] ብ ፡, [ ] ሳን ፡, [ ] ጕየይነ ፡, [ ] ዝ ፡, [ ] ለየ ፡ A. እስመ ፡ ኃጥኣን ፡ አመ ፡ ነሥኡ ፡ ሕዝበ ፡ ቅዱሰ ፡ ወተኀየሉ ፡ ላዕሌሆሙ ፤ ኀያላንሂ ፡ ተአስሩ ፡ በጽልመት ፡ ሌሊት ፡ ነዋኀ ፤ አሜሃ ፡ ተሞቅሑ ፡ መትሕተ ፡ ተድባበ ፡ ቤት ፤ ወተረክቡ ፡ ጕዩያነ ፡ እምሥርዐተ ፡ መልእክት ፡ ዘለዓለም ፡ ϰ. 3 ኀሊዮሙ ፡ (እስመ ፡) ዘአበሱ ፡ በቱ ፡ ውስተ ፡ አብያት ፡ ዘአልበ ፡ ውስቴቱ ፡ ብርሃን ፡ ይትኀባእ ፡ በምስዋር ፡ ወይትረሳዕ ፡ ተዘርዉ ፡ (ወተመጽለዉ ፡) በድንጋጼ ፡ እንዘ ፡ ይደመሙ ፡ ጥቀ ፡ ወተሀውኩ ፡ በምትሐት ፡ ϰ.

ቦ ፡ ብርሃን ፡ ተኀቢአሙ ፡ ተሰወሩ ፤ መጽለዉ ፡
ደንጊጾሙ ፡ ጥቀ ፡ ወበሕልም ፡ እንዘ ፡ ይትሀወ
ኩ ። 4 እስመ ፡ ዘሂ ፡ ይእኅዞሙ ፡ ዕሙቅ ፡ ጥ
ቀ ፡ ጽልመት ፡ አከ ፡ ዘእንበለ ፡ ድንጋጼ ፡ ዘዐ
ቀበሙ ፤ ወድምፅ ፡ እንዘ ፡ የሀውኩ ፡ ያንሥጥ
ጡ ፤ ወርእየ ፡ ምትሐ[ት] ፡ ትኩ[ዙ] ፡ በገጽ ፡ ያ
ስተርኢ ። 5 ወእሳትኒ ፡ ወኢበምንትኒ ፡ ዘእም
ክህ[ለ] ፡ አብርሆ ፤ ወኢከዋክብት ፡ ብ[ሩ]ሃን ፡ [ላ
ህ]ብ ፡ እመ ፡ ኢክህሉ ፡ አብርሆ ፡ ጽልመታ ፡ ለ
እንታክቲ ፡ ሌሊት ። 6 ወያስተርእዮሙ ፡ ሎ
ሙ ፡ ባሕቱ ፡ ግብተ ፡ እሳት ፡ እንተ ፡ ግርማ ፡ ፍ
ጽምት ፤ እንዘ ፡ (ኢ)ይትኀፈሩ ፡ በእንታክቲ ፡
ገጽ ፡ እንተ ፡ ኢታስተርኢ ፤ ወያመስሉ ፡ ዘየአ
ኪ ፡ ዘያስተርኢ ። 7 ወሰብዐታተ ፡ አብድ ፡ ይ
ነብር ፡ ኪን ፤ ወላዕለ ፡ ጥበብ ፡ ትዕግልተ ፡ ዘለ
ፋ ፡ ጸዐል ። 8 እስመ ፡ እለ ፡ ይብሉ ፡ ስሕተተ ፡
ወሀከከ ፡ ሰዲደ ፡ ለነፍስ ፡ ድዊት ፡ እሉ ፡ ሠሐ
ቀ ፡ ዝሩተ ፡ ደወዩ ። 9 ወእመሰ ፡ ወ[ኢ]ምንተ
ኒ ፡ ሀከ[ክ] ፡ ያደነግጽ ፡ [በዘ ፡] ዘይትሐወስ ፡ ነ
ሶሳው ፡ ወፉጻየ ፡ ዘይሰርር ፡ ስዱዳን ፤ 10 ወይት
ሀጐሉ ፡ በረዓድ ፡ ወዘኢይትከሀል ፡ ጐዪየ ፡ ደ
መናት ፡ ርእየቶ ፡ ይክሕዱ ። 11 ድንጋጼ ፡ ክሡ
ተ ፡ ስምዕ ፡ ይእቲ ፡ ለኵነኔ ፤ ወዘልፈ ፡ ትትወ
ከፍ ፡ ዘፀውግ ፡ እንዘ ፡ ይትዐወቃ ፡ በዘ ፡ ኀለያ ።
12 እስመ ፡ አልቦ ፡ ምንተኒ ፡ ግሩመ ፡ ዘእንበለ ፡
ግብ[አት] ፡ እምረድኤተ ፡ ኀልያ ። 13 ወውስ
ጣ ፡ እንዘ ፡ ህለወት ፡ ተሐጽጽ ፡ ተስፋ ፤ ፈድ
ፋደ ፡ ትኄልያ ፡ ለኢያእምሮ ፡ ለእንተ ፡ ታመ
ጽእ ፡ ኵነኔ ፡ [ምክንያት] ። 14 ወእ[ሉ] ፡ እንተ ፡
ኢትክል ፡ ኪያሃ ፡ ሌሊተ ፡ ወእምነ ፡ ዘኢይት

---

4 እስመ ፡ ዘማዊ ፡ ዘአኀዞሙ ፡ ኢክህለ ፡ ይዕቀቦሙ ፡ ዘእንበለ ፡ ድንጋጼ ፤ ወድምፀ ፡ ቃል ፡
ልዑል ፡ ዘያንሥጥጥ ፡ ንባቡ ፡ ከነ ፡ የሀውኮሙ ፤ ወራእየ ፡ ምትሐት ፡ ፀዋግ ፡ አጥፍአ ፡ ኵሎ ፡ ዘ
ገጹ ፡ ትኩዝ ፡ ϰ. [ ] ተ, [ ] ዘ ፡ A. 5 ወብርሃን ፡ እሳትኒ ፡ ኢክህለ ፡ ያብርህ ፡ ወኢአሐተ ፡ ጊ
ዜ ፤ ወኢጸዳለ ፡ ከዋክብት ፡ ብሩሃን ፡ ዘቆሙ ፡ ለሥርዐተ ፡ እንታክቲ ፡ ጽልመተ ፡ ሌሊት ፡ ϰ. [ ]
ሉ, [ ] ር, [ ] ል A. 6 ወባሕቱ ፡ አስተርአየ ፡ ሎሙ ፡ ግብተ ፡ እሳት ፡ ባሕቲቱ ፡ ዘፍጹም ፡ ግር
ማሁ ፡ እምዝንቱ ፡ ገጽ ፡ ዘኢያስተርኢ ፡ ዘየአኪ ፡ እምገጻት ፡ እለ ፡ ያስተርእዩ ፡ ϰ. 7 አመ ፡ ረ
ሰዩ ፡ ጻማ ፡ እበድ ፡ ዘግብረ ፡ ሥራይ ፡ ዘወርቅ ፡ ወዘብሩር ፡ ለዘለፉ ፡ ትዕቢት ፡ ለእለ ፡ ይጼዕሉ ፡
ϰ. 8 እስመ ፡ እለ ፡ አሰፈዉ ፡ ከመ ፡ ይስድዱ ፡ ሁከታ ፡ ለነፍስ ፡ ድውይት ፡ ወድንጋጼሃ ፡ ለእሉ ፡
አድወዮሙ ፡ ፍርሀት ፡ ዘሠሐቅ ፡ ϰ. 9 [ ] ዘ ፡, [ ] ከ ፡, [ ] ∧ A. ወእመሰ ፡ ኢያፍርሆሙ ፡ ምን
ትኒ ፡ ዘየሀውክ ፡ ነሶሳወ ፡ ተሐዋስያን ፡ ዘይሰርር ፡ ወ[ለሖሳስ] ፡ (ወንኡስ ፡ vel ወለእሉሰ ፡ codd.)
እምእለ ፡ ይትሐወሱ ፡ ሰደዶሙ ፡ 10 ወአንፈጸሙ ፡ ድንጉጻነ ፡ ወኢተክህሎሙ ፡ ርእየተ ፡ ነፋ
ስ ፡ ዘይጐይይ ፡ እምነ ፡ ኵሉ ፡ ገጻት ፡ ϰ. 11 እስመ ፡ ግብሩ ፡ (v. ምግባሩ ፡) ለእኩይ ፡ ዐምፆ ፡ (v.
ዐመፃ ፡) እንተ ፡ ባቲ ፡ ይከውኑ ፡ ስምዐ ፡ ቦቱ ፡ ወይፈትሑ ፡ ላዕሌሁ ፤ ወዘልፈ ፡ ውእቱ ፡ ይትዌ
ከፍ ፡ ወይገብር ፡ ግብረ ፡ ዘፁግ ፡ ወጠዋይ ፡ እንዘ ፡ ይትዐወቆ ፡ ወይኔጽር ፡ በኀሊና ፡ አእምሮ ፡ ϰ.
12 እስመ ፡ አከ ፡ ምንትኒ ፡ ውእቱ ፡ ግርማ ፡ ወፍርሀት ፡ አላ ፡ ያስተሴፉ ፡ ትሕዝብተ ፡ ኵነኔ ፡ በ
ኀሊና ፡ ϰ. [ ] ተ ፡ A. 13 ወእመሰ ፡ ተሰፍዎ ፡ ትሕዝብት ፡ ዘውስጥ ፡ (ኀዳጥ ፡ ወ) ሕጹጽ ፡ ፈድ
ፋደ ፡ ትትኄለይ ፡ ኢያእምሮ ፡ ወእበድ ፡ እንተ ፡ ትሁብ ፡ ፍኖተ ፡ ወምክንያተ ፡ ለኵነኔ ፡ ϰ. [ ]
እንተ ፡ ይእቲ ፡ A. 14 ወእልክቱኒ ፡ ሶበ ፡ ከነቶሙ ፡ (v. ከደነቶሙ ፡) እንታክቲ ፡ ሌሊት ፡ እን
ተ ፡ ኢይትከሀል ፡ ጸዊሮታ ፡ እሙነ ፡ እንተ ፡ ዐርገት ፡ እማዕምቀ ፡ ጻዕረ ፡ ሲኦል ፡ እንተ ፡ ኢይ
ትከሀል ፡ ጸዊሮታ ፡ ሀለዉ ፡ ይነውሙ ፡ ኪያሃ ፡ ሌሊተ ፡ ϰ. [ ] ለ A. [ ] ዘኢ A.

ከሀል ፡ (ሌሊተ ፡) ሲኦል ፡ እመዓምቀ ፡ ጽልመ
ት ፡ እንተ ፡ ዐርገት ፡ ኪያሁ ፡ ንዋመ ፡ [እንዘ] ፡
ይነውሙ ። 15 እለ ፡ በርኢየ ፡ ሕሡም ፡ ይሰደ
ዱ ፤ [በረዓድ ፡] ዘበ ፡ መንፈስ ፡ ይደክም ፡ ሥር
ዐት ፤ ግብተ ፡ ሎሙ ፡ እንዘ ፡ [ኢ]ይሴፈዉ ፡ ድ
ንጋጼ ፡ በጽሐሙ ። 16 ወከመዝ ፡ ኮነ ፡ ዘዘ ፡ ዚ
አሆሙ ፡ ይወድ[ቅ] ፡ ወይትዐቀብ ፡ ቤተ ፡ ሞቅ
ሕ ፡ እንተ ፡ ዘእንበለ ፡ ኀጺን ፡ ዕቅብት ፡ ተዘጊ
ሖ ። 17 ወእመኒ ፡ ሐራሲ ፤ ወእመኒ ፡ ኖላዊ ፡
ውእቱ ፤ ወእመሂ ፡ ዘበ ፡ ገዳም ፡ ገባኢ ፡ ዘይጻ
ሙ ፤ ተረኪቦ ፡ በእንተ ፡ ዕጽበት ፡ ይትዔገሥ ፡
ምንዳቤ ፤ እስመ ፡ በአሐቲ ፡ ሞቅሐ ፡ ጽልመት ፡
ኵሎሙ ፡ ተአስሩ ። 18 ወእመ ፡ መንፈስ ፡ ዘይ
ትፉጻይ ፤ ወእመ ፡ [በ]ብዙኀ ፡ (ዓፅ ፡) ዕፅ ፡ ዘአ
ዕዋፍ ፡ (እለ ፡) ድም[ፅ] ፡ ሠናይ ፤ ወእመ ፡ ድም
ፀ ፡ ውሒዝ ፡ ዘየሐውር ፡ በኀይል ፤ 19 ወእመ ፡
ድምፅ ፡ ግሩም ፡ [እምነ ፡ ዘ] ያንኰረኵር ፡ ጸዋ
ልዕት ፤ ወእመ ፡ ዘያንፈርዕጽ ፡ እንስሳ ፡ እንዘ ፡
ይረውጽ ፡ ዘ[ኢ]ያስተርኢ ፤ ወእንዘ ፡ የሐው
ር ፡ አራዊት ፡ በጥራዐ ፡ ቃል ፤ [ወ]እመ ፡ እንተ ፡
ትትዐለው ፡ እምቈላ ፡ ድምፀ ፡ አዕዋፍ ፤ ይመ
ስዎሙ ፡ በድንጋጼ ። 20 እስመ ፡ ኵሉ ፡ ዓለም ፡
በ[ጽዱል] ፡ ይበርህ ፡ ብርሃን ፤ ወዘእንበለ ፡ ፅር
ዐት ፡ የዐውዱ ፡ ምግባራት ፤ 21 ወለእሉ ፡ በባ
ሕቲቶሙ ፡ ትሰርር ፡ ክበደ ፡ ሌሊት ፤ አርአያ ፡
ለዘ ፡ ሀለወ ፡ ይንሥኦሙ ፡ ጽልመት ፤ ወለሊሆ
ሙ ፡ እምርእሰሙ ፡ እሙንቱ ፡ እለ ፡ ይከብዱ ፡
እምጽልመት ። XVIII. ወለጻድቃኒከሰ ፡ ዐ
ቢይ ፡ ውእቱ ፡ ብርሃን ፤ ወለእለ ፡ ድምፆሙሰ ፡
ይሰምዑ ፡ ወራእዮሙ ፡ [ኢ]ይሬእዩ ፤ ወመጠነ ፡

---

15 አደንገጽዎሙ ፡ መደንግጻን ፡ በዘይሰድዶሙ ፡ በአርእዮ ፡ ምትሐት ፡ ወበ ፡ ዘያደክም ፡
ተስፋሃ ፡ ለነፍስ ፤ ወግብተ ፡ በጽሐሙ ፡ ድንጋጼ ፡ ወፍርሀት ፡ ዘኢተሰፈውዎ ፡ ወኢተሐዘብዎ ፡
ϰ. [ ] በርዴ ፡ A. [ ] ∧ A. 16 ወከመዝ ፡ ኵሉ ፡ ዘሀሎ ፡ ህየ ፡ መኑሂ ፡ ዘኮነ ፡ እመሂ ፡ ዘወድቀ ፡
ወእመሂ ፡ ዘይትዐቀብ ፡ ውስተ ፡ ቤተ ፡ ሞቅሕ ፡ ተሞቂሖ ፡ በኀጺን ፡ ወዘእንበለ ፡ ኀጺን ፡ ϰ. [ ]
ቁ A. 17c—e ወእመሂ ፡ ገባኢ ፡ ዘይጻሙ ፡ በተገብሮታ ፡ ለምድር ፡ ነቢሮ ፡ ውስተ ፡ ገዳም ፤ እስ
መ ፡ ተዐገሠ ፡ ይእተ ፡ ምንዳቤ ፡ ዕጽብተ ፡ ዘተራከበቶ ፡ እንተ ፡ አልባቲ ፡ ማኅለቅት ፤ እስመ ፡ ማ
ኅበሮሙ ፡ ተአስረ ፡ በአሐቲ ፡ ሞቅሐ ፡ ጽልመት ፡ ϰ. 18 ወአምሳል ፡ ዘረከበሙ ፡ ከመዝ ፤ መን
ፈስ ፡ ዘይትፉጻይ ፤ አው ፡ ቃለ ፡ አዕጹቅ ፡ ዘሠናይ ፡ ድምፁ ፡ እምነ ፡ አዕዋም ፡ ጽፉቃት ፡ እለ ፡
ይ (v. ያ) ጸልሉ ፤ አው ፡ ቃለ ፡ አዕዋፍ ፡ ዘሠናይ ፡ ዜማሆሙ ፤ አው ፡ ድምፀ ፡ ምንብሐብሓተ ፡
ማይ ፡ ዘየሐውር ፡ በኀይል ፡ ϰ. [ ] ∧, [ ] ፀ A. 19 አው ፡ ድምፀ ፡ ጸዋልዕት ፡ እለ ፡ ያንኰረኵሩ ፡
በግርማ ፤ አው ፡ ሩጸተ ፡ እንስሳ ፡ እለ ፡ ያንፈርዕጹ ፡ ወኢይትረአይ ፡ ሩጸቶሙ ፤ አው ፡ ቃለ ፡ አ
ራዊት ፡ እለ ፡ ይጥሕሩ ፡ በጥር (v. ራ)ዐ ፡ ቃል ፡ መፍርህ ፤ አው ፡ ድምፀ ፡ ቃል ፡ ዘአድባር ፡ መፍ
ርሃን ፡ እለ ፡ ያወሥኡ ፡ ወየዐልዉ ፡ ድምፀ ፡ በበይናቲሆሙ ፡ እምድምፀ ፡ አዕዋፍ ፡ ወእመ ፡ አ
ኮ ፡ ዘአራዊት ፤ ከመዝ ፡ ውእቱ ፡ ምንዳቤ ፡ ዘመሠጠሙ ፡ ወአደንገጸሙ ፡ (v. ወአንፈጸሙ ፡) ϰ.
[ ] ∧, [ ] ∧, [ ] ∧ A. 20a [ ] እሳት ፡ A. 20b ወይፌጽም ፡ ተግባሮ ፡ ዘእንበለ ፡ ፅርዐት ፡ ወኢክ
ልአት ፡ ϰ. 21ab ወለእልክቱሰ ፡ ባሕቲቶሙ ፡ ከደኖሙ ፡ ክበደ ፡ ሌሊት ፤ አርአያሁ ፡ ለጽልመ
ት ፡ ዘሀለወ ፡ ይንሥኦሙ ፡ ϰ. 21c ለርእሰሙ ፡ ϰ. XVIII. 1 ወኀበ ፡ ጻድ' ፡ ሀሎ ፡ ዐቢይ ፡ ብ' ፤
እስመ ፡ እልክቱሰ ፡ ኮኑ ፡ ይሰምዑ ፡ ቃሎሙ ፡ ወራእዮሙሰ ፡ አልቦ ፡ ዘይሬእዩ ፡ እስመ ፡ እልክ
ቱ ፡ ሀለዉ ፡ ይዘብጡ ፡ ለእለ ፡ ይፈትውዎሙ ፡ ϰ. [ ] ∧ A.

ረከቡ ፡ እልክቱ ፡ ያስተበፅዑ ፤ 2 ወእስመ ፡ እ
[ሉ ፡ ኢይትፌደዩ ፡] ለእለ ፡ ቀደሙ ፡ ተገፍዖ ፡
ያአኵቱ ፤ ወለድኅን ፡ ጸጋ ፡ ይስእሉ ። 3 ህየን
ተ ፡ በዐምደ ፡ እሳት ፡ ወመርሐ ፡ ፍኖት ፡ [ዘ]ኢ
ያአም[ርዎ] ፡ ወፀሓየ ፡ ዘኢያሐምም ፡ በፍታው ፡
ወሀብከ ፡ ለተግዕዞ ። 4 ወይደልዎሙ ፡ ለእልክ
ቱ ፡ ይትከልኡሙ ፡ ብርሃን ፡ ወተሞቅሖ ፡ ውስ
ተ ፡ ጽልመት ፡ እለ ፡ ዕጽዋነ ፡ ረሰይዎሙ ፡ ለው
ሉድከ ፡ ዘበሙ ፡ [ዘዘኢይማስን ፡ ሕግ ፡] ብርሃ
ን ፡ ለዓለም ፡ ይትወሀብ ። 5 ወመኪሮሙ ፡ እ
ሙንቱ ፡ [ዘ]ጻድቃን ፡ ውሉደ ፡ ይቅትሉ ፡ ወ፩
ሕፃን ፡ ተው[ሂቦ] ፡ ለሙስና ፡ ወድኅኖ ፡ ለዘላ
ፉ ፡ ለዘ ፡ ከማሁ ፡ አእተትከ ፡ ብዙኀ ፡ ሕፃናተ ፡
ወኵሎሙ ፡ ኀቡረ ፡ አጥፋእከ ፡ በማይ ። 6 ይ
እቲ ፡ ሌሊት ፡ [ተአምረት ፡] ለአበዊነ ፡ ከመ ፡
ለህልው ፡ ያእምሩ ፡ ለዘ ፡ አምኑ ፡ መሐላ ፡ [ወ]
ሠናየ ፡ ይት[ፌ]ሥሑ ። 7 ወይትወከፍ ፡ እምኀ
በ ፡ ሕዝ[ብከ] ፡ መድኀኒ[ት] ፡ ለጻድቃን ፡ ወለፀ
ር ፡ ተሀጕሎ ። 8 ወበዘ ፡ ቀሠፍከሙ ፡ ለፀር ፡
ቦቱ ፡ ኪያነ ፡ ጸዊዐከ ፡ አክበርከ ። 9 እስመ ፡ ጽ
ምሚተ ፡ ይሠውዑ ፡ ውሉዶሙ ፡ ኄራ[ን] ፡ ሠ
ናየ ፤ ወሕገ ፡ እግዚአብሔር ፡ ኀቡረ ፡ ዐረዩ ፤ ወ
ከማሁ ፡ ለሠናይ ፡ ወለምንዳቤ ፡ ይትወከፉ ፡ ጻ
ድቃን ፤ ዘአበው ፡ ቀደምት ፡ እንዘ ፡ ይሴፈዉ ፡
አኰቴተ ፡ እንተ ፡ ትትወከፍ ። 10 ትትቃወም ፡
ቃለ ፡ ጸላእተ ፡ ብካይ ፡ ወሕርትምት ፡ ትደምፅ ፡
ቃለ ፡ ሰቆቃው ፡ በእንተ ፡ ደቂቃ ። 11 ወዕሪተ ፡
ኵነኔ ፡ ገብር ፡ ምስለ ፡ እግዚኡ ፡ ተቀሢፎ ፡ ወ
ዘጽጕሂ ፡ [ይትዔረይ ፡] ምስለ ፡ መንግሥት ፡ የ
ሐምም ። 12 ወኵሎሙ ፡ ኀቡረ ፡ በ፩ስ[መ ፡ ሞ

2 ወሀለዉ ፡ ያአኵቱ ፡ (v. ይትአኰቱ ፡) እንበይነ ፡ ዘአሕመምዎሙ ፡ ለግፉዓን ፤ ወእሉሰ ፡
ተፈሥሑ ፡ በጸጋ ፡ ድኅን ፡ ዘተፈነወ ፡ሎሙ ፡ ҡ. [ ] ለ ፡ ኢይትፈግዑ ፡ A. 3 ወወሀቦሙ ፡ ዕ
ሴተ ፡ ዐምደ ፡ እሳት ፡ ዘያበርህ ፡ ይምርሖሙ ፡ ፍኖተ ፡ መንገድ ፡ ዘኢይትአመር ፤ ወፀሓየ ፡ ዘኢ
ያአኪ ፡ ውስተ ፡ ተአንግዶ ፡ ዘይትፈቀር ፡ ҡ. [ ] ለ, [ ] ሮ ፡ A. 4 እስመ ፡ ለእልክቱ ፡ ይደልዎ
ሙ ፡ ከመ ፡ ይኅጥኡ ፡ ብርሃነ ፡ ወይትሞቅሑ ፡ ውስተ ፡ ጽልመት ፤ እስመ ፡ ዐጸውዎሙ ፡ ለውሉ
ድከ ፡ ወሞቅሕዎሙ ፡ (ለ)እለ ፡ በሙ ፡ ብርሃነ ፡ ሕግ ፡ ዘኢይበሊ ፡ ሀሎ ፡ ይትወሀብ ፡ ለዓለም ፡
ҡ. [ ] ኢይትመሰል ፡ ሕገ ፡ A. 5 ወሶበ ፡ ኀለዩ ፡ ወመከሩ ፡ ይቅትሉ ፡ ውሉደ ፡ ጻድቃን ፡ ወተ
ገዲፎ ፡ ፩ሕ' ፡ ድኅነ ፡ ለዘለፉሆሙ ፤ ወቦቱ ፡ አጥፋእከ ፡ ዘእንበለ ፡ ምሂክ ፡ መብዝኅተ ፡ ውሉዶ
ሙ ፡ ወማኅበሮሙ ፡ ኵሎ ፡ በማይ ፡ ብዙኅ ፡ ҡ. [ ] ለ, [ ] ህበ ፡ A. 6 ለእንታክቲ ፡ ሌ' ፡ አእመ
ርዋ ፡ አበዊነ ፡ (እም)ከመ ፡ ሶበ ፡ አእመሩ ፡ መሐላ ፡ ዘተከየዶሙ ፡ ባቲ ፡ ይዘከርዋ ፡ በፍቅር ፡ ҡ.
[ ] ትእምርተ ፡, [ ] ለ, [ ] ፌ A. 7 ወተወከፍከ ፡ ሕዝበከ ፡ (በ)መድኀኒተ ፡ ለጻድቃን ፡ ወሀጕ
ለ ፡ ለፀር ፡ ተቀራንያን ፡ ҡ. [ ] በ ፡, [ ] ተ ፡ A. 8 እስመ ፡ ዘከመ ፡ ቀሠፍከሙ ፡ ለእለ ፡ ይትቃ
ወሙ ፡ (v. 'ቃረኑ ፡) ከማሁ ፡ ሶበ ፡ ጸዋዕከነ ፡ አክበርከነ ፡ ҡ. 9 እስመ ፡ አግብርቲከ ፡ ጻድቃን ፡
ሀለዉ ፡ ይሠውዑ ፡ መሥዋዕተ ፡ ተድላ ፡ ሠናየ ፡ ወወደዩ ፡ ውስተ ፡ ልበሙ ፡ ሕገ ፡ መለኮት
ከ ፡ (v. አምልኮ' ፡) በተሰናእዎ ፤ ወበዝንቱ ፡ አምሳል ፡ ተወክፉ ፡ ቅዱሳን ፡ ሠናያተ ፡ ወምንዳቤ
ሂ ፡ ለእለ ፡ ይደልዎሙ ፤ አበዊነሰ ፡ ሀለዉ ፡ ይሰብኩ ፡ ፍሥሓ ፡ እንዘ ፡ ይሴብሑ ፡ ҡ. [ ] ነ ፡
A. 10 ወይትራከቡ ፡ ቃላቲሆሙ ፡ ምስለ ፡ ጽራኅ ፡ ብካየ ፡ ጸላእት ፡ እንዘ ፡ ኢየኀብር ፡ ንባበ
ሙ ፤ ወእማትኒ ፡ ያደምፃ ፡ ቃለ ፡ ሰቆቃው ፡ በእንተ ፡ ደቂቆን ፡ ҡ. Exspectaveris ብካየ ፡ ጸላእ
ት ፡ in A. 11 ወኵነኔ ፡ ገብር ፡ ምስለ ፡ እግዚኡ ፡ በመቅሠፍት ፡ ተዐረየ ፤ ለሐራዊኒ ፡ ምስለ ፡
ንጉሥ ፡ ዕሩየ ፡ ረከበቶሙ ፡ ዛቲ ፡ መቅሠፍት ፡ ҡ. [ ] ትዔሪ ፡ A. 12 ወኵ' ፡ ኅ' ፡ በ፩አምሳል ፡

ት ፡] አብድንተ ፡ በሙ ፡ ዘአልበ ፡ ኍልቄ ፤ እ
ስመ ፡ ለቀቢር ፡ [ጥ]ቀ ፡ ኢየአክሉ ፡ እለ ፡ ሀለ
ዉ ፡ ሕያዋን ፤ እስመ ፡ በአሐቲ ፡ ጊዜ ፡ ክብር
ት ፡ ልደቶሙ ፡ ተሀጕለት ። 13 ኵሎ ፡ እንዘ ፡
ኢየአምኑ ፡ በእንተ ፡ ሥራያቲሆሙ ፤ በሞተ ፡
በኵሮሙ ፡ አምኑ ፡ ውሉደ ፡ እግዚአብሔር ፡ ከ
ዊነ ፡ ሕዝብ ። 14 እስመ ፡ ዘእንበለ ፡ ድምፅ ፡ አ
ርምሞ ፡ እንተ ፡ ኵሎ ፡ ትመልክ ፡ ወሌሊት ፡ በ
ዘ ፡ ዚአሃ ፡ [ፈጢን ፡] እንተ ፡ ታመአክል ፤ 15
ከሃሌ ፡ ኵሉ ፡ [ንባ]ብከ ፡ እምሰማይ ፡ እመንበ
ረ ፡ መንግሥትከ ፡ ከመ ፡ ዘእንበለ ፡ ምሕረት ፡
መስተቃትል ፡ ማእከለ ፡ [ሥራዌ ፡] ይትቃነጽ ፡
ውስተ ፡ ምድር ፤ 16 ሰይፍ ፡ በሊኅ ፡ እንተ ፡ እ
ንበለ ፡ አድልዎ ፡ ትእዛዘከ ፡ ይገብር ፡ ወቀዊሞ ፡
[ፈጸመ ፡] ኵለሄ ፡ ሞ[ተ] ፤ ወሰማየ ፡ ይለክፍ ፡
ወይቀውም ፡ ምድረ ። 17 ይእተ ፡ ሶቤ ፡ በጊዜ
ሃ ፡ ድንጋጼ ፡ ሕልም ፡ ፀዋግ ፡ ሆከሙ ፤ ወበድ
ንጋጼ ፡ ቆሙ ፡ ዘእንበለ ፡ ሕዝበት ። 18 ወካል
እ ፡ ካልአ ፡ ገጸ ፡ ወድቀ ፡ ኢኀሉድ ፤ በእንተ ፡
ዘይመውቱ ፡ ይነግሩ ። 19 እስመ ፡ ሕልም ፡ ሆ
ከሙ ፡ [ዘ]ዘንተ ፡ ቀደመ ፡ አይድዖቶሙ ፤ ከመ ፡
ዘእንበለ ፡ ያእምሩ ፡ በእንተ ፡ ዘእምእኩይ ፡ ኢ
ይትሀጐሉ ። 20 ወለከፈቶሙ ፡ ለጻድቃንሂ ፡ መ
ከራ ፡ ሞት ፤ ወድቀት ፡ ኮነ ፡ በገዳም ፡ ዘብዙኃ ፤
ወእኮ ፡ ዘብዙኃ ፡ ጐንዲዮ ፡ መዐተ ። 21 እስ
መ ፡ አፍጠነ ፡ ብእሲ ፡ ዘአልበ ፡ ሒስ ፡ ተቃወ
መ ፤ ዘቅኔሁ ፡ ዘዘ ፡ ዚአሁ ፡ ነሥአ ፡ ወልታ ፡ ጸ
ሎት ፡ ወዕጣነ ፡ ለምህልላ ፡ አብአ ፤ ተቃወሞ ፡
ለመዐት ፡ ወአኅሥዐ ፡ መቅሠፍተ ፤ ወአርአየ ፡
ከመ ፡ ላእከ ፡ ዚአከ ፡ ውእቱኒ ። 22 ወሞአሙ ፡

ሞቱ ፡ ወበሙ ፡ አብድንተ ፡ ምውታን ፡ ዘአ' ፡ ኍ' ፤ እ' ፡ ሕያዋን ፡ ኢክህሉ ፡ ይቅብርዎሙ ፡ ለም
ውታን ፤ እስመ ፡ በመጠነ ፡ አሐቲ ፡ ቅጽበት ፡ ጠፍአት ፡ ልደቶሙ ፡ ክብርት ፡ ወማሰነት ፡ ϰ. [ ]
ም ፡ ሞቱ ፡ A. [ ] ሕ A. 13 እስመ ፡ በእንተ ፡ ሥራያት ፡ ኢአምኑ ፡ ኵሎ ፡ ነገረ ፡ መቅሠፍት ፡
ዘረከበሙ ፤ ወበጥፍአተ ፡ በኵሮሙ ፡ አእመሩ ፡ ከመ ፡ ሕዝብ ፡ ውሉደ ፡ እግዚ' ፡ እሙንቱ ፡ ϰ.
14 እስመ ፡ ሶበ ፡ ከደና ፡ ለኵላ ፡ ፍጥረት ፡ ሀድአት ፡ ወአርምሞ ፡ እንተ ፡ ኵሎ ፡ ትመልክ ፡ ተበ
ቀላ ፡ (sic) ለይእቲ ፡ ሌሊት ፡ ϰ. [ ] ፍጡነ ፡ A. 15 ቃልከ ፡ መዋኢ ፡ ወፀባኢ ፡ ወመስተቃትል ፡
ዘይክል ፡ ኵሎ ፡ እምሰማያት ፡ ውስተ ፡ ማእከሎሙ ፡ ለአፅራር ፡ እለ ፡ ሎሙ ፡ መንግሥት ፡ ከ
መ ፡ ይሥርዎሙ ፡ እምድር ፡ (∧ ἥλατο) ϰ. [ ] ነበ, [ ] ሥርዉ ፡ A. 16 እንተ ፡ እንበለ ፡ አድል
ዎ ፡ ትእዛዘከ ፡ ቀኒቶ ፡ ሰይፈ ፡ በሊኅ ፡ ወቀዊሞ ፡ ማእከሎሙ ፡ መልአ ፡ ኵሎ ፡ ደዌሆሙ ፡ ሞ
ተ ፡ ወገሰሶሙ ፡ እምሰማይ ፡ ወተጽዕኖሙ ፡ እምድር ፡ ϰ. [ ] ፍጽመ ፡, [ ] ት ፡ A. 17 ወሆከ
ሙ ፡ አሜሃ ፡ በምትሐተ ፡ አሕላም ፡ ፀዋጋን ፤ ወሰፈነት ፡ ላዕሌሆሙ ፡ ድንጋጼ ፡ እንተ ፡ ኢተሐ
ዘብዋ ፡ ϰ. 18 ወበ ፡ እምኔሆሙ ፡ ዘይወድቅ ፡ ውስተ ፡ ካልእ ፡ ገጸ ፡ መከን ፡ እንዘ ፡ መንፈቁ ፡ ም
ውት ፤ ወከሠተ ፡ ሎሙ ፡ ምክንያተ ፡ እንተ ፡ በእንቲአሃ ፡ ይመውቱ ፡ ϰ. 19 እስመ ፡ አሕላም ፡
እለ ፡ ሆክዎሙ ፡ አቅደሙ ፡ ነጊሮቶሙ ፡ ዘንተ ፡ ከመ ፡ ኢይኩኑ ፡ ዘእንበለ ፡ አእምሮ ፡ እስመ ፡
በእንተ ፡ ምንት ፡ ይረክበሙ ፡ እኩይ ፡ ወይቀትሎሙ ፡ ϰ. [ ] ∧ A. 20 ወበ ፡ እምነ ፡ ጻድቃን ፡
ዘለከፎሙ ፡ (v. ዘረከበሙ ፡) መከራ ፡ ሞት ፡ ቀዲሙ ፤ ወኮነ ፡ በገዳም ፡ ድቀተ ፡ (አውደቀ ፡ እ
ምኔሆሙ) ፡ ብዙኃን ፤ ወባሕቱ ፡ መዐት ፡ ኢጐንደየ ፡ ብዙኀ ፡ መዋዕለ ፡ ϰ. 21 እስመ ፡ ብእሲ ፡
ዘአልበ ፡ ነውረ ፡ አፍጠነ ፡ ወተፃብአ ፡ ነሢኦ ፡ ንዋየ ፡ ሐቅል ፡ ዘቅኔሁ ፡ ኤፉደ ፡ ጸሎት ፡ ወዕጣ
ን ፤ ወረከበ ፡ ሞገሰ ፡ ለአስተስርዮ ፤ ተቃወመ ፡ መዐተ ፡ ወአኅሥአ ፡ መቅሠፍተ ፤ ወአርአየ ፡ ር
እሶ ፡ ከመ ፡ ላእከ ፡ ዚአከ ፡ ውእቱ ፡ ϰ. 22 ወሞአ ፡ ማኅበሮሙ ፡ ለእለ ፡ ያጠፍኡ ፤ አኮ ፡ በኀይ

ለአሕዛብ ፤ አኮ ፡ በኀይለ ፡ ሥጋ ፡ ወአኮ ፡ በሥ
ርዐተ ፡ ወልታ ፤ አላ ፡ በቃል ፡ ለዘ ፡ ይቀሥፍ ፡
[አግረረ] ፤ መሐላ ፡ አበው ፡ ወኪዳነ ፡ ዘኪሮ ።
23 መድበለ ፡ ኅቡረ ፡ እለ ፡ ወድቁ ፡ በበ ፡ አን
ጻረ ፡ ዚአሆሙ ፡ አብድንተ ፤ ማእከሎሙ ፡ ቀ
ዊሞ ፡ ከተረ ፡ መዐተ ፡ ወሠጠቀ ፡ ፍኖተ ፡ ለሕ
ያዋን ። 24 እስመ ፡ ውስተ ፡ ልብሱ ፡ ክህነተ ፡
ኵሉ ፡ ዓለም ፡ ውእቱ ፤ ወክብረ ፡ አበው ፡ ው
ስተ ፡ ጸታ ፡ ፬እበን ፡ ግሉፍ ፤ ወዕበየ ፡ ዚአከ ፡
ዲበ ፡ አክሊለ ፡ ርእ[ሱ] ። 25 ለእሉ ፡ ሰምዖሙ ፡
ዘይሜሩ ፡ ወዘንተ ፡ ፈርሀ ፤ እስመ ፡ ተአክል ፡
መከራ ፡ መቅሠፍት ፡ ወብዝኀት ። XIX. ወ
[ለ]ረሲዓንሰ ፡ እስከኔ ፡ ታኅልቆሙ ፡ መዐቱ ፤ እ
ስመ ፡ አቅደመ ፡ አእምሮ ፡ ዘይከውንሂ ፤ 2 እ
ስመ ፡ እሙንቱ ፡ ተመዪጦሙ ፡ ለሐዊር ፡ ወጕ
ጕአ ፡ ፈነውዎሙ ፡ ይዴግንዎሙ ፡ ተነሲሖሙ ።
3 እስመ ፡ ዓዲ ፡ እንዘ ፡ ውስተ ፡ ላሕ ፡ ሀለዉ ፡
ወእንዘ ፡ ይግዕሩ ፡ ዲበ ፡ መቃብረ ፡ አብድንት ፤
ካልአ ፡ አምጽኡ ፡ ኀሊና ፡ እበድ ፤ ወለእለ ፡ እ
ንዘ ፡ ያስተበቍዕዎሙ ፡ (ወ)አውፅኡ ፡ ኪያሆ
ሙ ፡ ከመ ፡ ዘተኀጥ[እ] ፡ ይዴግኑ ። 4 እስመ ፡
ትስሕቦሙ ፡ እንተ ፡ ትደልዎሙ ፡ ለፈጽሞ ፡ ም
ንዳቤ ፤ ወለዘ ፡ ረከቦሙ ፡ ኢተዘክሮ ፡ ወደየት ፡
ሎሙ ፤ ከመ ፡ እንተ ፡ ትንታጋት ፡ መቅሠፍት ፡
ይምልኡ ፡ ቅሥፈተ ፤ 5 ወከመ ፡ ሕዝብ[ከ] ፡ መ
ንክረ ፡ ፍኖተ ፡ ይኅልፉ ፡ ወእልክቱሰ ፡ መንክ
ረ ፡ ይ[ርከ]ቡ ፡ [ሞተ] ። 6 እስመ ፡ ኵላ ፡ ፍጥ
ረት ፡ ውስተ ፡ ዘዚአሃ ፡ ልደት ፡ እምላዕሉ ፡ ት
ትሜሰል ፤ እንዘ ፡ ትትለአክ ፡ ለትእዛዝ ፤ ከመ ፡
ደቀ ፡ ዚአከ ፡ ይትዐቀቡ ፡ ዳኅነ ። 7 እንተ ፡ ት

ል ፡ ዘሥጋ ፡ ወኢበግብረ ፡ ንዋየ ፡ ሐቅል ፤ አላ ፡ አግረረ ፡ ዘይቀሥፍ ፡ በቃለ ፡ ዚአሁ ፡ በዘ ፡ አ
ዘከረ ፡ ሎቱ ፡ መሐላ ፡ አበው ፡ ወኪዳኖሙ ፡ ×. [ ] አእጋረ ፡ A. 23 እስመ ፡ ሰበ ፡ ወድቁ ፡ ም
ውታን ፡ በበይናቲሆሙ ፡ ዘኢይትኌለቍ ፡ ብዝኖሙ ፡ ወቀዊሞ ፡ ማእከለ ፡ መተረ ፡ (v. ከተረ ፡)
መዐተ ፡ ወፈለጠ ፡ ፍኖተ ፡ ለሕያዋን ፡ ×. In A ኅቡረ ፡ እለ ፡ = እለ ፡ ኅቡረ ፡, ʼድንተ ፡ Acc. prod.,
ማእከሎሙ ፡ = ማእከለ ፡ መድበለ ፡ እለ ፡ caet., intelligendum. 24ab እʼ ፡ ኵሉ ፡ ክህነተ ፡ ዓʼ ፡ ሀሎ ፡
ዲበ ፡ ዐጽፈ ፡ ልብሱ ፡ ወስብሐተ ፡ አበው ፡ ዲበ ፡ መትከፍቱ ፡ እምእብነ ፡ ባሕርይ ፡ ግሉፍ ፡ ×.
[ ] ሰሙ ፡ A. 25 ወተአተቱ ፡ በዝንቱ ፡ እለ ፡ ያሀጕሉ ፤ ወአፍርህዎሙ ፡ እሉ ፡ ምግባራት ፤ እስ
መ ፡ መቅሠፍትኒ ፡ ባሕቲቱ ፡ እምአከለ ፡ A. XIX. 1 ወለረሲዓንሰ ፡ ጸንዐ ፡ በላዕሌሆሙ ፡ መዐ
ት ፡ እስከ ፡ ኀልቀት ፡ ለዝሉፉ ፡ ዘእንበለ ፡ ምሕረት ፤ እስመ ፡ አቅደመ ፡ አእምሮ ፡ ምግባራቲሆ
ሙ ፡ እለ ፡ ይከውኑሂ ፡ ×. [ ] ∧ A. 2 እስመ ፡ እሙንቱ ፡ ሜጥዎሙ ፡ እምነ ፡ ሐዊር ፡ ወዓዲ ፡
ፈነውዎሙ ፡ በብዙኅ ፡ ጕጕአ ፤ ወሶበ ፡ ነስሑ ፡ መረዱ ፡ (v. ወረዱ ፡) በረዊጽ ፡ ይዴግንዎሙ ፡
እስመ ፡ መዋግድ ፡ ህልው ፡ ቅድሜሆሙ ፡ ×. 3a ይግዕሩ ፡] praem. ያስቆቅዉ ፡ ወ ×. 3b ሰሐበ
ሙ ፡ ካልእ ፡ ኀሊና ፡ እበድ ፡ ×. 3c ወእለ ፡ አስተበቍዑ ፡ ኀቤሆሙ ፡ ከመ ፡ ይሑሩ ፡ ወአውፅእ
ዎሙ ፡ (ድኅረ ፡) መረዱ ፡ በረዊጽ ፡ ይዴግንዎሙ ፡ ከመ ፡ ሰብእ ፡ እለ ፡ ተኀጥኡ ፡ ×. [ ] አ ፡ A.
4 ሰሐበቶሙ ፡ ውስተዝ ፡ ግብር ፡ ፍጻሜ ፡ ምንዳቤ ፡ እንተ ፡ ደለውዋ ፡ ወአስሐቶሙ ፡ ርስዐት ፡
ወዘረከቦሙ ፡ ኢተዘከሩ ፡ ከመ ፡ ይፈጽሙ ፡ ወይምልኡ ፡ ኵነኔ ፡ ዘነትገ ፡ በኍልቄ ፡ ኵነኔያት ፡ ×.
5 ወሕዝብከሰ ፡ መʼ ፡ ፍʼ ፡ ኀለፉ ፤ ወእልክቱሂ ፡ ሞተ ፡ ነኪረ ፡ ረከቡ ፡ ×. [ ] ሰ, [ ] ረክ, [ ] ፍኖ
ተ ፡ A. 6 እʼ ፡ ኵʼ ፡ ፍʼ ፡ ተመሰለት ፡ መልዕልቶሙ ፡ (ዘ)ምስለ ፡ አንጋዲሃ ፡ ዓዲ ፡ እንዘ ፡ ትትለአ
ክ ፡ ዘተአዘዘት ፡ በቱ ፡ ትእዛዘ ፡ ከመ ፡ ይትዐቀቡ ፡ በቱ ፡ ደቂቅከ ፡ ዘእንበለ ፡ እከይ ፡ ዳኅነ ፡ ×.
7 ደመና ፡ እንተ ፡ ኮነት ፡ ትጼልል ፡ ትዕይንተ ፤ ወተርእየት ፡ እምነ ፡ ዘቀዲሙ ፡ ማይ ፡ ርግዕት ፡

ዕይንቶሙ ፡ ጸለለ ፡ ደመና ፤ ወእምነ ፡ ዘቀዲሙ ፡
ማ[ይ] ፡ የብስ ፡ ሥርጽት ፡ ምድር ፡ አስተርአየ
ት ፤ እምነ ፡ ኤርትራ ፡ ባሕር ፡ ፍኖ[ት] ፡ ዘእንበ
ለ ፡ ማዕቅፍ ፤ ወዒአተ ፡ ሐመልማል ፡ እምውስ
ተ ፡ ማዕበል ፡ ኀዩል ፡ 8 ዘእንተ ፡ ዲቤሃ ፡ ኵሉ ፡
ሕዝብ ፡ ኀለፉ ፡ እለ ፡ ይትከደኑ ፡ በየማንከ ፤ እ
ንዘ ፡ ይሬእዩ ፡ ተኣምረ ፡ ወመንክረ ። 9 እስመ ፡
ከመ ፡ አፍራስ ፡ ተርዕዩ ፤ ወከመ ፡ አባግዕ ፡ አ
ንፈርዐጹ ፤ እንዘ ፡ ያአኵቱ ፡ እግዚኦ ፡ ኪያከ ፡
ዘያድኅኖሙ ። 10 እስመ ፡ ዓዲ ፡ ይዜከሩ ፡ ዘ
ውስተ ፡ ፍልሰቶሙ ፤ ዘከመ ፡ ህየንተ ፡ እንስሳ ፡
አውጽአት ፡ ምድሮሙ ፡ ትኒንያ ፤ ወህየንተ ፡ ዓ
ሣት ፡ አውጽአት ፡ ፈለግ ፡ ቈርናናዓተ ። 11 ወ
እምድኅረ ፡ ዝንቱ ፡ [ርእዩ] ፡ ትውል[ደ] ፡ ሐዲ
[ሰ] ፡ አዕዋ[ፈ] ፤ እስመ ፡ አመ ፡ ውስተ ፡ ፍትወ
ት ፡ መጽኡ ፡ ወሰአሉ ፡ መብልዐ ፡ ፍግዕ ። 12
እስመ ፡ ለፍትወቶሙ ፡ ዐርገ ፡ እምውስተ ፡ ባ
ሕር ፡ ድርንቅ ፡ 13 ወመቅሠፍት ፡ ለኃጥኣን ፡
መጽአ ፤ አኮ ፡ ዘእንበለ ፡ ዘተገብረ ፡ ቅድመ ፡
ተኣም[ር] ፡ ዘበኀይለ ፡ መቅሠፍት ፤ ዘበ ፡ ጽድ
ቅ ፡ ይትኴነኑ ፡ በምግባረ ፡ ዚአሆሙ ፡ ዘዐመፃ ፤
ወዘየአኪ ፡ ዓዲ ፡ ጸሊአ ፡ ሰብእ ፡ ረከቡ ። 14 እ
ስመ ፡ ዘኢያአምርሰ ፡ ዘኢይትወከፍ ፡ እመ ፡ መ
ጽአ ፤ ወእሉሰ ፡ ዘሂ ፡ በቍዖሙ ፡ ከመ ፡ እንግዳ ፡
ይሬስዩ ። 15 ወአኮ ፡ ክመ ፤ ዓዲ ፡ ውሓየ ፡ ይ
ከውኖሙ ፡ እስመ ፡ በከንቱ ፡ ይትወከፍዎሙ ፡
ለነኪራን ፡ 16 ወእለሰ ፡ ዘበበ ፡ በዓል ፡ ተወክ
ፉ ፡ ለእለ ፡ እምውስቴቶሙ ፡ ተወክፉ ፡ ጻድቃ
ን ፡ በእኩይ ፡ ጻዕር ፡ አሕመሙ ። 17 ወ[ተቀ
ሥ]ፉ ፡ ዓዲ ፡ በጽላሌ ፡ ከመ ፡ እልክቱ ፡ ውስተ ፡
አንቀጹ ፡ ለጻድቅ ፡ [አ]መ ፡ ግብተ ፡ ተመገቡ ፡
በጽልመት ፡ ኵሎሙ ፡ የኀሥሡ ፡ ፍኖተ ፡ ኖ

ወሥርጽት ፡ ምድር ፡ ይብስት ፤ ወአስተርአየ ፡ እምባሕረ ፡ ኤ′ ፡ ፍኖት ፡ ዘእንበለ ፡ ማዕቅፍ ፤ ወእ
ምውስተ ፡ ማዕ′ ፡ ኀዩል ፡ ዒዖተ ፡ ሐመልማል ፡ ϰ. [ ] የ, ተ ፡ A. 8 እንተ ፡ ዲ′ ፡ ኀ′ ፡ ኵ′ ፡ ሕ′ ፡
እንዘ ፡ ይት′ ፡ በእዴከ ፤ አመ ፡ (v. ከመ ፡) ሶበ ፡ ርእዩ ፡ ምግባረ ፡ መንክረ ፡ ለይእቲ ፡ እዴከ ፡ ሰብ
ሕዋ ፡ ϰ. 9b አባ′ ፡] አስዋር ፡ ϰ. 9c ዘአድኅንከሙ ፡ ϰ. 10 እስመ ፡ ተዘከሩ ፡ በስክየት ፡ ምግባ
ሮሙ ፤ እፎ ፡ አውፅአት ፡ ምድሮሙ ፡ ህየንተ ፡ ልደተ ፡ እንስሳ ፡ አኮተ ፤ ወአውፅአት ፡ ባሕር ፡
ህየንተ ፡ ፍጥረት ፡ ዘውስተ ፡ ማይ ፡ ብዙኀ ፡ ቈ′ ፡ ϰ. 11 ወእምድኅረዝ ፡ አመ ፡ ሴሰይከሙ ፡ ርእ
ዩ ፡ ልደተ ፡ አዕዋፍ ፡ ሐዲሰ ፤ ወሶበ ፡ ፈተዉ ፡ ፍትወተ ፡ ወሰአሉ ፡ መብልዐ ፡ ፍግዓ ፡ ወተድላ ፡
ϰ. [ ] ርኢኩ ፡, [ ] ድ, [ ] ስ, [ ] ፍ A. 12 ዐርገ ፡ እምው′ ፡ ባ′ ፡ ለኑዛዜ ፡ ፍትወቶሙ ፡ ብዙኀ ፡
ድርንቅ ፡ ϰ. 13 ወመጽአት ፡ መቅሠፍት ፡ ላዕለ ፡ ኃጥኣን ፡ እንተ ፡ ኢርሕቅት ፡ እምነ ፡ መባርቅ
ት ፡ እንተ ፡ ትትሜሰል ፡ በኀይለ ፡ መቅሠፍታት ፡ ተኣምር ፡ ዘተገብረ ፡ ቅድመ ፤ እስመ ፡ እሙን
ቱ ፡ በጽድቅ ፡ ተኴነኑ ፡ ዘከመ ፡ ድልወተ ፡ እከዮሙ ፤ እስመ ፡ ፈቀዱ ፡ ጸሊአ ፡ አናግድ ፡ ዘየአ
ኪ ፡ በሕቁ ፡ ϰ. [ ] ረ ፡ A. 14 እሉሰ ፡ ተወክፉ ፡ እለ ፡ ኢያአምርዎሙ ፡ አመ ፡ በጽሑ ፤ ወእል
ክቱሰ ፡ ቀነይዎሙ ፡ ለእለ ፡ ተአንገዱ ፡ ኀቤሆሙ ፡ እንዘ ፡ ያሤንዩ ፡ ሎሙ ፡ ወይበቍዕዎሙ ፡ ϰ.
15 አኮ ፡ ዝንቱ ፡ ባሕቲቱ ፡ አላ ፡ ይኩን ፡ ለምግባራቲሆሙ ፡ ዋሕየ ፡ ወሐተታ ፤ እስመ ፡ ኮኑ ፡ ይ
ትዌከፍዎሙ ፡ ለእለ ፡ ተአንገዱ ፡ በክበድ ፡ ϰ. 16 ወእሉሰ ፡ ሀለዉ ፡ ይትዌከፉ ፡ በአብዕሎ ፡ ለ
እለ ፡ ተሳተፉ ፡ ዘሎሙ ፡ ጻድቃነ ፤ ወሶበ ፡ አሕመምዎሙ ፡ በብዙኀ ፡ ጻዕር ፡ 17 ተቀሥፉ ፡ በኀ
ጢአ ፡ ንጻሬ ፡ ዘከመ ፡ እልክቱ ፡ እለ ፡ ተጋብኡ ፡ ኀበ ፡ ኖኀተ ፡ ዐጸደ ፡ ጻድቃን ፡ እስመ ፡ ግብ
ተ ፡ ተወድዩ ፡ ውስተ ፡ ጽልመት ፡ ጽፉቅ ፡ ወኵሉ ፡ እምኔሆሙ ፡ ሀሎ ፡ የኀሥሥ ፡ ፍኖተ ፡ ምብ
ዋእ ፡ ዘኀዋኅወ ፡ ቤቱ ፡ ϰ. [ ] ቀሠ, [ ] ከ A.

ኃቲሆሙ ። 18 እስመ ፡ ዘዘ ፡ ዚአሆሙ ፡ እንዘ ፡
ይትመየጡ ፡ ፍጥረተ ፡ ከዋክብት ፤ ከመ ፡ በው
ስተ ፡ መዝሙር ፡ [ለ]ቃል ፡ በዜማሁ ፡ ስሙ ፡ ይ
ትወለጥ ፡ እንዘ ፡ ዘልፈ ፡ ውእቱ ፡ ድምፅ ፤ ዝ
ውእቱ ፡ አስተርእዮ ፡ እምዘ ፡ ተገብረ ፡ በበ ፡ ገ
ጹ ፡ ህልው ። 19 እስመ ፡ ዘየብሰ ፡ ውስተ ፡ ዘ
ማያት ፡ ይትመየጥ ፤ ወዘይትላሀስ ፡ ወይጸብት ፡
ፈለሰ ፡ ውስተ ፡ ምድር ። 20 እስመ ፡ [እሳት] ፡
ውስተ ፡ ማይ ፡ ኀይለ ፡ ዚአሁ ፡ [ኀየለ] ፤ ወማ
[ይ ፡ ዘ]አጥፍ[አ] ፡ ፍጥረ[ቶ] ፡ ረስዐ ። 21 ላህ
ብ ፡ ካዕበ ፡ [ዘ]ዘፍጡነ ፡ (ይመጽእ ፡ ወ)ይማስ
ን ፡ እንስሳ ፡ ኢ[ያ]ጸምሀየ ፡ ሥጋ ፡ እንዘ ፡ ያን
ሶስዉ ፤ [ወ]ኢዘይትመሰው ፡ ዘርእየ ፡ በረድ ፡ ዘ
ይትመሰው ፡ [ዘ]ፍግ[ዕ] ፡ ሲሲት ። 22 በኵሉ ፡
እግዚአ ፡ አዕበይከ ፡ ሕዝበከ ፡ ወሰባሕከ ፡ ወኢ
ተዐወርከ ፡ በኵሉ ፡ ጊዜ ፡ ወመከ[ን] ፡ እንዘ ፡
ትሄሉ ።

---

18 እስመ ፡ በሙ ፡ ፈለሱ ፡ ወተመይጡ ፡ ብርሃናት ፡ እምፍጥረተ ፡ ዚአሆሙ ፤ እስመ ፡ በከ
መ ፡ ስመ ፡ መዝሙር ፡ ይትዌለጥ ፡ በአእምሮ ፡ ቃለ ፡ ዜማሁ ፡ ወይሄሉ ፡ ዘልፈ ፡ ርቱዐ ፡ ውስተ ፡
ዜማሁ ፤ ከማሁ ፡ ግብርሂ ፡ ዘይሰፈር ፡ ፍጹመ ፡ በነጽሮ ፡ እለ ፡ ተገብሩ ፡ በበህላዌሆሙ ፡ ×. [ ] ∧
A. 19 እ′ ፡ ፍጥረተ ፡ የብስ ፡ ተመይጠ ፡ ውስተ ፡ ማያት ፤ ወእለ ፡ ይትሐወሱ ፡ ወይጸብቱ ፡ ውስ
ተ ፡ ማያት ፡ ተመይጠ ፡ ሐሩረቶሙ ፡ ውስተ ፡ ምድር ፡ ×. 20 እሳትኒ ፡ ኀየለ ፡ ኀይሎ ፡ ውስተ ፡
ማያት ፤ ወማይሂ ፡ ኀብአ ፡ ፍጥረተ ፡ ህላዌሁ ፡ ×. [ ] ኀያል ፡, [ ] ረስዖ ፡, ወማየ ፡ አጥፍአ ፡ ፍ
ጥረቱ ፡ ረስዐ ፡ A. 21 ወላህበ ፡ ነድሂ ፡ ዘፍጡነ ፡ ያማስን ፡ በዘኢከነ ፡ ግብሩ ፡ ኢያጸምሀየየ ፡ ሥ
ጋ ፡ እንስሳ ፡ እለ ፡ ፍጡነ ፡ ይማስኑ ፡ እንዘ ፡ ይትወላወል ፡ ወያንሶሱ ፡ ውስቴቶሙ ፤ ወዘመደ ፡
ፍጥረትሂ ፡ ዘኢይበሊ ፡ ኢመሰዎ ፡ ለአስሐትያ ፡ ዘፍጡነ ፡ ይትመሰው ፡ ×. [ዘ] ∧ [ያ] ∧, [ወ] ∧,
[ዘ] በ, [ዕ] ዐ A. 22 እስመ ፡ በኵሉ ፡ ግብር ፡ እግ′ ፡ አዕ′ ፡ ክብረ ፡ ሕዝብከ ፡ ወሰባሕከ ፡ ወበኵ
ሉ ፡ ዘመጽአ ፡ ኀቤነ ፡ ኢያሰሰልከ ፡ ወኢተዐወርከ ፡ እምኔነ ፡ በኵሉ ፡ ጊዜ ፡ ወበኵሉ ፡ መከን ፡
አንተ ፡ ትሄሉ ፡ ህየ ፡ ×. [ ] ነ ፡ A.

Praeter eam quae nunc in Abessinia legitur Sapientiae versionem, aliam ejusdem formam invenire mihi contigit, mira quadam brevitate et simplicitate conspicuam, eandemque ad similitudinem libri Graeci ita effictam, ut etiam ordini verborum et structurae sententiarum, vel invito Geez linguae genio, ad amussim accommodata sit. Eam altera priorem et vere antiquam esse, ultro liquet: rationi eorum, qui antiquitus Novi Testamenti et Patrum epistolas vel homilias verterunt, proxime accedit. Sed non minus certum est, versionem sic comparatam obscuriorem esse, quam quae a lectoribus Abessinis, omni interpretationis adjumento destitutis, facile intelligi possit. Quare non miramur hanc libri, utpote in ecclesia spectatissimi, versionem subinde retractatam transfiguratamque esse, et aliam inde succrevisse editionem, quae cum communi ecclesiae usui magis congrueret antiquiorem sensim auctoritate superavit. In ea multae prioris versionis sententiae, quae satis perspicuae viderentur, integrae vel leviter tantum variatae conservatae sunt, unde posteriorem non prorsus novam, sed recognitione prioris ortam esse elucet.

At quaecumque in priore vel obscure et ambigue vel acutius dicta erant, refecta et transformata sunt. Nec dubitari potest, quin qui eam recognoverunt passim ipsius quoque Graeci libri auctoritatem denuo inspexerint; cum aliis indiciis tum iis hoc probare licet locis, in quibus diversae lectiones Graecae admissae vel vocabula singula in antiquiore praetermissa suppleta sunt (ut 3,9. 5,15. 6,13. 8,1. 15,14). Sed alia eaque plurima non ex auctoritate Graeci, sed ex enarrationibus interpretum sive rectis sive pravis fluxerunt, et magnam editionis partem, inprimis decem ultima libri capita, periphrasin magis quam versionem jure appellaveris. Nec desunt loci, in quibus duplex verborum Graecorum interpretatio, altera juxta alteram, recepta sit. De tempore, cui haec antiquae versionis transformatio debetur, nihil affirmare licet; at pro certo putandum est, eam non unius emendatoris operâ, sed pedetentim et variorum librariorum sese excipientium concursu factam esse. Nec dubito, quin plurima ei literarum Abessinicarum aetati, quam Arabissantem dixerim, attribuenda sit. Certe vocabula velut በሕርይ ፡ (7,9), ጠባይዕ ፡ (7,20), አጽፋር ፡ (13,14), ተሐዋስያን ፡ (17,9), ከዋኔ ፡ (6,22. 13,5) posterioribus demum saeculis in usum venerunt, et multa inveniuntur interpretamenta, quae ex arabica Sapientiae versione assumta esse manifestum est (ut 11,6. 20. 12,6. 13,6. 7. 14,2. 14. 18. 28. 16,4. 28. 17,18. 18,16 al.).

Harum igitur versionum utra utri praeferenda esset, dubitari non poterat. Sola prior in verbis Graeci scriptoris critice dijudicandis aliquid momenti habet, eademque pretiosioribus antiquae Geez linguae monumentis[1]) adnumeranda est; alterâ nil nisi, quam denique libri Sapientiae formam sibi praeparaverint Abessini, ostenditur, quare eam ejusque varietatem singulis meae editionis paginis infra subnotare satis habui.

Versionis antiquae unum tantum testem adhibui, nescio an unicum qui supersit, ante hos triginta annos accuratissime spero a me descriptum, scilicet A, i. e. d'Abbadianus LV. E vetustiore libro curiose exscriptus videtur. Mendis sane non vacat: insunt loci quidam corruptiores (6,18—22. 7,1. 2. 10,5. 6. 12,23—27. 13,2—5. 14); desunt passim singuli stichi (3,3. 7,2. 8,18. 10,17. 12,12); vocales ă et â, maxime finales ă et ĕ saepe perperam commutatae sunt. Sed plurima hujus generis facile emendanda erant. In summa versio antiqua in hoc codice melius, quam exspectandum erat, conservata videtur.

Caeteri quos contuli codices sunt: 2) B, Bodleianus V (Catal. p. 7), 3) E, d'Abbadianus XXXV (Cat. p. 42), 4) M, Musei Brit. Add. 16186 (in meo Catal. p. 5), 5) N, Mus. Brit. Add. 16189 (ibid. p. 6); 6) O, Berolinensis, Or. qu. 283 (Cat. p. 2), 7) P, Berol. Or. fol. 397 (Cat. p. 4), 8) S, Francofurtensis (No. IV in Rüppellii itinerario II. 406). Hi omnes versionem vulgarem exhibent, multis utique ex libidine librariorum variatam lectionibus, alii magis, alii minus ad antiquam applicati, alii accuratius (ut BEPS), alii minus diligenter exarati. Omnes eorum lectiones varias annotare longum

---

[1]) Multa ibi inveniuntur vocabula (vel vocabulorum formae) aliâs non obvia. Eorum quaedam, quia quum haec Sapientiae versio mihi innotuit, Lexici mei pars potior prelum reliquerat, non nisi in ejus Appendice col. 1425—34 supplere potui.

erat nec ullius pretii. Plerumque satis habui eas, in quibus plurimi vel optimi consentiunt, recipere et siglo *κ* (i. e. *κοινή*) signare.

Partitio libri nulla omnino exstat in A. In ENO quindecim distinguuntur ክፍል ፡ (capitula), incipientia a 1,1. 3,1. 4,1. 6,1. 7,1. 8,2. 10,1. 11,1. 26[b]. 13,1. 14,1. 15,1. 16,1. 18,1. 19,1. Plura notantur in BMPS, scilicet 37 in B, quamquam non numerata (1,1. 9. 2,12. 21. 3,16. 4,1. 3. 7. 17[b]. 5,14. 15. 17. 6,1. 12. 21. 7,1. 15. (?). 8,2. 10,1. 3. 4. 5. 6. 10. 13. 15. 11,1. 26[b]. 12,3. 13,1. 10. 14,1. 19. 15,1. 16,1. 18,1[b]. 19,1); in P 28 (1,16. 2,12. 3,16[b]. 4,1. 5,14. 15. 6,1. 12. 7,1. 8,2. 9,7. 10,1. 3. 4. 5. 6. 10. 13. 15. 11,1. 26[b]. 12,3. 13,1. 14,1. 15,1. 16,1. 18,1[b]. 19,1); in S 23 (1,1. 5,14. 15. 6,1. 11. 7,1. 8,2. 10,1. 4. 5. 6. 10. 11,1. 15[b]. 26[b]. 12,3. 13,1. 14,1. 15,1. 16,1. 18,1[b]. 20. 19,1); in M modo ክፍል ፡, modo ምዕራፍ ፡ notantur (2,12. 4,1. 7. 5,17. 6,1. 12. 21. 7,1. 8,2. 10,1. 3. 6. 15. 11,1. 26[b]. 13,1. 10. 14,1. 19. 15,1. 16,1. 18[b]. 18,1[b]. 19,1). Denique ምዕራፍ ፡ (sectiones) in E solo margini adscripta sunt 16, capitibus Europaeorum respondentia, nisi quod 5,1. 9,1. 17,1 non insigniuntur.

Titulus in A deest; subscriptum est ትንቢት ፡ ሰሎሞን ፡ vaticinium Salomonis. In BM inscriptum est ጥበብ ፡ ሰሎሞን ፡, item in EN addito ንጉሥ ፡, nec non in OPS, addito ወልደ ፡ ዳዊት ፡ ዘነግሠ ፡ ለእስራኤል ።

Conspectus lectionum antiquae versionis ab editione Holmesiana divergentium: 1,[6] *σοφίας*. 2,[1] *ἐν ἑαυτοῖς*. [5] *ὅτε*. [6] ‸ *καί* 1°. [9] *ὑμῶν* pro *ἡμῶν* 1°. *ἡμῶν* pro *οὗτος*. [19] *δικάσωμεν* (pro *δοκιμ.*). 3,[9] *κλέος* (pro *ἔλεος*). 4,[2] *τιμῶσιν* (pro *μιμοῦνται*) [15] *ἄλλοι* pro *λαοί*. [16] *θανών* (pro *καμών*). [17] *ἐβουλεύσαντο*. 5,[1] *λόγους* (pro *πόνους*). [14] *ἀσεβῶν*. [15] *ὑψίστου*. 7,[14] *κτησάμενοι* (pro *χρησ.*). 9,[1] ‸ *σου* 1°. 10,[5] *ἔγνω* pro *εὗρε*. [8] *τῆς ἑαυτῶν ἀφροσύνης*. 11,[6] *ταραχθέντος*. 12,[14] *ἐκόλασας* (pro *ἀπώλεσας*). [17] *ἐν τοῖς οὐκ εἰδόσι*. [20] ‸ *καὶ δεήσεως*. [21] *κρίνεις* (pro *ἔκρινας*). [27] *πάλιν* (pro *πάλαι*). 13,[5] *μεγέθους καὶ καλλονῆς*. [13] *ἀνέσεως* (pro *συνέσεως*). 14,[14] *κενοδοξία* (sine Jota subscr.). [15] *ἐτίμησαν*. 15,[1] *ἐπιεικής* (pro *ἀληθής* ?). [5] *ἄφρονι*. *ὄρεξιν* (pro *ὄνειδος*). [7] *ἡμῶν ἓν ἕκαστον*. [11] *ποιήσαντα* (pro *πλάσ.*). [12] *φασίν*. [14] *πάντων*. 16,[6] *σύμβουλον*. 17,[19] *ἐκ κοιλότητος ὀρνέων*. [21] *ἐπέπτατο*. 18,[9] *προαναμέλποντες*. [10] *διεφέρετο φωνὴ θρηνουμένων*. [18] *ἐνεφάνιζον*. [21] *προσευχῆς*. [25] *ἐφοβήθη*. 19,[13] *προγεγονότων*.

Praetera loci quidam, non ita multi, reperiuntur, ubi singula vocabula Graeca ab interprete perperam intellecta vel male versa sunt, ut 4,19. 5,11. 7,22. 11,8. 12,6. 14,23. 24. (*τελετάς, λοχῶν, νοθεύων*). 15,19. 16,3. 4. 11. 21. 17,6. 8. 9, al.

ዝዕዝራ ፡ ነቢይ ።

አመ ፡ ፴ዓመት ፡ እንዘ ፡ ውድቅት ፡ ሀገርነ ፡
ወሀለውኩ ፡ ውስተ ፡ ባቢሎን ፡ አነ ፡ ሱታኤል ፡
ዘተሰመይኩ ፡ ዕዝራ ፡ ወሀለውኩ ፡ ድንጉጽየ ፡
አነ ፡ በውስተ ፡ ምስካብየ ፡ ወክሡት ፡ ገጽየ ፡
ወኀሊናየ ፡ የዐርግ ፡ ውስተ ፡ ልብየ ፡ 2 እስመ ፡
ርኢኩ ፡ ሙስናሃ ፡ ለጽዮን ፡ ወትፍሥሕቶሙ ፡
ለእለ ፡ ይነብሩ ፡ ውስተ ፡ ባቢሎን ። 3 ወተሀው
ከኒ ፡ መንፈስየ ፡ ጥቀ ፡ ወአኀዝኩ ፡ እትናገር ፡
ምስለ ፡ ልዑል ፡ ነገረ ፡ ግሩመ ፡ 4 ወእቤ ፡ እን
ዘ ፡ እብል ፡ እግዚኦ ፡ እግዚአብሔር ፡ አኮኑ ፡ አ
ንተ ፡ ትቤ ፡ ቀዲሙ ፡ አመ ፡ ፈጠርከ ፡ ለምድ
ር ፡ ወዘንተ ፡ ባሕቲተከ ፡ [ወ]አዘዝካሃ ፡ ለመሬ
ት ፡ 5 ወአውፅአቶ ፡ ለአዳም ፡ በሥጋ ፡ መዋቲ ፡
ወውእቱኒ ፡ ግብረ ፡ እደዊከ ፡ ውእቱ ፡ ወነፋኀ
ከ ፡ ላዕሌሁ ፡ መንፈሰ ፡ ሕይወት ፡ ወኮነ ፡ ሕያ
ወ ፡ በቅድሜከ ። 6 ወአባእኮሁ ፡ ውስተ ፡ ገነ
ት ፡ እንተ ፡ ተከለት ፡ የማንከ ፡ እንበለ ፡ ትቁም ፡
ምድር ። 7 ወአዘዝካሁ ፡ ሎቱ ፡ ትእዛዘ ፡ ጽድ
ቅ ፡ ወዐለወ ፤ ወእምዝ ፡ ፈጠርከ ፡ ላዕሌሁ ፡ ሞ
ተ ፡ ወላዕለ ፡ ትውልዱ ፤ ወተወልዱ ፡ እምኔሁ ፡
አሕዛብ ፡ ወሕዝብ ፡ ወነገድ ፡ ወበሓውርት ፡ ዘ
አልበ ፡ ማኅለቅት ። 8 ወሖሩ ፡ ኵሎሙ ፡ አሕ
ዛብ ፡ ለለግዕዘሙ ፡ ወአበሱ ፡ በቅድሜከ ፡ ወአ
ንተሰ ፡ ኢከላእከሙ ። 9 ወካዕበ ፡ በዘመኑ ፡ አ
ምጻእከ ፡ አይኀ ፡ ላዕለ ፡ ምድር ፡ ወላዕለ ፡ እለ ፡
ይነብሩ ፡ ውስተ ፡ ዓለም ፡ ወአጥፋእከሙ ። 10
ወኮነ ፡ ዕሩየ ፡ ኵነኔሆሙ ፤ በከመ ፡ አምጻእከ ፡
ሞተ ፡ ላዕለ ፡ አዳም ፡ ከማሁ ፡ አምጻእከ ፡ አይ
ኀ ፡ ላዕለ ፡ እሉሂ ። 11 ወአትረፍከ ፡ አሐደ ፡ እ
ምውስቴቶሙ ፡ [ዘስሙ ፡ ኖኅ ፡] ምስለ ፡ ቤቱ ፡
ወእምኔሁ ፡ ኵሉ ፡ ጻድቃን ። 12 ወእምዝ ፡ ሶ
በ ፡ አኀዙ ፡ ይትባዝኁ ፡ ወይምልኡ ፡ እለ ፡ ይ
ነብሩ ፡ ዲበ ፡ ምድር ፡ ወበዝኁ ፡ ውሉዶሙ ፡
ወተዋለዱ ፡ እምኔሆሙ ፡ አሕዛብ ፡ ወሕዝብኒ ፡

---

1 እምዘ ፡ ወድቀት ፡ ϰ. ሱቱኤል ፡ ϰ. 3 ወተሀውከት ፡ ነፍስየ ፡ ϰ. 4 ∧ እግዚአብሔር ፡ ϰ. ቀዲሙ ፡ post ለምድር ፡ pos. ϰ. ባሕቲትከ ፡ SOP, በባሕቲትከ ፡ ADM, ∧ R, ∧ ዘ' ፡ ባ' ፡ B, ∧ ወዘ' ፡ ባ' ፡ F. [ ] ∧ omn. 5 ወአውፃእከሁ ፡ O; ታውፅአ ፡ BFS (praem. ከመ ፡ P). እዴከ ፡ BFPRS. 7 ∧ ጽድቅ ፡ S. ትው' ፡] ውሉደ ፡ ውሉዱ ፡ ϰ, ውሉዱ ፡ OP. ማኅ' ፡] ኍልቍ ፡ vel 'ቈ ፡ omn. (exc. LR; vid. 2,32. 4,44). 8 በግዕዘሙ ፡ DMO, ለግ' ፡ AB, ላዕለ ፡ ግ' ፡ S. 9 በዘመኑ ፡] በዕድሜሁ ፡ ϰ. 10 ∧ በከመ ፡ — እሉሂ ፡ ϰ; በከመ ፡ መጽአ ፡ ሞት ፡ ላ' ፡ አ' ፡ ከ' ፡ መጽአ ፡ ማየ ፡ አይኅ ፡ ላ' ፡ እ' ፡ O. 11 [ ] e ϰ; ∧ LAD. ወእምኔሁ ፡] ወእምላዕሌሁ ፡ ተወልዱ ፡ BFMOP. ጻ' ፡] + ወኃጥአን ፡ OP. 12 ይብዝኁ ፡ ϰ. ወተወልዱ ፡ omn., exc. ALM.

ብዙኀ ፡ ወአኅዙ ፡ ካዕበ ፡ የአብሱ ፡ ፈድፋደ ፡ እ
ምዘ ፡ ቀዲሙ ። 13 ወእምዝ ፡ ሶበ ፡ አበሱ ፡ በ
ቅድሜከ ፡ ኀረይከ ፡ [ለከ ፡] እምኔሆሙ ፡ አሐ
ደ ፡ ዘስሙ ፡ አብርሃም ፡ 14 ወአፍቀርከሁ ፡ ወ
አርአይኮ ፡ ለባሕቲቱ ፡ ማኅለቅተ ፡ ዘመን ፡ በባ
ሕቲትክሙ ፡ ሌሊተ ። 15 ወአቀምከ ፡ ሎቱ ፡
ኪዳነ ፡ ዘለዓለም ፡ ከመ ፡ ለግሙራ ፡ ኢትግድ
ፎሙ ፡ ለዘርኡ ፡ . . . 16 . . . . . 17 . . . እለ ፡
ወፅኡ ፡ እምግብጽ ፡ ወወሰድኮሙ ፡ ውስተ ፡ ደ
ብረ ፡ ሲና ። 18 ወአጽነንከ ፡ ሰማያተ ፡ ወአድ
ለቅለቃ ፡ ለምድር ፡ ወሆካ ፡ ለዓለም ፡ ወአርዐድ
ካ ፡ ለቀላይ ፡ ወአኮስካ ፡ ለባሕር ። 19 ወኀለፈ ፡
፬አናቅጸ ፡ ስብሐቲከ ፡ ዘእሳትኒ ፡ ወዘድልቅል
ቅኒ ፡ ወዘመንፈስኒ ፡ ወዘበረድኒ ፡ ከመ ፡ ተሀበ
ሙ ፡ ለዘርአ ፡ ያዕቆብ ፡ ሕገ ፡ ወለዘመደ ፡ እስራ
ኤል ፡ ትእዛዘ ። 20 ወኢያሰሰልከ ፡ በላዕሌሆሙ ፡
ልበ ፡ እኩየ ፡ ከመ ፡ ይግበ[ር] ፡ ፍሬ ፡ ሕግከ ፡
በላዕሌሆሙ ። 21 እስመ ፡ ልበ ፡ እኩየ ፡ ለብሰ ፡
አዳም ፡ ቀዳማይ ፡ ወተመውአ ፡ ወአኮ ፡ ውእቱ ፡
ባሕቲቱ ፡ አላ ፡ ኵሎሙ ፡ እለ ፡ ተወልዱ ፡ እም
ኔሁ ። 22 ወእምዝ ፡ ነበረት ፡ ይእቲ ፡ ደዌ ፡ ም
ስለ ፡ ሕግከ ፡ ውስተ ፡ ልበ ፡ ሕዝብ ፡ ምስለ ፡ ሥ
ርው ፡ እኩይ ፡ ወጠፍአት ፡ ሠናይት ፡ ወተረፈ
ት ፡ እኪት ። 23 ወኀለፈ ፡ መዋዕል ፡ ወተፈጸ
መ ፡ ዓመት ፡ ወአቀምከ ፡ ለከ ፡ ገብረከ ፡ ዘስሙ ፡
ዳዊት ። 24 ወትቤሎ ፡ ይሕንጽ ፡ ሀገረ ፡ ለስም
ከ ፡ ወያብእ ፡ በውስቴታ ፡ እምነ ፡ መባእከ ። 25
ወኮነ ፡ ብዙኀ ፡ መዋዕለ ፡ ወዓመታተ ። ወአበሱ ፡
እለ ፡ ይነብሩ ፡ ውስተ ፡ ምድር ፡ 26 እንዘ ፡ አ
ልቦ ፡ ምንተኒ ፡ ዘያሜንዩ ፡ በከመ ፡ ገብረ ፡ አዳ
ም ፡ ወኵሉ ፡ ትውልዱ ፡ እስመ ፡ እሙንቱሂ ፡
ለብስዎ ፡ ለእኩይ ፡ ልብ ። 27 ወመጠውከ ፡ ሀ
ገረከ ፡ ውስተ ፡ እደ ፡ ጸላእትከ ። 28 ወእቤ ፡ አ
ነ ፡ በልብየ ፡ ይእተ ፡ አሚረ ፡ ቦኑ ፡ ዘይኄይሱ
ነ ፡ ገቢረ ፡ እለ ፡ ይነብሩ ፡ ባቢሎን ፡ ከመ ፡ ይን
ሥእዋ ፡ ለሀገረ ፡ ጽዮን ። 29 ወእምዝ ፡ ሶበ ፡
በጻሕኩ ፡ ዝየ ፡ ርኢኩ ፡ ኃጢአተ ፡ ዘአልቦ ፡
ኍልቍ ፡ ወብዙኃነ ፡ ከሓድያነ ፡ ርእየት ፡ ነፍስ
የ ፡ ናሁ ፡ ፴ዓመተ ፤ በዝንቱ ፡ አንከረት ፡ ልብ
የ ፡ 30 እፎ ፡ ትትዔገሦሙ ፡ ለኃጥአን ፡ ርኢይ
የ ፡ ወከመ ፡ ትምህከሙ ፡ ለረሲዓን ፡ ወገደፍከ ፡
ሕዝበከ ፡ ወዐቀብከ ፡ ጸላእተከ ፡ 31 ወኢነገር
ከ ፡ ወኢለመኑሂ ፡ እፎ ፡ ደኃሪታ ፡ ለዛቲ ፡ ፍኖ
ት ፤ ቦኑ ፡ ዘትኄይሳ ፡ ባቢሎን ፡ ለጽዮን ፡ ገቢ
ረ ፤ 32 አው ፡ ካልእኑ ፡ ሕዝብ ፡ አእመረከ ፡ እ
ምእስራኤል ፡ አው ፡ አይ ፡ ሕዝብ ፡ አምነ ፡ ከ

---

13 [ ] e BFM, ∧ caet. 14 ∧ ለባሕቲቱ ፡ ⁎ (exc. P). ዘመን ፡] DR; ዘመኑ ፡ L, ዓለም ፡ caet. በባ′ ፡] በባሕቲቱ ፡ ወበባሕቲትከ ፡ BDFR. 15 ለዘርኡ ፡] + እስከ ፡ ለዓለም ፡ omn., exc. LAMS. 18 ወአር′ ፡ et ወአከ′ ፡ transp. ⁎. 19 ወኀለፉ ፡ omn., exc. AL. ወዘመ′ ፡] ዘነፋስኒ ፡ S. 20 ወኢያእተትከ ፡ እምላዕሌሆሙ ፡ ⁎. [ ] ሩ ፡ codd., ይትገበር ፡ P corr. 21 ባሕቲቱ ፡] + ዓዲ ፡ ⁎. 22 ሕዝብከ ፡ omn., exc. LADP. 23 ዓመት ፡] ዘመን ፡ L; ዓመታት ፡ OS. 24 ይሕንጽ ፡] + ለከ ፡ omn., exc. LAS. ወያብኡ ፡ ⁎, ከመ ፡ ያብእ ፡ O. እምነ ፡ መ′ ፡] LA, መባአከ ፡ ⁎, መባአ ፡ P. 25 ወኮነ ፡] ወአከ ፡ L. መዋ′ ፡ ወዓ′ ፡] ዓመተ ፡ omn. exc. L. 26 ዘያሜንዩ ፡ ወኢምንተኒ ፡ ⁎. እሙንቱሂ ፡] ∧ ሂ ፡ L. 28 እለ ፡ ይኄ′ ፡ L. ገቢረ ፡] + ጽድቀ ፡ omn., exc. ALMS. 29 ወአንከረ ፡ ⁎ (አንከረ ፡ P). 31 ወኢነጸርከ ፡ ለመኑሂ ፡ ⁎. ዘይኄይሱ ፡ L. 32 ካልአኑ ፡ ሕዝበ ፡ አእመርከ ፡ ⁎. አምነ ፡ ከመ ፡] ዘተአመንከ ፡ እም ⁎.

መ ፡ ያዕቆብ ፡ በሕግከ ፡ 33 ዘኢያስተርአየ ፡ ዕ
ሴቱ ፡ ወ[ኢፈረየ] ፡ ጻማሁ ። ሖርኩ ፡ ውስተ ፡
አሕዛብ ፡ ወረከብክዎሙ ፡ ፍሡሓኒሆሙ ፡ እን
ዘ ፡ ኢይዜከሩ ፡ ሕገከ ፡ ወትእዛዘከ ። 34 ወይእ
ዜኒ ፡ ድሉ ፡ በመዳልው ፡ ኀጣውኢነ ፡ ወዘእለ ፡
ይነብሩ ፡ ውስተ ፡ ዓለም ፡ ዘበኀቤሁ ፡ ይትረከ
ብ ፡ ሕቀ ፡ መጠነ ፡ እንተ ፡ ታገብእ ፡ ዐይነ ፡ መ
ዳልው ። 35 ወማእዜኑ ፡ ኢአበሱ ፡ በቅድሜከ ፡
እለ ፡ ይነብሩ ፡ ውስተ ፡ ዓለም ፡ አው ፡ አይ ፡ ሕ
ዝብ ፡ ዘከመዝ ፡ ዐቀበ ፡ ትእዛዘከ ። 36 . . . . .
ወሕዝብሰ ፡ ዘፍጹም ፡ ኢይትረከብ ። II. ወ
አውሥአኒ ፡ ዝኩ ፡ መልአክ ፡ ዘተፈነወ ፡ ኀቤ
የ ፡ ዘስሙ ፡ ኡርኤል ፡ 2 ወይቤለኒ ፡ አንክሮ
ኑ ፡ አንከረ ፡ ልብከ ፡ ከመ ፡ ትርከብ ፡ ምክረ ፡ ስ
ብሐቲሁ ፡ ለልዑል ። 3 ወእቤሎ ፡ እወ ፡ እግዚ
እየ ። ወአውሥአኒ ፡ ወይቤለኒ ፡ ሠላስ ፡ ፍኖተ ፡
ተፈኖኩ ፡ አርኢከ ፡ ወሠላስ ፡ አምሳለ ፡ እሢም ፡
ቅድሜከ ፧ 4 ወእመ ፡ ነገርከኒ ፡ አሐተ ፡ እምኔ
ሆን ፡ እነግረከ ፡ አነሂ ፡ ዘንተ ፡ ፍኖተ ፡ እንተ ፡
ትፈቱ ፡ ታእምር ፡ ወእሜህረከ ፡ እንበይነ ፡ ም
ንት ፡ ዝንቱ ፡ ልብ ፡ እኩይ ። 5 ወእቤሎ ፡ በል ፡
እግዚኦ ። ወይቤለኒ ፡ ሖር ፡ ድሉ ፡ እሳተ ፡ በ፩
መዳልው ፡ ወስፍር ፡ ነፋሰ ፡ በመስፈርት ፡ ወአ
ው ፡ ጸውዓ ፡ ሊተ ፡ ለዕለት ፡ እንተ ፡ ኀለፈት ።
6 ወአውሣእክዎ ፡ ወእቤሎ ፡ መኑ ፡ ዘተወልደ ፡
ወይክሎ ፡ ለዝንቱ ፡ ገቢረ ፡ ከመ ፡ ኪያየ ፡ ትሰ
አለኒ ፡ በበይነ ፡ ዝንቱ ። 7 ወይቤለኒ ፡ ሶበሰ ፡
ተስእልኩከ ፡ ወእቤለከ ፡ ሚመጠን ፡ አብያት ፡
ሀለዋ ፡ ውስተ ፡ ልበ ፡ ባሕር ፡ አው ፡ ሚመጠ
ን ፡ አንቅዕት ፡ ውስተ ፡ ገጸ ፡ ቀላይ ፡ አው ፡ ሚ
መጠን ፡ ፍኖት ፡ ውስተ ፡ መልዕልተ ፡ ሰማይ ፡
አው ፡ አይ ፡ ይእቲ ፡ ፍኖተ ፡ ሲኦል ፡ አው ፡ አ
ይ ፡ ይእቲ ፡ ፍኖተ ፡ ገነት ፡ 8 እመ ፡ ትቤለኒ ፡
ውስተ ፡ ቀላይኒ ፡ ኢወረድኩ ፡ ወውስተ ፡ ሲኦ
ልኒ ፡ ግሙራ ፡ ኢወረድኩ ፡ ወውስተ ፡ ሰማይ
ኒ ፡ ግሙራ ፡ ኢዐረጉ ። 9 ወይእዜ[ሰ] ፡ ኢተስ
እልኩከ ፡ ዘእንበለ ፡ በእንተ ፡ እሳት ፡ ወነፋስ ፡
ወዕለት ፡ እንተ ፡ ኀለፈት ፡ ወናሁ ፡ ኢትክል ፡
አእምሮቶ ፡ ወአልቦ ፡ ዘአውሣእከኒ ፡ በእንተ ፡
እሉ ። 10 ወይቤለኒ ፡ ሶበ ፡ አንተ ፡ ለዘ ፡ ኀቤ
ከ ፡ ኢትክል ፡ አእምሮቶ ፡ 11 እፎ ፡ ትክል ፡ አ
እምሮ ፡ ሥርዐተ ፡ ፍኖቱ ፡ ለልዑል ፧ እስመ ፡
በዘ ፡ አልቦ ፡ ማኅለቅት ፡ ተፈጥረ ፡ ፍኖቱ ፡ ለ
ልዑል ፡ ወኢትክል ፡ አንተ ፡ ዘትማስን ፡ አእም
ሮ ፡ ፍኖቱ ፡ ለዘኢይማስን ። 12 ወሶበ ፡ ሰማዕ
ኩ ፡ ዘንተ ፡ ወደቁ ፡ በገጽየ ፡ ወእቤሎ ፡ እምኅ
የሰነ ፡ ሶበ ፡ ኢተፈጠርነ ፡ እምንትፈጠር ፡ ወን
ሕየው ፡ በኀጣውእ ፡ ወንሕመም ፡ ወኢና[እ]ም

33 ዘኢያስተርኢ ፡ L. [ ] e ℵ; ወፍሬ ፡ LDR. ወሖርኩ ፡ ℵ (ወሶበ ፡ ሖርኩ ፡ BF). 34 እመ ፡ በኀቤሁ ፡ P, በኀቤሁ ፡ እመ ፡ BFS. 35 አይኑ ፡ AOS. II. 1 እርያል ፡ L (at 3,20 ኡርያል ፡); ኡራኤል ፡ FMOPRS. 3 ∧ ወአውሥአኒ ፡ ℵ. ሠለስተ ፡ ፍናዋተ ፡ ℵ. ወሠላሰ ፡ S, ወሠለስተ ፡ ℵ. 4 ዛተ ፡ ℵ. ∧ ልብ ፡ L. 5 ∧ ሊተ ፡ ℵ. 6 ትስአለኒ ፡ L; ተስእልከኒ ፡ ℵ. 7 ሚመጠነ ፡ 1° LAS. ገጸ ፡] ልበ ፡ O. ውስተ ፡ 3°] ∧ ℵ (etiam A ፍኖተ ፡ መል' ፡). 8 ኢዐረጉ ፡] + ወውስተ ፡ ገነትሂ ፡ ኢዐረጉ ፡ BF. 9 [ ] ኒ ፡ L. 10 ኀቤከ ፡] ኀለፈ ፡ L. 12 ∧ ዘንተ ፡ L. በኀጢአት ፡ vel በኀጢአትነ ፡ ℵ. ∧ ወንሕመም ፡ BFPS. [ ] እ codd. በበ' ፡ ምንት ፡] በዘ ፡ ℵ.

ር ፡ በበይነ ፡ ምንት ፡ ነሐምም ፡፡ 13 ወአውሥ
አኒ ፡ ወይቤለኒ ፡ ሖሩአ ፡ ዖ[መ] ፡ ዕፀወ ፡ ገዳም ፡
ወተማከሩ ፡ ምክረ ፡ 14 ወይቤሉ ፡ ንዑ ፡ ንሖ
ር ፡ ወንፅብአ ፡ ለባሕር ፡ ከመ ፡ ናእትታ ፡ እም
ቅድሜነ ፡ ወንግበር ፡ ለነ ፡ ካልአ ፡ ብሔረ ፡ ለ
ዖም ፡፡ 15 ወከማሁ ፡ ማዕበለ ፡ ባሕርኒ ፡ ተማከ
ሩ ፡ ምክረ ፡ ወይቤሉ ፡ ንዑ ፡ ንዕርግ ፡ ወንፅብ
አ ፡ ለዖም ፡ ዘውስተ ፡ ገዳም ፡ ከመ ፡ ህየ ፡ ንረ
ሲ ፡ ለነ ፡ ካልአ ፡ ብሔረ ፡፡ 16 ወኮነ ፡ ከንቶ ፡ ም
ክሩ ፡ ለዖም ፡ እስመ ፡ መጽአት ፡ እሳት ፡ ወበል
ዐቶ ፤ 17 ወከማሁ ፡ ምክሩ ፡ ለማዕበለ ፡ ባሕር
ኒ ፡ እስመ ፡ ኆጻ ፡ አቀሞ ፡ ወከልአ ፡፡ 18 ወእ
መሰ ፡ ታአምር ፡ ፍትሐ ፡ መነ ፡ እምእሉ ፡ ታጸ
ድቅ ፡ ወመነ ፡ ታሔሱ ፡፡ 19 ወአውሣእክዎ ፡ ወ
እቤሎ ፡ ክልኤሆሙ ፡ ከንቶ ፡ ኀለዩ ፡ እስመ ፡
ምድርኒ ፡ ተውህበት ፡ ለዖም ፡ ወባሕርኒ ፡ ከመ ፡
ትጸር ፡ ማዕበላ ፡፡ 20 ወአውሥአኒ ፡ ወይቤለኒ ፡
ሠናየ ፡ ፈታሕከ ፡ ወለምንት ፡ (ከማሁ ፡) ኢት
ፈትሕ ፡ ለርእስከ ፤ 21 ወበከመ ፡ ተውህበት ፡ ም
ድር ፡ ለዖም ፡ ወባሕርኒ ፡ ለማዕበላ ፡ ከማሁ ፡ እ
ለ ፡ ውስተ ፡ ምድር ፡ ይነብሩ ፡ ዘውስተ ፡ ምድ
ር ፡ ዳእሙ ፡ ይክሉ ፡ አእምሮ ፡ ወ(አኮ) ፡ ዘበ ፡
ሰማያት ፡ (ወ)ዘበመልዕልተ ፡ ሰማያት ፡፡ 22 ወ
አውሣእክዎ ፡ ወእቤሎ ፡ እግዚኦ ፡ እሴአለከ ፡ ለ
ምንት ፡ እንከ ፡ ተውህበ ፡ ለነ ፡ ልብ ፡ በዘ ፡ ንኄ
ሊ ፡፡ 23 ወአንሰ ፡ ኢፈቀድኩ ፡ እስአል ፡ በእን
ተ ፡ ዘላዕሉ ፡ ፍኖት ፡ አላ ፡ በእንተ ፡ ዘየኀልፍ ፡
ላዕሌነ ፡ ኵሎ ፡ አሚረ ፡ እስመ ፡ ተውህበ ፡ እስ
ራኤል ፡ ለአሕዛብ ፡ ወሕዝብኒ ፡ ዘአፍቀርከ ፡ ለ
ሕዝብ ፡ ኃጥኣን ፡ ወተገድፈት ፡ ኦሪቶሙ ፡ ለአ
በዊነ ፡ ወኢሀሎ ፡ ኪዳን ፡ ዘተጽሕፈ ፤ 24 ወነ
ኀልፍ ፡ እምዓለም ፡ ከመ ፡ አንበጣ ፡ ወሕይወት
ነሂ ፡ ከመ ፡ ጢስ ፡ ወኢይደልወነ ፡ ይምሐሩነ ፤
25 ወባሕቱ ፡ ምንተ ፡ ይሬሲ ፡ ለስሙ ፡ ቅዱስ ፡
ዘተሰምየ ፡ ላዕሌነ ፤ በእንተ ፡ ዝንቱ ፡ ተስእልኩ
ከ ፡፡ 26 ወአውሥአኒ ፡ ወይቤለኒ ፡ እመሰ ፡ ሀለ
ውከ ፡ ትሬኢ ፡ ወእመኒ ፡ ሐየውከ ፡ ታአምሮ ፡
በበ ፡ ጊዜሁ ፡ እስመ ፡ ይጔጒእ ፡ ዓለም ፡ ይኅል
ፍ ፡፡ 27 እስመ ፡ ኢይክል ፡ ጸዊረ ፡ ተስፋሆሙ ፡
ለጻድቃን ፡ እስመ ፡ ምሉእ ፡ ውእቱ ፡ ጻዕረ ፡ ዝ
ንቱ ፡ ዓለም ፡ ወምሉእ ፡ ውእቱ ፡ ደዌ ፡፡ 28 እ
ስመ ፡ ተዘርአት ፡ እኪት ፡ ዘበእንቲአሁ ፡ ተስእ
ልከኒ ፡ ወኢበጽሐ ፡ ማእረራ ፡፡ 29 ወእመ ፡ ኢ
ተዐጽደ ፡ ዘተዘርአ ፡ ወኢተግሕሠ ፡ መካኑ ፡ ኅ
በ ፡ ተዘርአት ፡ እኪት ፡ . . . . ፡፡ 30 እስመ ፡ ኅ
ጠተ ፡ ዘርእ ፡ እኩይ ፡ ተዘርአ ፡ ቀዳሚሁ ፡ ው
ስተ ፡ ልቡ ፡ ለአዳም ፡ ወተወልደ ፡ ፍሬ ፡ ኀጢ
አት ፡ ወበዝኀ ፡ እስከ ፡ ይእዜ ፡ ወይትወለድሂ ፡

---

13 ሖሩ ፡ omn., exc. LFMR. [ ] ex AM; ም ፡ ወ caet. 15 ∧ ምክረ ፡ L. 16 ወጽአት ፡ MPR. 17 ∧ ምክሩ ፡ ለ L. 18 ፈቲሐ ፡ AMOPS. ታሐሱ ፡ LA. 20 ( ) omn. exc. R. ኢፈታሕከ ፡ O. 21 ወበከመ ፡] ∧ ወ OS. (አኮ ፡) et (ወ) omn. ዘመልዕልተ ፡ P, መል' ፡ BDFORS, ዘውስተ ፡ L. 22 ልበ ፡ LA. 23 እሰአል ፡ BMP. ዘልዑል ፡ ፍናዊሁ ፡ MOS (ዘል' ፡ 'ዊሃ ፡ A). ዘአፍቀረ ፡ LA. ወተገፍትአት ፡ BDFPR. ኪዳንነ ፡ LA. 24 ይምሐረነ ፡ A. 25 ንሬሲ ፡ ×. 26 ታአምር ፡ AMOS. 27 ኢይክል ፡] + ዓለም ፡ plur. (exc. LAMS). 28 ወኢበጽሐት ፡ L. 29 ወኢተ' ፡ መ' ፡] ኢየአትት ፡ ብሔሩ ፡ × (D i. l.). 30 ወበዝኀ ፡] ወበጽሐ ፡ DFP(R).

እስከ ፡ ይበጽሕ ፡ ማእረሩ ። 31 ኀልዮ ፡ እስኩ ፡
ለሊከ ፡ ሶበ ፡ ኀጠተ ፡ ዘርእ ፡ እኩይ ፡ መጠኔዝ ፡
ፍሬ ፡ ኀጢአት ፡ ወለደት ፤ 32 ሶበ ፡ ተዘርአት ፡
ኀጠተ ፡ ዘርእ ፡ ሠናይ ፡ እፎ ፡ ብዙኀ ፡ እምገብ
ረት ፡ ፍሬ ፡ ዘአልበ ፡ ማኀለቅተ ። 33 ወአውሣ
እክዎ ፡ ወእቤሎ ፡ እስከ ፡ ማእዜኑ ፡ እንከ ፡ ወማ
እዜ ፡ ይከውን ፡ ውእቱ ፡ (ዐቢይ ፡) እስመ ፡ ው
ሑድ ፡ ወእኩይ ፡ ውእቱ ፡ መዋዕሊነ ። 34 ወአ
ውሥአኒ ፡ ወይቤለኒ ፡ አኮ ፡ አንተ ፡ ዘትጔጕእ ፡
እምልዑል ፡ ፈድፋደ ፡ ወአንተሰ ፡ በእንተ ፡ ር
እስከ ፡ ትጔጕእ ፡ ወልዑልሰ ፡ በእንተ ፡ ብዙኃ
ን ። 35 ወበእንተዝ ፡ ተስእላ ፡ ነፍሳቲሆሙ ፡ ለ
ጻድቃን ፡ በውስተ ፡ አብያቲሆን ፡ ወይቤላ ፡ እ
ስከ ፡ ማእዜኑ ፡ ንሄሉ ፡ ዝየ ፡ ወማእዜ ፡ ይበጽ
ሕ ፡ ማእረረ ፡ ዕሴትነ ፤ 36 ወአውሥኦን ፡ ኢየ
ሩሚያል ፡ መልአክ ፡ ወይቤሎን ፡ አመ ፡ ተፈጸ
መ ፡ ኍልቆሙ ፡ ለእለ ፡ ከማክሙ ፤ 37 እስመ ፡
በመዳልው ፡ ተደልወ ፡ ዓለም ፡ ወበመስፈርት ፡
ሰፈሮ ፡ ለባሕር ፡ ወኢያረምምሂ ፡ ወኢይነቅህ ፡
እስከ ፡ ይትፌጸም ፡ መስፈርት ፡ ዘተውህበ ፡ ሎ
ቱ ። 38 ወአውሣእክዎ ፡ ወእቤሎ ፡ እግዚኦ ፡ እ
ግዚእየ ፡ ናሁኬ ፡ ምሉኣን ፡ ንሕነ ፡ ኀጢአተ ፡
ኵልነ ፤ 39 ዮጊ ፡ በእንቲአነ ፡ እንከ ፡ ይትከላ
እ ፡ ማእረሮሙ ፡ ለጻድቃን ፡ በእንተ ፡ ኀጢአ
ቶሙ ፡ ለእለ ፡ ይነብሩ ፡ ውስተ ፡ ዓለም ። 40 ወ
አውሥአኒ ፡ ወይቤለኒ ፡ ሑር ፡ ተሰአላ ፡ ለፅን
ስት ፡ እምከመ ፡ ተፈጸመ ፡ ፱አውራኃ ፡ እመ ፡
ትክል ፡ ማሕፀና ፡ አጽንዖ ፡ ዘተፈጥረ ፡ ውስቴ
ታ ። 41 ወእቤሎ ፡ ኢትክል ፡ እግዚኦ ። ወይቤ
ለኒ ፡ ሲኦልኒ ፡ ወአብያተ ፡ መንፈሶሙ ፡ ለጻድ
ቃን ፡ ከመ ፡ ማሕፀን ፡ እሙንቱ ። 42 ወበከመ ፡
ትጔጕእ ፡ ማሕፀን ፡ ለወሊድ ፡ በሕማም ፡ ከማ
ሁ ፡ ትጔጕእ ፡ ምድርኒ ፡ ታወፌ ፡ ማሕፀንታ ፡ እ
ለ ፡ እምፍጥረተ ፡ ዓለም ፡ ውስቴታ ። 43 ወው
እተ ፡ አሚረ ፡ ይነግሩከ ፡ በእንተ ፡ ዘትፈቱ ፡ ታ
እምር ። 44 ወአውሣእክዎ ፡ ወእቤሎ ፡ እመሰ ፡
ረከብኩ ፡ ሞገሰ ፡ በቅድመ ፡ አዕይንቲከ ፡ ወእ
መኒ ፡ ረሰይከ ፡ ሊተ ፡ ከመ ፡ ይትከሀለኒ ፡ 45 ን
ግረኒ ፡ ዘንተኒ ፡ በአምጣነ ፡ ዘኀለፈኑ ፡ መዋዕ
ል ፡ ዘሀለዎ ፡ ይምጻእ ፡ ውስተ ፡ ዓለም ፡ አው ፡
ይበዝኀኑ ፡ ዘኀለፈ ፤ 46 እስመ ፡ ዘኀለፈሰ ፡ አ
አምር ፡ ወ(ባሕቱ ፡) ዘይመጽእሰ ፡ ኢያአምር ።
47 ወይቤለኒ ፡ ቁም ፡ መንገለ ፡ የማን ፡ አሐደ ፡
ኅብረ ፡ ወአርእየከ ፡ ፍካሬ ፡ አምሳል ። 48 ወቆ
ምኩ ፡ ወርኢኩ ፡ ወናሁ ፡ እቶን ፡ ይነድድ ፡ ኀ
ለፈ ፡ እንተ ፡ ቅድሜየ ፡ ወእምዝ ፡ ሶበ ፡ ኀለፈ ፡
ነዱ ፡ ወናሁ ፡ ተረፈ ፡ ጢሱ ። 49 ወእምድኅሬ
ሁ ፡ ኀለፈት ፡ ደመና ፡ ምልእተ ፡ ማይ ፡ እንተ ፡

31 ሶበ ፡] + ተዘርአ ፡ S. ኀ′ ፡ ወ′ ፡] ተዋለደት ፡ ኀጢአት ፡ AM, ተወልደት ፡ ኀጢአት ፡ OPS (ኀጢአተ ፡ ተወልደት ፡ L). 32 ሶበሰ ፡ BDFSP. እምገ′ ፡] + ሠናየ ፡ omn., exc. LASM. 33 ውእቱ ፡ 1°] ዝንቱ ፡ BF. 34 ፈድ′ ፡ እምል′ ፡ pos. ※. 36 ከማክን ፡ BFOPR. 37 ወኢይነቅህ ፡] + ሂ ፡ F, + ኒ ፡ AM, ወኢይነቁሂ ፡ L, ወኢይነውኅ ፡ B, ወኢይነቅዕሂ ፡ S (D, sine ኢ). መስፈርቱ ፡ LP. 39 ∧ እንከ ፡ BDFRP; እንጋ ፡ AM (እፎ ፡ እንጋ ፡ S). 40 ∧ ሑር ፡ LB. አውራኅ ፡ L et al. 41 ∧ ሲኦልኒ ፡ ወ BDFR. 42 በሕማማ ፡ omn., exc. LBF. 43 ወውእተ ፡] ∧ ወ BDFR. ይነግረከ ፡ BFO, እነ′ ፡ S. 45 ይመጽእ ፡ LAD. 46 ( ) ∧ BDFRP. 48 እቶን ፡] + እንዘ ፡ BFPS, ዘ O. 49 ወታዘንም ፡ ዐቢየ ፡ ዝናመ ፡ BDFOP. ወተረፈ ፡] ∧ ወ ADPRS. ነፍኒፍ ፡ ※ (item SO).

ቅድሜየ ፡ ወትዘንም ፡ ዐበይተ ፡ ዝናም ፡ ወብዙ
ኅ ፡ ወኀሊፎ ፡ ውእቱ ፡ ዝናም ፡ ዐቢይ ፡ ወተረ
ፈ ፡ ንፍንፍ ። 50 ወይቤለኒ ፡ ኀልዮ ፡ እንከሰ ፡
ለሊከ ፡ በከመ ፡ ይበዝኅ ፡ ዝናም ፡ እምንፍንፍ ፡
ወእምጢስ ፡ እሳት ፡ ከማሁ ፡ ይበዝኅ ፡ ዘኀለፈ ፡
መስፈርቱ ፡ ወተረፈ ፡ ንፍንፍ ፡ ወጢስ ። 51 ወ
አስተብቍዕክዎ ፡ ወእቤሎ ፡ አሐዩኑ ፡ እንጋ ፡ እ
ስከ ፡ እማንቱ ፡ መዋዕል ፡ ወምንት ፡ ይከውን ፡
በእማንቱ ፡ መዋዕል ። 52 ወአውሥአኒ ፡ ወይ
ቤለኒ ፡ በእንተሰ ፡ ትእምርት ፡ ዘተስእልከኒ ፡ እ
ም፩ገጽ ፡ እክል ፡ ነጊሮተከ ፡ ወበእንተሰ ፡ ሕይ
ወትከ ፡ ኢተፈኖኩ ፡ እንግርከ ፡ ወኢሂ ፡ ኣአም
ር ። III. ወተኣምሪሁሰ ፤ ናሁ ፡ መዋዕል ፡ ይ
መጽእ ፡ ወይእኅዘሙ ፡ ድንጋጼ ፡ ዐቢይ ፡ ለእ
ለ ፡ ይነብሩ ፡ ውስተ ፡ ምድር ፡ ወይትኀባእ ፡ ደ
ወለ ፡ ጽድቅ ፡ ወትመክን ፡ ብሔረ ፡ ሃይማኖት ፤
2 ወትበዝኅ ፡ ዐመፃ ፡ እምዘ ፡ ርኢከ ፡ አንተ ፡ ወ
ዘሰማዕከ ፤ 3 ወይነግሥ ፡ ብሔር ፡ ዘትሬኢ ፡ ይ
እዜ ፡ ሙሱነ ፡ ወመዝብረ ፡ ወትከውን ፡ ምድር
ኒ ፡ በድወ ። 4 ወእመሰ ፡ ወሀበከ ፡ ልዑል ፡ ሕ
ይወተ ፡ ትሬእያ ፡ ለምድር ፡ እምድኅረ ፡ ፫ወር
ኅ ፡ እንዘ ፡ ትትሀወክ ፡ ወትበርህ ፡ ፀሓይ ፡ ግብ
ተ ፡ በሌሊት ፡ ወወርኅኒ ፡ በመዓልት ፤ 5 ወያን
ጸፈጽፍ ፡ ደም ፡ እምዕፀው ፡ ወእብንኒ ፡ ትኔቁ ፡
ወሕዝብኒ ፡ ይትሀወኩ ፡ ወከዋክብት ፡ ይሠጠ

ጡ ፡ 6 ወይነግሥ ፡ ዘኢተሐዘብዎ ፡ . . . 7 . . .
ብዙኃን ፡ ወኵሉ ፡ ይሰምዕ ፡ ቃሎ ። 8 ወይከው
ን ፡ ድምፅ ፡ በውስተ ፡ ብዙኅ ፡ በሓውርት ፡ ወ
እሳትኒ ፡ ጽፉቀ ፡ ይትፌነው ፡ ወአራዊተ ፡ ገዳ
ም ፡ ይፈልሱ ፡ እምብሔሮሙ ፡ ወይትወለድ ፡
ትእምርት ፡ እምአንስት ፤ 9 ወማይኒ ፡ ዘጥዑ
ም ፡ መሪረ ፡ ይትረከብ ፡ ወአዕርክትኒ ፡ ግብተ ፡
ይትቃተሉ ፡ በበይናቲሆሙ ፡ ወትትኀባእ ፡ ይ
እተ ፡ አሚረ ፡ ጥበብ ፡ ወምክርኒ ፡ ትገብእ ፡ ቤ
ታ ፤ 10 ወየኀሥሥዋ ፡ ኀበ ፡ ብዙኃን ፡ ወኢይ
ረክብዋ ፡ ወትበዝኅ ፡ ዓመፃ ፡ ወእበድ ፡ ውስተ ፡
ምድር ። 11 ወትስእላ ፡ ሀገር ፡ ለእንተ ፡ ቅሩብ ፡
ወትብላ ፡ ቦኑ ፡ ዘኀለፈ ፡ እንተ ፡ ኀቤኪ ፡ ጽድ
ቅ ፡ አው ፡ ዘይገብራ ፡ ለጽድቅ ፡ ወትብል ፡ አ
ልቦ ። 12 ወበእማንቱ ፡ መዋዕል ፡ ይሴፎ ፡ ሰብ
እ ፡ ወኢይረክብ ፡ ወያወስብሂ ፡ ወኢይትፌጻ
ሕ ፡ ወይጻሙሂ ፡ ወይትጌበር ፡ ወወኢይሜራሕ ፡
ፍኖቱ ። 13 ዘንተ ፡ ተኣምረ ፡ ተፈኖኩ ፡ እንግ
ርከ ፡ ወእመሰ ፡ ካዕበ ፡ ጸለይከ ፡ ወበከይከ ፡ በ
ከመ ፡ ይእዜ ፡ ወጸምከ ፡ (ካዕበ ፡) ሰቡዐ ፡ መዋ
ዕለ ፡ ትሰምዕ ፡ ካዕበ ፡ ዘየዐቢ ። 14 ወነቃህኩ ፡
ካዕበ ፡ ወአንሥጠጠኒ ፡ ሥጋየ ፡ ጥቀ ፡ ወነፍስ
የኒ ፡ ሰርሐት ፡ እስከ ፡ [ት]ደክም ። 15 ወአኀዘ
ኒ ፡ ውእቱ ፡ መልአክ ፡ ዘመጽአ ፡ ወተናገረኒ ፡
ወአቀመኒ ፡ በእግርየ ፡ ወአጽንዐኒ ። 16 ወእም

---

51 **ወምንተ ፡** LOPS. 52 **ገጹ ፡** L. III. 1 **ደወለ ፡**] **ብሔረ ፡** AMOS. 2 **ወሰማዕከ ፡** ϰ. 3 **ወይነግሥ ፡**] **ወይትነሠት ፡** SP. **ሙሱን ፡ ወመዝብር ፡** A. 4 **በመዓልት ፡**] + **ከዋክብትኒ ፡ ይወድቁ ፡** BF. 5 **ትነቁ ፡** ABDMR. ∧ **ወከ' ፡ ይሠ' ፡** BF. **ይሠ' ፡**] **ይወድቁ ፡** MOPRS. 7 **ይሰምዑ ፡** OS, **ይሰምዕዎ ፡** DR. 8 **ትእምርታት ፡** MS. 9 **ዘጥዑም ፡**] ∧ **ዘ** ϰ. ∧ **ግብተ ፡** L. 11 **ወትብል ፡** ϰ (exc. PR). **ጽድቅ ፡**] **ጻድቅ ፡** LD. 12 **ሰብእ ፡**] + **መዊተ ፡** ϰ (exc. ASM). **ወኢያወስብሂ ፡** AS. **ፍኖቶ ፡** L. 13 ( ) in LAS, D i. m. 14 [ ] e S; **እ** L et ϰ (**ደክመት ፡** P). 15 **ዘመጽአ ፡**] + **ኀቤየ ፡** MOS (P i. l.). 16 **ፍልስጥያል ፡** ϰ. **ለአሕዛብ ፡** LBFRS (D pr. m.) **ትኩዝ ፡** AFOS.

ዝ ፡ በካልእት ፡ ሌሊት ፡ መጽአ ፡ ኀቤየ ፡ ፍልጥ
ያል ፡ ሊቀ ፡ መላእክቲሆሙ ፡ ለሕዝብ ፡ ወይቤ
ለኒ ፡ እምአይቴ ፡ አንተ ፡ ወበእንተ ፡ ምንት ፡
ተከዘ ፡ ገጽከ ፤ 17 ኢታአምርኑ ፡ ከመ ፡ ተአመ
ንከ ፡ በእንተ ፡ እስራኤል ፡ በብሔር ፡ ኀበ ፡ አ
ፍለስዎሙ ፤ 18 ተንሥእ ፡ እንከሰ ፡ ወጠዐም ፡
እክለ ፡ ዘኮነ ፡ ከመ ፡ ኢትግድፈነ ፡ ከመ ፡ ኖላ
ዊ ፡ ዘኀደገ ፡ መርዔቶ ፡ ውስተ ፡ እደ ፡ ተኵላ
ት ፡ እኩያን ። 19 ወእቤሎ ፡ ሑር ፡ እምኀቤየ ፡
ወኢትምጻእ ፡ ኀቤየ ፡ እስከ ፡ ሰቡዕ ፡ መዋዕል ፡
ወእምዝ ፡ ነዓ ፡ ኀቤየ ፡ ወእነግረከ ፡ ነገረ ። ወ
ሖረ ፡ እምኀቤየ ። 20 ወአነሂ ፡ ጾምኩ ፡ ሰቡዐ ፡
ዕለተ ፡ ትኩዝየ ፡ እንዘ ፡ እበኪ ፡ በከመ ፡ አዘዘ
ኒ ፡ ኡርያል ፡ መልአክ ። 21 ወእምዝ ፡ እምድ
ኅረ ፡ ሰቡዕ ፡ መዋዕል ፡ አስርሐኒ ፡ ካዕበ ፡ ኀሊ
ና ፡ ልብየ ፡ ጥቀ ፡ 22 ወነሥአታ ፡ ለነፍስየ ፡ መ
ንፈሰ ፡ ጥበብ ፡ ወአኀዝኩ ፡ ካዕበ ፡ እንብብ ፡ ቅ
ድመ ፡ ልዑል ። 23 ወእቤ ፡ እግዚኦ ፡ እግዚእ
የ ፡ እምኵሉ ፡ ዖማ ፡ ለምድር ፡ ወዕፀዊሃ ፡ ኀረ
ይከ ፡ ለከ ፡ አሐደ ፡ ዐጸደ ፡ ወይን ፤ 24 ወእም
ኵሉ ፡ በሓውርተ ፡ ዓለም ፡ ኀረይከ ፡ ለከ ፡ አሐ
ደ ፡ ምድረ ፡ . . . . ፤ 25 ወእምኵሉ ፡ ቀላያተ ፡
(ዓለም ፡) ባሕ[ር] ፡ መላእከ ፡ ለከ ፡ አሐደ ፡ ፈለ
ገ ፡ ወእምኵሉ ፡ ዘተሐንጸ ፡ አህጉር ፡ ቀደስከ ፡
ለከ ፡ ጽዮንሃ ፤ 26 ወእምኵሉ ፡ ዘተፈጥረ ፡ አ
ዕዋፍ ፡ ቀደስከ ፡ ለከ ፡ አሐደ ፡ ርግበ ፡ ወእምኵ
ሉ ፡ ዘተፈጥረ ፡ መራዕይ ፡ ኀረይከ ፡ ለከ ፡ አሐ
ደ ፡ በግዐ ፤ 27 ወእምኵሉ ፡ ብዙኅ ፡ አሕዛብ ፡
ኀረይከ ፡ ለከ ፡ አሐደ ፡ ሕዝበ ፡ [ወ]ዘእምኵሉ ፡
አመከርከ ፡ ሕገ ፡ ወሀብካሁ ፡ ለሕዝብ ፡ ዘእም
ኵሉ ፡ አፍቀርከ ። 28 ወይእዜኒ ፡ እግዚኦ ፡ ለ
ምንት ፡ መጠውካሆሙ ፡ ለዝኩ ፡ አሐዱ ፡ ለብዙ
ኃን ፡ ወአኅሰርካሁ ፡ ለአሐዱ ፡ ሥርው ፡ እምበ
ዕድ ፡ ሥርው ፡ ወዘረውከ ፡ ለዋሕድከ ፡ [ለ]ብዙ
ኃን ፤ 29 ወኬድዎሙ ፡ ለእለ ፡ ተአመኑ ፡ በ
ሕግከ ፡ ዕድዋኒሁ ፡ ለሥርዐትከ ። 30 ወእመ
ሰ ፡ ጸላእከሙ ፡ ለሕዝብከ ፡ ይኄይስ ፡ ትቅሥፎ
ሙ ፡ በእዴከ ። 31 ወዘንተ ፡ ቃለ ፡ ብሂልየ ፡ ተ
ፈነወ ፡ ኀቤየ ፡ ዝኩ ፡ መልአክ ፡ ዘመጽአ ፡ ኀ
ቤየ ፡ በእንታክቲ ፡ ሌሊት ፡ እንተ ፡ ኀለፈት ።
32 ወይቤለኒ ፡ ስምዐኒ ፡ ወእነግረከ ፡ ወአፅምአ
ኒ ፡ ወእደግም ፡ ቅድሜከ ። 33 ወእቤሎ ፡ በል ፡
እግዚኦ ። ወይቤለኒ ፡ ጥቀኑ ፡ ነኪር ፡ ለእስራኤ
ል ፡ ዝንቱ ፡ አው ፡ ፈድፋደኑ ፡ አፍቀርካሁ ፡
(ለእስራኤል ፡) እምፈጣሪሁ ። 34 ወእቤሎ ፡ አ
ልበ ፡ እግዚኦ ፤ ዳእሙ ፡ በእንተ ፡ ዘአጽሀቀኒ ፡
ነበብኩ ፡ ወአስርሐኒ ፡ ኵልያቲየ ፡ በኵሉ ፡ ጊ
ዜ ፡ እንዘ ፡ እትኀሠሥ ፡ እርከብ ፡ ፍኖቶ ፡ ለል
ዑል ፡ ወአእምር ፡ አሠረ ፡ ፍትሑ ። 35 ወይቤ
ለኒ ፡ ኢትክል ። ወእቤሎ ፡ በእንተ ፡ ምንት ፡ እ

---

18 ∧ ዘኮነ ፡ BD (F i. l.). ኢትግድፎሙ ፡ OPR. ዘየኀድግ ፡ ABFMO(S). 19 ∧ ኀቤየ ፡ 1° BD FPR. 20 ዕለተ ፡] መዋዕለ ፡ ﾞ (exc. AM; ዕለታተ ፡ S). ኡርኤል ፡ AOPS. 23 ∧ አሐደ ፡ L. ዐጸደ ፡] ዕፀ ፡ OR, ሐረገ ፡ P. 25 ( ) omn. [ ] ረ ፡ LA; ∧ ባሕር ፡ ﾞ. ዘተሐንጸ ፡] ሕንጻ ፡ S. 27 ብዝኅ ፡ L, D corr. [ወ] ∧ omn. ወወሀብካሁ ፡ omn., exc. S. 28 [ለ] ex BF; እም caet. (F i. m.). 29 ዕድ′ ፡] ወዕድዋኒሁ ፡ S, ወዕድዋኒሃ ፡ A, ወዐደውናሁ ፡ L. 31 + ቀዲሙ ፡ ante ዘመጽአ ፡ S, post ኀቤየ ፡ M. 32 እንግርከ ፡ ﾞ. 35 ከመ ፡] ወከመ ፡ L.

ግዚአ ፡ ወለምንት ፡ ተወለድኩ ፡ ወለምንት ፡ ኢ
ኮንኪ ፡ መቃብረ ፡ ማሕፀና ፡ ለእምየ ፡ ከመ ፡ ኢ
ይርአይ ፡ ሕማሞ ፡ ለያዕቆብ ፡ ወስራሖሙ ፡ ለ
ዘመደ ፡ እስራኤል ፡፡ 36 ወይቤለኒ ፡ ኍልቍ ፡
መዋዕለ ፡ ዘዓዲ ፡ ኢመጽአ ፡ ወአስተጋብእ ፡ ሊ
ተ ፡ ጽጌ ፡ ዘተዘርወ ፡ ወአሕመልምል ፡ ሊተ ፡
ሣዕረ ፡ ዘየብሰ ፤ 37 ወአርኑ ፡ ሊተ ፡ አብያተ ፡
ዘዕጽዋን ፡ ወአምጽእ ፡ ሊተ ፡ ነፍሳተ ፡ ዘዕጽዋ
ት ፡ ውስቴቶን ፡ ወአርእየኒ ፡ ገጸሙ ፡ ለእለ ፡ ግ
ሙራ ፡ ኢርኢ[ከ] ፡ ወአስምዐኒ ፡ ቃሎሙ ፤ ወ
ውእተ ፡ ጊዜ ፡ እነግረከ ፡ በእንተ ፡ ሕማም ፡ ዘ
በርቱዕ ፡ ረከበሙ ፡፡ 38 ወእቤሎ ፡ እግዚኦ ፡ እ
ግዚእየ ፡ መኑ ፡ ውእቱ ፡ ዘይክሎ ፡ ለዝንቱ ፡ አ
እምሮ ፡ ዘእንበለ ፡ ዘኢኮነ ፡ ምስለ ፡ ሰብእ ፡ ን
ብረቱ ፤ 39 ወአንሰ ፡ አብድ ፡ ወትሑት ፡ ወእ
ፎ ፡ እክል ፡ ነጊሮተከ ፡ ዘንተ ፡ ዘትሴአለኒ ፡፡ 40
ወይቤለኒ ፡ በከመ ፡ ኢትክል ፡ ገቢረ ፡ አሐደ ፡
እምእሉ ፡ እለ ፡ እቤለከ ፡ ከማሁ ፡ ኢትክል ፡ ረ
ኪቦቶ ፡ ለፍትሕየ ፡ ወለማኅለቅተ ፡ ፍቅርየ ፡ እ
ንተ ፡ እትዔገሥ ፡ በእንተ ፡ ሕዝብየ ፡፡ 41 ወእ
ቤሎ ፡ እግዚኦ ፡ ናሁኬ ፡ አንተ ፡ ተዐገሥከ ፡ በ
እንቲአሆሙ ፡ ወምንተ ፡ እንከ ፡ ይሬስዩ ፡ እለ ፡
እምቅድሜነ ፡ ወንሕነኒ ፡ ወእለሂ ፡ እምድኅሬ
ነ ፡፡ 42 ወይቤለኒ ፡ ከመ ፡ ሕልቀት ፡ ረሰይክዎ ፡
ለኵነኔየ ፡ ከመ ፡ እለሂ ፡ ተድኅሩ ፡ ኢይጐንድ
ዩ ፡ ወእለሂ ፡ ቀደሙ ፡ ኢያፍጥኑ ፡፡ 43 ወእቤ
ሎ ፡ ቦኑ ፡ እመ ፡ ኢክህልከ ፡ ፈጢሮቶሙ ፡ በም
ዕር ፡ ኀቡረ ፡ ለእለሂ ፡ ቀደሙ ፡ ወለእለሂ ፡ ተ
ድኅሩ ፡ ወለእለሂ ፡ ሀለዉ ፡ ከመ ፡ ፍጡነ ፡ ታ
ርኢ ፡ ኵነኔከ ፡፡ 44 ወይቤለኒ ፡ አኮ ፡ ግብር ፡ ዘ
ይጌጕእ ፡ እምገባሪሁ ፡ ፈድፋደ ፡ ወዓለምኒ ፡ እ
ምኢጸረቶሙ ፡ ለእለ ፡ ተፈጥሩ ፡ ውስቴታ ፡፡
45 ወእቤሎ ፡ እፎኬ ፡ እግዚኦ ፡ ትቤሎ ፡ ለገብ
ርከ ፡ ከመ ፡ አሕይዎ ፡ ታሐይዎሙ ፡ ለእለ ፡ ፈ
ጠርከ ፡ በምዕር ፡ ኀቡረ ፤ ወእመሰ ፡ ታሐይዎ
ሙ ፡ በምዕር ፡ ይጠወቅ ፡ ዓለምኒ ፤ ወእመ ፡ አ
ኮሰ ፡ ይእዜኒ ፡ እምክህለ ፡ ጸዊሮቶሙ ፡ በምዕ
ር ፡ ምስለ ፡ እለ ፡ ሀለዉ ፡፡ 46 ወይቤለኒ ፡ እስ
ኩ ፡ አሆ ፡ አብህላ ፡ ለማሕፀን ፡ ብእሲት ፡ ወበ
ላ ፡ እንዘ ፡ ፲ ትወልዲ ፡ ለምንት ፡ በበዓመት ፡ ት
ወልዲ ፤ ሰአላ ፡ እንከ ፡ ከመ ፡ ተሀብ ፡ ዐሠርቲ
ሆሙ ፡ በምዕር ፡፡ 47 አኮኑ ፡ ኢትክል ፡ ዘእንበ
ለ ፡ በበዓመት ፡ 48 . . . . . 49 ወበከመ ፡ [ሕፃ
ን ፡] ኢትክል ፡ ግሙራ ፡ ወእንተሂ ፡ ልህቀት ፡
ከማሁ ፡ አነሂ ፡ ሠራዕክዎ ፡ በበጊዜሁ ፡ ለዓለም ፡
ዘፈጠርኩ ፡፡ 50 ወተስእልክዎ ፡ ወእቤሎ ፡ እስ
መ ፡ ወሀብከኒ ፡ ፍኖተ ፡ በዘ ፡ እነብብ ፡ ቅድሜ
ከ ፡ ናሁ ፡ አማን ፡ አንተ ፡ ትቤለኒ ፡ ነኣስ ፡ ይእ

---

36 ጽጌያተ ፡ BF. 37 ዘዕጽዋን ፡] ዕጽዋነ ፡ ※. ነፋሳተ ፡ P, ነፋሰ ፡ AS. ዘዕጽዋን ፡ LR. [ ] ኩ ፡ omn. (ከምዎሙ ፡ O). ሕማሞሙ ፡ AMOS. 39 ዘተስእልከኒ ፡ AMO. 40 ገቢረ ፡] ነጊረ ፡ omn., exc. AO. 41 እግዚኦ ፡] + እግዚእየ ፡ omn., exc. AS. እምቅድሜየ ፡ A. 45 ከመ ፡] አመ ፡ L. ይጠዋቀይኑ ፡ BR, id. sine ኑ ፡ D, idem et ኬ ፡ pro ኑ ፡ FO. እምኢክህለ ፡ BOR. 49 [ ] ማሕፀን ፡ እንተ ፡ L, ※; ማሕፀን ፡ AMS. ግሙራ ፡] adde vel substitue ወሊደ ፡ አነሂ ፡] ወአነሂ ፡ LS. 50 አንተ ፡] እንተ ፡ M, ∧ S. እምከመ ፡] እምከ ፡ OR. ወድአት ፡ BFOPR. ወረሥአት ፡ BPRS, ረሥአት ፡ DO, + ለምንት ፡ ኢኮነ ፡ ለነ ፡ ኀይል ፡ ከመ ፡ ኀይለ ፡ ቀደምትነ ፡ BFMOPS. Emendaveris ናሁ ፡ እምነ ፡ አንተ ፡ ትቤለኒ ፡ ነኣስ[ኑ] ፡ ይእቲ ፡ ወሚመ ፡ ወድአት ፡ ር′ ፡

ቲ ፡ እምከሙ ፡ ወወድአት ፡ ርሥእታ ። 51 ወ
አውሥአኒ ፡ ወይቤለኒ ፡ ተሰአላ ፡ ለእንተ ፡ ወ
ለደት ፡ ወትነግረከ ። 52 ወበላ ፡ ለምንት ፡ እለ ፡
ይእዜ ፡ ወለድኪ ፡ ኢኮኑ ፡ ከመ ፡ እለ ፡ ቀዲሙ ፡
አላ ፡ የሐጹ ፡ ኀይለ ። 53 ወትብለከ ፡ ይእቲ ፡
ካልእ ፡ ዘበኀይለ ፡ ንእስ ፡ ተወልደ ፡ ወካልእ ፡
ዘተወልደ ፡ በማሕፀነ ፡ ርሥእ ። 54 ወለሊከ ፡
ባሕቱ ፡ ታአምር ፡ ከመ ፡ ታውኅዱ ፡ ኀይለ ፡ አ
ንትሙ ፡ እምቀደምትክሙ ፤ 55 ወእለሂ ፡ እም
ድኅሬክሙ ፡ ያውኅዱ ፡ እምኔክሙ ፤ ከማሁኬ ፡
ዘተፈጥረ ፡ ወሀለወ ፡ እምከመ ፡ ኀለፈ ፡ ኀይለ ፡
ውርዙቱ ። 56 ወእቤሎ ፡ ብቍዐኒ ፡ እግዚእየ ፡
እመ ፡ ረከብኩ ፡ ሞገሰ ፡ ቅድመ ፡ አዕይንቲከ ፡
ንግሮ ፡ ለገብርከ ፡ በመኑ ፡ ትሔውጽ ፡ ዓለመከ ።
IV. ወይቤለኒ ፡ ቀዳሚሁሰ ፡ በወልደ ፡ እጓለ ፡
እመሕያው ፡ ወድኅሬሁሰ ፡ ለልየ ፡ እስመ ፡ ዘእ
ንበለ ፡ ትትፈጠር ፡ ምድር ፡ ወበሓውርት ፡ ወእ
ንበለ ፡ ይቁም ፡ ፍናዊሁ ፡ ለዓለም ፡ ወእንበለ ፡
ይንፍኑ ፡ መናፍስተ ፡ ነፋሳት ፡ 2 ወእንበለ ፡
ይድምፅ ፡ ድምፀ ፡ ነጐድጓድ ፡ ወእንበለ ፡ ይብ
ራህ ፡ ብርሃነ ፡ መብረቅ ፡ ወእንበለ ፡ ይሣረር ፡
ምድረ ፡ ገነት ፤ 3 ወእንበለ ፡ ያስተርኢ ፡ ሥነ ፡
ጽጌያት ፡ ወእንበለ ፡ ይጽናዕ ፡ ኀይለ ፡ ድልቅል
ቅ ፡ ወእንበለ ፡ ይትኈለቍ ፡ ኀይለ ፡ መላእክት ፤
4 ወእንበለ ፡ ያስተርኢ ፡ ኑኀ ፡ አርያም ፡ ወእን
በለ ፡ ይሰመይ ፡ መስፈርተ ፡ ሰማያት ፡ . . . 5 ወ
እንበለ ፡ ይትአመር ፡ አሠረ ፡ ዓመት ፡ ዘይመጽ
እ ፡ . . . . ወእንበለ ፡ ይትኀተሙ ፡ እለ ፡ ይዘግ
ብዋ ፡ ለሃይማኖት ፤ 6 ውእተ ፡ አሚረ ፡ ኀለይ
ኩ ፡ ከመ ፡ አነ ፡ ለልየ ፡ ወአኮ ፡ ባዕድ ። 7 ወአ
ውሣእክዎ ፡ ወእቤሎ ፡ ምንት ፡ ትእምርቱ ፡ ለ
ዕድሜሁ ፡ ወማእዜ ፡ ማኅለቅቱ ፡ ለቀዳሚ ፡ ወ
ማእዜ ፡ ቀዳሚሁ ፡ ለካልእ ፡ ዓለም ። 8 ወይቤ
ለኒ ፡ እምአብርሃም ፡ እስከ ፡ ይስሐቅ ፡ እስመ ፡
እምላዕሌሁ ፡ ተወልዱ ፡ ያዕቆብ ፡ ወዔሳው ፡ . . .
9 እስመ ፡ . . . ቀዳሚሁ ፡ ለካልእ ፡ ዓለም ፡ ያዕ
ቆብ ። 10 እስመ ፡ ጽንፉ ፡ ሰኰናሁ ፡ ለሰብእ ፡
ወከተማሁ ፡ ለሰብእ ፡ (በከመ ፡ ሰኰናሁ ፡) እዴ
ሁ ፤ ወባሕቱ ፡ ኢትኅሥሥ ፡ ዕዝራ ። 11 ወአ
ውሣእክዎ ፡ ወእቤሎ ፡ እግዚኦ ፡ እግዚእየ ፡ ለ
እመ ፡ ረከብኩ ፡ ሞገሰ ፡ በቅድመ ፡ አዕይንቲከ ፡
12 ንግሮ ፡ ለገብርከ ፡ ማኅለቅቶ ፡ ለዝንቱ ፡ ተአ
ምር ፡ ዘነገርከኒ ፡ ቀዲሙ ፡ እም፩ገጽ ፡ በሌሊ
ት ፡ እንተ ፡ ኀለፈት ። 13 ወአውሥአኒ ፡ ወይ
ቤለኒ ፡ ተንሥእ ፡ ወቁም ፡ በእገሪከ ፡ ወእነግረ
ከ ፡ ቃለ ፡ ዘምሉእ ፡ ድምፀ ፤ 14 ወለእመ ፡ አ

53 ይእቲ ፡] ∧ OR; D i. l. ንእሳ ፡] LA; ናእስ ፡ DFORS; ነአስ ፡ BPM. ዘተወልደ ፡ በ ፡] ትውልደ(ድ) ፡ LA, ትወልዶ ፡ በ S. 54 ∧ ባሕቱ ፡ L. ትውኅዱ ፡ MOPR. 55 ይውኅዱ ፡ AMOPRS. ያው' ፡] + ኀይለ ፡ L. 56 በመኑ ፡] በከመ ፡ B. IV. 1 ለወልደ ፡ B, ለ A, በ S. ወደኃሪሁሰ ፡ AMS, ወድኅረሰ ፡ OP. ወእንበለ ፡] ወዘእንበለ ፡ ϰ, etiam in seq. comm. ይንፋሕ ፡ LDS. መና' ፡ ነፋ' ፡] ነፋስ ፡ L; ∧ መና' ፡ O. 3 ጽገያት ፡ LA. 4 ይሰመይ ፡] ይሰፈር ፡ BFS. 5 ዓመት ፡] ex M; ዓመታት ፡ S, ዓለማት ፡ A, ዓለም ፡ caet. 6 ∧ አነ ፡ ϰ. ለልየ ፡] + እሔውጽ ፡ ዓለመ ፡ OP. 7 ወዕድሜሁ ፡ PS. ∧ ወማእዜ ፡ ማኅ' ፡ ለቀ' ፡ L. 10 ጽንፈ ፡ LM (O pr. m.). ለሰብእ ፡ ሰኰ' ፡ pos. S. ∧ ለሰብእ ፡ በከመ ፡ ሰ' ፡ A. ወእዴሁ ፡ AM (D i. l.). 13 ∧ ወአው' ፡ L. 14 [ ] ቅ ፡ omn., seq. መከነ ፡ BDPR.

ድለቅለቀ ፡ ድልቅል[ቀ] ፡ መካን ፡ ኀበ ፡ ትቀው
ም ፡ ውስቴቱ ፡ 15 ሶበ ፡ ነገርኩከ ፡ ኢትደንግ
ጽ ፡ እስመ ፡ በእንተ ፡ ማኅለቅት ፡ ነገሩ ፡ ውእ
ቱ ፡ ወያአምራ ፡ መሠረታተ ፡ ምድር ፡ ነገረ ፤
16 እስመ ፡ በእንቲአሆን ፡ ነገሩ ፡ ወይርዕዳ ፡ ወ
ያድለቀልቃ ፡ እስመ ፡ ቦቱ ፡ ሀለዎን ፡ ይእትታ ፡
ማኅለቅቶን ። 17 ወእምዝ ፡ ሶበ ፡ ሰማዕኩ ፡ ተ
ንሣእኩ ፡ ወቆምኩ ፡ በእገሪየ ፡ ወናሁ ፡ ቃል ፡
ዘይነብብ ፡ ወድምፁ ፡ ከመ ፡ ድምፀ ፡ ማያት ፡
ብዙኅ ፡ 18 ወይብል ፡ ናሁ ፡ መዋዕል ፡ ይመጽ
እ ፡ አመ ፡ ያለጽቅ ፡ የሐውጸሙ ፡ ለኵሎሙ ፡
እለ ፡ ይነብሩ ፡ ውስተ ፡ ምድር ፤ 19 ወአ[መ] ፡
ሀለወኒ ፡ እትኀሠሦሙ ፡ በዐመፃሆሙ ፡ ለእለ ፡ ዐ
መፁ ፡ አመ ፡ ተፈጸመት ፡ ጽዮን ፤ 20 ወአመ ፡
ተኀትመ ፡ ዓለም ፡ ዘሀለዎ ፡ ይምጻእ ፡ ዝንቱ ፡
ውእቱ ፡ ተኣምር ፡ ዘእገብር ። መጻሕፍት ፡ ይ
ትከሠት ፡ ውስተ ፡ ገጸ ፡ ሰማይ ፡ ወኵሉ ፡ ይሬ
እየኒ ፤ 21 ወሕፃናት ፡ ዘዓመት ፡ ይነቡ ፡ ወይት
ናገሩ ፡ ወፅኑሳት ፡ ይወልዳ ፡ ሕፃናተ ፡ ዘ፫ ወር
ኀ ፡ ወዘ[፬]ወርኀ ፡ ወየሐይዉ ፡ ወይትነሥኡ ፤
22 ወምድርኒ ፡ እንተ ፡ ኢታስተርኢ ፡ ታስተር
ኢ ፡ ይእቲኒ ፡ ዝርእታ ፡ ወአብያትኒ ፡ ዘምሉእ ፡
ይትረከብ ፡ ዕራቆ ፤ 23 ወይደምፅ ፡ መጥቅዕ ፡
ወኵሉ ፡ ዘሰምዖ ፡ ይደነግፅ ። 24 ወበእማንቱ ፡
መዋዕል ፡ ይትቃተሉ ፡ አዕርክት ፡ ምስለ ፡ አዕ
ርክቲሆሙ ፡ ከመ ፡ ፀር ፡ ወታደነግጾሙ ፡ ምድ
ር ፡ ለእለ ፡ ይነብርዋ ፡ ወአንቅዕተ ፡ ማያትኒ ፡ ይ
ቀውም ፡ ወኢይውሕዝ ፡ እስከ ፡ ፫ ሰዓት ። 25 ወ
ኵሉ ፡ ዘተረፈ ፡ እምኵሉ ፡ ዘእቤለከ ፡ ውእቱ ፡
ዘየሐዩ ፡ ወይሬኢ ፡ አድኅኖትየ ፡ ወማኅለቅተ ፡
ዓለምየ ። 26 ውእተ ፡ አሚረ ፡ ይሬእይዎሙ ፡
ለእልክቱ ፡ ዕደው ፡ እለ ፡ ዐርጉ ፡ ወኢጥዕምዎ ፡
ለሞት ፡ እምአመ ፡ ተወልዱ ፤ ወይትዌለጥ ፡ ል
በሙ ፡ ለእለ ፡ ይነብሩ ፡ ውስተ ፡ ዓለም ፡ ወይት
ወሀበሙ ፡ ካልእ ፡ ልብ ። 27 እስመ ፡ ትደመሰ
ስ ፡ እኪት ፡ ወትጠፍእ ፡ ጕሕሉት ፤ 28 ወትሠ
ርጽ ፡ ሃይማኖት ፡ ወይትመዋእ ፡ መዋቲ ፡ ወታ
ስተርኢ ፡ ጽድቅ ፡ እንተ ፡ ነበረት ፡ ዘእንበለ ፡
ፍሬ ፡ መጠነ ፡ ዝንቱ ፡ መዋዕል ። 29 ወሶበ ፡
ይነግረኒ ፡ በበ ፡ ሕቅ ፡ ያድለቀልቅ ፡ መካን ፡ ኀ
በ ፡ እቀውም ። 30 ወይቤለኒ ፡ ዘንተ ፡ መጻእኩ ፡
እንግርከ ፡ ከመ ፡ በእንተ ፡ ኀለፈት ፡ ሌሊት ።
31 ወእመኒ ፡ ካዕበ ፡ ጸለይከ ፡ ወካዕበ ፡ ጾምከ ፡
ሰቡዐ ፡ መዋዕለ ፡ ካዕበ ፡ እነግረከ ፡ ዘየዐቢ ፡ እ
ምዝንቱ ። 32 እስመ ፡ ተሰምዖ ፡ ተሰምዐ ፡ ቃ
ልከ ፡ በኀበ ፡ ልዑል ፡ ወርእየ ፡ ኀይለ ፡ ጽድቅከ ፡

15 ማኅለቅቱ ፡ BF, 'ታ ፡ O, 'ተ ፡ ADMRS. ነገሩ ፡] ግብሩ ፡ AMO (+ ወግብሩ ፡ D i. l.) ውእቱ ፡ ወ] ውእተ ፡ አሚረ ፡ S, P corr. ነገረ ፡] ነገሮ ፡ AD, 'ሮን ፡ O, 'ሮሙ ፡ M. 18 + ልዑል ፡ ante vel post የሐው' ፡ MPS. 19 ⌊] ሚሃ ፡ omn.; ∧ ወ BDPRS. በዐመፃሆሙ ፡ BFR. ዐመፁኒ ፡ BDFOPR. 20 ይትኀተም ፡ O. ይትከሠቱ ፡ BDFR. 21 [ ] ∧ omn.; ፩ P. ወይት' ፡ ወየሐ' ፡ pos. L. 22 ዕራቁ ፡ LADS; 'ቆን ፡ OPR. 24 ይቀውሙ ፡ ወኢይውሕዙ ፡ omn., exc. SMAL. ሰዓት ፡] ዓመት ፡ LDR. 25 እምኵሉ ፡] + ዝንቱ ፡ AS. 26 ዓለም ፡] ምድር ፡ S. 27 ተደምሰሰ ፡ A, 'ሰት ፡ LDOR. ወጠፍአ ፡ OR, 'አት ፡ D. 28 መዋቲ ፡] ሙአተ ፡ L. መጠነ ፡] እምነ ፡ L. መ' ፡ ዝንቱ ፡] እምብዙኅ ፡ BFR, D pr. m. 29 ይትናገረኒ ፡ ϰ. 30 ከመ ፡] ∧ MO; ከመዝ ፡ B. 32 ∧ ተሰምዖ ፡ LO. ወርእየ ፡] ወተርእየ ፡ LO, ወአስተርአየ ፡ BDFPR.

እንተ ፡ እምንእስከ ። 33 ወበእንተ ፡ ዝንቱ ፡ ፈ
ነወኒ ፡ (ልዑል ፡) እንግርከ ፡ ዘንተ ፡ ኵሎ ። ወ
ይቤለኒ ፡ ተአመን ፡ ወኢትፍራህ ፡ 34 [ወኢት
ጕጕእ ፡] በእንተ ፡ ዘቀዲሙ ፡ ኅሊናከ ፡ እኩይ ፡
ከመ ፡ ኢትትወላወል ፡ በደኃሪ ፡ መዋዕል ። 35
ወእምዝ ፡ እምድኅረ ፡ ዝንቱ ፡ በከይኩ ፡ ካዕበ ፡
ከማሁ ፡ ሰቡዐ ፡ መዋዕለ ፡ ወጾምኩ ፡ ከመ ፡ እ
ፈጽም ፡ ፫ሰንበተ ፡ ዘይቤለኒ ። 36 በይእቲ ፡ ሌ
ሊት ፡ ተሀውከ ፡ ካዕበ ፡ ልብየ ፡ ወአኀዝኩ ፡ እ
ንብብ ፡ ቅድመ ፡ ልዑል ፡ 37 እስመ ፡ ትነድድ ፡
መንፈስየ ፡ ጥቀ ፡ ወነፍስየኒ ፡ ትትከወስ ። 38 ወ
እቤ ፡ እግዚኦ ፡ እግዚእየ ፡ ብሂለ ፡ ትቤ ፡ አመ ፡
ቀዳሚ ፡ ኵነኔከ ፡ በቀዳሚት ፡ ዕለት ፡ ይኩን ፡
ሰማይ ፡ ወምድር ፡ ወቃልከኒ ፡ ግብረ ፡ ትገብር ፡
39 ወመንፈስ ፡ እንተ ፡ ትጼልል ፡ ወጽልመት ፡
ምሉእ ፡ ወጸጥ ፡ ይብል ፡ እስመ ፡ አልቦ ፡ ድም
ፀ ፡ ወቃለ ፡ እጓለ ፡ እመሕያውኒ ፡ አልቦ ፡ ዓዲ ።
40 ወትቤ ፡ ውእተ ፡ ጊዜ ፡ ከመ ፡ ይምጻእ ፡ ብ
ርሃን ፡ እምጽርሕከ ፡ ወያስተርኢ ፡ ግብርከ ። 41
ወበሳኒታ ፡ ዕለት ፡ ካዕበ ፡ ፈጠርከ ፡ መንፈሰ ፡ ዘ
ሰማያት ፡ ወአዘዝካሁ ፡ ይፍልጥ ፡ ማእከለ ፡ ማ
ያት ፡ ከመ ፡ ይሰስል ፡ ላዕለ ፡ መንፈቁ ፡ ወመን
ፈቁ ፡ ይንበር ፡ ታሕተ ። 42 ወካዕበ ፡ አመ ፡ ሣ
ልስት ፡ ዕለት ፡ አዘዝከ ፡ ለማያት ፡ ይትጋባእ ፡
ውስተ ፡ ሳብዕተ ፡ እዴሃ ፡ ለምድር ፡ ወ፮እዴሃ ፡
ለምድር ፡ ይትርፍ ፡ የብሰ ፡ ከመ ፡ ውስቴቶን ፡
ይሕርሱ ፡ ወይዝርኡ ፡ ወይሕየዉ ፡ ቅድሜከ ።
43 ወቃልከሰ ፡ እምከመ ፡ ወጽአ ፡ ይትገበር ፡ ግ
ብረ ። 44 ወበቄለ ፡ ይእተ ፡ አሚረ ፡ ብዙኅ ፡ ፍ
ሬ ፡ ዘአልቦ ፡ ማኅለቅተ ፡ ወዝንቱ ፡ ከመዝ ፡ ኮ
ነ ፡ አመ ፡ ሣልስት ፡ ዕለት ፡ ወዘዘ ፡ ዚአሁ ፡ ጣ
ዕሙ ፡ ለኵሉ ፡ ወዘዘ ፡ ዚአሁ ፡ ሕብረ ፡ ጽጌሁ ፡
ወዘዘ ፡ ዚአሁ ፡ ርእየተ ፡ ዕፁ ፡ ወዘዘ ፡ ዚአሁ ፡
መዐዛሁ ። 45 ወአመ ፡ ራብዕት ፡ ዕለት ፡ አዘዝ
ከ ፡ ይኩን ፡ ብርሃነ ፡ ፀሓይ ፡ ወወርኅኒ ፡ ከመ ፡
ያብርሁ ፡ ወሥርዐተ ፡ ከዋክብትኒ ፤ 46 ወአዘ
ዝካሆሙ ፡ ከመ ፡ ይትለአክዎ ፡ ለዘ ፡ ሀሎ ፡ ይ
ትፈጠር ፡ እጓለ ፡ እመሕያው ። 47 ወአመ ፡ ኀ
ሙስ ፡ ትቤሎ ፡ ለዝኩ ፡ ሳብዕተ ፡ እድ ፡ ኀበ ፡ ሀ
ሎ ፡ ማየ ፡ ናጌብ ፡ ከመ ፡ ያውጽእ ፡ አዕዋፈ ፡ ዘ
ሕያው ፡ ወዓሣተ ። 48 ወዝኩ ፡ ማይ ፡ ዘኢይነ
ብብ ፡ ወዘአልቦ ፡ ነፍሰ ፡ ገብረ ፡ ዘነፍስ ፡ ከመ ፡
በእንተ ፡ ዝንቱ ፡ ይትናገሩ ፡ በስብሐቲከ ፡ ትው
ልድ ። 49 ወዐቀብከ ፡ ይእተ ፡ አሚረ ፡ ፪እንስ
ሳ ፡ ዘፈጠርከ ፡ ወሰመይከሁ ፡ ለ፩ብሔሞት ፡ ስ
ሞ ፡ ወሰመይከሁ ፡ ለካልእ ፡ ስሞ ፡ ሌዊያታን ።
50 ወፈለጥከሙ ፡ በበይናቲሆሙ ፡ እስመ ፡ ኢ
ይክል ፡ ዝኩ ፡ ሳብዕተ ፡ እድ ፡ ኀበ ፡ ሀሎ ፡ ማ

33 ኢትፍራህ ፡ ወተ' ፡ pos. L. 34 [ ] ex PS; ‸ caet. ኅሊናከ ፡] ‸ ከ BDFPR. ኢትትወ' ፡] ኢትትወለወል ፡ A, ኢትትወለድ ፡ L. 35 ሰናብተ ፡ ABFS, D corr.; 'በታተ ፡ MP. 36 ወአኀዝ ኩ ፡] + ካዕበ ፡ LAM. 37 እስመ ፡] እስከ ፡ L. 38 ‸ እግዚኦ ፡ BF. ትገብር ፡] ተገብረ ፡ M, ገብረ ፡ S, ዘትገብር ፡ O. 39 ወመንፈስ ፡] + ከ ፡ ꭓ. ወጸጥ ፡] ውስጠ ፡ ወ L. ‸ ዓዲ ፡ L. 41 ዘበሰማያ ት ፡ ꭓ. ያሰስል ፡ omn. exc. PR. ላዕለ ፡] ማእከለ ፡ omn. exc. OP. 42 ለማይ ፡ omn. exc. LASM. ሳ ብዐ ፡ LA. 43 ግብር ፡ BDFPR; ግብርከ ፡ MO. 44 ወበቈለ ፡ L. ማኅ' ፡] ኍልቍ ፡ BDFRP (cfr. 1,7). 45 ያብርህ ፡ B. 46 ይትለአከ ፡ L. ‸ ሀሎ ፡ L. 48 በስብ' ፡] ‸ በ ፡ LOP. 49 ስሙ ፡ LA (bis). ሌ ዋታን ፡ ꭓ (item 52).

የ ፡ ናጌብ ፡ ጸዊሮቶሙ ። 51 ወወሀብከሁ ፡ ለብ
ሔሞት ፡ አሐደ ፡ እደ ፡ [ዘ]የብሰ ፡ አመ ፡ ሣል
ስት ፡ ዕለት ፡ ከመ ፡ ይንበር ፡ ውስቴቱ ፡ ኀበ ፡
፩አድባር ፡ ሀለዉ ። 52 ወወሀብከሁ ፡ ለሌዊያ
ታን ፡ ሳብዕተ ፡ እዴሃ ፡ ለርጡብ ፤ ወዐቀብከሆ
ሙ ፡ ከመ ፡ ይኩኑ ፡ ሲሳየ ፡ ለእለ ፡ ትፈቅድ ።
53 ወአመ ፡ ሳድስት ፡ ዕለት ፡ አዘዝካሃ ፡ ለምድ
ር ፡ ከመ ፡ ታውጽእ ፡ ቅድሜከ ፡ እንስሳ ፡ ወአ
ራዊተ ፡ ገዳም ፡ ወአዕዋፈ ። 54 ወላዕለ ፡ ዝን
ቱ ፡ ኵሉ ፡ ሤምከሁ ፡ ለአዳም ፡ መስፍነ ፡ ላዕ
ለ ፡ ኵሉ ፡ ዘአቅደምከ ፡ ፈጢረ ፡ ግብርከ ፡ ወበ
እንቲአሁ ፡ ንሠጠም ፡ ንሕነ ፡ ሕዝብከ ፡ ዘኀረይ
ከ ። 55 ዘንተ ፡ ኵሎ ፡ እቤ ፡ ቅድሜከ ፡ እግዚ
አ ፡ እስመ ፡ ትቤ ፡ በእንቲአክሙ ፡ ፈጠርክዎ ፡
ለዓለም ፤ 56 ወባዕድሰ ፡ አሕዛብ ፡ እለ ፡ እምአ
ዳም ፡ ተወልዱ ፡ ከመ ፡ ወኢምንት ፡ እሙንቱ ፡
ወከመ ፡ ምራቅ ፡ ይመስሉ ፡ ወከመ ፡ ነጠብጣበ ፡
ማሕየብ ፡ እሙንቱ ፡ ወትፍሥሕቶሙኒ ። 57 ወ
ይእዜኒ ፡ [እግዚኦ ፡] ናሁ ፡ እልክቱ ፡ አሕዛብ ፡
እለ ፡ ከመ ፡ ወኢምንትኒ ፡ እሙንቱ ፡ ናሁ ፡ ተ
በውሑ ፡ ላዕሌነ ፡ ወኬዱነ ። 58 ወንሕነሰ ፡ ሕዝ
ብከ ፡ እለ ፡ ትቤለነ ፡ በኵርየ ፡ አንትሙ ፡ ዋሕ
ድየ ፡ ወልደ ፡ ዚአየ ፡ ዘአፈቅር ፡ ገባእነ ፡ ውስ
ተ ፡ እዴሆሙ ። 59 ወእመሰ ፡ በእንቲአነ ፡ ፈጠ
ርከሁ ፡ ለዓለም ፡ ለምንትኬ ፡ ኢወረስነ ፡ ዓለመ
ነ ፡ ወእስከ ፡ ማእዜኑ ፡ እንከ ፡ ዝንቱ ። V. ወ
እምዝ ፡ ሶበ ፡ አኅለቁ ፡ ነቢበ ፡ ዘንተ ፡ ቃለ ፡ ተ
ፈነወ ፡ ኀቤየ ፡ ዝኩ ፡ መልአክ ፡ ዘመጽአ ፡ ኀ
ቤየ ፡ ቀዲሙ ፡ በእንታክቲ ፡ ሌሊት ። 2 ወይ
ቤለኒ ፡ ተንሥእ ፡ ዕዝራ ፡ ወስማዕ ፡ ቃለ ፡ ዘመ
ጻእኩ ፡ እንግርከ ። 3 ወእቤሎ ፡ በል ፡ እግዚአ ፤
ወይቤለኒ ፡ ባሕር ፡ እንተ ፡ ውስተ ፡ ርሒብ ፡ መ
ካን ፡ ሀለወት ፡ ወመርሕብ ፡ ይእቲ ፡ ወስፍሕት ፡
ይእቲ ፤ 4 ወባቲ ፡ ፍኖተ ፡ ምብዋኢሃ ፡ ጸባብ ፡
ወትከውን ፡ መጠነ ፡ ፈለግ ። 5 ወእመበ ፡ ዘፈ
ቀደ ፡ ይባእ ፡ ውስተ ፡ ይእቲ ፡ ባሕር ፡ ይርአያ ፡
ወይርከባ ፡ እመ ፡ ኢኀለፈ ፡ እንተ ፡ ዝኩ ፡ መ
ጽብብ ፡ ምብዋኢሃ ፡ እፎ ፡ ይክል ፡ ውስተ ፡ መ
ርሕብ ። 6 አው ፡ ካልእት ፤ ሀገር ፡ እንተ ፡ ሀለ
ወት ፡ ሕንጽታ ፡ ውስተ ፡ ገዳም ፡ ወምልእት ፡
ይእቲ ፡ እምኵሉ ፡ በረከት ፡ 7 ወፍኖተ ፡ ምብ
ዋኢሃ ፡ ጸባብ ፡ ወውስተ ፡ ጸድፍ ፡ ይእቲ ፡ ወ

---

51 እዴሃ ፡ ለየብስ ፡ L, እደ ፡ የብስ ፡ DFPS, እደ ፡ እደ ፡ የብስ ፡ B, እደ ፡ የብሰ ፡ AMR, እደ ፡ የይበስ ፡ (!) O. አመ ፡ ሣ' ፡ ዕ' ፡] እምሳድሲት ፡ እድ ፡ PS. ‸ ከመ ፡ L. 52 ተፈቅዱ ፡ L. 53 ቅድ' ፡] ቀዳሚሁ ፡ L, ቀዳሚ ፡ BFOR (D pr. m.). ወአዕ' ፡] + ሰማይ ፡ ×. 54 መስ' ፡] ወሰፈነ ፡ A, + ወሰፈነ ፡ DMPS, + ወመኰንነ ፡ L. 55 ኵሎ ፡] ex M; ‸ caet. 56 እሙንቱ ፡ 1°] + ትቤ ፡ SP. ነጥበ ፡ OP. ወትፍ' ፡] + ከመ ፡ ወኢምንት ፡ LOP. 57 [ ] e BF; ‸ caet. ናሁ ፡ 2°] ወናሁ ፡ L. ወተከየዱነ ፡ L(A). 58 ወልድየ ፡ LM, ውሉደ ፡ BFS. ‸ ዚአየ ፡ M. እደ ፡ ዚአሆሙ ፡ BDFPR; + ለአሕዛብ ፡ MOP. 59 ኢንወርስ ፡ ×. V. 1 ቃለ ፡] ነገረ ፡ ×. ሌሊት ፡] + እንተ ፡ ኀለፈት ፡ MOPS. 2 ዘመ' ፡] ዘመጽአ ፡ ኀቤከ ፡ DOPR. 3 ብሔር ፡ እንተ ፡ ውስጣ ፡ omn., exc. LAMS. ወመር' ፡] ወርሕብት ፡ vel ወረሓብ ፡ ×. 4 ሙባኢሃ ፡ OPS; item in seq. 5 ‸ ወእመበ ፡ — ባሕር ፡ L. ብሔር ፡ omn., exc. AMS. ይርከባ ፡ ወይርአያ ፡ pos. omn., exc. MS. ይክል ፡] + በዊአ ፡ OP, F i. l. መርሕበ ፡ ×. 6 ካልእተ ፡ ሀገረ ፡ ADS. ሕንጽተ ፡ ARS. 7 ጸድፍ ፡] + ትወስድ ፡ S.

እምየማናኒ ፡ እሳት ፡ ወእምፀጋማኒ ፡ ቀላይ ፡ 8
ወአሐቲ ፡ ፍኖታ ፡ ማእከለ ፡ እሳት ፡ ወቀላይ ፡
ወኢ.ታገምር ፡ ፍኖታ ፡ ዘእንበለ ፡ አሐቲ ፡ ኪ.ደ
ተ ፡ እግሪ ፡ ብእሲ. ። 9 ወእመቦ ፡ እንከ ፡ ለዘ ፡
ተውህበት ፡ ይእቲ ፡ ሀገር ፡ ለብእሲ. ፡ ዘይወርስ ፡
እመ ፡ ኢ.ኀለፈ. ፡ እንተ ፡ ዝኩ ፡ መብእስ ፡ እፎ ፡
ይረክብ ፡ ርስቶ ። 10 ወእቤሎ ፡ ከማሁ ፡ እግዚ.
አ ። ወይቤለኒ ፡ ከማሁኬ ፡ ምድረ ፡ እስራኤልኒ ፡
ወመክፈልቶሙኒ ። 11 እስመ ፡ በእንቲአሆሙ ፡
ፈጠርከዎ ፡ ለዓለም ፡ ወአመ ፡ ክሕደ ፡ አዳም ፡
ትእዛዝየ ፡ 12 ኮነ ፡ ፍናዊሁ ፡ ለዝ ፡ ዓለም ፡ መ
ብእሰ ፡ ወመጽብበ ፡ ወውኑደ ፡ ወእኩየ ፡ ወብ
ዙኀ ፡ ሕማም ፡ ወምሉአ ፡ ጻማ ፡ ወስራሕ ፤ 13 ወ
ዝክቱሰ ፡ ዓለም ፡ ዐቢ.ይ ፡ ፍናዊሁ ፡ (ወ)ርሒ.
ብ ፡ ወብሩህ ፡ ወይገብር ፡ ፍሬ ፡ ዘሕይወት ፡ እ
ንተ ፡ አልቦቲ ፡ ሞተ ። 14 ወእመ ፡ ኢ.ዐደውክ
ምዎ ፡ አንትሙሂ ፡ እለ ፡ ሕያዋን ፡ ለውእቱ ፡
መብእስ ፡ ወለውእቱ ፡ ኀጢ.አት ፡ ኢ.ትክሉ ፡ ረ
ኪ.በ ፡ ዘሥዩም ፡ ለክሙ ። 15 ወይእዜኒ ፡ ምን
ተ ፡ ትትሀወክ ፡ አንተ ፡ መሬት ፡ ወምንተ ፡ ታ
ንጠዐጥዕ ፡ አንተ ፡ መዋቲ ፤ 16 ወለምንት ፡ ኢ.
ኀለይከ ፡ በልብከ ፡ ዘይመጽእ ፡ አላ ፡ ዘሀሎ ።
17 ወአውሣእክዎ ፡ ወእቤሎ ፡ እግዚ.አ ፡ ናሁኬ ፡
ትቤ ፡ በውስተ ፡ ሕግከ ፡ ከመ ፡ ጻድቃን ፡ ይወ
ርስዎ ፡ ለዝንቱ ፡ ወኃጥአንሰ ፡ ይትሀጐሉ ፤ 18 እ
ስመ ፡ ጻድቃን ፡ ሡናየ ፡ ይትዔገሥዎ ፡ ለመጽ
ብብ ፡ እንዘ ፡ ይሴፈውዎ ፡ ለመርሕብ ፡ ወኃጥአ
ንሰ ፡ ተአመንዎ ፡ ለመጽብብ ፡ ወኢ.ይሬእይዎ ፡
ለመርሕብ ። 19 ወይቤለኒ ፡ አኮ ፡ አንተ ፡ ዘት
ኄይስ ፡ ፍትሐ ፡ እምአሐዱ ፡ ወአኮ ፡ አንተ ፡ ዘ
ትጠብብ ፡ እምልዑል ፤ 20 ለይትሀጐሉ ፡ እል
ክቱ ፡ ብዙኃን ፡ እለ ፡ አስተቱ ፡ ሕገ ፡ ለእግዚ.
አብሔር ፡ ዘሠርዐ ። 21 እስመ ፡ አዘዞሙ ፡ እግ
ዚ.አብሔር ፡ ለእለ ፡ ሀለዉ. ፡ ዘይገብሩ ፡ ወየሐ
ይዉ. ፡ ወዘ ፡ እመ ፡ ዐቀቡ ፡ ኢ.ይትኴነኑ ። 22 ወ
ክሕድዎ ፡ ወኀደግዎ ፡ ወሠርዑ ፡ ሎሙ ፡ እኩ
የ ፡ ኀሊ.ና ፤ 23 ወረሰዩ ፡ ሎሙ ፡ ጕሕሉተ ፡ ወ
ዐመፃ ፡ ወምስለ ፡ ኵሉ ፡ ዝንቱ ፡ ይቤሉ ፡ አል
ቦ ፡ እግዚ.አብሔር ፡ ወኀደጉ ፡ ፍናዊሁ ፡ 24 ወ
ክሕዱ ፡ ሕጎ ፡ ወተዐወሩ ፡ ኪ.ዳኖ ፡ ወኢ.አምኑ ፡
በሥርዐቱ ፡ ወአስተቱ ፡ ግብሮ ። 25 ወበእንተ ፡
ዝንቱ ፡ ዘዕራቁ ፡ ለእለ ፡ ዕራቆሙ ፡ ወዘምሉእ ፡
ለእለ ፡ ምሉኣን ። 26 እስመ ፡ ናሁ ፡ ይመጽእ ፡
መዋዕል ፡ አመ ፡ ያስተርኢ. ፡ ተአምር ፡ ዘእቤለ
ከ ፡ ወትትኀባእ ፡ ሀገር ፡ እንተ ፡ ይእዜ ፡ ታስተ
ርኢ. ፡ ወያስተርኢ. ፡ ምድር ፡ ዘይእዜ ፡ ኅቡእ ።
27 ወኵሉ ፡ ዘድኅነ ፡ እምዘ ፡ እቤለከ ፡ እኩይ ፡
ውእቱ ፡ ዘይሬኢ. ፡ ስብሐቲየ ። 28 እስመ ፡ ያ
ስተርኢ. ፡ መሲ.ሕየ ፡ ምስለ ፡ እለ ፡ ምስሌሁ ፡ ወ
ያስተፌሥሖሙ ፡ ለእለ ፡ ተንሥኡ ። 29 ወእም
ድኅረ ፡ ዝንቱ ፡ ይፌጽም ፡ ቍልዔየ ፡ መሲ.ሕ
የ ፡ ወኵሉ ፡ ሰብእ ፡ ዘቦ ፡ መንፈስ ። 30 ወይገ

---

8 ፍኖት ፡ 1° S. ወእሳት ፡ L. 9 ዘይወርሳ ፡ ×. መብእስ ፡] መጽብብ ፡ BFPR. 10 ∧ ኬ ፡ BFOR; D i. l. 13 ወለዝክቱሰ ፡ OP, sine ወ BF. (ወ) omn. 17 ለዝንቱ ፡] + ዓለም ፡ P. 18 ሡናያን ፡ AS. ወኢ.ይ′ ፡] ወኢ.ይረክብዎ ፡ AMOPS. 19 ፈቲሐ ፡ BDFPRS. 20 እልኩ ፡ BDFR. 21 ወይሕየዉ. ፡ DFMOR. እምኢ.ተኰነኑ ፡ BDFOPR; ኢ.ይትኰነኑ ፡ L. 25 ዕራቆሙ ፡] ዕራቁ ፡ L. 27 ዘይድኅን ፡ BFO. 29 ይትፌጸም ፡ D. 30 መዋዕል ፡] ዕለተ ፡ ×.

ብእ ፡ ዓለም ፡ ውስተ ፡ ምንባሪሁ ፡ ዘቀዳሚ ፡ ኀ
በ ፡ ያረምም ፡ ሰቡዐ ፡ መዋዕለ ፡ በከመ ፡ ቀዳሚ ፡
ወአልቦ ፡ ዘይተርፍ ። 31 ወእምድኅረ ፡ ሰቡዕ ፡
መዋዕል ፡ ይነቅህ ፡ ዓለም ፡ ዘአልቦ ፡ አመ ፡ ነቅ
ሀ ፡ ወይሴስል ፡ ዓለም ፡ ዘመዋቲ ። 32 ወምድ
ርኒ ፡ [ታገብእ ፡] እለ ፡ ሰከቡ ፡ ውስቴታ ፡ ወመ
ሬትኒ ፡ ያገብእ ፡ እለ ፡ አዕረፉ ፡ ውስቴቱ ፡ ወእ
ምድኅረ ፡ ዝንቱ ፡ [አብያትኒ ፡] ያገብኡ ፡ ዘተ
ሠይመ ፡ ውስቴቶሙ ፡ ነፍስ ። 33 ወውእተ ፡ አ
ሚረ ፡ ያስተርኢ ፡ ልዑል ፡ ዲበ ፡ መንበሩ ፡ ዘ
ፈጠረ ፡ ወትመጽእ ፡ ምሕረቱ ፡ ወትገብእ ፡ ሣ
ህሉ ፡ ወትትጋባእ ፡ ትዕግሥቱ ። 34 ወይተርፍ ፡
ባሕቲቱ ፡ ደይን ፡ ወትቀውም ፡ ጽድቁ ፡ ወትበ
ቍል ፡ ሃይማኖቱ ፡ 35 ወይትሉ ፡ ግብሩ ፡ ወያ
ስተርኢ ፡ ዕሴቱ ፡ ወትነቅህ ፡ ርትዑ ፡ ወኢትነ
ውም ፡ እንከ ፡ ኀጢአት ። VI. ወይትከሠት ፡
ዐዘቅተ ፡ ደይን ፡ በቅድመ ፡ መከነ ፡ ዕረፍት ፡ ወ
ያስተርኢ ፡ እቶነ ፡ ገሃነም ፡ በቅድመ ፡ ገነተ ፡
ትፍሥሕት ። 2 ወይብሎሙ ፡ ውእተ ፡ አሚረ ፡
ልዑል ፡ ለሕዝብ ፡ እለ ፡ ነቅሁ ፡ ናሁ ፡ ርእዩ ፡
ወአእምሩ ፡ መኑ ፡ ውእቱ ፡ ዘክሕድክምዎ ፡ ወ
ለመኑ ፡ ኢተቀነይክሙ ፡ ወትእዛዘ ፡ መኑ ፡ መ
ነንክሙ ። 3 ናሁ ፡ ርእዩ ፡ ቅድሜክሙ ፡ እም
ለፌኒ ፡ ትፍሥሕት ፡ ወዕረፍት ፡ ወእምለፌኒ ፡
ደይን ፡ ወእሳት ። ወከመዝ ፡ ይብሎሙ ፡ በዕለ
ተ ፡ ደይን ። 4 ወዕለተ ፡ ደይንሰ ፡ ከመዝ ፡ ይ
እቲ ፤ አልቦ ፡ ፀሐየ ፡ ወኢወርኀ ፡ ወኢከዋክብ
ተ ፤ 5 ወኢደመና ፡ ወኢመብረቀ ፡ ወኢነጐድ
ጓደ ፡ ወኢነፋሰ ፡ ወኢማየ ፡ ወኢሰማየ ፡ ወኢ
ጽልመተ ፡ ወኢሌሊተ ፡ ወኢመዓልተ ፤ 6 ወ
ኢክረምተ ፡ ወኢሐጋየ ፡ ወኢማእረረ ፡ ወኢቍ
ረ ፡ ወኢሃፈ ፡ ወኢአውለ ፡ ወኢበረደ ፡ ወኢአ
ስሐትያ ፡ ወኢጊሜ ፡ ወኢዝናመ ፡ ወኢጠለ ፤
7 ወኢሰርከ ፡ ወኢነግሀ ፡ ወኢበርሀ ፡ ወኢጸዳ
ለ ፡ ወኢዋካ ፡ ወኢማኅቶተ ፡ ዘእንበለ ፡ ባሕቲ
ቱ ፡ መብረቀ ፡ ስብሓቲሁ ፡ ለእግዚአብሔር ፡ ከ
መ ፡ ቦቱ ፡ ይርአይ ፡ ኵሉ ፡ ዘጽኑሕ ፡ ሎቱ ። 8
ወይከውን ፡ ኑኃ ፡ ለይእቲ ፡ ዕለት ፡ ከመ ፡ ሰብ
ዐቱ ፡ ዓመት ። 9 ወዝንቱ ፡ ደይኑ ፡ ወኵነኔሁ ፤
ለከ ፡ ለባሕቲትከ ፡ ነገርኩከ ። 10 ወአውሣእክ
ዎ ፡ ወእቤሎ ፡ [እግዚኦ ፡] ይእዜኒ ፡ እብል ፡ ብ
ጹዓን ፡ እለ ፡ ሀለዉ ፡ ወየዐቅቡ ፡ ትእዛዘከ ።
11 ወባሕቱ ፡ በእንተ ፡ ዘተስእልኩከ ፡ መኑ ፡ ው
እቱ ፡ እምእለ ፡ ሀለዉ ፡ ወኢይኤብሱ ፡ ወመኑ ፡
ውእቱ ፡ ዘተወልደ ፡ ወኢኀደገ ፡ ሥርዐተከ ።
12 ወይእዜሰ ፡ እሬኢ ፡ ከመ ፡ ውኁዳን ፡ እሙ
ንቱ ፡ እለ ፡ ሀለወከ ፡ ታስተፌሥሕ ፡ በዓለም ፡
ዘይመጽእ ፡ ወብዙኃን ፡ እለ ፡ ይትኴነኑ ። 13 እ
ስመ ፡ በቈለ ፡ ላዕሌነ ፡ ልብ ፡ እኩይ ፡ ዘአስሐ
ተነ ፡ እምዝንቱ ፡ ወመርሐነ ፡ ውስተ ፡ ሕርትም

---

31 ‸ ዓለም ፡ — ነቅሀ ፡ L. 32 [ ] e MOPS; ወ caet. [ ] e M; ‸ caet. ነፍሰ ፡ ADOPRS. 33 ዘፈጠረ ፡] emenda ዘፍትሕ ፡ ወትገብእ ፡] ወትትጋባእ ፡ LO. 34 ሃይማኖት ፡ ABF. 35 ወኢትነውም ፡] ወኢትቀውም ፡ BDFOPR. VI. 2 ወይቤሎሙ ፡ ×. ለአሕዛብ ፡ MOS. 3 ይቤሎሙ ፡ ×. 5 ወኢመ' ፡ ወኢሌሊተ ፡ pos. LM. 6 ወኢአውለ ፡] LAD; ወኢዐውሎ ፡ caet. 7 ‸ ወኢበርሀ ፡ LBDFRS. ‸ ባሕቲቱ ፡ LR. ይርአዩ ፡ L. 8 ለይእቲ ፡] ለአሐቲ ፡ AOS. ከመ ፡] መጠነ ፡ BF. ሰብ' ፡] ፸፻ LM. 10 [ ] e P; ‸ caet. ‸ ሀለዉ ፡ ወ L. 12 ወይእዜኒ ፡ ×. ዘሀሎ ፡ ይመጽእ ፡ L, ዘሀሎ ፡ ይምጻእ ፡ AM. 13 በቍለ ፡ L. ( ) ‸ BFR (P i. l.). ላዕለ ፡ 1°] ለእለ ፡ BFR.

ና ፡ ወወሰደነ ፡ ውስተ ፡ ፍኖተ ፡ ሞት ፡ ወውስ
ተ ፡ ፍኖተ ፡ ሙስና ፡ ወአርሐቃ ፡ እምኔነ ፡ (እ
ምይእዜ) ለሕይወት ፡ ወዝንቱኒ ፡ አኮ ፡ ላዕለ ፡
ውኁዳን ፡ አላ ፡ ላዕለ ፡ ኵሉ ፡ እለ ፡ ተወልዱ ።
14 ወአውሥአኒ ፡ ወይቤለኒ ፡ ስምዐኒ ፡ ወእነግ
ረከ ፡ ወዳግመ ፡ እሜህረከ ። 15 በእንተ ፡ ዝን
ቱ ፡ ኢገብረ ፡ ልዑል ፡ አሐደ ፡ ዓለመ ፡ አላ ፡
ክልኤተ ። 16 ወአንተሰ ፡ እስመ ፡ ትቤ ፡ ውኁ
ዳን ፡ እሙንቱ ፡ ጻድቃን ፡ ጥቀ ፡ ኈልቆሙ ፡ ወ
ኢኮኑ ፡ ብዙኃነ ፡ . . . . ፤ 17 . . . . ግበር ፡ ለከ ፡
ንዋየ ፡ ዐረር ፡ ምስለ ፡ ልሕኵት ። 18 ወእቤሎ ፡
እፎ ፡ ይትከሀል ፡ ዝንቱ ፡ እግዚኦ ። 19 ወይቤ
ለኒ ፡ አኮ ፡ ባሕቲቶ ፡ ዘንተ ፤ አላ ፡ ተሰአላ ፡ ለ
ምድር ፡ ወትነግረከ ፤ ተናገራ ፡ ወታየድዐከ ።
20 ወበላ ፡ ናሁ ፡ ትወልድዮ ፡ ለወርቅ ፡ ወለብሩ
ር ፡ ወለብርት ፡ ወለኀጺን ፡ ወለዐረር ፡ ወለልሕ
ኵት ፤ 21 ወይበዝኅ ፡ ብሩር ፡ እምወርቅ ፡ ወብ
ርት ፡ እምብሩር ፡ ወኀጺን ፡ እምብርት ፡ ወዐረ
ር ፡ እምኀጺን ፡ ወልሕኵት ፡ እምዐረር ። 22 አ
እምር ፡ እንከ ፡ ለሊከ ፡ መኑ ፡ ይከብር ፡ ወአይ ፡
ይትፈቀድ ፤ ዘይበዝኅኑ ፡ ወሚመ ፡ ዘይውኅድ
ኑ ። 23 ወእቤሎ ፡ እግዚእየ ፡ ዘይውኅድ ፡ ይከ
ብር ፡ ወይቴሐት ፡ ዘይበዝኅ ። 24 ወአውሥአ
ኒ ፡ ወይቤለኒ ፡ ለሊከ ፡ ድልዋ ፡ ለእንተ ፡ ኀለይ
ከ ፡ እስመ ፡ ዘቦ ፡ እምውስተ ፡ ዘይውኅድ ፡ ይ
ትፌሣሕ ፡ ፈድፋደ ፡ እምዘቦ ፡ እምውስተ ፡ ዘ
ይበዝኅ ፤ 25 ከማሁኬ ፡ ተስፋሆሙ ፡ ለጻድቃ
ን ፡ ዘእምኀቤየ ፡ ወእትፌሣሕ ፡ በእንተ ፡ ውኁ
ዳን ፡ እለ ፡ የሐይዉ ፡ እስመ ፡ እሙንቱ ፡ ይረ
ክቡ ፡ ስብሐትየ ፡ እስመ ፡ በላዕሌሆሙ ፡ ተሰብ
ሐ ፡ ስምየ ። 26 ወኢያሐዝኖ ፡ ለልብየ ፡ በእን
ተ ፡ ብዙኃን ፡ እለ ፡ ይትሀጐሉ ፡ እስመ ፡ እሙ
ንቱ ፡ ይእዜ ፡ በእሳት ፡ ተመሰሉ ፡ ወከመ ፡ ነድ ፡
ኮኑ ፡ ወከመ ፡ ጢስ ፡ እሙንቱ ፡ ነደዱ ፡ ወፈል
ሑ ፡ ወጠፍኡ ። 27 ወአውሣእክዎ ፡ ወእቤሎ ፡
ኦምድር ፡ ምንተ ፡ ኮነ ፡ እምውስተ ፡ መሬትኪ ፡
ዘከማኪ ፡ ካልእ ፡ ፍጥረት ። 28 እምኀየሰነ ፡ ባ
ሕቱ ፡ ሶበ ፡ ኢተፈጥረ ፡ ለነ ፡ ልብ ፡ እምይትፈ
ጠር ፡ ለነ ፤ 29 ወይልህቅ ፡ ምስሌነ ፡ ወበእንቲ
አሁ ፡ ንትኴነን ፡ እስመ ፡ እንዘ ፡ ናአምር ፡ ንት
ሀጐል ። 30 ለይላሑ ፡ ዘመደ ፡ እጓለ ፡ እመሕ
ያው ፡ ወይትፈሥሑ ፡ አራዊተ ፡ ገዳም ፤ ወይ
ብክዩ ፡ ኵሎሙ ፡ እለ ፡ ተወልዱ ፡ ወይትሐሠ
ዩ ፡ መራዕየ ፡ እንስሳ ። 31 እስመ ፡ እሙንቱ ፡
ይኄይሱ ፡ ፈድፋደ ፡ እምኔነ ፡ እስመ ፡ አልቦሙ ፡
ደይነ ፡ ዘይጸንሖሙ ፡ ወኢያአምርዎ ፡ ለደይን ፡
ወኢይሴፈዉ ፡ ሐዩወ ፡ እምድኅረ ፡ ሞቱ ። 32
ወምንተ ፡ ይበቍዐነ ፡ ዘነሐዩ ፡ ሕይወተ ። 33 ኵ
ልነ ፡ እለ ፡ ተወለድነ ፡ ተሠጠምነ ፡ በኀጣውኢ
ነ ፡ ወተመላእነ ፡ ዐመፃ ፡ ወከብደ ፡ አበሳነ ፤ 34 ወ
እምኀየሰነ ፡ ሶበ ፡ ኢነሐውር ፡ ውስተ ፡ ደይን ፡
እምድኅረ ፡ ሞትነ ። 35 ወአውሥአኒ ፡ ወይቤ

---

15 ወበእንተ ፡ L. 21 ‸ ወኀጺን ፡ እምብርት ፡ omn., exc. MPS. 22 ይትፈቀር ፡ omn., exc. AMO. 26 ‸ ብዙኃን ፡ omn., exc. OS. ይትሀጐሉ ፡] + ኃጥኣን ፡ BFOPR, D i. l. ነደዱ ፡] ነዱ ፡ *. 27 ኮንኪ ፡ BOR, F pr. m. ‸ ካልእ ፡ ፍጥ′ ፡ L. 28 ልብ ፡] + እኩይ ፡ BDFOPR. ‸ እምይ′ ፡ ለነ ፡ ABDFR. 29 ወይልህቅ ፡ LBF. ንትኴ′ ፡] ንዴየን ፡ S. ኢናአምር ፡ BDFR. 33 ወተማላእነ ፡ LBR. 34 (ወ)እምኄሰነ ፡ BDR, F pr. m. 35 በላዕሌሁ ፡ L. አቅደመ ፡ OP.

ለኒ ፡ አመኒ ፡ ገብሮ ፡ ልዑል ፡ ለዓለም ፡ ወለአ
ዳምሂ ፡ ወለኵሎሙ ፡ እለ ፡ ተወልዱ ፡ እምላዕ
ሌሁ ፡ ቀደመ ፡ ገቢረ ፡ ደይን ፡ ወኵነኔሁ ። 36 ወ
ይእዜኒ ፡ እምቃልከ ፡ ለቡ ፡ እስመ ፡ ትቤ ፡ ይል
ህቅ ፡ ምስሌነ ፡ ልብነ ፤ 37 ወበእንቲአሁ ፡ ይት
ቀሠፉ ፡ እለ ፡ ይነብሩ ፡ ዲበ ፡ ምድር ፡ እስመ ፡
እንዘ ፡ በሙ ፡ ልበ ፡ ይኤብሱ ፡ ወነሢአሙ ፡ ሕ
ገ ፡ ውስተ ፡ ልበሙ ፡ ኢዐቀቡ ፡ ትእዛዞ ፡ ወተ
ምሂሮሙ ፡ ሕጎ ፡ ኀደጉ ፡ ሥርዐቶ ፡ ዘነሥኡ ።
38 ምንተ ፡ እንከ ፡ ሀለዎሙ ፡ ይበሉ ፡ አመ ፡ ይ
ትኴነኑ ፡ ወምንተ ፡ ይነቡ ፡ በደኃሪ ፡ መዋዕል ፤
39 ወሚመጠነ ፡ ተዐገሦሙ ፡ ልዑል ፡ ለእለ ፡ ይ
ነብሩ ፡ ውስተ ፡ ዓለም ፡ ወአኮ ፡ በእንቲአሆሙ ፡
ዳእሙ ፡ በእንተ ፡ ዕድሜሁ ፡ ዘሠርዐ ። 40 ወ
አውሣእክዎ ፡ ወእቤሎ ፡ እመ ፡ ረከብኩ ፡ ሞገ
ሰ ፡ ቅድሜከ ፡ ንግሮ ፡ ለገብርከ ፡ ዘንተኒ ፤ ሶበ ፡
ንመውት ፡ ወትወፅእ ፡ ነፍስነ ፡ ለለ ፡ አሐዱ ፡
እምኔነ ፡ የዐቅቡነኑ ፡ ውስተ ፡ ዕረፍት ፡ እስከ ፡
ይበጽሕ ፡ ዕድሜሁ ፡ አመ ፡ ያቀውም ፡ ደይኖ ፡
ወሚመ ፡ እምይእዜኑ ፡ ንትኴነን ። 41 ወአው
ሥአኒ ፡ ወይቤለኒ ፡ ዘንተኒ ፡ እነግረከ ፡ ወአን
ተ ፡ ባሕቱ ፡ ኢትደመር ፡ ምስለ ፡ ከሓድያን ፡ ወ
ኢትትኈለቍ ፡ ምስለ ፡ እለ ፡ ይትኴነኑ ። 42 እ
ስመ ፡ ብከ ፡ መዝገበ ፡ ዘሥዩም ፡ ለከ ፡ ኀበ ፡ ል
ዑል ፡ ዘገበርከ ፡ ወኢያስተርኢ ፡ ለከ ፡ እስከ ፡
ደኃሪ ፡ መዋዕል ። 43 ወዘሰ ፡ ነገረ ፡ ሞት ፡ እም
ከመ ፡ ወፅአ ፡ ቃለ ፡ ትእዛዝ ፡ እምኀበ ፡ ልዑል ፡
ወይቤ ፡ እገሌአ ፡ ይሙት ፡ ወትፃእ ፡ እምላዕሌ
ሁ ፡ መንፈሱ ፡ እምነ ፡ ሥጋሁ ፡ ከመ ፡ ትግባእ ፡
ካዕበ ፡ ኀበአ ፡ ዘወሀበአ ፡ ወትቀድም ፡ ሰጊደ ፡
ለስብሐተ ፡ ልዑል ። 44 ወእመሰ ፡ እምከሓድ
ያን ፡ እለ ፡ ኢዐቀቡ ፡ ፍናዊሁ ፡ ለልዑል ፡ ወአ
ስተሐቀሩ ፡ ሕጎ ፡ ወኢተዘከሩ ፡ ፍርሀቶ ፤ 45 እ
ሙንቱ ፡ መንፈስ ፡ ቤተ ፡ ኢይበውአ ፡ ዳእሙ ፡
የዐይላ ፡ ወእምዝ ፡ ይትቀሠፉ ፡ ወይጼዐራ ፡ ወ
የሐዝና ፡ ወያርእይዎን ፡ ሰብዐተ ፡ ፍናዋተ ።
46 ቀዳሚት ፡ ፍኖት ፡ እስመ ፡ ክሕዱ ፡ በሕጉ ፡
ለልዑል ፤ 47 ወካልእት ፡ ፍኖት ፡ እስመ ፡ ኢ
ይክሉ ፡ እንከ ፡ ገቢአ ፡ ከመ ፡ ይሕየዉ ፤ 48 ወ
ሣልስት ፡ ፍኖት ፡ እስመ ፡ ይሬእዩ ፡ ዘሥዩም ፡
ዕሴቶሙ ፡ ለእለ ፡ ተአመኑ ፡ በሥርዐቱ ፡ ለልዑ
ል ፤ 49 ራብዕት ፡ ፍኖት ፡ እስመ ፡ ይሬእዩ ፡ ዘ
ጽኑሕ ፡ ሎሙ ፡ ደይኖሙ ፡ ለደኃሪ ፡ መዋዕል ፤
50 ኃምስት ፡ ፍኖት ፡ እስመ ፡ ይሬእዩ ፡ ነፍሶሙ ፡
ለጻድቃን ፡ የዐቅብዎን ፡ መላእክት ፡ በውስተ ፡
አብያቲሆሙ ፡ በብዙኅ ፡ ዕረፍት ፤ 51 ሳድስት ፡
ፍኖት ፡ እስመ ፡ ያዐውድዎን ፡ ወያሬእይዎን ፡
ዘእምይእዜ ፡ ይረክቦን ፡ መቅሠፍቶን ፤ 52 ሳብ
ዕት ፡ ፍኖት ፡ እንተ ፡ ተዐቢ ፡ እምኵሉ ፡ ፍናዋ
ት ፡ ዘነገርኩከ ፡ እስመ ፡ ይትመሰዉ ፡ በኀሳር ፡

37 ሕገ ፡ ውስተ ፡ ልበሙ ፡] ex MS; ልበ ፡ caet. ሕጎ ፡] ሕገ ፡ S. ኀደጉ ፡] ወትእዛዞ ፡ ወ BFPR, D pr. m. 38 ይነብቡ ፡ ϰ. 39 ወሚመጠነ ፡] ∧ ወ ϰ. ወአኮ ፡] ወኢኮነ ፡ L. 40 ዕድሜሁ ፡] ጊዜሁ ፡ BDFPR. አመ ፡ ያቀውም ፡] ያቀድምኑ ፡ S. 42 ዘገብረከ ፡ BFP, ዘገበርኩ ፡ S, ዘገባእከ ፡ A. 43 እገሌሃ ፡ L, እገሌሃአ ፡ M, እገሌ ፡ caet. ዘወሀባ ፡ ϰ. ታቀድም ፡ vel ወታቀድም ፡ ϰ. 44 ፈ ሪሆቶ ፡ PRS. 45 እማንቱ ፡ AS. መንፈሶሙ ፡ BFR. 46 ሕጎ ፡ OS. 47 ∧ ፍኖት ፡ LA. 49 በደኃ ሪ ፡ SOP. 51 ይረክባ ፡ ABFMS. 52 ወይጸመሀይዩ ፡ R, ʻጸምሀዩ ፡ A, ʻጸመሀየዩ ፡ BFO, ʻጸማህየዩ ፡ S. ይርእዩ ፡ PS.

ወየኀስሩ ፡ በኀፍረት ፡ ወይጸመህዩ ፡ በፍርሀት ፡
ሰበ ፡ ርእዩ ፡ ስብሐቲሁ ፡ ለልዑል ፡ ቅድሜሆ
ሙ ፡ ዘይእዜ ፡ በሕይወቶሙ ፡ አበሱ ፡ ሎቱ ፡
ዘሀለዎሙ ፡ በቅድሜሁ ፡ ይትኰነኑ ፡፡ 53 ወፍ
ኖቶሙሰ ፡ ለእለ ፡ ዐቀቡ ፡ ሥርዐቶ ፡ ለልዑል ፡
አመ ፡ ሀለዎሙ ፡ ይፃኡ ፡ እምሥጋሆሙ ፡ መዋ
ቲ ፤ 54 እስመ ፡ በኵሉ ፡ መዋዕሊሆሙ ፡ ዘነበ
ሩ ፡ ውስቴቱ ፡ ተቀንዩ ፡ ለልዑል ፡ በቱ ፡ በስራ
ሕ ፡ ኵሎ ፡ አሚረ ፡ እንዘ ፡ ይትጌገዩ ፡ ሕማሞ
ሙ ፡ ከመ ፡ ይፈጽሙ ፡ ሕገ ፡ ለዘ ፡ መሀሮሙ ፡፡
55 በእንተ ፡ ዝንቱ ፡ ከመዝ ፡ ውእቱ ፡ ነገሮሙ ፡፡
56 ቀዳሚሁ ፡ በብዙኅ ፡ ትፍሥሕት ፡ ይሬእዩ ፡
ስብሐቲሁ ፡ ለዘ ፡ ይትሜጠዎሙ ፡ ወይወስድዎ
ሙ ፡ ዲበ ፡ ፯ሥርዐት ፡፡ 57 ቀዳሚ ፡ ሥርዐት ፡
እስመ ፡ በብዙኅ ፡ ጻማ ፡ ተጋደሉ ፡ ከመ ፡ ይማ
እዎ ፡ ለኅሊና ፡ እኩይ ፡ ዘዲቤሆሙ ፡ ከመ ፡ ኢ
ያስሕቶሙ ፡ ውስተ ፡ ሞት ፡ በሕይወቶሙ ፡ ዘ
ይእዜ ፡፡ 58 ካልእት ፡ ሥርዐት ፡ እስመ ፡ ይሬእ
ይዎን ፡ ለነፍሰ ፡ ኃጥኣን ፡ ኀበ ፡ የዐይላ ፡ ወደይ
ኖሙኒ ፡ ዘጽኑሕ ፡ ሎሙ ፡፡ 59 ሣልስት ፡ ሥር
ዐት ፡ እስመ ፡ ስምዐ ፡ ይከውን ፡ ሎሙ ፡ ዘፈጠ
ሮሙ ፡ ከመ ፡ ዐቀቡ ፡ ሕገ ፡ በሕይወቶሙ ፡ ዘ
በ ፡ ሃይማኖት ፡ ተውህበ ፡ ሎሙ ፡፡ 60 ራብዕት ፡
ሥርዐት ፡ እስመ ፡ ይሬእዩ ፡ ዕረፍቶሙ ፡ እንተ ፡
እምይእዜ ፡ ያዐርፉ ፡ ውስተ ፡ አብያቲሆሙ ፡ በ
ብዙኅ ፡ ትፍሥሕት ፡ እንዘ ፡ መላእክት ፡ የዐቅ
ብዎሙ ፡ ወክብሮሙኒ ፡ ዘጽኑሕ ፡ ሎሙ ፡፡ 61
ኃምስት ፡ ሥርዐት ፡ እስመ ፡ ይትፌሥሑ ፡ እ
ፎ ፡ አምሠጥዎ ፡ ለመዋቲ ፡ ዘይእዜ ፡ ወወረስ
ዎ ፡ ለዘ ፡ ሀለዎሙ ፡ ይርከብዎ ፡ ድኅረ ፡ ወከዕ
በ ፡ ይሬእዩ ፡ ዘከመ ፡ ተዐገሥዎ ፡ ለመጽብብ ፡
ዘምሉእ ፡ ስራሐ ፡ ወዘከመ ፡ ይረክብዎ ፡ ለዝኩ ፡
መርሕብ ፡ ወይትፌሥሑ ፡ በኀበ ፡ አልበ ፡ ሞ
ት ፡፡ 62 ሳድስት ፡ ሥርዐት ፡ እስመ ፡ ያሬእይዎ
ሙ ፡ ዘከመ ፡ ሀለዎሙ ፡ ይብራህ ፡ ገጾሙ ፡ ከ
መ ፡ ፀሐይ ፡ ወዘከመ ፡ ይበርቅ ፡ ከመ ፡ ዘከዋክ
ብት ፡ ብርሃኖሙ ፡ እስመ ፡ ኢይመውቱ ፡ እን
ከ ፡፡ 63 ሳብዕት ፡ ሥርዐት ፡ እንተ ፡ ተዐቢ ፡ እ
ምኵሉ ፡ እስመ ፡ ይትሜክሑ ፡ ገሃደ ፡ እንዘ ፡
ኢይትኀፈሩ ፡ በትፍሥሕት ፡ ተአሚኖሙ ፡ እ
ስመ ፡ ይጔጕኡ ፡ ይርአዩ ፡ ገጾ ፡ ለዘ ፡ ሎቱ ፡ ተ
ቀንዩ ፡ በሕይወቶሙ ፡ ዘበኀቤሁ ፡ ሀለዎሙ ፡
ይክበሩ ፡ ወይትዐሰዩ ፡፡ 64 ዝንቱ ፡ ውእቱ ፡ ሥ
ርዐቶሙ ፡ ለነፍሰ ፡ ጻድቃን ፡ ዘእምይእዜ ፡ ሀ
ለዎሙ ፡ ይርከቡ ፡ ወዝንቱ ፡ ፍኖቶሙ ፡ ወደይ
ኖሙ ፡ ዘነገርኩከ ፡ በዘ ፡ የሐሙ ፡ ከሓድያን ፡፡
65 ወአውሣእክዎ ፡ ወእቤሎ ፡ ይትወሀብኑ ፡ እ
ንከ ፡ ለነፍስ ፡ መዋዕለ ፡ እምድኅረ ፡ ወፅአት ፡
እምሥጋሃ ፡ ከመ ፡ ትርአይ ፡ ዘነገርከኒ ፡፡ 66 ወ
ይቤለኒ ፡ መዋዕለ ፡ ሰቡዐ ፡ ግዑዛን ፡ እሙንቱ ፡

---

53 የዐቅቡ ፡ DOS. ይፃኡ ፡] ይመጽኡ ፡ L. 54 በቱ ፡] ∧ DS; + በሥርዐቶሙ ፡ MO, A i. m. 56 ወይወስዶሙ ፡ LS. 58 ለነፍሳተ ፡ ABDFOP. 59 ዘተውህበ ፡ LSP. 61 ዘከመ ፡ እፎ ፡ P. ወረስዎ ፡ L. ይርከቡ ፡ ※. ስራሐ ፡ LASMBF. 62 ∧ ያሬ' ፡ ዘከመ ፡ L. እስመ ፡ ሀለዎሙ ፡ ያርእይዎሙ ፡ ዘከመ ፡ ይበርህ ፡ ※ (exc. AS). ዘከዋክብት ፡] ∧ ዘ ※ (exc. AO). 64 የሐምሙ ፡ ※. 65 ይትወሀቡኑ ፡ BDFPR. መዋዕል ፡ omn., exc. LA. ትርአይ ፡] + ዝንተ ፡ ※ (exc. BSL). 66 ወአውሥአኒ ፡ ወይቤለኒ ፡ L. በእላንቱ ፡] + ሰቡዕ ፡ ※ (exc. OF).

ከመ ፡ ይርአዩ ፡ ምግባሮሙ ፡ ዘንተ ፡ ዘነገርኩ
ከ ፡ በእላንቱ ፡ መዋዕል ፡ ወእምዝ ፡ ይገብኡ ፡
ውስተ ፡ አብያቲሆሙ ። 67 ወአውሥአክዎ ፡ ወ
እቤሎ ፡ እግዚኦ ፡ እመ ፡ ረከብኩ ፡ ሞገሰ ፡ ቅድ
መ ፡ አዕይንቲከ ፡ ዘንተኒ ፡ ንግሮ ፡ ካዕበ ፡ ለገብ
ርከ ፡ አመ ፡ ዕለተ ፡ ደይን ፡ ይክሉኑ ፡ ጻድቃን ፡
ስኢለ ፡ ለኃጥኣን ፡ ኀበ ፡ ልዑል ፤ 68 ወአበው
ኒ ፡ ለውሉዶሙ ፡ ወውሉድኒ ፡ ለአበዊሆሙ ፡
ወዘመድ ፡ ለአዝማዲሆሙ ፡ ወአዕርክት ፡ ለአ
ዕርክቲሆሙ ። 69 ወአውሥአኒ ፡ ወይቤለኒ ፡
እስመ ፡ ረከብከ ፡ ሞገሰ ፡ ቅድመ ፡ አዕይንትየ ፡
ወዘንተኒ ፡ እነግረከ ፤ ዕለተ ፡ ደይንሰ ፡ ለምዕር ፡
ይእቲ ፡ ወላዕለ ፡ ኵሉ ፡ ትእዛዝየ ፡ ማኅተመ ፡
ጽድቅ ፡ ያርእዮ ። 70 በከመ ፡ ይእዜ ፡ ኢይፌ
ንዎ ፡ አብ ፡ ለወልዱ ፡ ህየንቴሁ ፡ ወኢወልድ ፡
ለአቡሁ ፡ ወኢእግዚእ ፡ ለገብሩ ፡ ወኢዐርክ ፡
ለዐርኩ ፡ ከመ ፡ ይድወይ ፡ ህየንቴሁ ፡ አው ፡ ይ
ስከብ ፡ አው ፡ ይብላዕ ፡ አው ፡ ይትፈወስ ፤ 71 ከ
ማሁ ፡ ግሙራ ፡ አልቦ ፡ ዘይክል ፡ ስኢለ ፡ ፩ለ
ካልኡ ፡ ወአልቦ ፡ መኑሂ ፡ ዘያገብእ ፡ ክበደ ፡ ዚ
አሁ ፡ ላዕለ ፡ ቢጹ ፡ እስመ ፡ ኵሉ ፡ ጽድቆ ፡ ይ
ጸውር ፡ ወምግባሪሁ ፡ ዘዘ ፡ ዚአሁ ። VII. ወ
አውሥአክዎ ፡ ወእቤሎ ፡ እፎኬ ፡ ረከብነ ፡ ይእ
ዜ ፡ ከመ ፡ ሰአለ ፡ አብርሃም ፡ ቀዳሚ ፡ በእንተ ፡
ሰዶም ፡ ወሙሴ ፡ በእንተ ፡ አበዊነ ፡ አመ ፡ አ
በሱ ፡ በገዳም ፤ 2 ወዮሴዕ ፡ በእንተ ፡ እስራኤ
ል ፡ በመዋዕለ ፡ አካን ፡ ወሳሙኤል ፡ በመዋዕለ ፡
ሰአል ፤ 3 ወዳዊትኒ ፡ በእንተ ፡ ብድብድ ፡ ወሰ
ሎሞንሂ ፡ በእንተ ፡ መቅደስ ፤ 4 ወኤልያስ ፡ በ
እንተ ፡ ዝናም ፡ ወበእንተ ፡ ምው[ት] ፡ ከመ ፡ ይ
ሕየ[ው] ፤ 5 ወሕዝቅያስኒ ፡ በእንተ ፡ ሕዝብ ፡
በመዋዕለ ፡ ሰናክሬም ፡ ወብዙኃን ፡ በእንተ ፡ ብ
ዙኃን ፡ (ሰአሉ) ። 6 ሶበ ፡ እንከ ፡ ይእዜ ፡ እን
ዘ ፡ መዋቲ ፡ ይበቍል ፡ ወዐመፃ ፡ ትበዝኅ ፡ ሰ
አሉ ፡ ጻድቃን ፡ በእንተ ፡ ኃጥኣን ፡ በእፎ ፡ እ
ንከ ፡ ኢኮነ ፡ ከማሁ ፡ ይእተ ፡ አሚረ ። 7 ወአ
ውሥአኒ ፡ ወይቤለኒ ፡ እስመ ፡ ኢኮነ ፡ ዓዲ ፡ ማ
ኅለቅቱ ፡ ለዝንቱ ፡ ዓለም ፡ ዘይእዜ ፡ ወስብሐ
ተ ፡ እግዚአብሔር ፡ አልቦ ፡ ውስቴቱ ፡ ክሡት ፡
ዘይነብር ፡ ለዝላፉ ፡ ወበእንተ ፡ ዝንቱ ፡ ሰአሉ ፡
ጽኑዓን ፡ በእንተ ፡ ድኩማን ። 8 ወዕለተ ፡ ደይ
ንሰ ፡ ማኅለቅቱ ፡ ለዝንቱ ፡ ዓለም ፡ ወቀዳሚሁ ፡
ውእቱ ፡ ለዓለም ፡ ዘይመጽእ ፡ በዘ ፡ የኀልቅ ፡
መዋቲ ፡ ወይቀውም ፡ ዘኢይመውት ። 9 ወእ
ምዝ ፡ ተስዕረ ፡ ድካም ፡ ወየኀልቅ ፡ ተስናን ፡ ወ
ትበቍል ፡ ጽድቅ ፡ ወትጸንዕ ፡ ርትዕ ፤ 10 ወይ
እተ ፡ አሚረ ፡ አልቦ ፡ ዘይክል ፡ ምሒሮቶ ፡ ለ
ዘተመውአ ፡ በደይን ፡ ወአልቦ ፡ ዘይክል ፡ አሕ
ምሞቶ ፡ ለዘ ፡ ሞአ ። 11 ወአውሥአክዎ ፡ ወእ
ቤሎ ፡ ውእቱ ፡ ከመ ፡ ቃልየ ፡ ዘቀዳሚኒ ፡ ወዘ
ይእዜኒ ፡ እስመ ፡ እምኀየሰነ ፡ ሶበ ፡ ኢያውዕአ
ቶ ፡ ምድር ፡ ለአዳም ፡ እምታውዕአ ፡ ወትምህ

69 ትእዛዝ ፡ ×. ያርእዮሙ ፡ ×. 70 ወኢገብር ፡ ለእግዚኡ ፡ L. ይስከብ ፡] ይስተይ ፡ ABP.
71 ∧ ስኢለ ፡ L. መኑሂ ፡] + ወኢመኑሂ ፡ AMRS, + ወኢለመኑሂ ፡ L. VII. 1 እፎ ፡ L. ቀዲ
ሙ ፡ × (exc. S). ሶዶም ፡ var. 2 አካን ፡] አከዝ ፡ L. ሳኦል ፡ var. 4 [ ] ታን ፡, [ ] ዉ ፡ LADOR.
5 ( ) ∧ ADMOR. 6 ይበቍዕ ፡ BFR, D corr. 7 ክሡት ፡ BFM. ∧ ለዝሉፉ ፡ DR. በእንተ ፡] ለ ×.
9 ትሰዐር ፡ BFS, ይሰ' ፡ OR. 11 ቃልየሰ ፡ ×. ዘቀዲሙ(ኒ) ፡ ×. [ኢ] ∧ omn.

ሮ ፡ በዘ ፡ [ኢ]ይኤብስ ። 12 ወምንተ ፡ ይበቍዐ
ነ ፡ ዘነሐዩ ፡ ኵልነ ፡ በሐዘን ፡ ወመዊተነኒ ፡ ዓዲ ፡
ጽኑሕ ፡ ለነ ፡ ደይን ። 13 አአዳም ፡ ምንተ ፡ ገ
በርከ ፤ ሶበ ፡ አከ ፡ አንተ ፡ ዘአበስከ ፡ እመ ፡ ኢ
ኮነት ፡ ላዕሌነ ፡ ዛቲ ፡ እኪት ። 14 ወምንተ ፡ ይ
በቍዐነ ፡ ዘአሰፈውከነ ፡ ዓለመ ፡ ዘአልቦ ፡ ሞተ ፡
ወንሕነሰ ፡ ግብረ ፡ መዋቲ ፡ ገበርነ ፤ 15 ወዘነገ
ሩነ ፡ ተስፋ ፡ ሠናየ ፡ ወንሕነሰ ፡ እኪተ ፡ ተለው
ነ ፤ 16 ወዘሥዩም ፡ ለነ ፡ አብያት ፡ ኅበ ፡ አል
ቦ ፡ ደዌ ፡ ወአልቦ ፡ ሐዘን ፡ ወንሕነሰ ፡ ኀጢአ
ተ ፡ ገበርነ ፤ 17 ወእስመ ፡ ሀለዎሙ ፡ ስብሐቲ
ሁ ፡ ለልዑል ፡ በእንተ ፡ ጻድቃን ፡ ዘሐሙ ፡ ያ
ጽንዖሙ ፡ ወንሕነሰ ፡ በጌጋይነ ፡ ሖርነ ፤ 18 ወ
እስመ ፡ ያስተርኢ ፡ ገነት ፡ ዘኢይጸመሂ ፡ ፍሬ
ሁ ፡ ዘውስቴቱ ፡ ትፍሥሕት ፡ ወሕይወት ፡ 19 ወ
ንሕነሰ ፡ ኢንበውእ ፡ እስመ ፡ በዘ ፡ ኢንትአኰ
ት ፡ ግብረ ፡ ገበርነ ፤ 20 ወእስመ ፡ ይበርህ ፡ ገ
ጾሙ ፡ ለእለ ፡ አጽንዕዋ ፡ ለትዕግሥት ፡ ወለነሰ ፡
እምጽልመት ፡ ይጸልም ፡ ገጽነ ፤ 21 ወናሁ ፡ ነ
ሐዩ ፡ እንዘ ፡ ኢናአምር ፡ ምንት ፡ ሀሎ ፡ ለነ ፡
እምድኅረ ፡ ሞትነ ። 22 ወአውሥአኒ ፡ ወይቤ
ለኒ ፡ ዝንቱ ፡ ኀሊናሁ ፡ ለዝንቱ ፡ ዓለም ፡ ዘይ
ትጋደል ፡ ሰብእ ፡ ዘተወልደ ፡ ውስተ ፡ ምድር ፡
23 ከመ ፡ ለእመ ፡ [ተመውአ ፡] ይረክብ ፡ ዘት
ቤ ፡ ወለእመ ፡ ሞአ ፡ ይረክብ ፡ ዘእቤ ። 24 እስ
መ ፡ ዛቲ ፡ ይእቲ ፡ ፍኖት ፡ እንተ ፡ ይቤሎሙ ፡
ሙሴ ፡ ለሕዝብ ፡ ኅረይዋ ፡ ለክሙ ፡ ለሕይወት ፡
[ከመ ፡ ትሕየዉ ፡ 25 ወክሕድዎ ፡] ወለእለሂ ፡
እምድኅሬሁ ፡ ነቢያት ፡ 26 ወሊተኒ ፡ ለዘ ፡ ተ
ናገርክዎሙ ፤ ወአልቦ ፡ ሐዘነ ፡ በእንተ ፡ ተሀጕ
ሎቶሙ ፡ በከመ ፡ . . . . በእንተ ፡ ሕይወቶሙ ፡
ለእለ ፡ የአምኑ ። 27 ወአውሣእክዎ ፡ ወእቤሎ ፡
አአምር ፡ እግዚኦ ፡ ከመ ፡ ይእዜ ፡ ይሰመይ ፡ ል
ዑል ፡ መሓሬ ፡ ሶበ ፡ መሐሮሙ ፡ ለእለ ፡ ዘል
ፈ ፡ ከመ ፡ ወኢምንት ፡ ኮኑ ፤ 28 ወመስተሣህ
ል ፡ ሶበ ፡ ተሣሀሎሙ ፡ ለእለ ፡ ተመይጡ ፡ ው
ስተ ፡ ሕጉ ፡ 29 ወመስተዐግሥ ፡ እስመ ፡ ይት
ዔገሦሙ ፡ ለእለ ፡ አበሱ ፡ ከመ ፡ ውሉዱ ፡ 30 ወ
ጸጋዊ ፡ እስመ ፡ ይጼግዎሙ ፡ ለእለ ፡ እቤለከ ፡
ዘከመ ፡ ይደልዎሙ ፡ በእንተ ፡ ምግባሮሙ ፡ 31
ወብዙኅ ፡ ምሕረት ፡ እስመ ፡ ያበዝኅ ፡ ምሕረ
ቶ ፡ ፈድፋደ ፡ ላዕለ ፡ እለ ፡ ሀለዉ ፡ ወላዕለ ፡ እ
ለ ፡ ኢይትኤዘዙ ፡ ወላዕለ ፡ እለኒ ፡ ሀለዎሙ ፡
ይትአኰቱ ፡ 32 እስመ ፡ እመ ፡ ኢያብዝኅ ፡ ም
ሕረቶ ፡ ኢየሐዩ ፡ ዓለም ፡ ወእለሂ ፡ ይነብሩ ፡
ውስቴቱ ፤ 33 ወጸጋዊ ፡ እስመ ፡ እመ ፡ ኢጸገ

12 ወምንተኑ ፡ L. ወሞትነኒ ፡ L. 13 ገበርናከ ፡ BDFPR. 14 ዘአሰፈወነ ፡ S. 15 ሠናየ ፡] + ኢገበርነ ፡ BFDPRS; + ኀደግነ ፡ O. 16 አብያተ ፡ LA (vid. gramm. § 192,c). 17 ወእስመ ፡ MA, እስመ ፡ caet. 18 ወእስመ ፡] ∧ ወ DFOPRS (item 20). 19 ገበርነ ፡ ግብረ ፡ pos. ϰ. 21 ምንተ ፡ LA. ለነ ፡] ላዕሌነ ፡ omn. exc. LAM. 23 [ ] ሞአ ፡ omn. ዘትቤ ፡] ዘእቤ ፡ ABOPS. ሞአ ፡] ተመውአ ፡ ϰ. ይረክብ ፡ 2°] ኢይረክብ ፡ L. ዘእቤ ፡] ዘትቤ ፡ PS. ∧ ወለእመ ፡ — ዘእቤ ፡ AB. 24 [ ] ex OP; ∧ caet. 26 ∧ በከመ ፡ LM. ∧ በእንተ ፡ omn., exc. L (D pr. m.). 27 ∧ ይእዜ ፡ O. 28 ትሣሀሎሙ ፡ L. ሕጉ ፡] ex OP; ሕግከ ፡ caet. 29 ይኤብሱ ፡ L. 30 በእንተ ፡] በከመ ፡ BDFOPR. 31 ምሕረት ፡] + ውእቱ ፡ L. ሀለዉ ፡] ዐለዉ ፡ DR. ይትኤዘዙ ፡ sine ኢ LMO. 32 እምኢሐይወ ፡ BF. ለዓለም ፡ AS (O pr. m.). 33 ወጸጋዊ ፡] + ውእቱ ፡ L. ኢጸገዎሙ ፡ vel ኢይጼግዎሙ ፡ ϰ. ኢሐይወ ፡ BFO.

ወ ፡ እምሠናይቱ ፡ ከመ ፡ ይትቀለሉ ፡ ኃጥኣን ፡
እምኀጢአቶሙ ፡ እመ ፡ ኢሐይዉ ፡ ኵሉ ፡ ዘ
መዴ ፡ እጓለ ፡ እመሕያው ፤ 34 ወመኰንን ፡ እ
ስመ ፡ እመ ፡ ኢዐቀበ ፡ ተግባሮ ፡ ዘገብረ ፡ ይደ
መስሰሙ ፡ ብዝኆሙ ፡ ለከሓድያን ፡ ወኢይተ
ርፍ ፡ እምኒ ፡ ብዝኀ ፡ ኊልቆሙ ፡ እመ ፡ አከ ፡
ኀዳጥ ፡ ጥቀ ፡፡ VIII. ወአውሥአኒ ፡ ወይቤለ
ኒ ፡ ለዝንቱሰ ፡ ዓለም ፡ በእንተ ፡ ብዙኃን ፡ ገብ
ሮ ፡ ልዑል ፡ ወዘሰ ፡ ይመጽእ ፡ ባሕቱ ፡ በእንተ ፡
ውኁዳን ፡፡ 2 ወናሁ ፡ እፌክር ፡ ለከ ፡ አምሳለ ፡
በቅድሜከ ፡ ዕዝራ ፤ ተሰአላ ፡ ለምድር ፡ ወትነ
ግረከ ፡ እስመ ፡ ትሁብ ፡ መሬተ ፡ ዘእምውስቴ
ቱ ፡ ይከውን ፡ ልሕኵት ፡ ወመሬትኒ ፡ ዘይከው
ን ፡ ወርቀ ፡ [ወይበዝኅ ፡ ዘልሕኵት ፡ ፈድፋደ ፡
እምኒ ፡ ወርቅ ፡] ከማሁኬ ፡ ግብሩኒ ፡ ለዝንቱ ፡
ዓለም ፡፡ 3 እስመ ፡ ብዙኃን ፡ እለ ፡ ተፈጥሩ ፡
ውስቴቱ ፡ ወውኁዳን ፡ እለ ፡ የሐይዉ ፡፡ 4 ወ
አውሣእክዎ ፡ ወእቤሎ ፡ ለትትፈሣሕ ፡ ነፍስ ፡
እምልብ ፡ ወትስተይ ፡ እዝን ፡ እምጥበብ ፡ 5 እ
ስመ ፡ መጽአ ፡ እዝን ፡ ለሰሚዕ ፡ ወየሐውር ፡
በዘ ፡ ኢይፈቅድ ፡ እንዘ ፡ ኢይትወሀብ ፡ ሎቱ ፡
እንበለ ፡ ኅዳጥ ፡ ሕይወት ፡፡ 6 እግዚኦ ፡ እመሰ ፡
አባሕከ ፡ ለገብርከ ፡ ሶበ ፡ ወሀብከነ ፡ ልበ ፡ ወኅ
ሊና ፡ በዘ ፡ ንዘርእ ፡ ውኅበሂ ፡ ነሐርስ ፡ ወንዘር
እ ፡ ከመ ፡ ይፍረይ ፡ ለነ ፡ ወይክሀሉ ፡ ሐዪወ ፡
ኵሎሙ ፡ ምውታን ፡ በዘ ፡ ይጸውሮ ፡ ዓለም ፡
ለእጓለ ፡ እመሕያው ፡፡ 7 እስመ ፡ ኵልነ ፡ ዕሩያ
ን ፡ ንሕነ ፡ ግብረ ፡ እደዊከ ፡ በከመ ፡ ትቤ ፡፡ 8 እ
ስመ ፡ ትፈጥሮ ፡ ይእዜ ፡ ውስተ ፡ ማሕፀን ፡ ወ
ትገብር ፡ ሎቱ ፡ ሥጋሁ ፡ ወመለያልዮ ፡ ወትሁ
በ ፡ ልበ ፡ ወተዐቅበ ፡ በእሳት ፡ ወማይ ፡ ወ፱አ
ውራኀ ፡ ትጸውሮ ፡ ለዝኩ ፡ ዘፈጠርከ ፡ ወይት
ዐቀብ ፡ በቃለ ፡ ዚአከ ፡፡ 9 ወሶበሂ ፡ ካዕበ ፡ [ት]ወ
ል[ዶ ፡ እሙ ፡] ወእምዝ ፡ ተወሊዶ ፡ ወተፈጢ
ሮ ፡ 10 ትኤዝዝ ፡ እምውስተ ፡ መለያልይ ፡ የ
ሐዝ ፡ ሐሊብ ፡ እንተ ፡ አጥባቲሃ ፡ ፍሬ ፡ ጥብ ፡
11 ከመ ፡ ይትሐፀን ፡ ዝኩ ፡ ግብርከ ፡ እስከ ፡ ጊ
ዜ ፡ መዋዕሊሁ ፡ ወታልህቆ ፡ በምሕረትከ ፡ 12
ወትሴስዮ ፡ በጽድቅከ ፡ ወትሜህሮ ፡ በሕግከ ፡
ወትጌሥጾ ፡ በጥበብከ ፡ 13 ወእምዝ ፡ ትቀትሎ ፡
ለዝኩ ፡ ዘፈጠርከ ፡ ወአሕየውከ ፡ [ግ]ብረከ ፡፡
14 ወእመሰ ፡ አማስኖ ፡ ታማስኖ ፡ ለዝኩ ፡ ዘመ

---

34 ወመኰንን ፡] + ውእቱ ፡ LADMOS. ወኢያተርፍ ፡ BDFO. ኅዳጠ ፡ BO. VIII. 1 ለዝን ቱሰ ፡]̈ ∧ ለ L. 2 [ ] e P; ∧ caet. 3 ∧ እለ ፡ 1° LS. 4 ይትፌሣሕ ፡ et ወትሰቲ ፡ S. ወትስተ ይ ፡] ወትትሐሠይ ፡ BDF. እምጥበብ ፡] እምነቢብ ፡ BS, F pr. m. 5 መጽአ ፡ — ለሰሚዕ ፡] መ' ፡ ልብ ፡ ለሰ' ፡ AMP(O); መ' ፡ እ' ፡ ለሰ' ፡ ወመልዐ ፡ D, ልብ ፡ ለሰ' ፡ መልዐ ፡ R; ልብ ፡ ለአእምሮ ፡ ተ መልአ ፡ ወእዝን ፡ ለሰ' ፡ መጽአ ፡ BF. ኢይትፈቀድ ፡ SMP, ኢፈቀደ ፡ DR. ∧ ሎቱ ፡ L. 6 ኵሎ ሙ ፡] ወኵሎሙ ፡ AS, ወኵሎ ፡ L. ይጸውሮሙ ፡ DPR. 8 ትፈጥሮ ፡ e BDFPR; ተፈጥረ ፡ caet. ወትገብር ፡] ተገብረ ፡ L. ሥጋ ፡ et መለያልየ ፡ BFS. ለዝክቱ ፡ LS. 9 [ ] e BF(M); ተወልደ ፡ caet. 10 ትኤዝዝ ፡] praem. በ (vel ወበ)ላዕሉ (vel ሴሁ) ፡ ϰ. መለያልያ ፡ DORS. ይውሐዝ ፡ L, ያሕዝ ፡ OPR. ሐሊበ ፡ L (rectum voce ትኤዝዝ ፡). ጥበ ፡ omn., exc. LOR. 12 ጽድቅከ ፡ L, 'ቀከ ፡ D, ጽድቀ ፡ A. ሕገከ ፡ A, ሕግከ ፡ L. 13 [ግ] e F; ገ caet. 14 አማስኖ ፡] e MO; ∧ caet. መዋዕ ለ ፡ omn., exc. LAS. ፈጢረከ ፡ ወገቢረከ ፡ BDFP.

ጠንዝ ፡ መዋዕል ፡ ፈጠርከ ፡ ወገበርከ ፡ ወለም
ንት ፡ እንከ ፡ ፈጠርከሁ ። 15 ወይእዜኒ ፡ አማ
ን ፡ ነገርኩ ፡ ወለሊከ ፡ ታአምር ፡ በእንተ ፡ ኵ
ሉ ፤ ወባሕቱ ፡ ሊተሰ ፡ በእንተ ፡ ሕዝብከ ፡ አጽ
ሀቀኒ ፡ 16 ወበእንተ ፡ ርስትከ ፡ ዘንተ ፡ ዘአሐ
ዝን ። 17 ወዘንተ ፡ ዘአኀዝኩ ፡ አስተብቍዕ ፡
በቅድሜከ ፡ በእንቲአየኒ ፡ ወበእንቲአሆሙሂ ፡
እስመ ፡ እሬኢ ፡ መድኅፀነ ፡ ለነ ፡ ለእለ ፡ ንነብ
ር ፡ ውስተ ፡ ዓለም ። 18 [ወአንሰ ፡ እሰምዕ ፡] ሕ
ጎ ፡ ለዓለም ፡ ዘይመጽእ ፡ 19 ወበእንተ ፡ ዝን
ቱ ፡ ስማዕ ፡ ቃልየ ፡ ወአፅምአኒ ፡ ስእለትየ ፡ ወ
እንግር ፡ ቅድሜከ ። ቀዳሜ ፡ ቃለ ፡ ጸሎቱ ፡ ለ
ዕዝራ ፡ ዘእንበለ ፡ ይንሥእዎ ። 20 ወይቤ ፡ እ
ግዚኦ ፡ ዘትነብር ፡ ለዓለም ፡ ዘትሬኢ ፡ በአርያ
ም ፡ ልዑል ፡ ዘሀሎከ ፡ በሰማይ ፤ 21 ዘኢይት
መዋእ ፡ መንበርከ ፡ ወኢየኀልቅ ፡ ስብሐቲከ ፡
ወይቀውሙ ፡ በፍርሀት ፡ መላእክቲከ ፤ 22 ወ
በትእዛዝከ ፡ ይከውን ፡ ነፋስ ፡ ወእሳት ፡ ወቃል
ከኒ ፡ ጽኑዕ ፡ ወይነብር ፡ ነቢብከ ፤ 23 ወኀያል ፡
ሥርዐትከ ፡ ወግሩም ፡ ትእዛዝከ ፡ ወያየብስ ፡ ቀ
ላያተ ፡ ትእዛዝከ ፡ ወይመስዎሙ ፡ ለአድባር ፡
መዐትከ ፡ ወጽድቅ ፡ ስምዕከ ። 24 ስማዕ ፡ ቃሎ ፡
ለገብርከ ፡ ወአፅምእ ፡ ስእለተ ፡ ተግባርከ ፡ ወአ
ፅምእ ፡ ነቢብየ ፤ 25 አምጣነሰ ፡ ሕያው ፡ አነ ፡
እነግረከ ፡ ወአምጣነ ፡ ሀሎ ፡ ልብየ ፡ አወሥአ
ከ ። 26 ኢትነጽር ፡ አበሳሆሙ ፡ ለሕዝብከ ፡ ዳ
እሙ ፡ ጽድቆሙ ፡ ለእለ ፡ ተቀንዩ ፡ ለከ ፤ 27 ወ
ኢትርአይ ፡ ግብሮሙ ፡ ለኃጥኣን ፡ ዳእሙ ፡ ሕ
ማሞሙ ፡ ለእለ ፡ ዐቀቡ ፡ ሥርዐተከ ፤ 28 ወኢ
ትትመዓዕ ፡ በእንተ ፡ እለ ፡ ገብሩ ፡ እኪተ ፡ በ
ቅድሜከ ፡ ዳእሙ ፡ ተዘከሮሙ ፡ ለእለ ፡ በኵሉ ፡
ልበሙ ፡ ተአመኑ ፡ በሕግከ ፤ 29 ወኢትፍቅድ ፡
ታህጕሎሙ ፡ ለእለ ፡ ከመ ፡ እንስሳ ፡ ኮኑ ፡ በም
ግባሮሙ ፡ ዳእሙ ፡ (ተዘከሮሙ ፡ ወ)ነጽሮሙ ፡
ለእለ ፡ በብሩህ ፡ አጽንዕዋ ፡ ለሥርዐትከ ፤ 30 ወ
ኢትትመዐዮሙ ፡ ለእለ ፡ አከዩ ፡ እምአራዊት ፡
ዳእሙ ፡ አፍቅሮሙ ፡ ለእለ ፡ ለዝሉፉ ፡ ተወከ
ሉ ፡ በስብሐቲከ ። 31 ወባሕቱ ፡ ንሕነኒ ፡ ወእለ
ኒ ፡ እምቅድሜነ ፡ ግብረ ፡ መዋቲ ፡ ገበርነ ፡ ወ
አንተሰ ፡ በእንቲአነኒ ፡ ወበእንተኒ ፡ እለ ፡ አበ
ሱ ፡ ኩን ፡ መሓሬ ። 32 እስመ ፡ ለነ ፡ ለእለ ፡ አ
ልብነ ፡ ምግባረ ፡ ሠናይ ፡ ለእመ ፡ መሐርከነ ፡
ውእተ ፡ አሚረ ፡ ትሰመይ ፡ መሓሬ ፡ 33 ወለጻ
ድቃንሰ ፡ እለ ፡ በሙ ፡ ምግባረ ፡ ሠናይ ፡ ዘሥ
ዩም ፡ ሎሙ ፡ በኀቤከ ፡ እምግባሮሙ ፡ ትምሕ
ሮሙ ። 34 ወምንት ፡ ውእቱ ፡ እጓለ ፡ እመሕያ

15 ነገርከ ፡ BDFOPR. ሊተሰ ፡] + አከ ፡ ዘእብል ፡ አላ ፡ BF, + እቤ ፡ አላ ፡ PS. 17 አስተ' ፡ በቅ' ፡] አስተበቍዐከ ፡ L(EF). መድኃፂነ ፡ BDRP, መድኀፃቲነ ፡ FO. 18 ‸ ወአንሰ ፡ — ለዓለም ፡ LS. [ ] እንዘ ፡ ያሰምዕ ፡ BFPR, እ' ፡ ይሰምዕ ፡ AM, እ' ፡ ንሰምዕ ፡ DO. 19 Titulum exhibent omnes (in MPS rubro exscriptum). 20 ወእቤ ፡ P corr.; ‸ BFR. ወትሬኢ ፡ L. 21 ዘኢየኀልቅ ፡ ADFM. 22 ዘበትእዛዝ ፡ L. ንባብከ ፡ MOS. 23 ግሩም ፡ sine ወ L. ወያየብሶ ፡ ለቃለያት ፡ L. ወጽድቅ ፡ ስ' ፡] ‸ A, ወአከ ፡ በጽድቅከ ፡ ሰሚዐ ፡ L. 24 ተግባርከ ፡] ገብርከ ፡ ADMPR. ንባብየ ፡ MO. 25 ሀሎ ፡] ኀለየ ፡ BFPS. 29 ተሀጕሎቶሙ ፡ omn. exc. A (ትሀጕልቶሙ ፡ S). ( ) ‸ O. በብሩህ ፡] + ልብ ፡ OPR. 30 የአከዩ ፡ PS. 31 ኩን ፡] ኩነነ ፡ L. 32 ሠናየ ፡ S. 33 ወእለሰ ፡ ጻድቃን ፡ ABDFPR, ወለነሰ ፡ ጻ' ፡ MS, እስመ ፡ ጻድቃን ፡ O. በምግባሮሙ ፡ MO. 34 ትትማዐዖ ፡ L. ታምርር ፡ ፨.

ው ፡ ከመ ፡ ትትመዐዖ ፡ ወምንት ፡ ውእቱ ፡ ዘመ
ደ ፡ መዋቲ ፡ ከመ ፡ ትምርር ፡ በእንቲአሁ ። 35 አ
ማን ፡ እብል ፡ ከመ ፡ አልቦ ፡ እምዘተወልደ ፡ ዘ
ኢይኤብስ ፡ . . . ። 36 ወባሕቱ ፡ በዝንቱ ፡ ጥ
ቀ ፡ ይትአመር ፡ ኂሩትከ ፡ ሶበ ፡ መሐርኮሙ ፡
ለእለ ፡ አልቦሙ ፡ ምግባረ ፡ ሠናይ ። 37 ወአው
ሥአኒ ፡ ወይቤለኒ ፡ አማን ፡ በኀበ ፡ ጽድቅ ፡ ተ
ናገርከ ፡ ወከማሁ ፡ ውእቱ ። 38 ወአማን ፡ ኢ
ይፈቅድ ፡ ሎሙ ፡ ለእለ ፡ ይኤብሱ ፡ ሞተ ፡ ወ
ኢደይነ ፡ ወኢሕርትምና ፤ 39 ወባሕቱ ፡ እትፌ
ሣሕ ፡ በእንተ ፡ ጻድቃን ፡ እስመ ፡ እሙንቱ ፡ እ
ለ ፡ የሐይዉ ፡ ወይረክቡ ፡ ዕሴቶሙ ። 40 ወበ
ከመ ፡ ትቤ ፡ ከማሁ ፡ ውእቱ ። 41 በከመ ፡ ይዘ
ርእ ፡ ሐረሳዊ ፡ ብዙኀ ፡ ዘርአ ፡ ወይተክል ፡ ብ
ዙኀ ፡ ተክለ ፡ ወእመሰ ፡ ጊዜሁ ፡ አኮ ፡ ኵሉ ፡
ዘርእ ፡ ዘየሐዩ ፡ ወአኮ ፡ ኵሉ ፡ ተክል ፡ ዘይወ
ዲ ፡ ሥርወ ፡ ወከማሁ ፡ እለኒ ፡ ውስተ ፡ ዝንቱ ፡
ዓለም ፡ አኮ ፡ ኵሉ ፡ ዘየሐዩ ። 42 ወአውሣእኮ
ዎ ፡ ወእቤሎ ፡ እመ ፡ ረከብኩ ፡ ሞገሰ ፡ በቅድ
ሜከ ፡ እንግርከ ። 43 ዘርአ ፡ ሐረሳዊሰ ፡ እመ ፡
ኢልህቀ ፡ ይብል ፡ የጊ ፡ ዝናም ፡ ኢረከበ ፡ ወ
በእንተ ፡ ዝንቱ ፡ ይማስን ። 44 ወባሕቱ ፡ ሰብ
እ ፡ ዘበእዴከ ፡ ገበርከ ፡ ወበአምሳለ ፡ ዚአከ ፡ አ
ስተማሰልከ ፡ ወእመሰ ፡ አምሳለ ፡ ዚአከ ፡ ውእ
ቱ ፡ ወኵሎ ፡ በእንቲአሁ ፡ ገበርከ ፡ ለምንት ፡ እ
ንከ ፡ ታስተማስሎ ፡ ወትሬስዮ ፡ ከመ ፡ ዘርአ ፡
ሐረሳዊ ። 45 ሐሰ ፡ ለከ ፡ እግዚኦ ፤ ዳእሙ ፡ መ
ሀክ ፡ ሕዝበከ ፡ ወመሐር ፡ ርስተከ ፡ እስመ ፡ ተ
ግባረከ ፡ ትምሕር ። 46 ወአውሥአኒ ፡ ወይቤለ
ኒ ፡ ዘውስተ ፡ ዝንቱ ፡ ዓለም ፡ ለእለ ፡ ውስተ ፡
ዝንቱ ፡ ዓለም ፡ አምሳሊሆሙ ፡ ውእቱ ፡ ወዘዝ
ክቱሰ ፡ ዓለም ፡ ለእለ ፡ ውስተ ፡ ዝክቱ ፡ ዓለም ።
47 ወባሕቱ ፡ ብዙኀ ፡ ሕጹጽ ፡ አንተ ፡ ከመ ፡ ታ
ፈድፍድ ፡ አፍቅሮቶ ፡ ለተግባርየ ፡ እምኔየ ፤ ወ
አንተሰ ፡ ዘመብዝኀቶ ፡ ትትሜሰል ፡ ከመ ፡ ኃ
ጥኣን ፡ እንዘ ፡ ኢኮንከ ፡ ኃጥአ ። 48 ወባሕቱ ፡
በእንተ ፡ ዝንቱ ፡ ትትአኰት ፡ በኀበ ፡ ልዑል ፡
49 እስመ ፡ አትሐትከ ፡ ርእሰከ ፡ በከመ ፡ ይደል
ወከ ፡ ወኢረሰይከ ፡ ርእሰከ ፡ ከመ ፡ ጻድቃን ፡ ከ
መ ፡ ፈድፋደ ፡ ትትአኰት ። 50 ወይእዜኒ ፡ ሕ
ርቱማን ፡ ብዙኀ ፡ የሐሙ ፡ እለ ፡ ይነብሩ ፡ ው
ስተ ፡ ዓለም ፡ በደኃሪ ፡ መዋዕል ፡ እስመ ፡ በብ
ዙኃ ፡ ትዕቢት ፡ ሖሩ ፤ 51 ወአንተሰ ፡ ለርእስከ ፡
አእምር ፡ ወለእለኒ ፡ ከማከ ፡ ኅሥሥ ፡ ክብሮ
ሙ ፡ 52 እስመ ፡ ለክሙ ፡ ተርኅወ ፡ ገነት ፡ ወ
ተተክለ ፡ ዕፀ ፡ ሕይወት ፡ ወተደለወ ፡ ዓለም ፡
ዘይመጽእ ፡ ወተሠርዐ ፡ ወተሐንጸ ፡ ትፍሥሕ
ት ፡ ወተነጽፈት ፡ ዕረፍት ፡ ወቆመት ፡ በረከት ፡

---

35 ወኢይኤብስ ፡ LA. 37 በኀቤየ ፡ ጽድቀ ፡ BDF, በጽድቅ ፡ S, በጽድቅከ ፡ P. 41 ‸ ዘርእ ፡ ዘየ' ፡ ወአ' ፡ ኵ' ፡ ADRO. ሥርወ ፡] + ወአኮ ፡ ኵሉ ፡ ዘርእ ፡ ዘይበቍል ፡ BF. ኵሎሙ ፡ ዘየሐይዉ ፡ ϰ (exc. S). 42 ‸ እንግርከ ፡ L; እነግረከ ፡ MP. 43 ዝናመ ፡ ኢረከበ ፡ BDFPR. 44 ዘበእዴከ ፡] ‸ ዘ L. ወበአምሳለ ፡] ‸ ወ L. ወእመሰ ፡] ወእስመ ፡ DMOPRS (F i. l.). ወለምንት ፡ BDFPR. ‸ ዘርአ ፡ BR (DF i. l.). 46 ‸ ውስተ ፡ 2° L. 47 ሕጸጽ ፡ BFOPR. ዘመብዝኀቶ ፡] ‸ ዘ AMOS, DP corr. ኃጥኣን ፡] ኃጥእ ፡ ϰ. 48 ተአኰትከ ፡ ϰ (exc. S). 49 ‸ ርእሰከ ፡ 2° L. 50 ነበሩ ፡ ADFPR. 51 ክብ' ፡] ግብሮሙ ፡ L. 52 ወተሠርዐት ፡ MO. ወተሐንጸት ፡ ϰ. ወተነጽፈ ፡ ϰ. ዕረ' ፡] ዐራት ፡ A(M).

ወሠናይት ፡ ወተቀሥመ ፡ ሥርዋ ፡ ለጥበብ ።
53 ተኀትመ ፡ እንከ ፡ ደዌ ፡ ወጠፍአ ፡ ሞት ፡ ወ
ተኀብአት ፡ ሲኦል ፡ ወጠፍአት ፡ ሙስና ፡ 54 ወ
ተረስዐ ፡ ሕማም ፡ ወአስተርአየ ፡ መዝገበ ፡ ሕ
ይወት ። 55 ወኢትድግም ፡ እንከ ፡ ተኀሥሥ ፡
በእንተ ፡ ብዝኖሙ ፡ ለእለ ፡ ይትሀጐሉ ። 56 እ
ስመ ፡ እሙንቱኒ ፡ ረኪቦሙ ፡ ግዕዛነ ፡ መነንዎ ፡
ለልዑል ፡ ወአስተቱ ፡ ሕጎ ፡ ወኀደጉ ፡ ፍኖቶ ፡
57 ወተከየድዎሙ ፡ ለጻድቃኒሁ ፡ 58 ወይቤሉ ፡
በልቦሙ ፡ ኢንፈቅዶ ፡ ለእግዚአብሔር ፡ እንዘ ፡
ያአምሩ ፡ ከመ ፡ ይመውቱ ። 59 ወበእንተ ፡ ዝ
ንቱ ፡ በከመ ፡ ለክሙ ፡ ዝንቱ ፡ ሠናይ ፡ ከማሁ
ኬ ፡ ሎሙኒ ፡ ዝኩ ፡ ሙስና ፤ . . . ። 60 እስመ ፡
እሙንቱኒ ፡ ተፈጢሮሙ ፡ ገመንዎ ፡ ለስመ ፡ ፈ
ጣሪሆሙ ፡ ወኢያእኰትዎ ፡ ለዘ ፡ አስተደለዎ
ሙ ። 61 ይእዜኒ ፡ ይበጽሖሙ ፡ ደይኖሙ ፡ 62
ዘኢነገርክዎሙ ፡ ለብዙኃን ፡ ዘእንበለ ፡ ለከ ፡
ወለውኁዳን ፡ እለ ፡ ከማከ ። 63 ወአውሣእክ
ዎ ፡ ወእቤሎ ፡ ናሁ ፡ እግዚኦ ፡ ነገርከኒ ፡ ይእዜ ፡
ብዙኀ ፡ ተአምረ ፡ ዘሀለወከ ፡ ትግበር ፡ በደኃሪ ፡
መዋዕል ፡ ወኢነገርከኒ ፡ ባሕቱ ፡ ማእዜ ፡ ዕድ
ሜሁ ። IX. ወአውሥአኒ ፡ ወይቤለኒ ፡ ሐ
ሲበከ ፡ [ሕስብ ፡] ለሊከ ፡ ወእምከመ ፡ ርኢከ ፡
ቦቱ ፡ ዘኀለፈ ፡ እምተአምር ፡ ዘእቤለከ ፡ 2 ው
እቱ ፡ አሚረ ፡ አእምር ፡ ከመ ፡ በጽሐ ፡ ዕድሜ
ሁ ፡ ዘቦቱ ፡ ሀለዎ ፡ ለልዑል ፡ የሐውጽ ፡ ዓለ
መ ፡ ዘፈጠረ ። 3 አመ ፡ አስተርአየ ፡ ውስተ ፡
ዓለም ፡ ድልቅልቅ ፡ በበ ፡ ብሔሩ ፡ ወይትሀወ
ኩ ፡ አሕዛብ ፡ ወይትሐበቀቁ ፡ ሕዝብ ፡ ወይት
ቃተሉ ፡ መላእክት ፡ ወይደነግጹ ፡ መሳፍንት ፡
4 ውእተ ፡ አሚረ ፡ አእምር ፡ ከመ ፡ እንበይነ ፡
ዝንቱ ፡ ይቤ ፡ ልዑል ፡ እምቅድመ ፡ ዕድሜሁ ።
5 በከመ ፡ ኵሉ ፡ ዘኮነ ፡ ውስተ ፡ ዓለም ፡ ዘቀዳ
ሚ ፡ በቃል ፡ ወደኃሪ ፡ በአስተርእዮ ፡ 6 ከማ
ሁ ፡ ዓለሙኒ ፡ ለልዑል ፡ ዘቀዳሚ ፡ በነገር ፡ ወ
በተአምር ፡ ወበኀይል ፡ ወደኃሪሰ ፡ በምግባር ፡
ወበመንክር ። 7 ወዘድኅነ ፡ ወክህለ ፡ አምሥ
ጠ ፡ በምግባሩ ፡ ወበሃይማኖቱ ፡ እንተ ፡ ባቲ ፡
ተአምነ ፡ 8 ውእቱ ፡ ዘይድኅን ፡ እምዘ ፡ እቤለ
ከ ፡ ሥቃይ ፡ ወይሬእያ ፡ ለሕይወት ፡ በምድር
የ ፡ ወበደወልየ ፡ ዘቀደስኩ ፡ ሊተ ፡ እምዝንቱ ፡
ዓለም ። 9 ወይእተ ፡ አሚረ ፡ ይትመነደቡ ፡ እ
ለ ፡ ይእዜ ፡ ተዐወሩ ፡ ትእዛዝየ ፡ ወይጼዐሩ ፡ ው
ስተ ፡ ደይን ፡ እለ ፡ ኀደጉ ፡ ሥርዐትየ ፡ ወአስተ
ሐቀሩኒ ። 10 ወኵሎሙ ፡ እለ ፡ ኢያእመሩኒ ፡
በሕይወቶሙ ፡ እንዘ ፡ እረድአሙ ፡ 11 ወኵሎ
ሙ ፡ እለ ፡ ተዐበዩ ፡ ላዕለ ፡ ሕግየ ፡ እንዘ ፡ ግዑ
ዛን ፡ እሙንቱ ፡ 12 ወእንዘ ፡ ርኅው ፡ ሎሙ ፡

---

53 ወተኀትመ ፡ ϰ. 55 ወኢትደግም ፡ LA. 56 ወኀደጉ ፡ ፍ' ፡] ወመነኑ ፡ ሥርዐቶ ፡ BDFPR. 57 ወኬድዎሙ ፡ BFOPRS. ለጻድቃን ፡ L. 59 ከመ ፡ ለክሙ ፡ ዘንተ ፡ ሠናየ ፡ L. 60 ለስመ ፡] ∧ ስመ ፡ BFOR, D pr. m., P sec. m. አስተዳለወ ፡ ሎሙ ፡ PR. 63 ይእዜ ፡] praem. እስከ ፡ P. IX. 1 [ ] ሐሳበ ፡ LAS (D corr., + አእምር ፡); ሐስበ ፡ caet. (D pr. m.). 3 ወይትሐበቍቍ ፡ L, 'ብቈቁ ፡ M, 'በሐቀቁ ፡ (sic) OP. 4 ይብል ፡ L. 6 ወከማሁ ፡ L. ዓለ' ፡ ለል' ፡] ለልዑልኒ ፡ LM; ለዓለሙኒ ፡ ለልዑል ፡ A; ለዓለምኒ ፡ ልዑል ፡ R, D corr. ወድኅርሰ ፡ L. 9 ውእተ ፡ LS. ይትዐወሩ ፡ L. ሥርዐትየ ፡] ፍርሀትየ ፡ (ፈሪሆትየ ፡ PR) ϰ. 10 ወኵሎሙ ፡] ∧ ወ AB. ኢያአምሩኒ ፡ LAMPS. እረድአሙ ፡] + አነ ፡ PS. 12 ርኅው ፡] ርሒብ ፡ PS. አላ ፡] እለ ፡ ABFMS, ወእለ ፡ R. ያአምሩኒ ፡ LDPS.

መከን ፡ ትዕግሥትየ ፡ ወኢለበዉኒ ፡ አላ ፡ አስ
ተቱኒ ፡ ሀለዎሙ ፡ ባሕቱ ፡ ያእምሩኒ ፡ እምድኅ
ረ ፡ ሞቱ ። 13 ወአንተሰ ፡ ኢትኅሥሥ ፡ እንከ ፡
እፎ ፡ ይትኴነኑ ፡ ኃጥኣን ፡ ዳእሙ ፡ ኅሥሥ ፡
እፎ ፡ የሐይዉ ፡ ጻድቃን ፡ በዓለሞሙ ፡ እስመ ፡
በእንቲአሆሙ ፡ ውእቱ ፡ ዓለም ። 14 ወአውሣ
እክዎ ፡ ወእቤሎ ፡ 15 ቀዳሚኒ ፡ እቤ ፡ ወይእዜ
ኒ ፡ እብል ፡ ከመ ፡ ይበዝኍ ፡ እለ ፡ ይትሀጐሉ ፡
(እምደኃርያን ፡) እምእለ ፡ የሐይዉ ፡ 16 ከመ ፡
ትበዝኅ ፡ ሞገድ ፡ እምነጠብጣብ ። 17 ወአው
ሥአኒ ፡ ወይቤለኒ ፡ በአምጣነ ፡ ብሔሩ ፡ ዘርኡ ፡
ወበከመ ፡ ምግባሩ ፡ ኵነኔሁ ፡ ወበሐሳበ ፡ ሐረ
ሳዊሁ ፡ ዐጸዱ ፡ እስመ ፡ በመዋዕሊሁ ፡ ውእቱ ፡
ዓለም ፡ 18 ዘአስተደለውኩ ፡ ይእዜ ፡ እንበለ ፡
ይኩን ፡ ዓለሞሙ ፡ ዘውስቴቱ ፡ ይነብሩ ፡ ወአ
ልቦ ፡ ዘይትዋሥአኒ ፡ ይእተ ፡ አሚረ ፡ እስመ ፡
አልቦ ፡ ዘሀለወ ፡ ወኢመኑሂ ። 19 ወይእዜኒ ፡
ተፈጢሮሙ ፡ ውስተ ፡ ዓለም ፡ ድልው ፡ ወው
ስተ ፡ ማእድ ፡ እንተ ፡ ለዝላፉ ፡ በሕግ ፡ ዘአል
ቦ ፡ አሠረ ፤ ሞት ፡ በምግባሪሆሙ ። 20 ሶበ ፡ ር
ኢክዎ ፡ ለዓለም ፡ ወናሁ ፡ ህጉል ፡ ውእቱ ፡ ወ
ዓለምየኒ ፡ ወናሁ ፡ ይጼዐሩ ፡ በእንተ ፡ ምግባሮ
ሙ ፡ ዘተዘርአ ፡ ውስተ ፡ ምድር ። 21 ወሖርኩ ፡
ወመ[ሀ]ኩ ፡ ኅዳጠ ፡ ጥቀ ፡ ወአድኅንኩ ፡ ሊተ ፡
ሕንባበተ ፡ እምውስተ ፡ አስካል ፡ ወአሐተ ፡ ተ
ክለ ፡ እምብዙኅ ፡ ዖም ። 22 ወይትሀጐል ፡ ብ
ዝኆሙ ፡ ለእለ ፡ ከንቱ ፡ ተፈጥሩ ፡ ወትትዐቀ
ብ ፡ ሕንባበትየ ፡ ወተክልየ ፡ እንተ ፡ በብዙኅ ፡
ስራሕ ፡ ጸንዐት ። 23 ወአንተሰ ፡ ለእመ ፡ ካዕበ ፡
ጸለይከ ፡ ወጾምከ ፡ ሰቡዐ ፡ መዋዕለ ፡ 24 ወሖር
ከ ፡ ውስተ ፡ ገዳም ፡ ኀበ ፡ ኢተሐንጸ ፡ ንድቀ ፡
ወበላዕከ ፡ እምፍሬ ፡ ገዳም ፡ ባሕቲቶ ፡ ወሥጋ
ኒ ፡ ኢበላዕከ ፡ ወወይነሂ ፡ ኢሰተይከ ፡ ዘእንበ
ለ ፡ ፍሬ ፡ ዕፅ ፡ ባሕቲቶ ፡ 25 ወጸሊ ፡ ኀበ ፡ ል
ዑል ፡ በኵሉ ፡ ጊዜ ፡ ወእመጽእ ፡ ወእነግረከ ።
26 ወእምዝ ፡ ሖርኩ ፡ ውስተ ፡ ገዳም ፡ ዘስሙ ፡
አርፋድ ፡ በከመ ፡ አዘዘኒ ፡ ወነበርኩ ፡ ውስተ ፡
ሣዕር ፡ ወተሴሰይኩ ፡ እምፍሬ ፡ ገዳም ፡ ወዘኒ ፡
በላዕኩ ፡ ያጸግበኒ ፡ 27 ወእምዝ ፡ እምድኅረ ፡
ሰቡዕ ፡ መዋዕል ፡ እንዘ ፡ ሀለውኩ ፡ እሰክብ ፡ ው
ስተ ፡ ሣዕር ፡ ወልብየኒ ፡ ተሀውከኒ ፡ ከመ ፡ ቀ
ዲሙ ፡ 28 ወከሠትኩ ፡ አፉየ ፡ ወአኀዝኩ ፡ እ
ንብብ ፡ ቅድመ ፡ ልዑል ፡ ወእቤ ፤ 29 እግዚኦ ፡
እግዚእየ ፡ አስተርእዮ ፡ አስተርአይከ ፡ ለአበዊ
ነ ፡ በገዳም ፡ በምድረ ፡ በድው ፡ ኀበ ፡ አልቦ ፡
ዖመ ፡ ወሣዕረ ፡ 30 ወትቤ ፡ አንተ ፡ እስራኤል ፡
ስምዐኒ ፡ ወአፅምአኒ ፡ ቃልየ ። 31 እስመ ፡ ና
ሁ ፡ አነ ፡ እዘርእ ፡ በውስቴትክሙ ፡ ሕግየ ፡ ወ

---

13 ዓለም ፡] + ዘይመጽእ ፡ P. 15 (እምደኃርያን ፡) እምነ ፡ ኅሩያን ፡ DO. እምእለ ፡] እለ ፡ DOPS. 16 ሞገት ፡ BD(A); ዝናም ፡ ROP. 17 ዐጺዱ ፡ S, ዐፃዲ ፡ D, ዐፃዲሁ ፡ OPR. እ' ፡ መዋዕሊሁ ፡ ው' ፡ ለዓለም ፡ BDFR. 18 ዘተዋሥአኒ ፡ A, ዘይትወሥአኒ ፡ LB. ∧ ይእተ ፡ አሚረ ፡ L. 19 ወውስተ ፡] ∧ ወ ×. በሕገ ፡ LAP. ሞት ፡] corruptum e ሞቱ ፡ vel ማሰኑ ፡? ወምግባሪሆሙኒ ፡ L; ወበም' ፡ × (exc. O). 20 ህጉል ፡ ex MA, ህጕል ፡ L, F pr. m.; ህጉላን ፡ seq. እሙንቱ ፡ P, ህጕሉ ፡ እ' ፡ BOR, F corr., ተሀጕሉ ፡ እ' ፡ D. ወዓለምኒ ፡ ናሁ ፡ ይጼዐር ፡ OPRS. 21 [ ] ሐው codd.; + ሊተ ፡ MP. 22 ወይትሀጐሉ ፡ ×. ለእለ ፡] እለ ፡ LMP. 23 ∧ ወጾምከ ፡ O. 24 ንድቅ ፡ ×. ባሕቲቱ ፡ PR (bis). 25 ወጸለይከ ፡ omn. exc. L. ወእመጽእ ፡] ∧ ወ ADOPS. 27 በከመ ፡ BDFRS. 31 ወእገብር ፡ BFRO.

ይገብር ፡ ፍሬ ፡ በላዕሌክሙ ፡ ወትከብሩ ፡ ቦቱ ፡
ለዓለም ። 32 ወነሢአሙ ፡ ሕገከ ፡ አበዊነ ፡ ኢ
ዐቀቡ ፡ ወበሥርዐትከኒ ፡ ኢቆሙ ፡ ወእምዝ ፡
ፍሬሁሰ ፡ ለሕግከ ፡ ኢተሀጕለ ፡ እስመ ፡ ኢይት
ከሀል ፡ ከመ ፡ ይትሀጐል ፡ እስመ ፡ ዘዚአከ ፡ ው
እቱ ፡ 33 እስመ ፡ እለሰ ፡ ተመጠውዎ ፡ ተሀጕ
ሉ ፡ እስመ ፡ ኢዐቀቡ ፡ ዘተዘርአ ፡ ውስቴቶሙ ።
34 እስመ ፡ ሕግ ፡ ይእቲ ፤ ምድርኒ ፡ እምከመ ፡
ነሥአት ፡ ዘርአ ፡ ወባሕርኒ ፡ እምከመ ፡ ቦአት ፡
ውስቴታ ፡ ሐመር ፡ ወንዋይኒ ፡ እምከመ ፡ ወደ
ዩ ፡ ውስቴታ ፡ መብልዐ ፡ 35 ውእቱ ፡ እምከ
መ ፡ ኮነ ፡ ጊዜሁ ፡ እመኒ ፡ ለውእቱ ፡ ዘርእ ፡ ወ
እመኒ ፡ ለውእቱ ፡ ዘተወድየ ፡ ውስቴቱ ፡ ከመ ፡
ይማስን ፡ . . . . . . 38 . . . ወሶበ ፡ ነጸርኩ ፡ በአ
ዕይንቲየ ፡ ወናሁ ፡ እሬኢ ፡ ብእሲተ ፡ እመንገ
ለ ፡ የማን ፡ ትበኪ ፡ ወትጸርኅ ፡ በዐቢይ ፡ ቃል ፡
ወሕምምት ፡ ነፍሳ ፡ ጥቀ ፡ ወአልባሳኒ ፡ ሥጡ
ጥ ፡ ወሐመድ ፡ ውስተ ፡ ርእሳ ። 39 ወኅደገኒ ፡
ዝኩ ፡ ኅሊና ፡ ዘእኄሊ ፡ ወተመየጥኩ ፡ ኀቤሃ ፡
ወእቤላ ፡ ምንተ ፡ ያበክየኪ ፡ ወለምንት ፡ ተሐ
ሚ ፡ ነፍሰኪ ። 41 ወትቤለኒ ፡ ኅድገኒ ፡ ኅድገ
ኒ ፡ እብኪ ፡ እግዚእየ ፡ ላዕለ ፡ ርእስየ ፡ ወእወስ
ክ ፡ ሕማምየ ፡ እስመ ፡ ጥቀ ፡ ሕዝንት ፡ አነ ፡ ወ
ሕምምት ፡ ነፍስየ ። 42 ወእቤላ ፡ ምንተ ፡ ኮን
ኪ ፡ ንግርኒ ። 43 ወትቤለኒ ፡ መካን ፡ አነ ፡ እም
ትካት ፡ እንዘ ፡ ሀሎኩ ፡ ምስለ ፡ ብእሲየ ፡ ፴ዓ
መተ ፤ 44 ወአንሰ ፡ ኵሎ ፡ አሚረ ፡ ወኵሎ ፡ ዕ
ለተ ፡ በዝንቱ ፡ ፴ዓም ፡ እጼሊ ፡ ኀበ ፡ ልዑል ፡
መዓልተ ፡ ወሌሊተ ። 45 ወእምዝ ፡ እምድኅ
ረ ፡ ፴ዓም ፡ ሰምዓ ፡ እግዚአብሔር ፡ ለአመቱ ፡
ወርእየኒ ፡ ሕማምየ ፡ ወነጸረኒ ፡ ሥቃይየ ፡ ወስ
ራሕየ ፡ ወወሀበኒ ፡ አሐደ ፡ ወልደ ፡ ወተፈሣሕ
ኩ ፡ ቦቱ ፡ ጥቀ ፡ አነኒ ፡ ወብእሲየኒ ፡ ወኵሉ ፡
ሰብአ ፡ ሀገርየ ፡ ወአእኰትናሁ ፡ ለእግዚአብሔ
ር ፡ 46 ወሐፀንክዎ ፡ በብዙኅ ፡ ስራሕ ። 47 ወ
እምዝ ፡ ሶበ ፡ ልህቀ ፡ ነሣእኩ ፡ ሎቱ ፡ ብእሲ
ተ ፡ ወገበርኩ ፡ በዓለ ። X. ወእምዝ ፡ ሶበ ፡
ቦአ ፡ ውስተ ፡ ጽርሑ ፡ ወድቀ ፡ ወሞተ ። 2 ወ
እምዝ ፡ አጥፋእነ ፡ ማኅቶተነ ፡ ወነበርነ ፡ እንዘ ፡
ንበኪ ፡ ወተንሥኡ ፡ ኵሉ ፡ ሰብአ ፡ ሀገርየ ፡ ወ
አኀዙ ፡ ይንብቡኒ ፡ ወእምዝ ፡ አርመምኩ ፡ እ
ስከ ፡ ሌሊት ፡ ዘበሳኒታ ፡ ዕለት ። 3 ወእምዝ ፡
ሶበ ፡ ኵሉ ፡ አርመሙ ፡ ወኀደጉኒ ፡ ኪያየ ፡ ገ
ሥጸትየ ፡ ወጐየይኩ ፡ ተንሢእየ ፡ ሌሊተ ፡ ወ
መጻእኩ ፡ ዝየ ፡ ውስተ ፡ ዝንቱ ፡ ገዳም ። 4 ወ
አጥባዕኩ ፡ እንከ ፡ ኢይግባእ ፡ ውስተ ፡ ሀገር ፡

---

32 ሕግከ ፡ L. ወእምዘ ፡ BDF. ኢተሀ' ፡] ኢይትሀጐል ፡ R. ∧ እስመ ፡ — ይትሀጐል ፡ S. 33 እስመ ፡ 1°] ∧ BFO; ወ M. ወኢዐቀቡ ፡] + ትእዛዘከ ፡ O; + ተግባሮሙ ፡ MPS. 34 ሕግከ ፡ OP. ቦአ ፡ ϰ. መብልዐ ፡] + ወመስቴ ፡ PS. 35 እምከመ ፡] አመ ፡ ϰ. 38 ወሐመት ፡ L. ወልብሳ ኒ ፡ OB. 39 ምንተ ፡ LMOS (vid. lex. c. 188); ምንት ፡ caet. ታሐምሚ ፡ ABDF. ነፍስኪ ፡ LDS. 41 ኅድገኒ ፡ 2°] ∧ OP; + ትቤለኒ ፡ LDR, + ወትቤለኒ ፡ M. እበኪ ፡ LAOP. ወእወስክ ፡] + ላዕ ለ ፡ S, + ሕማመ ፡ ላዕለ ፡ P. 44 ዕለተ ፡] ሰዓተ ፡ ϰ. 45 ዓመት ፡ ϰ. ስራሕየ ፡ ወሥቃይየ ፡ pos. ϰ. 47 በዓለ ፡] ወከብካበ ፡ MO. X. 2 ማኅቶተ ፡ AFPR, + ብርሃንነ ፡ P(S). ∧ እንዘ ፡ ϰ. ንብኪ ፡ BDFS. ∧ ወአኀዙ ፡ O. 3 አርመመ ፡ LAD. ወጐየይኩ ፡] ∧ ወ ADFPR. ገዳም ፡] መካን ፡ L. ኢይገብእ ፡ L. ሀገርየ ፡ BDFPS.

ዳእሙ ፡ ዝየ ፡ እነብር ፡ ወኢይበልዕ ፡ ወኢይሰ
ቲ ፡ ዳእሙ ፡ ለዝሉፉ ፡ እጸውም ፡ ወእላሑ ፡ እ
ስከ ፡ እመውት ። 5 ወኅደገኒ ፡ ዝኩ ፡ ኀሊና ፡
ዘእኄሊ ፡ ወአውሣእክዋ ፡ ወእቤላ ፡ 6 አእብ
ድ ፡ አንቲ ፡ እምኵሉ ፡ አንስት ፤ ኢትሬእዪኑ ፡
ላሐ ፡ ዚአነ ፡ [ወ]እንተ ፡ ረከበተነ ። 7 በእንተ ፡
ጽዮን ፡ [እ]መ ፡ ኵልነ ፡ በሐዘን ፡ ሀሎነ ፡ ኵል
ነ ፡ ወበሕማም ፡ ሐመምነ ፡ ንሕነ ፡ ጥቀ ። 8 ወ
ይእዜኒ ፡ አማን ፡ ኮነ ፡ ለኪ ፡ ትሕዝኒ ፡ ወትላሕ
ዊ ፡ እስመ ፡ ንሕነኒ ፡ ኵልነ ፡ ልሕዋን ፡ ንሕነ ፡
ወአንቲሰ ፡ በእንተ ፡ አሐዱ ፡ ወልድ ፡ ተሐዝ
ኒ ። 9 ተሰአልያ ፡ ለምድር ፡ ወትነግረኪ ፤ በር
ቱዕሰ ፡ ላቲ ፡ ይደልዋ ፡ ትሕዝን ፡ እንተ ፡ መጠ
ነዝ ፡ እለ ፡ በላዕሌሃ ፡ ተወልዱ ፤ 10 ኵሎሙ ፡
እለ ፡ እምትካት ፡ ተፈጥሩ ፡ በዲቤሃ ፡ ወናሁ ፡
ካልኣን ፡ መጽኡ ፡ ወነሥእዎሙ ፡ [ለ]ኵሎሙ ፡
ለሙስና ፡ ወለተሀጕሎ ፡ በምልኣሙ ። 11 መ
ኑ ፡ እንከ ፡ ርቱዕ ፡ ይላሑ ፡ ፈድፋደ ፡ ዘመጠነ
ዝኑ ፡ ብዙኀ ፡ ሀጕለ ፡ አው ፡ አንቲኑ ፡ በእንተ ፡
አሐዱ ፡ ትቴክዚ ። 12 ወሚመ ፡ ትብሊኑ ፡ ኢ
ኮነ ፡ ከመ ፡ ላሐ ፡ ዚአየ ፡ ላሐ ፡ ምድር ፡ እስመ ፡
አነ ፡ ፍሬ ፡ ከርሥየ ፡ ሀጐልኩ ፡ ዘበጻዕር ፡ ወበ
ሕማም ፡ ወለድኩ ፡ 13 ወምድርሰ ፡ በከመ ፡ መ
ጽኡ ፡ ብዙኃን ፡ ላዕሌሃ ፡ ከማሁ ፡ ሖሩ ። 14 ወ
ባሕቱ ፡ እብለኪ ፡ አነ ፡ በከመ ፡ አንቲ ፡ በሕማ
ም ፡ ወለድኪ ፡ ከማሁ ፡ ምድርኒ ፡ ወሀበቶሙ ፡
ፍሬሃ ፡ ለእጓለ ፡ እመሕያው ፡ እምትካት ፡ በእ
ንተ ፡ ፍሬሃ ፡ ዘወሀበ ፡ ፈጣሪሃ ። 15 ወይእዜኒ ፡
አሰስሊ ፡ እምላዕሌኪ ፡ ዘንተ ፡ ሐዘነኪ ፡ ወኩ
ኒ ፡ መስተዐግሥተ ፡ ለእንተ ፡ ረከበተኪ ፡ ሕማ
ምኪ ፡ ወኵነኔኪ ። 16 እስመ ፡ ለእመ ፡ አጽደ
ቅዮ ፡ ለእግዚአብሔር ፡ ዘይ[ሬእየ]ኪ ፡ ትረክብ
ዮ ፡ ለወልድኪ ፡ በጊዜሁ ፡ ወትሰመዪ ፡ ውስተ ፡
አንስት ፡ (መስተዐግሥተ) ። 17 ወይእዜኒ ፡ ባ
ኢ ፡ ውስተ ፡ ሀገር ፡ ወሖሪ ፡ ኀበ ፡ ምትኪ ። 18
ወትቤለኒ ፡ ኢይገብር ፡ ከመዝ ፡ ወኢይበውእ ፡
ውስተ ፡ ሀገር ፡ ዳእሙ ፡ በዝየ ፡ እመውት ። 19
ወደገምኩ ፡ ተናግሮታ ፡ ወእቤላ ፡ 20 ኢትግበ
ሪ ፡ ዘንተ ፡ ነገረ ፤ አሆ ፡ በሊ ፡ ወረስዪ ፡ ርእሰ
ኪ ፡ ከመ ፡ ኵነኔ ፡ ጽዮን ፡ ወተናዘዚ ፡ በእንተ ፡
ሀገረ ፡ ኢየሩሳሌም ። 21 ኢትሬእዪኑ ፡ ከመ ፡
ተነሥተ ፡ መቅደስነ ፡ . . . . 22 ወተስዕረ ፡ መ
ዝሙርነ ፡ ወአርመመ ፡ ስብሐቲነ ፡ ወወድቀ ፡
ምክሕነ ፡ ወጠፍአ ፡ ማኅቶትነ ፡ ወብርሃንነ ፡ ወ
ተበርበረት ፡ ታቦተ ፡ ሕግነ ፡ ወተገመነ ፡ ቅድሳ
ቲነ ፡ ወረኵሰ ፡ ስምነ ፡ ወኅስሩ ፡ አግዓዝያኒነ ፡

---

5 ኀሊናየ ፡ ⁒ (exc. S). 6 እብድ ፡ BF, አብድት ፡ D corr. እምኵሎን ፡ BDP. ወኢትሬእይኑ ፡ L. [ ] ex AD; ∧ caet. 7 ዘበእንተ ፡ BDF. [ ] ከ omn. ∧ በሐዘን ፡ ሀ' ፡ ኵ' ፡ L. 8 ሉሑዋን ፡ A. ንሕነ ፡] + ወሕዙናን ፡ ንሕነ ፡ LAM. ወልድኪ ፡ BDFR. 9 ወርቱዕሰ ፡ BFPRS. ∧ እለ ፡ S. 10 ∧ እለ ፡ S. [ ] e DMR; ∧ caet. 11 ዘመጠኔዝ ፡ L(A). ሀጕለት ፡ F corr. አሐዱ ፡] + ወልድ ፡ SP. 12 ትብልኑ ፡ L. ወሕማም ፡ L. 13 ወምድርኒ ፡ L. ብዙኃን ፡] አሕዛብ ፡ BFR; + አሕዛብ ፡ DP. 14 አንቲ ፡] + ሂ ፡ ⁒ (ሰ M). ወሀበቶ ፡ A. 15 ሐዘንኪ ፡ LSO. 16 [ ] ex AM; ረድአ caet. ( ) ∧ AM. 17 ሀገርኪ ፡ FP. 18 ወኢይገብእ ፡ LO. 19 ተናግ' ፡] ተስእሎታ ፡ O; ተስእሎታ ፡ ወተና' ፡ ⁒ (exc. S). 20 በሊ ፡] በልኒ ፡ ⁒. 22 ብርሃነ ፡ ማኅቶትነ ፡ O. ስምነ ፡] ስምዕነ ፡ BMOP. ወተቀትሉ ፡ L.

ወውዕዩ ፡ ክህናቲነ ፡ ወተፄወዉ ፡ ሌዋውያኒነ ፡
ወተቀትላ ፡ ደናግሊነ ፡ ወተዐገልዎን ፡ ለአንስ
ቲያነ ፡ ወተስሕቡ ፡ ጻድቃኒነ ፡ ወተቀንዩ ፡ ወራ
ዙቲነ ፡ ወተሀይዱ ፡ ደቂቅነ ፡ ወደክሙ ፡ ጽኑዓ
ኒነ ፤ 23 ወእምኵሉ ፡ ዘየዐቢ ፡ ተኀትመት ፡ ጽ
ዮን ፡ ወወፅአ ፡ እምኔሃ ፡ ክብራ ፡ ወገባእነ ፡ ው
ስተ ፡ እደ ፡ ጸላእትነ ። 24 ወአንቲኒ ፡ ግድፊ ፡
እምላዕሌኪ ፡ ብዙኀ ፡ ሐዘንኪ ፡ ወአሰስሊ ፡ እ
ምኔኪ ፡ ዘንተ ፡ ብዙኀ ፡ ሕማምኪ ፡ ከመ ፡ ይሣ
ህልኪ ፡ ልዑል ፡ ኀያል ፡ ወያዕርፍኪ ፡ እግዚአ
ብሔር ፡ ዕረፍተ ፡ ስራሕኪ ። 25 ወእምዝ ፡ እ
ንዘ ፡ እትናገራ ፡ ግብተ ፡ በርሀ ፡ ገጻ ፡ ጥቀ ፡ ወ
ከመ ፡ ርእየተ ፡ መብረቅ ፡ ኮነ ፡ ርእየታ ፡ ወፈራ
ህኩ ፡ ጥቀ ፡ ቀሪቦታ ፡ ወልብየኒ ፡ ደንገጸኒ ። ወ
እንዘ ፡ እኄሊ ፡ ምንት ፡ ውእቱ ፡ ዝንቱ ፡ 26 ጸ
ርኀት ፡ ግብተ ፡ በዐቢይ ፡ ቃል ፡ ወዐቢይ ፡ ወ
ግሩም ፡ ድምፁ ፡ እስከ ፡ ያድለቀልቅ ፡ ምድር ፡
እምቃላ ። 27 ወሶበ ፡ ርኢክዋ ፡ ወናሁ ፡ ኢኮነ
ት ፡ ብእሲት ፡ አላ ፡ ሀገር ፡ ሕንጽት ፡ ወርኢኩ ፡
መካነ ፡ መሠረታቲሃ ፡ ዐቢይ ፡ ወፈራህኩ ፡ ወ
ጸራኅኩ ፡ በዐቢይ ፡ ቃል ። 28 ወእቤ ፡ አይቴ
ኑ ፡ ኡራኤል ፡ መልአክ ፡ ዘመጽአ ፡ ኀቤየ ፡ ቀ
ዲሙ ፤ ለምንት ፡ ከመዝ ፡ ረሰይከኒ ፡ ከመ ፡ እ
ባእ ፡ ውስተ ፡ ዝንቱ ፡ ብዙኃ ፡ ተኀሥሦ ፡ ወከ
መ ፡ ትኩን ፡ ደኃሪትየ ፡ ለሕርትምና ፡ ወጸሎት
የኒ ፡ ለትዕይርት ። 29 ወእንዘ ፡ አነ ፡ ከመዝ ፡ እ
ብል ፡ ወናሁ ፡ መጽአ ፡ ውእቱ ፡ መልአክ ፡ ዘ
መጽአ ፡ ቀዲሙ ፡ ኀቤየ ። 30 ወረከበኒ ፡ እሰክ
ብ ፡ ከመ ፡ በድን ፡ ወልብየኒ ፡ ኢሀሎ ፡ ምስሌ
የ ፡ ወአኀዘኒ ፡ በየማንየ ፡ ወአጽንዐኒ ፡ ወአቀመ
ኒ ፡ በእገርየ ፡ ርቱዐ ። 31 ወአውሥአኒ ፡ ወይቤ
ለኒ ፡ ምንተ ፡ ኮንከ ፡ ወምንት ፡ ያደነግጸከ ፡ ወ
በእንተ ፡ ምንት ፡ ኢሀለወ ፡ ልብከ ፡ ምስሌከ ።
32 ወእቤሎ ፡ እስመ ፡ ገደፍከኒ ፡ ወኀደገኒ ፡ ወ
አንሰ ፡ በከመ ፡ ትቤለኒ ፡ ወፃእኩ ፡ ውስተ ፡ ገ
ዳም ፡ ወናሁ ፡ ርኢኩ ፡ ዘኢይክል ፡ አእምሮ ።
33 ወይቤለኒ ፡ ቁም ፡ ወእንከሰ ፡ እነግረከ ፡ ከመ ፡
ብእሲ ። 34 ወእቤሎ ፡ በል ፡ እግዚኦ ፡ ወዳእ
ሙ ፡ ኢትኅድገኒ ፡ እንከ ፡ ከመ ፡ ግብተ ፡ ኢይ
ሙት ። 35 እስመ ፡ ርኢኩ ፡ ዘኢርኢኩ ፡ ወሰ
ማዕኩ ፡ ዘኢያአምር ፤ 36 ወበሕቱ ፡ ዮጊ ፡ ዘን
ግዐኒ ፡ ልብየ ፡ ወተሐልም ፡ ነፍስየ ። 37 ወይ
እዜኒ ፡ ብቍዐኒ ፡ እግዚኦ ፡ ንግሮ ፡ ለገብርከ ፡
ፍካሬሁ ፡ ለዝንቱ ። 38 ወአውሥአኒ ፡ ወይቤ

---

24 ግድፊ ፡] ንግፊ ፡ AMO(S). ብዝኀ ፡ A(B), bis. ሐዘንኪ ፡ et ሕማመኪ ፡ DPRS. እምስራሕኪ ፡ DPRS. 25 ∧ እምዝ ፡ LS. ወከመ ፡] በከመ ፡ DP, ከመ ፡ ABFO. ርእየታ ፡] ርእዮታ ፡ L. ወእንዘ ፡] ወእምዝ ፡ L, + እንዘ ፡ ϰ. ∧ ምንት ፡ ው' ፡ ዝንቱ ፡ L. 26 ጸርኀት ፡ ግብተ ፡] አውገበተኒ ፡ ወጸርኀት ፡ እንከ ፡ BFOPRS. ∧ ወዐቢይ ፡ BOP. ድምፃ ፡ ϰ (exc. P). 27 ብእሲተ ፡ ϰ (exc. D). ሀገር ፡] + ቅድስት ፡ ወ BDMPR. ዐቢይ ፡] ዐቢየ ፡ BMOPS. 28 አይቴ ፡ አንተ ፡ ABDFS(O). ኡርኤል ፡ ADP. ዘመጻእከ ፡ ϰ. እባእ ፡] እግባእ ፡ ϰ (exc. SP). 29 ∧ ወናሁ ፡ L. ለኀቤየ ፡ L. 30 ወረከ' ፡] + እንዘ ፡ ϰ (exc. AMS). ምስሌየ ፡] ኀቤየ ፡ P, ኀ' ፡ ም' ፡ BDFR. 31 ወበ' ፡ ምንት ፡] ወበምንት ፡ L. 32 መጻእኩ ፡ BDFMO. 33 እንከሰ ፡ እንግርከ ፡ ϰ. 34 ∧ እንከ ፡ — ኢይሙት ፡ L. 36 በሕቱ ፡ L. ወተሐምም ፡ ϰ (ወሐመት ፡ PR). 37 ለዝንቱ ፡] ለኵሉ ፡ BDFR. 38 ∧ እግዚ' ፡ O. እ' ፡ ምስ' ፡ ኅ' ፡] ምስጢረ ፡ ኅቡአ ፡ O. ውእቱ ፡] + ዝንቱ ፡ ϰ (exc. FS).

ለኒ ፡ ስምዐኒ ፡ ወእምህረከ ፡ በእንተ ፡ ዘትፈርህ ፡
እስመ ፡ ከሠተ ፡ ለከ ፡ እግዚአብሔር ፡ ልዑል ፡
እስመ ፡ ምስጢር ፡ ኅቡእ ፡ ውእቱ ፡ 39 ሶበ ፡ ር
እየ ፡ ጽድቀከ ፡ እስመ ፡ ብዙኀ ፡ ተሐዝን ፡ በእ
ንተ ፡ ሕዝብከ ፡ ወጥቀ ፡ ትቴክዝ ፡ በእንተ ፡ ጽ
ዮን ፡፡ 40 ዝንቱሰ ፡ ነገሩ ፤ ዛቲሰ ፡ ብእሲት ፡ እ
ንተ ፡ ርኢከ ፡ ቀዳሚ ፡ 41 ከመዝ ፡ ሉሑት ፡ ይ
እቲ ፡ ወአኀዝከ ፡ ትናዝዛ ፡ 42 ወይእዜሰ ፡ ኢ
ኮነት ፡ ብእሲት ፡ እንዘ ፡ ትሬእያ ፡ ዳእሙ ፡ ሀገ
ር ፥ ሕጽንት ፡ ትከውነከ ፡ 43 እስመ ፡ ነገረተከ ፡
በእንተ ፡ ሕማመ ፡ ወልዳ ፤ 44 ይእቲ ፡ ብእሲ
ት ፡ እንተ ፡ ርኢከ ፡ ጽዮን ፡ ይእቲ ፡ እንተ ፡ ይ
እዜ ፡ ትሬእያ ፡ ከመ ፡ ሀገር ፡ ሕጽንት ፡፡ 45 ወ
ዘኒ ፡ ዘትቤለከ ፡ መከነ ፡ ኮንኩ ፡ ፴ዓመተ ፡ እስ
መ ፡ ፴፻ዓመተ ፡ ነበረ ፡ ዓለም ፡ እንዘ ፡ አልቦ ፡
ዘያበውእ ፡ ቍርባነ ፡ 46 ወእምድኅረ ፡ ፴፻ዓመ
ት ፡ ሐነጸ ፡ ሰሎሞን ፡ ሀገረ ፡ ወአብአ ፡ ቍርባ
ነ ፤ ውእተ ፡ አሚረ ፡ ውእቱ ፡ ዘወለደት ፡ መካ
ን ፡ ይእቲ ፡ ወልደ ፡፡ 47 ወዘንተኒ ፡ በብዙኀ ፡ ስ
ራሕ ፡ ሐፀንክዎ ፡ ዘትቤ ፡ ዘከመ ፡ ነበረት ፡ ኢ
የሩሳሌም ፡ ውእቱ ፡፡ 48 ወዝንቱኒ ፡ ዘትቤለከ ፡
አመ ፡ ዕለተ ፡ ቦአ ፡ ወልድየ ፡ ውስተ ፡ ጽርሑ ፡
ሞተ ፡ ወረከበኒ ፡ ዛቲ ፡ ሕማም ፡ ድቀታ ፡ ይእ
ቲ ፡ ለኢየሩሳሌም ፡፡ 49 ወናሁ ፡ ርኢከ ፡ ዘከመ ፡
ሀለወት ፡ እሮ ፡ ትላሕዎ(ሙ) ፡ ለደቂቃ ፡ ወአን
ተሰ ፡ አኀዝከ ፡ ትናዝዛ ፡ እምሕማማ ፡ 50 ወይ
እዜኒ ፡ ሶበ ፡ ርእየከ ፡ እግዚአብሔር ፡ ልዑል ፡
ከመ ፡ በኵሉ ፡ ነፍስከ ፡ ተሐዝን ፡ ወበኵሉ ፡ ል
ብ ፡ ተሐምም ፡ በእንቲአሃ ፡ ወአርአየከ ፡ ብር
ሃነ ፡ ስብሐቲሃ ፡ ወሥነ ፡ ተድላሃ ፡፡ 51 ወበእን
ተ ፡ ዝንቱ ፡ እቤለከ ፡ ትንበር ፡ ውስተ ፡ ገዳም ፡
ኀበ ፡ ኢተሐንጸ ፡ ቤተ ፤ 52 እስመ ፡ አእመር
ኩ ፡ ኵሎ ፡ ሀሎ ፡ ያርኢከ ፡ እግዚአብሔር ፡፡ 53
ወበእንተ ፡ ዝንቱ ፡ እቤለከ ፡ ትምጻእ ፡ ዝየ ፡ ኀ
በ ፡ አልቦ ፡ መሠረተ ፡ ንድቅ ፡ 54 እስመ ፡ ኢ
ይትከሀል ፡ ንድቀ ፡ ግብረ ፡ እጓለ ፡ እመሕያው ፡
የሀሉ ፡ ውስተ ፡ መከኑ ፡ ኀበ ፡ ሀለወ ፡ ያርኢ ፡
ልዑል ፡፡ 55 ወአንተሰ ፡ ኢትፍራህ ፡ እንከ ፡ ወ
ኢይደነግጽከ ፡ ልብከ ፡ ዳእሙ ፡ ባእ ፡ ወርኢ ፡
ብርሃና ፡ ወጽንዐ ፡ ንድቃ ፡ . . . . 56 ወአምጣ
ነ ፡ ትክል ፡ ሰሚዐ ፡ ስማዕ ፡ በእዝንከ ፡፡ 57 እስ
መ ፡ አንተ ፡ አብፃዕከ ፡ እምብዙኃን ፡ ወተሰመ
ይከ ፡ በኀበ ፡ ልዑል ፡ ከመ ፡ ውኍዳን ፡፡ 58 ወ
ቢት ፡ ዝየ ፡ ጌሠመ ፡ ሌሊተ ፡ 59 ወያርእየከ ፡
እግዚአብሔር ፡ ልዑል ፡ ራእየ ፡ በሕልም ፡ ዘይ
ገብር ፡ በበ ፡ ዕድሜሁ ፡ ላዕለ ፡ እለ ፡ ይነብሩ ፡

---

39 ጽድቅከ ፡ LA (vid. 8,12. 9,32. 10,15). 40 ዝንቱ ፡ ꭗ. 41 ከመ ፡ ዘልሕውት ፡ BDFPR. ሉሑት ፡ A, ሉሑወት ፡ L. 42 ወይ′ ፡] ወይእቲሰ ፡ BDFRP. ብእሲተ ፡ ꭗ. እንዘ ፡] እንተ ፡ MS, በከመ ፡ BDFRP. ሀገረ ፡ ሕጽንተ ፡ BMPR. 43 ውሉዳ ፡ L. 44 እንተ ፡ 2°] እንዘ ፡ ABFMR. 45 ፴፻] ፻ L, ፴ O. አልቦ ፡ ዘያ′ ፡] ኢያበውእ ፡ L. 46 ፴፻] ፻ L. ∧ ወልደ ፡ L. 47 ∧ ዘትቤ ፡ LADMR. 48 ጽርሑ ፡] + ወድቀ ፡ ወ BFMOS (DP i. l.). ወሞተ ፡ L. ዛቲ ፡] ዝንቱ ፡ BDFRP. 49 ( ) omn. ወአንተ ፡ L. 51 ወበእንተ ፡] ∧ ወ BDFOPR. እብለከ ፡ LAS. ትነብር ፡ LP. ቤት ፡ ꭗ. 52 ዘሀሎ ፡ ꭗ. ያርእየከ ፡ L et ꭗ (exc. A). 53 እብለከ ፡ ትመጽእ ፡ LS, D pr. m. 54 ∧ እስመ ፡ — ግብረ ፡ L. ሀለዎ ፡ AMS. 56 በአምጣነ ፡ ABFPR. 57 ወትሰመይ ፡ L. 59 ርኢየ ፡ L. በበ ፡] በ BFP.

ውስተ ፡ ዓለም ። 60 ወቤትኩ ፡ በይእቲ ፡ ሌሊ
ት ፡ በሳኒታኒ ፡ በከመ ፡ አዘዘኒ ። XI. ወእም
ዝ ፡ አመ ፡ ሳኒታ ፡ ሌሊት ፡ ርኢኩ ፡ በሕልም ፡
ንስር ፡ የዐርግ ፡ እምባሕር ፡ ወ፲ወ፪ክንፊሁ ፡ ወ
፫አርእስቲሁ ። 2 ወይሰርር ፡ በክንፊሁ ፡ ውስ
ተ ፡ ኵሉ ፡ ምድር ፡ ወኵሉ ፡ ነፋሳተ ፡ ሰማይ ፡
ይነፍኁ ፡ ላዕሌሁ ፡ ወደመናት ፡ ይትጋብኡ ፡ ላ
ዕሌሁ ። 3 ወእምውስተ ፡ ዝኩ ፡ ክንፊሁ ፡ ይበ
ቈል ፡ አርእስት ፡ ወውእቱ ፡ አርእስት ፡ ይከው
ን ፡ ክንፈ ፡ ደቃቀ ፡ ወቀጠንተ ። 4 ወአርእስቲ
ሁ ፡ ያረምም ፡ ወማእከላዊ ፡ ርእስ ፡ የዐቢ ፡ እ
ም፪አርእስቲሁ ፡ ወባሕቱ ፡ ውእቱሰ ፡ ያረምም ፡
ምስሌሆሙ ። 5 ወዝክቱ ፡ ንስር ፡ ይሰርር ፡ ክ
ነፊሁ ፡ ከመ ፡ ይኰንና ፡ ለምድር ፡ ወለእለሂ ፡
ይነብሩ ፡ ውስተ ፡ ምድር ፡ 6 ከመ ፡ ይግርር ፡
ሎቱ ፡ ኵሉ ፡ ዘመትሕተ ፡ ሰማይ ፡ ወአልቦ ፡ ዘ
ይትዋሥአ ፡ ወኢመኑሂ ፡ እምዘ ፡ ተፈጥረ ፡ ው
ስተ ፡ ምድር ። 7 ወእምዝ ፡ ተንሥአ ፡ ውእቱ ፡
ንስር ፡ ወቆመ ፡ በጽፈሪሁ ፡ ወጸርኀ ፡ በዐቢይ ፡
ቃል ፡ ወይቤሎሙ ፡ ለክንፊሁ ፡ 8 ኵልክሙ ፡
ኢትትግሁ ፡ ኅቡረ ፤ በበ፩እምኔክሙ ፡ ኑሙ ፡
በውስተ ፡ መከኑ ፡ ወበበ ፡ ጊዜሁ ፡ ትነቅሁ ፤
9 ወርእሱ ፡ ደኃሪታ ፡ ተዐቢ ። 10 ወሰበ ፡ እሬ
ኢ ፡ አኮ ፡ እምውስተ ፡ ርእሱ ፡ ዘይወጽእ ፡ [ቃ
ሉ ፡] አላ ፡ እማእከለ ፡ ሥጋሁ ። 11 ወኈለቍ ፡
እልክቱ ፡ አርእስተ ፡ ሰማኒ ፡ እሙንቱ ። 12 ወ
እምዝ ፡ ወጽአ ፡ ክንፍ ፡ እመንገለ ፡ የማኑ ፡ ወ
ኰነነ ፡ ኵላ ፡ ምድረ ። 13 ወሰበ ፡ በጽሐ ፡ ዕድ
ሜ ፡ ማኅለቅቱ ፡ ጠፍአ ፡ ውእቱሂ ፡ እስከ ፡ ኢ
ያስተርኢ ፡ መካኑ ፡ ወወጽአ ፡ ካልኡሂ ፡ ወኰ
ነነ ፡ ውእቱሂ ፡ ብዙኀ ፡ መዋዕለ ፡ ወአጽንዐ ።
14 ወእምዝ ፡ ሰበ ፡ በጽሐ ፡ ማኅለቅቱ ፡ ጠፍአ ፡
ውእቱሂ ፡ ከመ ፡ ቀዳማዊ ። 15 ወመጽአ ፡ ሎ
ቱ ፡ ቃል ፡ ወይቤሎ ፡ 16 ስማዕ ፡ አንተ ፡ ዘመ
ጠነ ፡ ዝንቱ ፡ መዋዕል ፡ አጽናዕካሃ ፡ ለምድር ፡
ዘንተ ፡ ዘእዜንወከ ፡ እምቅድመ ፡ ትጥፋእ ፤ 17
አልቦ ፡ እምድኅሬከ ፡ ዘያጸንዓ ፡ ከማከ ፡ ወኢመ
ጠነ ፡ መንፈቅከ ። 18 ወወጽአ ፡ ሣልስ ፡ ወአጽ
ንዐ ፡ ውእቱኒ ፡ ወኰነነ ፡ ከመ ፡ ቀዳማዊ ፡ ወእ
ምዝ ፡ ጠፍአ ፡ ውእቱኒ ። 19 ወከመዝ ፡ ወጽ
ኡ ፡ ኵሎሙ ፡ ክንፊሁ ፡ ወኰነኑ ፡ በበ ፡ አሐዱ ፡
ወካዕበ ፡ ጠፍኡ ። 20 ወእምዝ ፡ ተንሥኡ ፡ ክ
ነፊሁ ፡ በበ ፡ ጊዜሆሙ ፡ እመንገለ ፡ የማን ፡ ከ
መ ፡ ያጽንዑ ፡ ወከመ ፡ ይኰንኑ ፡ ወባሕቱ ፡ ፍ
ጡነ ፡ ጠፍኡ ። 21 ወበ ፡ እምውስቴቶሙ ፡ እ
ለኒ ፡ ተንሥኡ ፡ ወባሕቱ ፡ እሙንቱሰ ፡ ኢኰነ

60 **ወበሳኒታ ፡** BFMPRS. XI. 1 **ሳኒተ ፡** L. 3 **ይበቈሉ ፡** PR. ^ **ውእቱ ፡ አርእስት ፡** BS. **ወውእቱ ፡]** **ወውስተ ፡** AM. **ደቂቀ ፡** L. 4 **ርእሱ ፡** ×. **፪] እልክቱ ፡** SM. ^ **ውእቱሰ ፡]** LR. 5 **ያሰርር ፡** AR. **በክነፊሁ ፡** MS (D i. l.). 6 **ይግርሩ ፡** OR; **ያግርር ፡** seq. **ኵሎ ፡** L. **ዘይትወሥአ ፡** L. **ወእምዘ ፡** LR. 8 ^ **ኅቡረ ፡** L. **ንቅሁ ፡** AB. 9 **ወርእስ ፡** DP. **ደኃሪት ፡** ×. Emenda **ወአርእስቱ ፡ ለደኃሪት ፡ ይትዐቀብ ፡** (cfr. Z: **ወርእስ ፡ ደኃሪት ፡ ተዐቀብ ፡ ይእቲ ፡**). 10 [ ] **ካልኡ ፡** omn. (vid. 12,17). 11 **ወኈልቄ ፡** seq. **አርእስት ፡** ×. **ሰመንቱ ፡** DMO. 13 ^ **ዕድሜ ፡** ABFRS (D i. l.). **ውእቱ ፡** sine **ሂ ፡** BF. **ወጸንዐ ፡** BF. 14 **ኅልቀቱ ፡** AM. 16 **ዘእምዜነውከ ፡** LD; **ዘእምእዜንወከ ፡** O. 17 **ዘያጸንዕ ፡** BOS. **ወአምጣነ ፡** L. 19 **ወከመዝ ፡]** **ወእምዝ ፡** BDOPR. 20 **ጊዜሁ ፡** L. **የማኑ ፡** SM, **የማኖሙ ፡** A,| **ፀጋም ፡** vel **ፀጋሙ ፡** BFORD (**ወበየማኑ ፡** D i. l.). 21 **እለ ፡** BFOPRS. **ይኰንኑ ፡** S.

ኑ ። 22 ወእምድኅረ ፡ ዝንቱ ፡ ጠፍኡ ፡ እልክ
ቱ ፡ ፲ወ፪ ክነፊሁ ፡ ወክልኤቱኒ ፡ አርእስት ።
23 ወአልቦ ፡ ዘተረፈ ፡ ውስተ ፡ ሥጋሁ ፡ ለውእ
ቱ ፡ ንስር ፡ ዘእንበለ ፡ ፫ አርእስቲሁ ፡ እለ ፡ ያረ
ምሙ ፡ ወ፮አርእስቱ ። 24 ወእምዝ ፡ እምውስ
ተ ፡ ዝኩ ፡ ፮አርእስት ፡ ተግሕሡ ፡ ፪ወነበሩ ፡
ውስተ ፡ ርእሱ ፡ ዘመንገለ ፡ የማን ፡ ወተርፉ ፡
፬ውስተ ፡ መከኖሙ ። 25 ወእሙንቱ ፡ ፬አርእ
ስት ፡ ተማከሩ ፡ ይቁሙ ፡ ወይኩንኑ ፡ እሙንቱ
ሂ ። 26 ወእምዝ ፡ ተንሥአ ፡ አሐዱ ፡ ወቆመ ፡
ወፍጡነ ፡ ጠፍአ ። 27 ወካልኡኒ ፡ ከማሁ ፡ ወ
አፍጠነ ፡ ውእቱኒ ፡ እምቀዳማዊ ። 28 ወእም
ዝ ፡ እልክቱሂ ፡ ፪ከማሁ ፡ እለ ፡ ተረፉ ፡ ተማከ
ሩ ፡ እሙንቱሂ ፡ ይቁሙ ፡ ወይኩንኑ ። 29 ወ
እንዘ ፡ እሙንቱ ፡ ይትማከሩ ፡ ናሁ ፡ [ነቅሀ ፡] ፩
እምውስተ ፡ ፫አርእስት ፡ እለ ፡ ያረሙ ፡ ማእከ
ላዊ ፡ [ወ]ውእቱ ፡ የዐቢ ፡ እምእልክቱ ፡ አርእ
ስት ። 30 ወእምዝ ፡ ነሥአሙ ፡ ምስሌሁ ፡ ለእ
ልክቱ ፡ ፪አርእስት ። 31 ወተመይጠ ፡ ውእቱ ፡
ርእስ ፡ ምስለ ፡ እለ ፡ ምስሌሁ ፡ ወውኅጠሙ ፡
ለእልክቱ ፡ ፪አርእስት ፡ እለ ፡ ተማከሩ ፡ ከመ ፡
ይኩንኑ ፡ እሙንቱሂ ። 32 ወውእቱ ፡ ርእስ ፡
አጽንዓ ፡ ለኵላ ፡ ምድር ፡ ወሣቀዮሙ ፡ ለእለ ፡
ይነብሩ ፡ ውስቴታ ፡ በብዙኅ ፡ ስራሕ ፡ ወተዐገ
ለ ፡ ዓለመ ፡ ፈድፋደ ፡ እምኵሎሙ ፡ እልክቱ ፡
ክነፍ ፡ እለ ፡ ቆሙ ። 33 ወእምድኅረ ፡ ዝንቱ ፡
ጠፍአ ፡ ዝኩ ፡ ርእስ ፡ ማእከላዊ ፡ ከመ ፡ እልክ
ቱ ፡ ክነፍ ። 34 ወተረፉ ፡ ፪ አርእስት ፡ ወእሙ
ንቱሂ ፡ ከማሁ ፡ ኰነንዋ ፡ ለምድር ፡ ወለእለ ፡ ይ
ነብሩ ፡ ውስቴታ ። 35 ወእምዝ ፡ ውኅጠ ፡ ዝ
ኩ ፡ ርእስ ፡ ዘመንገለ ፡ የማን ፡ ለዘ ፡ መንገለ ፡
ፀጋም ። 36 ወሰማዕኩ ፡ ቃለ ፡ ዘይቤለኒ ፡ ነጽ
ር ፡ ቅድሜከ ፡ ወአእምር ፡ ዘትሬኢ ። 37 ወሶ
በ ፡ ነጸርኩ ፡ ናሁ ፡ ዐንበሳ ፡ ተንሥአ ፡ እምገዳ
ም ፡ እንዘ ፡ ይጥሕር ፡ ወሰማዕክዎ ፡ እንዘ ፡ ይነ
ብብ ፡ ከመ ፡ ቃለ ፡ እጓለ ፡ እመሕያው ፡ ወይቤ
ሎ ፡ ለዝኩ ፡ ንስር ፡ 38 ስማዕ ፡ አንተ ፡ ወእን
ግርከ ፤ ይቤለከ ፡ ልዑል ፡ 39 አኮኑ ፡ አንተአ ፡
ዘተረፍከ ፡ እምእልክቱ ፡ አርባዕቱ ፡ እንስሳ ፡ እ
ለ ፡ ገበርኩ ፡ ይኩንንዋ ፡ ለዓለም ፡ ወቦሙ ፡ ይ
ብጻሕ ፡ ኅልቀተ ፡ መዋዕል ፡ 40 ወመጺአ ፡ ራ
ብዕ ፡ ይመውአሙ ፡ ለኵሎሙ ፡ ለእልክቱ ፡ እ
ንስሳ ፡ እለ ፡ ኀለፉ ፡ ወተዐገልዎ ፡ ለዓለም ፡ በ
ብዙኅ ፡ ስራሕ ፡ ወሕማም ፡ ለእሉ ፡ ወነቢሮ ፡ ዘ
መጠነዝ ፡ ዓመተ ፡ ውስተ ፡ ዓለም ፡ በጕሕሉት ፡
ነቢሮ ፡ 41 ወኢኰነና ፡ ለዓለም ፡ በጽድቅ ፤ 42
እስመ ፡ ተዐገሎሙ ፡ ለጻድቃን ፡ ወገፍዖሙ ፡
ለየዋሃን ፡ ወጸልአሙ ፡ ለራትዓን ፡ ወአፍቀሮ

22 ወክል' ፡] ወእልክቱ ፡ PS; ወከልአተኒ ፡ L, ወካልእተኒ ፡ A (seq. 'ስተ ፡). 23 ^ ፫ et እለ ፡ L. ፮] + ከመ ፡ M. አርእስት ፡ DMRS. ወ፮አር' ፡] ወእምነ ፡ ፰አርእስት ፡ ወድቁ ፡ ፪ወተርፉ ፡ ፮አርእስት ፡ BF. 24 ፪] + ወሖሩ ፡ ×. ፬] + ዘ AM. 25 እሙንቱ ፡ sine ሂ ፡ L. 27 ወአፍ' ፡] + ጠፊአ ፡ DP. 28 ወይኩ' ፡] ^ ወ FS. 29 [ ] e Z; ተንሥአ ፡ P; ^ caet. ፫] ፪ LAMS. [ ] e Z; ^ caet. 31 ከመ ፡] ይቁሙ ፡ ወ BF. 32 ወውእቱሂ ፡ L. 34 ፪] እልክቱ ፡ L. 36 ^ ነጽር ፡ L. 37 , ቃለ ፡ BF. 38 ዘይቤለከ ፡ × (ወእቤለከ ፡ S). 40 ወመጽአ ፡ L, ወወጺአ ፡ B. ወተዐገልዎሙ ፡ L. ለእሉ ፡ (referendum ad ለእልክቱ ፡?)]; ^ F sec. m.; ለኵሉ ፡ Z. ለእሉ ፡ ወ] ወላዕሉ ፡ O. መጠ
ነዝ ፡ ×. 41 ወኰነነ ፡ ዓለመ ፡ በእኪት ፡ BFMO, P corr.; ወይኴንና ፡ ለዓለም ፡ በእ' ፡ S. 42 ወነሠ

ሙ ፡ ለሐሳዊያን ፤ ወነሠትከ ፡ ጸወኖሙ ፡ ለጻ
ድቃን ፡ ወአእተትከ ፡ ቅጽሮሙ ፡ ለእለ ፡ ኢአ
በሱ ፡ ለከ ፤ 43 ወዐርገት ፡ ኀጢአትከ ፡ ኀበ ፡ ል
ዑል ፡ ወትዕቢትከኒ ፡ ኀበ ፡ ኀያል ። 44 ወነጸሮ
ሙ ፡ ልዑል ፡ ለሰብአ ፡ ዚአሁ ፡ ወናሁ ፡ ተፈጸ
መ ፡ ዓለም ፡ ወኀልቀ ። 45 ወበእንተ ፡ ዝንቱ ፡
ጠፊአ ፡ ትጠፍእ ፡ አንተ ፡ ንስር ፡ ወክነፊከኒ ፡
ኃጥአን ፡ ወአርእስቲከኒ ፡ ረሲዓን ፡ ወጽፈሪከኒ ፡
እኩያን ፡ ወሥጋከኒ ፡ ዘዐመፃ ፡ 46 ከመ ፡ ታዕ
ርፍ ፡ ምድር ፡ ወትሥኀት ፡ እምኵሉ ፡ ሕማም ፡
አንፈሳ ፡ እምኔከ ፡ ወትሴፎ ፡ ፍትሖ ፡ ወምሕረ
ቶአ ፡ ለፈጣሪሃአ ። XII. ወእምዝ ፡ ሶበ ፡ ነ
በበ ፡ መሐሪ ፡ ለውእቱ ፡ ንስር ፡ ዘንተ ፡ ቃለ ፡
2 ጠፍአ ፡ ዝኩሂ ፡ ርእስ ፡ ዘተረፈ ፡ ወተንሥ
አ ፡ እልክቱ ፡ ክንፍ ፡ እለ ፡ ፈለሱ ፡ ኀቤሁ ፡ ወ
ቆሙ ፡ እሙንቱሂ ፡ ከመ ፡ ይኰንኑ ፡ ወይትሀ
ወክ ፡ ጽፈሪሆሙ ። 3 ወእምዝ ፡ ጠፍኡ ፡ እሙ
ንቱሂ ፡ ወውዕየ ፡ ኵሉ ፡ ሥጋሆሙ ፡ ወደንገጸ
ት ፡ ምድር ፡ ጥቀ ፡ ወአነኒ ፡ ደንገጽኩ ፡ በአብ
ዝኆ ፡ ተኀሥሦት ፡ ወነቃህኩ ፡ በዐቢይ ፡ ፍር
ሀት ። 4 ወእቤላ ፡ ለነፍስየ ፡ አንቲ ፡ ረሰይክኒ ፡
ኵሎ ፡ ዘንተ ፡ እንዘ ፡ ተኀሥሢ ፡ ፍናዊሁ ፡ ለ
ልዑል ። 5 ወደክመት ፡ ነፍስየ ፡ ወሐመት ፡ መ
ንፈስየ ፡ ጥቀ ፡ ወአልብየ ፡ ኀይለ ፡ ወኢምንተ
ኒ ፡ በብዙኅ ፡ ፍርሀት ፡ ዘደንገጽኩ ፡ በዛቲ ፡ ሌ
ሊት ። 6 ወይእዜኒ ፡ እጼሊ ፡ ኀበ ፡ ልዑል ፡ ከ
መ ፡ ያጽንዐኒ ፡ ለዝሉፉ ። 7 ወእቤ ፡ እግዚኦ ፡
እግዚእየ ፡ ለእመ ፡ ረከብኩ ፡ ሞገሰ ፡ ቅድመ ፡
አዕይንቲከ ፡ ወእመኒ ፡ ብዙኀ ፡ አብጻዕኩ ፡ በ
ኀቤከ ፡ ወለእመኒ ፡ ዐርገት ፡ ጸሎትየ ፡ ቅድመ ፡
ገጽከ ፡ 8 አድኅነኒ ፡ ወአጽንዐኒ ፡ ወንግሮ ፡ ለ
ገብርከ ፡ ፍካሬሁ ፡ ለዝንቱ ፡ ሕልም ፡ ግሩም ፡
ከመ ፡ ፍጹመ ፡ ትትፈሣሕ ፡ ነፍስየ ፤ 9 እስመ ፡
ብጹዐ ፡ ረሰይከኒ ፡ ዘአርአይከኒ ፡ ዘደኃሪ ፡ መዋ
ዕል ፡ ወበእንተኒ ፡ ኅልቀተ ፡ መዋዕለ ፡ ዓለም ።
10 ወይቤለኒ ፡ ከመዝ ፡ ውእቱ ፡ ፍካሬሁ ፡ ለዝ
ክቱ ፡ ሕልምከ ፡ ዘርኢከ ። 11 ንስር ፡ የዐርግ ፡
እምባሕር ፡ ራብዕት ፡ መንግሥት ፡ ይእቲ ፡ እን
ተ ፡ አስተርአየት ፡ ለዳንኤል ፡ እኁከ ፡ በሕል
ም ፤ 12 ወኢፈከርክዋ ፡ ባሕቱ ፡ ሎቱ ፡ ከመ ፡
አነ ፡ ይእዜ ፡ እፌክር ፡ ለከ ። 13 ናሁ ፡ ይመጽ
እ ፡ መዋዕል ፡ ወትቀውም ፡ ውስተ ፡ ምድር ፡
መንግሥት ፡ እንተ ፡ ትገርም ፡ እምኵሉ ፡ መን
ግሥት ፡ እለ ፡ ኮኑ ፡ እምቅድሜሃ ። 14 ወይነግ
ሡ ፡ ፲ወ፪ነገሥት ፡ ባቲ ። 15 ወዘይነግሥ ፡ ዳግ
መ ፡ ውእቱ ፡ ዘይጸንዕ ፡ መዋዕሊሁ ፡ ፈድፋደ ፡

ተ ፡, ወአእተተ ፡, ሎቱ ፡ S. ‸ ለከ ፡ BFOR. 40—42 secundam personam pro tertia exhibet Z (ወመጺ
አከ ፡ አንተ ፡ ራብዕ ፡ ሞእከሙ ፡, ወተዐገልከ ፡, ወነቢረከ ፡, ወኢኰነንከ ፡ al.). 43 ኀጢአቱ ፡, ወ
ትዕቢቱ ፡ S. 44 ‸ ልዑል ፡ L. ዓለም ፡] ዓመት ፡ MPS, መዋዕል ፡ BF. XII. 1 መሐሪ ፡] ፈጣሪ ፡
BFS. 2 ክነፍ ፡ AB; አርእስት ፡ ክንፍ ፡ OP. ወተሀውከ ፡ M; ወይትሀወኩ ፡ በ ፡ BFP (D sine በ).
ጽፈ' ፡] ክነፊሆሙ ፡ A. 3 ወአነሂ ፡ L. ተኀሥሦ ፡ ×. 6 ‸ ከመ ፡ ×. 8 ወአጽ' ፡] ወአይድዐኒ ፡
BF. ፍካሬሁ ፡ ለገብርከ ፡ pos. L. ‸ ግሩም ፡ SM. ትትፌሣሕ ፡ LBMOPS. 9 ወበ' ፡ ኅ' ፡ መ' ፡] ወ
ዘማኅለቅተ ፡ S. 10 ወአውሥአኒ ፡ ወይ' ፡ BF. ለዝንቱ ፡ ×. ሕ' ፡ ዘር' ፡] ሕልም ፡ S. 11 ዝንቱ ፡
(ዝኩ ፡) ንስር ፡ ×, + ዘርኢከ ፡ S. 13 ትጌርም ፡ BDFOP, ግርምት ፡ R, ትትገረም ፡ M. ‸ እለ ፡ ከ
ኑ ፡ L. 14 ቦቱ ፡ L. 15 ዘይነግሥ ፡ L.

እምነ ፡ ፲ወ፪ ። 16 ወዝንቱ ፡ ውእቱ ፡ ፍካሬሁ ፡
ለእልክቱ ፡ ፲ወ፪ክነፊሁ ፡ ዘርኢከ ። 17 ወዝን
ቱ ፡ ዘርኢከ ፡ ይነብብ ፡ ቃለ ፡ ወአኮ ፡ እምርእ
ሱ ፡ ዘይወፅእ ፡ አላ ፡ እምሥጋሁ ፡ እማእከሉ ፤
18 ከመዝ ፡ ውእቱ ፡ ነገሩ ፤ እማእከለ ፡ ሥጋሁ ፡
ለውእቱ ፡ መንግሥት ፡ ይትፈጠር ፡ ሁከት ፡ ብ
ዙኀ ፡ ወትትነትን ፡ ለወዲቅ ፡ ወባሕቱ ፡ ኢትወ
ድቅ ፡ ይእተ ፡ አሚረ ፡ አላ ፡ ትቀውም ፡ ውስ
ተ ፡ ምኵናን ። 19 ወዝክቱኒ ፡ ዘርኢከ ፡ እምክ
ነፊሁ ፡ ወፅአ ፡ አርእስት ፤ 20 ከመዝ ፡ ውእቱ ፡
ነገሩ ፤ ይቀውሙ ፡ ሰመንቱ ፡ ነገሥት ፡ ባቲ ፡
ወእኩይ ፡ ክረማቲሆሙ ፡ ወኅጹር ፡ መዋዕሊሆ
ሙ ፡ ወ፪እምውስቴቶሙ ፡ ፍጡነ ፡ ይትሀጐሉ ፡
በማእከለ ፡ ዕድሜሆሙ ። 21 ወ፬ባሕቱ ፡ (መ
ንግሥት ፡) [ይ]ትዐቀ[ቡ] ፡ ለአመ ፡ ይበጽሕ ፡ ጊ
ዜሆሙ ፡ ለኅልቀቱ ፡ ወ፪ይትዐቀቡ ፡ ለጕንዱ
ይ ። 22 ወዝንቱ ፡ ዘርኢከ ፡ ፫አርእስቲሁ ፡ ያ
ረምም ፤ 23 ከመዝ ፡ ውእቱ ፡ ነገሩ ፤ በደኃሪ ፡
መዋዕል ፡ ያቀውም ፡ ልዑል ፡ ፫ነገሥተ ፡ ወብ
ዙኀ ፡ ይሔድሱ ፡ ውስቴታ ፡ ወይሣቅይዋ ፡ ለ
ምድር ፡ 24 ወለእለ ፡ ይነብሩ ፡ ውስቴታ ፡ በዐ
ቢይ ፡ ፍርሀት ፡ ወፈድፋደ ፡ እምኵሎሙ ፡ እ
ለ ፡ ኮኑ ፡ እምቅድሜሆሙ ፡ ወበእንተ ፡ ዝንቱ ፡
ተሰምዩ ፡ አርእስተ ፡ ንስር ፤ 25 እስመ ፡ እሙ
ንቱ ፡ አርእስተ ፡ መንግሥት ፡ እሙንቱ ፡ ማኅ
ለቅቱ ፡ ለመንግሥት ። 26 ወዝንቱኒ ፡ ዘርኢከ ፡
አሐዱ ፡ ርእሱ ፡ ዘየዐቢ ፡ ጠፍአ ፡ እስመ ፡ አሐ
ዱ ፡ እምኔሆሙ ፡ ውእቱ ፡ ባሕቲቱ ፡ ዘይመው
ት ፡ በውስተ ፡ ምስካቡ ፡ ወባሕቱ ፡ ተጽዒሮ ።
27 ወእልክቱሰ ፡ እለ ፡ ተርፉ ፡ ፪በኲናት ፡ ይመ
ውቱ ፡ 28 ወ፩ኒ ፡ . . . . ደኃሪ ፡ ውእቱኒ ፡ በኲ
ናት ፡ ይመውት ። 29 ወዝንቱ ፡ ዘርኢከ ፡ ፪ አ
ርእስት ፡ እለ ፡ ፈለሱ ፡ ውስተ ፡ ርእሱ ፡ ዘመን
ገለ ፡ የማን ፡ 30 ከመዝ ፡ ውእቱ ፡ ነገሩ ፤ እሉ ፡
እለ ፡ ዐቀበሙ ፡ ልዑል ፡ ለደኃሪት ፡ እለ ፡ ቦሙ ፡
ይከውን ፡ ቀዳሚ ፡ ማኅለቅት ፡ ወብዙኀ ፡ ሀው
ክ ፡ ይከውን ፡ በከመ ፡ ርኢከ ። 31 ወዝንቱ ፡ ዐ
ንበሳ ፡ ዘርኢከ ፡ ተንሥአ ፡ እምገዳም ፡ እንዘ ፡
ይጥሕር ፡ ወይትናገሮ ፡ ለውእቱ ፡ ንስር ፡ ወይ
ዛለፎ ፡ ኀጣውኢሁ ፡ ኵሎ ፡ ዝንቱ ፡ ነገር ፡ ዘሰ
ማዕከ ፤ 32 ወውእቱ ፡ ዝንቱ ፡ ዘዐቀበ ፡ ልዑል ፡
ለደኃሪ ፡ መዋዕል ፡ እምነ ፡ ዘርአ ፡ ዳዊት ፡ ወ
ውእቱ ፡ ዘይወፅእ ፡ ወይመጽእ ፡ ወይነግሮሙ ፡
ኀጢአቶሙ ፡ ወይዛለፎሙ ፡ በእንተ ፡ ዐመፃሆ

---

16 እልክቱ ፡ LADR, F corr. 17 ∧ ወዝንቱ ፡ ዘር′ ፡ BFO. ዘይወፅእ ፡] + ክልኡ ፡ SM (vid. 11,10). እማእከል ፡ L. 18 ወተንተነ ፡ L; ወትተናተን ፡ M. ውስተ ፡] + ምድር ፡ L, ምድር ፡ ውስተ ፡ SM. ምኵናና ፡ MPS. 19 ∧ ዘርኢከ ፡ L. ወፅኡ ፡ MOPRS, ይወፅኡ ፡ BF. 20 ወእኩይ ፡] + ክነፊሆሙ ፡ ወ L. ክራማ′ ፡ BDFRS. ወኅጺር ፡ ×. 21 ፬] ራብዕት ፡ LAMOPS. ( ) omn. (መንግሥታት ፡ BDFR). [ ] ትትዐቀብ ፡ codd. (exc. BDFR). ለአመ ፡] e P; ለእመ ፡ L et × (እስከ ፡ O). ለጕንዱይ ፡] + መዋዕል ፡ BFS (D i. l.). 22 ያረምሙ ፡ BDFO. 23 ∧ ውስቴታ ፡ L. 26 ወዝንቱ ፡ L. 27 ∧ ፪ AM. በኲ′ ፡] በከንቱ ፡ AM; item 28. 28 ∧ L. 30 ∧ እሉ ፡ ×. ቀዳሚ ፡ ABDFRM. ወብዝኀ ፡ ሀከክ ፡ × (exc. S). 31 ወተናገሮ ፡ × (exc. S). ወይዘለፎ ፡ LS, ወተዛለፎ ፡ caet. በኀጢአቱ ፡ ኵሉ ፡ BFR. ዘንተ ፡ ነገረ ፡ DM. 32 ዝንቱ ፡] + ዐንበሳ ፡ ×. ወውእቱ ፡ 2°] ∧ ወ ×. ወይዘለፎሙ ፡, ወይወጥሕ ፡ L. ፍዳ′ ፡] ፈቃዶሙ ፡ L.

ሙ ፡ ወይዌጥሕ ፡ ሎሙ ፡ ፍዳሆሙ ፡ ቅድሜሆ
ሙ ። 33 ወይቀድም ፡ አቅሞቶሙ ፡ ውስተ ፡
ደይን ፡ ሕያዋኒሆሙ ፡ ወእምዝ ፡ ሰበ ፡ ተዛለፎ
ሙ ፡ ይእተ ፡ ጊዜ ፡ ያማስኖሙ ። 34 ወለእለሰ ፡
ተረፉ ፡ ሕዝብ ፡ ይቤዝዎሙ ፡ በምሕረት ፡ ለእ
ለ ፡ ድኅኑ ፡ በውስተ ፡ ደወልየ ፡ ወያስተፌሥ
ሖሙ ፡ እስከ ፡ ትበጽሕ ፡ ዕለተ ፡ ደይን ፡ እንተ ፡
ነገርኩከ ፡ ቀዲሙ ። 35 ወከመዝ ፡ ውእቱ ፡ ዝ
ንቱ ፡ ሕልም ፡ ዘርኢከ ፡ ወከመዝ ፡ ውእቱ ፡ ፍ
ካሬሁኒ ። 36 ወለከ ፡ ለባሕቲትከ ፡ ረሰየ ፡ ልዑ
ል ፡ ከመ ፡ ታእምሮ ፡ ለዝንቱ ፡ ምስጢር ። 37 ወ
ባሕቱ ፡ ጸሐፎ ፡ ውስተ ፡ መጽሐፍ ፡ ኵሎ ፡ ዘን
ተ ፡ ዘርኢከ ፡ ወሢም ፡ ውስተ ፡ መከን ፡ ኅቡእ ፡
38 ወመሀሮሙ ፡ ለጠቢባን ፡ ሕዝብ ፡ ለእለ ፡ ታ
አምር ፡ ከመ ፡ ይክህልዎ ፡ ዐቂቦቶ ፡ ውስተ ፡ ል
በሙ ፡ ለዝንቱ ፡ ምስጢር ። 39 ወአንተሰ ፡ ን
በር ፡ ዝየ ፡ ዓዲ ፡ ሰቡዐ ፡ መዋዕለ ፡ ከመ ፡ ትርአ
ይ ፡ ዘይፈቅድ ፡ ልዑል ፡ ያርኢከ ። 40 ወእም
ዝ ፡ ሖረ ፡ እምኅቤየ ። ወሰበ ፡ ሰምዑ ፡ ኵሉ ፡ ሕ
ዝብ ፡ ከመ ፡ ኀለፉ ፡ እሎንቱ ፡ ስቡዕ ፡ መዋዕ
ል ፡ ወአነኒ ፡ ኢቦእኩ ፡ ውስተ ፡ ሀገር ፡ ተጋብ
ኡ ፡ ኵሎሙ ፡ አሕዛብ ፡ ንኡሶሙ ፡ ወዐቢዮ
ሙ ፡ ወመጽኡ ፡ ኀቤየ ፡ ወይቤሉኒ ፡ 41 ምን
ተ ፡ አበስነ ፡ ለከ ፡ ወምንተ ፡ ገፋዕናከ ፡ ከመ ፡
ትኅድገነ ፡ ወትንበር ፡ ውስተ ፡ ዝንቱ ፡ መከን ።
42 እስመ ፡ አንተ ፡ ባሕቲትከ ፡ ተረፍከ ፡ ለነ ፡
እምነ ፡ ኵሎሙ ፡ ነቢያት ፡ ከመ ፡ አሐዱ ፡ አስ
ካል ፡ እምነ ፡ ኵሉ ፡ ዘይቀሥሙ ፡ ወከመ ፡ ማ
ኅቶት ፡ ውስተ ፡ መከነ ፡ ጽልመት ፡ ወከመ ፡ መ
ርሶ ፡ ዘሐመር ፡ እምነ ፡ ልገት ። 43 አው ፡ ኢ
አከለተነኑ ፡ እኪት ፡ እንተ ፡ ረከበተነ ። 44 ወ
እመሰ ፡ ኀደገነ ፡ አንተሂ ፡ ይኄይሰነ ፡ ሰበ ፡ ነበ
ርነ ፡ ውስተ ፡ ውዕየታ ፡ ለጽዮን ፧ 45 እስመ ፡
አከ ፡ ዘንኄይሶሙ ፡ ንሕነ ፡ ለእለ ፡ ሞቱ ፡ በህ
የ ። ወበከዩ ፡ በዐቢይ ፡ ቃል ። 46 ወአውሣእ
ክዎሙ ፡ ወእቤሎሙ ፡ ተአመኑ ፡ ወኢትሕዝ
ኑ ፡ ቤተ ፡ ያዕቆብ ። 47 እስመ ፡ ሀሎ ፡ ዝክርነ ፡
ቅድሜሁ ፡ ለልዑል ፡ ወውእቱ ፡ ዘኢረስዐነ ፡ ጽ
ኑዕ ። 48 ወአንሰ ፡ ኢየኀድገክሙ ፡ ወኢይርሕ
ቅ ፡ እምኔክሙ ፡ ወባሕቱ ፡ መጻእኩ ፡ ዘንተ ፡
መከነ ፡ ከመ ፡ እስአል ፡ በእንተ ፡ ሙስናሃ ፡ ለ
ጽዮን ፡ ወከመ ፡ እኅሥሥ ፡ ሣህለ ፡ ለሕማመ ፡
ትፍሥሕትነ ። 49 ወይእዜኒ ፡ እትዉ ፡ ኵልክ
ሙ ፡ ውስተ ፡ አብያቲክሙ ፡ ወለልየ ፡ እመጽ

33 ወያቀድም ፡ BFMOP. ደይኑ ፡ L. ተዘለፎሙ ፡ L. 34 ተረፉ ፡] + እምውስተ ፡ MO(D). አቤዝዎሙ ፡ L. በምሕረቱ ፡ ϰ (exc. PR). ደወልየ ፡] ደይንየ ፡ L; + ቡሩክ ፡ MP. 35 ሕልም ፡ — ፍካ' ፡] ፍካሬሁ ፡ ለሕልም ፡ L. 36 ረሰየ ፡] + ለከ ፡ LSMR (D i. l.). 37 መከነ ፡ ምኅባእ ፡ SM. 40 ኢቦእኩ ፡] ኢገባእኩ ፡ ϰ. አሕዛብ ፡] ሕዝብ ፡ ϰ. 41 መከን ፡] ገዳም ፡ BF (D i. l.). 42 ዘይቀሥም ፡ L. መርስ ፡ L. ለ (vel ዘ)አሕማር ፡ ϰ (exc. S). ልኀት ፡ BRS. 43 አው ፡] ወሚመ ፡ ϰ. 44 እምኅየሰነ ፡ RS. ሰበ ፡ ነ' ፡] ንንበር ፡ ϰ (exc. S). ውዓይሃ ፡ M, ወዓይሃ ፡ A. 45 ወይበከዩ ፡ AM. 46 ተአመኑ ፡] + ደቂቀ ፡ ያዕቆብ ፡ MSO, ደ' ፡ እስራኤል ፡ D i. l. 47 ዘኢይረስዐነ ፡ ϰ. 48 ኢየኅ' ፡] ኢይረስዐክሙ ፡ L. ውስተ ፡ ዝንቱ ፡ መከን ፡ ϰ (exc. ADR). በእንተ ፡ ሕማመ ፡ AP, በእ' ፡ ሕማምነ ፡ OR. ለትፍሥሕትነ ፡ በእንተ ፡ ሕማማ ፡ ለጽዮን ፡ M (D i. l.: በእንተ ፡ ሕማማ ፡ ለጽዮን ፡). 49 ^ ኵልክሙ ፡ L. ለልየ ፡ L. 49/50 ወእምድኅረ ፡ እ' ፡ መ' ፡ አተዉ ፡ ϰ.

እ ፡ ኀቤክሙ ፡ እምድኅረ ፡ እማንቱ ፡ መዋዕል ።
50 ወአተዉ ፡ ሕዝብ ፡ ውስተ ፡ አብያቲሆሙ ፡
በከመ ፡ እቤሎሙ ። 51 ወአንሰ ፡ ነበርኩ ፡ (ው
ስተ ፡ ውእቱ ፡ መካን ፡) ውስተ ፡ ገዳም ፡ ሰቡዐ ፡
መዋዕለ ፡ በከመ ፡ አዘዘኒ ፡ ወተሴሰይኩ ፡ እም
ፍሬ ፡ ገዳም ፡ ባሕቲቶ ፡ ወእምነ ፡ ሐምለ ፡ ገዳ
ም ፡ በላዕኩ ፡ በእማንቱ ፡ መዋዕል ። XIII. ወ
እምዝ ፡ እምድኅረ ፡ ሰቡዕ ፡ መዋዕል ፡ ሐለም
ኩ ፡ ሕልመ ፡ በሌሊት ። 2 ወናሁ ፡ እሬኢ ፡ ነ
ፋስ ፡ ዐቢይ ፡ ይወፅእ ፡ እምባሕር ፡ ወተሀውከ ፡
ኵሉ ፡ መዋግዲሃ ። 3 ወእሬኢ ፡ ይወፅእ ፡ ው
እቱ ፡ ነፋስ ፡ እምባሕር ፡ ከመ ፡ አምሳለ ፡ ብእ
ሲ ፡ ወእምዝ ፡ ሰረረ ፡ ውእቱ ፡ ብእሲ ፡ ምስለ ፡
ደመናተ ፡ ሰማይ ፡ ወኀበ ፡ ሜጠ ፡ ገጾ ፡ ወነጸረ ፡
በጊዜሁ ፡ ይገብእ ፡ ኵሉ ፡ ቅድሜሁ ፤ 4 ወላዕ
ለ ፡ ዘወፅአ ፡ ቃሉ ፡ ይትመሰዉ ፡ ኵሎሙ ፡ እ
ለ ፡ ይሰምዕዎ ፡ ለቃሉ ፡ ከመ ፡ ይትመሰው ፡ መ
ዓረ ፡ ግራ ፡ ሶበ ፡ ይቀርብ ፡ ኀበ ፡ እሳት ። 5 ወ
እምዝ ፡ እሬኢ ፡ ሰብእ ፡ ብዙኀ ፡ ይትጋብኡ ፡
ዘአልቦ ፡ ኍልቍ ፡ እምነ ፡ ፬ነፋሳተ ፡ ሰማይ ፡
ከመ ፡ ይጽብእዎ ፡ ለብእሲ ፡ ዘወፅአ ፡ እምባሕ
ር ። 6 ወእምዝ ፡ ሐነጸ ፡ ሎቱ ፡ ደብረ ፡ ዐቢየ ፡
ወሰረረ ፡ ላዕሌሁ ። 7 ወኀሠሥኩ ፡ ኣእምር ፡
እምኀበ ፡ ተሐንጸ ፡ ውእቱ ፡ ደብር ፡ ወስእንኩ ።
8 ወእምዝ ፡ ኵሎሙ ፡ እልክቱ ፡ እለ ፡ ተጋብ
ኡ ፡ ላዕሌሁ ፡ ይጽብእዎ ፡ ፈርህዎ ፡ ጥቀ ፡ ወባ
ሕቱ ፡ ይትኀበሉ ፡ ይጽብእዎ ። 9 ወእምዝ ፡ ሶ
በ ፡ ሮድዎ ፡ ወመጽኡ ፡ ላዕሌሁ ፡ ኢያንሥአ ፡
(ላዕሌሆሙ ፡) እዴሁ ፡ ወኢያልዐለ ፡ ኵናተ ፡
ወኢምንተኒ ፡ ንዋየ ፡ ሐቅል ፤ 10 ዘእንበለ ፡ ዳ
እሙ ፡ እምነ ፡ አፉሁ ፡ መዋግደ ፡ እሳት ፡ አው
ፅአ ፡ ወእምነ ፡ ከናፍሪሁ ፡ ነደ ፡ እሳት ፡ ወእም
ነ ፡ ልሳኑ ፡ አፍሓመ ፡ እሳት ፡ ከመ ፡ ዐውሎ ፡ አ
ውፅአ ፤ ወኵሉ ፡ ተደመረ ፡ ዝክቱ ፡ መዋግደ ፡
እሳት ፡ ወዝኩኒ ፡ ነደ ፡ እሳት ፡ ወዝክቱኒ ፡ አፍ
ሓመ ፡ እሳት ፡ ወኮነ ፡ ከመ ፡ ዐውሎ ፡ 11 ወወ
ረደ ፡ ላዕለ ፡ እልክቱ ፡ ብዙኃን ፡ እለ ፡ ሮድዎ ፡
ከመ ፡ ይቅትልዎ ፡ ወአውዐዮሙ ፡ ለኵሎሙ ፡
እስከ ፡ አልቦ ፡ ዘአትረፈ ፡ እምኔሆሙ ፡ እንበለ ፡
ጸበለ ፡ ሐመዶሙ ፡ ወጢሰ ፡ ዋዕዮሙ ፤ ወእም
ዝ ፡ ነቃህኩ ። 12 ወእምድኅረ ፡ ዝንቱ ፡ ርኢክ
ዎ ፡ ለውእቱ ፡ ብእሲ ፡ ወረደ ፡ እምነ ፡ ዝክቱ ፡
ደብር ፡ ወጸውዐ ፡ ኀቤሁ ፡ ባዕዳነ ፡ ብዙኃነ ፡ ስ
ንኣሁ ። 13 ወመጽኡ ፡ ኀቤሁ ፡ ብዙኃን ፡ ሰብ
እ ፡ ወቦ ፡ እምውስቴቶሙ ፡ ፍሡሓን ፡ ወቦ ፡ እ
ምውስቴቶሙ ፡ ሕዙናን ፡ ወቦ ፡ እምውስቴቶ

50 አብያ' ፡] + ሀገረ ፡ ϰ (exc. BO). 51 ( ) omn. ∧ ውስተ ፡ ገዳም ፡ BF. XIII. 2 ∧ ናሁ ፡ L. 3 ሰረረ ፡] + ውስተ ፡ ሰማይ ፡ M. ደመናት ፡ ሰማየ ፡ S(BF). ይገብእ ፡] omn.; degeneratum e ይጌጕእ ፡ vel ይጌግጽ ፡? 4 ወላዕለ ፡] ወለለ ፡ FP. ዘይወፅእ ፡ ϰ (exc. A). ይትመሰዉ ፡] ይትመዋእ ፡ L, ይትመሰው ፡ SD, + ኵሉ ፡ እምነ ፡ ቃሉ ፡ LDS(BF). ሰምዕዎ ፡ ϰ. 5 ተጋብኡ ፡ ϰ (exc. P). ነፋስ ፡ L. ለውእቱ ፡ ብእሲ ፡ ϰ. 7 እምኀበ ፡] ኀበ ፡ L, D pr. m.; እምአይቴ ፡ MAO; አይቴ ፡ D i. l. 8 ይጽ' ፡ 1°] ይወፅእዎ ፡ L. ተኀበሉ ፡ P. 9 ላዕሌሁ ፡] ኀቤሁ ፡ AMO. ( ) ∧ AMO; ላዕሌሁ ፡ L. ኵናተ ፡] ex A; ኵናቶ ፡ caet. 10 አውፅአ ፡ 1°] ወፅአ ፡ LDP. ∧ ወዝክቱኒ ፡ ነደ ፡ እ' ፡ BFM. 11 ዘተርፈ ፡ ϰ. 12 ∧ ብዙኃነ ፡ LS. ∧ ስንኣሁ ፡ BFS. 13 ∧ ወቦ ፡ 1° — ሕዙናን ፡ L, F pr. m. በዝኍኒ ፡ M, D corr.: ብዙኍኒ ፡ A; በጽሐኒ ፡ OPRS. ወእቤሎ ፡ L.

ሙ ፡ ሙቁሓን ። ወእምዝ ፡ ሰበ ፡ በዝኀኒ ፡ ደ
ንገጽኩ ፡ ወነቃህኩ ፡ ወጸለይኩ ፡ ኀበ ፡ ልዑል ፡
ወእቤ ፡ [14] ቀዲሙኒ ፡ አንተ ፡ አርአይከ ፡ ለገ
ብርከ ፡ ዘንተ ፡ ስብሐቲከ ፡ ወረሰይከ ፡ ሊተ ፡ ከ
መ ፡ ትስማዕ ፡ ጸሎትየ ። [15] ወይእዜኒ ፡ ንግረ
ኒ ፡ ዓዲ ፡ ፍካሬሁ ፡ ለዝንቱ ፡ ሕልም ። [16] ወባ
ሕቱ ፡ ከመሰ ፡ እትሐዘብ ፡ አሌ ፡ ሎሙ ፡ ለእለ ፡
ሀለዉ ፡ በእማንቱ ፡ መዋዕል ፡ ወፈድፋደሰ ፡ ለ
እለ ፡ ኢሀለዉ ፡ [17] እስመ ፡ የሐዝኑ ፡ በኢያእ
ምሮ ፡ ዘጽኑሕ ፡ ሎሙ ፡ በደኃሪ ፡ መዋዕል ፡ ዘ
ዓዲ ፡ ኢበጽሐሙ ፤ [18] ወለእለሰ ፡ ሀለዉ ፡ እ
ስመ ፡ ወድኡ ፡ አእመርዎ ። [19] ወበበይነ ፡ ዝ
ንቱ ፡ አሌ ፡ ሎሙ ፡ እስመ ፡ ይሬእዩ ፡ ዐቢየ ፡
ጻዕረ ፡ ወብዙኀ ፡ ሥቃየ ፡ በከመ ፡ ርኢኩ ፡ በ
ውስተ ፡ ዝንቱ ፡ ሕልም ። [20] ወባሕቱ ፡ ይኄይ
ስ ፡ ሐሚም ፡ ወይብጽሕዎ ፡ ለዝንቱ ፡ እምነ ፡
ይኅልፉ ፡ እምውስተ ፡ ዓለም ፡ ከመ ፡ ደመና ፡
ወኢያእምሩ ፡ እንተ ፡ ትረክበሙ ፡ በደኃሪቶ
ሙ ። [21] ወአውሥአኒ ፡ ወይቤለኒ ፡ እነግረከ ፡
ፍካሬሁ ፡ ለዝንቱ ፡ ሕልምከ ፡ ወዘኒ ፡ ዘትቤለኒ ፡
እፌክር ፡ ለከ ። [22] እስመ ፡ ትቤ ፡ በእንተ ፡ እ
ለ ፡ ይተርፉ ፡ ወይሄልዉ ፡ ከመዝ ፡ ነገሩ ፤ [23] እ
ሙንቱ ፡ እለ ፡ ይሬእይዎ ፡ ለውእቱ ፡ ሕማም ፡
በእሙንቱ ፡ መዋዕል ፡ ወለሊሁ ፡ የዐቅበሙ ፡
ለእለ ፡ ረከበሙ ፡ ውእቱ ፡ ሕማም ፡ ለእለ ፡ በ
ሙ ፡ ምግባረ ፡ ሠናይ ፡ ወሃይማኖት ፡ በኀበ ፡ ል
ዑል ፡ ወጽ[ኑ]ዕ ፤ [24] ወአእምር ፡ ባሕቱ ፡ ከመ ፡
ፈድፋደ ፡ ብጹዓን ፡ እለ ፡ ሕያዋን ፡ እምነ ፡ ም
ውታን ። [25] ወፍካሬሁሰ ፡ ለሕልምከ ፡ ከመዝ ፡
ውእቱ ፤ ዝንቱ ፡ ዘርኢከ ፡ ብእሴ ፡ ይወፅእ ፡ እ
ማእከለ ፡ ባሕር ፡ [26] ውእቱ ፡ ዝንቱ ፡ ዘዐቀበ ፡
ልዑል ፡ ለብዙኃ ፡ መዋዕል ፡ ከመ ፡ ይቤዙ ፡ በ
ቱ ፡ ዓለመ ፡ ወውእቱ ፡ ይሠርዖሙ ፡ ለእለ ፡ ተ
ርፉ ። [27] ወዝንቱ ፡ ዘርኢከ ፡ ይወፅእ ፡ እምነ ፡
አፉሁ ፡ እሳት ፡ ወነድ ፡ ወአፍሓም ፡ ዘከመ ፡ ዐ
ውሎ ፡ [28] ወዝንቱ ፡ ዘኢያንሥአ ፡ ኲናተ ፡ ወ
ኢንዋየ ፡ ሐቅል ፡ ወቀተሎሙ ፡ ለእልክቱ ፡ ብ
ዙኃን ፡ እለ ፡ ሮድዎ ፡ ወመጽኡ ፡ ከመ ፡ ይቅት
ልዎ ፡ ከመዝ ፡ ውእቱ ፡ ነገሩ ፤ [29] ይመጽእ ፡
መዋዕል ፡ አመ ፡ ሀለዎ ፡ ለልዑል ፡ ይቤዝዎሙ ፡
ለእለ ፡ ይነብሩ ፡ ውስተ ፡ ምድር ፡ [30] ወውእ
ተ ፡ አሚረ ፡ ይኄልዩ ፡ [31] በበይናቲሆሙ ፡ ይ
ትቃተሉ ፡ ሀገር ፡ ምስለ ፡ ሀገር ፡ ወብሔር ፡ ም
ስለ ፡ ብሔር ፡ ወሕዝብኒ ፡ ምስለ ፡ ሕዝብ ፡ ወ

---

16 ‸ ወባሕቱ ፡ O, D sec. m. ሀለዉ ፡] ይሄልዉ ፡ S. በእ' ፡] በደኃሪ ፡ L. ኢሀ' ፡] ሀለዉ ፡ LS. 17 እስመ ፡] + ኢሀለዉ ፡ እስመ ፡ BF (corruptum ex እስመ ፡ እለ ፡ ኢሀለዉ ፡ የሐ' ፡). 18 ወለእለሰ ፡ አእመሩ ፡ እስመ ፡ ሀለዉ ፡ ወአእመርዎ ፡ ወድኡ ፡ L. 19 ወበእንተ ፡ ϰ. ሥቃየ ፡] ስራሐ ፡ BDFPR. ርኢኩ ፡] + ተኣምራቲሁ ፡ SP. 20 ሕማም ፡ LO, ሐሚመ ፡ M, ሐሚሞ ፡ S, ሐሚሞሙ ፡ (D omisso ወ seq.). ወይብ' ፡] ዘእንበለ ፡ ይብ' ፡ BFR; እምይብጽሕዎ ፡ (seq. በዝንቱ ፡ ወይኅልፉ ፡) P. እምነ ፡] ወ BF; ዘእንበለ ፡ ADS. 22 እ' ፡ ት' ፡ በ' ፡] በእንተሰኬ ፡ ϰ. 23 ‸ በእሙንቱ ፡ — ሕማም ፡ FR. ለእለ ፡ 2°] እለ ፡ ABDFP. [ ] e D; ን caet. (ወአጽንዕ ፡ SP). 24 ወአእምሮ ፡ LO. 25 ‸ ዝንቱ ፡ BFP. 26 ዘየዐቅበ ፡ AO. በቱ ፡] ሎቱ ፡ L. ይሠርዖሙ ፡ SOP. 28 ኢያነሥአ ፡ SO, F. ‸ ብዙኃን ፡ A. ወከመዝ ፡ L, ዘከመዝ ፡ M. 29 አመ ፡] ከመ ፡ L, እስመ ፡ O. 30 ወው' ፡ አ' ፡] ወውእቱ ፡ L. ይኄ' ፡] የዐልዉ ፡ R, F i. l.; የዔልዩ ፡ P. 31 ወይትቃተሉ ፡ AMORS. ወነገሥት ፡ ም' ፡ ነገሥት ፡ BFM.

መንግሥትኒ ፡ ምስለ ፡ መንግሥት ። 32 ወአመ ፡
ኮነ ፡ ዝንቱ ፡ ወበጽሐ ፡ ተአምሪሁ ፡ ዘአርአይ
ኩክ ፡ ቀዲሙ ፡ ውእተ ፡ አሚረ ፡ ያስተሬኢ ፡
ውእቱ ፡ ብእሲ ፡ ዘርኢከ ፡ ይወፅእ ፡ እምነ ፡ ባ
ሕር ። 33 ወሶበ ፡ ሰምዑ ፡ ቃሎ ፡ ኵሎሙ ፡ ሕ
ዝብ ፡ የኀድጉ ፡ [በበ ፡] በሓውርቲሆሙ ፡ (ወ)አ
ጽባእቲሆሙ ፡ ዘይጻብኡ ፡ በበይናቲሆሙ ፡ 34
ወይትጋብኡ ፡ ኅቡረ ፡ ይበዝኁ ፡ ዘአልቦ ፡ ኍ
ልቍ ፡ በከመ ፡ ርኢከ ፡ ፈቀዱ ፡ ይምጽኡ ፡ ወ
ይቅትልዎ ። 35 ወውእቱሰ ፡ ይቀውም ፡ ውስ
ተ ፡ ርእሰ ፡ ደብረ ፡ ጽዮን ። 36 ወትመጽእ ፡ ጽ
ዮን ፡ ወታስተሬኢ ፡ ድልውተ ፡ ለኵሉ ፡ ወሕ
ጽንተ ፡ በከመ ፡ ርኢከ ፡ ደብር ፡ ወፅአ ፡ ለሊሁ ፡
ወተፈጥረ ፡ ዘኢኮነ ፡ በእደ ፡ እጓለ ፡ እምሕያው ።
37 ወውእቱኬ ፡ ወልድ ፡ ውእቱ ፡ ዘይዛለፎሙ ፡
ለአሕዛብ ፡ ኀጣውኢሆሙ ፡ ለእለ ፡ ኮኑ ፡ ከመ ፡
ዐውሎ ፡ ወይዌጥሕ ፡ ሎሙ ፡ በቅድሜሆሙ ፡
እከየ ፡ ምግባሮሙ ፡ ወደይኖሙ ፡ በዐቢይ ፡ ዘ
ይዴየኑ ፡ 38 እለ ፡ ኮኑ ፡ ከመ ፡ ነደ ፡ እሳት ፤ ወ
ያጠፍአሙ ፡ ምስለ ፡ ኀጢአቶሙ ፡ ዘእንበለ ፡
ጻማ ፡ ለእለ ፡ ኮኑ ፡ ከመ ፡ አፍሓመ ፡ እሳት ።
39 ወዝንቱኒ ፡ ዘርኢከ ፡ (ከመ ፡) ተጋብኡ ፡ ኀ
ቤሁ ፡ ብዙኃን ፡ ስንዓሁ ፡ 40 እሉ ፡ እሙንቱ ፡
፲ አሕዛብ ፡ እለ ፡ ተፄወዉ ፡ እምነ ፡ ብሔሮሙ ፡
በመዋዕሊሁ ፡ ለሰ[ል]ምናሶር ፡ ንጉሠ ፡ ፋርስ ፡
እለ ፡ ፄወወ ፡ በመንግሥቱ ፡ ወአንበሮሙ ፡ ማ
ዕዶተ ፡ ተከዚ ፡ ወተመይጡ ፡ ወካልአ ፡ ኮኑ ።
41 እሙንቱ ፡ ለሊሆሙ ፡ አውፅእዋ ፡ ለዛቲ ፡ ም
ክር ፡ ከመ ፡ ይኅድጉ ፡ ነገደ ፡ ሕዝበሙ ፡ ወይ
ሖሩ ፡ ውስተ ፡ ብሔር ፡ ኀበ ፡ ኢነበረ ፡ ዝየ ፡ ዘ
መደ ፡ እጓለ ፡ እመሕያው ፡ 42 ከመ ፡ ይዕቀቡ ፡
ሕጎሙ ፡ ዘኢዐቀብዎ ፡ በብሔሮሙ ። 43 ወእ
ንተ ፡ መጽብብ ፡ ሙባኡ ፡ ለኤፍረጢስ ፡ቦኡ ፤
44 ወገብረ ፡ ሎሙ ፡ ይእተ ፡ አሚረ ፡ ልዑል ፡
ተአምረ ፡ ወአቀመ ፡ አዕይንቲሁ ፡ ለተከዚ ፡ እ
ስከ ፡ የኀልፉ ። 45 ወብሔሩሰ ፡ ምሕዋረ ፡ ዓመ
ት ፡ ወመንፈቀ ፡ ዓመት ፡ ወስመ ፡ ብሔሩ ፡ አዛ
ፍ ። 46 ወነበሩ ፡ ህየ ፡ እስከ ፡ ደኃሪ ፡ መዋዕል ።
ወእምዝ ፡ ካዕበ ፡ አመ ፡ ሀለዎሙ ፡ ይግብኡ ፡
47 ያቀውም ፡ ካዕበ ፡ ልዑል ፡ አዕይንቲሁ ፡ ለተ
ከዚ ፡ ከመ ፡ ይክሀሉ ፡ ኀሊፈ ። 48 ወበበይነ ፡
ዝንቱ ፡ ዘርኢከ ፡ መብዝኅቶሙ ፡ ለሕዝብ ፡ ነ
ሥእዎሙ ፡ ወተረክቡ ፡ ውስተ ፡ ደወልየ ፡ ቡ
ሩክ ። 49 ወአመ ፡ አጥፍአሙ ፡ ለእልክቱ ፡ ሕ

---

33 አሕዛብ ፡ ⁒ (exc. S). [ ] e MBF: ^ caet. 34 ወይበዝኁ ፡ ⁒. 35 ^ ርእሰ ፡ AMSOP. 36 ^ ወት' ፡ ጽዮን ፡ ⁒. ለኵሉ ፡ post ወታስተ' ፡ pos. ⁒ (exc. O); + ምድር ፡ MSP, D i. l. ድሉታ ፡, ወሕንጽታ ፡ ⁒. እምደብር ፡ M. ወተፈ' ፡] ወተፈልጠ ፡ BFSM. በእደ ፡] በ S, እም BF, በወልደ ፡ M. 37 ውእቱኬ ፡ ⁒. ዘይዘለፎሙ ፡ LS. ወደ' ፡] ወይዴይኖሙ ፡ LD. ዐቢየ ፡ AMP. 39 ወዘንተኒ ፡ ⁒ (ወዝኒ ፡ A). ( ) LDR: እንዘ ፡ BF: ^ caet. ^ ኀቤሁ ፡ L. 40 ሕዝብ ፡ ⁒ (ነገድ ፡ ወመንፈቀ ፡ ነገድ ፡ D corr.). [ ] ^ LSD. ወካልኣነ (ን S) ፡ ኮኑ ፡ PS; ካልኣን ፡ አኮኑ ፡ O. 41 ወአውጽእዋ ፡ AMO. ምክር ፡] + እምልበሙ ፡ D i. l. ወየሐውሩ ፡ L, ወሖሩ ፡ SM. ኢይነብር ፡ BDFPR. 42 + ወወሰዶሙ ፡ ልዑል ፡ ante ከመ ፡ BF. 43 መጽብበ ፡ S. ምብዋኢሁ ፡ v. 'ዋኡ ፡ ADFSM. (vid. 5,4.5). ለኤፍራጥስ ፡ ⁒. 45 ሙሐረ ፡ L. አዛብ ፡ B. 46 ይግብኡ ፡] ይመውቱ ፡ ኃጥኣን ፡ ወይገብኡ ፡ ወ M (D corr., O corr.). 48 ለአሕዛብ ፡ AMO. 49 ለእል' ፡] ለዝንቱ ፡ L. , ላዕሌሁ ፡ BDFR. ይጼንዎሙ ፡ AD. ይፀነዕዎሙ ፡ L. ይጼውዎሙ ፡ PS.

ዝብ : ብዙኃን : እለ : ተጋብኡ : ላዕሌሁ : ው
እተ : አሚረ : ያጸንዖሙ : ለእለ : ተርፉ : ሕዝ
ብ ፤ 50 ውእተ : አሚረ : ያርእዮሙ : ተአምሪ
ሁ ። 51 ወእቤሎ : አነ : እግዚኦ : እግዚእየ : ን
ግረኒ : ዘንተኒ ፤ በበይነ : ምንት : አነ : ዘርኢ
ኩ : ይወፅእ : ብእሲ : እማእከለ : ባሕር ። 52 ወ
ይቤለኒ : በከመ : ኢይክል : ወኢመኑሂ : ዘው
ስተ : ልጐተ : ባሕር : አእምሮ : ከማሁ : አል
ቦ : ዘይክል : አእምሮቶ : ለወልድ : እምእለ : ሀ
ለዉ : ውስተ : ምድር : ወኢመኑሂ : ወለእለሂ :
ምስሌሁ : ዘእንበለ : አመ : በጽሐ : ጊዜሁ : ወ
ዕለቱ ። 53 ወዝንቱ : ውእቱ : ፍካሬሁ : ለሕል
ምከ : ዘርኢከ ፤ ወበበይነ : ዝንቱ : አርአይኩ
ከ : ለባሕቲትከ : 54 እስመ : ኀደገ : ትካዘከ :
ወትካዘ : ዚአየ : ተለውከ : ወሕግየ : ኀሠሥከ :
55 ወሕይወተከኒ : ለአእምሮ : ሠራዕከ : ወለጥ
በብኒ : እመከ : ረሰይከ ። 56 ወበበይነ : ዝንቱ :
አርአይኩከ : ከመዝ : እስመ : ሀለወ : ኀበ : ል
ዑል : ዕሴትከ ፤ ወነዓ : እንከ : እምድኅረ : ኅዳ
ጥ : መዋዕል : እስመቦ : ባዕደ : ዘእነግረከ : ወ
እፌክር : ለከ : መድምመ ። 57 ወሖርኩ : ወኀ
ለፍኩ : እንተ : ገዳም : እንዘ : እሴብሖ : ወአ

እኰቶ : ለእግዚአብሔር : በእንተ : ስብሐቲሁ :
ዘይገብር : በበ : መዋዕሊሁ : 58 ወዘከመ : ይ
ሠርዖሙ : ለዓመታቲሁ : ወዘሂ : ይከውን : በ
በዓመቱ ። ወነበርኩ : ህየ : ሠሉሰ : መዋዕለ ።
XIV. ወአመ : ሣልስት : ዕለት : እንዘ : እነብር :
ታሕተ : ዕፅ : 2 መጽአ : ቃል : እመንጸረ : ይ
እቲ : ዕፅ : ወይቤ : ዕዝራ : ዕዝራ ፤ ወእቤ : አ
ነ : ነየ : ወተንሣእኩ : ወቆምኩ ። 3 ወይቤለኒ :
አስተርእዮ : አስተርአይክዎ : ለሙሴ : ወተና
ገርክዎ : በኀበ : ዕፀ : ጳጦስ : አመ : ተቀንዩ :
ሕዝብየ : ለግብጽ : 4 ወለአክዎ : ወአውፃእክ
ዎሙ : ለሕዝብየ : እምነ : ግብጽ : ወወሰድክ
ዎሙ : ውስተ : ደብረ : ሲና : ወአንበርክዎ
(ሙ) : ኀቤየ : ብዙኀ : መዋዕለ : 5 ወነገርክዎ
(ሙ) : ብዙኀ : መድምመ : ወአይዳዕክዎ(ሙ) :
ምስጢረ : መዋዕል : ወአይዳዕክዎ(ሙ) : ደኃ
ሬ : ዘመነ ። 6 ወአዘዝክዎ : ወእቤሎ : ዘንተ :
ነገረ : ንግር : ወዘንተ : ነገረ : ኅባእ ። 7 ወይእ
ዜኒ : እብለከ : ለከ : 8 ተአምር : ዘነገርኩከ :
ወሕልምከኒ : ዘርኢከ : ወፍካሬሁኒ : ዘሰማዕከ :
ዕቀቦን : በልብከ ። 9 እስመ : ይነሥኡከ : እም
ነ : እጓለ : እመሕያው : ወትነብር : እንከ : ም

---

50 ያርእይዎሙ : L. 51 ∧ አነ : 1° ⁎. 52 ልኀተ : BFS, ልጐታተ : MO. ∧ አእምሮ : — ዘይክል : L. ለወልድ :] ለወልደ : እጓለ : እመሕያው : DPR; ለእጓለ : እመʻ : BF. 53 ወበʻ :] ወባሕቱ : በእንተ : MO. 56 እንከሰ : ⁎, እስከ : A. መድምመ :] መንክረ : omn., exc. LS. 58 ሠርዖሙ : DPR. ይከውን :] ይገብር : DPR. XIV. 1 ወእምሠለስቱ : L. ወእምድኅረ : ፫ BFDR. 2 እምአንጻረ : ⁎. ነየ : አነ : pos. ⁎ (exc. S), + እግዚኦ : PR. 3 አመ :] እስመ : L. 4 ∧ ለሕዝብየ : — ወወሰʻ :] ∧ BFR. ( ) ∧ SP sec. m. 5 ( ) ∧ BF : SP sec. m. መንክረ : ⁎ (exc. S). ( ) ∧ FRSP. ∧ ወአይዳʻ : — መዋዕል : L. ( ) ∧ RP; FS sec. m.; ወአርአይክዎ(ሙ M) : O; ወነገርክዎሙ : A. 6 ወአዘʻ :] ex O; ʻክዎሙ : AM, ወነገርክዎ : BFDPR, ወአይዳዕክዎሙ : S; ∧ L. 7 ∧ ለከ : LSO. 8 ተአምር :] ex DO; ታእምር : caet., + ዝኬ : ነገረ : S. ወሕልመኒ : M. ዕቀብ : LS. 9 ∧ እንከ : BDFR. ውሉድየ : BFOPRS.

ስለ ፡ ወልድየ ፡ ኀበ ፡ ሀለዉ ፡ እለ ፡ ከማከ ፡ እ
ስከ ፡ አመ ፡ የኀልቅ ፡ ዓለም ። 10 እስመ ፡ ዓለ
ምሰ ፡ ኀለፈ ፡ ውርዙቱ ፡ ወረሥአ ፡ መዋዕሊ
ሁ ። 11 እስመ ፡ ለዐሠርቱ ፡ ክፍል ፡ ተሠርዐ ፡
ዓለም ፡ ወበጽሐ ፡ ውስተ ፡ ዓሥር ፡ 12 ወተረ
ፈ ፡ መንፈቀ ፡ ዓሥር ። 13 ወይእዜሰ ፡ እንከ ፡
ሥራዕ ፡ ቤተከ ፡ ወአስተፈሥሖሙ ፡ ለሕዙናኒ
ሆሙ ፡ ወአለብዎሙ ፡ ለጠቢባኒሆሙ ፡ ወተና
ገፉ ፡ እንከ ፡ ለመዋቲት ፡ ሕይወት ፡ 14 ወኅድ
ጎ ፡ እንከ ፡ ለኅሊና ፡ መዋቲ ፡ ወግድፍ ፡ እንከ ፡
እምላዕሌከ ፡ ክበደ ፡ እጓለ ፡ እመሕያው ፡ ወል
በስ ፡ ዘኢይመውት ፡ ወኅድጎ ፡ ለኅሊና ፡ ሐዘ
ን ፡ ወአስተፋጥን ፡ እንከ ፡ ከመ ፡ ትዕደው ፡ እ
ምዝንቱ ፡ ዓለም ። 15 እስመ ፡ ዝንቱ ፡ ዘርኢ
ከ ፡ በጽሐት ፡ እኪት ፤ ይእዜ ፡ እንተ ፡ ተአኪ ፡
እምኔሃ ፡ ትከውን ፡ ካዕበ ። 16 እስመ ፡ አምጣ
ነ ፡ ይረሥእ ፡ ዓለም ፡ ወይደክም ፡ ከማሁ ፡ ትበ
ዝኅ ፡ እኪቶሙ ፡ ለእለ ፡ ይነብሩ ፡ ውስቴቱ ።
17 እስመ ፡ ትጠፍእ ፡ ጽድቅ ፡ ወትቀውም ፡ ሐ
ሰት ፡ እስመ ፡ ዝንቱ ፡ ንስር ፡ ዘርኢከ ፡ ይጔጕ
እ ፡ ይብጻሕ ። 18 ወአውሣእክዎ ፡ ወእቤሎ ፡
እነግር ፡ እንከሰ ፡ ቅድሜከ ። 19 እስመ ፡ አሐ
ውር ፡ አንሰ ፡ እግዚኦ ፡ ወበከመ ፡ አዘዝከኒ ፡ እ
ሜህሮሙ ፡ ለሕዝብ ፡ ለእለ ፡ ሀለዉ ፡ ይእዜ ፤
መኑ ፡ እንከ ፡ ይሜህሮሙ ፡ ለእለ ፡ ይትወለዱ ፡
ካዕበ ። 20 እስመ ፡ ውስተ ፡ ጽልመት ፡ ሀሎ ፡
ዓለም ፡ ወእለኒ ፡ ይነብሩ ፡ ውስቴታ ፡ አልቦሙ ፡
ብርሃን ። 21 እስመ ፡ ውዕየ ፡ ኦሪትከ ፡ ወአልቦ ፡
ዘያአምር ፡ ዘገበርከ ፡ ወዘኒ ፡ ዘሀለወከ ፡ ትግበ
ር ። 22 ወእመሰ ፡ ረከብኩ ፡ ሞገሰ ፡ ቅድሜከ ፡
ፈኑ ፡ ላዕሌየ ፡ መንፈሰ ፡ ቅዱሰ ፡ ወእጽሕፍ ፡ ኵ
ሎ ፡ ዘከመ ፡ ኮነ ፡ ውስተ ፡ ዓለም ፡ እምጥንቱ ፡
ወኵሎ ፡ ዘከመ ፡ ሀለወ ፡ ውስተ ፡ ኦሪትከ ፡ ጽ
ሑፍ ፡ ከመ ፡ ይክሀሉ ፡ ሰብእ ፡ ረኪበ ፡ ፍኖተ ፡
ሕይወት ፡ እለ ፡ ይፈቅዱ ፡ ይሕየዉ ። 23 ወአ
ውሥአኒ ፡ ወይቤለኒ ፡ ሖር ፡ አስተጋብኦሙ ፡ ለ
ሕዝብከ ፡ ወበሎሙ ፡ ከመ ፡ ኢይኅሥሡከ ፡ እ
ስከ ፡ ፵ዕለት ። 24 ወአንተሰ ፡ አስተደሉ ፡ ለከ ፡
ብዙኀ ፡ ሰሌዳተ ፡ ወንሥኦሙ ፡ ምስሌከ ፡ ለሶ
ርያ ፡ ወለደብርያ ፡ ወለሰላምያ ፡ ወለኤቃናን ፡
ወለአሳልሔል ፡ ለእሉ ፡ ፭ዕደው ፡ እስመ ፡ ጠ
ቢባን ፡ እሙንቱ ፡ ውስተ ፡ ጽሒፍ ። 25 ወት
መጽእ ፡ ዝየ ፡ ወአነ ፡ አኀቱ ፡ ማኅቶተ ፡ ጥበብ ፡
ውስተ ፡ ልብከ ፡ ወኢትጠፍእ ፡ እስከ ፡ ትፌጽ
ም ፡ ኵሎ ፡ ዘሀለወከ ፡ ትጽሐፍ ። 26 ወሶበ ፡ ፈ
ጸምከ ፡ ቦዘ ፡ ገሃደ ፡ ትሬሲ ፡ ወቦዘ ፡ ተኀብእ ፡

10 ለዓለምሰ ፡ BFMOP. 11 ውስተ ፡] እስከ ፡ BFS; ∧ R. 13 ወአስተፈሥሕ ፡ L. ወትነግፉ ፡ L. 14 ትዕዱ ፡ ϰ. 15 ትከውን ፡] + እንከ ፡ BDFPR. 16 ∧ ከማሁ ፡ L. እከዮሙ ፡ ϰ (exc. S). 17 ዝንቱ ፡] + ኒ ፡ ϰ. 18 ቅድ' ፡] + እግዚኦ ፡ M. 19 እስመ ፡] + ናሁ ፡ M. ∧ አንሰ ፡ እ' ፡ L. በከመ ፡ LSM. እምህሮሙ ፡ L, እምህሮሙ ፡ S (praem. ከመ ፡ MO). 21 ውዕየት ፡ ϰ (exc. S). ኦሬት ፡ LS. ሀለወከ ፡ sine ዘ MS, ሀሎከ ፡ A, ዘሀሎከ ፡ DR. 22 ∧ ቅድሜከ ፡ LS. ወእጽሐፍ ፡ DOPRS. ወኵሎ ፡] ወኵሉ ፡ L. ኦሬት ፡ LS. ጽሑፈ ፡ BFR, እጽሕፍ ፡ L, እጽሐፍ ፡ S. 23 ለሕዝብከ ፡] e S; 'ብየ ፡ caet. 24 ደርብያ ፡ DFOPR. ስምልያ ፡ L, ስልምያ ፡ M. ኢቀናን ፡ BF, ኢቃናን ፡ RS. አሲሊሔን ፡ L, አሰሊሔል ፡ A, አስሐልሒል ፡ BF. መጽሐፍ ፡ LS. 25 ወትምጻእ ፡ BFS. እንከ ፡ እስከ ፡ ϰ (exc. S).

ወትሁቡሙ ፡ ለጠቢባን ፤ ወጌሠመ ፡ በዛቲ ፡ ሰ
ዓት ፡ ትእኅዝ ፡ ትጽሐፍ ። 27 ወሖርኩ ፡ በከ
መ ፡ አዘዘኒ ፡ ወአስተጋባእኩ ፡ ኵሎ ፡ ሕዝበ ።
28 ወእቤሎሙ ፡ ስምዑ ፡ እስራኤል ፡ ዘንተ ፡ ነ
ገረ ፤ 29 ነቢረ ፡ ነበሩ ፡ አበዊክሙ ፡ ትካት ፡ ው
ስተ ፡ ምድረ ፡ ግብጽ ፡ ወቤዘዎሙ ፡ እምህየ ፡
30 ወነሥኡ ፡ ሕገ ፡ ሕይወት ፡ ወኢዐቀቡ ፡ ወእ
ንትሙሂ ፡ እለ ፡ እምድኅሬሆሙ ፡ ክሕድክም
ዎ ። 31 ወወሀበነ ፡ ምድረ ፡ ወአውረሰነ ፡ ምድ
ራኒ ፡ ለጽዮን ፡ ወአንትሙኒ ፡ ወአበዊክሙኒ ፡
አበስክሙ ፡ ወኢዐቀብክሙ ፡ ፍናዊሁ ፡ ለልዑ
ል ፡ ዘአዘዘክሙ ። 32 ወእስመ ፡ መኰንን ፡ ጽ
ድቅ ፡ ውእቱ ፡ ሄደክሙ ፡ ዘወሀበክሙ ፡ በጊዜ
ሁ ። 33 ወይእዜኒ ፡ አንትሙሰ ፡ ዝየ ፡ ሀለውክ
ሙ ፡ ወአኀዊክሙ ፡ ባሕቱ ፡ ውስጠ ፡ እምኔክ
ሙ ። 34 ወእምከመ ፡ አግረርክምዎ ፡ ለልብክ
ሙ ፡ ወገሠጽክምዎ ፡ ለኅሊናክሙ ፡ ወዐቀብክ
ሙ ፡ ሕይወተክሙ ፡ ኢትመውቱ ። 35 እስመ ፡
ደይን ፡ እምድኅረ ፡ ሞት ፡ ይመጽእ ፡ ወኢያሐ
ይወነ ፤ ወይእተ ፡ አሚረ ፡ ያስተርኢ ፡ አስማቲ
ሆሙ ፡ ለጻድቃን ፡ ወይትከሠት ፡ ምግባሮሙ ፡
ለኃጥኣን ። 36 ወአልቦ ፡ ዘይመጽእ ፡ ኀቤየ ፡ እ
ምኔክሙ ፡ ወኢትኅሥሡኒ ፡ እስከ ፡ ፵ዕለት ።
37 ወነሣእክዎሙ ፡ ለእልክቱ ፡ ፭ዕደው ፡ በከ
መ ፡ አዘዘኒ ፡ ወሖርነ ፡ ውስተ ፡ ገዳም ፡ ወነበር
ነ ፡ ህየ ። 38 ወበሳኒታ ፡ መጽአ ፡ ቃል ፡ ወጸው
ዐኒ ፡ ወይቤለኒ ፡ ዕዝራ ፡ ፍታሕ ፡ አፉከ ፡ ወስ
ተይ ፡ ዘኣሰትየከ ። 39 ወፈታሕኩ ፡ አፉየ ፡ ወ
መጠወኒ ፡ ጽዋዐ ፡ ዘምሉእ ፡ ማየ ፡ ወሕብሩ ፡
እሳተ ፡ ይመስል ። 40 ወነሣእኩ ፡ ወሰተይኩ ፡
ወጐሥዐ ፡ ልብየ ፡ (ጥቀ ፡) ጥበበ ፡ ወከብደ ፡ ው
ስተ ፡ እንግድዓየ ፡ ልቡና ፡ ወመንፈስየኒ ፡ ተዐ
ቅብ ፡ ወትዜከር ። 41 ወተከሥተ ፡ አፉየ ፡ ወ
ኢተጋብአ ፡ እንከ ። 42 ወወሀቦሙ ፡ ልዑል ፡
ጥበበ ፡ ለእልክቱ ፡ ዕደው ፡ ፭ወጸሐፉ ፡ ዘንተ ፡
ኵሎ ፡ ትእምርተ ፡ ዘኢያአምሩ ፡ በበ ፡ መትል
ው ። ወነበሩ ፡ ህየ ፡ ፵ዕለተ ፤ ወእሙንቱሰ ፡ መ
ዓልተ ፡ ይጽሕፉ ፡ 43 ወሰርከ ፡ ይበልዑ ፡ እክ
ለ ፤ ወአንሰ ፡ መዓልተኒ ፡ እነብብ ፡ ወሌሊተኒ ፡
ኢያረምም ። 44 ወተጽሕፈ ፡ በእማንቱ ፡ ፵መ
ዋዕል ፡ መጻሕፍት ፡ ፺ወ፬ ። 45 ወእምዝ ፡ ሶበ ፡
ተፈጸመ ፡ እላንቱ ፡ ፵መዋዕል ፡ ነበበኒ ፡ ልዑ

---

27 ወአስተገ' ፡ LS. 29 ʌ ትካት ፡ AMO. 31 ምድረ ፡ 1°] + ሴዎን ፡ MO. ወአበዊ' ፡] + ክሕድክምዎ ፡ ወ ※ (exc. S). ፍኖቶ ፡ LS. 32 ወእስመ ፡ A, እስመ ፡ caet. ʌ መኰንን ፡ L. ወሄድክሙ ፡ BFMOS(A). 33 ውስጥ ፡ L. 34 emendandum ዐቀብክሙ ፡ ሕ' ፡ ወኢትመውቱ ፡ 35 ወኢየሐዩ ፡ S; ወኢሐየውነ ፡ O; emend. አመ ፡ ነሐዩ ፡ 36 ወኢትኅ' ፡] + ይእዜኒ ፡ AM (D i. l.). 37 ወሖርኩ ፡ L. 38 ዕዝራ ፡] + ዕዝራ ፡ MO. 39 ወመጠ' ፡ ex AMO, D i. l.; ወአስተየኒ ፡ caet. (ወሰተይኩ ፡ S). 40 ( ) ʌ BMOS. ወትዜከር ፡ L. ተዐቀቦ ፡ ወትዜከሮ ፡ BDFR. 41 እንከ ፡] እስከ ፡ seq. (42) ወሀቦሙ ፡ LFS. 42 ዘንተ ፡ ኵ' ፡ ትእ' ፡] e LS; ኵሎ ፡ ዘኮነ ፡ ትእምርታተ ፡ caet. በበመትሎሁ ፡ ※ (exc. SP). 43 ወሰርከ ፡] + ሰርከ ፡ ABFM; + ይዴረሩ ፡ ወ (post ሰርከ ፡) omn. exc. L. 44 ፺ወ፬ S, ፹ወ፬ BFPR, D (i. m. additur ወ፺ወ፬ኒ ፡ ይትበሀል ፡). 45 ፵መ' ፡] በ፵መ' ፡ M. መዋ' ፡] + ተጽሕፈ ፡ (መጻሕፍት ፡) ፹ወ፬ወእምዝ ፡ ሶበ ፡ ተፈጸማ ፡ እላንቱ ፡ ፵መዋዕል ፡ BDF(P); item A (sed ፺ወ፬ pro ፹ወ፬). ዝንቱ ፡] ዝኩ ፡ vel ዝኮ ፡ omn., exc. LMS. ዘቀ' ፡ ጽ' ፡] ዘቅድሜክሙ ፡ ጽሑፍ ፡ L. ረስዩ ፡ omn., exc. LOS.

ል ፡ ወይቤለኒ ፡ ዝንቱ ፡ ዘቀደምክሙ ፡ ጸሐፈ ፡ ገሃደ ፡ ረሲ ፡ ወያንብቦ ፡ ኵሉ ፡ ዘይደልዎ ፡ ወዘ ኢይደልዎ ፤ 46 ወዘንተ ፡ ዕቀቦ ፡ ከመ ፡ ተሀቦ ሙ ፡ ለጠቢባ[ን] ፡ ሕዝብ ። 47 እስመ ፡ ቦሙ ፡ ማኅቶተ ፡ ብርሃን ፡ ወነቅዐ ፡ ጥበብ ፡ ወአእም ሮ ፡ ከመ ፡ ውሒዝ ። 48 ወገበርኩ ፡ ከማሁ ፡ አ መ ፡ ራብዕ ፡ ዓመት ፡ እምነ ፡ ሰንበታተ ፡ ዓመ ታት ፡ እምድኅረ ፡ ዓመተ ፡ ኵነኔ ፡ በ፶፻ አመ ፡ ዐሡሩ ፡ ለጽልመት ፡ በሣልስ ፡ ወርኅ ፡ ወመዋ ዕሊሁ ፡ ፫ወ፪ሎቱ ። ወውእተ ፡ አሚረ ፡ ነሥእ ዎ ፡ ለዕዝራ ፡ ወወሰድዎ ፡ ብሔረ ፡ እለ ፡ ከማ ሁ ፡ ጸሐፎ ፡ ኵሎ ፡ ዘንተ ፡ ወውእቱ ፡ ተሰም የ ፡ ጸሓፌ ፡ ጥበቢሁ ፡ ለልዑል ፡ እስከ ፡ ለዓለ መ ፡ ዓለም ።

46 ዕቀብ ፡ FOPS. [ ] ን omn. 47 እስመ ፡] እለ ፡ DP. 48 ዓመታት ፡] + በ፳ሰንበት ፡ ወ BF; + ወ PR. ኵነኔ ፡] ኩነነ ፡ L. ፶፻] + ዓመት ፡ BFPR, D i. l. ለጽልመት ፡ ሣልስ ፡ SP. ዘሣልስ ፡ AR; ሣልስ ፡ L. ወመዋʼ ፡] ex AM (etiam in Synaxario Ḥamlê VI: ወመዋዕሊሁ ፡ ፫ወ፪); ^ L: ወበ መዋዕል ፡ O; በመዋዕሊሁ ፡ D i. l.; ወዕለት ፡ S; ወዕለታት ፡ BFPR, D pr. m. ፫ወ፭ RS. ሎቱ ፡] e LMS; ^ ABDFOR; ዕለት ፡ P. ብሔረ ፡] + ኀበ ፡ BFPS; + ሕያዋን ፡ O. ጸሐፎ ፡] ጸሐፊ ፡ L.

Ezrae Apocalypsis, apud Abessinos pervulgatissima eorumque in codicibus modo cum libris propheticis consociata et ዘዕዝራ ፡ ነቢይ ፡ inscripta, modo cum libris Ezranis historicis comprehensa et ዘዕዝራ ፡ ፩ numerata est. Etiam in Europa amplius viginti ejus exemplaria exstant. Quorum decem in editione mea adornanda usurpavi: 1) L, Bodleianum VII (in catalogo meo p. 9), a Ric. Laurence typis descriptum[1]); 2) B, Bodleianum VI (cat. p. 8), a J. Brucio acquisitum; 3) A, d'Abbadianum LV (in catal. p. 65), de quo vid. supra p. 6. 113. 151; 4) D, d'Abbadianum XXXV (cat. p. 42), vid. supra p. 6. 26 (E). 113 (E). 151 (E); 5) F, Francofurtense Rüppellii (Reise II p. 407 No. 7), vid. supra p. 26. 113; 6) R, Francof. Rüpp. (R. II p. 404 No. 2); 7) S, Francof. Rüpp.[2]) (R. II p. 406 No. 4), vid. supra p. 26 (R) et 151 (S); 8) O, Berolinense, Or. qua. 283 (in meo catal. p. 2 No. 3), vid. supra p. 151; 9) P, Berol., Peterm. II Nachtr. 35 (in meo cat. p. 5 No. 4), vid. supra p. 113 (C); 10) M, Musei Britannici Add. 16188 (in meo catal. p. 3 No. 5), vid. supra 113; denique 11) e Z, Parisiensi, MS. Eth. 114 (in Zotenbergi catal. p. 47 No. 50) lectiones, quas Zotenberg p. 48—50 cum editione Laurenciana collatas ad libri capp. 1. 2. 3. 11. 12 protulit, inspexi. Caetera Musei Britannici exemplaria, his ultimis decenniis acquisita (No. VII. XI. XII. XIII. XIV. XVI. XXVI. XXVII. XXVIII. XXXII in Wrightii catalogo), cum saeculo XVIII non vetustiora nec multae inde fruges exspectandae sint, aliis harum literarum studiosis pervestiganda reliqui.

---

[1]) ዘዕዝራ ፡ ፩. Primi Ezrae libri versio Aethiopica, nunc primum in medium prolata et Latine Angliceque reddita, Oxon. 1820. 8°.

[2]) in hoc codice Cap. 9,13—10,57 perperam inter 7,16 et 17 insertum est.

Apocalypsis.

Principatum codicum laudatorum obtinet L, ejusque auctoritatem in conformanda libri editione potissimum sequendam esse, ultro elucet. Quamvis enim a librario parum diligenti exaratus et severiori grammaticorum disciplinae, quam inde a saeculo XVI in Geez literis observare licet, nondum subjectus sit, tamen eo caeteris excellit, ut traditae versionis condicionem, qualis XIV⁰ vel XV⁰ saeculo evaserat, fidius repraesentet et permultas lectiones, quae posthac librariorum vel interpretum licentia variatae sunt, meliores praebeat. Crebro sane ei adstipulantur quidam alii, inprimis antiquiores A et M, nec non SPR, nec desunt loci, ubi menda codicis L ex aliis exemplaribus corrigi poterant, sed re in universum considerata, traditam versionem in L melius conservatam esse negari non potest. Integra vero ne in L quidem servata est: multae in eo reperiuntur lacunae (1,15—17. 36. 2,29. 3,6. 7. 25. 48. 4,4. 5. 8. 9. 6,16. 17. 7,26. 8,35. 59. 9,37. 38. 10,21. 55. 12,28) eaedem, quae in caeteris, neque ita rari sunt loci corrupti, in quibus sanandis etiam caeterorum apographorum auctores frustra desudarunt.

Caeterum hujus libri, cum ejus archetypus graecus deperditus sit, apparatum criticum largius adscripsi, quam aliorum librorum, qui hoc tomo continentur. Brevitatis causa in recensendis lectionibus variis caeteros codices praeter L siglo κ (κοινή) comprehendi. In numerandis singulorum capitulorum versiculis (exc. Cap. VI) suetum Latinae editionis ordinem restitui.

In A et O nulla omnino libri partitio est; in L Cap. 8,19 a 20 interstitio sejungitur; eodem loco in MPS rubro literarum colore segmentum notatur; praeterea in P ante 11,1 ክፍል ፡ rubro inscriptum, in M in 12,40 ante ተጋብኡ ፡ formula rubricata በእንተ ፡ ተጋብኡ ፡ ሕዝብ ፡ legitur. In BDFR ምዕራፍ ፡ distinguuntur, videlicet in BFR 13 rubro inscripta: 1,1. 2,1. 3,1. 4,1. 5,1. 8,1. 8,20. 9,1. 10,1. 11,1. 12,1. 13,1. 14,1; in D 14 alia manu in margine adscripta, sc. eadem quae in BFR, et 9,27. Praeter hanc divisionem, ex usu Occidentalium adoptatam, in BD etiam aliae cujusdam, quam vernaculam dixeris, vestigia conspicua sunt. Verbis enim initialibus rubro pictis distinguuntur 1) in D 10,31. 38. 11,15. 20. 12,10. 21. 33ᵇ. 46. 13,13ᵇ. 21. 51; 2) in B 4,30. 38. 44. 53. 7,7. 22. 9,17. 11,14. 36. 44. 12,13. 33ᵇ. 43. 13,11. 25. 14,38. Denique in S liber in minutissimas particulas, ክፍል ፡ dictas (confuse numerantur 141, re vera sunt 131), dissectus est, quas singulas recensere, cum prorsus irrationales sint, nullius est pretii.

ዘዕዝራ ፡ ክልኤቱ ።

ወአምጽአ ፡ ኢዮስያስ ፡ ፋሲካ ፡ ለአምላኩ ፡
ውስተ ፡ ኢየሩሳሌም ፡ ወጠብሐ ፡ ፋሲካ ፡ አመ ፡
ዐሡሩ ፡ ወረቡዑ ፡ ለቀዳሚ ፡ ወርኀ ፡ 2 ወአቀ
ሞሙ ፡ ለካህናት ፡ በአልባሲሆሙ ፡ ወሠርዖሙ ፡
በበ ፡ እብሬቶሙ ፡ በቤተ ፡ መቅደስ ፡ ዘእግዚአ
ብሔር ። 3 ወይቤሎሙ ፡ ለሌዋዊያን ፡ ተቀነዩ ፡
ለካህናተ ፡ እስራኤል ፡ ወቀድስዎሙ ፡ በሥርዐ
ተ ፡ ቅድስት ፡ ታቦቱ ፡ ለእግዚአብሔር ፡ በው
ስተ ፡ ቤት ፡ ዘሐነጸ ፡ ሰሎሞን ፡ ወልደ ፡ ዳዊት ፡
ንጉሥ ፡ 4 ወአልብክሙ ፡ ጸዊሮታ ፡ በውስተ ፡
መታክፍቲክሙ ፤ ወይእዜኒ ፡ አምልክዎ ፡ ለእ
ግዚአብሔር ፡ አምላክነ ፡ ወአስተፈሥሑ ፡ ሕ
ዝበ ፡ እስራኤል ፡ ወተደለዉ ፡ በበ ፡ በሓውርቲ
ክሙ ፡ ወበበአንጋዲክሙ ፡ 5 በከመ ፡ መጽሐ
ፉ ፡ ለዳዊት ፡ ንጉሠ ፡ እስራኤል ፡ በከመ ፡ ዕበ
ዩ ፡ ለሰሎሞን ፡ ወልዱ ፡ ወቁሙ ፡ ውስተ ፡ ቤ
ተ ፡ መቅደሱ ፡ በበደወልክሙ ፡ ወበበ ፡ ምስፍ
ና ፡ በሓውርቲክሙ ፡ ሌዋዊያን ፡ ቅድመ ፡ አኃ
ዊክሙ ፡ ደቂቀ ፡ እስራኤል ፡ በሢመትክሙ ፡

6 ወጥብሑ ፡ ፋሲካ ፡ ወአስተዳልዉ ፡ መሥዋ
ዕተ ፡ አኃዊክሙ ፡ ወግበሩ ፡ በሕገ ፡ እግዚአብ
ሔር ፡ ዘተውህበ ፡ ለሙሴ ። 7 ወጸገዎሙ ፡ ኢ
ዮስያስ ፡ ለሕዝብ ፡ እለ ፡ ሀለዉ ፡ ህየ ፡ አባግዐ ፡
ወአጣሌ ፡ ፫፼ወአልህምተ ፡ ፴፻ ፤ ወከመዝ ፡ ወ
ሀበ ፡ ለሕዝብ ፡ ወለካህናት ፡ ወለሌዋዊያን ፡ እ
ምቤተ ፡ ንጉሥ ፡ ትእዛዘ ። 8 [ወ]ወሀበ ፡ (ለ)
ኬልቅያስ ፡ ወ[ዘካር]ያስ ፡ ወ(ለ)ሲያሎስ ፡ ሊቃ
ናተ ፡ ቤተ ፡ መቅደስ ፡ [ለ]ካህናት ፡ ለፋሲካሆ
ሙ ፡ አባግዐ ፡ ፳፻ወ፮፻ ወአልህምተ ፡ ፫፻ ። 9
ወኢኮንያስ ፡ ወስምያስ ፡ ወናትናኤል ፡ እኁሁ ፡
ወሳቢያስ ፡ ወኪያሎስ ፡ ወኢዮራም ፡ መሳፍን
ት ፡ ወሀብዎሙ ፡ ለሌዋውያን ፡ ለፋሲካሆሙ ፡
አባግዐ ፡ ፶፻ወአልህምተ ፡ ፭፻ ። 10 ወከመዝ ፡
ገብሩ ፡ ሠናየ ፡ ዘበሕጉ ፡ ካህናት ፡ ወሌዋዊያን ፡
ወናእተኒ ፡ ተሴሰዩ ፡ በበነገዶሙ ፡ 11 ወበበ ፡
ምስፍና ፡ አበዊሆሙ ፡ ቅድመ ፡ ሕዝብ ፡ አብ
ኡ ፡ ለእግዚአብሔር ፡ በከመ ፡ ጽሑፍ ፡ ውስተ ፡
መጽሐፈ ፡ ሙሴ ፤ ወከማሁ ፡ በጽባሕኒ ፡ 12 ጠ

---

1 ወጠብሑ ፡ A. 3 ተቀንዩ ፡ F. ወቀደስዎሙ ፡ F. ቅድሳት ፡ MR; ቅድሳተ ፡ EF. 5 በከመ ፡ 2°] ወበከመ ፡ FR. መቅደስ ፡ R. መስፍነ ፡ MA. 6 ፋ' ፡] ፍሥሐ ፡ F. ለአኃዊክሙ ፡ R. 7 ትእ' ፡] ወአዘዘ ፡ F, ወተአዘዘ ፡ E. 8 [ ] ∧ AEM; ወወሀበ ፡ FR. [ ] ዝኪ vel ዘኪ codd. [ ] ∧ codd. 11 መስፍነ ፡ M. 12 ∧ በእሳት ፡ EF. ሕጎ ፡ (sic) MA. በጽህሩት ፡ A, በጻህራት ፡ EF. ሠናየ ፡ AEF.

ብሑ ፡ ፍሥሐ ፡ በእሳት ፡ በከመ ፡ ሕጎሙ ፡ ወ
መሥዋዕተ ፡ አብሰሉ ፡ በጽህርት ፡ ወበመቃጽ
ው ፡ ወመዐዛ ፡ ሠናይ ፡ 13 ፈነዉ ፡ ለኵሉ ፡ ሕ
ዝብ ፤ ወእምድኅረ ፡ ዝንቱ ፡ ሠርዑ ፡ ሎሙ ፡
ወለአኀዊሆሙ ፡ ካህናት ፡ ደቂቀ ፡ አሮን ። 14 ወ
ካህናትሰ ፡ ገብሩ ፡ መሥዋዕተ ፡ ሥቡሕ ፡ እስከ ፡
ኀለፈ ፡ እምጊዜሁ ፤ ወሌዋዊያንኒ ፡ ሠርዑ ፡ ሎ
ሙ ፡ ወለአኀዊሆሙ ፡ ደቂቀ ፡ አሮን ፡ ካህናት ።
15 ወ[ካህናት ፡] መዝሙርኒ ፡ ደቂቀ ፡ አሳፍ ፡ በ
ሢመቶሙ ፡ በሥርዐተ ፡ ዳዊት ፡ ወአሳፍ ፡ ወዘ
ካርያስ ፡ ወአዲኑስ ፡ እለ ፡ እምኀበ ፡ ንጉሥ ፤
16 ወዐጸውትኒ ፡ ዘኵሉ ፡ ኆኃት ፡ ወአልቦ ፡ ዘ
ያፀርዕ ፡ እምእብሬቱ ፡ እስመ ፡ ሌዋዊያን ፡ አኀ
ዊሆሙ ፡ ያስተዳልዉ ፡ ሎሙ ። 17 ወፈጸሙ ፡
መሥዋዕተ ፡ እግዚአብሔር ፡ ወውእተ ፡ አሚ
ረ ፡ አብኡ ፡ ፋሲካሆሙ ፡ 18 ወአብኡ ፡ መሥ
ዋዕቶሙኒ ፡ ውስተ ፡ ምሥዋዐ ፡ እግዚአብሔ
ር ፡ በከመ ፡ አዘዘ ፡ ኢዮስያስ ፡ ንጉሥ ። 19 ወ
ገብሩ ፡ ደቂቀ ፡ እስራኤል ፡ እለ ፡ ሀለዉ ፡ በእ
ማንቱ ፡ መዋዕል ፡ ፋሲካሆሙ ፡ በዓለ ፡ ናእት ፡
ሰቡዐ ፡ መዋዕለ ። 20 ወኢተገብረ ፡ ዘከማሁ ፡
ፋሲካ ፡ በውስተ ፡ እስራኤል ፡ እምአመ ፡ ሳሙ
ኤል ፡ ነቢይ ። 21 ወኵሎሙ ፡ ነገሥት ፡ እስራ
ኤል ፡ ኢገብሩ ፡ ዘከማሁ ፡ ፋሲካ ፡ ዘከመ ፡ ገብ
ረ ፡ ኢዮስያስ ፡ ወካህናት ፡ ወሌዋዊያን ፡ ወአይ
ሁድ ፡ ወኵሉ ፡ እስራኤል ፡ እለ ፡ ሀለዉ ፡ ህየ ፡
እለ ፡ ፈለሱ ፡ (እም)ኢየሩሳሌም ። 22 አመ ፡
፲ወ፰ዓመተ ፡ መንግሥቱ ፡ ለኢዮስያስ ፡ ገብረ ፡
ውእቱ ፡ ፋሲካ ። 23 ወቆመ ፡ ግብሩ ፡ ለኢዮስ
ያስ ፡ ቅድመ ፡ አምላኩ ፡ በልብ ፡ ዘምሉእ ፡ ፍ
ርሀተ ፡ እግዚአብሔር ፡ 24 በከመ ፡ ጽሑፍ ፡ በ
መዋዕለ ፡ ትካት ፡ በእንተ ፡ እለ ፡ አበሱ ፡ ወጌገ
ዩ ፡ ለእግዚአብሔር ፡ እምነ ፡ ኵሉ ፡ አሕዛብ ፡
ወመንግሥት ፡ ወአምዕዕዎ ፡ ወአቀመ ፡ እግዚ
አብሔር ፡ ቃሎ ፡ ላዕለ ፡ እስራኤል ። 25 ወም
ስለ ፡ ዝንቱ ፡ ኵሉ ፡ ግብሩ ፡ ለኢዮስያስ ፡ ወተ
ንሥአ ፡ ፈርዖን ፡ ንጉሠ ፡ ግብጽ ፡ ወነሥአ ፡ ፀ
ባኢተ ፡ በከርቃሚስ ፡ በኀበ ፡ ፈለገ ፡ ኤፍራጥ
ስ ፤ ወፅአ ፡ ተቀበሎሙ ፡ ኢዮስያስ ። 26 ወለ
አከ ፡ ኀቤሁ ፡ ንጉሠ ፡ ግብጽ ፡ እንዘ ፡ ይብል ፡
ምንተአ ፡ ብየ ፡ ምስሌከአ ፡ ንጉሠ ፡ ይሁዳአ ፤
27 ኢኮነአ ፡ ላዕሌከአ ፡ ተፈነውኩ ፡ እምኀበ ፡ እ
ግዚአብሔር ፡ እግዚእ ፡ እስመ ፡ ፈለገ ፡ ኤፍራ
ጢስ ፡ እፀብእ ፡ ወይእዜኒ ፡ እግዚአብሔር ፡ ም
ስሌየ ፡ ውእቱ ፡ ወእግዚአብሔር ፡ ኀቤየ ፡ ሀሎ ፡
ወውእቱ ፡ ይረድአኒ ፤ ተገሐሥ ፡ ወኢትትቃወ
ምአ ፡ ምስለአ ፡ እግዚአብሔርአ ። 28 ወአበየ ፡
ተግሕሦ ፡ ኢዮስያስ ፡ ምስለ ፡ ሰረገላቲሁ ፡ ወ
[አኀ]ዘ ፡ ይትቃተል ፡ ወአበየ ፡ ሰሚዐ ፡ ቃለ ፡
አፉሁ ፡ ለእግዚአብሔር ፡ በኀበ ፡ ኤርምያስ ፡ ነ
ቢይ ። 29 አላ ፡ ቆመ ፡ ይትቃተሎ ፡ በገዳም ፡
ምስለ ፡ አሐዱስ ፤ ወወረዱ ፡ መላእክት ፡ ኀበ ፡

---

14 ሥቡሐ ፡ AEFR. ሠርዑ ፡] ሦዑ ፡ EF. ካህናት ፡] ∧ AEFR; ወካህናት ፡ M. 15 [ ] ex EFR; ∧ MA. 16 ዘኵሎ ፡ ኆኃት ፡ MA, ዘኵሎ ፡ ኆኅተ ፡ EF, ዘኵሉ ፡ ኆኅት ፡ R. 17 ወውእተ ፡] ∧ ወ AEFR. 19 ፋሲካ ፡ sine ሆሙ ፡ F; E ሆሙ ፡ i. l. 21 ( ) ∧ EF. 25 ወተቀበሎ ፡ EF. 27 ∧ ውእቱ ፡ — ሀሎ ፡ EF. 28 [ ] እን codd. ወአበየ ፡ 2°] ∧ ወ EF. በኀበ ፡] በአፈ ፡ EF. 29 አላ ፡] እለ ፡ MA. ቆሙ ፡ M. በገዳመ ፡ R. ም' ፡ አሐ' ፡] MA; አሐዱ ፡ EFR.

ኢዮስያስ ፡ ንጉሥ ። 30 ወይቤሎሙ ፡ ንጉሥ ፡
ለደቂቁ ፡ አውፅኡኒ ፡ እምውስተ ፡ ቀትል ፡ እስ
መ ፡ ፈድፋደ ፡ ደከምኩ ። ወአውፅእዎ ፡ ደቁ ፡
በጊዜሃ ፡ እምውስተ ፡ ቀትል ። 31 ወተጽዕነ ፡
ዲበ ፡ ካልእ ፡ ሰረገላሁ ፡ ወአተወ ፡ ኢየሩሳሌ
ም ፤ በህየ ፡ ሞተ ፡ ወተቀብረ ፡ ውስተ ፡ መቃ
ብረ ፡ አቡሁ ። 32 ወለሐውዎ ፡ ለኢዮስያስ ፡ በ
ኵሉ ፡ ይሁዳ ፡ ወበከዮ ፡ ኤርምያስ ፡ ለኢዮስያ
ስ ፡ ወበከይዎ ፡ ኵሎሙ ፡ ምስለ ፡ አንስት ፡ እ
ስከ ፡ ዛቲ ፡ ዕለት ፤ ወተውህበ ፡ ለኵሉ ፡ ዘመደ ፡
እስራኤል ፡ ከማሁ ፡ ይግበሩ ፡ ለዝሉፉ ። 33 ወ
ተጽሕፈ ፡ ዝንቱ ፡ ውስተ ፡ ነቢያተ ፡ ነገሥተ ፡
ይሁዳ ፡ ወኵሎ ፡ ዘከመ ፡ ገብረ ፡ ኢዮስያስ ፡ ግ
ብሮ ፡ ወክብሮ ፡ ወአእምሮቶ ፡ ሕገ ፡ እግዚአብ
ሔር ፤ ወዘቀዲሙኒ ፡ ገብረ ፡ ወዘድኅረኒ ፡ ተጽ
ሕፈ ፡ ውስተ ፡ መጽሐፈ ፡ ነቢያቶሙ ፡ ለነገሥ
ተ ፡ እስራኤል ፡ ወዘይሁዳ ። 34 ወነሥእዎ ፡ ሕ
ዝብ ፡ ለኢኮንያስ ፡ ወልደ ፡ ኢዮስያስ ፡ ወአን
ገሥዎ ፡ ህየንተ ፡ ኢዮስያስ ፡ አቡሁ ፡ እንዘ ፡ ፳
ወ፫ዓመቱ ፡ ሎቱ ፡ [እም]ልደቱ ። 35 ወነግሠ ፡
ለእስራኤል ፡ በኢየሩሳሌም ፡ ፫አውራኀ ፤ ወአ
ተወ ፡ ምስሌሁ ፡ ንጉሠ ፡ ግብጽ ፡ ኢየሩሳሌም ፡
ያንግሥ ። 36 ወአቅተዎሙ ፡ ለሕዝብ ፡ ፻መክ
ሊተ ፡ ብሩር ፡ ወአሐተ ፡ መክሊተ ፡ ወርቅ ።
37 ወአንገሦ ፡ ንጉሠ ፡ ግብጽ ፡ ለኢዮአቄም ፡ እ
ኁሁ ፡ ንጉሠ ፡ ለይሁዳ ፡ በኢየሩሳሌም ። 38 ወ
ሞቅሖሙ ፡ ኢዮአቄም ፡ ለመሳፍንት ፡ ወአኀ
ዞ ፡ ለዛርዮን ፡ እኁሁ ፡ ወአእተዎ ፡ እምነ ፡ ብ
ሔረ ፡ ግብጽ ። 39 ወ፳ወ፭ዓመቱ ፡ ሎቱ ፡ [እ
ም]ልደቱ ፡ ለኢዮአቄም ፡ አመ ፡ ይነግሥ ፡ ለይ
ሁዳ ፡ በኢየሩሳሌም ፡ ወገብረ ፡ እኩየ ፡ ቅድመ ፡
እግዚአብሔር ። 40 ወእምዝ ፡ ዐርገ ፡ ናቡከደ
ነጾር ፡ ንጉሠ ፡ ባቢሎን ፡ ወሞቅሖ ፡ በመዋቅሕ
ተ ፡ ኀጺን ፡ ወወሰዶ ፡ ባቢሎን ። 41 ወነሥአ ፡
ናቡከደነጾር ፡ ንዋየ ፡ ቅድሳት ፡ ዘእግዚአብሔ
ር ፡ ወአእተወ ፡ ባቢሎን ፡ ወሠርዐ ፡ ውስተ ፡ ጽ
ርሑ ። 42 ወተጽሕፈ ፡ ውስተ ፡ መጽሐፈ ፡ ነ
ቢያቲሆሙ ፡ ለነገሥት ። 43 ወእምዝ ፡ አመ ፡
ነግሠ ፡ ኢዮአቄም ፡ ወልዱ ፡ በሳምንት ፡ ዓመ
ተ ፡ ዚአሁ ፡ 44 ነግሠ ፡ ሠለስተ ፡ አውራኀ ፡ ወ
ዐሡረ ፡ መዋዕለ ፡ በኢየሩሳሌም ፡ ወገብረ ፡ እ
ኩየ ፡ ቅድመ ፡ እግዚአብሔር ። 45 ወበይእቲ ፡
ዓመት ፡ ፈነወ ፡ ናቡከደነጾር ፡ ወአእተዎ ፡ ባቢ
ሎን ፡ ምስለ ፡ ንዋየ ፡ ቅድሳት ፡ ዘእግዚአብሔ
ር ። 46 ወአንገሦ ፡ ለሴዴቅያስ ፡ ለይሁዳ ፡ ወለ
ኢየሩሳሌም ፡ እንዘ ፡ ፳ወ፩ዓመቱ ፡ ሎቱ ፡ እም
ልደቱ ፡ ወነግሠ ፡ ፲ወ፩ዓመተ ። 47 ወገብረ ፡
እኩየ ፡ ቅድመ ፡ እግዚአብሔር ፡ ወኢፈርሀ ፡ እ

31 ሰረገላቲሁ ፡ MA. ወበህየ ፡ EFR. 33 ኖብያተ ፡ F. መጽሐፈ ፡ ነቢያተ ፡ R. ወኵሉ ፡, ግብሩ ፡ ወክብሩ ፡ ወአእምሮቱ ፡ R. ወዘድኅረኒ ፡] + ገብረ ፡ AR. መጽሐፍ ፡ ኖብያቶሙ ፡ F. 34 ለኢኮንያስ ፡] ለኢዮአክስ ፡ FR, E corr. ዓመት ፡ EF. [ ] አመ ፡ omn. 35 b omn. (exspectaveris ወአእተዎ ፡ ን' ፡ ግ' ፡ በኢየ' ፡ ኢይንግሥ ፡). 36 ወአቅ' ፡] ወአተዎሙ ፡ M, ወአቃዎሙ ፡ A, ወአቅተልዎሙ ፡ F. ፻] በምእት ፡ EF. ወአሐቲ ፡ EF. 38 ‸ እምነ ፡ EF. 39 [ ] ex R; አመ ፡ AEF; ዓመተ ፡ M. 41 ወአተወ ፡ AEM. 42 ለነገሥተ ፡ ይሁዳ ፡ EF. 43 ኢዮ' ፡] ኢኮንያስ ፡ EF. 46 እምል' ፡] ዓመተ ፡ ልደቱ ፡ M, አመ ፡ ል' ፡ EF. 47 ወፈርሁ ፡ M, ወፈርሀ ፡ A.

ምን ፡ ቃለ ፡ እግዚአብሔር ፡ ዘነበበ ፡ በአፈ ፡ ኤ
ርምያስ ፡ ነቢይ ። 48 ወአምሐሎ ፡ ናቡከደነጾ
ር ፡ ንጉሥ ፡ በስመ ፡ እግዚአብሔር ፡ ወሐሰዎ ፡
ወአግዘፈ ፡ ክሳዶ ፡ ወአዕበየ ፡ ልበ ፡ ወክሕደ ፡
በሕገ ፡ እግዚአብሔር ፡ አምላከ ፡ እስራኤል ።
49 ወመሳፍንተ ፡ ሕዝብኒ ፡ ወካህናትኒ ፡ ብዙኀ ፡
አበሱ ፡ ወፈድፋደ ፡ ጌገዩ ፡ እምነ ፡ ርኵሰሙ ፡
ለኵሉ ፡ አሕዛብ ፡ ወገመኑ ፡ መቅደሶ ፡ ለእግዚ
አብሔር ፡ ዘተቀደሰ ፡ በኢየሩሳሌም ። 50 ወለ
አከ ፡ እግዚአብሔር ፡ [ዘ]አበዊሆሙ ፡ ምስለ ፡
መልአኩ ፡ ይገሥጾሙ ፡ ወይሚጦሙ ፡ እስመ ፡
ይምህከሙ ፡ ወይምህክ ፡ መቅደሶሙኒ ። 51 ወ
እሙንቱሰ ፡ ተሳለቁ ፡ ላዕለ ፡ መላእክቱ ፡ ወአ
መ ፡ ይነበሙ ፡ እግዚአብሔር ፡ ይሥሕቅዎሙ ፡
ለነቢያት ፡ 52 እስከ ፡ ተምዕዐ ፡ ላዕለ ፡ ሕዝቡ ፡
እስመ ፡ ምክዕቢተ ፡ ያመልኩ ፡ ወአዘዘ ፡ ይዕር
ጉ ፡ ላዕሌሆሙ ፡ ነገሥተ ፡ (ፋርስ ፡) ዘከላዴዎ
ን ። 53 ወመጽኡ ፡ ወቀተሉ ፡ ወራዙቶሙ ፡ በ
ኀጺን ፡ ዐውደ ፡ መቅደሶሙ ፡ ወኢምህኩ ፡ ወ
ሬዛ ፡ ወኢድንግለ ፡ ወኢልሂቀ ፡ ወኢንኡሰ ፤
ኵሎ ፡ ቀተሉ ። 54 ወኵሎ ፡ ንዋየ ፡ ቅድሳት ፡
ዘእግዚአብሔር ፡ ዐቢየ ፡ ወንኡሰ ፡ ወታቦተኒ ፡
ዘእግዚአብሔር ፡ ወመዛግብተኒ ፡ ዘቤተ ፡ ንጉ
ሥ ፡ ነሥኡ ፡ ወወሰዱ ፡ ባቢሎን ። 55 ወአው
ዐዩ ፡ ቤተ ፡ እግዚአብሔር ፡ ወነሠቱ ፡ አረፋቲ
ሃ ፡ ለኢየሩሳሌም ፡ ወአውዐዩ ፡ ማኅፈዲሃ ፡ በ
እሳት ። 56 ወአማሰኑ ፡ ኵሎ ፡ መሠንየ ፡ ወዔወ
ውዎሙ ፡ ለእለ ፡ ተርፉ ፡ በኲናት ። 57 ወወሰ
ድዎሙ ፡ ባቢሎን ፡ ኀበ ፡ ንጉሠ ፡ ፋርስ ፡ ሰብ
አሙ ፡ ወደቂቆሙ ፡ ከመ ፡ ይብጻሕ ፡ ቃለ ፡ እ
ግዚአብሔር ፡ ዘነበበ ፡ በአፈ ፡ ኤርምያስ ፤ 58 ከ
መ ፡ ትሠምር ፡ ምድር ፡ በሰናብቲሃ ፡ ወበኵሉ ፡
መዋዕለ ፡ ሙስናሃ ፡ ታሰነብት ፡ ከመ ፡ ይትፈጸ
ም ፡ ፸ዓመት ። II. በመንግሥተ ፡ ቂሮስ ፡ ን
ጉሠ ፡ ፋርስ ፡ አመ ፡ ቀዳሚ ፡ ዓመት ፡ ይበጽ
ሕ ፡ ቃለ ፡ እግዚአብሔር ፡ ዘነበበ ፡ በአፈ ፡ ኤ
ርምያስ ፡ 2 ወአንሥአ ፡ እግዚአብሔር ፡ መን
ፈሰ ፡ ቂሮስ ፡ ንጉሠ ፡ ፋርስ ፡ ወሰበከ ፡ ውስተ ፡
ኵሉ ፡ መንግሥቱ ፡ ወጸሐፈ ፡ እንዘ ፡ ይብል ፡
3 ከመዝአ ፡ ይቤአ ፡ ቂሮስ ፡ ንጉሠ ፡ ፋርስ ፤ ኪ
ያየ ፡ አንገሠኒ ፡ ለዓለም ፡ እግዚአ ፡ እስራኤል ፡
እግዚአብሔር ፡ ልዑል ፡ 4 ወአቅደመኒ ፡ ኪያ
የ ፡ አሕኒጸ ፡ሎቱ ፡ ቤተ ፡ በኢየሩሳሌም ፡ ዘይ
ሁዳ ። 5 [እመበ ፡ እምኔከሙ ፡ እምነ ፡] ሕዝቡ ፡
ወእግዚአብሔር ፡ የሀሉ ፡ ምስሌ[ሁ] ፡ ወ[ይዕ]ር
ግ ፡ ኢየሩሳሌም ፡ ዘይሁዳ ፡ ወ[ይሕ]ንጽ ፡ ለእ
ግዚአ ፡ እስራኤል ፡ ማኅደረ ፡ እግዚአብሔር ፡
በኢየሩሳሌም ። 6 ወኵልክሙ ፡ እለ ፡ ሀለውክ

---

48 በስመ ፡] በሰላመ ፡ M. ወክሕዶ ፡ ለሕገ ፡ EF. 49 ወመ' ፡ ሕ' ፡] ወመሳፍንትኒ ፡ MEF. አሕ' ፡] ሕዝብ ፡ MR. 50 [ ] ኀበ ፡ omn. 51 መልእክቱ ፡ EFR. 52 እስከ ፡] እስመ ፡ MF. ይመልኩ ፡ AM. ( ) omn. 53 ኢወሬዛ ፡ E, ወኢወሬዛ ፡ AFR. ኵሎ ፡] ወኵሎ ፡ EFR. 54 ∧ ንዋየ ፡ M (seq. ቅድሳተ ፡). 55 ∧ በእሳት ፡ F (E i. l.). 56 መሣንያ ፡ M, ምሥናየ ፡ R. 57 ወወሰ' ፡] ወሰደድዎሙ ፡ M. ፋርስ ፡] ባቢሎን ፡ A. 58 ትሥምር ፡ E. ታሰንብት ፡ AE. ከመ ፡ 2°] እስከ ፡ R (seq. ይትፌ' ፡). II. 1 መንግሥተ ፡ sine በ MA; እስከ ፡ መን' ፡ EF. ኤር' ፡] + ነቢይ ፡ EF. 4 ወአቀመኒ ፡ ኪ' ፡ እሕንጽ ፡ AEFR. 5 [ ] እንቲአከሙ ፡ እንተ ፡ A, ዘበእንቲ' ፡ በእንተ ፡ M, id. sine ዘ R; በእንቲ' ፡ መኑ ፡ እምነ ፡ F(E). ይሄሉ ፡ AE. [ ] ክሙ ፡ MR. [ ] አዐ MER. [ ] አሐ AMER. 6 ∧

ሙ ፡ በበ ፡ በሓውርቲክሙ ፡ ርድእዎ ፡ በበ ፡ ደ
ወልክሙ ፡ ወርቀ ፡ ወብሩረ ፡ 7 ወአፍራሰ ፡ ወ
እንስሳ ፡ ምስለ ፡ ኵሉ ፡ ዘቦ ፡ ብፅዓት ፡ ወወስኩ ፡
አንትሙኒ ፡ ለቤተአ ፡ መቅደስአ ፡ ዘእግዚአብ
ሔርአ ። 8 ወይበጽሑ ፡ መሳፍንተ ፡ ነገዶሙ ፡
ለበሓውርተ ፡ ይሁዳ ፡ ወብንያምኒ ፡ (ወ)ሕዝብ
(ኒ) ፡ ወካህናትኒ ፡ ወሌዋዊያንኒ ፡ ወኵሉ ፡ ዘአ
ንሥአ ፡ እግዚአብሔር ፡ መንፈሶ ፡ ይዕርግ ፡ ወ
ይሕንጽ ፡ ቤተ ፡ እግዚአብሔር ፡ ዘውስተ ፡ ኢ
የሩሳሌም ። 9 ወእለኒ ፡ አድያሞሙ ፡ ያረድእ
ዎሙ ፡ በኵሉ ፤ ወርቀ ፡ ወብሩረ ፤ አፍራሰ ፡ ወ
እንስሳ ፤ ወእለኒ ፡ ቦሙ ፡ ብፅዓተ ፡ ወዘኵሉ ፡ ዘ
ፈቀደ ፡ ልቡ ። 10 ወአውፅአ ፡ ቂሮስ ፡ ንጉሥ ፡
ንዋየ ፡ ቅድሳት ፡ ዘእግዚአብሔር ፡ ዘአእተወ ፡
ናቡከደነጾር ፡ እምነ ፡ ኢየሩሳሌም ፡ ወሠርዖ ፡
ውስተ ፡ ቤተ ፡ አማልክቲሁ ። 11 ወሶበ ፡ አው
ፅአ ፡ ቂሮስ ፡ ንጉሠ ፡ ፋርስ ፡ አወፈዮ ፡ ለሚተ
ረዳጤ ፡ ዐቃቢሁ ፤ 12 እምኀቤሁ ፡ ተመጠወ ፡
ሳምናስ ፡ ዘተሠይመ ፡ ላዕለ ፡ ይሁዳ ። 13 ወከ
መዝ ፡ ኈልቁ ፤ መዋጽሕት ፡ ዘወርቅ ፡ ፲፪ ፤ መ
ዋጽሕት ፡ ዘብሩር ፡ ፲፪ ፤ አጽሕልት ፡ ዘብሩር ፡
፳ወ፱ ፤ ፍያላት ፡ ዘወርቅ ፡ ፴ ወዘብሩር ፡ ፳፻ወ
፬፻ወ፲ ወባዕዳንሂ ፡ ቍስቋሳት ፡ (ዘስብክ ፡) ፲፻ ።
14 ወኵሉ ፡ ንዋይ ፡ ዘተመጠወ ፡ ዘወርቅኒ ፡ ወ
ዘብሩርኒ ፡ ድሙር ፡ ፶፻ወ፬፻ወ፷ወ፱ 15 ዘወሰ
ደ ፡ ሰምናሶር ፡ ምስለ ፡ ፄዋ ፡ እምነ ፡ ባቢሎን ፡
አእተወ ፡ ኢየሩሳሌም ። 16 ወቦ ፡ እምውስቴ
ቶሙ ፡ እለ ፡ አጽሐፎሙ ፡ አርጥርክስርክሴስ ፡
ንጉሠ ፡ ፋርስ ፡ በበደወሎሙ ፡ ለይሁዳኒ ፡ ወበ
ኢየሩሳሌምኒ ፤ ቤልሞስ ፡ ወሚጠረዳጤ ፡ ወጤ
ቤልዮስ ፡ ወራቲሞስ ፡ ወብሔልቢጢሞስ ፡ [ወ
ሰሜልዮስ] ፡ ጸሓፊ ፡ ወኵሎሙ ፡ እለ ፡ እምታ
ሕተ ፡ እሉ ፡ እለ ፡ ይነብሩ ፡ ውስተ ፡ ሰማርያ ፡
ወእለኒ ፡ ውስተ ፡ ባዕድ ፡ በሓውርት ፡ ጸሐፉ ፡
መጽሐፈ ፡ እንዘ ፡ ይብሉ ። 17 ለንጉሥአ ፡ ለ
አርጥርክስርክሴስአ ፡ ለእግዚአሙአ ፡ እምኀበ ፡
አግብርቲከ ፡ ራቲሞስ ፡ ዘይሰግድ ፡ ለከ ፡ ወሰሜ
ልዮስ ፡ ጸሓፊ ፡ ወኵሎሙ ፡ እለ ፡ እምታሕቴ
ሆሙ ፡ ወእለኒ ፡ ውስተ ፡ ቄሌ ፡ ዘሶርያ ፡ ወፌን
ቄ ። 18 ወይእዜኒአ ፡ ከመ ፡ ታእምር ፡ እግዚአ
ሙ ፡ ንጉሥ ፤ ናሁ ፡ አይሁድ ፡ እለ ፡ ዐርጉ ፡ እ
ምኀቤክሙ ፡ ኀቤነ ፡ ሖሩ ፡ ኢየሩሳሌም ፡ ሀገ
ር ፡ እኪት ፡ ወዐላዊት ፡ የሐንጽዋ ፡ አረፋቲሃ ፡
ወምሥያጣቲሃኒ ፡ ወቤተኒ ፡ መቅደስ ፡ ያሐይዉ ።
19 ወእምከመአ ፡ ተሐንጸት ፡ ይእቲ ፡ ሀገር ፡ ወ
ኀልቀ ፡ አረፋቲሃ ፡ ኢያገብኡ ፡ እንከ ፡ ጸባሕተ ፡
ወዓዲ ፡ መንግሥተ ፡ ይትሀየዱ ። 20 ወይገብ
ሩ ፡ ቤተ ፡ መቅደስ ፡ ወያሜንዩ ፤ ወይእዜኒ ፡ ኢ
ትጸመም ፡ በበይነ ፡ ዝንቱ ፤ 21 ለአከ ፡ ኀበ ፡ ቂ
ሮስ ፡ ንጉሥ ፡ ከመ ፡ ይኅሥሡ ፡ ውስተ ፡ መጻ

እለ ፡ ሀለ′ ፡ A, ‸ ሀለ′ ፡ F. ይርድእዎ ፡ M. 7 ወስኩ ፡ M. 8 የዐርግ ፡ ወየሐንጽ ፡ M. 9 ያርድእዎ
ሙ ፡ AR. ወርቅ ፡ ወብሩር ፡ አፍራስ ፡ AEFR. ወዘኵሉ ፡ omn. 11 ለሚተርጤ ፡ M. 12 አመ ፡
ኀቤሁ ፡ M. ስምናስ ፡ M. 13 ኈልቈ ፡ EFMR. አጽሕል ፡ M. ፍየላት ፡ EF. ወባዕድኒ ፡ AR, ወባ
ዕደኒ ፡ EF. ቈሳቍሳት ፡ EF. ( ) ዘብክ ፡ ወ M, ዘበከ ፡ A, ዘበክ ፡ E, ዘሰበኩ ፡ R, ዘሰበከ ፡ F. 15 ስ
ምናሶር ፡ M. 16 አርጣክሳርሴሳ ፡ R, አርጥርክሳክሲስ ፡ F. ወለኢየሩ′ ፡ EF. [ ] e comm. 17; ወ
ሲሳዮስ ፡ F, ወሲሲያስ ፡ A, ወሳስዮስ ፡ M(ER). 18 አይ′ ፡] ይሁዳ ፡ M. ይሕንጽዋ ፡ E, ይሕንጹ ፡
F. ያሕይዉ ፡ EF. 21 ለአከ ፡ ኀቤነ ፡ ቂሮስ ፡ M. ኖብያት ፡ EF. ዘአበዊክሙ ፡ MEF.

ሕፍተ፡ ነቢያት፡ ዘአበዊከ ። 22 ወትረክብ፡ ጽ
ሑፍ፡ በእንተ፡ ዝንቱ፡ እስመ፡ ይእቲ፡ ሀገር፡
ዐላዊተ፡ ነገሥት፡ ወሠቃዪተ፡ አህጉር ፤ 23 ወ
አይሁድኒ፡ ዐላዊያን፡ ወከሓድያን፡ እምፍጥረ
ቶሙ፡ ወበበይነ፡ ዝንቱ፡ ተማሰነት፡ ይእቲ፡
ሀገር ። 24 ወይእዜኒ፡ እግዚኦሙ፡ ንጉሥ፡ ና
በጽሕ፡ ለከ፡ ከመ፡ እምከመ፡ ተሐንጸት፡ ይእ
ቲ፡ ሀገር፡ ወቆማ፡ አረፋቲሃ፡ ኢያኀልፉከሙ፡
ላዕለ፡ ቈሌ፡ ዘሶርያአ፡ ወፊንቂአ ። 25 ወእም
ዝ፡ ጸሐፈ፡ ሎሙ፡ ንጉሥ፡ ለራቲሞስ፡ ዘጸሐ
ፈ፡ ሎቱ፡ ወለቤሔልሜተም፡ ወለሰሜልዮስ፡
ጸሓፊ፡ ወለእለ፡ ተርፉ፡ እለ፡ እምታሕቴሆሙ፡
እለ፡ ይነብሩ፡ ውስተ፡ ሰማርያ፡ ወፊንቂ፡ በ
ከመ፡ ጸሐፉ፡ ሎቱ፡ እንተ፡ ትብል ፤ 26 አን
በብኩ፡ መጽሐፈአ፡ እንተአ፡ ፈነውክሙ፡ ሊ
ተ፡ ወአዘዝኩ፡ ይትከሠቱ፡ ወረከቡ፡ ከመ፡ ይ
እቲ፡ ሀገር፡ እምፍጥረታ፡ ዐላዊተ፡ ነገሥት፡
ይእቲ ፤ 27 ወሰብእኒ፡ ከሓድያን፡ ወቀተል፡ ግ
ብሮሙ፡ ወነገሥታኒ፡ ለኢየሩሳሌም፡ ጽኑዓን፡
ወእኩያን፡ ወኰነኑ፡ ቈሌ፡ ዘሶርያ፡ ወፊንቂኒ፡
ወጸብሑ፡ ሎሙ ። 28 ወይእዜኒ፡ ናሁ፡ አዘዝ
ኩ፡ ይክልእዎሙ፡ ለእሙንቱ፡ ሰብእ፡ ሐኒጸ
ታ፡ ለይእቲ፡ ሀገር፡ ወአልቦ፡ ዘይገብር፡ ውስ
ቴታ፡ ወኢምንተ፡ 29 ከመ፡ ኢታብዝኅ፡ እ
ኪተ፡ በዘ፡ ይሰርሑአ፡ ነገሥትአ ። 30 ወእም
ዝ፡ ሶበ፡ አንበብዋ፡ ለይእቲ፡ መጽሐፍ፡ እን
ተ፡ ጸሐፈ፡ አርጥርክስርክሴስ፡ ንጉሥ፡ ራቲ
ሞስ፡ ወሰምልዮስ፡ ጸሓፊ፡ ወእለ፡ እምታሕ
ቴሆሙ፡ አሮጹ፡ አፍራሲሆሙ፡ ጕጕአ፡ ው
ስተ፡ ኢየሩሳሌም፡ ምስለ፡ ብዙኅ፡ ሰብእ፡ ወ
አኀዙ፡ ይክልእዎሙ፡ ለእለ፡ የሐንጹ ፤ ወተ
ፀርዐ፡ ሐኒጽ፡ ዘቤተ፡ መቅደስ፡ ዘኢየሩሳሌም፡
እስከ፡ ካልእት፡ ዓመተ፡ መንግሥቱ፡ ለዳርዮ
ስ፡ ንጉሠ፡ ፋርስ ። III. ወገብረ፡ ዳርዮስ፡
ንጉሥ፡ በዓለ፡ ዐቢየ፡ ለኵሉ፡ መንግሥቱ፡ ወ
ለኵሉ፡ ሰብኡ፡ ወለኵሉ፡ መኳንንተ፡ ሜዶ
ን፡ ወፋርስ ፤ 2 ወለኵሉ፡ መሳፍንት፡ ወመገ
ብት፡ ወሥዩማን፡ እለ፡ ኵሉ፡ ህንደኬ፡ እስከ፡
ኢትዮጵያ፡ ዘምእት፡ ወዕሥራ፡ ወ፯ምስፍና ።
3 ወበልዑ፡ ወሰትዩ፡ ወጸግቡ፡ ወእምዝ፡ አተ
ዉ ፤ ወንጉሥሰ፡ ዳርዮስ፡ ቦአ፡ ጽርሐ፡ ወሰከ
በ፡ ወኖመ ። 4 ወሀለዉ፡ ሠለስቱ፡ ወራዙት፡
ዐቀብተ፡ ርእሱ፡ እለ፡ የዐቅብዎ፡ ለንጉሥ፡ ተ
ባሀሉ፡ በበይናቲሆሙ ፤ 5 ሀቡ፡ ንበል፡ በበአ
ሐቲ፡ ቃል፡ ኵልነ፡ ናስተኄይስ፡ ዘያሜኒ ፤ ወ
ዘይኄይስ፡ ቃሉ፡ በጥበብ፡ እምቢጹ፡ የሀቦ፡
ንጉሥ፡ ዳርዮስ፡ ብዙኀ፡ ይፈትቶ፡ ዕሤተ፡ ዘ
ሞአ ፤ 6 ወሜላተ፡ ያልብሶ፡ ወበዘወርቅ፡ ይ

22 ወትረክቡ፡ E, እስመ፡ ወተረክበ፡ M. ጽሑፈ፡ FR. ወሣቃዪተ፡ E i. l.; ወሠቀየት፡ seq. ʻጉረ፡ M, ER pr. m.; ∧ F. 23 ወአይʻ፡] ወይእዜኒ፡ EF. ∧ ወከሓʻ፡] EF. 24 ንበጽሕ፡ MAE. ወቆመ፡ AEFR. 25 ዘጸሐፈ፡] ዘጸሐፉ፡ AM. ወለቤሔጤተም፡ A(R). ወፊንቄ፡ A, ወፊንቂስ፡ EF. እንተ፡] እንዘ፡ M. 27 ወሰብኣኒ፡ AFR. ወቀትል፡ EFR. ወነገሥትኒ፡ M. 28 ∧ አዘዝኩ፡ M. 30 አሮጹ፡] አረጹ፡ AR. በጕጕአ፡ R, ገጕአ፡ M. ሕንጻ፡ AEFR. III. 2 እለ፡] ወለ EF. እንዳኬ፡ R, እንድኬ፡ A. 4 ወተባህሉ፡ A. 5 ዘይሜኒ፡ R. ∧ ዘያʻ፡ ወዘይኄይስ፡ A. ቃሎ፡ M; ቃለ፡ AR. ወጥበበ፡ AMR. ይፍትቶ፡ A, ወይፈትቶ፡ F, ይፈትዎ፡ M. 6 ወበጽዋዕ፡ ዘወርቅ፡ EF. ወዲበ፡] + ዐራተ፡ EF. ወባዝግና፡ AF, ወባዝጋና፡ E. ይዕንቅ፡ EFR.

ስተይ ፡ ወዲበ ፡ ወርቅ ፡ ይስክብ ፡ ወሰረገላተ ፡
ዘወርቅ ፡ ይጸዐን ፡ ወይትዐጸፍ ፡ ሜላተ ፡ ወብ
ዝጋና ፡ ይዕነቅ ፤ 7 ወእምታሕተ ፡ ንጉሥ ፡ ይ
ንበር ፡ በእንተ ፡ ጥበቢሁ ፡ ወዘመደ ፡ ንግሥ ፡
ይኩን ። 8 ወእምዝ ፡ ጸሐፉ ፡ ኵሎሙ ፡ ቃሎ
ሙ ፡ ዘዘዚአሆሙ ፡ ወኀተሙ ፡ ወሤሙ ፡ ታሕ
ተ ፡ ትርኣሲሁ ፡ ለንጉሥ ፡ ዳርዮስ ። 9 ወይቤ
ሉ ፡ ሶበ ፡ ነቅሀ ፡ ንጉሥ ፡ ነሀበ ፡ ዘንተ ፡ መጽሐ
ፈ ፡ ወለዘፈቀደ ፡ ንጉሥ ፡ ወ፫መገብቱ ፡ ዘፋር
ስ ፡ ይፍትሑ ፡ ወለዘ ፡ ጠበበ ፡ ቃሉ ፡ ያግብኡ ፡
ፍትሐ ፡ በከመ ፡ ጸሐፉ ። 10 ወጸሐፈ ፡ አሐዱ ፡
እንዘ ፡ ይብል ፡ ወይን ፡ ይመውእ ። 11 ወጸሐ
ፈ ፡ ካልኡ ፡ እንዘ ፡ ይብል ፡ ንጉሥ ፡ ይመው
እ ። 12 ወጸሐፈ ፡ ሣልስ ፡ እንዘ ፡ ይብል ፡ አን
ስት ፡ ይመውኣ ፡ ወእምኵሉሰ ፡ ጽድቅ ፡ ትመ
ውእ ። 13 ወእምዝ ፡ ሶበ ፡ ነቅሀ ፡ ንጉሥ ፡ ነሥ
እዋ ፡ ለይእቲ ፡ መጽሐፍ ፡ ወመጠውዎ ፡ ወአ
ንበበ ። 14 ወለአከ ፡ ይጸውዑ ፡ ኵሎ ፡ መገብ
ቶ ፡ ዘፋርስ ፡ ወዘሜዶን ፡ ወመሳፍንተኒ ፡ ወሥ
ዩማነ ፡ ወመኳንንተ ፡ ወመላእክተ ። 15 ወነበ
ሩ ፡ ውስተ ፡ ምቅራቡ ፡ ወአንበብዋ ፡ ለይእቲ ፡
መጽሐፍ ፡ በቅድሜሆሙ ። 16 ወይቤ ፡ ጸውዕ
ዎሙ ፡ ለእሉ ፡ ወራዙት ፡ ወለሊሆሙ ፡ ይንግ
ሩ ፡ ቃሎሙ ፤ ወጸውዕዎሙ ፡ ወቦኡ ። 17 ወ
ይቤሎሙ ፡ ንግሩ ፡ ቃለክሙ ፤ ወአኀዘ ፡ ይንግ
ር ፡ ቀዳማዊ ፡ ዘይቤ ፡ ወይን ፡ ይመውእ ። 18 ወ
ከመዝ ፡ ይቤ ፡ አንትሙ ፡ ዕደው ፡ ርእዩ ፡ ከመ ፡
ይመውእ ፡ ወይን ፤ ለኵሉ ፡ ሰብእ ፡ ዘሰትዮ ፡ ያ
ስሕቶ ፡ ልበ ፤ 19 ዘንጉሥኒ ፡ ወዘእጓለ ፡ ማው
ታኒ ፡ አሐደ ፡ ይሬሲ ፡ ልበሙ ፤ ዘገብርኒ ፡ ወ
ዘአግዓዚኒ ፤ ዘነዳይኒ ፡ ወዘባዕልኒ ። 20 ልበ ፡
ኵሉ ፡ ይመይጥ ፡ ውስተ ፡ ሐሤት ፡ ወያስተፌ
ሥሕ ፡ ወኢይዜክርዋ ፡ ለኵሉ ፡ ሐዘን ፡ ወለኵ
ሉ ፡ ትካዝ ። 21 ወልበ ፡ ኵሉ ፡ ባዕለ ፡ ይሬሲ ፤
ወኢይዜክርዎ ፡ ለንጉሥ ፡ ወኢየሐስብዎ ፡ ለ
አምላክ ፤ ወለኵሉ ፡ በክብድ ፡ ያስተናግሮሙ ።
22 ወእምከመ ፡ ሰትይዎ ፡ ይረስዮ ፡ ዐርክ ፡ ለዐ
ርኩ ፡ ወእኁው ፡ ለአኀዊሁ ፡ ወያስተማልኖሙ ፡
መጣብሒሆሙ ። 23 ወሶበ ፡ ጸሐዉ ፡ እምወ
ይኖሙ ፡ ኢይዜከሩ ፡ ዘገብሩ ። 24 አንትሙ ፡
ዕደው ፡ ኢይመውእኑ ፡ ወይን ፡ ዘከመዝ ፡ ይገ
ብር ፡ በግብር ። ወእምዝ ፡ አርመመ ፡ ውእቱ ፡
ከመዝ ፡ ብሂሎ ። IV. ወአኀዘ ፡ ካልኡ ፡ ይን
ግር ፡ ዘይቤ ፡ ንጉሥ ፡ ይመውእ ። 2 ወይቤ ፡
አንትሙ ፡ ዕደው ፡ አኮኑ ፡ ሰብእ ፡ ይመውእዋ ፡
ለምድር ፡ ወይኴንንዋ ፡ ለባሕር ፡ ወለኵሉ ፡ ዘ
ውስቴታ ። 3 ወሎሙኒ ፡ ንጉሥ ፡ እግዚኦሙ ፡
ወይቀንዮሙ ፡ ወይኴንኖሙ ፡ ወኵሎ ፡ ዘአዘዘ
ሙ ፡ ይገብሩ ። 4 ወለእመ ፡ ይቤሎሙ ፡ ቅት
ሉ ፡ ቢጸክሙ ፡ ይቀትሉ ፤ ወእመኒ ፡ ፈነዎሙ ፡

7 ንጉሥ ፡ EFR. 9 ወዘፈቀደ ፡ R, ዘፈቀደ ፡ M. ይፌትሑ ፡ AM. ጥበበ ፡ MR. ጽሑፍ ፡ F. 15 መቃርቡ ፡ MR. 16 ይነግሩ ፡ ME. 18 ዘይሰትዮ ፡ F. 20 ወያስተፌሥሐ ፡ EF. ወኢይዜከርዎ ፡ F. 21 ወኢይዜ' ፡] ወኢያከብርዎ ፡ E(F). በክበድ ፡ EF. ያስተናግር ፡ AEFR. 22 ይረስዕ ፡ M. ወአኀው ፡ MR. ለእኁሁ ፡ EF(A). ወያስተመል' ፡ A, ወያስተባዝኖሙ ፡ M. 24 ^ በግብር ፡ EF. IV. 2 ይመውኣ ፡ MR. 4 ወለእመ ፡] ወበከመ ፡ EF. ወአረፍተ ፡ MR. ወመኃፍደ ፡ A.

ፀብአ ፡ የሐውሩ ፡ ወየሐርሱ ፡ አድባረ ፡ ወአረ
ፋተ ፡ ወማኅፈደ ። 5 ይቀትሉሂ ፡ ወይቀትልዎ
ሙሂ ፡ ከመ ፡ ኢይእበዩ ፡ ቃለ ፡ ንጉሥ ፤ ወለእ
መ ፡ ሞኡ ፡ ለንጉሥ ፡ ዕልገቶ ፡ ያገብኡ ፡ ወኵ
ሎ ፡ ዘዔወዉ ፡ ወዘማህረኩ ። 6 ወእለኒ ፡ ኢይ
ፀብኡ ፡ ወኢይትቃተሉ ፡ [አላ ፡] ምድረ ፡ ይት
ጌበሩ ፡ እሙንቱኒ ፡ ሶበ ፡ ዘርኡ ፡ ወአረሩ ፡ ያአ
ትዉ ፡ ጸባሕተ ፡ ለንጉሥ ፡ ወበግብር ፡ ይዘብ
ጡ ፡ ቢጸሙ ፡ ያእትዉ ፡ ጸባሕተ ፡ ለንጉሥ ።
7 ወውእቱሰ ፡ ፩ውእቱ ፡ ባሕቲቱ ፤ ወእመ ፡ ይ
ቤ ፡ ቅትሉ ፡ ይቀትሉ ፤ ወእመኒ ፡ ኅድጉ ፡ ይቤ ፡
የኅድጉ ፤ 8 ወእመኒ ፡ ቅሥፉ ፡ ይቤ ፡ ይቀሥ
ፉ ፤ ወእመኒ ፡ ሕንጹ ፡ ይቤ ፡ የሐንጹ ፤ ወእመ
ኒ ፡ አማስኑ ፡ ይቤ ፡ ያማስኑ ፤ 9 ወእመኒ ፡ ግዝ
ሙ ፡ ይቤ ፡ ይገዝሙ ፤ ወእመኒ ፡ ትክሉ ፡ ይቤ ፡
ይትክሉ ። 10 ወኵሉ ፡ ሕዝብ ፡ ወኵሉ ፡ ሰራዊ
ት ፡ ሎቱ ፡ ለ፩ ይትኤዘዙ ፤ ወምስለ ፡ ኵሉ ፡ ዝ
ንቱ ፡ ውእቱሰ ፡ ይረፍቅ ፡ ወይበልዕ ፡ ወይሰቲ ፡
ወይነውም ። 11 ወባዕድ ፡ የዐቅቦ ፡ ዐውዶ ፡ ወ
አልቦ ፡ ዘይክል ፡ ሐዊረ ፡ ወገቢረ ፡ ትካዙ ፡ ፩
እምኔሆሙ ፡ ወኢይክልዎ ፡ አቢዮቶ ። 12 አን
ትሙ ፡ ዕደው ፡ ኢይመውእኑ ፡ ንጉሥ ፡ ዘከመ
ዝ ፡ ይትኤዘዙ ፡ ሎቱ ፤ ወእምዝ ፡ አርመመ ።
13 ወአኀዘ ፡ ይንግር ፡ ሣልስ ፡ ዘይቤ ፡ በእንተ ፡
አንስት ፡ ወበእንተ ፡ ጽድቅ ፤ ወውእቱ ፡ ዘሩባ
ቤል ። 14 ወይቤ ፡ አንትሙ ፡ ዕደው ፡ አኮኑ ፡
ዐቢይ ፡ ንጉሥ ፡ ወሰብእኒ ፡ ብዙኅ ፡ ወወይንኒ ፡
ጽኑዕ ፤ መኑኬ ፡ ውእቱ ፡ ዘይቀንዮሙ ፡ ወይኤ
ዝዞሙ ፤ አኮኑ ፡ አንስት ። 15 ወለዳሁ ፡ ለንጉ
ሥ ፡ ወለኵሉ ፡ ሕዝብ ፡ እለ ፡ ይቀንዩ ፡ ባሕረ ፡
ወምድረ ። 16 ወእምኔሆን ፡ ተወልዱ ፡ ወእማ
ንቱ ፡ ሐፀናሆሙ ፡ ለእለ ፡ ይተክልዎ ፡ ለዐጸደ ፡
ወይን ፡ ዘእምውስቴቱ ፡ ይወፅእ ፡ ወይን ። 17 ወ
እማንቱ ፡ ይገብራ ፡ አልባሰ ፡ ለሰብእ ፡ ወእማን
ቱ ፡ ይገብራ ፡ ክብረ ፡ ለዕደው ፡ ወኢይክሉ ፡ ዕ
ደው ፡ እንበለ ፡ አንስት ። 18 ወእመኒ ፡ አስተ
ጋብኡ ፡ ወርቀ ፡ ወብሩረ ፡ ወኵሎ ፡ ንዋየ ፡ ሠ
ናየ ፡ ወርእዩ ፡ አሐተ ፡ ብእሲተ ፡ ላሕይተ ፡ እ
ንተ ፡ ሠናይ ፡ ራእያ ፤ 19 ይረስዑ ፡ ኵሎ ፡ ዝ
ክተ ፡ ወኪያሃ ፡ ይኔጽሩ ፡ ወይሬእይዋ ፡ አፉሃ ፡
ወኵሉ ፡ ያስተአድማ ፡ ወያበድርዋ ፡ እምነ ፡ ወ
ርቅ ፡ ወብሩር ፡ ወእምኵሉ ፡ ንዋይ ፡ ሠናይ ።
20 ወየኅድግ ፡ ብእሲ ፡ አባሁ ፡ ዘአልሀቆ ፡ ወየ
ኅድግ ፡ ብሔሮ ፡ ወይተልዋ ፡ ለብእሲቱ ፡ 21 ወ
ይሜጡ ፡ ነፍሶ ፡ በእንተ ፡ ብእሲቱ ፡ ወኢይዜ
ክሮሙ ፡ ለአቡሁ ፡ ወለእሙ ፡ ወለብሔሩ ። 22
ወበዝሂ ፡ ዓዲ ፡ ታአምሩ ፡ ከመ ፡ አንስት ፡ ይ
መውአክሙ ፤ አኮኑ ፡ ጻሚወክሙ ፡ ወሰሪሐክ
ሙ ፡ ኵሎ ፡ ታአትዉ ፡ ለአንስት ፡ ወትሁብዎ
ን ። 23 ወይነሥእ ፡ ብእሲ ፡ ኵናቶ ፡ ወይወፅ

---

5 ‸ ወለእመ ፡ ሞኡ ፡ M. ሞኡ ፡] ሞአ ፡ ንጉሥ ፡ EF. ወኵሎ ፡] ‸ ወ MAEF. 6 [ ] ‸ MAR; እለ ፡ EF. ‸ ወበግብር ፡ — ለንጉሥ ፡ MEF. ይዘብጡ ፡] ይዘምሩ ፡ A. ያአትዉ ፡ A. 7 ባሕቲቱ ፡] + ወበግብር ፡ ይዘብጡ ፡ ቢጸሙ ፡ EF. ‸ ይቀትሉ ፡ M. 11 ትካዘ ፡ MAR. 13 ዘሮባቤል ፡ AER. 15 ወላድያቲሆሙ ፡ E. አሕዛብ ፡ M. 17 ‸ ወእማንቱ ፡ — ለሰብእ ፡ MA. 19 ያስተኤድማ ፡ R. ወያበድርዋ ፡] ‸ ወ MA. 21 ወኢይዜከሮ ፡ M. 22 ጻመውክሙ ፡ ወሰራሕክሙ ፡ MR. ታአትዉ ፡, ወተሀብዎን ፡ R. 23 ይስርቅ ፡ AR.

እ ፡ ወየሐውር ፡ ወይሰርቅ ፡ ወይነግድ ፡ ባሕረ ፡
ወአፍላገ ፡ 24 ወውስተኒ ፡ ጽልመት ፡ የሐው
ር ፡ ወእንዘኒ ፡ ዐንበሳ ፡ ይሬኢ ፡ የሐውር ፤ ወ
ሶበ ፡ ሰረቀ ፡ ወመሠጠ ፡ ወሄደ ፡ ያአቱ ፡ ላቲ ።
25 ወያበድራ ፡ ብእሲ ፡ ለብእሲቱ ፡ እምነ ፡ አ
ቡሁ ፡ ወእሙ ፡ (እለ ፡ ወለድዎ) ። 26 ወብዙ
ኃን ፡ እለ ፡ ተሠጥዩ ፡ ልበሙ ፡ በእንተ ፡ አንስ
ት ፡ ወተቀንዩ ፡ ወኮኑ ፡ አግብርተ ፡ በእንቲአሆ
ን ። 27 ወብዙኃን ፡ እለ ፡ ሞቱ ፡ በእንተ ፡ አን
ስት ፡ ወእለ ፡ ስሕቱ ፡ ወእለ ፡ አበሱ ። 28 ወይ
እዜኒ ፡ እመ ፡ ኢተአምኑኒ ፡ አኮኑ ፡ ዐቢይ ፡ ን
ጉሥ ፡ በምኵናኒሁ ፡ ወአኮኑ ፡ ኵሉ ፡ አሕዛብ ፡
ይሬእይዎ ፡ ወይፈርሁ ፡ ለኪፎቶ ። 29 ወናሁ ፡
አጳሜን ፡ ወለተ ፡ በርጠቄ ፡ ክቡር ፡ ዕቅብቱ ፡
ለንጉሥ ፡ ትነብር ፡ በየማነ ፡ ንጉሥ ፤ 30 ወትነ
ሥእ ፡ አክሊለ ፡ እምርእሱ ፡ ለንጉሥ ፡ ወትወ
ዲ ፡ ዲበ ፡ ርእሳ ፡ ወትጸፍዖ ፡ ለንጉሥ ፡ በፀጋ
ማ ። 31 ምስለ ፡ ዝንቱ ፡ ኵሉ ፡ ይኔጽራ ፡ ንጉ
ሥ ፡ አፉሃ ፤ እመ ፡ ሥሕቀት ፡ ይሥሕቅ ፤ ወእ
መ ፡ ተምዐት ፡ ይዬውሃ ፡ ከመ ፡ ትንብብ ፡ ወያ
ቌርር ፡ መዐታ ። 32 አንትሙ ፡ ዕደው ፡ ኢይ
መውእኑ ፡ አንስት ፡ እለ ፡ ከመዝ ፡ ይገብራ ።
33 ወእምዝ ፡ ተናጸሩ ፡ ንጉሥ ፡ ወመገብቱ ፡ በ
በይናቲሆሙ ፤ ወእምዝ ፡ አኀዘ ፡ ይንግር ፡ በእ
ንተ ፡ ጽድቅ ። 34 ወይቤ ፡ አንትሙ ፡ ዕደው ፡
አኮኑ ፡ ይመውኦ ፡ አንስት ፤ ዐቢይ ፡ ምድር ፡
ወልዑል ፡ ሰማይ ፡ ወፍጡነ ፡ ይረውጽ ፡ ፀሓይ ፡
ተዐዊዶ ፡ ሰማየ ፡ እንዘ ፡ ይረውጽ ፡ ይገብእ ፡
ውስተ ፡ (የማኑ ፡ ወ)መካኑ ፡ በአሐቲ ፡ ዕለት ።
35 አኮኑ ፡ ዐቢይ ፡ ዘከመዝ ፡ ይገብር ፤ ወጽድ
ቅሰ ፡ ትመውእ ፡ ወተዐቢ ፡ እምነ ፡ ኵሉ ። 36 ወ
ኵሉ ፡ ዓለም ፡ ይጼውዓ ፡ ለጽድቅ ፤ ሰማይኒ ፡
ይባርካ ፡ ወኵሉ ፡ ግብር ፡ ይርዕድ ፡ ወያድለቀ
ልቅ ፡ ወኢይትረከብ ፡ ሕሡም ፡ ውስተ ፡ ጽድ
ቅ ። 37 ዐማፂ ፡ ወይን ፡ ወዐማፂ ፡ ንጉሥ ፡ ወ
ዐማፂት ፡ አንስት ፡ ወዐመፂ ፡ ኵሉ ፡ እጓለ ፡ እ
መሕያው ፡ ወዐመፃ ፡ ኵሉ ፡ ግብሮሙ ፡ ወኵ
ሉ ፡ ዝንቱ ፡ አልቦ ፡ ውስቴቱ ፡ ጽድቅ ፡ ወበዐ
መፃሆሙ ፡ ይመውቱ ። 38 ጽድቅሰ ፡ ትመው
እ ፡ ለዝሉፉ ፡ ወሕይወት ፡ ይእቲ ፡ ወትቀውም ፡
ወትጸንዕ ፡ ለዓለመ ፡ ዓለም ። 39 ወአልቦ ፡ በኀ
ቤሃ ፡ ፈሊጥ ፡ ወአድልዎ ፡ ለገጽ ፡ አላ ፡ ጽድ
ቀ ፡ ትገብር ፡ ወኢትሄሉ ፡ ውስተ ፡ ዐመፃ ፡ ወ
ውስተ ፡ እኩይ ፡ ወለኵሉ ፡ ያሠምር ፡ ምግባራ ።
40 ወአልቦ ፡ ዐመፃ ፡ ውስተ ፡ ፍትሓ ፡ ወይእቲ ፡
ትመውእ ፡ ወላቲ ፡ መንግሥት ፡ ወዕበይ ፡ ወኵ
ነኔ ፡ ዘኵሉ ፡ ዓለም ፤ ይትባረክ ፡ እግዚአብሔ
ር ፡ ዘሎቱ ፡ መንግሥት ፡ ይቤ ። 41 ወአርመመ ፤
ወእምዝ ፡ ተባህሉ ፡ ኵሎሙ ፡ ሕዝብ ፡ ወይቤ
ሉ ፡ ዐባይ ፡ ይእቲ ፡ ጽድቅ ፡ ወፈድፋደ ፡ ትመ

---

24 ወእ'ንዘኒ ፡ — የሐውር ፡] ወኀበኒ ፡ ዐንበሳ ፡ የሐውር ፡ ወይሬኢ ፡ M. ወመሠጠ ፡] ምሣጠ ፡ M. ወሄደ ፡] ‸ F, E i. l. 28 ተአምኑኒ ፡ sine ኢ M. ወአኮኑ ፡] ወኢኮነ ፡ MA, ወኢኮኑሂ ፡ F, ወኢኮኑሁ ፡ E. 30 በፀጋም ፡ M. 31 ወይቍርር ፡ F. 34 ይመውእ ፡ ጽድቅ ፡ F. ወዐቢይ ፡ ME; ወዐባይ ፡ AR. ይረውጽ ፡] ይወርድ ፡ M. ተዐውድ ፡ M. 36 ባረካ ፡ R, ባረከ ፡ MA. ግብር ፡] ዓለም ፡ M. ጽድቅ ፡] + ወዐመፃ ፡ EF. 37 ወዐማፂት ፡] ወዐማፂ ፡ MA. 38 ትጸንዕ ፡] + ለዓለም ፡ ወ AR. 39 በጽድቅ ፡ F. 40 ፍትሕ ፡ AFMR. ትመውኦ ፡ ወለተ ፡ መንግሥት ፡ ወዐቢይ ፡ M. ዘኵሉ ፡] ለኵሉ ፡ M. መንግሥት ፡] omn. 41 ዐቢይ ፡ ME.

ውእ ፡፡ 42 ወይቤሎ ፡ ንጉሥ ፡ ሰአል ፡ ዘትፈቅ
ድ ፡ ፈድፋደ ፡ እምነ ፡ ዘጽሑፍ ፤ ወእሁበከ ፡ እ
ስመ ፡ ጠበብከ ፡ አንተ ፡ ወትነብር ፡ ምስሌየ ፡
እቱተ ፡ ወዘመደ ፡ ዚአየ ፡ ትከውን ፡፡ 43 ወይ
ቤሎ ፡ ውእቱ ፡ ለንጉሥ ፡ ተዘከር ፡ ብፅዓተ ፡ ዘ
በፃዕከ ፡ አመ ፡ ነገሥከ ፡ ከመ ፡ ተሐንጻ ፡ ለኢ
የሩሳሌም ፡ 44 ወከመ ፡ ታገብእ ፡ ኵሎ ፡ ንዋየ ፡
ዘነሥ[ኡ] ፡ እምነ ፡ ኢየሩሳሌም ፡ [ዘአግሐሠ ፡
ቂሮስ ፡] አመ ፡ ፈቀደ ፡ ይቅትላ ፡ ለባቢሎን ፡ ወ
በፅዐ ፡ ያግብኡ ፡ ህየ ፡፡ 45 ወአንተኒ ፡ በፃዕከ ፡
ትሕንጽ ፡ ቤተ ፡ መቅደስ ፡ ዘአውዐዩ ፡ [ኤዶማ
ዊያን ፡] አመ ፡ አማሰንዋ ፡ ፋርስ ፡ ለይሁዳ ፡፡
46 ወይእዜኒ ፡ ዳእሙ ፡ ዝንቱ ፡ ውእቱ ፡ ዘአስ
ተበቍዐከ ፡ እግዚእየ ፡ ንጉሥ ፡ ወዘእስእለከ ፡
ወዛቲ ፡ ይእቲ ፡ ዐባይ ፡ እንተ ፡ እምኀቤከ ፡ ብ
ቍዐኒ ፡ እግዚኦ ፡ ከመ ፡ ትግበር ፡ ብፅዓተከ ፡ ዘ
በፃዕከ ፡ ለንጉሠ ፡ ሰማይ ፡ ትግበር ፡ ዘወፅአ ፡ እ
ምአፉከ ፡፡ 47 ወእምዝ ፡ ተንሥአ ፡ ዳርዮስ ፡ ን
ጉሥ ፡ ወተአምኆ ፡ (ወሐቀፎ ፡) ወጸሐፈ ፡ ሎ
ቱ ፡ መጻሕፍተ ፡ ኀበ ፡ ኵሉ ፡ መገብት ፡ ወመ
ላእክት ፡ ወመሳፍንት ፡ ወመኳንንት ፡ ከመ ፡ ይ
ፈንውዎ ፡ ወለኵሉ ፡ እለ ፡ ምስሌሁ ፡ እለ ፡ የዐ
ርጉ ፡ ኢየሩሳሌም ፡ ይሕንጽዋ ፡፡ 48 ወለኵሉ ፡
መሳፍንተ ፡ ቄሌ ፡ ዘሶርያ ፡ ወለእለ ፡ ውስተ ፡ ሊ
ባኖስ ፡ ጸሐፈ ፡ መጻሕፍተ ፡ ያእትዉ ፡ ዕፀወ ፡
ቄድሪኖስ ፡ እምነ ፡ ደብረ ፡ ሊባኖስ ፡ ውስተ ፡
ኢየሩሳሌም ፡ ወከመ ፡ ይሕንጹ ፡ ምስሌሁ ፡ ሀ
ገረ ፡፡ 49 ወጸሐፈ ፡ ለኵሉ ፡ አይሁድ ፡ እለ ፡ የ
ዐርጉ ፡ እምውስተ ፡ መንግሥት ፡ ውስተ ፡ ይሁ
ዳ ፡ ከመ ፡ ያግዕዝዎሙ ፡ እምቅኔሆሙ ፡ ለኵሉ ፡
ቢጽ ፡ ጽ[ኑ]ዖሙ ፡ ወኢ[ይ]ምጽኡ ፡ ኀበ ፡ አና
ቅጺሆሙ ፡ ኢመገብቶሙ ፡ ወኢመሳፍንቲሆ
ሙ ፡ ወኢመኳንንቲሆሙ ፤ 50 ወለኵሉ ፡ ደወ
ሎሙ ፡ ይኅድጉ ፡ ሎሙ ፡ ጸባሕቶሙ ፡ ወ[ለ]አ
ይሁድኒ ፡ ይኅድጉ ፡ አዕጻዳቲሆሙ ፡ ዘያጸንዑ ፤
51 ወከመ ፡ የሀብዎሙ ፡ ለሕንጻ ፡ ቤተ ፡ መቅ
ደስ ፡ ለለዓመት ፡ ፳መክሊተ ፡ እስከ ፡ አመ ፡ የ
ኀልቅ ፡ ሕንጻ ፤ 52 ወለምሥዋዕኒ ፡ ለመሥዋዕ
ት ፡ ዘልፈ ፡ (ዘ)ኵሎ ፡ አሚረ ፡ ዘያበውኡ ፡ በ
ከመ ፡ ያለምዱ ፡ ዘበሕጉ ፡ ፲ወ፯ለለዓመት ፡ ፲
መክሊተ ፡ ካልእተ ፤ 53 ወለኵሎሙ ፡ እለ ፡ የ
ዐርጉ ፡ እምነ ፡ ባቢሎን ፡ ይግበሩ ፡ ሀገረ ፡ ያኅ
ድግዎሙ ፡ ቅኔሆሙ ፡ ሎሙ ፡ ወለውሉዶሙ ፡፡
54 ወለኵሉ ፡ ካህናት ፡ እለ ፡ ዐርጉ ፡ ጸሐፈ ፡ ሎ
ሙ ፡ ሲሳዮሙ ፡ ወአልባሰ ፡ ግብሮሙ ፡ በዘ ፡ ይ
ገብሩ ፡፡ 55 ወለሌዋዊያን ፡ ጸሐፈ ፡ ሎሙ ፡ ሲ
ሳዮሙ ፡ የሀብዎሙ ፡ እስከ ፡ አመ ፡ የኀልቅ ፡
ቤተ ፡ ኢየሩሳሌም ፡ ሕንጻሁ ፡፡ 56 ወለኵሉ ፡
እለ ፡ ይትቀነዩ ፡ ወይገብሩ ፡ ሀገረ ፡ ጸሐፈ ፡ ሎ
ሙ ፡ የሀብዎሙ ፡ ሲሳዮሙ ፡፡ 57 ወኵሎ ፡ ንዋ

---

42 ወፈድፋደ ፡ AM. ጽሑፍ ፡ MEF. 43 ∧ ከመ ፡ MF. ትሕንጻ ፡ AEF. 44 ታግብእ ፡ AEF. [ ] አ ፡ ቂሮስ ፡ codd. [ ] ∧ codd. ወበፅዑ ፡ AMR. ያግብእ ፡ F. 45 [ ] አይሁድ ፡ codd. 47 ወተአምኁ ፡ MR, ወተአምኑ ፡ A. ( ) ወተሐቀፉ ፡ MAR. 47 ፈነውዎ ፡ M; ይፈንውዎሙ ፡ EF. የሐንጽዋ ፡ AM. 48 ቄድሮስ ፡ F. ∧ እምነ ፡ ደ' ፡ ሊ' ፡ EF. ወከመ ፡] ከመ ፡ AEFR. 49 መንግሥቱ ፡ R. ቢጸ ፡ A. [ ] ን MRF. ጽኑዓኒሆሙ ፡ A, E corr. [ ] ያ codd. አንቀጸሙ ፡ AMR. 50 [ ] e F; ∧ caet. 52 ወለመሥዋዕተ ፡ ዘልፍ ፡ EF. ( ) ∧ EF. ካልአተ ፡ FA. 53 ይኅድግዎሙ ፡ M. 54 የዐርጉ ፡ ER; ∧ እለ ፡ ዐርጉ ፡ F. 55 ቤተ ፡] + እግዚአብሔር ፡ ዘ E. 57 ወይፈ' ፡] ወይእትዉ ፡ EF.

የ ፡ ዘአግሐሠ ፡ ቂሮስ ፡ እምውስተ ፡ ባቢሎን ፡
ፈነወ ፡ ወኵሎ ፡ ዘከመ ፡ አዘዘ ፡ ቂሮስ ፡ ይግበ
ሩ ፡ ከማሁ ፡ ውእቱኒ ፡ ይቤሎሙ ፡ ይግበሩ ፡ ወ
ይፈንዉ ፡ ኢየሩሳሌም ። 58 ወእምዝ ፡ ሶበ ፡ ወ
ፅአ ፡ ውእቱ ፡ ወልድ ፡ አልዐለ ፡ አዕይንቲሁ ፡
ውስተ ፡ ሰማይ ፡ መንገለ ፡ ኢየሩሳሌም ፡ አንጻ
ሪሃ ፡ ወባረኮ ፡ ለንጉሠ ፡ ሰማይ ፤ 59 ወይቤ ፡ እ
ምኀቤከ ፡ ሙአት ፡ ወእምኀቤከ ፡ ጥበብ ፡ ወለ
ከ ፡ ውእቱ ፡ ክብር ፡ ወአነኒ ፡ ገብረ ፡ ዚአከ ።
60 ቡሩክ ፡ አንተ ፡ ዘወሀብከኒ ፡ ጥበበ ፡ ወብከ ፡
አአምን ፡ እግዚአ ፡ አበዊነ ። 61 ወነሥአ ፡ ው
እተ ፡ መጻሕፍተ ፡ ወሖረ ፡ ባቢሎን ፡ ወዜነዎ
ሙ ፡ ለኵሎሙ ፡ አኀዊሆሙ ። 62 ወባረክዎ ፡
ለአምላከ ፡ አበዊሆሙ ፡ ዘወሀቦሙ ፡ ዕረፍተ ፡
ወተሣሀሎሙ ፤ 63 ከመ ፡ ይዕርጉ ፡ ወይሕንጽ
ዋ ፡ ለኢየሩሳሌም ፡ ወለቤተ ፡ መቅደስ ፡ ዘተሰ
ምየ ፡ ስሙ ፡ ውስቴቱ ። ወነበሩ ፡ ሰቡዐ ፡ መዋ
ዕለ ፡ ይትፌሥሑ ፡ በመሰንቆ ፡ ወበዕንዚራ ።
V. ወእምዝ ፡ ፈለጡ ፡ ዘየዐርግ ፡ መሳፍንተ ፡
አብያተ ፡ አበዊሆሙ ፡ በበሕዘቢሆሙ ፡ ወአን
ስቶሙ ፡ ወደቂቆሙ ፡ ወአዋልዲሆሙ ፡ ወአግ
ብርቲሆሙ ፡ ወአእማቲሆሙ ፡ ወእንስሳሆሙ ።
2 ወፈነወ ፡ ምስሌሆሙ ፡ ዳርዮስ ፡ ፲፻ ሰብአ ፡
አፍራስ ፡ ያብጽሕዎሙ ፡ ኢየሩሳሌም ፡ በዳኅ
ን ፡ ምስለ ፡ መሰንቆ ፡ ወዕንዚራ ፡ ወከበሮ ። 3 ወ
ኵሉ ፡ አኀዊሆሙ ፡ አኅበሩ ፡ ምስሌሆሙ ፡ ወ
ዐርጉ ፡ እንዘ ፡ ይትዋነዩ ። 4 ወዝንቱ ፡ አስማቲ
ሆሙ ፡ ለዕደው ፡ እለ ፡ ዐርጉ ፡ በበ ፡ በሓውር
ቲሆሙ ፡ ወበበ ፡ ሕዘቢሆሙ ፡ ዘዘደወለ ፡ ምስ
ፍናሆሙ ። 5 ካህናት ፡ ደቂቀ ፡ ፊንሐስ ፡ ደቂ
ቀ ፡ አሮን ፤ ኢዮስያስ ፡ ወልደ ፡ ዮሴዴቅ ፡ ወ
ልደ ፡ ሰራሀዩ ፤ ወኢዮአቄም ፡ ወልደ ፡ ዘሩባቤ
ል ፡ ወልደ ፡ ሰላትያል ፡ ዘእምቤተ ፡ ዳዊት ፡ ዘ
እምነገደ ፡ ፋሬስ ፡ ዘሕዝበ ፡ ይሁዳ ፡ 6 ዘተናገ
ረ ፡ ቃለ ፡ ጥበብ ፡ በቅድመ ፡ ዳርዮስ ፡ ንጉሠ ፡
ፋርስ ፡ አመ ፡ ካልእ ፡ ዓመተ ፡ መንግሥቱ ፡ በ
ወርኀ ፡ ኔሳን ፡ ቀዳሚ ፡ ወርኅ ። 7 ወእሉ ፡ እ
ሙንቱ ፡ እለ ፡ እምነ ፡ ይሁዳ ፡ እለ ፡ ዐርጉ ፡ እ
ምውስተ ፡ ፄዋ ፡ ፋርስ ፡ ዘአፍለሰ ፡ ናቡከደነጾ
ር ፡ ንጉሠ ፡ ባቢሎን ። 8 ወአእተዎሙ ፡ ኢየ
ሩሳሌም ፡ ወቦ ፡ እለ ፡ አተዉ ፡ ውስተ ፡ ይሁዳ ፡
ወለኵሎሙ ፡ ፈነዎሙ ፡ በበአህጉሪሆሙ ፡ ወ
ሖሩ ፡ ምስለ ፡ ዘሩባቤል ፡ ወኢዮስያስ ፡ (ወል
ደ ፡) ኔሔምዩ ፡ (ወልደ ፡) ዘረዩ ፡ (ወልደ ፡) ሬ
ስዩ ፡ (ወልደ ፡) ሕኔንዩስ ፡ (ወልደ ፡) መርዶኬ
ዎስ ፡ (ወልደ ፡) ብዔልስር ፡ (ወልደ ፡) አስፌራ
ስ ፡ (ወልደ ፡) ባሮልዩ ፡ (ወልደ ፡) ሮሔሙ ፡ (ወ
ልደ ፡) በአና ፡ ዘቀደምት ፡ መሳፍንት ፡ እለ ፡ ቀ
ደሙ ፡ ተሠይሙ ፡ ሎሙ ። 9 ወኍልቆሙ ፡ ለ
እለ ፡ እምውስተ ፡ ሕዝብ ፤ ደቂቀ ፡ ፈሮስ ፡ (፳
፻) ፳፻ወ፩፻ወ፸ወ፪ ወደቂቀ ፡ ሰፋን ፡ ፬፻ወ፸
ወ፪ ። 10 ደቂቀ ፡ ሐርስ ፡ ፯፻ወ፶ወ፮ ። 11 ደቂ
ቀ ፡ ፈተሊ ፡ ሞአብ ፡ ምስለ ፡ ደቂቀ ፡ ዮስስ ፡ ወ
ዘሮዓብኒ ፡ ፳፻ወ፰፻ወ፪ ። 12 ደቂቀ ፡ ዮለሙ ፡

60 አምኑ ፡ እግዚአ ፡ EF. V. 1 ፈለጠ ፡ F. 2 ምስሌሁ ፡ MR. ‸ ወከበሮ ፡ A. 3 ኅብሩ ፡ EF. ይትቀነዩ ፡ M. 4 መሳፍንቲሆሙ ፡ MR. 6 አመ ፡ — ዓመተ ፡] እምክልኤ ፡ ዓመት ፡ M. 7 እምነ ፡] እምነገደ ፡ R. 8 ወኵሎሙ ፡ እለ ፡ ፈነዎሙ ፡ F. ( ) omn. ተሠይሞ ፡ AEFR. 9 ( ) omn. ሰፋን ፡] አሳፍ ፡ F. 12 ፰] ፳ EF.

፬ ፤ ደቂቀ ፡ ዛጠን ፡ ፱፻ወ፵ ፤ ደቂቀ ፡ ከሮቤ ፡
፯፻ወ፷ ፤ ደቂቀ ፡ ባኒ ፡ ፮፻ወ፵ወ፪ ። 13 ደቂቀ ፡
ቤቤ ፡ ፮፻ወ፳ወ፫ ፤ ደቂቀ ፡ ሐርጌ ፡ ፲፻ወ፪፻ወ
፳ወ፪ ። 14 ደቂቀ ፡ አዶኔቄም ፡ ፷ወ፮ ፤ ደቂቀ ፡
ቦሴ ፡ ፳፻ወ፮፻ወ፮ ፤ ደቂቀ ፡ አድሊዮ ፡ ፬፻ወ
፶ወ፬ ። 15 ደቂቀ ፡ አዝሬዜቅዩ ፡ ወደቂቀ ፡ ቄ
ላን ፡ ወዘአዜጦስ ፡ ፺ወ፰ ፤ ደቂቀ ፡ አዘሩ ፡ ፬፻
ወ፴ወ፪ ። 16 ደቂቀ ፡ ሐንያ ፡ ፻ወ፩ ፤ ደቂቀ ፡ አ
ሮም ፡ ወደቂቀ ፡ በሴ ፡ ፫፻ወ፳ወ፫ ፤ ደቂቀ ፡ አ
ርሲፉሪት ፡ 17 ወደቂቀ ፡ ቤጤሩስ ፡ ፴፻ወ፭ ፤
ደቂቀ ፡ ዔቀቤሔትሎሙን ፡ ፻ወ፳ወ፫ ። 18 ወ
እለሰ ፡ እምነ ፡ ኔጤባስ ፡ ፺ወ፭ ፤ ወእለ ፡ እምነ ፡
ኤናጡ ፡ ፻ወ፺ወ፭ ። ወእለ ፡ እምነ ፡ ቤጥሳሞን ፡
ዘሞተ ፡ 19 ቀጠርቲ ፡ ሐርዮስ ፡ ፳ወ፭ ፤ ወእለ ፡
እምነ ፡ ጲራስ ፡ ወሮግ ፡ ፯፻ ። 20 ወእለ ፡ [ከ]ዲ
ያስ ፡ ወአሚዳዊያን ፡ ፬፻ወ፳ወ፪ ፤ ወእለ ፡ ቀራ
መሲቃቤስ ፡ ፮፻ወ፳ወ፩ ። 21 ወእለ ፡ እምነ ፡ መ
ቃሎን ፡ ፻ወ፳ወ፪ ፤ ወእለ ፡ እምነ ፡ ቤጣሊዮን ፡
፺ወ፪ ፤ ደቂቀ ፡ ኒፉስ ፡ ፻ወ፺ወ፮ ። 22 ደቂቀ ፡
ቀላሞለሉ ፡ ወሑነስ ፡ ፯፻ወ፳ወ፭ ፤ ደቂቀ ፡ ዔር
ሔኩ ፡ ፪፻ወ፵ወ፭ ። 23 ደቂቀ ፡ አናሐስ ፡ ፴፻
ወ፫፻ወ፩ ። 24 ወካህናትሰ ፡ ደቂቀ ፡ ኢዮስስ ፡
ምስለ ፡ ደቂቀ ፡ አናሲብ ፡ ፺፻ወ፸ወ፪ ፤ ደቂቀ ፡
ኤምሩት ፡ ፪፻ወ፶ወ፪ ። 25 ደቂቀ ፡ ፉስሩ ፡ ፲፻
ወ፪፻ወ፵ወ፯ ። 26 ወሌዋውያንሰ ፡ ደቂቀ ፡ ኢ
ዮስስ ፡ ዘቆዶሔሉ ፡ ወባኑ ፡ ወሱዲዩ ፡ ፸ወ፬ ።
27 ደቂቀ ፡ ካህናተ ፡ መዝሙር ፡ ደቂቀ ፡ አሳፍ ፡
፻ወ፳ወ፰ ። 28 ዐጸውት ፡ ፬፻እስማኤላዊያን ፡
ወደቂቀ ፡ ዐጠር ፡ ደቂቀ ፡ ጠማን ፡ ደቂቀ ፡ ደቁ
በጡ ፡ ፲፻ ፡ ደቂቀ ፡ ጠቢስ ፡ ኵሎሙ ፡ ፻ወ፴ወ
፱ ። 29 ወደቂቀ ፡ ካህናት ፡ (ወ)ደቂቀ ፡ ዔሳው ፡
ደቂቀ ፡ ጋሶፍ ፡ ደቀ ፡ ጠብሎት ፡ (ወ)ደቀ ፡ ቄ
ራስ ፡ ደቀ ፡ ሱሐ ፡ ደቀ ፡ ፋሊ[ዮ] ፡ ደቀ ፡ ሊቦ
ና ፡ ደቀ ፡ አቢጋ ፤ 30 ደቀ ፡ ሐቁድ ፡ ደቀ ፡ ሐ
ጡ ፡ ደቀ ፡ ቄጠብ ፡ ደቀ ፡ ዐቀባ ፡ ደቀ ፡ ሰባዊ ፡
ደቀ ፡ ሐና ፡ ደቀ ፡ ቂዓ ፡ ደቀ ፡ ጌዱር ፤ 31 ደቀ ፡
ያዕሩ ፡ ደቀ ፡ ዴሳን ፡ ደቀ ፡ ነሄቦ ፡ ደቀ ፡ ከሴባ ፡
ደቀ ፡ ቀዜራ ፡ ደቀ ፡ አዝዩ ፡ ደቀ ፡ ፍኑሕ ፡ ደ
ቀ ፡ አስራን ፡ ደቀ ፡ ቤሴቴ ፡ ደቀ ፡ ሐሰና ፡ ደቀ ፡
ማኒ ፡ ደቀ ፡ ነፉሲ ፡ ደቀ ፡ አቁፍ ፡ ደቀ ፡ አኪባ ፡
ደቀ ፡ አሱር ፡ ደቀ ፡ ፈራቄም ፡ ደቀ ፡ በሳሌም ፤
32 ደቀ ፡ [ድ]ዳ ፡ ደቀ ፡ በኩስ ፡ ደቀ ፡ ሰራር ፡ ደ
ቀ ፡ ቶሞሔ ፡ ደቀ ፡ ነሲ ፡ ደቀ ፡ አጤፋ ፤ 33 ደ
ቀ ፡ ደቁ ፡ ለሰሎሞን ፡ ደቀ ፡ እስፍያት ፡ ደቀ ፡
ፈሪዳ ፡ ደቀ ፡ የሔሊ ፡ ደቀ ፡ ሎዝን ፡ ደቀ ፡ የስ
ድሔል ፡ ደቀ ፡ ሰፌ ፤ 34 ደቀ ፡ ሐጊያ ፡ ደቀ ፡
ፈቀሬታሳባይ ፡ ደቀ ፡ ሰሮትዮ ፡ ደቀ ፡ መሚሐ
ስ ፡ ደቀ ፡ ጋሲ ፡ ደቀ ፡ አዴስ ፡ ደቀ ፡ ሱብስ ፡ ደ
ቀ ፡ አፌራ ፡ ደቀ ፡ ባሮዲስ ፡ ደቀ ፡ ሰፈግ ፡ ደ
ቀ ፡ [ባዕዳን ። 35 ኵሉ ፡] እለ ፡ ይትቀነዩ ፡ ለካ
ህናት ፡ ወደቂቀ ፡ ደቁ ፡ ለሰሎሞን ፡ ፫፻ወ፸ወ
፪ ። 36 እሉ ፡ እለ ፡ ዐርጉ ፡ እምነ ፡ ቴርሜሌት ፡
ወእምነ ፡ ቴሌርሰስ ፡ ወመስፍኖሙ ፡ ከራሐታ
ላን ፡ ወሐላር ። 37 ወኢክህሉ ፡ አይድዖ ፡ በሓ
ውርቲሆሙ ፡ ወዘመዶሙ ፡ እለ ፡ ከመዝ ፡ እም
ነ ፡ እስራኤል ፡ እሙንቱ ፤ (ወ)ደቂቀ ፡ ዳዳን ፡

---

20 [ ] በ codd. 23 አና′ ፡] ሰናሐስ ፡ AR. 24 አና′ ፡] ሰናሲብ ፡ AR. 28 ዐጸ′ ፡] ሐጸውት ፡ M. ፬፻] ፵፻ M. ፲፻] ፬፻ R. 29 ( ) ^ AR (bis). [ ] ድ ፡ codd. 30 ቂዓ ፡] ቂዳ ፡ M. 31 ^ ደቀ ፡ አሱር ፡ M. 32 [ ] ይ AER, ይሁ MF. 34 [ ] ኵሉ ፡ ባዕዳን ፡ codd. 37 ( ) omn.

ወልደ ፡ ጡባን ፤ ወደቂቀ ፡ ኔቆዲን ፡ ፮፻ወ፶ወ
፪ ። 38 ወእለኒ ፡ እምነ ፡ ካህናት ፡ እለ ፡ ይገብ
ሩ ፡ ክህነቶሙ ፡ ወኢተረክቡ ፡ ደቂቀ ፡ ሐቢያ ፡
ወደቂቀ ፡ ኢያዕቀቦስ ፡ ወደቂቀ ፡ ይሁድስ ፡ ዘ
ነሥአ ፡ ለአውግያ ፡ አውሰባ ፡ እምነ ፡ አዋልደ ፡
ፊርዜሌው ፡ ወተሰምየት ፡ በስሙ ። 39 ወኅሠ
ሡ ፡ ሎቱ ፡ ውስተ ፡ መጽሐፍ ፡ አዝማዲሁ ፡ ወ
ኢተረክበ ፡ ወአኅደግዎ ፡ ክህነቶ ። 40 ወይቤ
ሎሙ ፡ ናሐሚያ ፡ ወኢታርያ ፡ ከመ ፡ ኢየሀብ
ዎሙ ፡ ዘቅድስት ፡ እስከ ፡ አመ ፡ ይሠይሙ ፡ ሊ
ቀ ፡ ካህናት ፡ ዘይለብስ ፡ ልብሰ ፡ ዴሎስን ፡ ወዘ
ጽድቅ ። 41 ወኵሎሙ ፡ እስራኤል ፡ ዘእም፲
ወ፪ዓመት ፡ ዘእንበለ ፡ አግብርቲሆሙ ፡ ወአእ
ማቶሙ ፡ ፬፼ወ፳፻ወ፫፻ወ፷ ፤ 42 አግብርቶ
ሙሰ ፡ ወአእማቲሆሙ ፡ ፸፻ [ወ፫፻] ወ፴ወ፯ ፤
መዘምራን ፡ ወመዘምራት ፡ ፪፻ወ፵ወ፭ ፤ 43 አ
ግማላት ፡ ፬፻ወ፴ወ፭ ፤ አፍራስ ፡ ፸፻(ወ፫፻)ወ
፴ወ፮ ፤ አብቅልት ፡ ፪፻ወ፵ወ፭ ፤ አእዱግ ፡ ፶፻
ወ፭፻ወ፳ወ፭ ። 44 ወእምነ ፡ መሳፍንተ ፡ በሐ
ውርቲሆሙ ፤ ወእምዝ ፡ ሶበ ፡ በጽሑ ፡ ቤተ ፡
መቅደሱ ፡ ለእግዚአብሔር ፡ ዘውስተ ፡ ኢየሩ
ሳሌም ፡ ጸለዩ ፡ ያንሥእዎ ፡ ለውእቱ ፡ ቤት ፡ በ
ውስተ ፡ መከኑ ፡ በከመ ፡ ይክሉ ፡ 45 ወያብኡ ፡
ለቤተ ፡ መቅደስ ፡ ውስተ ፡ ሙዳየ ፡ ምጽዋት ፡
ለፃእፃአ ፡ ግብር ፡ በዕው ፡ ወርቀ ፡ ፲፻ምናነ ፡ ወ
ብሩረ ፡ ፶፻ምናነ ፡ ወአልባሰ ፡ ካህናት ፡ ፻ ። 46
ወይነብሩ ፡ ካህናት ፡ ወሌዋዊያን ፡ ወእለኒ ፡ እ
ምውስተ ፡ ሕዝብ ፡ ኢየሩሳሌም ፡ ወውስተ ፡ ብ
ሔር ፤ ካህናተ ፡ መዝሙር[ኒ] ፡ ወዐጸውት ፡ ወ
ኵሉ ፡ እስራኤል ፡ በበ ፡ አዕጻዳቲሆሙ ። 47 ወ
አመ ፡ ሠረቀ ፡ ሳብዕ ፡ ወርኅ ፡ እንዘ ፡ ሀለዉ ፡
ደቂቀ ፡ እስራኤል ፡ ውስተ ፡ በሓውርቲሆሙ ፡
አንገለጉ ፡ ኅቡረ ፡ በውስተ ፡ ዐጸድ ፡ ዘጸናፌ ፡
አንቀጽ ፡ ጽባሓዊ ። 48 ወቆመ ፡ ኢዮስስ ፡ ወ
ልደ ፡ ዮሴዴቅ ፡ ወአኃዊሁኒ ፡ ካህናት ፡ ወዛሩ
ባቤል ፡ ወልደ ፡ ሰላትያል ፡ ወአኃዊሁሰ ፡ ሎቱ ፡
አስተዳለዉ ፡ ምሥዋዐ ፡ ለእግዚአብሔር ፡ አም
ላከ ፡ እስራኤል ፡ 49 ከመ ፡ ይግበሩ ፡ መሥዋዕ
ተ ፡ ውስቴቱ ፡ ዘበሕጉ ፡ በከመ ፡ ጽሑፍ ፡ ው
ስተ ፡ መጽሐፈ ፡ ሙሴ ፡ ብእሴ ፡ እግዚአብሔ
ር ። 50 ወአንገለጉ ፡ ወተጋብኡ ፡ ምስሌሆሙ ፡
ካልኣን ፡ አሕዛበ ፡ ምድር ፡ ወተሠርዑ ፡ በኀበ ፡
ምሥዋዕ ፡ በበ ፡ በሓውርቲሆሙ ፡ እስመ ፡ ፅሩ
ራን ፡ እሙንቱ ፡ ወእምዝ ፡ ኰነንዎሙ ፡ (ለ)ኵ
ሉ ፡ አሕዛበ ፡ ምድር ፡ ወገብሩ ፡ መሥዋዕቶሙ ፡
ዘበበ ፡ ጊዜሁ ፡ ወቍርባኖሙ ፡ ለእግዚአብሔ
ር ፡ ዘነግህ ፡ ወዘሰርክ ። 51 ወገብሩ ፡ በዓለ ፡ መ
ጸለት ፡ በከመ ፡ ጽሑፍ ፡ ውስተ ፡ ኦሪት ፡ ወመ
ሥዋዕተ ፡ ኵሎ ፡ አሚረ ፡ ከመ ፡ ትካት ፤ 52 ወ
ዓዲ ፡ ቍርባነ ፡ ዘልፍ ፡ ወመሥዋዕተ ፡ ሰንበታ
ት ፡ ወዘአሥራቀ ፡ ወርኅ ፡ ወቅዱሱ ፡ ዘኵሉ ፡ በ
ዓላት ። 53 ወኵሎሙ ፡ እለ ፡ በፅዑ ፡ ብፅዓተ ፡

38 ወአውሰባ ፡ EFR. 39 መጽሐፈ ፡ MEF. 40 ዘቅድሳት ፡ FR. 41 ዘእም ፡] ዘአመ ፡ MEF. 42 [ ] ׳ omn. 43 ( ) omn. 45 ወያብኡ ፡] ወያግብኡ ፡ EF. 46 ወያነብሩ ፡ (seq. Acc.) M. ሕዝበ ፡ AER, አሕዛበ ፡ M, አሕዛብ ፡ F. ብሔረ ፡ MAER, ∧ F. [ ] ∧ omn. ወአፃውንት ፡ M. 47 ዐጸደ ፡ M. 48 ኢዮሰስ ፡ AR, ኢዮስያስ ፡ M. ሎቱ ፡] ∧ F, i. l. E. 50 አሕ' ፡] ሕዝበ ፡ M. 52 ወዘሠርቀ ፡ EF. 53 ወዘኵሎሙ ፡ MEF.

ለእግዚአብሔር ፡ እምሠርቀ ፡ ሳብዕ ፡ ወርኅ ፡ አ
ኀዙ ፡ ያብኡ ፡ መሥዋዕተ ፡ ለእግዚአብሔር ፤
ወቤተ ፡ እግዚአብሔርሰ ፡ ኢተሐንጸ ። 54 ወ
ወሀብዎሙ ፡ ለወቀርት ፡ ወለጸረብት ፡ ሲሳዮ
ሙ ፡ ወርቀ ፡ ወብሩረ ፡ ወመብልዐኒ ፡ ወመስቴ
ኒ ። 55 ወለሰብአ ፡ሲዶና ፡ ወለሰብአ ፡ ጢሮስ ፡
አስተፌሥሕዎሙ ፡ ከመ ፡ ያእትዉ ፡ ሎሙ ፡ እ
ምነ ፡ ሊባኖስ ፡ ዕፀወ ፡ ቄድሪና ፡ በአሕማር ፡ እ
ንተ ፡ ባሕር ፡ ኢዮ[ጴ] ፡ ወጸሐፉ ፡ ሎሙ ፡ መ
ጽሐፈ ፡ ትእዛዝ ፡ እምኀበ ፡ ቂሮስ ፡ ንጉሠ ፡ ፋ
ርስ ። 56 ወእምዝ ፡ አመ ፡ ካልእት ፡ ዓመት ፡ በ
ጺሐሙ ፡ ኢየሩሳሌም ፡ ውስተ ፡ ቤተ ፡ እግዚ
አብሔር ፡ በካልእ ፡ ወርኅ ፡ አኀዙ ፡ ይግበሩ ፡ ዘ
ሩባቤል ፡ ወልደ ፡ ሰላትያል ፡ ወኢዮስስ ፡ ወል
ደ ፡ ኢዮሴዴቅ ፡ ወአኀዊሆሙኒ ፡ ወካህናትኒ ፡
ወሌዋዊያን ፡ ወኵሎሙ ፡ እለ ፡ አተዉ ፡ ኢየ
ሩሳሌም ፡ እምኀበ ፡ ተፄወዉ ። 57 ወሣረሩ ፡ ቤ
ተ ፡ እግዚአብሔር ፡ አመ ፡ ርእሰ ፡ ሠርቀ ፡ ካል
እ ፡ ወርኅ ፡ በካልእት ፡ ዓመት ፡ አመ ፡ በጽሑ ፡
ውስተ ፡ ይሁዳ ፡ ወኢየሩሳሌም ። 58 ወሤምዎ
ሙ ፡ ለሌዋውያን ፡ ላዕለ ፡ ግብረ ፡ እግዚአብሔ
ር ፡ ወቆመ ፡ ኢዮስስ ፡ ወደቂቁ ፡ ወአኀዊሁ ፡ ወ
አድምየልሂ ፡ እኁሁ ፡ ወደቂቁ ፡ ለኢዮስስ ፡ ሔ
መደቦን ፡ ወደቂቀ ፡ ይሁዳ ፡ ወልደ ፡ ኤልያዶን ፡
ምስለ ፡ ደቂቁ ፡ ወአኀዊሁኒ ፡ ወኵሎሙ ፡ ሌዋ
ዊያን ፡ ኅቡረ ፡ ተሠይሙ ፡ ሐበይተ ፡ ምግባር ፡
ከመ ፡ ያግብሩ ፡ ግብረ ፡ ቤተ ፡ እግዚአብሔር ፡
. . . . ። 59 ወካህናትኒ ፡ ቆሙ ፡ ልቡሳኒሆሙ ፡
ምስለ ፡ መሰንቆ ፡ ወቀርን ፡ ወሌዋውያንሂ ፡ ደ
ቂቀ ፡ አሳፍ ፡ ይሴብሕዎ ፡ ለእግዚአብሔር ፡ በ
ጸናጽላት ፡ 60 ወይባርክዎ ፡ በመዝሙረ ፡ ዳዊ
ት ፡ ንጉሠ ፡ እስራኤል ። 61 ወያጸርኁ ፡ እንዘ ፡
ያነብቡ ፡ ወይባርክዎ ፡ ለእግዚአብሔር ፡ እስመ ፡
ለዓለም ፡ ስብሐቲሁ ፡ ወሠናይቱ ፡ ላዕለ ፡ ኵሉ ፡
እስራኤል ። 62 ወነፍኁ ፡ ቀርነ ፡ ኵሉ ፡ ሕዝብ ፡
ወጸርኁ ፡ በዐቢይ ፡ ቃል ፡ ወሰብሕዎ ፡ ለእግዚ
አብሔር ፡ በተንሥአተ ፡ ቤቱ ፡ ለእግዚእ ። 63
ወመጽኡ ፡ እምውስተ ፡ ካህናት ፡ (ወ)ሌዋዊያ
ን ፡ እለ ፡ ነበሩ ፡ ትካት ፡ ሀየ ፡ በበ ፡ በሓውርቲ
ሆሙ ፡ ወሊቃናትኒ ፡ እለ ፡ ርእይዎ ፡ ለውእቱ ፡
ቤት ፡ ሕንጻሁ ፡ እንዘ ፡ ይጸርኁ ፡ ወይበክዩ ፡ በ
ዐቢይ ፡ ቃል ፡ 64 ወብዙኃን ፡ እለ ፡ ይትፌሥ
ሑ ፡ ወይነፍኁ ፡ ቀርነ ፡ 65 እስከ ፡ ይሰምዕ ፡ ሕ
ዝብ ፡ ወኢሰምዑ ፡ ቃለ ፡ ቀርን ፡ እምነ ፡ ብካዮ
ሙ ፡ ለሕዝብ ፡ እስመ ፡ ብዙኃን ፡ ሰብእ ፡ እለ ፡
ይነፍኁ ፡ ቀርነ ፡ በዐቢይ ፡ ድምፅ ፡ እስከ ፡ ይሰ
ማዕ ፡ እምርሑቅ ። 66 ወሰሚያሙ ፡ ፀረ ፡ ሕዝ
በ ፡ ይሁዳ ፡ ወብንያም ፡ መጽኡ ፡ ያእምሩ ፡ ም
ንት ፡ ውእቱ ፡ ቃለ ፡ ቀርን ። 67 ወሶበ ፡ አእመ
ሩ ፡ ከመ ፡ እለ ፡ አተዉ ፡ እምኀበ ፡ ተፄወዉ ፡
እሙንቱ ፡ የሐንጹ ፡ ቤተ ፡ እግዚአብሔር ፡ አ
ምላከ ፡ እስራኤል ፡ 68 ሖሩ ፡ ኀበ ፡ ዘሩባቤል ፡
ወኀበ ፡ ኢዮስስ ፡ ወኀበ ፡ መሳፍንተ ፡ በሓው
ርቲሆሙ ፡ ወይቤልዎሙ ፡ ንሕንጽ ፡ ምስሌክ

---

55 አስተፌ' ፡] አዘዝዎሙ ፡ EF. ቄድሪኖስ ፡ E(F). ባሕረ ፡ AEF. ኢዮጤ ፡ AEFR, ኤዮሄ ፡ M. 57 ሠርቅ ፡ M. 58 ወአምድየልሂ ፡ EF. ሐበ' ፡] ዐበይተ ፡ F. ያግ' ፡] ይግበሩ ፡ F. 61 ይነብቡ ፡ F. 62 በአንሥአተ ፡ EF. 63 ( ) ∧ AEF. ትካት ፡ 1°] ትካተ ፡ AM. 64 እለ ፡] ወእለ ፡ M, እንዘ ፡ AF. 65 ብዙኅ ፡ AFR. በርሑቅ ፡ AEF.

ሙ ፤ [69] እስመ ፡ ንሕነኒ ፡ ከማክሙ ፡ ንትቀነይ ፡
ለአምላክክሙ ፡ ወሎቱ ፡ ንሠውዕ ፡ እምአመ ፡
አሰበቀፈት ፡ ንጉሠ ፡ ፋርስ ፡ አፍለሰነ ፡ ዝየ ።
[70] ወይቤልዎሙ ፡ ዘሩባቤል ፡ ወኢዮስስ ፡ ወ
መሳፍንተ ፡ በሓውርቲሆሙ ፡ ለእስራኤል ፡ አ
ኮ ፡ ለነ ፡ ወለክሙ ፡ ዘይትሐነጽ ፡ ቤተ ፡ እግዚአ
ብሔር ፡ አምላክነ ። [71] ንሕነ ፡ ባሕቲትነ ፡ ነሐ
ንጽ ፡ ቤተ ፡ እግዚአ ፡ እስራኤል ፡ ዘበሕጉ ፡ በ
ከመ ፡ አዘዘነ ፡ ቂሮስ ፡ ንጉሠ ፡ ፋርስ ። [72] ወ
አሕዛብሰ ፡ ሰብአ ፡ ብሔር ፡ እለ ፡ ይሜክዩ ፡ ለ
እለ ፡ ውስተ ፡ ይሁዳ ፡ አንገለጉ ፡ ወተጋብኡ ፡
ወተቃተልዎሙ ፡ [73] ወሆክዎሙ ፡ ወአፅርዑ ፡
ሕንጻ ፡ ወከልእዎሙ ፡ ይሕንጹ ፡ በኵሉ ፡ መዋ
ዕሊሁ ፡ ለቂሮስ ፡ ንጉሥ ፡ ወአኅደግዎሙ ፡ ሐ
ኒጸ ፡ እስከ ፡ አመ ፡ ፪ዓመተ ፡ መንግሥተ ፡ ዳር
ዮስ ። VI. ወአመ ፡ ካልእ ፡ ዓመተ ፡ መንግሥ
ቱ ፡ ለዳርዮስ ፡ ተነበዩ ፡ ሐጌ ፡ ወዘካርያስ ፡ ወ
ልደ ፡ ሐዱን ፡ ነቢያት ፡ ላዕለ ፡ አይሁድ ፡ እለ ፡
ውስተ ፡ ይሁዳ ፡ ወኢየሩሳሌም ፤ በስመ ፡ እግ
ዚአብሔር ፡ አምላከ ፡ እስራኤል ፡ ተነበዩ ፡ ዲ
ቤሆሙ ። [2] ወእምዝ ፡ ቆመ ፡ ዘሩባቤል ፡ ወል
ደ ፡ ሰላትያል ፡ ወኢዮስስ ፡ ወልደ ፡ ኢዮሴዴ
ቅ ፡ ወአኀዙ ፡ ይሕንጹ ፡ ቤተ ፡ እግዚአብሔር ፡
ዘውስተ ፡ ኢየሩሳሌም ፡ እንዘ ፡ ሀለዉ ፡ ምስሌ
ሆሙ ፡ ነቢያተ ፡ እግዚአብሔር ፡ ያረድእዎሙ ።
[3] በእማንቱ ፡ መዋዕል ፡ መጽኡ ፡ ኀቤሆሙ ፡ ሲ
ሳኒስ ፡ መልአከ ፡ ሶርያ ፡ ወፈንቂስ ፡ ወሰተራቡ
ርዛኒስ ፡ ወእለ ፡ ምስሌሆሙ ፡ ቢጾሙ ፡ ወይቤ
ልዎሙ ፡ [4] መኑ ፡ ዘአዘዘክሙ ፡ ትሕንጹ ፡ ዘን
ተ ፡ ቤተ ፡ ወትጥፍርዎ ፡ ወዝንቱኒ ፡ ኵሉ ፡ ግ
ብር ፡ ወመኑ ፡ እሙንቱ ፡ ነደቅቱ ፡ እለ ፡ የሐን
ጽዎ ። [5] ወወሀቦሙ ፡ እግዚአብሔር ፡ ሞገሰ ፡
ለረበናተ ፡ ይሁዳ ፡ ውእተ ፡ አሚረ ፡ አመ ፡ ተ
ሣሀሎሙ ፤ [6] ወኢከልእዎሙ ፡ ሐኒጸ ፡ እስከ ፡
ይልእኩ ፡ ኀበ ፡ ዳርዮስ ፡ ወእስከ ፡ ያአትዉ ፡
ሎሙ ፡ መጽሐፈ ። [7] ወጸሐፉ ፡ ኀበ ፡ ዳርዮስ ፡
ወፈነዉ ፡ እንዘ ፡ ይብሉ ፤ ሲሳንስ ፡ መልአከ ፡
ሶርያ ፡ ወዘፈንቂስ ፡ ወሳተራቡርዘንስ ፡ ወእለ ፡
ምስሌሆሙ ፡ ቢጾሙ ፡ እለ ፡ ውስተ ፡ ሶርያ ፡ ወ
ፈንቂስ ፡ መሳፍንት ፡ ለንጉሥ ፡ ለዳርዮስ ። [8] ከ
መ ፡ ታእምርአ ፡ ኵሎአ ፡ እግዚአሙ ፡ ንጉሥ ፡
በጻሕነ ፡ ውስተ ፡ ብሔረ ፡ ይሁዳ ፡ ወመጻእነ ፡
ውስተ ፡ ኢየሩሳሌም ፡ ሀገር ፡ ረከብናሆሙ ፡ ለ
ዜዋ ፡ አይሁድ ፡ ሊቃናቲሆሙ ፡ ውስተ ፡ ሀገረ ፡
ኢየሩሳሌም ፡ [9] የሐንጹ ፡ ቤተ ፡ እግዚአብሔ
ር ፡ ዐቢየ ፡ ወሐዲሰ ፡ በእብን ፡ ግሉፍ ፡ ዘብዙ
ኅ ፡ ሤጡ ፡ ወዕፀወኒ ፡ ሠርዑ ፡ ዘዘ ፡ አብያቲሆ
ሙ ፡ [10] ወጕጉእ ፡ ግብሩ ፡ ወይፈጥን ፡ በውስ
ተ ፡ እደዊሆሙ ፡ እንዘ ፡ ይገብሩ ፡ ወበኵሉ ፡ [ክ]
ብር ፡ ወበአስተሐምሞ ፡ ይገብሩ ። [11] ወእም

---

70 በሓ' ፡] ቤተ ፡ EF. 71 ዘበሐጌ ፡ ME, ዘሐጌ ፡ A. 72 ይሜኵዩ ፡ AE, ይመኵዩ ፡ R, ይትሜኵዩ ፡ F (የሚመግሉ ፡ E schol.). 73 ∧ አመ ፡ EF. VI. 1 ∧ ወአመ ፡ — ዳርዮስ ፡ MA. ሔዱን ፡ MF, ሐዱን ፡ E. 2 ያርድእዎሙ ፡ M. 4 ወትጠፍርዎ ፡ MR; ወታጠፍርዎ ፡ A. ወመኑ ፡] ወእለ ፡ መኑ ፡ EF. 5 አመ ፡] እስመ ፡ EF. 7 ምስሌሁ ፡ AM. ለዳርዮስ ፡] ∧ ለ EF. 8 ብሔረ ፡] ∧ F, E i. l. ወመጺአነ ፡ EF. 9 ወዕፀውኒ ፡ ሥሩዕ ፡ EF. አብያቲሁ ፡ EF. 10 ወጕጉአ ፡ ይገብሩ ፡ ወያፈጥኑ ፡ EF. ወበኵሉ ፡ ክብር ፡] ∧ MREF; ወበኵሉ ፡ ግብር ፡ A, E i. l.

ዝ ፡ ተስእልናሆሙ ፡ ለሊቃናቲሆሙ ፡ ወንቤሎ
ሙ ፡ መኑ ፡ አዘዘክሙ ፡ ትሕንጹ ፡ ዘንተ ፡ ቤተ ፡
ወትሣርሩ ፡ ዘንተ ፡ ግብረ ። 12 ወሐተትናሆሙ ፡
ከመ ፡ ንልአክ ፡ ኀቤከ ፡ ወንጽሐፍ ፡ ለከ ፡ ሰብ
አሙ ፡ ወሊቃናተ ፡ ምግባሮሙ ፡ በበአስማቲሆ
ሙ ፡ ወተስእልናሆሙ ፡ ለሊቃውንቲሆሙ ።
13 ወአውሥኡነ ፡ ወይቤሉነ ፡ ንሕነ ፡ አግብር
ተ ፡ እግዚአብሔር ፡ ንሕነ ፡ ዘፈጠረ ፡ ሰማየ ፡ ወ
ምድረ ። 14 ወሐነጽዎ ፡ ለዝንቱ ፡ ቤት ፡ ትካት ፡
እምቅድመ ፡ ብዙኅ ፡ ዓመት ፤ ሐነጸ ፡ ንጉሠ ፡
እስራኤል ፡ ዐቢ[ይ] ፡ ወጽኑ[ዕ] ፡ ወፈጸሞ ። 15
ወእስመ ፡ አምዕዕዎ ፡ አበዊነ ፡ ወአበሱ ፡ ሎቱ ፡
ለእግዚአ ፡ እስራኤል ፡ ሰማያዊ ፡ አግብአሙ ፡
ውስተ ፡ እዴሁ ፡ ለናቡከደነጾር ፡ ንጉሠ ፡ ባቢ
ሎን ፡ ንጉሠ ፡ ፋርስ ፡ 16 ወዘንተኒ ፡ ቤተ ፡ ነሠ
ተ ፡ ወአውዐየ ፡ በእሳት ፡ ወሕዝበኒ ፡ ፄወወ ፡ ወ
አእተ[ት]ዎሙ ፡ ባቢሎን ። 17 ወአመ ፡ ቀዳሚ
ት ፡ ዓመተ ፡ መንግሥቱ ፡ ለቂሮስ ፡ በብሔረ ፡ ባ
ቢሎን ፡ ጸሐፈ ፡ ቂሮስ ፡ ይሕንጽዎ ፡ ለዝንቱ ፡ ቤ
ት ። 18 ወንዋየ ፡ ቅድሳትኒ ፡ ዘወርቅ ፡ ወዘብሩ
ር ፡ ዘአውፅአ ፡ ናቡከደነጾር ፡ እምነ ፡ ቤት ፡ ዘ
ውስተ ፡ ኢየሩሳሌም ፡ ወሠርዖ ፡ ውስተ ፡ ጽር
ሑ ፡ (ወ)ካዕበ ፡ አውፅአ ፡ ቂሮስ ፡ ንጉሥ ፡ እ
ምነ ፡ ጽርሑ ፡ ዘባቢሎን ፡ ወወሀበ ፡ ለዘሩባቤል ፡
ወለሰንበሳር ፡ መልአክ ። 19 ወአዘዞሙ ፡ ይሰ
ድዎ ፡ ለውእቱ ፡ ንዋይ ፡ ወይሚምዎ ፡ ውስተ ፡
ቤተ ፡ መቅደስ ፡ ዘኢየሩሳሌም ፡ ወይሕንጹ ፡ ቤ
ተ ፡ እግዚአብሔር ፡ በውስተ ፡ መካኑ ። 20 ወ
እምዝ ፡ በጽሐ ፡ ውእቱ ፡ ሰንባስሮስ ፡ አኀዘ ፡
ይሣርር ፡ ቤተ ፡ እግዚአብሔር ፡ ዘኢየሩሳሌም ፡
ወእምይእቲ ፡ አሚር ፡ እስከ ፡ ዮም ፡ የሐንጹ ፡
ወኢያኀልቁ ። 21 ወይእዜኒ ፡ ኩንን ፡ እግዚአ
ሙ ፡ ንጉሥ ፡ ወክሥት ፡ መጻሕፍተ ፡ ነቢያተ ፡
መንግሥቱ ፡ ለቂሮስ ፡ ንጉሥ ፡ ዘውስተ ፡ ባቢ
ሎን ። 22 ወእመ ፡ ረከብከ ፡ ከመ ፡ ፈቀደ ፡ ቂ
ሮስ ፡ ንጉሥ ፡ ይሕንጽ ፡ ቤተ ፡ እግዚአብሔር ፡
ዘኢየሩሳሌም ፡ ወዘከመ ፡ ትፈቅድ ፡ እግዚአሙ ፡
ንጉሥ ፡ ለአክአ ፡ ለነ ፡ በእንተአ ፡ ዝንቱአ ።
23 ወእምዝ ፡ አዘዘ ፡ ዳርዮስ ፡ ንጉሥ ፡ ይኅሥ
ሡ ፡ ውስተ ፡ መጻሕፍተ ፡ ነቢያት ፡ ዘውስተ ፡
ባቢሎን ፡ ወተረክበ ፡ ውስተ ፡ ብሔረ ፡ በጣኒ
ስ ፡ ዘባሪ ፡ ዘደወለ ፡ ሜዶን ፡ ብሔረ ፡ አሐዱ ፡
መካን ፡ ኀበ ፡ ዐጸዉ ፡ ነቢያተ ፤ ወከመዝ ፡ ይብ
ል ። 24 አመ ፡ ቀዳሚ ፡ ዓመተ ፡ መንግሥቱ ፡
ለቂሮስ ፡ ንጉሥ ፡ አዘዘ ፡ ይሕንጹ ፡ ቤተ ፡ እግ
ዚአብሔር ፡ ዘኢየሩሳሌም ፡ በኀበ ፡ ይሠውዑ ፡
በእሳት ፡ እንተ ፡ ጸብሐት ፤ 25 ዘቆሙ ፡ ፳በእ
መት ፡ ወ[ንድ]ቁ ፡ በእብን ፡ ንሱቅ ፡ እንተ ፡ ሠ
ላስ ፡ ወማእሰሩ ፡ እንተ ፡ አሐቲ ፡ በዕፀ ፡ ብሔ
ር ፡ በሐዲስ ፡ ወየሀብዎሙ ፡ ፃእፃአ ፡ እምቤተ ፡
ቂሮስ ፡ ንጉሥ ። 26 ወንዋየኒ ፡ ቅድሳት ፡ ዘቤ
ተ ፡ እግዚአብሔር ፡ ዘወርቅ ፡ ወዘብሩር ፡ ዘአ

---

13 ∧ ንሕነ ፡ 1° AEFR. 14 [ ] የ, [ ] ዐ codd. ወፈጺሞ ፡ M. 15 ∧ ሎቱ ፡ EF. 16 [ ] e M. 18 ወሠርዖሙ ፡ M. 19 ይስድዎሙ ፡ M. 20 ወእምይእተ ፡ አሚረ ፡ M. ወኢያኀለቁ ፡ F. 21 ኖብያት ፡ F. 22 ያሕንጽ ፡ E(A). 23 ኖብያት ፡ F. ባጢኒስ ፡ MR. ብሔረ ፡ 2°] ብሔር ፡ R, በብሔረ ፡ F. ኖብያተ ፡ EFR. 25 ወቆሙሰ ፡ (sine ፳) M; ዘኑኅ ፡ ስሳ ፡ EF. [ ] ነደ codd. ንሱቅ ፡] M, ምሱቅ ፡ AEFR. ሣልስ ፡ MEF, ፫ A. እንተ ፡ 2°] + አልባቲ ፡ M. 26 ይነብሩ ፡ EF.

27

ውዕአ ፡ ናቡከደነጾር ፡ እምውስተ ፡ ቤት ፡ ዘኢ
የሩሳሌም ፡ ወወሰደ ፡ ባቢሎን ፡ ያግብእዎ ፡ ው
ስተ ፡ ውእቱ ፡ ቤት ፡ ዘኢየሩሳሌም ፡ ኀበ ፡ ይነ
ብር ፡ ቀዲሙ ፡ ህየ ። 27 ወአዘዘ ፡ ይግበሩ ፡ ሲ
ሳንስ ፡ መልአከ ፡ ሶርያ ፡ ወፌንቂስ ፡ ወሰተራቡ
ርዛን ፡ ወእለ ፡ ምስሌሆሙ ፡ ቢጾሙ ፡ ወእለ ፡
ሥዩማን ፡ እሙንቱ ፡ መሳፍንት ፡ ለሶርያ ፡ ወለ
ፌንቂስ ፡ ከመ ፡ ይኅድጉ ፡ ሎሙ ፡ መከናሙ ፡
ወያብሕዎሙ ፡ ለገብረ ፡ እግዚአብሔር ፡ ለዘሩ
ባቤል ፡ መልአከ ፡ ይሁዳ ፡ ወለረበናተ ፡ ይሁዳ ፡
ይሕንጽዎ ፡ ለውእቱ ፡ ቤተ ፡ እግዚአብሔር ፡ በ
ውስተ ፡ መከኑ ። 28 አነአ ፡ አዘዝኩአ ፡ በኵ
ሉ ፡ ይሕንጹ ፡ ወይትራአዩ ፡ ኅቡረ ፡ ይግበሩ ፡
እለ ፡ አተዉ ፡ እምኀበ ፡ ተፄወዉ ፡ ሰብአ ፡ ይ
ሁዳ ፡ እስከ ፡ ይፌጽሙአ ፡ ቤተአ ፡ እግዚአብ
ሔር ። 29 ወእምውስተ ፡ ጸባሕትአ ፡ ዘቄሌ ፡ ዘ
ሶርያ ፡ ወዘፌንቂስ ፡ አስተሐምሙ ፡ ወሀብዎሙ ፡
ለእሉ ፡ ሰብእ ፡ ለመሥዋዕተ ፡ እግዚአብሔር ፡
ዘበሕጉ ፡ ለዘሩባቤል ፡ መልአክ ፡ አልህምተ ፡
ወአጣሌ ፡ ወአባግዐ ፤ 30 ወከማሁ ፡ ለዕፅኒ ፡ ዘ
ያነድዱ ፡ ወለጼውኒ ፡ ወለወይንኒ ፡ ወለቅብእ
ኒ ፡ ፃእፃአሙ ፡ ዘዘልፍ ፡ በበዓመት ፡ ዘያወፅአ
ሙ ፡ ሀብዎሙ ፡ በአምጣነ ፡ ይቤሉ ፡ ካህናት ፡
እለ ፡ ኢየሩሳሌም ፡ (ዘመጠነ ፡ ያወፅአሙ ፡ በእ
ንተ ፡ ጸባሕት ፡ ዘይቤሉክሙ ፡ እሙንቱ ፡ ሀብ
ዎሙ ፡) እንዘ ፡ ኢትትዋሥእዎሙ ፤ 31 ከመ ፡
ያብኡ ፡ ቍርባነ ፡ ለእግዚአብሔር ፡ ልዑል ፡ በ
እንተ ፡ ንጉሥ ፡ ወበእንተ ፡ ደቂቁ ፡ ይጸልዩ ፡
ሎሙ ፡ በእንተ ፡ ሕይወቶሙ ። 32 ወለእመቦ ፡
ዘአበዩ ፡ ገቢረ ፡ በከመ ፡ ጽሑፍ ፡ ወዘኒ ፡ ተሀ
ደሙ ፡ ይንሥኡ ፡ ዕፀ ፡ እምነ ፡ ዘዚአሆሙ ፡ ወ
ቦቱ ፡ ይስቅልዎሙ ፡ ወንዋዮሙኒ ፡ ይትበርበሩ ፡
(ወ)ለቤተአ ፡ ንጉሥአ ፡ ይኩንአ ። 33 በበይነ ፡
ዝንቱ ፡ ውእቱ ፡ እግዚአብሔር ፡ ዘተሰምየ ፡ ስ
ሙ ፡ በህየ ፡ ለያማስኖሙ ፡ ለኵሉ ፡ አሕዛብ ፡
ወለኵሉ ፡ መንግሥት ፡ እለ ፡ ያሌዕሉ ፡ እዴሆ
ሙ ፡ ከመ ፡ ይክልእዎሙ ፡ ወከመ ፡ ያሕሥሙ ፡
ላዕለ ፡ ውእቱ ፡ ቤተ ፡ እግዚአብሔር ፡ ዘኢየሩ
ሳሌም ። 34 አነ ፡ ዳርዮስ ፡ አዘዝኩ ፡ ያስተሐ
ምሙ ፡ ወከመዝ ፡ ይግበሩ ። VII. ወእምዝ ፡
ሲሳንስ ፡ መልአከ ፡ ቄሌ ፡ ዘሶርያ ፡ ወዘፌንቂስ ፡
ወሰተረቡርዛኒስ ፡ ወቢጾሙ ፡ አኀዙ ፡ ይግበሩ ፡
በከመ ፡ አዘዘ ፡ ዳርዮስ ፡ ንጉሥ ፡ 2 ወቆሙ ፡
ለሊሆሙ ፡ አስተሐሚሞሙ ፡ ምስለ ፡ ረበናተ ፡
አይሁድ ፡ ወይኤዝዙ ። 3 ወተገብረ ፡ ፍጡነ ፡
መቅደስ ፡ ወገብሩ ፡ ቅድሳተ ፡ እንዘ ፡ ይትኔበዩ ፡
ሐጌ ፡ ወዘካርያስ ፡ ነቢያት ። 4 ወፈጸሙ ፡ ገቢ
ረ ፡ በትእዛዘ ፡ እግዚአብሔር ፡ አምላከ ፡ እስራ
ኤል ፡ በዘ ፡ አእመሩ ፡ ቂሮስ ፡ ወዳርዮስ ፡ ወአ
ርጠርክስርክሴስ ፡ ንጉሠ ፡ ፋርስ ፡ ወኀልቀ ፡ አ
መ ፡ ሳድስ ፡ ዓመተ ፡ መንግሥቱ ፡ ለዳርዮስ ፡
ንጉሠ ፡ ፋርስ ። 5 ወተፈጸመ ፡ ቤቱ ፡ አመ ፡ ሰ

---

27 ምስሌሁ ፡ AM. 28 ይሕንጽዎ ፡ R. ወኅቡረ ፡ AMER. 30 ይቤሉ ፡] + ክሙ ፡ AEFR. ያወፅአሙ ፡] ያወፅአኒ ፡ AM. 32 ዘአበየ ፡ AEFR. ጽሑፍ ፡] + ውስተ ፡ ዛቲ ፡ መጽሐፍ ፡ AEFR. ተሀ' ፡] ተከሐዶሙ ፡ AE, ተክሕዶሙ ፡ F, ተከሐደክሙ ፡ R. ዘዚአሁ ፡ AEFR. ይስቅልዎ ፡ AEFR. ^ ይኩን ፡ M. 33 ውእቱ ፡ 1°] ወ M. VII. 3 ቅድስተ ፡ M. ይትነበዩ ፡ M. 5 ቤቱ ፡] ቤት ፡ EF. አዳር ፡] ኀዳር ፡ M.

ሙኑ ፡ ለጽልመት ፡ ወርኀ ፡ አዳር ፡ በሳድስ ፡ ዓ
መተ ፡ መንግሥቱ ፡ ለዳርዮስ ። 6 ወገብሩ ፡ ደ
ቂቀ ፡ እስራኤል ፡ ወካህናትኒ ፡ ወሌዋዊያንኒ ፡
ወኵሉ ፡ ሕዝብ ፡ እለ ፡ አተዉ ፡ እምኀበ ፡ ተፄ
ወዉ ፡ ዘበሕጉ ፡ በከመ ፡ ጽሑፍ ፡ ውስተ ፡ መ
ጽሐፈ ፡ ሙሴ ። 7 ወገብሩ ፡ [ለ]መድቅሐ ፡ ቤ
ተ ፡ መቅደስ ፡ ዘእግዚአብሔር ፡ አልህምተ ፡ ፻
ወአጣሌ ፡ ፪፻ወአባግዐ ፡ ፬፻ ፤ 8 ሐራጊተ ፡ በ
እንተ ፡ ኵሉ ፡ ኀጢአቶሙ ፡ ለኵሉ ፡ እስራኤ
ል ፡ ፲ወ፪በኍልቈ ፡ ሕዝብ ፡ መሳፍንቲሆሙ ፡
ለእስራኤል ፡ ፲ወ፪ ። 9 ወቆሙ ፡ ካህናት ፡ ወ
ሌዋዊያንኒ ፡ ልቡሳኒሆሙ ፡ በበሕዘቢሆሙ ፡ ለ
ግብረ ፡ እግዚአብሔር ፡ አምላከ ፡ እስራኤል ፡
በከመ ፡ ሕጎሙ ፡ ዘውስተ ፡ መጽሐፈ ፡ ሙሴ ፤
ወዐጸውትኒ ፡ ቆሙ ፡ በበአናቅጺሆሙ ። 10 ወ
ገብሩ ፡ ፋሲካሆሙ ፡ ደቂቀ ፡ እስራኤል ፡ እለ ፡
አተዉ ፡ እምኀበ ፡ ተፄወዉ ፡ አመ ፡ ዐሡሩ ፡ ወ
ረቡዑ ፡ ለሠርቀ ፡ ቀዳሚ ፡ ወርኀ ፡ እስ[መ] ፡ አ
ንጽሑ ፡ ርእሶሙ ፡ ካህናት ፡ ወሌዋዊያን ፡ ኵሎ
ሙ ፡ ኅቡረ ። 11 ወደቂቆሙሰ ፡ ለእለ ፡ አተዉ ፡
እምኀበ ፡ ተፄወዉ ፡ ኢያንጽሑ ፡ ርእሶሙ ፡ እ
ስመ ፡ ኵሎሙ ፡ ሌዋዊያን ፡ ኅቡረ ፡ አንጽሑ ።
12 ወጠብሑ ፡ ፋሲካሆሙ ፡ [ለ]ኵሎሙ ፡ ደቂ
ቀ ፡ እለ ፡ ተፄወዉ ፡ ወለአኀዊሆሙኒ ፡ ለካህና
ት ፡ . . . ። 13 ወበልዑ ፡ ደቂቀ ፡ እስራኤል ፡ እ
ለ ፡ ተፄወዉ ፡ ኵሎሙ ፡ እለ ፡ ተፈልጡ ፡ እም
ርኵሶሙ ፡ ለአሕዛበ ፡ ምድር ፡ ከመ ፡ ይኅሥሥ
ዎ ፡ ለእግዚአብሔር ። 14 ወገብሩ ፡ በዓለ ፡ ና
እት ፡ ሰቡዐ ፡ መዋዕለ ፡ እንዘ ፡ ይትፌሥሑ ፡ ቅ
ድመ ፡ እግዚአብሔር ፤ 15 እስመ ፡ ሜጠ ፡ ል
ቦ ፡ እግዚአብሔር ፡ ለንጉሠ ፡ ፋርስ ፡ ወአጽን
ዐ ፡ እደዊ[ሆሙ] ፡ ለግብረ ፡ አምላከ ፡ እስራኤ
ል ። VIII. ወእምድኅረ ፡ ዝንቱ ፡ በመንግሥ
ቱ ፡ ለአርጠርክስርክሴስ ፡ ንጉሠ ፡ ፋርስ ፡ መጽ
አ ፡ ዕዝራ ፡ ወልደ ፡ አዛርያስ ፡ ወልደ ፡ ኤዜር
ዩ ፡ ወልደ ፡ ኬልቅዩ ፡ ወልደ ፡ ሳሌም ፡ 2 ወል
ደ ፡ ሰዱሉቁ ፡ ወልደ ፡ አኪ[ጦ]ብ ፡ ወልደ ፡ አ
ማርቲዩ ፡ ወልደ ፡ ዖዝያን ፡ ወልደ ፡ ቦቃ ፡ ወል
ደ ፡ አቢሴ ፡ ወልደ ፡ ፊንሐስ ፡ ወልደ ፡ አልዓዛ
ር ፡ ወልደ ፡ አሮን ፡ ቀዳማዊ ፡ ካህን ። 3 ውእ
ቱ ፡ ዕዝራ ፡ እምባቢሎን ፡ መጽአ ፡ ወያአምር ፡
ኵሎ ፡ ኦሪተ ፡ ሙሴ ፡ ዘወሀቦ ፡ አምላከ ፡ እስራ
ኤል ፡ ወጸሓፊ ፡ ውእቱ ። 4 ወወሀቦ ፡ ንጉሥ ፡
ክብረ ፡ እስመ ፡ ረከበ ፡ ሞገሰ ፡ ቅድሜሁ ፡ ወሚ
ሞ ፡ ላዕለ ፡ ኵሉ ። 5 ወዐርጉ ፡ ደቂቀ ፡ እስራ
ኤል ፡ ወካህናት ፡ ወሌዋዊያን ፡ ወካህናተ ፡ መ
ዝሙር ፡ . . . . ወደቀ ፡ ካህናት ፡ 6 ዐርጉ ፡ ኢ
የሩሳሌም ፡ አመ ፡ ሳብዕ ፡ ዓመተ ፡ መንግሥቱ ፡
ለአጠርክስርክሴስ ፡ በኃምስ ፡ ወርኀ ፤ ወፅአ ፡
እምነ ፡ ባቢሎን ፡ አመ ፡ ርእሰ ፡ ሠርቀ ፡ ወርኀ ፡
[ቀዳሚ ፡] ወበጽሑ ፡ ኢየሩሳሌም ፡ አመ ፡ ሠ
ርቀ ፡ [ኃምስ ፡] ወርኀ ፡ በከመ ፡ ሠርሖሙ ፡ እግ
ዚአብሔር ። 7 [ወዕዝራ ፡] ብዙኀ ፡ ትምህርተ ፡
ያአምር ፡ ወአልቦ ፡ ዘይስሕት ፡ እምሕገ ፡ እግዚ

7 [ ] ʌ omn. መቅድሐ ፡ F. ለቤተ ፡ M. ʌ ወአጣሌ ፡ ፪፻ወ M. 8 ኵሉ ፡ 1°] ኵሎሙ ፡ M. 9 ወአጻውንትኒ ፡ M. በበአና' ፡] በበአዕጻዳቲሆሙ ፡ F. 10 [ ] ከ omn. 12 [ ] ʌ codd. 13 ወበልዑ ፡] + ወጸግቡ ፡ M. 14 ናእተ ፡ AM· 15 [ ] ex EF; ሁ caet. VIII. 1 ኤዜ' ፡] ዘርዶ ፡ M. 2 [ ] ጳ vel ጰ codd. 3 ወጸሐፈ ፡ AMR. 6 [ ] e F; ʌ caet. [ ] ቀዳሚ ፡ codd. 7 [ ] ወአፍራስ ፡ (i. e. *Αψαρας*) codd.

አብሔር ፡ ወእምኵሉ ፡ ትእዛዘሙ ፡ ለእስራኤ
ል ፡ ወኵነኔሆሙ ፡ ወፍትሖሙ ። 8 ወለአከ ፡
አርጠርክስርክሴስ ፡ ንጉሥ ፡ ኀበ ፡ ዕዝራ ፡ ካህ
ን ፡ ወጸሓፌ ፡ ሕገ ፡ እግዚአብሔር ፡ ወከመዝ ፡
ይብል ፡ መጽሐፉ ፡ ዘፈነወ ። 9 እምኀበ ፡ አር
ጠርክስርክሴስ ፡ ንጉሥ ፡ ለዕዝራ ፡ ካህን ፡ ወጸ
ሓፌ ፡ ሕገ ፡ እግዚአብሔር ፡ ሰላምአ ። 10 አነ
አ ፡ በአፍቅሮአ ፡ ሰብእ ፡ ኀሊይየ ፡ አዘዝኩ ፡ ኵ
ሎሙ ፡ እለ ፡ ይፈቅዱ ፡ እምውስተ ፡ ሕዝበ ፡ አ
ይሁድ ፡ ወካህናትኒ ፡ ወሌዋዊያን ፡ እለ ፡ ሀለዉ ፡
ውስተ ፡ መንግሥትየ ፡ እምከመ ፡ ፈቀዱ ፡ ለይ
ሖሩ ፡ ኢየሩሳሌም ። 11 ወኵሎሙ ፡ እለ ፡ ይ
ፈቅዱ ፡ ኢየሩሳሌም ፡ ይሖሩ ፡ ይርአዩ ፡ ይሁ
ዳ ፡ ወኢየሩሳሌም ፡ ይኅበሩ ፡ ምስሌክሙ ፡ እስ
መ ፡ ከመዝ ፡ አዘዝነ ፡ አነ ፡ ወ፯አዕርክትየ ፡ መ
ማክርትየ ፡ 12 ከመ ፡ ይሖሩ ፡ ወይግበሩ ፡ በከ
መ ፡ ሕገ ፡ እግዚአብሔር ፡ 13 ወያብኡ ፡ ቍር
ባነ ፡ ለእግዚአብሔር ፡ ለኢየሩሳሌም ፡ ዘበፃዕነ ፡
አነ ፡ ወአዕርክቲየ ፡ ወኵሎ ፡ ወርቀ ፡ ወብሩረ ፡
ዘተረክበ ፡ ውስተ ፡ ብሔረ ፡ ባቢሎን ፡ [ለ]እግ
ዚአብሔር ፡ ዘ[በ]ኢየሩሳሌም ፤ 14 ምስለ ፡ ዘ
ያበውኡ ፡ ሕዝብ ፡ ለመቅደስ ፡ ዘእግዚአብሔ
ር ፡ ዘኢየሩሳሌም ፡ ያስተጋብእዎ ፡ ወርቆ ፡ ወ
ብሩሮ ፡ ለአልህምት ፡ ወለአጣሊ ፡ ወለአባግዕ ፡
ወለኵሉ ፡ መፍቅዶሙ ፤ 15 በዘይገብሩ ፡ መሥ
ዋዕተ ፡ በውስተ ፡ ምሥዋዐ ፡ እግዚአብሔር ፡
ዘኢየሩሳሌም ፡ በከመ ፡ ሕጎሙ ። 16 ወኵሎ ፡
ዘትፈቅድ ፡ ትግበር ፡ ምስለ ፡ ቢጽከ ፡ በውእቱ ፡
ወርቅ ፡ ወብሩር ፡ አግብር ፡ በከመ ፡ መፍቅዱ ፡
ለአምላክከ ። 17 ንዋየ ፡ ቅድሳት ፡ ዘይከውን ፡
ለትካዘ ፡ ቤተ ፡ መቅደስ ፡ ዘኢየሩሳሌም ፡ ዘአ
ምላክከ ፡ ወበዕደኒ ፡ እመቦ ፡ ዘፈቀድክሙ ፡ ለ
ትካዘ ፡ ቅድሳት ፡ ለአምላክከ ፡ 18 አብእ ፡ እም
ነ ፡ መዝገበ ፡ ቤተ ፡ ንጉሥ ። 19 ወአነ ፡ አርጠ
ርክስርክሴስ ፡ ንጉሥ ፡ አዘዝኩ ፡ እምውስተ ፡
መዛግብትየ ፡ ዘሶርያ ፡ ወዘፊንቂስ ፡ የሀቡ ፡ ዘለ
አከ ፡ ዕዝራ ፡ ካህን ፡ ወጸሓፊ ፡ ዘሕገ ፡ እግዚአ
ብሔል ፡ ልዑል ፡ ሀቡ ፡ ወኢታስትቱ ፡ 20 እስ
ከ ፡ ምእት ፡ መክሊተ ፡ ብሩር ፡ ወዓዲ ፡ ሥርና
የ ፡ ምእት ፡ በመስፈርተ ፡ ቆሮስ ፡ ወወይነኒ ፡ ም
እት ፡ በመስፈርት ። 21 ወይግበሩ ፡ በሕገ ፡ እ
ግዚአብሔር ፡ ልዑል ፡ ከመ ፡ ኢይምጻእ ፡ መ
ንሱት ፡ ላዕለ ፡ መንግሥቱ ፡ ለንጉሥ ፡ ወላዕለ ፡
ውሉዱ ። 22 ወኢትንሥኡ ፡ ምንተኒ ፡ ጸባሕ
ተ ፡ እምነ ፡ ካህናት ፡ ወሌዋውያን ፡ ወካህናተ ፡
መዝሙር ፡ ወዐጸውት ፡ ወደቀ ፡ ካህናት ፡ ወእ
ምኵሉ ፡ ዘይትቀነይ ፡ ለቤተ ፡ መቅደስ ፡ ወኢ
ምንተኒ ፡ ወኢትቅንይዎሙ ። 23 ወአንተኒ ፡ ዕ
ዝራ ፡ በጥበበ ፡ እግዚአብሔር ፡ ሢም ፡ መኳን
ንተ ፡ ወመሳፍንተኒ ፡ እለ ፡ ይኴንኑ ፡ ኵሎ ፡ ሶ
ርያ ፡ ወፊንቂስ ፡ እምውስተ ፡ ኵሎሙ ፡ እምእ
ለ ፡ ያአምሩ ፡ ሕጎ ፡ ለአምላክከ ፡ ወለእለኒ ፡ ኢ
ያአምሩ ፡ መሀሮሙ ። 24 ወኵሎ ፡ ዘይክሕድ ፡
ሕገ ፡ አምላክከ ፡ ወዘንጉሥኒ ፡ ኢታስትቱ ፤ ኰ

---

10 ለይሖሩ ፡] ∧ ለ E. ∧ ኢየሩ' ፡ M. 11 ∧ ወኵሎሙ ፡ — ይሖሩ ፡ M(A). 13 ዘኢየሩሳሌ
ም ፡ AEFR. [ ] ዘ codd. [ ] እም MR, ∧ EF(A). 16 አግብሩ ፡ EFR. 18 አብእ ፡] ሀቡ ፡ AR, እሁ
ብ ፡ EF. 19 ለዘለአከ ፡ M. 20 በመስፈርት ፡] በመስፈርተ ፡ ኔባል ፡ EFR. 23 እምእለ ፡] እለ ፡ R.
መሀርዎሙ ፡ M. 24 ለፀማድያን ፡ M.

ንንዎ ፡ ዘኒ ፡ ለሞት ፡ ወዘኒ ፡ ለመቅሠፍት ፡ ወ
ዘኒ ፡ ለፀ‍ማዴ ፡ ወዘኒአ ፡ ለተበርብሮአ ፡ ለኵሉ ፡
በበአ ፡ ኵነኔሁአ ። 25 ወይትባረክአ ፡ እግዚአ
ብሔርአ ፡ ዘወደየ ፡ ዘንተ ፡ ውስተ ፡ ልብየ ፡ ሊ
ተ ፡ ለንጉሥ ፡ ከመ ፡ አክብር ፡ ቤቶ ፡ ዘኢየሩሳ
ሌም ። 26 እስመ ፡ ኪያነኒ ፡ አክበረኒ ፡ እምነ ፡
ነገሥት ፡ ወእምነ ፡ ኵሉ ፡ አዕርክትየ ፡ ወእምነ ፡
ኵሉ ፡ መኳንንት ። 27 ወእምዝ ፡ ተአመንኩ ፡
በጸጋሁ ፡ ለእግዚአብሔር ፡ አምላኪየ ፡ ወነሣእ
ኩ ፡ እምውስተ ፡ እስራኤል ፡ እለ ፡ የዐርጉ ፡ ም
ስሌየ ፡ ዕደወ ፡ ቢጸ ። 28 ዐበይቶሙ ፡ ዘዘበሓ
ውርቲሆሙ ፡ በበ ፡ ምስፍና ፡ ደወሎሙ ፡ እለ ፡
የዐርጉ ፡ ምስሌየ ፡ እምነ ፡ ባቢሎን ፡ በመንግሥ
ተ ፡ አርጠርክስርክሴስ ፡ ንጉሥ ፤ 29 እምነ ፡ ደ
ቂቀ ፡ ፎሮስ ፡ ጠሮሲጢሞስ ፤ ወእምነ ፡ ደቂቀ ፡
ኢየጠማሩ ፡ ጋሜሎስ ፤ ወዘእምነ ፡ ደቂቀ ፡ ዳ
ዊት ፡ 30 ፋሬስ ፡ ወዘካርያስ ፡ ወተጽሕፉ ፡ ም
ስሌሁ ፡ ፻ወ፶ዕደው ፤ 31 ዘእምነ ፡ መዓት ፡ ወ
ሞአ ፡ ወቤልያሐኒያስ ፡ ወዘርዩ ፡ ወምስሌሁ ፡
፪፻ዕደው ፤ 32 እምነ ፡ ደቂቀ ፡ ዘቶይሱ ፡ ኢያ
ካንያስ ፡ ኢያቴሉ ፡ ወምስሌሁ ፡ ፫፻ዕደው ፤ ወ
እምነ ፡ ደቂቀ ፡ አዲኑቤን ፡ ዘዮናቱ ፡ ወምስሌ
ሁ ፡ ፪፻ወ፶ዕደው ፤ 33 እምነ ፡ ደቂቀ ፡ ላሜስያ
ስ ፡ ዘጎቶልዩ ፡ ወምስሌሁ ፡ ፸ዕደው ፤ 34 እም
ነ ፡ ደቂቀ ፡ ሰፎጢዩ ፡ ዘዘካርያስ ፡ ዘሚካኤሉ ፡
ወምስሌሁ ፡ ፸ዕደው ፤ 35 ወእምነ ፡ ደቂቀ ፡ ኢ
ዮአብ ፡ ዘበዲያስ ፡ ዘኢያዜሉ ፡ ወምስሌሁ ፡ ፪፻
ወ፲ወ፪ዕደው ፤ 36 እምነ ፡ ደቂቀ ፡ ባኒ ፡ እሳሌ
ሞት ፡ ዘኢዮሳፌዩ ፡ ወምስሌሁ ፡ ፻ወ፷ዕደው ፤
37 እምነ ፡ ደቂቀ ፡ ቤዔር ፡ ዘዘካርያስ ፡ ዘቤቤ ፡
ወምስሌሁ ፡ ፳ወ፰ዕደው ፤ 38 ወደቂቀ ፡ አስጠ
የት ፡ ዮሐንስ ፡ ዘዐቃጣን ፡ ወምስሌሁ ፡ ፻ወ፲ዕ
ደው ፤ 39 እምነ ፡ ደቂቀ ፡ አዶኒያ ፡ ኵሉ ፡ እለ ፡
ተርፉ ፡ ወዝንቱ ፡ ውእቱ ፡ አስማቲሆሙ ፡ ኤ
ሊፉላ ፡ ዘጌሒኤል ፡ ወስምያስ ፡ ወምስሌሆሙ ፡
፸ዕደው ፤ 40 እምነ ፡ ደቂቀ ፡ በኔዩ ፡ በአስጦስ
ቁሩ ፡ ወምስሌሁ ፡ ፸ዕደው ። 41 ወወሰድክዎ
ሙ ፡ ኀበ ፡ [ዘ]ይብሉ ፡ ፈለግ ፡ ወኀደርነ ፡ ህየ ፡
ሠሉሰ ፡ መዋዕለ ፡ ወአስተፋቀድክዎሙ ። 42 ወ
ኢረከብነ ፡ ውስቴቶሙ ፡ ካህናተ ፡ ወሌዋዊያነ ፡
43 ወለአኩ ፡ ኀበ ፡ አልዓዛር ፡ ወነሣእኩ ፡ ምስ
ሌየ ፡ መአስመን ፡ 44 ወአንዐጣን ፡ ወሰሚያ ፡
ወዮሪበን ፡ ዘናታን ፡ ዘእናጣን ፡ ዘዘካርያስ ፡ ወ
ነሣእኩ ፡ ምስሌሆሙ ፡ እምውስተ ፡ መሳፍንቲ
ሆሙ ፡ ወጠቢባኒሆሙ ፡ 45 ወእቤሎሙ ፡ ይሑ
ሩ ፡ ኀበ ፡ ያዴዮን ፡ መጋቤ ፡ መዝገብ ። 46 ወ
አዘዝክዎሙ ፡ ይንግርዎ ፡ ለያዴዮን ፡ ወለአኀ
ዊሁ ፡ ወለእለ ፡ ውስተ ፡ ውእቱ ፡ ብሔር ፡ ከመ ፡
ይፈንዉ ፡ ለነ ፡ ካህናተ ፡ ለቤተ ፡ እግዚአብሔ
ር ፤ 47 ዕደወ ፡ ጠቢባነ ፡ እምውስተ ፡ ደቂቀ ፡
ሞሐሊ ፡ ሌዋዊ ፡ እስራኤላዊ ፡ አሴቢያን ፡ ወ
ደቂቁ ፡ ወአኀዊሆሙ ፡ ዐሠርቲሆሙ ፡ 48 ወእ
ለሂ ፡ እምውስተ ፡ ደቂቀ ፡ ከናኔው ፡ ወደቂቀ ፡
ዚአሆሙ ፡ ፳ዕደው ፤ 49 ወደቀ ፡ ካህናትኒ ፡ እ
ለ ፡ አብአ ፡ ዳዊት ፡ ወዐበይቶሙ ፡ ለግብረ ፡ ሌ
ዋውያን ፡ ፪፻ወ፳ደቀ ፡ ካህናት ፡ ወተጽሕፉ ፡ አ

---

25 ልብየ ፡ ሊተ ፡] ልቡ ፡ EF. ያክብር ፡ EF. 28 መስፍን ፡ M. ዐርጉ ፡ F. 31 ፈዓት ፡ ወሙአብ ፡ F(E). 41 [ ] ∧ codd. ይብሉ ፡] ∧ EF, R sec. m. 44 ∧ ወጠቢባ' ፡ MA. 46 ∧ ለነ ፡ M. 47 ወአኀዊሁ ፡ EF.

ስማቲሆሙ ፡ ለኵሎሙ ። 50 ወበፃዕነ ፡ ንጹም ፡
በህየ ፡ ምስለ ፡ ወራዙቲነ ፡ ቅድመ ፡ እግዚአብ
ሔር ፡ አምላክነ ፡ ወንስአል ፡ ሣህለ ፡ ለውሉድ
ነ ፡ ወለእንስሳነ ። 51 እስመ ፡ [ኀፈርኩ ፡] እፈ
ኑ ፡ ሰብአ ፡ አፍራስ ፡ ወእግር ፡ እለ ፡ ያጸንዑ ፡
ብሔረ ፡ ወይሜኵዩ ፡ እምነ ፡ ፀርነ ። 52 እስመ ፡
ንቤሎ ፡ ለንጉሥ ፡ ከመ ፡ ኀይሉ ፡ ለእግዚእነ ፡
ምስለ ፡ እለ ፡ የኀሥሥዎ ፡ ከመ ፡ ያርትዖሙ ፡
በኵሉ ። 53 ወካዕበ ፡ ጸለይነ ፡ ኀበ ፡ እግዚአብ
ሔር ፡ በበይነ ፡ ዝንቱ ፡ ኵሉ ፡ ወተሣህለነ ። 54
ወፈለጥክዎሙ ፡ ለመሳፍንተ ፡ ሕዝብ ፡ ካህናት ፡
፲ወ፪ዕደው ፡ ወኤሴርያን ፡ ወአሰሚያን ፡ ወም
ስሌሆሙ ፡ ፲ዕደው ፡ እምውስተ ፡ አኀዊሆሙ ።
55 ወደለውኩ ፡ ሎሙ ፡ ወርቆ ፡ ወብሩሮ ፡ ወን
ዋየ ፡ ቅድሳትኒ ፡ ዘቤተ ፡ እግዚአብሔር ፡ ዘጸገ
ወ ፡ ንጉሥ ፡ ወመኳንንቱ ፡ ወመማክርቲሁ ፡ ወ
ኵሉ ፡ እስራኤል ። 56 ወመጠውክዎሙ ፡ ደሊ
ውየ ፡ ብሩረ ፡ መክሊተ ፡ ፷፻ወ፶ ወንዋየ ፡ ብሩ
ር ፡ ፻መክሊተ ፡ ወወርቅኒ ፡ ፻መክሊተ ፡ 57 ወ
ንዋየ ፡ ወርቅ ፡ ፳ወንዋየ ፡ ብርት ፡ ቅድው ፡ ሰ
ናጕጐ ፡ ዘከመ ፡ ወርቅ ፡ ፲ ። 58 ወእቤሎሙ ፡
ተቀደሱ ፡ አንትሙኒ ፡ ለእግዚአብሔር ፡ ወንዋ
የ ፡ ቅድሳትኒ ፡ ወብሩረ ፡ ወወርቀ ፡ ብፅዓቶ ፡
ለእግዚአብሔር ፡ አምላከ ፡ አበዊነ ። 59 ትግ
ሁ ፡ ወተዐቀቡ ፡ እስከ ፡ ትሜጥዉ ፡ (ለክሙ ፡)
ለመሳፍንተ ፡ ሕዝብ ፡ ካህናት ፡ ወሌዋውያን ፡ ወ
መኳንንተ ፡ በሓውርቲሆሙ ፡ ለእስራኤል ፡ ዘ
ኢየሩሳሌም ፡ በውስተ ፡ ጽርሐ ፡ ቤቱ ፡ ለአም
ላክነ ። 60 ወካህናት ፡ እለ ፡ ተመጠዉ ፡ ወሌዋ
ዊያን ፡ ወርቀ ፡ ወብሩረ ፡ ወንዋየኒ ፡ ዘኢየሩሳ
ሌም ፡ አእተዉ ፡ ለቤተ ፡ መቅደስ ፡ ዘእግዚአ
ብሔር ። 61 ወተንሥኡ ፡ እምውእቱ ፡ ብሔር ፡
ቴራ ፡ አመ ፡ ዐሡሩ ፡ ወሰኑዩ ፡ ለሠርቀ ፡ ቀዳ
ሚ ፡ ወርኅ ፡ ወበጽሑ ፡ ኢየሩሳሌም ፡ በእዴሁ ፡
ለአምላክነ ፡ ጽንዕት ፡ እንተ ፡ ምስሌነ ፡ ዘአድ
ኀነነ ፡ እምነ ፡ ኵሉ ፡ ፀርነ ፤ ወበጽሑ ፡ ኢየሩሳ
ሌም ። 62 ወአመ ፡ ሣልስት ፡ እምዘ ፡ በጻሕነ ፡
ደለውዎ ፡ ወርቆ ፡ ወብሩሮ ፡ ወመጠዉ ፡ ለቤ
ተ ፡ እግዚአብሔር ፡ ለመርሞቲዩራ ፡ ካህን ፡ በ
በኍልቁ ፡ 63 ወአምጣኑ ፡ ኵሉ ፡ ተጽሕፈ ፡ በ
ጊዜሃ ፡ ድልወቱ ። 64 ወሀለዉ ፡ ምስሌሁ ፡ አ
ልዓዛር ፡ ወልደ ፡ ፊንሐስ ፡ ወምስሌሆሙ ፡ ዮ
ሳብዴስ ፡ ወልደ ፡ ኢዮስስ ፡ ወሞኤተሰበኑ ፡ ሌ
ዋዊያን ። 65 ወእለሰ ፡ አተዉ ፡ እምኀበ ፡ እለ ፡
ተፄወዉ ፡ አብኡ ፡ መሥዋዕተ ፡ ለእግዚአብሔ
ር ፡ አምላከ ፡ እስራኤል ፡ [፲ወ፪ አልህምተ ፡] ፺
ወ፮ ፡ 66 አባግዐ ፡ ፸ወ፯ ፡ ሐራጊተ ፡ በእንተ ፡
መድኀኒት ፡ ፲ወ፪ መሓስአ ፡ አባግዕ ፡ ወሦዑ ፡
ኵሎ ፡ ለእግዚአብሔር ። 67 ወእምዝ ፡ መጠው
ዎሙ ፡ መጻሕፍተ ፡ ዘንጉሥ ፡ ለመገብተ ፡ አብ
ያተ ፡ ንጉሥ ፡ ወለመኳንንተ ፡ ሶርያ ፡ ወፊንቄ
ስ ፤ ወአክበርዎሙ ፡ ወለመቅደሰ ፡ እግዚአብሔ

51 [ ] ex EF; **ተአዘዝኩ ፡** (ἐπετράπην) MAR. **እፎኑ ፡** M. **ሰብአ ፡**] **፸** M. **ወይሜክዩ ፡** A.
52 **ከመ ፡** 1°] + **ሀሎ ፡** EF. 54 **ዕደወ ፡** 1° AE. 57 **ቅድወ ፡** AMR. **ሰንጐጐ ፡** R. 58 **ብፅዓቶሙ ፡** M.
59 **ትሜጥዉ ፡**] ex EF; **ይሜጥዉክሙ ፡** R, **ይሜ(መ** M) **ጥወክሙ ፡** AM. 61 **ወተን' ፡**] **ወነሥኡ ፡**
AMR. **ብሔር ፡**] **ባሕረ ፡** EF. **ታራ ፡** AMEF. 62 **እምዘ ፡ በ' ፡**] ex EF; **በጽሑ ፡** caet. **ደለውነ ፡** EF.
ወመጠውነ ፡ F. 65 ^ **እለ ፡** AFR. [ ] ex EFR; ^ AM. 66 **፲ወ፪**] F; **ወ፲ወ፪** AER; **ወ፸ወ፯** M.

ር ። 68 ወመጽኡ ፡ ዐበይቶሙ ፡ ወነገሩኒ ፡ ዘከ
መ ፡ ገብሩ ። 69 ወይቤሉኒ ፡ ሕዝበ ፡ እስራኤ
ል ፡ ኢተፈልጡ ፡ [ወኢ]መኳንንቲሆሙ ፡ ወኢ
ካህናቲሆሙ ፡ ወኢሌዋዊያን ፡ እምነ ፡ ርኵሶሙ ፡
ለባዕዳን ፡ አሕዛበ ፡ ብሔር ፡ ከናኔዎን ፡ ወኬጤ
ዎን ፡ ወፌሬዜዎን ፡ ወኢያቡሴዎን ፡ ወሞአቢ
ጦን ፡ ወግብጽ ፡ ወኢዱሜዎን ። 70 ወአውሰ
ቡ ፡ አዋልዲሆሙ ፡ ወእሙንቱኒ ፡ ወደቂቆሙ
ኒ ፡ ተደመሩ ፡ ዘርእ ፡ ቅዱስ ፡ ምስለ ፡ ባዕዳን ፡
አሕዛበ ፡ ምድር ፡ ወኀብሩ ፡ መሳፍንቲሆሙ ፡
ወመኳንንቲሆሙ ፡ በይእቲ ፡ ኀጢአት ፡ እምቅ
ድመ ፡ ግብሮሙ ። 71 ወእምዝ ፡ ሶበ ፡ ሰማዕ
ኩ ፡ ሠጠጥኩ ፡ አልባስየ ፡ ወአልባሰ ፡ ካህናትየ
ኒ ፡ ወነጻይኩ ፡ ሥእርተ ፡ ርእስየ ፡ ወጽሕምየ ፡
ወነበርኩ ፡ ሕዙነ ፡ ወትኩዘ ። 72 ወተጋብኡ ፡
ኀቤየ ፡ ኵሎሙ ፡ እለ ፡ ይፈርሁ ፡ ቃለ ፡ እግዚ
አብሔር ፡ አምላከ ፡ እስራኤል ፡ እንዘ ፡ ትኩዝ ፡
አነ ፡ በእንተ ፡ ይእቲ ፡ ኀጢአት ፤ ወነበርኩ ፡ ሕ
ዙነ ። 73 ወእምዝ ፡ ጊዜ ፡ መሥዋዕተ ፡ ሰርክ ፡
ተንሣእኩ ፡ ጽውምየ ፡ እንዘ ፡ ጥጡጥ ፡ አልባ
ስየ ፡ ወአልባሰ ፡ ካህናትየ ፡ ወአስተብረኩ ፡ በ
ብረክየ ፡ ወአልዐልኩ ፡ እደውየ ፡ ኀበ ፡ እግዚ
አብሔር ። 74 ወእቤ ፡ እግዚኦ ፡ (እግዚኦ ፡) አ
ኀፍር ፡ ወእትኀፈር ፡ እምቅድመ ፡ ገጽከ ። 75 እ
ስመ ፡ ብዙኃ ፡ ኀጣውኢነ ፡ ወተለዐለ ፡ እምነ ፡
ርእስነ ፡ ወበጽሐ ፡ እስከ ፡ ሰማይ ፡ ኢያእምሮት
ነ ፡ 76 እምአመ ፡ መዋዕሊሆሙ ፡ ለአበዊነ ፡ ወ
ሀለውነ ፡ እስከ ፡ ዮም ፡ በዐቢይ ፡ ኀጢአት ። 77
ወበእንተ ፡ ኀጢአተ ፡ ዚአነ ፡ ወዘአበዊነ ፡ ፄወ
ዉነ ፡ ነገሥተ ፡ ምድር ፡ ምስለ ፡ አኀዊነ ፡ ወነ
ገሥትነ ፡ ወካህናቲነ ፡ ወበርበሩነ ፡ በኲናቶሙ ፡
ወተኀፈርነ ፡ እስከ ፡ ዮም ። 78 ወይእዜኒ ፡ ፈድ
ፋደ ፡ ኮነት ፡ ላዕሌነ ፡ ምሕረቱ ፡ ለእግዚአብሔ
ር ፡ ዘኀደገ ፡ ለነ ፡ ሥርወ ፡ ወስመ ፡ በዛቲ ፡ መ
ካን ፡ ቅድስት ። 79 ወውእቱ ፡ ከሠተ ፡ ለነ ፡ ብ
ርሃነ ፡ በቤተ ፡ አምላክነ ፡ ወወሀበነ ፡ ሲሳየነ ፡ አ
መ ፡ አግብርተ ፡ ኮነ ። 80 ወአመኒ ፡ ተቀነይነ ፡
ኢኀደገነ ፡ አምላክነ ፡ ወወሀበነ ፡ ሞገሰ ፡ በቅድ
መ ፡ ነገሥተ ፡ ፋርስ ፡ ከመ ፡ የሀቡነ ፡ ሲሳየነ ፡
81 ወያክብሩ ፡ ቤተ ፡ መቅደስነ ፡ ወይሕንጹ ፡ መ
ዝበራ ፡ ለጽዮን ፡ ወይረስዩ ፡ ለነ ፡ ኀይለ ፡ በይ
ሁዳ ፡ ወበኢየሩሳሌም ። 82 ወይእዜኒ ፡ ምንተ ፡
ንበል ፡ እግዚኦ ፡ እንዘ ፡ ዝንቱ ፡ ላዕሌነ ፡ ወክ
ሑዱ ፡ ትእዛዘከ ፡ ዘወሀብከ ፡ በእደ ፡ አግብርቲ
ከ ፡ ነቢያት ፡ 83 ዘትቤሎሙ ፡ ምድር ፡ እንተ ፡
ውስቴታ ፡ ትበውኡ ፡ ከመ ፡ ትረስዋ ፡ ምድር ፡
ግምንት ፡ ይእቲ ፡ በርኵሶሙ ፡ ለአሕዛበ ፡ ምድ
ር ፡ ወመልእዋ ፡ ግምኖሙ ። 84 ወኢታስተዋ
ስቡ ፡ አዋልዲክሙ ፡ በደቂቆሙ ፡ 85 ወኢትሰ
ነአዉ ፡ ምስሌሆሙ ፡ በኵሉ ፡ መዋዕሊክሙ ፡
ከመ ፡ ትማእዎሙ ፡ ወትብልዑ ፡ በረከታ ፡ ለም
ድር ፡ ወታውርስዎሙ ፡ ለውሉድክሙ ፡ ለዓለ
ም ። 86 ወኵሉ ፡ እንተ ፡ ረከበተነ ፡ በበይነ ፡ እ
ከየ ፡ ምግባሪነ ፡ ወበእንተ ፡ ዕበየ ፡ ኀጣይኢነ ፤

69 ይትፈለጡ ፡ M. [ ] እ codd. 70 ዘርአ ፡ M. እምነ ፡ ቀዳሚ ፡ AEFR. 71 ክህነትየኒ ፡ E corr. ትኩዝየ ፡ ወሕዙንየ ፡ EF. 73 ክህነትየኒ ፡ EF. 80 ወእመኒ ፡ MER. 81 መዝብራ ፡ AEF. 82 ንበል ፡] ትብል ፡ EF. 83 ግማኖሙ ፡ EF. 84 ወኢታውስቡ ፡ M. ለደቂቆሙ ፡ F. 85 ትማ' ፡] ታምዕዕዎሙ ፡ M. S6 በበይነ ፡] በከመ ፡ M.

ወአንተ ፡ እግዚኦ ፡ ተዓገሥከ ፡ ኀጢአተነ ፡ 87
ወወሀብከነ ፡ ሥርወ ፡ በዘ ፡ ንገብእ ፡ ካዕበ ፡ ንክ
ሕድ ፡ ሕገከ ፡ ወንደመር ፡ ውስተ ፡ ርኵሶሙ ፡
ለአሕዛበ ፡ ምድር ። 88 አኮኑ ፡ እምተምዓዕከነ ፡
ወእምቀተልከነ ፡ እስከ ፡ ኢታተርፍ ፡ ለነ ፡ ሥ
ርወ ፡ ወዘርአ ፡ ወስመነ ። 89 እግዚኦ ፡ አምላ
ከ ፡ እስራኤል ፡ [አማን ፡ አንተ ፡] ኀደገ ፡ ለነ ፡
ሥርወ ፡ ለዮም ። 90 ወናሁ ፡ ሀለውነ ፡ ቅድሜ
ከ ፡ በኀጢአትነ ፡ ዘኢይደልወነ ፡ እንከ ፡ ንቁም ፡
ቅድሜከ ፡ በበይነ ፡ ዝንቱ ። 91 ወሶበ ፡ ይጼሊ ፡
ዕዝራ ፡ ወይትጋነይ ፡ እንዘ ፡ ይበኪ ፡ አስተብሪ
ከ ፡ ቅድመ ፡ ቤተ ፡ መቅደስ ፡ ተጋብኡ ፡ ኀቤሁ ፡
ብዙኀ ፡ ሰብእ ፡ ወፈድፋደ ፡ እለ ፡ እምነ ፡ ኢየ
ሩሳሌም ፤ ዕደው ፡ ወአንስት ፡ ወደናግል ፤ ወዐ
ቢይ ፡ ብካይ ፡ ኮነ ፡ በላዕለ ፡ ኵሎሙ ። 92 ወጸ
ውዖ ፡ ኢኮንያስ ፡ ወልደ ፡ ኢያኤል ፡ እምውስ
ተ ፡ ደቂቀ ፡ እስራኤል ፡ ወይቤሎ ፡ ዕዝራ ፡ ን
ሕነ ፡ አበስነ ፡ ለእግዚአብሔር ፡ ዘአውሰብነ ፡ አ
ንስተ ፡ እምነኪር ፡ እምውስተ ፡ ባዕድ ፡ አሕዛ
በ ፡ ምድር ፤ ወይእዜኒ ፡ ላዕለ ፡ ኵሉ ፡ እስራኤ
ል ፡ ሀሎ ፡ ዝንቱ ። 93 ወባሕቱ ፡ ንትማሐል ፡
ለእግዚአብሔር ፡ ከመ ፡ ናውፅኦን ፡ እምኀቤነ ፡
ለኵሉ ፡ አንስቲያነ ፡ እለ ፡ አውሰብነ ፡ እምውስ
ተ ፡ ባዕድ ፡ አሕዛበ ፡ ምድር ፡ ምስለ ፡ ደቂቆን ፡
94 በከመ ፡ ኵነኔከ ፡ ወለኵሎሙ ፡ እለ ፡ ይፈቅ
ዱ ፡ ሕገ ፡ እግዚአብሔር ። 95 ተንሥእ ፡ ወአ
ምሕሎሙ ፡ እስመ ፡ ላዕሌከ ፡ ውእቱ ፡ ዝንቱ ፡
ግብር ፡ ወንሕነኒ ፡ ምስሌከ ፡ ንርዳእከ ። 96 ወ
ተንሥአ ፡ ዕዝራ ፡ ወአምሐሎሙ ፡ ለመሳፍን
ተ ፡ ሕዝብ ፡ ካህናት ፡ ወሌዋዊያን ፡ ዘኵሉ ፡ እ
ስራኤል ፡ ከመ ፡ ይግበሩ ፡ ከማሁ ፡ ወመሐሉ ።
IX. ወተንሥአ ፡ ዕዝራ ፡ እምነ ፡ ዐጸደ ፡ መቅ
ደስ ፡ ወሖረ ፡ ቤተ ፡ ዮና ፡ ወልደ ፡ ናሲቡ ። 2 ወ
ነበረ ፡ ወኢበልዐ ፡ እክለ ፡ ወኢሰትየ ፡ ማየ ፡ እ
ንዘ ፡ ይላሑ ፡ በእንተ ፡ ኀጣይኢሆሙ ፡ ብዙኃ
ት ፡ ወዐቢያት ። 3 ወእምዝ ፡ ሰበኩ ፡ ሎሙ ፡
ለኵሉ ፡ ይሁዳ ፡ ወኢየሩሳሌም ፡ ለኵሎሙ ፡ እ
ለ ፡ አተዉ ፡ እምኀበ ፡ ተፄወዉ ፡ ከመ ፡ ይትረ
ከቡ ፡ በኢየሩሳሌም ። 4 ወኵሎሙ ፡ እለ ፡ ኢ
ተረከቡ ፡ ወኢበጽሑ ፡ እስከ ፡ ሰኑይ ፡ ወሠሉ
ስ ፡ መዋዕል ፡ ይትኰነኑ ፡ በኵነኔ ፡ ሊቃናቲሆ
ሙ ፡ ዘበሕጎሙ ፤ እንስሳሆሙኒ ፡ ይትቀተሉ ፡
ወኪያሆሙኒ ፡ ያውግዝዎሙ ፡ እምነ ፡ ሕዝበ
ሙ ። 5 ወተጋብኡ ፡ ሕዝበ ፡ ይሁዳ ፡ ወብንያ
ም ፡ ውስተ ፡ ኢየሩሳሌም ፡ በሠሉስ ፡ መዋዕል ፡
አመ ፡ ኀሙሱ ፡ ለጽልመት ፡ በታስዕ ፡ ወርኀ ።
6 ወነበሩ ፡ ኵሎሙ ፡ ውስተ ፡ ዐጸደ ፡ መቅደስ ፡
ወይርዕዱ ፡ በእንተ ፡ ቍር ፡ እስመ ፡ ክረምት ፡
ውእቱ ። 7 ወተንሥአ ፡ ዕዝራ ፡ ወይቤሎሙ ፡
አንትሙ ፡ አበስክሙ ፡ ዘአውሰብክሙ ፡ አንስ

---

89 እግዚኦ ፡] ‸ M; E i. l. [ ] ወአማን ፡ ባሕቱ ፡ AEFR; ወእምነ ፡ ባሕቱ ፡ M. 90 ሀለውነ ፡] ሐሰውነ ፡ M. ወኢይደልወነ ፡ AEFR. 91 ‸ ቤተ ፡ M. ፈድፋደ ፡ sine ወ EF. 93 ንትመሐለል ፡ M, ንትመሐል ፡ FR. በእግዚ' ፡ AR, በስመ ፡ እግዚ' ፡ EF. ናወፅኦን ፡ sine ከመ ፡ M. 94 በከመ ፡] በእንተ ፡ M. 95 ናረድእከ ፡ AR, ንረ' ፡ EF. 96 ወካህናት ፡ EFR. IX. 1 ዮናናሲቡ ፡ M. 2 ይለሐ ፡ A. 3 ይትራከቡ ፡ R. 4 ኢተራከቡ ፡ R; ኢይትረከቡ ፡ M. ይቀትሉ ፡ AMR. ያወግዝዎሙ ፡ AMR.

ተ ፡ እምባዕድ ፡ አሕዛብ ፡ ወወሰክሙ ፡ ኀጢአ
ተ ፡ ላዕለ ፡ እስራኤል ። 8 ወይእዜኒ ፡ ግነዩ ፡ ለ
እግዚአብሔር ፡ ወአእኰትዎ ፡ ለአምላከ ፡ አበ
ዊነ ። 9 ወግበሩ ፡ ሥምረቶ ፡ ወተፋለጡ ፡ እም
ነ ፡ አሕዛበ ፡ ምድር ፡ ወእምነ ፡ ክልእ ፡ ዘመድ ።
10 ወጸርኁ ፡ ኵሎሙ ፡ በምልአሙ ፡ ወይቤል
ዎ ፡ በዐቢይ ፡ ቃል ፡ አሆ ፡ ንገብር ፡ ዘከመ ፡ አ
ዘዝከነ ። 11 ወባሕቱ ፡ ብዙኃ ፡ ሰብኡ ፡ ወክረ
ምት ፡ ብሔር ፡ ወኢንክል ፡ ፍጡነ ፡ ገቢሮቶ ፡
ወግብሩኒ ፡ ኢኮነ ፡ ዘአሐቲ ፡ ዕለት ፡ ወኢኮነ ፡
ዘሰኑይ ፡ መዋዕል ፡ እስመ ፡ ብዙኀ ፡ አበስነ ፡ በ
ዝንቱ ። 12 ወይእዜኒ ፡ ይምጽኡ ፡ መሳፍንት ፡
ኵሎሙ ፡ ወይትጋብኡ ፡ ኵሉ ፡ በሓውርት ፡ ኵ
ሎሙ ፡ እለ ፡ አውሰቡ ፡ አንስተ ፡ እምነ ፡ ባዕ
ድ ፡ አሕዛብ ፡ ይምጽኡ ፡ ወዐድምዎሙ ፡ 13 ለ
ለ ፡ በሓውርቲሆሙ ፡ ወዐበይቶሙኒ ፡ ወመኳ
ንንቲሆሙኒ ፡ ከመ ፡ ይሰስል ፡ እምኔነ ፡ መዐተ ፡
እግዚአብሔር ፡ [ዘ]በበይነ ፡ ዝንቱ ፡ ግብር ፡ ረ
ከበነ ። 14 ወመጽአ ፡ ዮናታን ፡ ወልደ ፡ አዛሄ
ል ፡ ወአዝያስ ፡ ወልደ ፡ ተቃኑ ፡ ወኀብሩ ፡ ከመ
ዝ ፡ ወሞሶን ፡ ወልደ ፡ ለሞስ ፡ ወሌዊስ ፡ ወ(ል
ደ ፡) ሰበጤዎስ ፡ ኀብሩ ፡ እሙንቱኒ ። 15 ወከ
መዝ ፡ ገብሩ ፡ ኵሎሙ ፡ እለ ፡ አተዉ ፡ እምኀ
በ ፡ ተፄወዉ ። 16 ወኀረየ ፡ ሎቱ ፡ ዕዝራ ፡ ካ
ህን ፡ ዕደወ ፡ እምውስተ ፡ ዐበይተ ፡ በሓውርቲ
ሆሙ ፡ ወኵሎሙ ፡ በበ ፡ በሓውርቲሆሙ ፡ ዘ
ዘ ፡ ዚአሆሙ ፡ አስማቲሆሙ ፡ ወተዓደሙ ፡ እ
ስከ ፡ ሰርከ ፡ ዓሥር ፡ ወርኅ ፡ ይግበሩ ፡ ከመዝ ።

17 ወአኅለቁ ፡ ግብረ ፡ እሙንቱ ፡ ዕደው ፡ እለ ፡
አውሰቡ ፡ አንስተ ፡ እምነ ፡ ባዕድ ፡ አሕዛብ ፡ አ
መ ፡ ሠርቀ ፡ ቀዳሚ ፡ ወርኅ ። 18 ወእምውስ
ተ ፡ ካህናት ፡ ተረክቡ ፡ እለ ፡ አውሰቡ ፡ አንስ
ተ ፡ እምኀበ ፡ ባዕድ ፡ አሕዛብ ፡ 19 ደቂቀ ፡ ኢ
ዮስስ ፡ ወልደ ፡ ኢዮሴዴቅ ፡ ወአኀዊሁ ፡ (ለ)
ማቴላስ ፡ ወአልዓዛር ፡ ወዮሪቦስ ፡ ወዮአዳኖስ ።
20 ወአኀዙ ፡ ያውፅኡ ፡ አንስቲያሆሙ ፡ ወገብ
ሩ ፡ መሥዋዕተ ፡ በእንተ ፡ ኀጢአቶሙ ። 21 ወ
እምነ ፡ ደቂቀ ፡ ኤሞር ፡ ሐናንያ ፡ ወዘብዴዎስ ፡
ወማኔስ ፡ ወሰማዎስ ፡ ወኢየርሚያል ፡ ወአዛር
ያ ። 22 ወእምነ ፡ ደቂቀ ፡ ፌሶር ፡ ኢሊዮኒስ ፡
ወ(ልደ ፡) ማስያስ ፡ ወእስማኤሎስ ፡ ወናታናኤ
ሎስ ፡ ወሐቂሌዶስ ፡ ወሳልታስ ። 23 ወእምነ ፡
ሌዋዊያን ፡ ዮዘቤዶስ ፡ ወሰሜይስ ፡ ወቆኖስ ፡ ዘ
ይብልዎ ፡ [. . . ፡ ወ]ጳቴዎስ ፡ ወአሁድስ ፡ ወዮ
ሐናስ ። 24 እምነ ፡ ካህናተ ፡ መዝሙር ፡ ኤል
ያስቦስ ፡ (ወልደ ፡) በኵሮስ ። 25 ወእምነ ፡ [ዐ
ጸውት ፡] ሴሎም ፡ ወጥልባኔስ ። 26 ወእምውስ
ተ ፡ እስራኤል ፡ (ወ)እምነ ፡ ደቂቀ ፡ ፎሮስ ፡ ኢ
ያርማ ፡ ወኢየድያስ ፡ ወመልኪያስ ፡ ወምያኤ
ሎስ ፡ ወአልዐዛር ፡ ወአሴቢያስ ፡ ወበኔያስ ። 27
ወእምነ ፡ ደቂቀ ፡ ኤላ ፡ መጠኒያስ ፡ ወዘካርያስ ፡
ወ(ልደ ፡) ኢየዘርየሎስ ፡ ወኢዮአብዲዮስ ፡ ወ
ኢየሬሞት ፡ ወአኤዲዮስ ። 28 ወእምነ ፡ ደቂ
ቀ ፡ ዘሞት ፡ ኤሊያዳስ ፡ [ኤ]ሊያሴሞስ ፡ ኦታን
ያስ ፡ ኢያሪሞት ፡ ወሰበቶስ ፡ ወዘርዴዎስ ። 29
ወእምነ ፡ ደቂቀ ፡ ቤቤ ፡ ዮሐንስ ፡ ወሐናንያ ፡

9 ክልእ ፡] ክልኤ ፡ M, ፪ A. 10 ንግበር ፡ M. 11 ሰብእ ፡ M. 12 ‸ ወይትጋብኡ ፡ ኵሉ ፡ M. ወዐደምዎሙ ፡ EF, ወበ ፡ ዐደምዎሙ ፡ M. 13 [ ] e R; ‸ caet. 16 ዚአሁ ፡ M. 17 ገቢረ ፡ AEFR. 23 [ ] ሰቂ codd. 25 [ ] አዋልደ ፡ codd. 28 [ ] ጌ codd.

ወዘብዴዎስ ፡ ወሔማቴስ ። 30 ወእምነ ፡ ደቂ
ቀ ፡ ማኒዮ ፡ ለሞስ ፡ ማሙክስ ፡ ኢያዴዎስ ፡ ኢ
ያሶብስ ፡ ወአሰሔሎስ ፡ ወኢያርሞት ። 31 ወእ
ምነ ፡ ደቂቀ ፡ አ[ዲ ፡] ናሐቶስ ፡ ወሞሐስያስ ፡
(ወልደ ፡) ለቊኖስ ፡ ወኔዖስ ፡ ወቤስቀስጸስ[ሚ
ስ] ፡ ሴእቴል ፡ ወበልኑስ ፡ ወሚናስያስ ። 32 ወ
እምነ ፡ ደቂቀ ፡ ሐናን ፡ ኤልዮላስ ፡ ወአስያስ ፡
ወምልክያስ ፡ ወሰብዎስ ፡ ወስምዖን ፡ ከሠማዊ ።
33 ወእምነ ፡ ደቂቀ ፡ አሶም ፡ መልጠኔዎስ ፡ ወ
መጣቲያስ ፡ ወበኔዎስ ፡ ወኢሊፍለጥ ፡ ወምና
ሴ ፡ ወሴሜይ ። 34 ወእምነ ፡ ደቂቀ ፡ በአኒ ፡ አ
ርሚያስ ፡ ሞን . . ፡ ሰማዔል ፡ ኢዮኤል ፡ መም
ዴ ፡ ወጴዲያስ ፡ ወአናስ ፡ ወቀሪቢሶን ፡ ወአናሲ
ቦስ ፡ ወመንጠኔሞስ ፡ አልያሐስ ፡ በኑስ ፡ ኤል
ያሊ ፡ ሶማይስ ፡ ሰሌምያስ ፡ ናታንያስ ፤ ወእም
ነ ፡ ደቂቀ ፡ ኤዛራስ ፡ ሴሲ ፡ ሴሪያ ፡ አዛ[ኤል] ፡
ሰማጢስ ፡ ዘ[ም]ብሪ ፡ ኢዮሴጸስ ። 35 እምነ ፡
ነሐማ ፡ ማዚጢያስ ፡ ዘበዲያስ ፡ ኤዴሴ ፡ ኢዮ
ኤል ፡ በኔያስ ። 36 (ወ)ኵሎሙ ፡ እለ ፡ አውሰ
ቡ ፡ አንስተ ፡ እምነ ፡ ባዕድ ፡ አሕዛብ ፡ ወአው
ፅእዎን ፡ ምስለ ፡ ደቂቆን ። 37 ወነበሩ ፡ ካህና
ት ፡ ወሌዋዊያን ፡ ወእስራኤልኒ ፡ ውስተ ፡ ኢ
የሩሳሌም ፡ ወውስተ ፡ በሐውርቲሆሙ ፡ አመ ፡
ሠርቀ ፡ ሳብዕ ፡ ወርኅ ፡ ወደቂቀ ፡ እስራኤልኒ ፡
ገብኡ ፡ በበደወሎሙ ። 38 ወአንገለጉ ፡ ኵሎ
ሙ ፡ ኅቡረ ፡ በዐጸድ ፡ ጽባሓዊ ፡ ዘኀበ ፡ አንቀ
ጸ ፡ ቤተ ፡ መቅደስ ። 39 ወይቤልዎ ፡ ለዕዝራ ፡
ካህን ፡ ወጸሓፊ ፡ ያምጽእ ፡ አሪተ ፡ ሙሴ ፡ ዘወ
ሀበ ፡ እግዚአብሔር ፡ አምላከ ፡ እስራኤል ። 40
ወአንበበ ፡ ሎሙ ፡ ዕዝራ ፡ ሊቀ ፡ ካህናት ፡ አ
ሪተ ፡ ለኵሉ ፡ ሕዝብ ፡ ለዕደው ፡ ወለአንስቶ
ሙ ፡ ወለኵሉ ፡ ካህናት ፡ ከመ ፡ ይስምዑ ፡ ሕጎ
ሙ ፡ አመ ፡ ሠርቀ ፡ ሳብዕ ፡ ወርኅ ። 41 ወአን
በበ ፡ ሎሙ ፡ በኀበ ፡ አንቀጸ ፡ ቤተ ፡ መቅደስ ፡
በውስተ ፡ ዐጸድ ፡ እምነግህ ፡ እስከ ፡ ቀትር ፡ በ
ቅድመ ፡ ኵሉ ፡ ዕድ ፡ ወአንስት ፡ ወአፅምኡ ፡
ኵሎሙ ፡ ሕገ ፡ አሪቶሙ ፡ በኵሉ ፡ ልበሙ ።
42 ወቆመ ፡ ዕዝራ ፡ ካህን ፡ ወጸሓፌ ፡ አሪት ፡ ው
ስተ ፡ መከየድ ፡ ዘዕፅ ፡ ዘገብሩ ። 43 ወአቀመ ፡
ምስሌሁ ፡ መጠቲያስ ፡ ወ(ልደ ፡) ሳሙስ ፡ ወሐ
ናንያ ፡ ወ(ልደ ፡) አዛርያ ፡ ወኡርያስ ፡ ወ(ልደ ፡)
ሕዝቅያስ ፡ [ወ]በአልሰሞስ ፡ ወአቀሞሙ ፡ እም
የማኑ ፤ 44 ወእምፀጋሙ ፡ ፊሔልዴዎስ ፡ ወ(ል
ደ ፡) ሚሳኤል ፡ ወሜልክያስ ፡ ወ(ልደ ፡) ሎታ
ሰብስ ፡ ወነባሪያ ፡ ወ(ልደ ፡) ዘካርያስ ። 45 ወነ
ሥአ ፡ ዕዝራ ፡ ውእተ ፡ መጽሐፈ ፡ በቅድመ ፡
ኵሎሙ ፡ ወነበረ ፡ ቅድሜሆሙ ፡ ወያከብርዎ ፡
ኵሎሙ ። 46 ወሰበ ፡ ከሠተ ፡ አሪተ ፡ ተንሥ
ኡ ፡ ኵሎሙ ፡ ወቆሙ ፤ ወባረከ ፡ አዛርያ ፡ ለእ
ግዚአብሔር ፡ ልዑል ፡ ዘኵሎ ፡ ይመልክ ። 47
ወአውሥእዎ ፡ ኵሎሙ ፡ በምልአሙ ፡ ወይቤ
ሉ ፡ አሜን ፡ አሜን ፤ ወአንሥኡ ፡ እደዊሆሙ ፡
ላዕለ ፡ ወሰገዱ ፡ ውስተ ፡ ምድር ፡ ለእግዚአብ
ሔር ። 48 ወኢዮስስ ፡ ወሐኑሲ ፡ ወሰራቢያስ ፡
ወኢያዲኖስ ፡ ወኢያቆብስ ፡ ወሳብጣያስ ፡ ወአ
ውጥያስ ፡ ወሜሐና ፡ ወቀሊጦስ ፡ ወአዛርያ ፡ ወ

31 [ ] ዶ codd. [ ] ኔቄ (μν και) codd. 34 [ ] ሰ vel ዕ codd. [ ] እ codd. 41 አሪት ፡ EF. 42 ምክያድ ፡ R, መከይድ ፡ E. 43 ወአቀሙ ፡ M; ወቆሙ ፡ F(E). [ ] ዘ codd. 47 ‸ አሜን ፡ 2° A. 48 አንበቡ ፡ E.

ጠዘብዶስ ፡ ወሐኒያስ ፡ ወፌልጣስ ፡ ሌዋዊያን ፡
መሀርዎሙ ፡ ሕገ ፡ እግዚአብሔር ፡ ወሰምዑ ፡
ኵሎሙ ፡ ኅቡረ ፡ ሰብ ፡ አንበበ ፡ ሎሙ ። 49 ወ
ይቤሎ ፡ አጠራጤ ፡ ለዕዝራ ፡ ሊቀ ፡ ካህናት ፡ ወ
ጸሓፊ ፡ ወ[ለ]ሌዋዊያን ፡ እለ ፡ ይሜህርዎሙ ፡ ለ
ኵሎሙ ፡ 50 ዛቲ ፡ ዕለት ፡ ቅድስት ፡ ይእቲ ፡ ለእ
ግዚአብሔር ፤ ወበከዩ ፡ ኵሎሙ ፡ ሰብ ፡ ሰምዑ ፡
ኦሪተ ። 51 ወተባሀሉ ፡ ሑሩ ፡ ምስሑ ፡ ወፈን
ዉ ፡ ምጽዋተ ፡ ለእለ ፡ አልበሙ ። 52 እስመ ፡
ቅድስት ፡ ይእቲ ፡ ዛቲ ፡ ዕለት ፡ ለእግዚአብሔ
ር ፡ ወኢትተክዙ ፡ እስመ ፡ እግዚአብሔር ፡ ኢ
ይገድፈክሙ ። 53 ወአዘዙ ፡ ሌዋዊያን ፡ ለኵ
ሉ ፡ ሕዝብ ፡ ወይቤልዎሙ ፡ ዛቲ ፡ ዕለት ፡ ቅድ
ስት ፡ ይእቲ ፤ ኢትተክዙ ። 54 ወኀለፉ ፡ ኵሎ
ሙ ፡ ይብልዑ ፡ ወይስተዩ ፡ ወይትፌሥሑ ፡ ወ
የሀቡ ፡ ምጽዋተ ፡ ለእለ ፡ አልቦሙ ፡ 55 ወዐቢ
የ ፡ ተፈሥሑ ፡ ሰብ ፡ ሰምዑ ፡ ቃለ ፡ ዘመሀርዎ
ሙ ፡ በኀበ ፡ ተጋብኡ ።

---

49 ወይቤሎሙ ፡ EF. አጥራቢ ፡ M, አጥሬቤ ፡ R, አጠራው ፡ EF. [ ] ∧ omn. 50 ሰብ ፡] እ
ለ ፡ MF. 51 ሑሩ ፡] ወሖሩ ፡ M. ወምስሑ ፡ E.

Liber Ezrae apocryphus, quem Graeci Ἔσδρας α', Abessini ዘዕዝራ ፡ ካልኤቱ ፡ numerant, antiquitus in Geez translatus, apud Abessinos satis bene conservatus est. Eum edidi e quinque codicibus manuscriptis, sc. 1) M, Musei Brit. Add. 16188 (in meo catalogo p. 3), de quo videas supra p. 113 et 192; 2) A, d'Abbadianus LV (vid. supra p. 6. 113. 151. 192); 3) E, d'Abbadianus XXXV (vid. supra p. 6. 26. 52. 113. 151. 192); 4) F, Francofurtensis (Rüppell Reise II. 407 No. 7), eundem quem ad Tobith et Judith (p. 26. 52) sub siglo R, ad Siracidam (p. 113) sub siglo F adhibui; 5) R, Francofurtensis (Rüpp. R. 404 No. 2), quem ad Tobith, Judith et 1 Esr. (p. 26. 52. 192) siglo F notavi. Eorum duo, M et A, antiquiores, F et E recentiores lectiones praebere solent; R modo ad hos, modo ad illos propius accedit. Caetera apographa (Musei Brit.; in Wrightii catalogo No. VII. XI. XXVI. XXVIII), saeculo XVIII exarata, conferre vix operae pretium videbatur. Partitio libri in MAR nulla exstat; in F Europaeorum capitula 9 rubro inscripta, in E alia manu in margine adnotata sunt. Versio orationi Graecae satis accurate accommodata est; rarius verba Graeci magis contracta vel liberius translata sunt (1,35ᵇ. 42. 43. 53. 57ᵃ. 2,5. 7. 18. 4,21. 56. 5,54. 63. 73. 6,23. 31. 7,2. 8,20. 43. 44. 84. 9,11. 40), qnamquam quid ab interprete, quid a librariis peccatum sit, haud semper disceptari potest. Mire sane et perperam vel lecta vel intellecta sunt: 1,25 (*μετά*). 52 (*δυσσεβήματα*). 2,16ᵃ. 17 (*ὁ τὰ προσπίπτοντα*). 21 (*Κύρῳ* pro *Κυρίῳ*). 3,3 (*ἔξυπνος*). 21 (*σατράπην* et *διὰ ταλάντων*). 4,19 et 31 (*χάσκοντες τὸ στόμα*). 6,28 (*ὁλοσχερῶς*). 30 (*πυρόν*; melius 8,20). 8,12 (*ὅπως ἐπισκέψωνται*). 51 (*ἐπετράπην* pro *ἐνετρ.*). 91 (*νεανίαι*). Vox *ἀναγνώστης* sexies voce ጸሓፊ ፡ (8,8. 9. 19. 9,39. 42. 49), *Ἀσσυρίων* (5,69. 7,15) et *Χαλδαίων* (4,45. 6,15; at vid. 1,52) voce ፋርስ ፡ reddita legitur. Maxime deformata sunt nomina propria, quibus hic liber abundat: e luxuriante eorum varietate, quam singuli librarii ex sua quisque libidine multiplicare non verentur, eas formas, quae ad similitudinem Graecorum proxime accedunt, (plerasque ex M) recipere satis habui.

Lectiones archetypi Graeci, quo interpres usus est, a Graeco Holmesiano discrepantes (plurimae cum editione Vaticana concordantes) hae sunt: 1,[4] ὑμῶν] ἡμῶν. ∧ αὐτοῦ. [6] ∧ τὸ πάσχα 2°. [9] καὶ Σαβίας. πεντακισχ.] χίλια. [15] οἱ παρά. [29] Μαγεδδώ] μετὰ Ἀδδοῦς. ([32] ∧ ὁ προφήτης). [38] Ζάριον. [45] μετ' ἐνια.] ἐν τῷ ἐνιαυτῷ ἐκείνῳ. [50] αὐτοῦ 2°] αὐτῶν. [51] ∧ αὐτοῦ 2°. ([54] τὴν κιβωτόν). 2,[17] ∧ κριταί. [25] ∧ καὶ Συρίας. 4,[8] εἶπεν οἰκ. οἰκ. ante εἶπεν ἐρ. ἐρ. positum. [10] ∧ αὐτοῦ 1°. αὐτοῦ ἑνακ.] αὐτῷ ἑνὶ ἀκούουσιν. [11] αὐτοί] ἄλλοι. [17] ∧ εἶναι. ([23] ∧ καὶ λῃστεύειν. [24] καὶ ἐν σκότει βαθ. ante καὶ τὸν λέ. θε. positum. τῇ ἐρωμένῃ] αὐτῇ). [37] τὰ τοιαῦτα καὶ οὐκ] καὶ πάντα τὰ τοιαῦτα οὐκ. [40] αὕτη] αὐτῇ. [42] δώσομαι. [45] Ἰδουμ.] Ἰουδαῖοι. ([48] ∧ καὶ Φοινίκῃ). [50] Ἰδουμ.] Ἰουδαῖοι. (∧ τῶν Ἰουδαίων. [55] καὶ Ἱερ.] ὁ ἐν Ἱερ. [61] ∧ καὶ ἐξῆλθεν. 5,[7] ∧ εἰς Βαβυλῶνα). [8] ἐπέστρεψεν. Ῥεελ.] Βορολείου. [9] ∧ καὶ οἱ προηγούμενοι αὐτῶν. Σαφάν. τετρακ.] τριακόσιοι. [11] Φααθ] Φθαλεί. Ιωαβ] Ροάβ. δεκαδύο] δύο. [12] Ηλαμ] Ἰωλάμου. χιλ. διακ. πεντ.] δύο. Ζατόν. ἑβδ. πέντε] ἑβδομήκοντα. (ἑπτακ. πέντε] ἑπτακόσιοι πεντήκοντα). [14] υἱοὶ Ἀδωνικὰμ τριάκοντα ἐννέα. Βαγοί] Βοσαί. Ἀδινοῦ] Ἀδειλίου. [15] Ἀτήρ] Ἀζήρ. ∧ ἐννενήκοντα δύο. Κειλὰν καὶ Ἀζητάς. [16] Ἀννια. ∧ τριακονταδύο. [16] ∧ ἑκατὸν δύο. [17] Ἐκβεεθλωμῶν. [18] Νετέβας. Ἀναθώθ] Ἐνάτου. οἱ ἐκ Βαιθασμῶν Ζαμμώθ. ∧ τεσσαρακονταδύο. [19] Καταρθειαρειός. Καφ.] Πείρας. ∧ τεσσαρακοντατρεῖς. [20] Κειραμας Κάββης. [23] Σανάας] Ἀνάας. ([24] ∧ Ἰέδδου τοῦ). [24] Ἀνασίβ. [25] χίλιοι διακόσιοι τεσσαράκοντα ἑπτά. (∧ υἱοὶ Χαρμὶ διακόσιοι δεκαεπτά). [28] καὶ θυρωροὶ τετρακόσιοι· οἱ Ἰσμαήλου καὶ υἱοὶ Ἀτάρ υἱοὶ Ταμάν, υἱοὶ Δακουβάτου χίλιοι· υἱοὶ Τωβείς, πάντες ἑκατὸν εἴκοσι ἐννέα. [29] Ἀσιφά] Γασιφά. Ταβλώθ. Σουά. [30] Ἀννα. Κουά (pro Καθουα). [31] Ἀσούβ] Ἀσούρ. [32] Μεέδδα] Δεδδά. ∧ υἱοὶ Κουθά, υἱοὶ Χαρεα. Βαχούρ. [33] Φαρειδά. [34] υἱοὶ Φακαρὲθ Σαβείη. Σουβάς. Ἀλλώμ] ἄλλων. [37] υἱοὶ Δαδὰν τοῦ υἱοῦ Τουβάν. [38] Ὀββειά. Ἰαδδούς. Φαρζελλαίου. [41] ∧ καὶ ἐπάνω. [50] καὶ κατωρθώθησαν ἐπὶ τὸ θυσιαστήριον. [55] χαρά. ([58] ∧ ἀπὸ εἰκοσαετοῦς). [58] Καδμιήλ] Ἀδμιήλ. οἱ υἱοὶ Ἰησοῦ Ἡμαδαβούν. Ἠλιαδ.] Εἰλιαδούν. 6,[1] Ἀδδών. [3] Σαθραβουζάνης (item 7. 27). [9] τοίχοις] οἴκοις. [16] καθελὼν ἐνεπύρισεν. ᾐχμαλώτευσεν. ([17] ∧ ὁ βασιλεύς). [18] Ζοροβαβὲλ καὶ Σαναβασσάρῳ. [19] αὐτῷ] αὐτοῖς. ἀπήνεγκαν. τόπου] + αὐτοῦ. [20] Σαναβάσσαρος. [21] Κύρου] + τοῦ βασιλέως τοῖς ἐν Βαβυλῶνι. ([25] ∧ πλάτος πηχέων ἑξήκοντα. [26] ∧ ὅπως τεθῇ ἐκεῖ). [27] τόπου] + αὐτοῦ. 7,[4] Περσῶν] + ἕως τοῦ ἕκτου ἔτους Δαρείου βασιλέως Περσῶν. [5] ∧ ὁ ἅγιος. [10] ὅτε] ὅτι. [11] ὅτι 1°] οὐκ. [15] μετέστρεψε] + Κύριος. 8,[1] Ζεχρίου] Ἐζερίου. [2] Σαδδουλούκου. Ἀμαρθείου. [7] Ἔσδρας] Ἀψάρας. ∧ διδάξαι. [8] ∧ τοῦ γραφέντος προστάγματος. [10] ∧ καί 1°. καὶ τῶνδε] ὄντων δὲ αὐτῶν. ∧ σοι. [13] ∧ τοῦ Ἰσραήλ. [14] ∧ Θεοῦ αὐτῶν. [15] ∧ Θεοῦ αὐτῶν [17] ∧ τοῦ Κυρίου. Θεοῦ σου] + ἐν Ἱερουσαλὴμ, καὶ τὰ λοιπὰ ὅσα ἂν ὑποπίπτῃ σοι εἰς τὴν χρείαν τοῦ ἱεροῦ τοῦ θεοῦ σου. [20] ∧ καὶ ἄλλα ἐκ πλήθους. [21] ∧ ἐπιμελῶς. [25] ∧ καὶ εἶπεν Ἔσδρας ὁ γραμματεύς. ∧ ὁ θεὸς τῶν πατέρων μου. καρδίαν] + μου. [26] τοῦ βασ. καὶ τῶν συμβ.] τῶν βασιλευόντων. [29] Φινεές, Γηρσών] Φόρος, Ταροσότομος. Γαμαλ.] Γάμηλος. ∧ Λαττοὺς ὁ Σεχενίου. [30] Φόρος] Φαρές. [31] Φααθμ.] Μααθμωα. Ἀβελιαωνίας. [32] Ειεχονίας Ἰεθήλου. Ἀδὶν, Ὠβήθ] Ἀδεινουβήν. [33] υἱῶν Λαμεσίας Γοθολίου. [34] Σοφοτίου. [35] Ἀβαδ.] Βαδίας. [36] Βάνι Ασσαλιμώθ. [37] Βαβί] Βαιήρ. [40] Βαγώ] Βαναί. Οὐθὶ ὁ τοῦ Ιστ.] Βααστοσακούρου. [41] ∧ Θεράν. [43] καὶ Ιδουῆλον καὶ Μαιά] καὶ ἰδοὺ ἦλθον πρός με (?). Μαασμᾶν. [44] Ἀλναθάν]

Ἐνααταν. Μοσόλλαμον] *μετ' αὐτῶν λαβών* (?). 45 *Λοδδ.*] *Ἰαδδαῖον* (item 46). (46 ‸ *γαζοφύλαξιν*). 47 ‸ *καὶ ἤγαγον ἡμῖν κατὰ τὴν κραταιὰν χεῖρα τοῦ Κυρίου ἡμῶν. Ἀσεβίαν.* ‸ *καὶ ὀκτώ.* 48 ‸ *Ἀσεβίαν καὶ Ἄννουνον καὶ Ὠσαίαν ἀδελφόν.* 50 *ηὐξάμεθα.* ‸ *ἡμῖν τε καὶ τοῖς συνοῦσιν ἡμῖν.* (51 *ἐνετρ.*] *ἐπετράπην* ?). 51 ‸ *αἰτῆσαι τὸν βασιλέα.* ‸ *καὶ* ante *προπομπήν. ἱππεῖς καὶ πεζούς* pos. 54 *Ἐσερίαν καὶ Ἀσσαμίαν.* 57 *δώδεκα*] *δέκα.* 61 *ποταμοῦ*] *τόπου. εἰσῆλθ.*] *ἤλθοσαν.* (‸ *ἀπὸ τῆς εἰσόδου*). *ἤλθομεν*] *ἦλθον.* 62 ‸ *τῇ ἡμέρᾳ τῇ τετάρτῃ.* (64 ante 63 pos.). 63 *αὐτοῦ* 2⁰] *αὐτῶν. οἱ δὲ Λευ.*] *οἱ Λευῖται.* 65 ‸ *ταύρους δώδεκα ὑπὲρ παντὸς Ἰσραήλ, κριούς.* 66 *ἑβδομήκοντα ἕξ.* 78 ‸ *Κυρίου* 2⁰. ‸ *σου.* 79 ‸ *Κυρίου.* 81 ‸ *τοῦ Κυρίου.* 82 *παρέβησαν.* 90 ‸ *νῦν.* 92 *πᾶς*] *παντός.* 9,1 *Ἰωνᾶ τοῦ Νασείβου.* 5 ‸ *πάντες.* 9 ‸ *τῶν γυναικῶν.* 14 *καὶ Ἐζείας Θοκάνου.* 20 ‸ *κριούς.* 21 *Ἱερεήλ*] *Ἱερεμιήλ.* 22 *Ὠκαίληδος καὶ Σάλθας.* 23 *Κώϊος*] *Κῶνος. Ὠούδας καὶ Ἰωανᾶς.* 25 *θυρωρῶν*] *θυγατέρων.* 26 *Ἱερμὰ καὶ Ἰεδίας. Μιαῆλος.* 28 *Ζεραλίας*] *Ζαρδαῖος.* 29 *Ζαβδαῖος καὶ Ἐμαθίς.* 30 *Μανιω Λαμος. Ἀσάηλος.* 31 *Ματθανίας*] *Βεσκασπασμύς. Σεεθήλ. Βαλνοῦς.* 32 *Ἐλιωλᾶς.* 33 *Μαλτανναῖος. Σαβ.*] *Βανναῖος.* 34 *Ἰσμαῆρος*] *Σαμαήλ. Μαβδαί*] *Μαμδαί. Ῥαβ.*] *Καραβασειών. Μαντάναιμος. Ἐσρίλ*] *Ἐσρία.* 35 *Ἐθμά*] *Νόομα.* 39 *εἶπον.* 43 *ἔστησεν.* 46 *Ἔσδρας*] *Ἀζαρίας* ‸ *Σαβαώθ.* 47 *ἀμήν* bis. 48 *Ἀννιούθ*] *Ἄννους. Ἰώζαβδος*] *Τέζαβδος. Φαλίας*] *Φίλτας.* ‸ *καὶ πρὸς τὸ πλῆθος ἀνεγίνωσκον τὸν νόμον τοῦ Κυρίου.* (51 + *καὶ εἶπαν* ante *βαδίσαντες*). 51 ‸ *καὶ πίετε γλυκάσματα.* 52 *ἡμέρα*] + *αὕτη.*

www.ingramcontent.com/pod-product-compliance
Lightning Source LLC
Chambersburg PA
CBHW062128160426
43191CB00013B/2227
9798385206421